Kiefersauer, Grundstücksmiete

I. Teil:

# Mieterschutz und Wohnungsmangel

3. Auflage

neubearbeitet von

Dr. Fritz Kiefersauer

AF734231

1926

München, Berlin und Leipzig

J. Schweitzer Verlag (Arthur Sellier)

Dem Andenken
meiner Gattin

Druck von Dr. F. P. Datterer & Cie., Freising-München.

# Vorwort zur dritten Auflage.

Die reichsrechtliche Regelung des Mieterschutzes hat durch das Abänderungsgesetz vom 29. Juni 1926 eine wesentliche Änderung erfahren. Dies gab Veranlassung den längst vergriffenen Teil I der Grundstücksmiete neu herauszugeben. Schrifttum und Rechtsprechung sind sowohl beim MSchG. wie beim WMG. nach dem Stande vom 1. August 1926 ausreichend eingearbeitet. Im Anhang ist die neu erlassene bayerische Wohnungsmangelverordnung kurz erläutert.

Das Buch beschränkt sich in seinem Hauptteile nicht auf bayerische Verhältnisse. Es bildet zusammen mit dem Teil II (Mietzinsbildung und Mietzinssteuer) eine abgeschlossene Darstellung des Rechts der Grundstücksmiete, in dem auch eine knapp gefaßte Erläuterung der mietrechtlichen Bestimmungen des Bürgerlichen Gesetzbuches nicht fehlt.

Mindelheim, im September 1926.

Der Verfasser.

# Inhaltsübersicht.

# Abkürzungen und Literatur.

AG. . . . . . = Amtsgericht
ArchZivPrax. = Archiv für die civilistische Praxis (zugleich Fortsetzung der Archivs für bürgerliches Recht).
AusfBest. . . = bayer. Ausführungsbestimmungen.
BayGemVZ. . = Bayerische Gemeinde- und Verwaltungszeitung.
BayZ. . . . = Zeitschrift für Rechtspflege in Bayern.
BGB. . . . = Bürgerliches Gesetzbuch.
Brumby . . = Brumby, Reichsmieten und Wohnungsbauabgabe. 2. Aufl.
DJZ. . . . = Deutsche Juristenzeitung.
DRZ. . . . = Deutsche Richterzeitung.
EA. . . . . = Einigungsamt, Organ des Reichsverbandes deutscher Einigungsämter, Berlin-Neukölln (nur mit Seitenangabe; Jahrgänge fortlaufend).
Ebel . . . = Ebel, Reichsmietengesetz, 3. Aufl.
Ebel-Büchler . = Mieterschutzgesetz.
Genthe . . ... = Genthe, Mieterschutzgesetz.
GKG. . . . = Gerichtskostengesetz.
GVBl. . . . = Gesetz- und Verordnungsblatt.
GVG. . . . = Gerichtsverfassungsgesetz.
Gruch. . . . = Beiträge zur Erläuterung des Deutschen Rechts, begründet von Gruchot.
Gut . . . . = Gut, Stümper, Zormaier, Sammlung wichtiger Entscheidungen, 1. und 2. Teil. Hrsggb. von der Vereinigung Deutscher Wohnungsämter.
Hertel . . . = Hertel, Mieterschutz- und Wohnungszwangswirtschaft Bd. I MSchG., Bd. II WMG.
JR. . . . . = Juristische Rundschau, Beilage Die Rechtsprechung.
JW. . . . = Juristische Wochenschrift.
KG. . . . . = Kammergericht Berlin.
KGBl. . . . = Blätter für Rechtspflege im Bezirk des Kammergerichts.
Kiefersauer . = Kiefersauer, Wohnungsabgabe und Wohnungsbau, München 1922
Kiefersauer . = Kiefersauer, Die Aufwertungsgesetze, München 1925.
LG. . . . . = Landgericht.
LZ. . . . . = Leipziger Zeitschrift für Deutsches Recht.
MEA. . . . = Mieteinigungsamt.
MinBek. . . = Bayer. Ministerialbekanntmachung.
Mittelstein . = Mittelstein, Die Miete nach dem Recht des Deutschen Reichs, 3. Aufl.

MSchBekm. . = Bayer. Bekanntmachung vom 13. August 1920.
MSchG. . . = Mieterschutzgesetz.
MSchVO. . . = Mieterschutzverordnung.
Nov. . . . = Novelle zum MSchG. vom 29. Juni 1926.
ObLG. . . . = Bayerisches Oberstes Landesgericht.
OLG. . . . = Oberlandesgericht.
PrVerwBl. . = Preußisches Verwaltungsblatt.
PStG. . . . = Polizeistrafgesetzbuch (vom 26. Dezember 1871).
Recht . . . = Das Recht, Rundschau für den deutschen Juristenstand.
RG. . . . = Reichsgericht (mit Zahlen = Entscheidungen des Reichsgerichts in Zivilsachen, Band, Seite.)
RGBl. . . . = Reichsgesetzblatt.
RMG. . . . = Reichsmietengesetz.
Rspr. . . . = Rechtsprechung der Oberlandesgerichte, herausgegeben von Mugdan und Falkmann.
SeuffA. . . = Seufferts Archiv für Entscheidungen der obersten Gerichte in den deutschen Staaten.
Stern . . . = Stern, Mieterschutzgesetz, 8. Aufl.
Stern . . . = Stern, Wohnungsmangelgesetz.
VerfAO. . . = Anordnung für das Verfahren vor dem Mieteinigungsamt und der Beschwerdestelle vom 19. September 1923.
VGH. . . . = Bayerischer Verwaltungsgerichtshof (mit Zahlen = Sammlung der Entscheidungen, Band, Seite).
WA. . . . = Wohnungsamt.
WarnRspr. . = Warneyer, Rechtsprechung des Reichsgerichts.
WMBekm. . = bayer. Bekanntmachung betr. Maßnahmen gegen Wohnungsmangel.
WMG. . . = Wohnungsmangelgesetz.
WMVO. . . = Verordnung über Maßnahmen gegen Wohnungsmangel in Bayern.
ZBl. . . . = Zentralblatt für das Deutsche Reich.
ZPO. . . . = Zivilprozeßordnung.
ZtschrfW. . . = Zeitschrift für Wohnungswesen, Berlin.

# Überblick.

Das Gesetz zur Abänderung des Mieterschutzgesetzes vom 29. Juni 1926 (RGBl. I S. 317) hat ebensowenig wie das Gesetz zur Änderung des Reichsmietengesetzes vom 10. Juli 1926 (RGBl. I S. 403) eine grundsätzliche Änderung der reichsrechtlichen Wohnungsgesetzgebung gebracht. Das Problem des Wohnungsrechts ist nicht gelöst und es konnte im gegenwärtigen Augenblick noch nicht gelöst werden; über Teilreformen des bisher geltenden Rechts ist man nicht hinausgekommen. Von einigen kleineren Schutzrechten des Mieters abgesehen, steht die Reform des Mieterschutzgesetzes und des Reichsmietengesetzes unter dem Leitgedanken der Lockerung des Mieterrechts zugunsten des Vermieters.

Fühlbar bleibt wie bisher die Lücke zwischen Altem und Neuem, der Unterschied zwischen den Denkformen des früheren Rechtes und der Formulierung moderner Gesetzesgedanken.

Die Grundzüge des modernen Wohnungsnotrechts sind folgende:

1. Die häufigste Form des Gebrauchsrechtes an Räumen, die Miete, ist nach der Ausgestaltung im BGB. ein rein schuldrechtliches Rechtsverhältnis, das nur in einzelnen Beziehungen z. B. gegenüber dem Grundstückserwerber nach Maßgabe der §§ 571 ff. BGB. nach Art der dinglichen Rechte geregelt ist.

   Demgegenüber neigt die moderne Rechtsentwicklung mehr und mehr dazu, dem Mietrecht einen dinglichen Charakter[1]) zu verleihen. Dies zeigt sich insbesondere in

---

[1]) Die voraussichtlich noch länger dauernde Wohnungsnot legt den Gedanken nahe, durch Schaffung einer besonderen Rechtsform die dauernde Benutzung von Gebäudeteilen nach dem Herrschaftsrecht des Eigentümers zu gestatten. Es handelt sich um die Wiedereinführung des dem älteren deutschen Recht bekannten Stockwerkseigentums. Das Stockwerkseigentum gewährte das Eigentum und das dauernde Benutzungsrecht an einzelnen Gebäudeteilen; daneben bestand Gesamteigentum an den gemeinschaftlich benutzten Hausteilen (Treppen und Bodenräumen) sowie am Baugrunde.

der Erschwerung der Aufhebung des Mietverhältnisses gegen den Willen des Mieters (§§ 1—4 MSchG.) und in der dadurch bewirkten dauernden Gebrauchsüberlassung, in der Ausdehnung des Rechtsschutzes des Mieters gegenüber dem Erwerber des Grundstücks nach § 1 Abs. 3 MSchG., in der Begründung von Mietverhältnissen durch autoritativen Staatsakt beim Zwangsmietvertrag (§ 4 WMG.) und endlich auch in dem Verwendungszwang, dem der Vermieter nach dem Reichsmietengesetz hinsichtlich einzelner Mietzinsbestandteile unterworfen ist.

Diese Ansätze zur Weiterentwicklung des Mietrechtes zu einem dinglichen Recht, das das Eigentum am Mietgrundstück beschränkt, können im weiteren Verlaufe, insbesondere in politisch ruhigeren Zeiten, zu einer Beschränkung des Eigentums überhaupt führen. Eine solche Entwicklung hat mit „Sozialisierung", „Vernichtung des Privateigentumes" oder wie sonst die modernen Schlagworte lauten, nichts zu tun: sie bedeutet lediglich eine Fortführung des Grundgedankens (vgl. dazu Hoegner, BayZ. 1919, 89 u. 114, Klein, LZ. 1919, 567), der schon im BGB. in den Eigentumsbeschränkungen der §§ 906—924 BGB., Art. 122—124 EG. z. BGB. zum Ausdruck gekommen ist und der auch im

---

Nach Einführung des BGB. blieb zwar bestehendes Stockwerkseigentum aufrechterhalten (Art. 182 EG. z. BGB.); neues kann jedoch grundsätzlich nicht mehr begründet werden, da das BGB. ein Sondereigentum an Bestandteilen des Gebäudes ausschließt (§§ 93, 94 BGB.). Der landesrechtlichen Regelung ist es nach Art. 131 EG. z. BGB. überlassen, ein dem wirtschaftlichen Erfolg des Stockwerkseigentums nahekommendes Miteigentumsrecht mit ausschließlichem dinglichem Benutzungsrecht der Miteigentümer an bestimmten Gebäudeteilen einzuführen. Eine solche Regelung ist in keinem der Länder getroffen worden.

Die gegenwärtigen schwierigen wirtschaftlichen Verhältnisse lassen es als wünschenswert erscheinen, durch Wiedereinführung der Eigentumsgemeinschaft nach Bruchteilen an Grundstücken in Verbindung mit dem ausschließlichen, dinglichen und vererblichen Nutzungsrecht an Teilen des Grundstücks die rechtliche Möglichkeit zu bieten, daß mehrere Personen zusammen ein Gebäude zu Miteigentum und gesonderter Benutzung einzelner Teile (insbes. Stockwerke) erwerben. Für die Neubelebung des Stockwerkseigentums und die Umgestaltung des dinglichen Wohnrechts (§ 1093 BGB.) zu einem veräußerlichen und vererblichen Recht nunmehr auch Ruth, ArchZivPrax. 121, 357, ferner Ruth und Klang, EA. (1924) 333.

Art. 153 der Reichsverfassung vorbehalten wurde (vgl. auch Art. 155 Abs. 3 RVerf.).

Auf dem Gebiete des Mietrechts gelten in besonderem Maße die Worte Jherings, eines der größten deutschen Rechtsgelehrten, zweifellos erhaben über marxistische Ideen: In Eigentum, Besitz, Kauf, Erbfolge liege nichts Ewiges, nichts Unabänderliches[2]). Unsere Zivilisation wolle nicht die Freiheit, sondern die Beschränkung des Individuums, die Beschützung der Schwachen gegen den Starken, gleiches Recht, gleiche Fürsorge für alle.

2. Charakteristisch für das moderne Wohnungsrecht ist die Durchdringung der Privatrechtsordnung mit öffentlich-rechtlichen Normen. Öffentliches Recht und Privatrecht rückt näher zusammen (vgl. Hedemann, DJZ. 1919, 769 u. 1921, 26); eine scharfe Grenzziehung zwischen beiden wird immer schwieriger. Mag eine Anordnung, eine das Privatrecht einengende Rechtsnorm auch auf öffentlich-rechtlichem Boden entsprungen sein, sie äußert ihre Wirkung immer nur im Privatrecht in der Richtung, daß das Recht des Einzelnen im öffentlichen Interesse, sei es in seiner Ausübung, sei es in seinem Wesen, eine Einschränkung erfährt. Die Durchdringung der Privatrechtsordnung mit öffentlichem Recht ist charakteristisch für die Fortentwicklung des modernen Wohnungsrechtes: auch das Notrecht ist ein privatrechtliches Gebilde und daher nach zivilrechtlichen Grundsätzen zu beurteilen und auszulegen.

Überblickt man das Neuland, das durch das Wohnungsmangelgesetz, das Mieterschutzgesetz und das Reichsmietengesetz geschaffen wurde, so fällt in erster Linie auf, daß die durch das BGB. gewährleistete Einheit des deutschen Rechts auf dem Gebiete des Wohnungswesens einer schweren Erschütterung ausgesetzt ist: die Möglichkeit der Abänderung und Ausgestaltung des Reichsrechtes durch landesrechtliche Normen ist eine außerordentlich große. In dieser Richtung wäre eine Rückkehr zur Einheit des deutschen Rechtes dringend zu fordern (dazu Weiß, DRZ. 1925, 333).

Die drei großen Gruppen des Wohnungsnotrechtes sind folgende:

1. Die Wohnungspolizei, d. h. die Maßnahmen polizeilicher Art, durch die die Erfassung des Wohnraumes zugunsten der Wohnungsuchenden ermöglicht werden soll. Die rechtliche Grundlage hiefür bildet das Wohnungsmangel-

---

[2]) Vgl. dazu die rechtsphilosophischen Betrachtungen Stafsels, LZ. 1923, 589, die in dem Satze gipfeln: „Die grundlegenden Rechtsideen sind uns zu Erzeugnissen der Geschichte geworden, die an der ruhelosen Veränderung alles Irdischen teilhaben."

gesetz in der Fassung vom 26. Juli 1923 samt den hierzu erlassenen landesrechtlichen Ausführungsbestimmungen. Rechtsnormen wohnungspolizeilichen Inhaltes finden sich auch in den §§ 4 Abs. 7, 27, 35, 36 u. 52 des Mieterschutzgesetzes. Eine zivilrechtliche Unterstützung der Wohnungspolizei enthält § 31 MSchG., der den ohne Genehmigung abgeschlossenen oder der Polizeibehörde nicht angezeigten Mietverträgen über Gebäude oder Gebäudeteile die Rechtswirksamkeit versagt.

2. Das Mieterschutzrecht, d. h. die materiellen und prozessualen Rechtsnormen zum Schutze der Mieter in ihrem Besitzstand enthält das Gesetz über Mieterschutz und Mieteinigungsämter vom 1. Juni 1923 in der Fassung der Verordnungen vom 24. Dezember 1923 (RGBl. I S. 1247) und vom 14. Februar 1924 (RGBl. I S. 111) sowie des Gesetzes zur Abänderung des Mieterschutzgesetzes vom 29. Juni 1926 (RGBl. I S. 317). Die geltende Fassung des Gesetzes ist durch den Reichsminister der Justiz am 30. Juni 1926 (RGBl. I S. 347) bekanntgemacht.

3. Das Recht der Mietzinsbildung und Mietzinszahlung, geregelt durch das Reichsmietengesetz vom 24. März 1922 in der Fassung der Abänderungsgesetze vom 29. Juni 1926 (Art. VIII) u. 10. Juli 1926 (RGBl. I S. 317 u. 403) sowie durch die Bestimmungen der §§ 3 u. 30 MSchG. in Verbindung mit den landesrechtlichen Anordnungen hierzu.

Nach dieser dreifachen Richtung ist das Recht des bürgerlichen Gesetzbuchs und das hierauf fußende Vertragsrecht des Mietgebrauchs und der sonstigen Gebrauchsüberlassung bei Räumen entscheidend und weitgreifend geändert und ergänzt. Das Rückgrat des geltenden Mietrechtes bleibt aber nach wie vor das BGB.

Für die weitere Entwicklung der Rechtsordnung dürften nachstehende Gesichtspunkte in Betracht kommen:

1. Der Einzelne darf durch den Gebrauch der privatrechtlichen Freiheit die Gesamtheit der übrigen Volksgenossen nicht benachteiligen und
2. die Ausübung dieser privatrechtlichen Freiheit darf in keinem Falle wirtschaftlich schwache Volksgenossen unterdrücken oder sie in ihren wichtigsten Bedürfnissen (Nahrung, Kleidung und Wohnung) über das Maß des Mindestbedarfes (Existenzminimum) hinaus beschränken.

Solche Gedankengänge[3]), deren Grundzüge bereits im Bürgerlichen Gesetzbuch vereinzelt vorzufinden sind, werden um so mehr zur Anerkennung in der Rechtsordnung zu bringen sein, je

[3]) Vgl. hieher Klang im EA. (1924) 334: „Das freie Kündigungsrecht des Vermieters sei zwar grundsätzlich wiederherzustellen, aber dem Mieter ein Einspruch dann zu gestatten, wenn die Kündigung gegen die guten Sitten oder gegen Treu und Glauben

mehr die durch die Kriegswirtschaft angebahnte und in der Nachkriegszeit verstärkte Entwicklung des Zusammenschlusses der Güter erzeugenden Wirtschaftsgruppen sich ausdehnt. Immer mehr wird angesichts dieser Entwicklung der wirtschaftlichen Verhältnisse die Erkenntnis durchdringen, daß die gesamte Sozialpolitik in Verkennung der wahren Volksgegensätze falsch eingestellt ist: nicht Arbeitnehmer und Arbeitgeber sind die natürlichen Gegner, sondern Erzeuger und Verbraucher. Nicht die Produktionsförderung unter allen Umständen darf das Ziel staatspolitischer Bestrebungen sein, sondern der wirtschaftliche Ausgleich der natürlichen Gegensätze zwischen Erzeuger und Verbraucher.

---

verstoße. Den Einspruch solle der Vermieter dadurch zurückschlagen können, daß er sich bereit erkläre, für die Übersiedlungskosten aufzukommen und für die Erfüllung dieser Verpflichtung Sicherstellung leiste." —

In ähnlicher Richtung bewegten sich auch verschiedene, beim Wohnungsausschuß des Reichstags anläßlich der Beratung des Abänderungsgesetzes vom 29. Juni 1926 eingereichte Anträge. Antrag Lucke Nr. 87 will die freie Kündigung des Vermieters grundsätzlich zulassen, dagegen dem Mieter das Recht einräumen, bei Kündigung des Vermieters das Amtsgericht zur Entscheidung über die Wirksamkeit der Kündigung anzurufen. Das Amtsgericht soll durch Schiedsurteil entscheiden und berechtigt sein in Anwendung des § 721 ZPO. die Fortsetzung des gekündigten Mietverhältnisses zu bestimmen. Die Kündigung soll eventuell nur beim Vorliegen besonderer — den Aufhebungsgründen der §§ 2—4 MSchG. — entsprechenden Gründen rechtswirksam sein. Ein Antrag Dr. Steininger u. Gen. Nr. 86 will nur eine Kündigung aus wichtigen Gründen, in diesem Umfang aber allgemein zulassen; auch hier entsprechen die Gründe im allgemeinen den Mietaufhebungsgründen der §§ 2—4 MSchG. Erleichterungen zugunsten des Vermieters sind vorgesehen.

# I. Gesetzestexte.

## 1. Gesetz über Mieterschutz und Mieteinigungsämter.[1])

Der Reichstag hat das folgende Gesetz beschlossen, das mit Zustimmung des Reichsrats hiermit verkündet wird:

### 1. Abschnitt.

### Mieterschutz.

#### a) Beschränkung der Aufhebung von Mietverhältnissen.

**§ 1.** I Mietverhältnisse über Gebäude oder Gebäudeteile können, vorbehaltlich der §§ 19 bis 26, auf Verlangen des Vermieters gegen den Willen des Mieters nur aus den in den §§ 2 bis 4 bezeichneten Gründen aufgehoben werden. Die Aufhebung erfolgt auf Klage des Vermieters durch gerichtliches Urteil.

II Ist das Mietverhältnis für eine bestimmte Zeit eingegangen, so wird es nach dem Ablauf der Mietzeit fortgesetzt, wenn nicht der Mieter spätestens zu dem Zeitpunkt, zu dem nach § 565 des Bürgerlichen Gesetzbuchs eine für den Ablauf der Mietzeit zulässige Kündigung zu erfolgen haben würde, sich auf die Beendigung des Mietverhältnisses beruft. Ein vertraglich vorbehaltenes Rücktrittsrecht kann vom Vermieter nicht gegen den Willen des Mieters ausgeübt werden.

III Dem Vermieter steht gleich, wer nach dem Abschluß des Mietvertrags das Eigentum an dem Grundstück erwirbt.

---

*) Vom 1. Juni 1923 in der Fassung der Verordnungen vom 24. Dez. 1923 (RGBl. I S. 1247) u. vom 24. Febr. 1924 (RGBl. I S. 111) sowie in der Fassung der auf Grund des Abänderungsgesetzes vom 29. Juni 1926 (RGBl. I S. 317) erfolgten Bekanntmachung vom 30. Juni 1926. Die sachlichen Änderungen des Abänderungsgesetzes vom 29. Juni 1926 sind, soweit es sich nicht um rein redaktionelle Änderungen handelt, durch **Fettdruck** hervorgehoben.

§ 2. I Der Vermieter kann auf Aufhebung des Mietverhältnisses klagen, wenn der Mieter oder eine Person, die zu seinem Hausstand oder Geschäftsbetriebe gehört, oder der er den Gebrauch des Mietraums überlassen hat, sich einer erheblichen Belästigung des Vermieters oder eines Hausbewohners schuldig macht oder durch unangemessenen Gebrauch des Mietraums oder Vernachlässigung der gebotenen Sorgfalt den Mietraum oder das Gebäude erheblich gefährdet, oder wenn der Mieter einem Dritten den Gebrauch des Mietraums beläßt, obwohl er zur Überlassung nicht befugt ist. Die angemessene Wahrnehmung der Befugnisse eines Mietervertreters ist als Belästigung nicht anzusehen.

II Die Aufhebung ist nur zulässig, wenn der Mieter ungeachtet einer Abmahnung des Vermieters das Verhalten fortsetzt oder es unterläßt, eine ihm mögliche Abhilfe zu schaffen, oder wenn das Verhalten des Mieters oder einer der im Abs. 1 bezeichneten Personen ein solches war, daß dem Vermieter die Fortsetzung des Mietverhältnisses nicht zugemutet werden kann. Hatte der Vermieter oder eine zu seinem Hausstand **oder Geschäftsbetriebe gehörige oder mit seiner Vertretung in Mietangelegenheiten betraute** Person die Belästigung (Abs. 1) durch eigenes Verschulden veranlaßt, so findet eine Aufhebung nicht statt.

III Der Vermieter muß die Klage binnen sechs Monaten von dem Zeitpunkt an erheben, in dem er von dem Aufhebungsgrunde Kenntnis erlangt hat. Die Klage ist ausgeschlossen, wenn seit dem Entstehen des Aufhebungsgrundes ein Jahr verstrichen ist.

§ 3. I Der Vermieter kann auf Aufhebung des Mietverhältnisses klagen, wenn der Mieter, welcher den Mietzins in kürzeren als vierteljährigen Zeitabschnitten zu entrichten hat, mit einem Betrag im Verzug ist, welcher den für die Dauer **eines Monats** zu entrichtenden Mietzins **übersteigt; bei einem den Betrag für zwei Monate nicht erreichenden Rückstand ist die Erhebung der Klage erst zwei Wochen nach der Fälligkeit zulässig.** Ist der Mietzins in vierteljährigen oder längeren Zeitabschnitten zu entrichten, so kann die Aufhebungsklage erhoben werden, wenn der Mieter mit einem Betrag im Verzug ist, welcher den für die Dauer eines Vierteljahrs zu entrichtenden Mietzins erreicht; bei nur einmaligem Rückstand ist die Erhebung der Klage **erst zwei Wochen** nach der Fälligkeit zulässig. Bezieht sich der Rückstand auf mehrere Zeitabschnitte, so ist für die Berechnung des nach Satz 1, 2 maßgebenden Betrags der Mietzins des Zeitabschnitts zugrunde zu legen, hinsichtlich dessen der Mieter zuerst in Verzug geraten ist.

II Der Anspruch besteht nicht, wenn der Verzug auf Unkenntnis des Mieters über den Betrag oder den Zeitpunkt der Fälligkeit des Mietzinses **oder auf irrige Annahme eines Aufrechnungs-, Minderungs- oder Zurückbehaltungsrechts zurückzuführen ist, es sei denn, daß die Unkenntnis oder der Irrtum auf Fahrlässigkeit beruht.**

III Die Aufhebung ist nicht mehr zulässig, wenn **bis zum Ablauf von zwei Wochen seit Erhebung der Klage, spätestens jedoch bis zum Schlusse derjenigen mündlichen Verhandlung erster Instanz, auf welche das Urteil ergeht, der Mieter den Vermieter befriedigt oder eine gegenüber der Mietzinsforderung zulässige Aufrechnung erklärt. Beantragt in diesen Fällen der Vermieter alsbald, den Rechtsstreit in der Hauptsache für erledigt zu erklären, so hat der Mieter die Kosten des Rechtsstreits zu tragen.**

**§ 4.** I Der Vermieter kann auf Aufhebung des Mietverhältnisses klagen, wenn für ihn aus besonderen Gründen ein so dringendes Interesse an der Erlangung des Mietraums besteht, daß auch bei Berücksichtigung der Verhältnisse des Mieters die Vorenthaltung eine schwere Unbilligkeit für den Vermieter darstellen würde. Zugunsten des Mieters ist dabei der Umstand mit zu berücksichtigen, daß der Mieter im Einverständnis mit dem Vermieter in dem Mietraum bauliche, mit einem erheblichen Kostenaufwande verbundene Arbeiten hat vornehmen lassen. Bei gewerblichen Räumen ist es zugunsten eines Mieters, der keine weitere Betriebsstätte als den herauszugebenden Raum besitzt, mit zu berücksichtigen, wenn der Vermieter außer einer Hauptbetriebsstätte mehrere Zweigstellen in demselben Gemeindebezirke inne hat und den Mietraum lediglich zur Vergrößerung seines Betriebes verwenden will. Die Absicht des Vermieters, den Raum selbst in Gebrauch zu nehmen oder ihn Angehörigen zum Gebrauche zu überlassen, rechtfertigt allein die Aufhebung nicht, **es sei denn, daß der Eigentümer eines vor mehr als drei Jahren erworbenen Grundstücks einen zu gewerblichen Zwecken vermieteten Raum für eigene gewerbliche Zwecke dringend braucht. Bei der Abwägung der beiderseitigen Interessen sind zugunsten des Vermieters die Zahl und das Lebensalter der zu seinem Hausstande gehörigen Abkömmlinge mit zu berücksichtigen.**

II **Liegen die im Abs. 1 bezeichneten Gründe nur für einen Teil des Mietraums vor, so kann die Aufhebung hinsichtlich dieses Teiles, insbesondere auch eines Hausgartens, verlangt werden.** Auch kann das Gericht die Aufhebung auf einen Teil des Mietraums beschränken, insbesondere, wenn der Vermieter Nebenräume, welche nicht Wohnräume sind, oder entbehrliche Teile des Mietraums zur Herstellung selbständigen Wohnraums braucht. Bei teilweiser Aufhebung des Mietverhältnisses ist, sofern ein vereinbarter Mietzins zu zahlen ist, auf Antrag in der Urteilsformel auszusprechen, um welchen Betrag sich der Mietzins für den verbleibenden Teil des Mietraums mindert; gilt die gesetzliche Miete, so wird der verbleibende Teil des Mietzinses nach § 2 Abs. 4 des Reichsmietengesetzes von dem Mieteinigungsamte festgesetzt.

III Wird das Mietverhältnis lediglich auf Grund des Abs. 1 aufgehoben, so kann das Gericht auf Antrag des Mieters den Vermieter verpflichten, dem Mieter die für den Umzug innerhalb des Gemeindebezirkes erforderlichen Kosten ganz oder teilweise zu ersetzen, wenn dies nach Lage der Sache, insbesondere nach den Vermögens- und Erwerbsverhältnissen der Vertragsteile, der Billigkeit entspricht. Die oberste Landesbehörde kann bestimmen, daß benachbarte Gemeinden als eine Gemeinde im Sinne dieser Vorschrift anzusehen sind. Für Gemeinden, die verschiedenen Ländern angehören, kann auf Antrag der beteiligten obersten Landesbehörden der Reichsarbeitsminister die Bestimmung treffen.

IV Soweit die Ersatzpflicht ausgesprochen wird, ist auf Antrag des Mieters die Zwangsvollstreckung von der Hinterlegung eines in der Urteilsformel zu bezeichnenden, die Umzugskosten oder den zugebilligten Teil mutmaßlich deckenden Geldbetrages abhängig zu machen.

V Der Mieter ist über die Zulässigkeit der in den Abs. 3, 4 bezeichneten Anträge zu belehren. Wird das Urteil nur wegen der Umzugskosten angefochten, so erfolgt die Anfechtung durch sofortige Beschwerde.

VI Auf Antrag des Mieters kann durch einstweilige Verfügung die Hinterlegung des im Abs. 4 bezeichneten Betrags angeordnet werden, wenn der Mieter mit der erforderlichen behördlichen Genehmigung (§ 31) einen Ersatzraum gemietet oder wenn das Mieteinigungsamt einen Mietvertrag über einen Ersatzraum festgesetzt hat. Zum Erlasse der einstweiligen Verfügung ist nicht erforderlich, daß eine Gefährdung des Anspruchs glaubhaft gemacht wird.

VII Das Gericht kann in dem das Mietverhältnis aufhebenden Urteil aussprechen, daß eine Beschlagnahme des Mietraums durch die Gemeindebehörde unter bestimmten, im Urteil zu bezeichnenden Voraussetzungen ausgeschlossen ist. Eine Anfechtung des Urteils findet insoweit nicht statt.

**§ 5.** I In den Fällen der §§ 2 bis 4 ist das Mietverhältnis für den Zeitpunkt aufzuheben, für den eine zur Zeit der Klageerhebung erfolgende Kündigung nach dem Vertrag oder beim Mangel einer Vertragsbestimmung nach § 565 des Bürgerlichen Gesetzbuchs zulässig sein oder an dem die vereinbarte Mietzeit ablaufen würde. In den Fällen der §§ 2, 3 kann auf Antrag des Vermieters das Mietverhältnis mit sofortiger Wirkung aufgehoben werden.

II Der Zeitpunkt, für den die Aufhebung erfolgt, ist in der Urteilsformel festzustellen.

III In der Urteilsformel ist ferner zu bestimmen, daß der Mieter den Mietraum zu dem im Abs. 1 bezeichneten Zeitpunkt an den Vermieter herauszugeben hat. § 721 der Zivilprozeßordnung bleibt, vorbehaltlich des § 6 Abs. 3 Satz 2, unberührt; er **gilt entsprechend, wenn das Urteil die Herausgabe von Räumen zum Gegenstande hat, die nicht Wohnräume sind.**

**§ 6.** I **Wird ein Mietverhältnis, das sich ausschließlich oder zum Teil auf Wohnraum bezieht, lediglich nach § 4 Abs. 1 aufgehoben, so ist die Zwangsvollstreckung durch Ausspruch in der Urteilsformel davon abhängig zu machen, daß hinsichtlich des Wohnraums für den Mieter ausreichender Ersatzraum gesichert ist; der Ausspruch kann unterbleiben, wenn die Versagung des Ersatzraums keine unbillige Härte für den Mieter darstellt. Wird ein Mietverhältnis der bezeichneten Art nach § 2 lediglich deshalb, weil der Mieter einem Dritten den Gebrauch des Mietraums unbefugt belassen hat, oder nach § 3 aufgehoben, so kann die Zwangsvollstreckung von der Sicherung ausreichenden Ersatzwohnraums abhängig gemacht werden, wenn dies zur Vermeidung unbilliger Härten erforderlich erscheint. Das gleiche gilt, wenn ein teilweise auf Wohnraum bezügliches Mietverhältnis nach § 4 Abs. 2 hinsichtlich des Wohnraums aufgehoben wird.**

II **Wird ein Mietverhältnis, das sich ausschließlich oder zum Teil auf anderen als Wohnraum bezieht, lediglich nach § 4 aufgehoben, so ist, soweit es sich um Raum handelt, der nicht Wohnraum ist, die Zwangsvollstreckung von der Sicherung des**

**für die Berufs- oder Geschäftsbedürfnisse des Mieters ausreichenden Ersatzraums abhängig zu machen, wenn der Mieter beweist, daß bei Versagung des Ersatzraums dringende öffentliche Interessen gefährdet werden würden. Hat das Reich, ein Land, ein Gemeindeverband oder eine Gemeinde Räume der bezeichneten Art zu öffentlichen Zwecken oder Wohnräume, in denen gleichzeitig Dienstgeschäfte wahrgenommen werden, mietweise inne, so gilt Satz 1 mit der Maßgabe, daß der Nachweis durch eine Erklärung der Behörde geführt wird, welche der den Raum benutzenden Behörde vorgesetzt ist.**

III **Hat in den Fällen der Abs. 1, 2 der Mieter den Ausspruch beantragt und ist der Antrag im Urteil übergangen, so ist das Urteil zu ergänzen. Auf das Verfahren finden die Vorschriften des § 319 Abs. 2, 3 der Zivilprozeßordnung entsprechende Anwendung; das gleiche gilt, wenn ein Antrag auf Gewährung einer Räumungsfrist übergangen ist. Wird das Urteil nur wegen der Gewährung oder Versagung eines Ersatzraums oder einer Räumungsfrist angefochten, so erfolgt die Anfechtung durch sofortige Beschwerde.**

IV Solange in den Fällen der Abs. 1, 2 der Ersatzraum nicht gesichert ist, jedoch nicht über den Zeitpunkt der Herausgabe des Mietraums hinaus, haben die Beteiligten in Ansehung dieses Raumes die aus dem Mietverhältnisse sich ergebenden Rechte und Pflichten.

V Enthält das Urteil eine Beschränkung der Zwangsvollstreckung nach den Abs. 1, 2 oder nach § 4 Abs. 4 und treten **nach Ablauf der Beschwerdefrist** (Abs. 3 Satz 3, § 4 Abs. 5) Tatsachen ein, welche die Aufhebung des Mietverhältnisses nach den §§ 2, 3 rechtfertigen würden, **oder vereitelt der Mieter böswillig die Sicherung eines Ersatzraums,** so kann der Vermieter die Aufhebung der Beschränkung verlangen. Über den Antrag des Vermieters wird auf Grund mündlicher Verhandlung durch Urteil entschieden; gegen das Urteil findet sofortige Beschwerde statt. § 25 Abs. 2 des Gerichtskostengesetzes gilt entsprechend.

b) Verfahren.

**§ 7.** I Über die Aufhebungsklage entscheidet das Amtsgericht unter Zuziehung von Beisitzern. Ausschließlich zuständig ist das Amtsgericht, in dessen Bezirk sich der Mietraum befindet. Die Vereinbarung der schiedsgerichtlichen Erledigung ist unwirksam.

II Die Beisitzer müssen zur Hälfte Vermieter aus dem Kreise der Hausbesitzer, zur Hälfte Mieter sein. Die Bestellung erfolgt auf Grund von Vorschlagslisten, die von örtlichen Hausbesitzer- und Mietervereinen zu erfordern sind, auf die Dauer von mindestens einem Jahre. Die Beisitzer erhalten für ihre Tätigkeit eine Vergütung.

III Für die Auswahl der Beisitzer darf nur maßgebend sein, daß von ihnen eine gewissenhafte und unparteiische Ausübung des Amtes zu erwarten ist; nach der Zugehörigkeit zu bestimmten Berufsarten oder Bevölkerungskreisen darf ein Unterschied nicht gemacht werden. Personen, die gleichzeitig Vermieter und Mieter sind, sollen nicht zu Beisitzern bestellt werden. Das gleiche gilt für Mitglieder und Vertreter von Gesellschaften und Genossenschaften, die ihren Mitgliedern satzungsgemäß Wohnungen verschaffen, soweit diese Personen Wohnungen inne haben, die nicht den Vorschriften dieses Gesetzes unterliegen, es sei denn, daß sie von einem örtlichen Hausbesitzer- oder Mietervereine vorgeschlagen sind. Die Beisitzer dürfen nicht zugleich mit dem Vollzuge der Maßnahmen gegen Wohnungsmangel betraut sein. Sie dürfen nur bestellt werden, wenn sie sich verpflichten, für Dritte keine berufliche oder ehrenamtliche Tätigkeit auszuüben, die sich auf Mietverhältnisse über Gebäude oder Gebäudeteile bezieht; im Falle ihrer Geschäftsvereinigung mit anderen müssen auch diese sich verpflichten, keine solche Tätigkeit im Bezirke des Gerichts gegen Vergütung auszuüben. Als Tätigkeit dieser Art gelten nicht die Verwaltung eines Hauses für Mitberechtigte, die Wahrnehmung der Mieterinteressen von Hausgenossen und die ehrenamtliche Tätigkeit in einem Hausbesitzer- oder Mietervereine. Im übrigen finden für die Berufung und deren Ablehnung sowie für die Verhältnisse, die bei der Ausübung des Amtes in Betracht kommen, die für Schöffen geltenden Vorschriften der §§ 31 bis 35, 51, 52, 54, 56 des Gerichtsverfassungsgesetzes entsprechende Anwendung; jedoch kann die Zahl der im § 35 Nr. 2 bezeichneten Sitzungstage anderweit gemäß Abs. 7 bestimmt werden.

IV Die Beisitzer sind in bestimmter Reihenfolge zu den Sitzungen heranzuziehen.

V Wer eine Verpflichtung nach Abs. 3 Satz 5 übernommen hat, darf nicht dieser Verpflichtung zuwider vor einem Gericht, einem Mieteinigungsamt oder einer Beschwerdestelle (§ 42) als Bevollmächtigter oder Beistand in Angelegenheiten auftreten, die sich auf Mietverhältnisse über Gebäude oder Gebäudeteile beziehen.

VI Für jeden Beisitzer ist mindestens ein Stellvertreter zu bestellen. Die Vorschriften der Abs. 2 bis 5 gelten auch für die Stellvertreter.

VII Das Nähere über die Bestellung der Beisitzer regelt die oberste Landesbehörde.

**§ 8.** I Die nicht auf Grund einer mündlichen Verhandlung ergehenden Beschlüsse und Verfügungen werden von dem Amtsrichter allein erlassen.

II Im übrigen sind für die Befugnisse des Amtsrichters und der Beisitzer die Vorschriften über das landgerichtliche Verfahren maßgebend. Das Gericht kann anordnen, daß ein Augenschein durch die Beisitzer oder, wo mehr als zwei Beisitzer tätig sind, durch je einen Beisitzer aus dem Kreise der Vermieter und der Mieter eingenommen wird; andere Beweiserhebungen können Beisitzern nicht übertragen werden. Die Entscheidungen bedürfen nicht der Unterschrift durch die Beisitzer.

III In bezug auf die Beratung und Abstimmung finden die §§ 192 bis 198 des Gerichtsverfassungsgesetzes entsprechende Anwendung. Die Vorschriften der Zivilprozeßordnung über die Ausschließung und Ablehnung der Gerichtspersonen gelten sinngemäß; die Entscheidung über die Ausschließung oder Ablehnung eines Beisitzers erfolgt durch den Amtsrichter.

**§ 9.** Die Bestimmung eines Termins **zur Güteverhandlung** kann auch von dem Mieter beantragt werden, der eine Aufhebungsklage befürchtet.

**§ 10.** I Jede Ladung einer Partei zur mündlichen Verhandlung über die Aufhebungsklage soll den Hinweis darauf enthalten, daß gegen die Partei Versäumnisurteil ergehen kann, wenn sie im Termine nicht erscheint oder sich nicht ordnungsmäßig vertreten läßt.

II **Von dem Eingang einer Klage, mit welcher die Aufhebung eines auf Wohnraum bezüglichen Mietverhältnisses auf Grund des § 3 verlangt wird, hat der Gerichtsschreiber der Fürsorgebehörde unter Angabe des rückständigen Mietbetrags und unter Hinweis auf die Fürsorgepflicht gemäß den Reichsgrundsätzen über Voraussetzung, Art und Maß der öffentlichen Fürsorge unverzüglich Mitteilung zu machen.**

**§ 11.** I In dem ersten auf die Klage angesetzten Termine kann die Zuziehung der Beisitzer unterbleiben.

II Erscheint in dem Termine nur eine der Parteien, so erläßt auf ihren Antrag der Amtsrichter das Versäumnisurteil.

III Erscheinen beide Parteien und kommt ein Vergleich nicht zustande, so hat der Amtsrichter die Entscheidung zu erlassen, wenn sie sofort erfolgen kann und beide Parteien es beantragen. Andernfalls ist ein neuer Verhandlungstermin, zu dem die Beisitzer zuzuziehen sind, anzusetzen und sofort zu verkünden. Zeugen und Sachverständige, deren Vernehmung der Amtsrichter für erforderlich erachtet, sind zu diesem Termine zu laden.

**§ 12.** Wird von einem nach § 7 Abs. 1 besetzten Gericht oder vor dem Amtsrichter eine Partei, die einer Vereinigung der Hausbesitzer, der Mieter, der Arbeitgeber oder der Arbeitnehmer angehört, von einem Beauftragten der Vereinigung vertreten, so findet § 157 Abs. 1 der Zivilprozeßordnung insoweit keine Anwendung. **Als Beauftragte gelten alle mit Vertretungsausweis der Vereinigung versehenen Personen.**

**§ 13.** I Bis zum Schlusse der mündlichen Verhandlung, auf die das Urteil ergeht, können andere als die in der Klage vorgebrachten Klagegründe geltend gemacht werden. In der Berufungsinstanz gilt dies nur, wenn glaubhaft gemacht wird, daß der Vermieter ohne sein Verschulden außerstande gewesen sei, jene Gründe im ersten Rechtszug vorzubringen, oder wenn der Mieter zu der Änderung der Klage seine Einwilligung erteilt hat.

II Die Leistung eines Eides ist durch Beweisbeschluß anzuordnen.

III Erfolgt die Aufhebung des Mietverhältnisses lediglich nach § 4, so ist das Urteil nicht für vorläufig vollstreckbar zu erklären. Ein Urteil, das auf einem anderen Grunde beruht, darf nur dann für vorläufig vollstreckbar erklärt werden, wenn glaubhaft gemacht wird, daß die Aussetzung der Vollstreckung dem Vermieter einen nicht zu ersetzenden Nachteil bringen würde.

IV Die Kosten des Rechtsstreits können, wenn die Aufhebung lediglich nach § 4 erfolgt, dem Vermieter ganz oder teilweise auferlegt werden, sofern dies nach Lage der Sache, insbesondere nach den Vermögens- und Erwerbsverhältnissen der Vertragsteile, der Billigkeit entspricht. Die Entscheidung über die Kosten kann in diesem Falle selbständig angefochten werden, sofern der Wert des Beschwerdegegenstandes den Betrag von dreißig Reichsmark übersteigt; die Anfechtung erfolgt durch sofortige Beschwerde.

V Für die Wertberechnung bei der Aufhebungsklage ist der Betrag des für die Dauer eines Vierteljahrs zu entrichtenden Mietzinses maßgebend.

§ 14. I Gegen ein Urteil, durch das ein Mietverhältnis aufgehoben oder eine Aufhebungsklage abgewiesen ist, finden die Berufung und in den Fällen des § 6 Abs. 3, 5 auch die sofortige Beschwerde ohne Rücksicht auf den Wert des Beschwerdegegenstandes statt.

II **In den Fällen des § 4 Abs. 5, des § 6 Abs. 3 und des § 13 Abs. 4 findet die sofortige Beschwerde auch dann statt, wenn mehrere Beschwerdegründe nebeneinander geltend gemacht werden.**

III **Wird ein Urteil mit der Berufung und der sofortigen Beschwerde angefochten, so ist über beide Rechtsmittel von derselben Kammer des Landgerichts zu entscheiden.**

IV Jedes auf eine Aufhebungsklage ergehende Urteil soll einen Hinweis auf den zulässigen Rechtsbehelf sowie auf die Form und Frist seiner Einlegung enthalten.

§ 15. I Der Vermieter kann in der Klage neben dem Aufhebungsanspruch auch andere Ansprüche erheben, sofern sie das gleiche Mietsverhältnis betreffen und das Gericht auch für sie zuständig ist.

II Die Erhebung einer Widerklage ist nur statthaft, sofern der Gegenanspruch des Mieters das gleiche Mietverhältnis betrifft.

III Wird mit der Aufhebungsklage ein Anspruch anderer Art verbunden, so ist auf Antrag des Beklagten anzuordnen, daß der Anspruch in getrenntem Prozesse verhandelt werde. Die Anordnung kann auch von Amts wegen getroffen werden. In entsprechender Weise ist zu verfahren, wenn eine Widerklage anderer Art erhoben wird. Die Abtrennung der Widerklage ist auf Antrag auch dann anzuordnen, wenn der mit ihr erhobene Anspruch die sachliche Zuständigkeit des Amtsgerichts übersteigt.

IV Der Antrag auf Abtrennung ist nur vor der Verhandlung des Antragstellers zur Hauptsache zulässig. Die Abtrennung von Amts wegen darf nur erfolgen, solange nicht eine Verhandlung zur Hauptsache stattgefunden hat und darauf ein Beschluß verkündet ist.

**§ 16.** I Enthält das Urteil einen Ausspruch nach § 6 Abs. 1, 2, so darf von demjenigen Teile des Urteils, welcher die Herausgabe des Mietraums zum Gegenstande hat, eine vollstreckbare Ausfertigung nur auf Anordnung des Vorsitzenden erteilt werden. Die Anordnung ist erst zulässig, wenn durch eine Bescheinigung der Gemeindebehörde oder durch andere öffentliche oder öffentlich beglaubigte Urkunden nachgewiesen ist, daß der Ersatzraum für den Mieter gesichert ist und daß entweder der Mieter sich mit dem Ersatzraum einverstanden erklärt oder binnen einer Woche seit der Zuweisung des Ersatzraums Einwendungen beim Mieteinigungsamte nicht erhoben hat oder daß die Einwendungen vom Mieteinigungsamte, das hierüber endgültig entscheidet, für unbegründet erklärt worden sind. **Der Zuweisung eines Ersatzraums steht es gleich, wenn der Vermieter dem Mieter durch eine nach § 132 des Bürgerlichen Gesetzbuchs zuzustellende Erklärung einen Ersatzraum anbietet, über den der Vermieter oder ein dem Angebote zustimmender Dritter nach den wohnungsrechtlichen Vorschriften verfügungsberechtigt ist. Bei der Zuweisung oder dem Angebote soll der Mieter auf die Zulässigkeit von Einwendungen, auf die Form und Frist ihrer Geltendmachung sowie auf die Folgen des Fristablaufs hingewiesen werden.** Hat der Mieter gegenüber der Gemeindebehörde auf die Zuweisung eines Ersatzraums verzichtet, so genügt eine Bescheinigung der Gemeindebehörde über den Verzicht. Ist die Vollstreckung nach § 4 von der Hinterlegung eines Geldbetrags abhängig gemacht, so muß in gleicher Weise nachgewiesen sein, daß die Hinterlegung erfolgt und daß dem Mieter eine beglaubigte Abschrift der Hinterlegungserklärung zugestellt ist.

II Die Anordnung des Vorsitzenden ist in der Vollstreckungsklausel zu erwähnen.

III Die Vollstreckung darf erst beginnen, wenn die vollstreckbare Ausfertigung mindestens **sieben** Tage vorher zugestellt ist. Auf Antrag des Mieters kann der Vorsitzende eine längere Frist bestimmen.

IV Die vorstehenden Vorschriften finden keine Anwendung, wenn die Beschränkung der Zwangsvollstreckung nach § 6 Abs. 5 aufgehoben ist.

**§ 17.** Der Vermieter, der mit der Aufhebungsklage abgewiesen ist, kann das Recht, die Aufhebung zu verlangen, nicht mehr auf Tatsachen gründen, die er in einem früheren Rechtsstreit geltend gemacht hat oder geltend machen konnte. Tatsachen, auf die aus diesem Grunde oder wegen § 2 Abs. 3 eine Aufhebungsklage nicht mehr begründet werden kann, dürfen zur Unterstützung einer auf andere Tatsachen gegründeten Aufhebungsklage geltend gemacht werden.

**§ 18.** Im Wege der einstweiligen Verfügung darf die Herausgabe eines Mietraums nicht angeordnet werden.

### c) Besondere Mietverhältnisse. Sonstige Vorschriften.

**§ 19.** I Das beim Tode des Mieters dem Vermieter wie dem Erben nach § 569 des Bürgerlichen Gesetzbuchs zustehende Kündigungsrecht wird durch dieses Gesetz nicht berührt; entgegenstehende Bestimmungen des Mietvertrags kommen nicht in Betracht. Der Vermieter kann jedoch nicht kündigen, wenn der Erbe der Ehegatte des Mieters oder ein volljähriger Verwandter bis zum zweiten Grade ist und beim Tode des Mieters zu dessen Hausstand gehört hat.

II Kündigt der Vermieter oder der Erbe nach der im Abs. 1 bezeichneten Vorschrift, so treten Familienangehörige des Mieters, bei denen die im Abs. 1 Satz 2 bezeichneten Voraussetzungen vorliegen, in die Rechte und Pflichten des Mieters ein. Gibt ein Angehöriger unverzüglich, nachdem er von der Kündigung Kenntnis erlangt hat, dem Vermieter gegenüber die Erklärung ab, daß er das Mietverhältnis nicht fortsetzen wolle, so gilt hinsichtlich dieses Angehörigen der Eintritt als nicht erfolgt.

III Ist der Erbe nicht ein Familienangehöriger des Mieters, so kann er von Familienangehörigen, die beim Tode des Mieters zu dessen Hausstand gehört haben, die Herausgabe des Mietraums nur nach den für die Aufhebung eines Mietverhältnisses geltenden Vorschriften verlangen. Die für die weitere Überlassung des Raumes zu entrichtende Vergütung wird auf Antrag eines Vertragsteils von dem Mieteinigungsamte festgesetzt.

IV Auf Mietverhältnisse, die sich lediglich auf Geschäftsräume beziehen, finden die Vorschriften des Abs. 1 Satz 2 sowie der Abs. 2, 3 keine Anwendung. Abs. 1 Satz 1 gilt mit der Maßgabe, daß der Vermieter nicht kündigen kann, wenn der Erbe das Geschäft fortführt.

**§ 20.** I Ist der Raum nur mit Rücksicht auf ein zwischen den Vertragsteilen bestehendes Dienst- oder Arbeitsverhältnis vermietet, so gelten die §§ 1 bis 19 auch über die Dauer des

Dienst- oder Arbeitsverhältnisses hinaus. Dies gilt nicht, wenn der Mieter durch sein Verhalten dem Vermieter gesetzlich begründeten Anlaß zur Auflösung des Dienst- oder Arbeitsverhältnisses gegeben hatte oder wenn der Mieter das Verhältnis aufgelöst hat, ohne daß ihm vom Vermieter ein solcher Anlaß gegeben war. Ist streitig, ob ein begründeter Anlaß zur Auflösung des Dienst- oder Arbeitsverhältnisses vorlag, und ist für die Entscheidung die Zuständigkeit einer anderen Stelle begründet, so ist die Verhandlung bis zur endgültigen Erledigung des Streites auszusetzen. Die Entscheidung der anderen Stelle ist für das Gericht bindend, das über den Mietstreit entscheidet.

II Gewerkschaftliche Betätigung, insbesondere eine Beteiligung an Bestrebungen zur Erhaltung oder Verbesserung von Lohn- oder Arbeitsbedingungen, rechtfertigen die Aufhebung des Mietverhältnisses nicht.

**§ 21.** Ist ein Raum nur mit Rücksicht auf ein zwischen den Vertragsteilen bestehendes Dienst- oder Arbeitsverhältnis überlassen und stellt die Überlassung einen Teil der für die Leistung der Dienste zu gewährenden Vergütung dar, so finden die Vorschriften des § 20 nach der Auflösung des Dienst- oder Arbeitsverhältnisses entsprechende Anwendung. Der für die weitere Überlassung des Raumes zu entrichtende Mietzins wird auf Antrag eines Vertragsteils von dem Mieteinigungsamte festgesetzt.

**§ 22.** Gelten in den Fällen der §§ 20, 21 die §§ 1 bis 19 auch nach der Beendigung des Dienst- oder Arbeitsverhältnisses, so genügt es an Stelle des im § 4 bezeichneten Aufhebungsgrundes, daß der Vermieter den Mietraum aus besonderen Gründen, insbesondere für den Nachfolger des Mieters in dem Dienst- oder Arbeitsverhältnis, dringend braucht. Der Vermieter wie der Mieter kann verlangen, daß die Zwangsvollstreckung statt von der im § 6 bezeichneten Sicherung eines Ersatzraums davon abhängig gemacht wird, daß der Vermieter an den Mieter einen angemessenen Geldbetrag **für den Umzug und die Unterkunftsbeschaffung** zahlt; § 6 Abs. 3, § 14, § 16 gelten entsprechend.

**§ 23.** Sind Räume in Gebäuden, die von dem Inhaber eines Betriebs zur Unterbringung von Angehörigen des Betriebs errichtet **oder vor dem 1. Juli 1918 zu Eigentum erworben oder gemietet sind**, an einen Betriebsfremden überlassen, so kann der Vermieter die Aufhebung des Mietverhältnisses verlangen, wenn er den Raum für einen Angehörigen des Betriebs dringend braucht. § 22 findet mit der Maßgabe entsprechende Anwendung, daß der Geldbetrag nur zuzuerkennen ist, wenn die Versagung eine unbillige Härte darstellen würde.

**§ 24.** I Die Vorschriften der §§ 1 bis 19 finden auf ein **Untermietverhältnis nur Anwendung, wenn es sich ausschließlich auf Wohnraum bezieht, in dem der Untermieter eine eigene Wirtschaft oder Haushaltung führt.**

II Einem Untermietverhältnis steht es gleich, wenn ein Hauseigentümer oder jemand, der einen Raum auf Grund eines Erbbaurechts, Nießbrauchs oder eines ähnlichen Rechtsverhältnisses inne hat, einen Teil des von ihm selbst im Hause benutzten Raumes vermietet.

**§ 25.** Ist ein Raum für besondere Zwecke zu vorübergehendem Gebrauche vermietet oder untervermietet, so finden, unbeschadet des § 27, die §§ 1 bis 19 keine Anwendung.

**§ 26.** Das dem Vermieter nach § 19 der Konkursordnung zustehende Kündigungsrecht wird durch dieses Gesetz nicht berührt.

**§ 27.** I Die für die Aufhebungsklage geltenden Vorschriften über die Zuziehung von Beisitzern finden auch in einem Rechtsstreit Anwendung, der die Herausgabe eines Mietraums zum Gegenstande hat, ohne daß eine Aufhebung des Mietverhältnisses im Sinne dieses Gesetzes verlangt wird. Im übrigen bestimmt sich das Verfahren nach den §§ 7 bis 12, § 13 Abs. 2, Abs. 3 Satz 2, §§ 14, 15, 18. **Dem Mieter kann auf seinen Antrag eine den Umständen nach angemessene Frist zur Räumung auch dann gewährt werden, wenn das Urteil die Herausgabe von Räumen zum Gegenstande hat, die nicht Wohnräume sind; die Vorschriften des § 721 der Zivilprozeßordnung in Verbindung mit § 6 Abs. 3 Satz 2, 3 gelten entsprechend.**

II Die Vorschriften des Abs. 1 gelten auch, soweit der Vermieter oder der Erbe des Mieters von dessen Familienangehörigen die Herausgabe eines Raumes verlangen kann (§ 19). Das gleiche gilt für Räume, die nur mit Rücksicht auf ein bestehendes Dienst- oder Arbeitsverhältnis vermietet oder überlassen sind.

III Die Vorschriften des § 6 Abs. 4, 5 und des § 16 gelten auch, wenn in einem gerichtlichen Vergleiche die Aufhebung eines

Mietverhältnisses oder in den Fällen der Abs. 1, 2 die Herausgabe eines Raumes mit der Bestimmung vereinbart ist, daß die Zwangsvollstreckung aus dem Vergleiche von der Sicherung eines Ersatzraums für den Mieter abhängig sein soll. Enthält der Vergleich eine solche Bestimmung nicht, so gilt sie, falls die Klage lediglich auf § 4 Abs. 1 gestützt war, als dahin vereinbart, daß ein ausreichender Ersatzwohnraum gesichert sein soll.

**§ 28.** Auf eine Verpflichtung des Mieters, eine ihm nach § 538 Abs. 2 des Bürgerlichen Gesetzbuchs gegenüber dem Vermieter zustehende Ersatzforderung nicht gegen eine Mietzinsforderung aufzurechnen, kann sich der Vermieter nicht berufen. Hat jedoch der Mieter die gesetzliche Miete zu zahlen, so kann er eine solche Forderung nur aufrechnen, soweit die im § 6 Abs. 2 des Reichsmietengesetzes bezeichnete Stelle vor der Vornahme der Arbeit die Vornahme einer laufenden Instandsetzungsarbeit (§ 5 jenes Gesetzes) für erforderlich erklärt hat.

**§ 29.** I Die Erlaubnis des Vermieters, den Gebrauch des Wohnraums einem Dritten zu überlassen, insbesondere ihn unterzuvermieten (§ 549 Abs. 1 des Bürgerlichen Gesetzbuchs), wird durch die Erlaubnis des Mieteinigungsamts ersetzt. Das Mieteinigungsamt soll die Erlaubnis versagen, wenn der Vermieter sie aus einem wichtigen Grunde verweigert hat.

II **Auf die Untervermietung von Räumen, in denen eine eigene Wirtschaft oder Haushaltung nicht geführt werden soll, finden die Vorschriften des Abs. 1 keine Anwendung.**

**§ 30.** I Ist in Fällen, in denen die gesetzliche Miete zu zahlen ist, der Mietzins nach einem längeren Zeitabschnitt als einem Vierteljahre bemessen, so kann der Vermieter verlangen, daß der Mieter den Mietzins in vierteljährigen Zeitabschnitten entrichtet.

II Die oberste Landesbehörde kann anordnen, daß in Fällen, in denen die gesetzliche Miete gilt, der Vermieter wie der Mieter berechtigt ist, zu verlangen, daß der Mietzins wöchentlich oder monatlich gezahlt wird.

**§ 31.** I Bestehen in einer Gemeinde Anordnungen, nach denen der Abschluß von Mietverträgen über Gebäude oder Gebäudeteile anzuzeigen oder zur Genehmigung mitzuteilen ist, so können aus einem dieser Anordnung zuwider nicht angezeigten oder nicht genehmigten Mietvertrage Rechte weder einem Vertragsteil noch einem Dritten noch einer Behörde gegenüber geltend gemacht werden; insbesondere finden die Vorschriften über die Aufhebung des Mietverhältnisses sowie die Vorschriften des § 27 keine Anwendung.

II Ist die Anzeige erstattet oder die Genehmigung erteilt, so kann der Mieter die Herausgabe des Mietraums von demjenigen verlangen, der den Raum ohne Abschluß eines Vertrages oder auf Grund eines nicht angezeigten oder nicht genehmigten Mietvertrags inne hat.

**§ 32.** I **Hat jemand mietweise oder auf Grund eines sonstigen Rechtsverhältnisses ein Gebäude oder den Teil eines Gebäudes inne, das im Eigentum oder in der Verwaltung des Reichs oder eines Landes steht und entweder öffentlichen Zwecken oder zur Unterbringung von Angehörigen der Verwaltung des Reichs oder des Landes zu dienen bestimmt ist oder bestimmt wird, so finden, vorbehaltlich des Abs. 2, die §§ 1 bis 31 keine Anwendung.**

II Die Zwangsvollstreckung aus einem Urteil, welches die Herausgabe eines vermieteten oder überlassenen Raumes zum Gegenstande hat, ist durch Ausspruch in der Urteilsformel davon abhängig zu machen, daß ein ausreichender Ersatzraum gesichert ist; **an Stelle der Zubilligung des Ersatzraums kann auf Antrag des Reichs oder Landes die Gewährung eines angemessenen Geldbetrages treten.** Über Einwendungen gegen den Ersatzraum entscheidet die Behörde, welche der über den Raum verfügungsberechtigten Behörde vorgesetzt ist. **Im übrigen gelten die Vorschriften des § 6 Abs. 3 bis 5, des § 16 mit Ausnahme von Abs. 1 Satz 6 und des § 27 Abs. 3 Satz 1 mit der Maßgabe entsprechend, daß die im § 16 Abs. 1 Satz 2 bezeichnete Bescheinigung von der über den Raum verfügungsberechtigten Behörde ausgestellt wird und daß Einwendungen gegen den Ersatzraum bei dieser oder der ihr vorgesetzten Behörde zu erheben sind.** Der Mieter oder derjenige, dem der Gebrauch überlassen ist, kann vom Reiche oder vom Lande den Ersatz der erforderlichen Umzugskosten verlangen, es sei denn, daß ihm bereits nach den Dienstvorschriften angemessene Umzugskosten zustehen. Über die Ersatzpflicht ist auf Antrag des Berechtigten in der Urteilsformel Bestimmung zu treffen.

III Abs. 2 gilt nicht, wenn Tatsachen vorliegen, welche die Aufhebung des Mietverhältnisses nach den §§ 2, 3 rechtfertigen würden oder wenn der Raum für besondere Zwecke zu vorübergehendem Gebrauch überlassen ist.

IV Die Vorschriften der Abs. 1 bis 3 sowie des § 23 finden auf Gemeinden, Körperschaften des öffentlichen Rechtes, gemeinnützige Anstalten und Stiftungen sowie auf gemeinnützige, nicht auf Erwerb gerichtete Organisationen, soweit sie die Räume für eigene Zwecke dringend benötigen, entsprechende Anwendung.

**§ 33.** I Die Vorschriften der §§ 1 bis 31 finden ferner keine Anwendung auf Neubauten oder durch Um- oder Einbauten neugeschaffene Räume, wenn sie nach dem 1. Juli 1918 bezugsfertig geworden sind oder künftig bezugsfertig werden. Das gleiche gilt für Räume solcher Gesellschaften und Genossenschaften, deren Zweck ausschließlich darauf gerichtet ist, minderbemittelten Familien oder Personen gesunde und zweckmäßig eingerichtete Wohnungen in eigens erbauten oder angekauften Häusern zu billigen Preisen zu verschaffen und bei denen die unter Ziff. 1 des Abschnitts „Befreiungen" der Nr. 1 des Tarifs zum Reichsstempelgesetze vom 3. Juli 1913 (Reichsgesetzbl. S. 639) in der Fassung des Gesetzes zur Änderung des Reichsstempelgesetzes vom 26. Juli 1918 (Reichsgesetzbl. S. 799) aufgeführten Voraussetzungen vorliegen; soweit derartige Gesellschaften und Genossenschaften einem Revisionsverbande nicht angehören, entscheidet die oberste Landesbehörde, ob die Voraussetzungen zutreffen.

II Auf Neubauten, die mit Zuschüssen aus den für die Wiederherstellung der während des Krieges zerstörten Gebiete bereitgestellten Mitteln errichtet sind, finden die Vorschriften dieses Gesetzes Anwendung.

III Die oberste Landesbehörde kann anordnen, daß die Vorschriften der §§ 1 bis 31 auf Neubauten oder durch Um- oder Einbauten neu geschaffene Räume Anwendung finden, die nach dem 1. Juli 1918 bezugsfertig geworden sind oder künftig bezugsfertig werden und für die Zuschüsse aus öffentlichen Mitteln gegeben sind.

IV Für die Erledigung eines Rechtsstreits, der vor dem Inkrafttreten einer Anordnung nach Abs. 3 anhängig geworden ist, gilt § 51 Abs. 1. Die Zwangsvollstreckung aus einem vor dem Inkrafttreten der Anordnung erlassenen Urteil erfolgt nach den vor dem Inkrafttreten des Gesetzes vom 1. Juni 1923 (Reichsgesetzbl. I S. 353) in Geltung gewesenen Vorschriften; Anordnungen, nach denen die Vollstreckung von der Genehmigung des Mieteinigungsamtes abhängig war, finden Anwendung.

§ 33 a. [I] **Wird durch Teilung einer unbenutzten Wohnung von fünf oder mehr Wohnräumen eine neue räumlich und wirtschaftlich selbständige Wohnung gewonnen, so findet auf die neue Wohnung der erste Abschnitt dieses Gesetzes keine Anwendung. Das gleiche gilt, wenn im Einverständnis mit dem Mieter durch Teilung einer benutzten Wohnung der gleichen Größe eine neue räumlich und wirtschaftlich selbständige Wohnung hergestellt wird. Als neue Wohnung gilt der Teil der bisherigen Wohnung, in dem eine Küche nicht vorhanden war.**

[II] **Die Gemeindebehörde hat von der Anordnung oder Durchführung einer Beschlagnahme abzusehen, wenn der Verfügungsberechtigte sich verpflichtet, innerhalb einer von der Gemeindebehörde zu bestimmenden Frist von mindestens vier Wochen die Teilung einer Wohnung der im Abs. 1 bezeichneten Art vorzunehmen und innerhalb der Frist die Arbeiten ausführt.**

[III] **Eine Beschlagnahme der neuen Wohnung ist nicht zulässig. Der Mietvertrag bedarf der Genehmigung der Gemeindebehörde. Die Genehmigung darf nur versagt werden, wenn der Mieter in der Gemeinde nicht als dringlich Wohnungsuchender eingetragen ist; eine Versagung aus anderen Gründen ist nicht zulässig.**

[IV] **Abs. 3 gilt auch, wenn die neue Wohnung durch Beendigung des Mietvertrags wieder frei wird.**

§ 33 b. **Wird aus unbenutzten gewerblichen Räumen oder im Einverständnis mit dem Mieter aus benutzten gewerblichen Räumen durch Ausbau eine räumlich und wirtschaftlich selbständige Wohnung gewonnen, so finden die Vorschriften des § 33 a entsprechende Anwendung. Dies gilt nicht, wenn die Räume bis zum 1. Oktober 1918 zu Wohnzwecken bestimmt oder benutzt waren.**

**§ 34.** Die oberste Landesbehörde kann mit Zustimmung des Reichsarbeitsministers für bestimmte Gemeinden insbesondere Grenzgemeinden, anordnen, daß die §§ 1 bis 31 oder ein Teil dieser Vorschriften keine Anwendung finden, wenn der Mieter im Ausland eine seine Arbeitskraft ganz oder überwiegend in Anspruch nehmende Beschäftigung ausübt, ohne zu einem deutschen Arbeitgeber in einem Dienst- oder Arbeitsverhältnis zu stehen. Die Anordnung kann auf einzelne Gruppen von Mietern beschränkt werden.

**§ 35.** I Hatte der Mieter am 1. Januar 1914 seinen Wohnsitz nicht im Inland, so genügt es an Stelle des im § 4 bezeichneten Aufhebungsgrundes, daß der Vermieter ein begründetes Interesse an der Erlangung des Mietraums hat; die Vorschriften über den Ersatz von Umzugskosten und die Sicherung eines Ersatzraums finden keine Anwendung.

II Abs. 1 gilt nicht, wenn die dort bezeichneten Voraussetzungen auch auf seiten des Vermieters vorliegen oder wenn der Mieter zu den im § 9 c der Bekanntmachung über Maßnahmen gegen Wohnungsmangel vom 23. September 1918 (Reichsgesetzbl. S. 1143) in der Fassung des Gesetzes über Maßnahmen gegen Wohnungsmangel vom 11. Mai 1920 (Reichsgesetzbl. S. 949) bezeichneten Personen gehört.

**§ 36.** I Ist die Zwangsvollstreckung aus einem Urteil nach § 6 von der Sicherung eines Ersatzraums abhängig, so hat die Gemeindebehörde dem zur Herausgabe Verpflichteten einen entsprechenden Ersatzraum beschleunigt zuzuweisen, es sei denn, daß der Verpflichtete gegenüber der Gemeindebehörde auf die Zuweisung eines Ersatzraums verzichtet hat. Dies gilt auch im Falle eines gerichtlichen Vergleichs, wenn das Gericht die beschleunigte Zuweisung eines Ersatzraums angeordnet hat; eine Anfechtung der Entscheidung findet nicht statt. Die Gemeindebehörde hat den bisherigen Vermieter von dem Zeitpunkt der Zuweisung zu benachrichtigen.

II Ein Ersatzraum ist auch beschleunigt zuzuweisen, wenn der Mieter in den Fällen der §§ 22, 23, 32 den Mietraum gegen Zahlung eines Geldbetrags hat herausgeben müssen oder wenn in den Fällen des § 32 die Zwangsvollstreckung von der Sicherung eines Ersatzraums abhängig ist.

III Wer gemäß den **Vorschriften dieses Gesetzes** zur Herausgabe eines Raumes verpflichtet ist, darf von der Gemeindebehörde nicht in den gleichen Raum wieder eingewiesen werden.

## 2. Abschnitt.

## Mieteinigungsämter.

**§ 37.** I Die in diesem Gesetze, dem Reichsmietengesetz und dem Wohnungsmangelgesetze, den Mieteinigungsämtern übertragenen Aufgaben sind durch Mieteinigungsämter wahrzunehmen, die dem § 38 entsprechen.

II Die oberste Landesbehörde kann Gemeinden, Gemeindeverbände und weitere Kommunalverbände zur Errichtung von

Mieteinigunsämtern anhalten. Sie kann die Aufgaben einer anderen Stelle übertragen, wenn deren Zusammensetzung dem § 38 entspricht, insbesondere auch einem mit Beisitzern besetzten Gerichte; soweit die Übertragung an ein Gericht erfolgt, kann auch bestimmt werden, daß die Feststellung der Sicherung eines Ersatzraums (§§ 6, 16) schon im Verfahren über die Aufhebung des Mietverhältnisses getroffen werden kann. Für das Verfahren bleiben die für das Mieteinigungsamt geltenden Vorschriften maßgebend.

**§ 38.** I Das Mieteinigungsamt besteht aus einem Vorsitzenden und mehreren Beisitzern. Für jedes Mitglied ist mindestens ein Stellvertreter zu bestellen.

II Der Vorsitzende muß zum Richteramte befähigt sein oder die Prüfung zum höheren Verwaltungsdienst abgelegt haben. Während seiner Amtszeit, die mindestens ein Jahr betragen soll, darf er gegen seinen Willen nur nach den für die Entlassung eines nicht richterlichen Beamten geltenden Vorschriften aus dem Amte entfernt werden, es sei denn, daß er vorher aus der Gemeindeverwaltung ausscheidet.

III Auf die Beisitzer finden die Vorschriften des § 7 Abs. 2 bis 6 entsprechende Anwendung. Die Vorschriften des § 7 Abs. 3 Satz 1, 4 bis 6, Abs. 4 bis 6 gelten entsprechend auch für den Vorsitzenden.

IV In bezug auf die Beratung und Abstimmung sowie auf die Ausschließung und Ablehnung des Vorsitzenden und der Beisitzer gilt § 8 Abs. 3 mit der Maßgabe, daß an Stelle des Landgerichts die Beschwerdestelle (§ 42) tritt.

V Das nähere über die Besetzung des Mieteinigungsamts regelt die oberste Landesbehörde.

**§ 39.** I Das Mieteinigungsamt entscheidet in der Besetzung von einem Vorsitzenden und mindestens zwei Beisitzern. Die Beisitzer müssen zur Hälfte Vermieter, zur Hälfte Mieter sein; ihre Zahl bestimmt die oberste Landesbehörde.

II Die oberste Landesbehörde kann zulassen, daß der Vorsitzende oder die Beisitzer (Abs. 1 Satz 2) oder, wenn die Aufgaben des Mieteinigungsamts einem Gericht übertragen sind, der Gerichtsschreiber Vorverhandlungen abhalten, insbesondere einen Augenschein einnehmen, und daß, falls nicht ein Vergleich zustande kommt, der Vorsitzende eine Entscheidung trifft, wenn sie sofort erfolgen kann und die Beteiligten es beantragen.

III Gegen die Entscheidungen des Vorsitzenden kann innerhalb der Notfrist von einer Woche das Mieteinigungsamt angerufen werden.

**§ 40.** I Die Beteiligten sind zu einem Termine, der nicht in ihrer Anwesenheit anberaumt ist, schriftlich zu laden; § 10 gilt entsprechend. Die Ladungsfrist beträgt drei Tage; eine Abkürzung der Frist ist zulässig. Das Mieteinigungsamt muß in der Lage sein, festzustellen, daß die Ladungsschrift den Beteiligten rechtzeitig zugegangen ist.

II Sind die Beteiligten ordnungsgemäß geladen und ist die Sache zu einer Entscheidung reif, so kann das Mieteinigungsamt auch in Abwesenheit eines Beteiligten entscheiden. Wird die Verhandlung vertagt, so hat der säumige Teil die den anderen Beteiligten durch das Ausbleiben verursachten notwendigen Kosten zu ersetzen. Erscheint der Säumige auch in dem zweiten Termine nicht, so darf eine weitere Vertagung nur mit Zustimmung der anderen Beteiligten stattfinden.

III Die Entscheidung (§ 39) erfolgt im Rahmen der im § 37 bezeichneten Vorschriften und der dazu erlassenen Anordnungen nach billigem Ermessen. Sie darf nur erlassen werden, wenn den Beteiligten Gelegenheit gegeben worden ist, sich zur Sache und über das Ergebnis einer Beweisaufnahme zu äußern und der Erhebung der Beweise beizuwohnen.

IV Die Entscheidung ist schriftlich zu begründen. Sind die Beteiligten im Termin anwesend, so kann die Begründung mündlich erfolgen; jeder Beteiligte kann jedoch innerhalb der Notfrist (§ 39 Abs. 3, § 41 Abs. 1) die schriftliche Mitteilung der Gründe beantragen. Die Beteiligten sind auf die zulässigen Rechtsbehelfe hinzuweisen; § 14 Abs. 4 gilt entsprechend.

V Vor der Entscheidung kann eine einstweilige Anordnung erlassen werden.

VI Die §§ 319, 321 der Zivilprozeßordnung gelten entsprechend. Ist die Entscheidung vom Vorsitzenden erlassen, so erfolgt die Berichtigung oder die Ergänzung durch das Mieteinigungsamt.

**§ 41.** I Gegen die Entscheidung des Mieteinigungsamts findet innerhalb der Notfrist von zwei Wochen die Rechtsbeschwerde statt. § 16 Abs. 1 Satz 2 bleibt unberührt.

II Die Rechtsbeschwerde kann nur darauf gestützt werden, daß die Entscheidung auf einer Verletzung des Gesetzes beruhe.

Dies ist stets anzunehmen, wenn § 40 Abs. 3 Satz 2 nicht beachtet ist; das gleiche gilt, wenn die Voraussetzungen vorliegen, unter denen nach § 551 Nr. 1 bis 5 der Zivilprozeßordnung eine gerichtliche Entscheidung als auf einer Verletzung des Gesetzes beruhend anzusehen ist. Ebenso liegt eine Gesetzesverletzung vor, wenn § 7 des Wohnungsmangelgesetzes unbeachtet geblieben ist; die endgültige Entscheidung hierüber hat bei Gebäuden, die zur Verfügung des Reichs stehen, die Reichsregierung, im übrigen die Landesregierung. Die §§ 550, 563 der Zivilprozeßordnung finden Anwendung. Die Entscheidung über die Kosten (§ 46) kann nur zugleich mit der Entscheidung in der Hauptsache angefochten werden.

III Die Beschwerdestelle ist befugt, in Fällen, in denen es ihr notwendig erscheint, von Amts wegen die Nachprüfung oder Vornahme einzelner tatsächlicher Feststellungen anzuordnen.

IV Der Gegner des Beschwerdeführers kann sich der Rechtsbeschwerde anschließen. Die §§ 521 Abs. 1, 522 der Zivilprozeßordnung gelten entsprechend.

**§ 42.** I Erachtet das Mieteinigungsamt die Rechtsbeschwerde für begründet, so hat es ihr abzuhelfen; andernfalls ist die Beschwerde der Beschwerdestelle vorzulegen.

II Die Beschwerdestelle entscheidet in einer Besetzung von mindestens drei Mitgliedern; der Vorsitzende und mindestens ein Beisitzer müssen zum Richteramte befähigt sein oder die Prüfung zum höheren Verwaltungsdienst abgelegt haben. Werden Hausbesitzer und Mieter bestellt, so dürfen sie nur in gleicher Zahl herangezogen werden. Die Mitglieder der Beschwerdestelle dürfen nicht Mitglieder eines Mieteinigungsamts sein; § 7 Abs. 5 gilt entsprechend.

III Das Nähere über die Besetzung der Beschwerdestelle bestimmt die oberste Landesbehörde. Sie kann die Aufgaben der Beschwerdestelle einer Verwaltungsbehörde, dem Landgericht oder einem höheren Gericht übertragen.

**§ 43.** I Die Beschwerdestelle kann in der Sache selbst entscheiden oder sie zur nochmaligen Verhandlung und Entscheidung an das Mieteinigungsamt zurückverweisen. Die Zurückverweisung kann an eine andere Abteilung des Mieteinigungsamts erfolgen. Das Mieteinigungsamt, an das die Sache zurückverwiesen wird, hat die rechtliche Beurteilung, die der

Aufhebung der Entscheidung zugrunde liegt, auch seiner Entscheidung zugrunde zu legen.

II Eine Entscheidung, die der Beschwerde unterliegt, wird erst endgültig, wenn die Beschwerdefrist abgelaufen ist, ohne daß eine Beschwerde eingelegt worden ist, oder wenn die Beschwerde nach Ablauf der Beschwerdefrist zurückgenommen oder von der Beschwerdestelle zurückgewiesen wird.

**§ 44.** Wer mit einem Antrag endgültig abgewiesen ist, kann den gleichen Antrag nicht mehr auf Tatsachen gründen, die er in einem früheren Verfahren geltend gemacht hat oder geltend machen konnte. Tatsachen, auf die der Antrag nicht mehr gegründet werden kann, dürfen zur Unterstützung eines auf andere Tatsachen gegründeten Antrags geltend gemacht werden.

**§ 45.** I Aus Vergleichen, die vor dem Mieteinigungsamte, dem Vorsitzenden des Mieteinigungsamts oder der Beschwerdestelle zwischen dem Vermieter, dem Mieter oder einem Dritten abgeschlossen sind, findet die gerichtliche Zwangsvollstreckung statt.

II Die oberste Landesbehörde kann bestimmen, daß auch aus Vergleichen, die in einem vor Beisitzern oder vor dem Gerichtsschreiber stattfindenden Verfahren (§ 39 Abs. 2) abgeschlossen sind, die gerichtliche Zwangsvollstreckung stattfindet.

**§ 46.** I Für das Verfahren vor dem Mieteinigungsamt und der Beschwerdestelle werden Gebühren erhoben. Die Höhe der Gebühren bestimmt die oberste Landesbehörde. Der Gesamtbetrag der Gebühren darf das Dreifache, im Verfahren vor der Beschwerdestelle das Fünffache der vollen Gebühr des § 8 des Gerichtskostengesetzes nicht übersteigen; der Berechnung darf kein höherer Wert zugrunde gelegt werden als der Jahresbetrag der gesetzlichen Miete (§ 1 des Reichsmietengesetzes).

II Neben den Gebühren kann die Erstattung der in dem Verfahren entstandenen baren Auslagen verlangt werden.

III Die Kosten (Abs. 1, 2) hat der unterliegende Teil zu tragen. Die §§ 92, 93, 97 der Zivilprozeßordnung gelten entsprechend. Kosten, die hiernach einer Gemeinde, einem Gemeindeverband oder einem weiteren Kommunalverbande zur Last fallen würden, bleiben außer Ansatz. Das Mieteinigungsamt kann die Kosten dem obsiegenden Teile auferlegen, soweit dies nach Lage der Sache, insbesondere nach den Vermögens-

und Erwerbsverhältnissen der Beteiligten, der Billigkeit entspricht.

IV Von der Verpflichtung zur Kostentragung ist befreit, wer ohne Beeinträchtigung des für ihn und seine Familie notwendigen Unterhalts hierzu außerstande ist, es sei denn, daß die beabsichtigte Rechtsverfolgung oder Rechtsverteidigung mutwillig oder aussichtslos erscheint. Bessern sich die Verhältnisse des Kostenschuldners, so ist er zur Nachzahlung verpflichtet.

V Die Körperschaften des öffentlichen Rechtes sowie gemeinnützige Anstalten und Stiftungen genießen Gebühren- und Stempelfreiheit und sind von der Erstattung von Auslagen (Abs. 2) befreit.

**§ 47.** Im übrigen wird das Verfahren vor dem Mieteinigungsamt und der Beschwerdestelle von der Reichsregierung mit Zustimmung des Reichsrats geregelt.

## 3. Abschnitt.

## Schluß- und Übergangsvorschriften.

**§ 48.** Die oberste Landesbehörde kann die ihr nach diesem Gesetze zustehenden Befugnisse einer anderen Behörde übertragen. Sie kann die Übertragung widerrufen und die Behörde zur Aufhebung einer auf Grund der Befugnis getroffenen Anordnung oder Maßnahme anhalten, auch eine solche Anordnung oder Maßnahme selbst aufheben.

**§ 49.** I Auf die nach diesem Gesetze den Beteiligten zustehenden Rechte kann nicht verzichtet werden. Eine Vereinbarung, nach der einem Beteiligten bei Ausübung der Rechte besondere Nachteile erwachsen sollen, ist unwirksam.

II Die Vorschriften dieses Gesetzes finden auch auf Verträge Anwendung, die unter Umgehung oder zum Zwecke der Umgehung des Gesetzes abgeschlossen sind.

**§ 49a.** I **Wer für die mietweise oder auf Grund eines sonstigen Rechtsverhältnisses erfolgende Überlassung von Räumen oder im Zusammenhange damit für sich oder einen anderen einen Mietzins oder eine sonstige Vergütung fordert, annimmt oder sich versprechen läßt, die unter Berücksichtigung der gesamten Verhältnisse als unangemessen anzusehen sind, wird wegen Wuchers mit Räumen mit Geldstrafe oder mit Gefängnis bestraft. Ist die Tat fahrlässig begangen, so ist auf Geldstrafe oder Gefängnis bis zu einem Jahre zu erkennen.**

II **Ebenso wird bestraft, wer für die Vermittlung eines Rechtsgeschäfts der im Abs. 1 Satz 1 bezeichneten Art eine Vergütung fordert, annimmt oder sich versprechen läßt, die unter Berücksichtigung der gesamten Verhältnisse als unangemessen anzusehen ist.**

**§ 49b. Die Vorschriften des § 49a finden auch auf die von Behörden sowie von der Deutschen Reichsbahn-Gesellschaft überlassenen Räume Anwendung.**

**§ 50.** —

**§ 51.** I Ein vor dem Inkrafttreten des Gesetzes vom 1. Juni 1923 (Reichsgesetzbl. I S. 353) anhängig gewordener Rechtsstreit, der die Herausgabe eines vermieteten oder sonst zum Gebrauch überlassenen Raumes zum Gegenstande hat, ist nach den bis dahin in Geltung gewesenen Vorschriften zu erledigen. Die Zwangsvollstreckung kann von der Sicherung eines ausreichenden Ersatzraumes abhängig gemacht werden, wenn dies zur Vermeidung unbilliger Härten erforderlich erscheint; § 6 Abs. 3 bis 5, § 12, § 13 Abs. 2, Abs. 3 Satz 2, § 14, § 16 mit Ausnahme von Abs. 1 Satz 6 und § 36 finden entsprechende Anwendung.

II Die Zwangsvollstreckung aus einem vor dem Inkrafttreten des Gesetzes vom 1. Juni 1923 erlassenen Urteil erfolgt nach den bis dahin in Geltung gewesenen Vorschriften. Anordnungen, nach denen die Vollstreckung von der Genehmigung des Mieteinigungsamts abhängig ist, bleiben insoweit unberührt.

III Die Vorschriften des Abs. 1 Satz 2 und des Abs. 2 Satz 2 gelten nicht für die in den §§ 32, 33 bezeichneten Gebäude und Gebäudeteile.

**§ 52.** I Die oberste Landesbehörde kann mit Zustimmung des Reichsarbeitsministers anordnen, daß bestimmte Gemeinden oder Gemeindeteile oder bestimmte Arten von Mieträumen von den Vorschriften des ersten Abschnitts ausgenommen werden. Das Gericht kann jedoch auch in diesen Fällen die Zwangsvollstreckung aus Urteilen oder Vergleichen, welche die Herausgabe eines Mietraums zum Gegenstande haben, von der Sicherung eines ausreichenden Ersatzraums abhängig machen, wenn dies zur Vermeidung unbilliger Härten erforderlich erscheint **und die Zubilligung eines Ersatzraums nach den Vorschriften des ersten Abschnitts zulässig sein würde;** § 6

Abs. 3 bis 5, §§ 9, 10, 12, § 13 Abs. 2, Abs. 3 Satz 2, § 14. § 16 mit Ausnahme von Abs. 1 Satz 6, §§ 18, 36 gelten entsprechend. **Auch von den Vorschriften des zweiten Satzes sind Ausnahmen im Wege einer nach Satz 1 ergehenden Anordnung zulässig.**

II **Die oberste Landesbehörde kann, soweit sie es mit Rücksicht auf eine Lockerung oder Aufhebung der öffentlichen Raumbewirtschaftung für erforderlich hält, mit Zustimmung des Reichsarbeitsministers anordnen, daß in bestimmten Gemeinden oder Gemeindeteilen oder hinsichtlich bestimmter Arten von Mieträumen die Zwangsvollstreckung aus einem nach der Anordnung ergehenden Urteil, das die Herausgabe eines Mietraumes zum Gegenstande hat, nicht von der Sicherung eines Ersatzraums abhängig zu machen ist.**

**§ 53.** —

**§ 54.** Dieses Gesetz tritt am **1. Juli 1927** außer Kraft.

---

## 2. Reichsmietengesetz.*) **)

Vom 24. März 1922 (RGBl. S. 273), mit den Änderungen der Gesetze vom 29. Juni 1926 (Art. VIII) und 10. Juli 1926 (RGBl. I S. 317 und 403).

Der Reichstag hat das folgende Gesetz beschlossen, das mit Zustimmung des Reichsrats hiermit verkündet wird.

### Gesetzliche Miete.

**§ 1.** I Der Vermieter wie der Mieter eines Gebäudes oder Gebäudeteils kann jederzeit dem anderen Vertragsteil gegenüber erklären, daß die Höhe des Mietzinses nach den Vor-

---

*) Praktisch nicht mehr geltende Teile sind kleiner gesetzt.

**) Für die gesetzliche Mietzinsbildung von ausschlaggebender Bedeutung sind weiterhin die aus der dritten Steuernot-VO. vom 14. Febr. 1924 (RGBl. I S. 74) und vom 27. Mai 1926 (RGBl. I S. 249), aus dem Finanzausgleichgesetz vom 10. Aug. 1925 (RGBl. I S. 245) und aus den Gesetzen vom 18. u. 31. März 1926 (RGBl. I S. 175 u. 185) erwachsenen Vorschriften der §§ 2 u. 3 des

schriften dieses Gesetzes berechnet werden soll (gesetzliche Miete). Die Erklärung bedarf der schriftlichen Form. Sie hat die Wirkung, daß die gesetzliche Miete von dem ersten Termin ab, für den die Kündigung nach § 565 des Bürgerlichen Gesetzbuchs zulässig sein würde, an die Stelle des vereinbarten Mietzinses tritt; **wird die Erklärung von dem Mieter nach dem 15. Juli 1926 abgegeben, so hat sie ferner die Wirkung, daß der Vertrag als auf unbestimmte Zeit geschlossen gilt.**

II Kommt ein Einverständnis über die Höhe der gesetzlichen Miete nicht zustande, so entscheidet auf Antrag eines Vertragsteils das Mieteinigungsamt.

III Auf Verlangen der Gemeindebehörde hat das Mieteinigungsamt Mietzinsvereinbarungen über Gebäude oder Gebäudeteile nachzuprüfen und, wenn der vereinbarte Mietzins im Vergleiche zu der gesetzlichen Miete für einen Vertragsteil eine schwere Unbilligkeit darstellt, an Stelle des vereinbarten Mietzinses die gesetzliche Miete festzusetzen.

IV Die oberste Landesbehörde kann für das ganze Land oder für bestimmte Gemeinden oder Gemeindeteile anordnen, daß das Mieteinigungsamt die Nachprüfung und Festsetzung auch von Amts wegen vornehmen kann; sie kann weiter anordnen, daß Vereinbarungen über die Höhe des Mietzinses der Gemeindebehörde oder dem Mieteinigungsamt anzuzeigen sind.

V Diese Vorschriften finden auch Anwendung, wenn der bisherige Mietzins durch das Mieteinigungsamt festgesetzt oder auf Grund landesrechtlicher Vorschriften zu berechnen war.

---

Gesetzes über den Geldentwertungsausgleich bei bebauten Grundstücken vom 1. Juni 1926 (RGBl. I S. 251).

§ 2 ermächtigt und verpflichtet die Länder zu einer Mietzinsregelung, die durch allmähliche Erhöhung der Mieten der Entwicklung der allgemeinen Wirtschaftslage Rechnung trägt. Dazu die bayer. VO. vom 28. März 1924 über die gesetzliche Miete (GVBl. 133; Kiefersauer Grundstücksmiete II 103); seit 1. Juni 1926 beträgt in Bayern die gesetzliche Miete bis auf weiteres 100 v. H. der Friedensmiete (MinBek. vom 26. Mai 1926, StAnz. Nr. 119 und 19. Aug. 1926, StAnz. Nr. 190).

§ 3 ermächtigt die Reichsregierung zur Festsetzung einer einheitlichen Mindesthöhe der gesetzlichen Miete im Reich, die am 1. Juli 1926 100 v. H. der Friedensmiete erreicht haben muß und bis zum 31. März 1927 diesen Satz nicht überschreiten darf (Ausnahmen § 3 Abs. 1 Satz 4, 5). Für die Festsetzung der Friedensmiete (Abs. 2) können die Länder in besonderen Fällen Bestimmung treffen.

## Berechnung der gesetzlichen Miete.

**§ 2.** I Bei Berechnung der gesetzlichen Miete ist von dem Mietzins auszugehen, der für die mit dem 1. Juli 1914 beginnende Mietzeit vereinbart war (Friedensmiete). Der in der Friedensmiete für Betriebs- und Instandsetzungskosten enthaltene Betrag ist abzurechnen. Das gleiche gilt für Vergütungen, die in der Friedensmiete für die Heizstoffe, für Sammelheizung oder Warmwasserversorgung oder für andere von der obersten Landesbehörde bestimmte Nebenleistungen (z. B. Glasversicherung) enthalten sind. Die oberste Landesbehörde hat für die abzurechnenden Beträge Hundertsätze der Friedensmiete festzusetzen. Der sich nach Abzug dieser Hundertsätze ergebende Betrag bildet die Grundmiete.

II Der Vermieter hat dem Mieter auf Verlangen Auskunft über die Höhe der Friedensmiete zu geben. Insbesondere hat der Vermieter einen in seinem Besitz befindlichen Mietvertrag über die Räume, aus dem die Höhe der Friedensmiete hervorgeht, dem Mieter auf Verlangen vorzulegen.

III Besteht über die Höhe der Friedensmiete Streit, so ist sie auf Antrag eines Vertragsteils von dem Mieteinigungsamte festzustellen.

IV War eine Friedensmiete nicht vereinbart oder läßt sie sich nicht mehr feststellen, oder weicht sie aus besonderen Gründen in außergewöhnlichem Umfang von dem damaligen ortsüblichen Mietzins ab, so hat das Mieteinigungsamt auf Antrag eines Vertragsteils als Friedensmiete den ortsüblichen Mietzins festzusetzen. Das gleiche gilt für Gebäude und Gebäudeteile, die nach dem 1. Juli 1914 bezugsfertig geworden oder in erheblicher Weise baulich verändert sind oder zu wesentlich anderen Zwecken verwendet werden, sofern diese Umstände einen abweichenden Mietzins rechtfertigen. Als ortsüblich ist der Mietzins anzusehen, der für die mit dem 1. Juli 1914 beginnende Zeit in der Gemeinde für Räume gleicher Art und Lage regelmäßig vereinbart war. Bei Bauten, deren Fertigstellung in der Zeit vom 1. Juli 1914 bis zum 30. Juni 1918 erfolgte, hat das Mieteinigungsamt die Friedensmiete in der Höhe festzusetzen, welche den gegen die Friedenszeit erhöhten Baukosten entspricht.

V Stehen in einem Gebäude die Friedensmieten der einzelnen Wohnungen oder Räume in einem offenbaren Mißverhältnisse zueinander, so hat das Mieteinigungsamt auf Antrag eines Vertragsteils die Friedensmieten innerhalb ihres Gesamtbetrags gegeneinander auszugleichen. Für das Wertverhältnis ist die Ortsüblichkeit am 1. Juli 1914 maßgebend.

VI Der ortsübliche Mietzins ist nach Abs. 4 auch dann festzusetzen, wenn eine Festsetzung des ortsüblichen Mietzinses auf Grund landesrechtlicher Vorschriften erfolgt war.

**§ 3.** I Zu der Grundmiete (§ 2 Abs. 1) treten Zuschläge für

1 die Steigerung der Zinsen einer in der Vorkriegszeit vorhandenen Belastung des damaligen Grundstückswerts, soweit die Belastung in dem Bezirke, für den der Zuschlag festgesetzt wird, allgemein üblich war, und die Steigerung der Kosten für die Erneuerung dieser Belastung,

2. die Betriebskosten,

3. die Kosten für laufende Instandsetzungsarbeiten.

II Die Zuschläge zu 2 und 3 müssen der jeweiligen Höhe der Betriebskosten und der Kosten für laufende Instandsetzungsarbeiten Rechnung tragen. Sie sind in Hundertsätzen der Grundmiete festzusetzen und können nach Gruppen und Klassen von Mieträumen abgestuft werden.

**§ 4.** I Betriebskosten sind für das Haus zu entrichtende Steuern, öffentliche Abgaben, Versicherungsgebühren, Verwaltungskosten und ähnliche Unkosten.

II Die Kosten der Heizstoffe für Sammelheizung und Warmwasserversorgung und die von der obersten Landesbehörde nach § 2 Abs. 1 Satz 3 bestimmten Nebenleistungen sind nicht zu berücksichtigen.

**§ 5.** Als laufende Instandsetzungsarbeiten gelten nicht die vollständige Erneuerung der Dachrinnen und Ablaufrohre, das Umdecken des Daches, der Abputz des Hauses im Äußern, der Neuanstrich des ganzen Treppenhauses im Innern, die Erneuerung der Heizanlage bei Sammelheizung und Warmwasserversorgung (große Instandsetzungsarbeiten). Die oberste Landesbehörde kann bestimmen, daß auch ähnliche außerordentliche, einen größeren Kostenaufwand erfordernde Instandsetzungsarbeiten, soweit sie zur ordnungsmäßigen Erhaltung des Hauses als solche erforderlich sind, als große Instandsetzungsarbeiten gelten sollen.

**§ 6.** I Der Instandsetzungszuschlag (§ 3) ist von dem Vermieter für die erforderlichen laufenden Instandsetzungsarbeiten sachgemäß zu verwenden. Der Vermieter hat der Mietervertretung auf Antrag die Verwendung der Gelder nachzuweisen.

II Hat der Vermieter die Ausführung notwendiger laufender Instandsetzungsarbeiten unterlassen oder die Gelder nicht sachgemäß verwendet, so hat eine von der obersten Landesbehörde zu bestimmende Stelle auf Antrag des Mieters oder von Amts wegen die sachgemäße Ausführung von Instandsetzungsarbeiten durch geeignete Anordnungen zu sichern. Sie kann insbesondere anordnen, daß die Mieter einen entsprechenden Teil des Mietzinses nicht an den Vermieter, sondern an die Stelle selbst oder eine andere Stelle zu entrichten haben; der hiernach zu zahlende Betrag darf nicht höher sein als der Instandsetzungszuschlag (§ 3). Ist eine solche Anordnung getroffen, so erlischt insoweit der Anspruch des Vermieters auf Zahlung des Mietzinses; nicht verwendete Beträge sind dem Vermieter herauszugeben.

III Vor einer Anordnung nach Abs. 2 sind beide Vertragsteile zu hören. Handelt es sich dabei um schwierigere heiztechnische Fragen für Heizanlagen größeren Umfanges, so soll vor der Entscheidung eine geeignete sachverständige Stelle gehört werden.

IV Die oberste Landesbehörde regelt das Verfahren im einzelnen; sie kann insbesondere anordnen, daß die Beträge von den Mietern wie Gemeindeabgaben beigetrieben werden können.

### Große Instandsetzungsarbeiten.

§ 7. I Zur Schaffung von Mitteln für große Instandsetzungsarbeiten ist von den Mietern ein weiterer Zuschlag in einem Hundertsatze der Grundmiete zu zahlen, der von der obersten Landesbehörde festzusetzen ist. Dieser Zuschlag ist von dem Vermieter auf ein für sein Haus oder seinen Hausbesitz besonders einzurichtendes Hauskonto einzuzahlen und lediglich für große Instandsetzungsarbeiten an den Gebäuden des Vermieters zu verwenden. Eine Verfügung des Vermieters über das Hauskonto bedarf der Zustimmung der Mieter. Wird die Zustimmung verweigert, so kann sie auf Antrag des Vermieters durch eine von der obersten Landesbehörde zu bestimmende Stelle ersetzt werden. Die oberste Landesbehörde trifft nähere Anordnungen über die Zustimmung der Mieter sowie über die Einrichtung sowie die Verwendung des Hauskontos. Sie kann insbesondere anordnen, daß die Mieter den Zuschlag nicht an den Vermieter, sondern unmittelbar auf das Hauskonto einzuzahlen haben. Ist eine solche Anordnung getroffen, so erlischt insoweit der Anspruch des Vermieters auf Zahlung des Zuschlags. § 6 Abs. 4 findet Anwendung.

II Die oberste Landesbehörde kann ferner anordnen, daß der Vermieter für nicht vermietete Räume sowie für Räume, für welche nicht die gesetzliche Miete zu zahlen ist, den entsprechenden Betrag auf das Hauskonto einzuzahlen hat. § 6 Abs. 4 findet Anwendung.

III Gemeinden und Gemeindeverbände können mit Zustimmung der obersten Landesbehörde einen Ausgleichsfonds einrichten, aus dem für große Instandsetzungsarbeiten, die mit den im Abs. 1 bestimmten Zuschlägen nicht gedeckt werden können, an wirtschaftlich Schwache Beihilfen nach billigem Ermessen gewährt werden. Die Mittel hierzu sind durch einen besonderen Zuschlag zu dem nach den §§ 6, 9 des Gesetzes über die Erhebung einer Abgabe zur Förderung des Wohnungsbaues vom 26. Juni 1921 (Reichsgesetzbl. S. 773) den Gemeinden (Gemeindeverbänden) zufließenden Zuschlag zu der Abgabe zur Förderung des Wohnungsbaues zu beschaffen. Die oberste Landesbehörde kann die Höhe des Zuschlags bestimmen, sie kann ferner nähere Vorschriften über die Verwaltung und Verwendung der Mittel erlassen. Über einen Antrag auf Gewährung von Mitteln aus dem Ausgleichsfonds ist unter Hinzuziehung von Vermieter- und Mietervertretern zu entscheiden. Sind örtliche Vermieter- und Mietervereinigungen vorhanden, so sind die von diesen benannten Vertreter zu hören. Der Ausgleichsfonds ist steuerfrei.

IV Mit Zustimmung des Reichsarbeitsministers kann die oberste Landesbehörde Ausnahmen von dem Grundsatz des Abs. 1 zulassen. Soweit eine solche Ausnahme zugelassen ist, ist auf Antrag eines Vertragsteils vom Mieteinigungsamt ein Zuschlag unter Berücksichtigung der Bedürfnisse des Gebäudes für eine im Einzelfalle seit Oktober 1920 ausgeführte oder in den nächsten zwölf Monaten erforderlich werdende große Instandsetzungsarbeit zu bestimmen.

**§ 8.** Läßt der Vermieter trotz Aufforderung durch die Gemeindebehörde eine notwendige große Instandsetzungsarbeit innerhalb einer angemessenen, von der Gemeindebehörde bei der Aufforderung zu bestimmenden Frist nicht ausführen, so ist die Gemeindebehörde berechtigt, die Arbeit selbst vorzunehmen. Im Falle des § 7 Abs. 1 kann die Gemeindebehörde die erforderlichen Mittel von dem Hauskonto in Anspruch nehmen. Im Falle des § 7 Abs. 4 ist sie zur Stellung des Antrags bei dem Mieteinigungsamte berechtigt. Das Mieteinigungsamt kann anordnen, daß die Mieter den Zuschlag nicht an den Vermieter, sondern an die Gemeindebehörde zu entrichten haben; ist eine solche Anordnung getroffen, so erlischt insoweit der Anspruch des Vermieters auf Zahlung des Betrags. Die Gemeindebehörde kann die Beträge von den Mietern wie Gemeindeabgaben beitreiben lassen.

**§ 9.** I Hat der Vermieter das Gebäude erst nach dem 1. Januar 1920 erworben oder erwirbt er es erst nach dem Inkrafttreten dieses Gesetzes, so kann er die Gewährung von Mitteln für große Instandsetzungsarbeiten zur Beseitigung solcher Mängel nicht verlangen, die beim Erwerbe des Gebäudes bereits vorhanden waren, und die er gekannt hat oder kennen mußte.

II Soweit der Vermieter mit Bezug auf das Gebäude Versicherungssummen, Vergütungen für Bergschäden oder Zuwendungen aus anderen Gründen zur Wiederherstellung des früheren Zustandes erhält, sind Mittel für große Instandsetzungsarbeiten nach § 7 nicht zu zahlen.

## Gewerbliche Betriebe.

**§ 10.** I Sind Räume an den Unternehmer eines gewerblichen Betriebs vermietet, so kann das Mieteinigungsamt auf Antrag des Vermieters einen besonderen Zuschlag zu der gesetzlichen Miete festsetzen, wenn und soweit infolge der Eigenart des Betriebs besonders hohe Betriebs- und Instandsetzungskosten entstehen und die nach § 3 Abs. 1 Nr. 2 und 3 festgesetzten Zuschläge zur Deckung dieser Kosten nicht ausreichen.

II Für Räume, die zu gewerblichen Zwecken (§ 1 der Reichsgewerbeordnung) hergestellt sind oder mit Zustimmung der Gemeindebehörde für gewerbliche Zwecke verwendet werden, kann ein weiterer Zuschlag in Hundertsätzen der Grundmiete festgesetzt werden. Bei seiner Festsetzung ist auf die allgemeine Lage der Gewerbe sowie darauf Rücksicht zu nehmen, daß wirtschaftlich schwache Betriebe nicht in ihrer Existenz gefährdet werden. Der Zuschlag kann nach Klassen abgestuft werden.

**Festsetzung der Hundertsätze.**

**§ 11.** Die oberste Landesbehörde kann die in den §§ 2, 3, 7, 10 bezeichneten Hundertsätze für das Land oder für bestimmte Gemeinden oder Gemeindeteile selbst festsetzen oder die Festsetzung der Gemeindebehörde übertragen. Vor der Festsetzung der Hundertsätze sind Vermieter- und Mietervertreter zu hören; sind örtliche Vermieter- oder Mieterorganisationen vorhanden, so sind die von diesen benannten Vertreter zu hören. Eine Änderung der Hundertsätze ist zulässig; ist die Feststellung durch die Gemeindebehörde erfolgt, so kann auch die oberste Landesbehörde die Sätze ändern. Die Änderung wirkt von dem auf den Zeitpunkt der Bekanntgabe folgenden nächsten Monatsersten oder von dem bei der Bekanntgabe bestimmten späteren Zeitpunkt. Das Nähere über das Verfahren bestimmt die oberste Landesbehörde.

**Sammelheizung, Warmwasserversorgung und Nebenleistungen.**

**§ 12.** I Die Kosten der Heizstoffe für Sammelheizung und Warmwasserversorgung sowie für andere von der obersten Landesbehörde nach § 2 Abs. 1 Satz 3 bestimmte Nebenleistungen sind getrennt von der gesetzlichen Miete zu berechnen. Soweit derartige Nebenleistungen (z. B. Glasversicherung) nur bei einzelnen Mietern entstehen, haben nur diese Mieter sie zu tragen.

II Die oberste Landesbehörde bestimmt, wie die Kosten der Heizstoffe für Sammelheizung und Warmwasserversorgung und die nach § 2 Abs. 1 Satz 3 bestimmten sonstigen Nebenleistungen auf die Mieter umzulegen sind. Sie kann anordnen, daß der Vermieter verpflichtet ist, dem Mieter Auskunft über die Höhe der Kosten der Heizstoffe oder der Nebenleistungen zu geben und die erforderlichen Belege vorzulegen.

**§ 13.** I Das Mieteinigungsamt kann, gleichviel ob ein Mietzins vereinbart oder die gesetzliche Miete zu zahlen ist, auf Antrag eines Vertragsteils anordnen, daß der Vermieter berechtigt oder verpflichtet ist, die Sammelheizung oder Warmwasserversorgung in gewissen Fällen ganz oder teilweise einzustellen.

II Ist eine solche Anordnung getroffen, so tritt eine entsprechende Minderung der für die Heizstoffe für Sammelheizung oder Warmwasserversorgung zu leistenden Vergütung ein.

**§ 13 a.** I **Sind an einem Gebäude oder Gebäudeteile nach dem 1. Juli 1926 mit Zustimmung des Mieters oder der Mehrheit der beteiligten Mieter bauliche Veränderungen vorgenommen, die den Gebrauchswert erhöhen und nicht als Instandsetzungsarbeiten anzusehen sind, auch nicht aus der gesetzlichen Miete ohne Beeinträchtigung der ordnungsmäßigen Bewirtschaftung bezahlt werden können, und ist die Friedensmiete nach § 2 Abs. 4 Satz 2 nicht erhöht worden, so kann der Vermieter die zur angemessenen Verzinsung und Tilgung des zweckmäßig aufgewandten angemessenen Kapitals erforderlichen Beträge nach dem Verhältnis der Friedensmieten auf die Mieter umlegen, für die der Gebrauchswert der gemieteten Räume erhöht wird (Zusatzmiete). Wird der Gebrauchswert in verschiedenem Umfang erhöht, so hat die Umlegung nach dem Verhältnis der Erhöhung zu erfolgen.**

II **Im Streitfall entscheidet das Mieteinigungsamt.**

III **Die oberste Landesbehörde kann eine Zusatzmiete festsetzen, soweit die baulichen Veränderungen auf Grund behördlicher Anordnung im öffentlichen Interesse vorgenommen worden sind.**

### Untermiete.

**§ 14.** I Ist ein Mietraum weitervermietet, so muß der hierfür zu entrichtende Mietzins unter Berücksichtigung etwaiger Nebenleistungen, wie Überlassung von Einrichtungsgegenständen und Leistung von Diensten, in einem angemessenen Verhältnis zu dem auf den Raum entfallenden Teile des Hauptmietzinses stehen. Die oberste Landesbehörde hat nähere Bestimmungen über die Berechnung der Untermiete zu treffen. § 1 gilt entsprechend.

II Abs. 1 gilt auch, wenn ein Hauseigentümer oder jemand, der ein Grundstück auf Grund eines Erbbaurechts, Nießbrauchs oder eines ähnlichen Rechtsverhältnisses inne hat, einen Teil des von ihm selbst im Hause benutzten Raumes vermietet.

### Entscheidungen des Mieteinigungsamts.

**§ 15.** Die auf Grund dieses Gesetzes vom Mieteinigungsamte getroffenen Entscheidungen gelten als vereinbarte Bestimmungen des Mietvertrags.

### Ausnahmebestimmungen.

**§ 16.** I Die Vorschriften dieses Gesetzes finden auf Neubauten oder durch Um- oder Einbauten neugeschaffene Räume, wenn sie nach dem 1. Juli 1918 bezugsfertig geworden sind oder künftig bezugsfertig werden, **sowie auf Wohnungen, die in den Fällen der §§ 33a, 33b des Gesetzes über Mieterschutz und Mieteinigungsämter neu gewonnen sind,** keine Anwendung. Das gleiche gilt für Räume in Gebäuden, die im Eigentum des Reichs, eines Landes oder einer sonstigen Körperschaft des öffentlichen Rechtes stehen und entweder öffentlichen Zwecken oder zur Unterbringung von Angehörigen der Verwaltung des Reichs, des Landes oder der Körperschaft dienen oder diesen Zwecken, falls die Gebäude bereits vor dem 1. Oktober 1918 im Eigentume der genannten Körperschaften standen, zu dienen bestimmt sind. Die Vorschriften des Gesetzes finden ferner keine Anwendung auf die Abgabe von Räumen solcher Gesellschaften und Genossenschaften, deren Zweck ausschließlich darauf gerichtet ist, minderbemittelten Familien oder Personen gesunde und zweckmäßig eingerichtete Wohnungen in eigens erbauten oder angekauften Häusern zu billigen Preisen zu verschaffen, und bei denen die unter Ziffer 1 des Abschnitts „Befreiungen" der Nr. 1 des Tarifs zum Reichsstempelgesetze vom 3. Juli 1913 (Reichsgesetzbl. S. 639) in der Fassung des Gesetzes zur Änderung des Reichsstempelgesetzes vom 26. Juli 1918 (Reichsgesetzbl. S. 799) aufgeführten Voraussetzungen vorliegen; soweit derartige Gesellschaften und Genossenschaften einem Revisionsverbande nicht angehören, entscheidet die oberste Landesbehörde, ob die in dem ersten Halbsatz genannten Voraussetzungen zutreffen.

II Auf Neubauten, die mit Zuschüssen aus den für die Wiederherstellung der während des Krieges zerstörten Gebiete bereitgestellten Mitteln errichtet sind, finden die Vorschriften dieses Gesetzes Anwendung.

### Mietervertretung.

**§ 17.** I Die Mieter eines Hauses sind berechtigt, einen oder mehrere von ihnen mit ihrer Vertretung in Mietangelegenheiten zu beauftragen (Mietvertretung, Vertrauensmann der Mieter, Mieterausschuß).

II Die Mietervertretung soll das Einvernehmen zwischen den Mietern und dem Vermieter fördern. Jeder Beteiligte soll sich in Streitfällen, insbesondere vor Anrufung des Mieteinigungsamts, zunächst an die Mietervertretung, soweit eine solche vorhanden, wenden; diese soll den Sachverhalt nach Möglichkeit klären und eine gütliche Einigung herbeizuführen suchen. Die Mietervertretung ist ferner befugt, die nach § 6 zulässigen Anträge neben dem Mieter oder an seiner Stelle zu stellen. In den Fällen des § 7 Abs. 1 Satz 4 und Abs. 4 soll vor der Entscheidung über einen Antrag des Vermieters die Mietervertretung gehört werden. Im Falle des § 7 Abs. 3 kann die oberste Landesbehörde bestimmen, daß die Mietervertretung die Auszahlung von Mitteln beantragen kann. Für Mieträume mit Sammelheizung und Warmwasserversorgung kann von der obersten Landesbehörde bestimmt werden, daß der Vermieter die Kosten der Heizstoffe einer zu diesem Zwecke nach näherer Anordnung der obersten Landesbehörde zu bildenden Mietervertretung nachzuweisen hat und daß dieser ein Mitwirkungs- und Aufsichtsrecht bei Beschaffung, Lagerung und Verwendung der Heizstoffe zusteht.

III Bei der Wahrnehmung ihrer Aufgaben hat die Mietervertretung dahin zu wirken, daß die Vertragsteile Forderungen und Maßnahmen unterlassen, welche die gemeinsamen Interessen der Vertragsteile oder das Gemeininteresse schädigen.

## Mietenverzeichnis.

**§ 18.** I Die oberste Landesbehörde kann allgemein oder für bestimmte Gemeinden anordnen, daß der Vermieter der Gemeindebehörde binnen einer bestimmten Frist anzuzeigen hat, was ihm über die Höhe der das Haus betreffenden Friedensmieten (§ 2 Abs. 1 Satz 1) bekannt ist. In den Fällen des § 2 Abs. 3, 4 und 5 hat das Mieteinigungsamt die von ihm festgestellte oder festgesetzte Friedensmiete der Gemeindebehörde mitzuteilen.

II Die Gemeindebehörden haben die Anzeigen zu sammeln und nach näherer Bestimmung der obersten Landesbehörde aufzubewahren. Die oberste Landesbehörde bestimmt auch die Form und den Inhalt der von dem Vermieter zu erstattenden Anzeige.

## Schlußbestimmungen.

**§ 19.** I Auf die nach diesem Gesetze den Vertragsteilen zustehenden Rechte kann nicht verzichtet werden. Eine Vereinbarung, nach der einem Vertragsteil bei Ausübung der Rechte besondere Nachteile erwachsen sollen, ist unwirksam.

II Die Vorschriften dieses Gesetzes finden auch auf Verträge Anwendung, die unter Umgehung oder zum Zwecke der Umgehung des Gesetzes abgeschlossen sind.

**§ 20.** Tritt die gesetzliche Miete an die Stelle des vereinbarten Mietzinses, so richtet sich die Verpflichtung zur Tragung der Betriebskosten und zur Instandhaltung des Mietraums nach den Vorschriften des Bürgerlichen Gesetzbuchs; außerdem erlischt jede vom Vermieter oder Mieter übernommene, ihm nach den Vorschriften des Bürgerlichen Gesetzbuchs über den Mietvertrag nicht obliegende Verpflichtung, sofern sie auf die Festsetzung der Höhe des Mietzinses offenbar von Einfluß war. Im übrigen bleiben die auf Gesetz oder Vertrag beruhenden Rechte und Pflichten der Vertragsteile unberührt.

**§ 21.** Die Reichsregierung kann mit Zustimmung des Reichsrats Vorschriften zur Ausführung dieses Gesetzes erlassen. Soweit sie von dieser Befugnis keinen Gebrauch macht, kann die oberste Landesbehörde die Ausführungsvorschriften erlassen.

**§ 22.** Die oberste Landesbehörde kann die in diesem Gesetz ihr selbst oder der Gemeindebörde zugewiesenen Befugnisse allgemein oder in bestimmten Fällen anderen Stellen übertragen. Sie kann anordnen, daß die Berechnung der gesetzlichen Zuschläge in bestimmten Gemeinden oder Gemeindeteilen nach anderen Grundsätzen erfolgen soll, als im Gesetze vorgesehen ist, insbesondere, daß die Zuschläge für einzelne Mieträume besonders zu berechnen sind. Sie kann nach Anhörung des Reichsarbeitsministers weiter anordnen, daß bestimmte Gemeinden oder Gemeindeteile oder bestimmte Arten von Mieträumen von den Bestimmungen dieses Gesetzes auszunehmen sind; sie kann nach Anhörung des Reichsarbeitsministers ferner anordnen, daß für das Land oder für bestimmte Gemeinden oder Gemeindeteile die gesetzliche Miete für alle Mietverhältnisse gelten soll.

**§ 23.** Ein Vermieter, der eine ihm nach § 1 Abs. 4 oder § 18 obliegende Anzeige vorsätzlich nicht oder nicht rechtzeitig erstattet oder wissentlich unrichtige oder unvollständige Angaben macht, wird mit Geldstrafe bis zu hunderttausend Mark oder mit Haft bestraft.

(Geldstrafe: 3—10000 Goldmark, nunmehr Reichsmark.)

**§ 24.** I Dieses Gesetz tritt zu dem von der obersten Landesbehörde bestimmten Tage, spätestens am 1. Juli 1922 in Kraft; gleichzeitig tritt die Verordnung über Sammelheizung und Warmwasserversorgungsanlagen in Mieträumen vom 22. Juni 1919 (Reichsgesetzbl. S. 595) / 29. Oktober 1920 (Reichsgesetzbl. S. 1846) außer Kraft. Ein auf Grund der bisherigen Vorschrift festgesetzter Mietzins gilt als vereinbart.

II Das Gesetz tritt mit dem **1. Juli 1927** außer Kraft.

# II. Gesetz
# über Mieterschutz und Mieteinigungsämter.

In der Fassung der Bekanntmachung vom 30. Juni 1926 (RGBl. I S. 347).

Der Reichstag hat das folgende Gesetz beschlossen, das mit Zustimmung des Reichsrats hiemit verkündet wird:

## 1. Abschnitt.

## Mieterschutzrecht.

A. **Grundsätzliches.** Die in diesem Abschnitt unter der Bezeichnung Mieterschutz zusammengestellten Bestimmungen bedeuten eine nicht unerhebliche Beschränkung, Ergänzung und teilweise Erweiterung der für das Mietverhältnis nach den Vorschriften des Bürgerlichen Gesetzbuches geltenden Rechtsnormen. In Verbindung mit dem Reichsmietengesetz und dem Bürgerlichen Gesetzbuch (§§ 535—580) bringt dieser Abschnitt die Weiterbildung des sozialen Gedankens des Schutzes der Mieter, wie er bisher in der Mieterschutzverordnung vom 23. Sept. 1918 in der Fassung des Gesetzes vom 11. Mai 1920 (RGBl. S. 951) seinen Ausdruck gefunden hat. Der Grundgedanke des neuen Mieterschutzes liegt in der grundsätzlichen, wenn auch nicht ausnahmslosen Beseitigung des vertraglichen und gesetzlichen Kündigungsrechtes des Vermieters bei Mietverhältnissen über Gebäude und Gebäudeteile, in der Einführung der Aufhebungsklage und deren Verweisung vor das Amtsgericht, das hierüber in einem besonderen Verfahren zu entscheiden hat. An diesem Grundgedanken hat auch die Novelle vom 29. Juni 1926 nichts geändert. Darüber hinaus können Mietverhältnisse der bezeichneten Art nur mehr im Wege der freien Vereinbarung oder durch Kündigung seitens des Mieters, deren Zulässigkeit sich nach dem Vertrage oder nach den Vorschriften der §§ 535 ff. BGB. richtet, aufgehoben werden. Eine Kündigung des Vermieters ist zulässig bei Erbfällen nach Maßgabe des § 19 MSchG. und im Falle des Konkurses (§ 26 MSchG.). Die Rechte des Mieters sind durch das MSchG. — abgesehen von den Vorschriften der §§ 28, 30 — nicht beschränkt; wegen der Rechtsabtretung vgl. § 29 Anm. 2.

Wenn auch grundsätzlich das Gesetz in erster Linie auf die Wahrung der Interessen des Mieters abzielt und dieser Gesichtspunkt bei der Auslegung der gesetzlichen Vorschriften zu beachten ist, so finden sich dennoch im ersten Abschnitt dieses Gesetzes einzelne Bestimmungen, die im Interesse des Vermieters getroffen worden sind. Auf diese die Lage des Vermieters erleichternden Neuerungen gegenüber dem bisherigen Rechtszustand wird insbesondere von Ruth ArchZivPrax. 121, 325 hingewiesen. Einen weiteren Fortschritt nach dieser Richtung brachte die Novelle vom 29. Juni 1926: sie bedeutet im wesentlichen eine Lockerung der Wohnungszwangswirtschaft im Sinne einer stärkeren Betonung der Vermieterrechte und des Vermieterschutzes.

**B. Räumlicher Geltungsbereich** des ersten Abschnittes. Die Bestimmungen des Mieterschutzes gelten grundsätzlich für das ganze Reich. Im Gegensatz zu der bisherigen Mieterschutzverordnung ist das Mieterschutzgesetz in seiner ganzen sachlichen Ausdehnung durch landesrechtliche Regelung beschränkbar: bestimmte Gemeinden oder Gemeindeteile oder bestimmte Arten von Mieträumen können mit Zustimmung des Reichsarbeitsministers von den Vorschriften des ersten Abschnittes ausgenommen werden (§ 52 MSchG.). Die Novelle vom 29. Juni 1926 läßt in § 52 Abs. 2 weiterhin ausdrücklich die Anordnung zu, daß im Interesse einer Lockerung oder Aufhebung der öffentlichen Raumbewirtschaftung in bestimmten Gemeinden oder hinsichtlich bestimmter Arten von Mieträumen die Zwangsvollstreckung eines Räumungsurteils von der Sicherung eines Ersatzraumes nicht abhängig gemacht werden darf.

**C. Sachlicher Geltungsbereich des Mieterschutzes.** Die Bestimmungen des ersten Abschnittes sind grundsätzlich nur anzuwenden auf Mietverhältnisse; deshalb scheiden aus: rein tatsächliche Besitzverhältnisse, Pachtverhältnisse oder sonstige Rechtsverhältnisse, die nicht als Mietverhältnisse anzusehen sind. Mieter und Vermieter sind auch die Personen, die aus einem auf Grund des § 4 Abs. 1 Satz 1 WMG. abgeschlossenen Mietvertrag oder aus einem durch Staatsakt begründeten Zwangsmietverhältnis (§ 4 Abs. 1 Satz 2 MWG.) Rechte und Pflichten ableiten; auch für die Beendigung dieses Mietverhältnisses gelten beim Vorliegen der sonstigen Voraussetzungen die Vorschriften des ersten Abschnittes. Von Bedeutung ist, daß allgemein — also über den Rahmen des § 571 BGB. hinaus — der Erwerber eines Grundstücks als Vermieter anzusehen ist.

Mieter können sowohl natürliche als auch juristische Personen sein: für Aktiengesellschaften, Vereine, Handelsgesellschaften gilt daher grundsätzlich das Mieterschutzrecht. Für den Umfang des zu gewährenden Schutzes kann es im einzelnen Falle, insbesondere bei vorgeschriebener Berücksichtigung der Vermögens- und Erwerbsverhältnisse (vgl. § 4 Abs. 3) oder für gewerbliche Räume bei Berücksichtigung verschiedener Niederlassungen (§ 4 Abs. 1) von Bedeutung sein, ob eine natürliche oder eine juristische Person die Räume inne hat.

Nach dem Vorbild des § 14 RMG. finden die Vorschriften dieses Abschnittes zum Teil (§§ 1—19 u. § 29) auch auf Untermieter Anwendung; darüber hinaus sind diese Vorschriften in diesem beschränkten Umfang für anwendbar erklärt auf Rechtsverhältnisse, die zwar reine Mietverhältnisse, aber nicht Untermietverhältnisse sind, nämlich auf die Fälle, in denen ein Hauseigentümer oder jemand, der einen Raum auf Grund eines Erbbaurechts, Nießbrauchs oder eines ähnlichen Rechtsverhältnisses inne hat, einen Teil des von ihm selbst im Hause benutzten Raumes vermietet (§ 24). Der Untermieterschutz ist jedoch durch die Nov. vom 29. Juni 1926 beschränkt auf Wohnräume, in denen der Untermieter eine eigene Wirtschaft oder Haushaltung führt (§ 24 Abs. 1, § 29 Abs. 2).

Das Mieterschutzgesetz gilt ohne Rücksicht auf die deutsche oder ausländische Staatsangehörigkeit der Vertragsteile. (so auch BayObLG. 8. April 1925 BayZ. 1925, 188). Bei Beschäftigung im Ausland oder früherem Wohnsitz im Inland gelten die Sonderbestimmungen der §§ 34, 35. Diese Bestimmungen stehen nicht in Widerspruch mit dem Versailler Vertrag (Art. 276 d); denn sie gelten gleichmäßig für Inländer wie für Ausländer. Im übrigen ist das Deutsche Reich nirgends verpflichtet, die Vorteile, die es den eigenen Staatsangehörigen gewährt, immer und überall auch den Ausländern zuzuwenden. Ruth, ArchZivPrax. 121, 313.

Eine weitere Abgrenzung der Mietverhältnisse besteht darin, daß nur Mietverhältnisse über Gebäude oder Gebäudeteile für die Bestimmungen des ersten Abschnittes in Betracht kommen. Dies ist zwar zunächst ausdrücklich nur für die Beschränkung der Aufhebung von Mietverhältnissen (§§ 1 bis 18) bestimmt, gilt aber auch für die in den §§ 19—36 getroffenen Sonderbestimmungen, auch soweit hier lediglich von Mieträumen die Rede ist. Zustimmend Dahlsheimer LZ. 1924, 449. In dieser Beziehung hat das neue Mieterschutzrecht nur eine unwesentliche Änderung des sachlichen Geltungsbereiches der Mieterschutzverordnung gebracht. Mietverhältnisse über bewegliche Sachen, über Räume in Schiffen, Wohnwagen, über Lagerplätze (RG. EA. 470) u. dgl. sind den Vorschriften dieses Abschnittes nicht unterworfen; für sie gilt daher kein Mieterschutzrecht.

Soweit es sich dagegen um Gebäude handelt, erstreckt sich der Mieterschutz grundsätzlich auf Räume jeder Art, gleichviel ob diese Räume zu Wohnzwecken oder zu anderen, insbesondere gewerblichen Zwecken verwendet werden. Auf Läden, Werkstätten, Kontorräume, Büros, Fabrikräume finden demgemäß die Vorschriften dieses Abschnittes grundsätzlich ebenso Anwendung wie auf Wohnräume, sofern überhaupt ein Mietverhältnis vorliegt; die Möglichkeit der Gewährung einer Räumungsfrist gemäß § 721 ZPO. ist nunmehr auch für Nichtwohnräume nach §§ 5, 27 gegeben. Sonderbestimmungen für zu gewerblichen Zwecken verwendete Räume (Geschäftsräume) finden sich in den §§ 4, 6, 19 und 27; Erlaubnis zur Untervermietung kann nur bei Wohnräumen durch Spruch des MEA. ersetzt werden. § 29.

Im Rahmen der Mietverhältnisse über Gebäude und Gebäudeteile ist die Anwendung des Mieterschutzrechtes durch wichtige Ausnahmebestimmungen grundsätzlich eingeschränkt; die Bestimmungen dieses Abschnittes finden keine Anwendung:

I. Auf Räume, die für besondere Zwecke zu vorübergehendem Gebrauche vermietet oder untervermietet sind (vorübergehende Zweckverwendung) §§ 25, 32 Abs. 3. In Betracht kommen die Fälle der Vermietung von Räumen für die Kur- und Badezeiten, für bestimmte Festlichkeiten, für vorübergehende geschäftliche Veranstaltungen (Jahrmärkte, Messen, Ausstellungen) usw.

Die Nichtanwendbarkeit der Bestimmungen dieses Abschnittes ist auf die §§ 1—19 beschränkt; die §§ 26, 28, 29, 30, 31 und 36 sind dagegen gegebenenfalls auch für solche Mietverhältnisse zur Anwendung zu bringen. Das besondere Verfahren des § 27 greift auch hier Platz.

II. Auf Räume in Neubauten oder Umbauten, wenn sie nach dem 1. Juli 1918 bezugsfertig werden, ferner auf Räume in Genossenschaftshäusern der in § 33 bezeichneten Art, gleichviel, wann diese Bauten errichtet sind. Für Genossenschaftshäuser kommen die Vorschriften dieses Gesetzes überhaupt nicht in Betracht, wenn das Nutzungsverhältnis der Genossen an den Räumen nicht mietrechtlich, sondern gesellschaftsrechtlich geordnet ist.

Die Vorschriften des ersten Abschnittes finden ferner keine Anwendung auf Altwohnungen, die durch Teilung einer unbenutzten oder benutzten, fünf oder mehr Wohnräume umfassenden Wohnung oder durch Ausbau benutzter oder unbenutzter gewerblicher Räume nach Maßgabe der durch die Nov. eingefügten §§ 33a, 33b gewonnen werden; in jedem Falle muß es sich um eine räumlich und wirtschaftlich selbständige Wohnung handeln.

III. Nach der Art des Nutzungsberechtigten sind durch Einzelbestimmungen Ausnahmen geschaffen

1. für Gebäude oder Gebäudeteile, die im Eigentum oder in der Verwaltung des Reichs, eines Landes oder einer Körperschaft des öffentlichen Rechtes, gemeinnütziger Anstalten und Stiftungen oder gemeinnütziger, nicht auf Erwerb gerichteter Organisationen stehen (§ 32). Voraussetzung ist — vorbehaltlich der Regelung in Abs. 4 — lediglich, daß das Gebäude

entweder a) öffentlichen Zwecken
oder b) zur Unterbringung von Angehörigen der Verwaltung einer dieser Körperschaften (Organisationen) zu dienen bestimmt ist oder bestimmt wird.

2. nach Maßgabe der landesrechtlichen Regelung für bestimmte Gemeinden, insbesondere Grenzgemeinden, wenn der Mieter im Ausland eine seine Arbeitskraft ganz oder überwiegend in Anspruch nehmende Beschäftigung ausübt, ohne zu einem deutschen Arbeitgeber in einem Dienst- oder Arbeitsverhältnis zu stehen (§ 34).

D. **Inhaltlich** lassen sich die Bestimmungen des ersten Abschnittes in zwei Gruppen teilen: in materielle Rechtsvorschriften, die zum Teil die Vorschriften des BGB. über die Miete (§§ 535—580) ergänzen oder abändern, zum Teil eine Erweiterung des Reichsmietengesetzes bedeuten und in prozessuale Normen, die sich hauptsächlich mit der Durchführung der Zwangsvollstreckung befassen. Daneben finden sich auch Vorschriften, die in engem Zusammenhang mit den Wohnungsmangelbestimmungen stehen und insoweit in besonderem Maße den öffentlich-rechtlichen Charakter des Mieterschutzrechtes zum Ausdruck bringen.

1. Materielles Recht findet sich in folgenden Bestimmungen:
   a) Beschränkung des Kündigungsrechtes des Vermieters und Einführung der Aufhebungsklage, die nur auf gesetzlich genau umschriebene Tatsachen gestützt werden kann (§§ 1 bis 5);
   b) Ausdehnung des Kündigungsrechtes des Vermieters und des Erben unter Beseitigung entgegenstehender Vertragsabreden (§ 19);
   c) Ausdehnung des Mietverhältnisses über § 568 BGB. hinaus in den Fällen des § 6 Abs. 4 und § 19 Abs. 2;
   d) Einschränkung des vertraglichen Aufrechnungsverzichtes des Mieters und Erweiterung der Rechte des Vermieters (§ 28);
   e) Regelung der Zinszahlungstermine bei Zahlung der gesetzlichen Miete (§ 30);
   f) Ergänzung des § 549 BGB. (Erlaubnis zur Untervermietung) (§ 29);
   g) Unwirksamkeit wohnungspolizeilich nicht gestatteter Mietverträge (§ 31);
   h) Minderung und Festsetzung des Mietzinses (§§ 4 Abs. 2, 21);
   i) die gegen Mietwucher und Vermittlungswucher erlassenen Strafvorschriften der §§ 49 a, 49 b.

2. Prozessuale Beschränkungen der Zwangsvollstreckung (Räumung):
   a) Zulässigkeit der Abhängigmachung der Zwangsvollstreckung — keine Pflicht des Gerichts — von der Sicherung eines

ausreichenden Ersatzwohnraums (§§ 6 Abs. 1 Satz 2 u. 3); Berücksichtigung bei Erteilung einer vollstreckbaren Ausfertigung (§ 16) und Beschränkung der Möglichkeit, das Urteil für vorläufig vollstreckbar zu erklären (§ 13 Abs. 3); Urteilsergänzung (§ 6 Abs. 3, § 27 Abs. 1);

b) Abhängigmachung der Zwangsvollstreckung — Pflicht des Gerichts — von der Sicherung eines für den Mieter, für seine Berufs- oder Geschäftsbedürfnisse ausreichenden Ersatzraumes (§ 6 Abs. 1 Satz 1, Abs. 2); Ausschluß der vorläufigen Vollstreckbarkeitserklärung (§ 13 Abs. 3) und Berücksichtigung bei Erteilung der vollstreckbaren Ausfertigung des Urteils (§ 16); Urteilsergänzung (§ 6 Abs. 3, § 27 Abs. 1);

c) Möglichkeit der Gewährung einer Räumungsfrist in Anwendung des § 721 ZPO. auch für Nichtwohnräume (§ 5 Abs. 3, § 27 Abs. 1);

d) Ergänzung eines gerichtlichen Vergleiches über Räumung, wenn Sicherung eines ausreichenden Ersatzraumes im Falle des § 4 Abs. 1 nicht vereinbart ist (§ 27 Abs. 3);

e) Unzulässigkeit der Anordnung der Herausgabe eines Mietraumes im Wege einstweiliger Verfügung (§ 18).

Wegen der Zulassung der Geldabfindung an Stelle der Sicherung eines Ersatzraumes vgl. §§ 22, 23, 36 Abs. 2; wegen der Vergütung der Umzugskosten innerhalb des Gemeindebezirkes vgl. §§ 4 Abs. 3, 16, 22, 32 und 35. Im Falle des § 22 können auch die Kosten der Unterkunftsbeschaffung verlangt werden.

3. Wohnungspolizeiliche Vorschriften enthalten

a) § 4 Abs. 7: Das Gericht kann in einer die Ortspolizeibehörde bindenden Weise im Urteil aussprechen, daß die Beschlagnahme des Mietraumes nur unter bestimmten Voraussetzungen zulässig ist: Einengung der der Ortspolizeibehörde auf Grund der §§ 4, 5 und gegebenenfalls § 6 WMG. zustehenden Beschlagnahmebefugnis;

b) Verbot der Beschlagnahme einer gemäß § 33a, § 33b gewonnenen neuen selbständigen Wohnung (§ 33a Abs. 3 u. 4), auch wenn der bestehende Mietvertrag abläuft;

c) § 36 Abs. 1 u. 2: Verpflichtung der Ortspolizeibehörde zur beschleunigten Zuweisung eines entsprechenden Ersatzraumes (Wohn- oder sonstigen Raum) für den zur Herausgabe des Mietraumes Verpflichteten: Erweiterung des Kreises der nach § 14 WMG. vorzugsweise zu berücksichtigenden Wohnungsuchenden und Ausdehnung der wohnungspolizeilichen Maßnahmen auch auf Nichtwohnräume, ohne daß zugleich die allgemeinen Vorschriften über Maßnahmen gegen Wohnungsmangel eine Zwangsvermittlung von Nichtwohnräumen zulassen würden;

d) § 36 Abs. 3: Wer zur Herausgabe eines Raumes nach dieser Vorschrift verpflichtet ist, darf von der Ortspolizeibehörde nicht in den gleichen Raum wieder eingewiesen werden: Beschränkung der Ortspolizeibehörde in der Auswahl der Räume.

E. **Verfahren.** Die allgemeine Zuständigkeit der Amtsgerichte (ohne Rücksicht auf den Wert des Streitgegenstandes) ist in § 23 Ziff. 2 GVG. festgelegt auf: „Streitigkeiten zwischen dem Vermieter und dem Mieter oder Untermieter von Wohnräumen oder anderen Räumen oder zwischen dem Mieter und dem Untermieter solcher Räume wegen Überlassung, Benutzung oder Räumung sowie wegen Zurückbehaltung der von dem Mieter oder dem Untermieter in die Mieträume eingebrachten Sachen.“ Diese Streitigkeiten sind Feriensachen § 202 Abs. 2 Ziff. 4 GVG. Die Amtsgerichte sind hiernach nicht zuständig für Mietstreitigkeiten anderer Art z. B. für Klagen auf Zahlung des Mietzinses, auf Entschädigung wegen Verschlechterung oder Nichtüberlassung der Mieträume, für Räumungsklagen auf Grund Eigentums, auf Feststellung des Mietverhältnisses im ganzen, für Streitigkeiten über die Wirksamkeit einer Kündigung, über das Bestehen eines Mietvertrages usw. Hiefür gelten die allgemeinen Zuständigkeitsbestimmungen der §§ 71, 23 Ziff. 1 GVG.; der Wert des Streitgegenstandes muß mehr als 500 Reichsmark betragen, soll das Landgericht zuständig sein. Wegen der Möglichkeit der Entscheidung von Streitigkeiten durch Schiedsurteil vgl. §§ 18, 19 der Entlastungs-VO. in der Fassung der Bek. vom 13. Mai 1924, RGBl. I S. 552; das sog. amtsgerichtliche Bagatellverfahren gilt für die im MSchG. geregelten Streitigkeiten nicht (§ 20 Abs. 2).

Das Aufhebungsverfahren (§§ 1—18 MSchG.) sowie die Fälle des § 27 MSchG. sind den Amtsgerichten zur Entscheidung übertragen; diese haben grundsätzlich unter Zuziehung von zwei Beisitzern (Ausnahmen §§ 8, 11 MSchG.) ihre Entscheidungen zu treffen. Das Landgericht ist Berufungsgericht (§§ 14, 27); es entscheidet ohne Zuziehung von Beisitzern. Über Berufung und sofortige Beschwerde ist von derselben Kammer zu entscheiden (§ 14 Abs. 3).

## a) Beschränkung der Aufhebung von Mietverhältnissen.

### § 1.

[I] Mietverhältnisse über Gebäude oder Gebäudeteile können, vorbehaltlich der §§ 19 bis 26, auf Verlangen des Vermieters gegen den Willen des Mieters nur aus den in den §§ 2 bis 4 bezeichneten Gründen aufgehoben werden.

Die Aufhebung erfolgt auf Klage des Vermieters durch gerichtliches Urteil.

II Ist das Mietverhältnis für eine bestimmte Zeit eingegangen, so wird es nach dem Ablauf der Mietzeit fortgesetzt, wenn nicht der Mieter spätestens zu dem Zeitpunkt, zu dem nach § 565 des Bürgerlichen Gesetzbuchs eine für den Ablauf der Mietzeit zulässige Kündigung zu erfolgen haben würde, sich auf die Beendigung des Mietverhältnisses beruft. Ein vertraglich vorbehaltenes Rücktrittsrecht kann vom Vermieter nicht gegen den Willen des Mieters ausgeübt werden.

III Dem Vermieter steht gleich, wer nach dem Abschluß des Mietvertrags das Eigentum an dem Grundstück erwirbt.

**1.** Mietrechtsverhältnisse. Nur Mietverhältnisse kommen in Betracht (RG. 110, 124); sie werden begründet durch Mietvertrag oder beim sog. Zwangsmietvertrag — nur zulässig für Wohnräume — durch autoritativen Staatsakt, der zwischen den Parteien die gleichen Wirkungen wie ein Mietvertrag erzeugt § 4 Abs. 1 S. 4 WMG. Der Untermieter steht zum Hauptvermieter in keinerlei Vertragsverhältnis; daher kein Mieterschutz, so auch RG. 110, 124. Fälle der gesetzlichen Begründung oder der Fiktion der Fortdauer von Mietverhältnissen finden sich in den § 568 BGB., §§ 1 Abs. 2, 6 Abs. 4, 19 Abs. 2.

Nur rechtswirksame Mietverhältnisse genießen den Schutz des Gesetzes RG. (19. März 1926) EA. 470. Wegen Geschäftsunfähigkeit einer Partei, wegen Formmangels nichtige oder mit Erfolg wegen Irrtum, arglistiger Täuschung angefochtene Verträge (vgl. RG. 104, 364) entbehren jeden Rechtsschutzes und können begrifflich nicht mehr aufgehoben werden. Stern zu § 1. Hieher zählt insbes. der Fall des § 31. Über Miete vom nichtberechtigten Vermieter Gschnitzer, ArchZivPrax. 123, 43.

Miete ist nach § 535 BGB. die Überlassung einer Sache zum Gebrauch gegen Entgelt. Nach diesen gesetzlichen Merkmalen ist nach den Umständen des einzelnen Falles zu prüfen, ob ein Mietverhältnis nach dem Willen der Vertragschließenden begründet werden wollte und tatsächlich begründet wurde. Die bloße Bezeichnung eines Vertragsteiles als „Mieter“ dürfte zur Feststellung eines Mietverhältnisses nicht genügen RG. BayZ. 1923, 210. Miete liegt unter Umständen insbes. dann nicht vor, wenn der Verkäufer eines Anwesens sich bis zu einem bestimmten Zeitpunkt das Recht der Weiterbenutzung vorbehalten hat: hier wird regelmäßig der Zeitpunkt der aus dem Kaufvertrag folgenden Verpflichtung zur Übergabe hinausgeschoben (ebenso Hertel zu § 1); alsdann findet weder das MSchG. noch auch das RMG.

(anders insoweit wiederholt das RG. 108, 312; RG. JW. 1926, 1949 = BayZ. 1926, 153); wie hier Kiefersauer, BayZ. 1925, 41) Anwendung. Ist dagegen ein Mietvertrag im oder neben dem Kaufvertrag abgeschlossen, so gelten beide Gesetze.

Der Grundsatz der Vertragsfreiheit auf dem Gebiete des Schuldrechtes hat je nach den Bedürfnissen des Wirtschaftslebens besondere Vertragstypen entstehen lassen, die keinem der vom BGB. geregelten Vertragsverhältnisse ausschließlich angehören, vielmehr nach ihrem Inhalt die Anwendung von Einzelvorschriften aus mehreren der gesetzlich geregelten Vertragstypen verlangen. Die Rechtsnatur solcher gemischter Verträge (Gut Nr. 342, 343) kann nur an der Hand des Einzelfalles nach dem Hauptzweck des Vertrages festgestellt werden; entscheidend ist, was dem Vertrag entsprechend seinem hauptsächlichen wirtschaftlichen Zweck das Gepräge verleiht. Hiernach ist also z. B. zu entscheiden, ob die Übernahme von Dienstleistungen durch den Wohnungsinhaber dem Vertrag den Charakter eines Miet- oder eines Dienstvertrages gibt (vgl. Stern zu § 1 u. LG. Breslau JW. 1922, 824[8]). Mit der bloßen Feststellung der rechtlichen Natur eines Vertrages ist die Aufgabe des Richters noch nicht erfüllt: das Ergebnis der rechtlichen Untersuchung ist sowohl nach § 19 Abs. 2 RMG. als auch nach § 49 Abs. 2 MSchG. unter dem Gesichtspunkt zu überprüfen, ob der Vertrag „unter Umgehung oder zum Zwecke der Umgehung des Gesetzes" abgeschlossen worden ist. Die Pflicht zur Ermittlung der Absichten und Beweggründe der Parteien nach dieser Richtung besteht hauptsächlich in dem Falle, daß sich bei der Prüfung der Rechtsnatur des Vertrages ergeben hat, daß ein Mietverhältnis nicht vorliegt. Es erscheint fraglich, ob die Parteiabsichten in so weitgehendem Maße der richterlichen Nachprüfung überhaupt unterworfen werden wollten: die Vorschrift der §§ 19 RMG. und 49 MSchG. darf jedenfalls nicht dazu führen, daß eine ohne jede Nebenabsicht zum Ausdruck gebrachte Willenserklärung umgedeutet wird. Lag im einzelnen Falle ein wirtschaftliches Bedürfnis vor, nicht ein Mietverhältnis, sondern ein anderes Rechtsverhältnis zu begründen, so darf auch nicht auf dem Umwege über § 49 MSchG. dieses Vertragsverhältnis den Vorschriften dieses Gesetzes unterstellt werden. Nur wenn die Umgehungsabsicht aus den Umständen des Falles sich zweifellos ergibt, wenn insbesondere die Rechtsform von einer Partei unter Ausnutzung der Unkenntnis oder Unerfahrenheit der anderen Vertragspartei gewählt worden ist, wird § 49 zur Anwendung zu bringen sein.

Da nur Mieteverhältnisse in Betracht kommen, findet dieses Gesetz ebenso wie das bisherige Mieterschutzrecht (RG. 105, 46; 104, 364; 103, 273; 102, 188) keine Anwendung auf Pachtverhältnisse und auf Nutzungsverhältnisse, auf Grund öffentlichrechtlichen und wohl auch bürgerlichrechtlichen Dienstvertrages (hierzu RG. 91, 21 u. RG. 102, 6).

Wegen der Ausdehnung des Mieterschutzes auf Werkwohnungen auch nach Beendigung des Arbeitsverhältnisses vgl. die Sonderregelung der §§ 20—23.

Auf Vertragsverhältnisse, die sich als Wohnungsleihe im Sinne des § 598 BGB. darstellen, wird man abweichend vom bisherigen Recht (RG. Gruch. 65, 717 = JW. 1921, 1362[5]) das Mieterschutzrecht nicht ausdehnen dürfen, da das MSchG. nur reine Mietverhältnisse trifft und eine ausdehnende Auslegung des Ausnahmegesetzes nicht zulässig erscheint (ebenso Stern und Hertel zu § 1; Brandis, ArchZivPrax. 121, 181; Brumby EA. 314; Metzler, BayZ. 1926, 100; a. M. 2. Aufl., LG. Düsseldorf JW. 1925, 663; Czolbe, Gruch. 66, 117). Vgl. auch RG. 110, 124; RG. 104, 365 und hinsichtlich der Auslegung Mittelstein, JW. 1925, 725.

Für das dingliche Wohnungsrecht im Sinne des § 1093 BGB. kommt das Mieterschutzrecht auch dann nicht in Frage (ebenso Goetzel EA. 429), wenn die Gestaltung des Rechtes im einzelnen, insbesondere durch die Vereinbarung eines nach Zeitabschnitten bemessenen Entgeltes, einen mietähnlichen Charakter erhält (KG. JW. 1923, 760[2]; wie hier Hertel zu § 1).

Die Genossenschaftsmiete, d. h. die Rechtsform, in der den Mitgliedern einer Genossenschaft die Nutzung von Wohnungen und sonstigen Räumen in Genossenschaftshäusern gegen Entgelt überlassen wird, ist, auch wenn sie als „Miete" bezeichnet ist, keine Miete. (Zustimmend Hertel zu § 1; ebenso Rieß, Gruch. 61, 91; a. M. LG. Bremen JW. 1923, 1056 sowie LG. Berlin III KGBl. 1926, 56). Denn die Gebrauchsüberlassung wird entscheidend beeinflußt werden durch das Verhältnis des Genossen zur Genossenschaft. Zu dem schuldrechtlichen Verhältnis der Mietnutzung tritt der dem bürgerlichen Recht fremde Gedanke der körperschaftsrechtlichen Beziehungen zwischen der Genossenschaft und ihren Mitgliedern. Das Nutzungsverhältnis kann überhaupt in rein körperschaftsrechtlicher Ordnung, also ausschließlich nach den allgemeinen Grundsätzen des Genossenschaftsrechtes und unter Ausschluß bürgerlichrechtlicher Normen geregelt sein; eine solche Regelung des Nutzungsverhältnisses beruht alsdann ausschließlich auf dem Genossenschaftsgedanken und ist als Teil des genossenschaftlichen Verwaltungsrechtes anzusehen und daher der Beschlußfassung der zuständigen Genossenschaftsorgane zu überlassen. Eine solche rein körperschaftliche Regelung der genossenschaftlichen Wohnungsnutzung findet sich indes in der Praxis bisher nur sehr selten. Aber auch soweit das genossenschaftliche Nutzungsrecht durch „Mietvertrag" geregelt ist, muß bei der ergänzenden Auslegung der geltenden Bestimmungen dieses Vertrages berücksichtigt werden, daß in allen diesen „Mietverträgen" der körperschaftsrechtliche Gedanke der Einordnung des Mitgliedes in die Genossenschaft das Rechtsverhältnis entscheidend beeinflußt; rein schuldrechtliche Beziehungen liegen nirgends vor und deshalb ist das Mieterschutzgesetz, auch wenn die Ausnahme nach § 33 nicht bestünde, auf die Genossenschaftsmiete nicht anwendbar.

Ob ein Miet- oder ein Pachtverhältnis vorliegt, kann nur nach Lage des Einzelfalles unter Würdigung der besonderen Umstände entschieden werden. Die Bezeichnung des Vertrages ist für die rechtliche Beurteilung nicht maßgebend (vgl. RG. JW. 1921, 1361[4]; RG., Warn. Rspr. 1922 Nr. 38; RG., BayZ. 1923, 119; RG. SeuffA. 63, 143; RG. JW. 1924, 803; RG. EA. 322). Die Pacht umfaßt außer dem Gebrauch auch noch den Fruchtgenuß, kann also als eine nach Gegenstand und Zweck erweiterte Abart der Miete (Mittelstein S. 21) bezeichnet werden. Der Gegenstand des Pachtvertrages als solcher muß geeignet sein, einen Ertrag vermöge seiner Beschaffenheit abzuwerfen; der wirtschaftliche Organismus eines Unternehmens darf nicht erst vom Übernehmer durch eigene Tätigkeit und aus eigenen Mitteln neu geschaffen werden (RG. 81, 25; RG. EA. 430). Entscheidend ist die Rolle, die die Räume als Ertragsquelle, als eigentliche Quelle der Erträge, spielen. RG. 19. Jan. 1926 EA. 453. Soweit es sich um ausgestattete, für den besonderen Vertragszweck (Betrieb) geeignete (betriebsfertige), insbesondere baulich besonders eingerichtete Räume handelt, ist Pacht anzunehmen. Diese Annahme wird nach ständiger Rechtsprechung des Reichsgerichts auch nicht dadurch ausgeschlossen, daß der Nutzungsberechtigte selbst Mobiliar (Inventar), sei es zu eigenem Gebrauche, sei es zur Ergänzung der Betriebseinrichtung in die überlassenen Räume einbringt; es genügt, wenn die Räume nur in der Hauptsache für den Betrieb eingerichtet und ausgestattet sind vgl. RG. [27. April 1926] EA. 486. Unerheblich ist, ob die Einrichtungsgegenstände durch einen besonderen Vertrag (RG. 91, 310), durch den Verpächter oder einen Dritten (RG. BayZ. 1924, 322; RG. DRZ. 1924, 445; RG. JR. 1925, Nr. 1008) überlassen werden (a. M. Crohne, JW. 1924, 792). Eine besondere bauliche Einrichtung ist nicht in jedem Falle erforderlich, um ein Haus als unmittelbare Quelle gewerblicher Erträge erscheinen zu lassen. Es schadet auch nicht, daß einzelne Räume leer übergeben werden; vgl. RG. LZ. 1923, 226, sowie bezüglich der möglichen Ergänzung und Vervollständigung der Einrichtung RG. BayZ. 1918, 354 und 1923, 210. Ist dagegen eine Einrichtung im wesentlichen überhaupt nicht vorhanden, muß sie der Pächter erst selbst beschaffen, um Erträge überhaupt erzielen zu können, so liegt, weil nur die Überlassung eines leeren Raumes in Frage kommt, Miete, nicht Pacht vor und zwar auch dann, wenn der Übernehmer nach dem Vertrage zur Beschaffung der Einrichtung sich verpflichtet hat und nachträglich das Inventar selbst beschafft und zurückgibt. RG. 109, 206. Vgl. Ruth, JW. 1924, 803, Fußnote sowie RG. (23. März 1926) EA. 488; RG. (26. März 1926) EA. 480.

In der Rechtsprechung (vgl. auch Hertel zu § 1) wurde angenommen:

Pachtvertrag: RG. BayZ. 1925, 8 u. RG. JR. 1925 Nr. 1335 = BayZ. 1926, 56 (Überlassung einer Bäckerei nebst Wohnung); RG. 103, 271 (Überlassung eingerichteter Hotelräume); OLG. Naumburg EA. 462 (Überlassung einer Gastwirtschaft, auch wenn der Pächter das Zubehör später zurückgibt und sich selbst beschafft); RG. BayZ. 1926, 207 (Überlassung von Wirtschaftsräumen mit Wohnung). Vgl. auch RG. EA. 496.

Mietvertrag: RG. BayZ. 1925, 65 (Überlassung von Büroräumen eines Rechtsanwalts mit Einrichtung); LG. Münster EA. 397 (Überlassung von Fabrikräumen für anderen als den ursprünglichen Zweck); RG. JW. 1924, 802 (Überlassung eines Cafés ohne Inventar).

Nicht einheitlicher Vertrag: RG. 108, 369 = BayZ. 1924, 304 (Überlassung eines Platzes im Bahnhofraum zur Ausübung des Geldwechselgeschäftes); RG. JR. 1925 Nr. 139; BayZ. 1925, 150 (Überlassung eines Platzes in der Hoteleingangshalle zum Buch- und Zeitungsverkauf); RG. 88, 108 (Vertrag eines Aufstellungsunternehmens).

Zur ganzen Frage ausführlich Stern zu § 1; ferner Linz, Referate-Sammlg. der Dresdener Tagung 1925; Gut Nr. 332—341.

Die Überlassung von Räumen gegen Entgelt auf Grund eines öffentlichrechtlichen Dienstvertrages ist keine Miete (RG. 105, 46); dies gilt insbesondere für die den Beamten (einschl. der Volksschullehrer) überlassenen Dienstwohnungen, für die den Geistlichen eingeräumten Wohnungen (Pfarrhöfe usw.). Soweit jedoch nur von Privatpersonen ermietete Räume in Frage kommen, genießen die Wohnungsinhaber dem Vermieter gegenüber den vollen Mieterschutz. Über das Rechtsverhältnis in bezug auf eine frühere Dienstwohnung RG. LZ. 1925, 769 = EA. 344.

Bezüglich der Abgrenzung des Mietverhältnisses von anderen Rechtsverhältnissen ist hier noch das Verhältnis der Miete zu dem Beherbergungsvertrag (Gastaufnahmevertrag in Hotels und Pensionsvertrag in Fremdenpensionen) zu erwähnen. Es handelt sich hier um einen Vertrag eigener Art, der wohl die entgeltliche Überlassung eines Raumes zum Gegenstand hat, daneben aber und zwar regelmäßig als Hauptzweck die Gewährung von Beleuchtung, Beheizung und Bedienung, sowie unter Umständen — aber nicht notwendigerweise — die Beköstigung des Gastes zum Ziele hat. (Zustimmend Hertel und Stern zu § 1). Die als Miete anzusehende Gewährung des Gebrauches des Raumes tritt hier regelmäßig hinter dem übrigen Vertragszweck zurück; sie ist bloße Nebenleistung und kommt deshalb für die rechtliche Beurteilung des Vertragsverhältnisses nicht weiter in Betracht. Dies gilt auch für den Fall, daß jemand im Gasthause, in der Pension, im Hotel usw. sich als Dauermieter niedergelassen hat: auch er ist wie der Verkehrsgast (Reisender, Passant) im Betriebe der Gastwirtschaft (des Hotelbetriebes) aufgenommen worden und kann deshalb hinsichtlich seines Anspruches gegen den Wirt aus § 701 BGB. nicht schlechter als dieser gestellt werden (ebenso OLG. Dresden, Recht 1921 Nr. 1874; ferner Rspr. 40, 306; Rspr. 43, 83, RG. Warn. Rspr. 1920 Nr. 198 und insbes. RG. 103, 9; a. M. Hertel, Stern zu § 1, die für diesen Fall Miete annehmen). Zu der ganzen Frage Haberstumpf, BayZ. 1919, 273 und 1921, 90; Prestele, BayZ. 1922, 170; Josef, JW. 1922, 1312; ferner Grau, JW. 1923, 1381.

Auch bei Aufnahme in Krankenhäuser, Sanatorien, Kliniken tritt die Gewährung der Raumbenutzung regelmäßig hinter den anderen Leistungen des Vermieters aus Dienst- und Werkvertrag zurück, so daß grundsätzlich ein Mietverhältnis nicht anzunehmen ist und daher ein Mieterschutz nicht in Frage kommt. Die Gewährung kleiner Mahlzeiten, insbes. des Frühstücks, steht im übrigen der Annahme eines Mietvertrages nicht entgegen, wenn sonst nur Raumüberlassung in Betracht kommt.

Schwierigkeiten entstehen, wenn ungleichartige Rechtsverhältnisse, z. B. Miet- und Pachtverträge miteinander verbunden sind. Liegen mehrere selbständige Verträge vor — was sowohl nach rechtlichen als nach wirtschaftlichen Gesichtspunkten im einzelnen Falle zu prüfen ist — so gilt für den Mietvertrag das MSchG., für den Pachtvertrag nicht. Liegt dagegen nur ein einheitliches, sowohl Miete als auch Pacht umfassendes Rechtsverhältnis vor, so erfordert die Einheitlichkeit des Vertrages auch eine einheitliche, dem wirtschaftlichen Bedürfnis allein Rechnung tragende rechtliche Behandlung, z. B. wird in Rspr. 38, 93 Fischereipacht und Miete als einheitliches Pachtverhältnis beurteilt. Wie bei den gemischten Verträgen, bei denen ein wirtschaftlich einheitlicher Vertragszweck verschiedenen rechtlichen Gesichtspunkten unterstellt wird, von denen der Hauptgesichtspunkt für die Rechtsbehandlung ausschlaggebend ist, so ist bei der entgeltlichen Überlassung eines rechtlich einheitlichen Gegenstandes, z. B. einer Wirtschaft mit Wohnung, eines Ladens mit Wohnräumen nach dem wirtschaftlich überwiegenden Zweck (Haupt- und Nebenleistung, Ruth, ArchZivPrax. 121, 318) zu entscheiden, ob die für das Pachtverhältnis oder die für die Ladenmiete maßgebenden Rechtsnormen zur Anwendung zu bringen sind. RG. 105, 59; RG. LZ. 1923, 226; RG. EA. 322; RG. JW. 1923, 767 und 797; RG. (4. Juni 1926) EA. 486. Es muß vermieden werden, daß ein einheitliches Rechtsverhältnis nach der Art oder Benutzung der Einzelräume zerrissen und verschiedenen Schutznormen unterstellt wird, da andernfalls eine vom Gesetzgeber nicht gewünschte Zerstörung des wirtschaftlichen Zusammenhangs der Räumlichkeiten herbeigeführt würde. Dieser Gesichtspunkt gilt insbesondere für den häufigen Fall, daß neben der Wohnung auch noch andere, an sich nicht unter das MSchG. fallende Bestandteile und Zugehörungen des Gebäudes, wie Garten (vgl. hierzu für das bisherige Recht RG. LZ. 1924, 475; RG. Recht 1925, 111 u. EA. 445; Brandis, ArchZivPrax. 121, 180; Metzler BayZ. 1925, 77; Heraeus EA. 371, 393, 414; Becker EA. 477 und RdErlaß des RArbMin. EA. 392; Hertel zu § 1; nunmehr gilt die ausdrückliche Vorschrift des § 4 Abs. 2 Satz 1 für die Aufhebung des Mietverhältnisses hinsichtlich des Gartens), Hofraum usw. vermietet sind: liegt hier ein einheitlicher Mietvertrag vor, so kann er auch nur in vollem Umfang einheitlich und zwar nach dem für die Hauptsache, d. i. die Wohnung, geltenden Recht beurteilt werden (ebenso Meyerowitz, JW. 1923, 709). Über die entgeltliche Überlassung eines teilweise vermieteten Villengrundstücks mit parkartigem Garten als Miete. OLG. Breslau EA. 474.

Trotz Vorhandensein eines Mietvertrages ist das MSchG. nicht anwendbar, wenn die erforderliche Genehmigung der Gemeindebehörde zum Abschluß fehlt, § 31. Wegen der Ausnahmeregelung für Vermietung zu besonderen, vorübergehenden Zwecken vgl. § 25.

Nur gültige Mietverträge kommen für die Anwendung des Gesetzes in Frage, dem Mieterschutzrecht widersprechende Vereinbarungen der Vertragsparteien müssen nach dem Zweck des Gesetzes ausgelegt werden, damit nicht dem Mieter der Schutz da entzogen wird, wo das Gesetz ihn schützen wollte RG. JR. 1925 Nr. 1118.

**2.** Gegenstand des Schutzes. Nur Gebäude oder Teile von solchen (= Räume) genießen den Schutz des Gesetzes; offene Arbeits- oder Lagerplätze (RGRspr. 44, 1; RG. EA. 393), Räume auf Schiffen, in Wohnwagen usw. unterstehen nicht der Beurteilung nach diesem Gesetz. Zustimmend Dahlsheimer, LZ. 1924, 449. Ein Mietvertrag über einen Lagerplatz wird auch dadurch nicht zur Gebäudemiete, daß sich auf ihm Baulichkeiten befinden, die weder Bestandteile des Grundstücks noch Eigentum des Vermieters sind RG. JR. 1926 Nr. 259. Auch auf die Miete von Ausstellungsräumen oder Ständen der Leipziger Messe finden die Vorschriften dieses Gesetzes keine Anwendung (vgl. § 25 und LG. Leipzig LZ. 1921, 277). Dies gilt auch dann, wenn in den folgenden Vorschriften lediglich von Mieträumen (§§ 7, 16, 19, 22, 27, 35), Mietverhältnis (§§ 2 bis 6, 13, 14, 15, 19, 24, 27) oder Räumen (§§ 20, 21, 23, 24) die Rede ist oder wenn der Gegenstand des Mietverhältnisses wie z. B. in den §§ 28, 29, 30, 36 gar nicht bezeichnet ist. Mißglückt ist die durch die Novelle neugefaßte Bestimmung des § 4 Abs. 2, wo der Hausgarten als Teil des Mietraums bezeichnet wird.

Die Überlassung einer Schlafstelle ist keine Raumüberlassung; eine selbständige Raumbenutzung kommt hier nicht in

Frage AG. Berlin-Schöneberg KG. KGBl. 1924, 31; Vidal, Hertel zu § 1; a. M. Stern zu § 1.

Die Vermietung von Wandflächen z. B. zu Reklamezwecken ist keine Raumüberlassung (vgl. OLG. Frankfurt Rspr. 33, 289 u. KG. EA. 422); Vermietung einer Garage mit Reparaturpflicht des Vermieters ist nicht Miete (Vidal S. 9). Über die Beurteilung der Überlassung von Verkaufsständen in den Markthallen EA. 295 u. LG. Oppeln EA. 404 = JW. 1926, 1056. Vermietung einer Hausflur zwecks Fleischverkauf ist Platzmiete, nicht Gebäudemiete LG. Berlin III KGBl. 1926, 53.

Gebäude im Sinne dieser Vorschriften sind Hochbauten, die mit dem Erdboden in einer Weise fest verbunden sind, daß sie von dem Grund und Boden ohne Zerstörung wesentlicher Bestandteile nicht getrennt werden können. Dieser hiernach gegebenen Unbeweglichkeit steht gleich eine Verbindung des Hochbaues mit dem Erdboden, die ihrer Anlage, Größe und Beschaffenheit nach einer Dauerverbindung gleichkommt, auch wenn eine tatsächliche Abtrennung möglich ist. Gebäude in diesem Sinne sind: Wohn- und Geschäftshäuser, Fabrikanlagen, Markthallen (LG. Köln JW. 1923, 782[15]), Scheunen, Holzhäuser; Baracken (aus Vollblech oder Holz) nur dann, wenn die dauernde Belassung auf ihrem Standort beabsichtigt ist. Nicht hieher zählen dagegen: Zelte, Buden usw. Aus welchen Baustoffen im übrigen das Gebäude hergestellt ist, ist unerheblich. Ein auf einer Grundmauer mit Band aus Fachwerk versehenes Häuschen ist vom OLG. München (Gut Nr. 603) mit Recht als Gebäude erachtet werden.

Die Zweckverwendung der Gebäude und Räume ist im allgemeinen, soweit nicht wie z. B. in den §§ 19 Abs. 4 und 29 Sonderbestimmungen getroffen sind, gleichgültig: Wohnräume, Läden und Werkstätten (Betriebsräume für den Kleinkaufmann und Handwerker) fallen ebenso wie Geschäftshäuser (Büroräume), Fabriken (Großbetrieb) und Lagerräume unter dieses Gesetz. Dieser Grundsatz bedarf jedoch auch für das MSchG. einer Einschränkung: nur die Interessen des Eigenbewohners will das Gesetz schützen. Deshalb findet das MSchG. keine Anwendung auf die Vermietung eines Hauses zum Betriebe eines Hotels (RG. 103, 271); in diesem Falle wäre auch zu prüfen, ob tatsächlich ein Miet- oder nicht vielmehr ein Pachtverhältnis vorliegt. Vgl. aber hierher OLG. Breslau EA. 474.

Wegen der Sonderstellung der Räume in Neubauten, Genossenschaftshäusern, Altwohnungen usw. vgl. §§ 33, 33 a, 33 b.

**3.** Aufhebungsklage. Auch im Geltungsbereich des MSchG. ist das Kündigungsrecht des Vermieters nicht ausnahmslos ausgeschlossen. Nur in den in §§ 2—4 aufgezählten Fällen wird das vertragliche oder gesetzliche Kündigungsrecht des Vermieters ersetzt durch die Aufhebungsklage, deren Ziel die „Aufhebung des Mietverhältnisses" im Sinne dieses Gesetzes ist. Aufhebung des Mietverhältnisses bedeutet die Beendigung des Mietverhältnisses durch Urteil auf Klage gemäß §§ 2—4 dieses Gesetzes; demgemäß fällt hierunter nicht die Aufhebung des Mietverhältnisses durch Vertrag (übereinstimmende Willenserklärung vgl. hiezu RG. 104, 308 und Bayer. Komp.-KonflGH. BayZ. 1922, 265), Kündigung oder Untergang der Mietsache, Unmöglichkeit oder Enteignung der Mietsache. Zustimmend Hertel zu § 1. Der Vorbehalt der §§ 19 bis 26 bedeutet, daß die Beendigung des Mietverhältnisses außerhalb der Aufhebungsklage zulässig ist durch Kündigung des Vermieters oder Erben (§ 19), bei Werkwohnungen durch Kündigung oder Aufhebungsklage nach Maßgabe der §§ 20—23, bei Untermiete und der ihr gleichgestellten Miete des § 24 Abs. 2 durch Aufhebungsklage nach § 24, durch Kündigung im Konkursfalle (§ 26). In § 35 endlich sind weitere Einschränkungen der Voraussetzungen für die Erhebung der Aufhebungsklage für den dort vorgesehenen Sonderfall festgelegt.

Mehrere Aufhebungsgründe können gleichzeitig geltend gemacht werden; im Verlaufe des Rechtsstreits — auch noch in deren Berufungsinstanz — kann der Kläger einen Aufhebungsgrund zum Wegfall bringen. Klageänderung ist im Rahmen des § 13 weitgehend zulässig.

Die Ausdehnung der für die Aufhebungsklage geltenden Verfahrensvorschriften auf andere Räumungsklagen ist in § 27 vorgesehen. Die Parteien als solche sind dagegen nicht befugt, die Anwendung des Gesetzes und damit des Aufhebungsverfahrens im Wege der Vereinbarung auf andere Rechtsverhältnisse als Mietverhältnisse auszudehnen.

Der Aufhebungsanspruch ist auf ein rechtsgestaltendes Urteil (Anm. 3) gerichtet; dadurch unterscheidet er sich wesentlich vom Räumungsanspruch, der eine durch Parteierklärung (Kündigung, Vereinbarung) bereits herbeigeführte Vertragsauflösung voraussetzt RG. (23. Febr. 26) EA. 460.

**4.** Beendigung des Mietverhältnisses. Soweit die Aufhebungsklage Platz greift, ist die vom Vermieter ausgesprochene Kündigung rechtsunwirksam; die ihr nach § 564 Abs. 2 BGB. zukommende Wirkung der Beendigung des Mietverhältnisses ist ihr versagt. Einer Zurückweisung der Kündigung des Vermieters durch den Mieter bedarf es an sich nicht; es ist aber zu beachten, daß eine an sich unwirksame Kündigung den Charakter eines Vertragsangebotes annehmen und zum Abschluß eines das Mietverhältnis bis zum angegebenen Zeitpunkt beendenden Vertrags führen kann, wenn der Gegner sich damit einverstanden erklärt (RG. Recht 1911 Nr. 1564). Da die Aufhebungsklage nicht erforderlich ist, wenn der Mieter mit der Beendigung der Miete sich einverstanden erklärt hat und dieses Einverständnis auch stillschweigend (durch konkludente Handlungen) erfolgen kann (Obergericht Danzig JW. 1923, 691; Weigelin, LZ. 1924, 613), wird es sich empfehlen, daß der Mieter seinen Willen auf Fortsetzung des Mietverhältnisses auch bei einer unwirksamen Kündigung des Vermieters ausdrücklich erklärt. Dies kann insbesondere dadurch geschehen, daß er die Kündigung „nicht annimmt"; dazu Ruth, ArchZivPrax. 121, 333; Stern zu § 1. Die Beweislast für eine vereinbarte Beendigung des Mietverhältnisses trifft den Vermieter. Der Mieter kann von dem ihm vertraglich oder gesetzlich zustehenden Kündigungsrecht auch im Geltungsbereich des Mieterschutzgesetzes unbeschränkt Gebrauch machen.

Die vom Vermieter ausgesprochene Kündigung hat keinerlei Rechtswirkung; es kann ihr daher auch nicht etwa die Wirkung beigelegt werden, daß vom Zeitpunkt ihrer sonst eingetretenen Wirksamkeit an Mietverhältnis nur mehr auf unbestimmte Zeit gilt (s. Meyerowitz, JW. 1923, 710). Eine solche Auslegung widerspräche dem Sinne der Kündigungserklärung, die nur auf eine Beendigung des Rechtsverhältnisses abzielt; auch aus RG. Warn. Rspr. 1922 Nr. 118 ist für diese Auffassung nichts zu entnehmen; a. M. RG. (18. Juni 1926) EA. 496.

Eine Kündigung liegt nicht vor, wenn hierin lediglich eine Kundgebung des Inhalts liegt, daß der Abschluß eines bereits in Aussicht genommenen weiteren Vertrages desselben Inhalts wie der bisherige abgelehnt wird (RG. 86, 62; 97, 81; 107, 300). Durch eine solche Erklärung wird aber das Mietverhältnis zu einem auf unbestimmte Zeit vereinbarten. KG. bei Gut Nr. 615 u. KG. EA. 410 = JR. 1925 Nr. 1771; Hertel zu § 1. Optionsrechte auf Verlängerung des Vertrages bleiben unberührt RG. JW. 1924, 2033, OLG. Hamburg, Rspr. 44, 280.

Die Aufhebung erfolgt durch Urteil, das nicht wie das gewöhnliche Prozeßurteil lediglich feststellt, was Rechtens ist, sondern unmittelbar Recht schafft (Rechtsgestaltungsurteil). Der Zeitpunkt, zu dem die Aufhebung des Mietverhältnisses erfolgt, ist nach Maßgabe des § 5 im Urteil ausdrücklich festzustellen. Das Urteil begründet den Räumungsanspruch des Vermieters; doch ist dieser in seiner Durchführung an eine Reihe von Voraussetzungen geknüpft.

Mehrere Vermieter müssen gemeinsam auf Aufhebung klagen; nachträgliche Zustimmung des einen Vermieters zur Klagerhebung wird nicht für zulässig zu erachten sein (so hinsichtlich der Kündigung RG. Recht 1920 Nr. 375; wie hier auch LG. Fürth JW. 1926, 1055). Maßgebend ist die Beteiligung am Abschluß des Mietvertrages, nicht das Recht am Miteigentum Behrend, JR. 1925, 785. Sind mehrere Mieter beteiligt, so muß gegen alle geklagt werden.

**5.** Fortsetzung des Mietverhältnisses. Die Eingehung des Mietverhältnisses auf bestimmte Zeit bildet auch nach den Vorschriften des BGB. die Regel: das Mietverhältnis endigt alsdann mit dem Ablaufe der Zeit, für die es eingegangen ist (§ 564 Abs 1 BGB). Dieser Grundsatz wird im Geltungsbereich des MSchG in sein Gegenteil verkehrt: das Mietverhältnis wird kraft Gesetzes — also ohne Vereinbarung oder auch nur Erklärung einer Partei — fortgesetzt, sofern nicht der Mieter sich auf die Beendigung beruft Diese „Berufung" ist eine einseitige formlose (Schriftform dürfte sich aber empfehlen) Erklärung des Mieters, für deren Wirksamkeit der für die Kündigung gesetzlich vorgesehene Zeitpunkt der Erklärungsabgabe nach § 565 BGB. — dritter Werktag bei Vierteljahresfrist, 15 des Monats bei Monatsfrist; erster Werktag bei Wochenfrist oder Fall des § 565 Abs. 3 BGB — maßgebend ist Eine später abgegebene Erklärung des Mieters ist wirkungslos: das Mietverhältnis wird fortgesetzt Der für die Abgabe der Kündigungserklärung etwa vertraglich vorgesehene Zeitpunkt kommt hier nicht in Betracht; deshalb ist die Berufung auf die Beendigung des Mietverhältnisses rechtswirksam, wenn sie z. B. am dritten Werktag (Fall des § 565 Abs 1 Satz 1 BGB) erfolgt, auch wenn die Kündigung nach dem Mietvertrag bereits am ersten Werktag (unter Ausschluß der beiden folgenden) hätte erklärt werden müssen Die „Berufung" hat nur dann Erfolgt, wenn sie rechtzeitig vor Ablauf der Mietzeit erklärt wurde, es sei denn, daß der Vermieter mit der Beendigung des Mietverhältnisses sich einverstanden erklärt und der Mieter zustimmt Abs 2 dient in erster Linie dem Schutze des Mieters; die Fristbestimmung für die Erklärungsabgabe ist im Interesse des Vermieters gelegen Beide Teile können auf ihre Schutzrechte verzichten Ein Widerruf der Erklärung des Mieters nach Abs. 2 ist unzulässig und wirkungslos.

Die Fortsetzung des Mietverhältnisses erfolgt auf unbestimmte Zeit, da das Gesetz einen Zeitpunkt für die Beendigung des Mietverhältnisses nicht festsetzt Die Rechtslage ist die gleiche wie in dem Falle des § 568 BGB., wo die Verlängerung des Mietverhältnisses auf unbestimmte Zeit ausdrücklich angeordnet ist.

Die Eingehung eines Mietverhältnisses auf unbestimmte Zeit bildet im Verkehrsleben die Regel; das BGB. bestimmt hiefür in § 564 Abs 2, daß jeder Teil nach den Vorschriften des § 565 BGB. kündigen kann Auf unbestimmte Zeit eingegangen sind Mietverhältnisse, deren Mietzeit nicht bestimmt ist oder bei denen die Schriftform nach § 566 BGB nicht beachtet ist oder deren Fortdauer nach Maßgabe des § 568 BGB fingiert wird. Nicht hieher zählt jedoch die Verlängerung des Mietverhältnisses im Falle des § 6 Abs 4 und der Eintritt der Familienangehörigen in die Rechte und Pflichten des Erblassers als Mieter im Falle des § 19 Abs 2. Das Kündigungsrecht des Vermieters wird durch die Aufhebungsklage grundsätzlich ersetzt. Eine Kündigung ist ein einseitiges Rechtsgeschäft; verpflichtet sich der Mieter die Wohnung zu einem bestimmten Zeitpunkt zu räumen, so liegt keine Kündigung vor, auch wenn die Vereinbarung auf Drängen des

Vermieters zustande gekommen sein sollte: eine solche Vereinbarung macht den Vertrag zu einem ohne Kündigung ablaufenden (RG. 104, 308); die rechtliche Behandlung bemißt sich nach § 1 Abs. 2. Über einen Fall, wo § 1 Abs. 2 keine Anwendung findet, obwohl ein Mietverhältnis auf bestimmte Zeit vorliegt vgl. § 19 Anm. 1.

**6.** Rücktrittsrecht. Nur das vertraglich vorbehaltene Rücktrittsrecht (§§ 346 ff. BGB.) darf vom Vermieter gegen den Willen des Mieters nicht ausgeübt werden; Zurückweisung einer Erklärung des Vermieters ist zweckmäßig. Für das gesetzliche Rücktrittsrecht (§§ 326, 361 BGB., § 20 KO.) gelten die im Gesetze festgelegten Voraussetzungen, bei deren Vorhandensein das Rücktrittsrecht auch im Geltungsbereiche des MSchG. vom Vermieter ausgeübt werden kann. Die legislatorische Trennung der beiden Arten des Rücktrittsrechtes ist begründet: während sowohl das vertraglich vereinbarte wie das gesetzliche Kündigungsrecht des Vermieters im Geltungsbereich des MSchG. durch die Aufhebungsklage ersetzt ist, wird hier nur das vertraglich vorbehaltene Rücktrittsrecht des Vermieters beschränkt. Kündigung und Rücktritt sind verschiedene Rechtsbegriffe; die Kündigung darf nicht etwa im Anschluß an die Motive zum BGB. als „gleichbedeutend mit dem Rücktritt vom Vertrage für die Zukunft" (so RG. 64, 381 u. 76, 367; ähnlich RG. 62, 225; RG. SeuffA. 73 Nr. 69) bezeichnet werden. Durch die Erklärung des Rücktritts wird das Schuldverhältnis mit rückwirkender Kraft aufgelöst, die Kündigung setzt dagegen einem bis zu einem bestimmten Zeitpunkt fortdauernden, von den Vertragsteilen mehr oder weniger erfüllten Rechtsverhältnis ein Ziel (RG. 90, 328).

Der Vorbehalt des Rücktrittsrechtes muß sich auf das Mietverhältnis beziehen; ist dies der Fall, dann ist unerheblich ob der Vermieter sich das Recht im Mietvertrag oder in einem anderen Vertrag vorbehalten hat.

Die Wirkung des Eintritts einer auflösenden Bedingung ist durch das MSchG. bedauerlicherweise (dazu Ruth, Arch. ZivPrax. 121, 333) nicht abgeschwächt oder beseitigt, so daß insoweit durch Parteienvereinbarung der Mieterschutz ausgeschaltet werden kann, ohne daß § 49 einen genügenden Rechtsbehelf gewährt vgl. LG. Frankfurt JW. 1924, 1630; einschränkend Stern zu § 1 für Auflösungsgründe, die im Gesetz als Aufhebungsgründe festgelegt sind. Auch die Vereinbarung aufschiebender Bedingung ist wirksam Hertel zu § 1.

**7.** Erwerb des Grundstücks. Bei Veräußerung des Grundstückes nach Überlassung an den Mieter tritt nach § 571 BGB. der Erwerber an Stelle des Vermieters in die Rechte und Pflichten aus dem Mietvertrag ein. Diese Vorschrift findet auch auf den Fall Anwendung, daß der Eigentümer gemäß § 928 BGB. das Eigentum aufgibt und ein Dritter das Grundstück sich aneignet (RG. 103, 166; OLG. Rostock Rspr. 27 S. 160). Wegen eines eigenartigen Falles der Ausschaltung des § 571 vgl. RG. EA. 460. § 571 BGB. ist nachgiebiges Recht KG. JW. 1925, 2266.

Veräußert der Vermieter das Grundstück vor der Überlassung an den Vermieter, so tritt der Erwerber zunächst in keinerlei Rechtsbeziehungen zu dem Mieter; § 578 BGB. verpflichtet daher den Erwerber gegenüber dem Mieter nur dann, wenn der Erwerber dem Vermieter gegenüber die Erfüllung der sich aus dem Mietverhältnis ergebenden Verpflichtungen übernommen hat. Soweit eine solche Verpflichtung nicht vorliegt, würde der Erwerber den Mieter ohne weiteres, nur in dem nach § 27 besonders geregelten Verfahren aus den Mieträumen verdrängen können. § 1 Abs. 3 bringt demgegenüber eine Erweiterung des Mieterschutzes, insofern auch der Erwerber auch vor Überlassung der Mietsache in jedem Fall als Vermieter im Sinne dieses Gesetzes gilt. Darin liegt eine Verstärkung des Rechtsschutzes des Mieters nach der dinglichen Seite hin.

Diese Ausdehnung des Mieterschutzrechtes gilt auch für den Erwerber im Wege der Zwangsvollstreckung (§§ 57, 57a ZwVG.) RG. 103, 166 und Hertel zu § 1.

Die Vorschrift des § 1 Abs. 3 MSchG. beschränkt sich auf den Wechsel im Eigentum; für die Rechtsbeziehungen zwischen dem Mieter und dem vor oder nach Überlassung des Grundstücks dinglich Berechtigten z. B. dem Nießbraucher (OLG. Hamburg Rspr. 33, 309; Celle Rspr. 33, 320; Kiel Rspr. 39, 239) gelten die Regeln der §§ 578, 577 BGB. ausnahmslos; a. M. Hertel, Stern, Vidal zu § 1.

Dem Vermieter steht gleich, wer kraft eigenen Rechtes den Vermieter in der Wahrnehmung der ihm zustehenden Rechte und Pflichten aus dem Mietvertrage zu vertreten berechtigt und verpflichtet ist: der Testamentsvollstrecker, der Konkurs- und Zwangsverwalter, der Nachlaßverwalter ist ebenso wie der Vermieter den Vorschriften dieses Gesetzes unterworfen, soweit nicht Ausnahmebestimmungen (§§ 19, 26) Platz greifen. Die Rechtsstellung des Vermieters wird der in Abs. 2 bezeichneten Person in vollem Umfang dieses Gesetzes zuerkannt; daher stehen ihm alle Rechte des Vermieters nach diesem Gesetze zu.

**8.** Zuständigkeit und Verfahren. Die Zuständigkeit des MEA. beschränkt sich, wie RG. DJZ. 1923, 46 (auch Recht 1924 Nr. 631; LZ. 1924, 590) ausführt, auf die Prüfung der Frage, ob die Kündigung des Mietverhältnisses aus sozialen und wirtschaftlichen Gründen berechtigt ist, während deren rechtliche Zulässigkeit ausschließlich der Entscheidung des ordentlichen Gerichts unterstellt ist. Das MEA. kann daher auch nicht rechtliche Voraussetzungen der Kündigung ändern und vertragliche oder gesetzliche Kündigungsfristen verlängern oder verkürzen, ohne seine Zuständigkeit zu überschreiten. Ihm obliegt lediglich die Aufgabe

„zu prüfen, ob, wenn die vorgebrachten Gründe zutreffen, das öffentliche Interesse an dem Verbleiben der Mieter in ihren Wohnungen wegen der besonderen Umstände des Falles zurücktreten muß“, RG. 104, 244; RG. BayZ. 1924, 245. Nur soweit das MEA. sich innerhalb seiner Zuständigkeit hält, ist die Entscheidung für das ordentliche Gericht bindend (vgl. dazu Roth, LZ. 1921, 401; Wassertrüdinger, BayZ. 1920, 98). Eine über die Zuständigkeit des MEA. hinausgehende Entscheidung kann indes für das Rechtsverhältnis der Parteien von Bedeutung sein, wenn diese die Entscheidung des MEA. für verbindlich ansehen und sich ihr unterwerfen (RG. Recht 1922 Nr. 475). Das ordentliche Gericht hat auch nicht das Recht der Nachprüfung (RG. 101, 54 u. 115; 103, 273 u. 315; 104, 153 u. 244; 105, 59; BayZ. 1923, 93; DJZ. 1923, 46). Wegen der Beschränkung der Räumungsklage auf die vor dem MEA. geltend gemachten Kündigungsgründe vgl. RG. 104, 244.

Erachtet sich das MEA. auf Grund seiner eigenen Rechtsauffassung für unzuständig und enthält es sich einer sachlichen Entscheidung, z. B. weil es nach seiner Auffassung zu spät angerufen wurde (Rspr. 40, 311), so kann das ordentliche Gericht auf Räumung erkennen (JW. 1923, 483). Der Beschluß des MEA. ist rechtlich bedeutungslos (RG. 104, 153). Das gleiche gilt, wenn das MEA. zu einer rechtlich unwirksamen Kündigung die Zustimmung erteilt (OLG. Karlsruhe Recht 1920 Nr. 1401; RG. Recht 1922 Nr. 595). Das MEA. ist nicht zur bindenden Entscheidung über Rechtsfragen z. B. darüber, ob überhaupt ein Mietverhältnis vorliegt, über die Vertragsdauer usw. (RG. Recht 1922 Nr. 1671) oder zur Feststellung rechtserheblicher Tatsachen (vgl. Rspr. 40, 340) berufen; eine Entscheidung in dieser Richtung hindert das ordentliche Gericht nicht an der selbständigen Beurteilung dieser Fragen (RG. 104, 153). Auch wenn die Zustimmung des MEA. fehlt, so ist das Gericht befugt, festzustellen, daß die Kündigung nach den gesetzlichen oder vertraglichen Bestimmungen überhaupt nicht zulässig ist; eine Aussetzung des Verfahrens (§ 148 ZPO.) ist hier nicht zweckmäßig (RG. Rspr. 40, 340). Die Frage, ob das MEA. von seiner Abänderungs- und Aufhebungsbefugnis im einzelnen Fall mit Recht Gebrauch gemacht hat, ist der Nachprüfung der ordentlichen Gerichte entzogen RG. Recht 1922 Nr. 477.

Überschreitet das MEA. seine Zuständigkeit, so entbehrt die Entscheidung der Rechtswirksamkeit. Ob dies der Fall ist, haben die ordentlichen Gerichte gegebenenfalls nachzuprüfen, regelmäßig dann, wenn eine Partei die Entscheidung des MEA. nicht anerkennen will, weil es seine Befugnisse überschritten habe; RG. (2. Mai 1923) Recht 1924 Nr. 276.

Wegen der Zulässigkeit einer Klage vor dem ordentlichen Gericht gegen eine Entscheidung des MEA., das seine Zuständigkeit überschreitet vgl. § 43 Anm. 4.

## § 2.

I Der Vermieter kann auf Aufhebung des Mietverhältnisses klagen, wenn der Mieter oder eine Person, die zu seinem Hausstand oder Geschäftsbetriebe gehört, oder der er den Gebrauch des Mietraums überlassen hat, sich einer erheblichen Belästigung des Vermieters oder eines Hausbewohners schuldig macht oder durch unangemessenen Gebrauch des Mietraums oder Vernachlässigung der gebotenen Sorgfalt den Mietraum oder das Gebäude erheblich gefährdet, oder wenn der Mieter einem Dritten den Gebrauch des Mietraums beläßt, obwohl er zur Überlassung nicht befugt ist. Die angemessene Wahrnehmung der Befugnisse eines Mietervertreters ist als Belästigung nicht anzusehen.

II Die Aufhebung ist nur zulässig, wenn der Mieter ungeachtet einer Abmahnung des Vermieters das Verhalten fortsetzt oder es unterläßt, eine ihm mögliche Abhilfe zu schaffen, oder wenn das Verhalten des Mieters oder einer der im Abs. 1 bezeichneten Personen ein solches war, daß dem Vermieter die Fortsetzung des Mietverhältnisses nicht zugemutet werden kann. Hatte der Vermieter oder eine zu seinem Hausstand **oder Geschäftsbetriebe gehörige oder mit seiner Vertretung in Mietangelegenheiten betraute** Person die Belästigung (Abs. 1) durch eigenes Verschulden veranlaßt, so findet eine Aufhebung nicht statt.

III Der Vermieter muß die Klage binnen sechs Monaten von dem Zeitpunkt an erheben, in dem er von dem Aufhebungsgrunde Kenntnis erlangt hat. Die Klage ist ausgeschlossen, wenn seit dem Entstehen des Aufhebungsgrundes ein Jahr verstrichen ist.

**1.** Begriff des Vermieters § 1 Anm. 7.

**2.** Die Befugnis des Vermieters ist eine Beschränkung seiner Rechte: § 2 beseitigt das Kündigungsrecht des Vermieters aus § 553 BGB., ohne dessen Voraussetzungen für die Aufhebungsklage voll und ganz zu übernehmen. Da dem Vermieter nicht nur das außerordentliche Kündigungsrecht aus § 553, sondern auch das ordentliche Kündigungsrecht nach §§ 564, 565 entzogen ist, mußten die Voraussetzungen für die Aufhebungsklage gegenüber § 553 erweitert werden, wenn man die Rechte des Vermieters nicht über Gebühr beschränken wollte. Über die Bedeutung der persönlichen Beziehungen zwischen Mieter und Vermieter RG. 94, 235.

**3.** Die Aufhebungsklage, für die das Amtsgericht ausschließlich zuständig ist (§ 7), darf nur innerhalb des in Abs. 3 bezeichneten Zeitraumes erhoben werden. Wegen der späteren Geltendmachung von Aufhebungsgründen § 17. Die Klage ist materiell an die in Abs. 1 und 2 festgelegten Voraussetzungen gebunden, deren Nachweis zur Klagebegründung gehört. Zeitpunkt der Aufhebung § 5; sofortige Aufhebung ist möglich. Wegen des Ersatzraumes § 6.

**4.** Die Aufhebungsgründe sind genau umgrenzt; als Ausnahmeregel ist die Vorschrift streng auszulegen und keiner ausdehnenden Anwendung fähig. Der Begriff der Belästigung des Vermieters oder eines Hausbewohners wird durch Abs. 1 Satz 2 und Abs. 2 Satz 2 eingeschränkt mit der in beiden Fällen gleichen Wirkung: die Wahrnehmung der Befugnisse eines Mietervertreters und die durch den Vermieter oder eine zu seinem Hausstande gehörige Person verschuldete Belästigung (dazu Hertel zu § 2) ist nicht als eine die Aufhebungsklage begründende Belästigung im Sinne des Abs. 1 Satz 1 anzusehen. Die Aufhebung unterbleibt seit der Novelle vom 29. Juni 1926 auch dann, wenn die Veranlassung der Belästigung von einer zum Geschäftsbetriebe des Vermieters gehörenden oder mit seiner Vertretung in Mietangelegenheiten betrauten Person ausgeht.

Wegen der Aussetzung des Verfahrens gemäß § 149 ZPO. bei strafbaren Handlungen Ruth, JW. 1924, 760.

Die Aufhebungsgründe zerfallen in zwei Gruppen

a) Belästigung des Vermieters oder eines Hausbewohners durch den Mieter.

b) Unangemessener Gebrauch der Mietsache durch den Mieter, insbesondere unbefugte Gebrauchsüberlassung an einen Dritten sowie Vernachlässigung der gebotenen Sorgfalt.

Dem Mieter steht gleich jede Person, die zu seinem Hausstand oder Geschäftsbetrieb gehört oder der er den Gebrauch des Mietraumes überlassen hat. Das ist folgerichtig, da die Mitbenutzung der Räume, soweit diese Personen neben dem Mieter den Mietraum dauernd mitbenutzen, sich als ein Teil des Mietgebrauchs darstellt; denn im Verhältnisse zwischen Mieter und Vermieter stellt sich die Mitbenutzung durch diese Personen als eigener Mietgebrauch des Mieters dar. Vgl. RG. 81, 214 zu § 278 BGB.

**5.** Zum Hausstand des Mieters zählen alle Personen, die dauernd oder vorübergehend in den Haushalt des Mieters (Haushaltungsvorstand) aufgenommen sind, also alle Familienangehörigen (Frau, Kind, Verwandte, die dauernd aufgenommen sind), Hausangestellte (Dienstboten, Knechte, Mägde), aber auch alle Hilfskräfte, die — wenn auch nur vorübergehend zur Ergänzung der Dienstleistung der Hausangestellten — zu häuslichen Arbeiten

(Waschfrauen, Näherinnen) oder zur Pflege und Wartung von Angehörigen (Ammen, Krankenschwestern) in die Wohnung aufgenommen sind. Zu dem Familienkreis und damit zum Haushalt gehören weiterhin die Gäste des Mieters, mögen sie auf Tage, Wochen usw. unter Zuweisung bestimmter Räume oder ohne Sondernutzung eines Raumes auf Stunden den Kreis der Familie erweitern. Einschränkend Hertel und Stern; a. M. Vidal zu § 2. Über den Einfluß der Belästigungen, die von dem zugewiesenen Wohnungssuchenden im Falle des § 4 Abs. 2 WMG. ausgehen Goltermann, LZ. 1924, 448 und Gebhardt, LZ. 1924, 810.

Geschäftsbetrieb bedeutet hier jede sowohl auf Gewinn (Ertrag) abzielende wie sonst berufsmäßig ausgeübte Tätigkeit; hierunter fällt der kaufmännische, handwerksmäßige oder fabrikmäßige Betrieb — ausgeübt in Läden, Werkstätten, Büroräumen, Geschäftshäusern, Fabriken — ebenso wie der land- und forstwirtschaftliche Betrieb, die Tätigkeit der freien Berufe (Ärzte, Künstler, Rechtsanwälte) oder die Betätigung auf charitativem und sozialem Gebiete (Geschäftsführung der Vereine jeder Art).

Für die in der amtlichen Begründung vertretene Auffassung, daß hier nur solche Angehörige oder Angestellte in Betracht kommen, die sich während einer gewissen Dauer in dem Hause zu Wohnzwecken aufhalten oder dort beschäftigt sind, findet sich im Gesetze kein Anhalt. Auch Abs. 2 kann hiefür nicht verwertet werden, da neben der Abmahnung auch die Fälle der Nichtzumutbarkeit in Betracht zu ziehen sind. Die Dauer wird indes oft bei der Beurteilung der Erheblichkeit der Belästigung von Bedeutung sein.

**6.** Die Gebrauchsüberlassung kann eine rein tatsächliche sein: gleichgültig ist, ob die nach § 549 BGB. erforderliche Erlaubnis vom Vermieter erteilt oder (bei Wohnräumen) unter den Voraussetzungen des § 29 durch die Erlaubnis des MEA. ersetzt war oder nicht. Die Weiterbelassung ohne Erlaubnis trotz Abmahnung bildet einen selbständigen Klagegrund.

Gebrauchsüberlassung in diesem Sinne ist auch die vom Mieter den Haushaltangehörigen gestattete Mitbenutzung der Räume; als solche gehört sie bereits zu den in Anm. 5 aufgezählten Fällen. Überlassung zu selbständigem Gebrauch oder Mitgebrauch ist für sich zu beurteilen LG. Frankfurt Gut Nr. 620; die Aufnahme des Schwiegersohnes bei Verheiratung der Tochter ist jedoch nicht als unbefugte Gebrauchsüberlassung anzusehen KG. EA. 482.

Bei einheitlicher Vermietung von Wohn- und Geschäftsräumen kann, wenn die Überlassung des Geschäftsraumes die Hauptsache bildet (RG. LZ. 1923, 226), auch wegen Belästigung des Vermieters durch einen Angestellten auf Aufhebung des ganzen Mietvertrages, also auch bezüglich der Wohnung geklagt werden (§ 1 Anm. 1).

7. **Belästigung** im Sinne dieser Vorschrift ist — unter **Abgrenzung** durch Abs. 1 Satz 2 und Abs. 2 Satz 2 (Anm. 4) — jede die berechtigten wirtschaftlichen, gesellschaftlichen oder sittlichen Interessen des Vermieters oder eines Hausbewohners in **erheblichem** Maße beeinträchtigende Betätigung des Mieters gegenüber dem Vermieter als solchen oder einem Hausbewohner. Zustimmend LG. Würzburg, JW. 1925, 1048. Die Betätigung kann durch Zeichen, Bewegungen (Gesten), Erklärungen oder Handlungen erfolgen. Gegenstand der Belästigung kann die Ehre, das sittliche Bewußtsein, das religiöse Empfinden, das Vermögen, überhaupt alles sein, was zum persönlichen Leben einer Person gehört. In erster Linie kommen in Betracht Störungen des Hausfriedens. Ein gewisser Zusammenhang mit dem Mietverhältnis wird in jedem Fall verlangt werden müssen; hiefür genügt aber schon jede Beziehung zu den Mietparteien oder zur Mietsache. Eine auf die belästigende Wirkung abzielende **Absicht** ist nicht verlangt; es genügt die Tatsache der Störung. Zustimmend LG. Würzburg, JW. 1925, 1048. Die Begründung führt als Beispiele an: grobe Mißhandlungen, tätliche Angriffe, Verstöße gegen die Sittlichkeit, grobe Beleidigungen — sie müssen jede Möglichkeit des Nebeneinanderwohnens zerstören OLG. München SeuffA. 71 Nr. 7 — Hausdiebstähle, Erregung beträchtlichen ruhestörenden Lärms, Entwicklung übler, in die Räume von Mitbewohnern dringender Gerüche u. dgl.

Eine Belästigung liegt **nicht** vor, wenn der Mieter von den ihm **gesetzlich zustehenden Rechten** Gebrauch macht; dies gilt insbes. wenn er die ihm nach dem Reichsmietengesetz zustehenden Befugnisse ausübt oder wenn er einen angebotenen Ersatzraum nach Urteilserlaß zurückweist (LG. Hamburg, EA. 397; a. M. **Hertel, Vidal** zu § 2). Vgl. aber § 6 Abs. 5.

In der wiederholten **unpünktlichen** Mietzinszahlung **kann** (LG. III Berlin JW. 1926, 1051), **muß** aber **nicht** (LG. I Berlin EA. 462) eine Belästigung des Vermieters liegen; es kommt auf die Umstände des einzelnen Falles an.

Voraussetzung ist in jedem Fall, daß die Belästigung eine **erhebliche** ist. Maßgebend hiefür sind die persönlichen Verhältnisse der Beteiligten, wobei die gesellschaftliche Stellung des Vermieters oder des betroffenen Hausbewohners von ausschlaggebender Bedeutung ist, ferner die Grundsätze von Treu und Glauben sowie die Verkehrssitte (§ 242 BGB.). Die Vorschrift darf nicht dazu mißbraucht werden, daß bisher dem Vermieter völlig gleichgültige Äußerungen und Handlungen des Mieters nunmehr unter den Begriff der „erheblichen Belästigung" eingereiht werden, um auf diesem Umweg unter Durchbrechung des Mieterschutzes (§ 49 Abs. 2) die Aufhebung des Mietverhältnisses zu erreichen.

Die Belästigung muß endlich **vom Mieter** oder den in Satz 1 aufgezählten Personen nach den allgemeinen Regeln des bürgerlichen Rechtes (§ 276 BGB.) **zu vertreten sein**; eine strafrechtliche Verantwortung ist weder erforderlich noch als solche (z. B. bei Konkursverbrechen) ausreichend. Dazu Stern und Hertel zu § 2.

Hausbewohner ist nur der Bewohner des Hauses, in dem der Mieter wohnt, von dem die Belästigung ausgeht. Hieher gehört also nicht eine Belästigung der Angehörigen oder Angestellten (Hausverwalter) des Vermieters, die nicht im Hause wohnen. Vermieter ist nur der aus dem Mietvertrage oder nach § 1 Abs. 3 Berechtigte, nicht auch dessen Angehörige oder Vertreter; a. M. Hertel zu § 2, hinsichtlich des Bevollmächtigten des Vermieters auch Stern zu § 2.

Die Aufhebung des Mietverhältnisses wegen Belästigung hat zur Folge, daß die Räume herauszugeben sind, ohne daß der Mieter durch Sicherung eines Ersatzraumes geschützt werden könnte (§ 6 Abs. 1 n. F.). Dies gilt für Wohnräume ebenso wie für Nichtwohnräume.

8. Raumgefährdung. Abweichend von § 553 BGB. genügt es, wenn der Mietgebrauch ein unangemessener ist; es ist deshalb nicht notwendig, daß der Gebrauch, weil gegen die vertragsmäßige Benutzung verstoßend, vertragswidrig ist. Zustimmend Hertel, vgl. auch Vidal zu § 2. Die Angemessenheit des Gebrauchs wird im einzelnen Fall nur schwer festzustellen sein (Ruth, ArchZivPrax. 121, 337); entscheidend sind die Bedürfnisse des Mieters, nicht die Auffassung des Vermieters, auch dann nicht, wenn hiefür durch die Hausbesitzer in den Mietvertragsformularen Richtlinien aufgestellt sind. Wegen der Beurteilung dieser Formulare vgl. Mittelstein S. 196 Nr. 10; Eltzbacher, Großberliner Mietverträge, Berlin 1913, dazu JW. 1914 S. 51 und 514ff.; RG. JW. 1917, 711. Münchener Mietverträge SeuffBl. 76, 257, 414 und 416; ferner BayZ. 1911, 253. Ein unangemessener Mietgebrauch liegt nicht vor, wenn er sich im Rahmen der dem Mieter durch dieses Gesetz oder das RMG. gewährleisteten besonderen Rechte hält; dieser Rechtsbestand muß dem Mieter, wie sich aus § 49 MSchG. und § 19 RMG. ergibt, gewahrt bleiben.

Das Gleiche gilt für die Abänderung der Worte Vernachlässigung „der dem Mieter obliegenden Sorgfalt" (§ 553) in „der gebotenen Sorgfalt". Der von der Rechtsprechung (vgl. RG. 84, 222; 93, 39; RG. BayZ. 1920, 205, ferner RG. 106, 133 und OLG. Düsseldorf Rspr. 43, 55) entwickelte Begriff der dem Mieter obliegenden Obhutspflicht wird auch bei der Anwendung des § 2 maßgebend bleiben (vgl. zu dem Düsseldorfer Urteil auch Josef, JW. 1922, 786 und Fuchs, Gruch. 63, 277).

Abweichend von § 553 BGB., der eine erhebliche Gefährdung der „Rechte des Vermieters" als Kündigungsgrund zuläßt, ist hier die Gefährdung des Mietraumes oder des Gebäudes (es genügt wohl auch die Gefährdung nur eines Teiles des Gebäudes) gefordert. Kiefersauer, Recht 1924, 522; die bloße Gefährdung des Wertes des Gebäudes genügt nicht Hertel zu § 2; a. M. Stern zu § 2.

Für den Begriff der erheblichen Gefährdung genügt jede drohende Beeinträchtigung des Gebäudes (Gebäudeteiles), selbst wenn durch die Einwirkung des Mieters eine Störung seines Gebrauchs oder des Mietgebrauchs eines anderen Hausbewohners nicht verursacht wird; Ruth, JW. 1924, 760. Unerheblich ist ferner, ob der Mieter durch diese Gefährdung Vertragspflichten verletzt; auf ein Verschulden (§ 276 BGB.) des Mieters kommt es hier ebensowenig wie beim „vertragswidrigen Gebrauch" im Falle des § 553 BGB. (RG. BayZ. 1920, 152) an. Hat der Vermieter die Gefährdung zu vertreten, so entfällt die Anwendung des § 2.

Die Gefährdung des Gebäudes muß in jedem Fall eine erhebliche sein.

Wer wegen Raumgefährdung zur Räumung verurteilt wird, verliert jeden Vollstreckungsschutz durch Sicherung eines Ersatzraumes § 6 Abs. 1 n. F., gleichviel ob es sich um Wohnräume oder andere Räume handelt.

**9.** Unbefugte Gebrauchsüberlassung. Vgl. § 549 BGB. und § 29 MSchG. Unbefugt ist jede entgeltliche oder unentgeltliche Überlassung, für die die Erlaubnis des Vermieters nicht vorliegt oder durch das MEA. gemäß § 29 nicht ersetzt ist. Zustimmend Ruth, JW. 1924, 761. Dies gilt auch für die teilweise Raumüberlassung EA. 309 oder für die Überlassung zum Mitgebrauch EA. 317. Widerruf der Erlaubnis durch den Vermieter, die nur aus wichtigem Grund (§ 549 BGB.) zulässig ist, macht die Überlassung von der Wirksamkeit des Widerrufs an zu einer unbefugten; § 29 kann aber auch in diesem Falle wieder Platz greifen. Wegen der Wirkung einer nachträglich erteilten Erlaubnis vgl. Anm. 10.

Die Anforderungen auf Entfernung des Untermieters dürfen nicht überspannt werden; es ist im einzelnen Falle nach Treu und Glauben zu prüfen, was dem Mieter in dieser Hinsicht billigerweise zuzumuten ist. Dementsprechend ist dem Mieter unter Umständen eine angemessene Frist zur Entfernung des Untermieters zu belassen (RG. JW. 1920, 140 [5]).

Unbefugte Überlassung liegt ferner vor, wenn ein Kaufmann, der unter einer bestimmten Firma gemietet hat, die Räume, wenn auch unter Genehmigung der Fortführung der bisherigen Firma, einem andern überläßt; denn die Firma als solche ist nur der Name, unter dem der Kaufmann die Handelsgeschäfte betreibt § 17 HGB., die Firma stellt keine selbständige Rechtspersönlichkeit dar. Der Inhaber der Firma, der allein als Mieter in Betracht kommt, hat trotz Fortbestand der Firma gewechselt (vgl. RG. LZ. 1922, 685; RG. LZ. 1923, 555 und Flechtheim,

LZ. 1915, 943). Es liegt hiernach eine der Genehmigung des Vermieters bedürftige Rechtsabtretung vor; Dahlsheimer, BayZ. 1924, 170; Kiefersauer, Recht 1924, 522; RG. (8. Febr. 1924); Hertel 3 S. 210.

Überlassung auf Grund Zuweisung durch die Ortspolizeibehörde oder auf Grund Zwangsmietvertrages (§ 4 WMG.) ist in jedem Falle eine befugte. Doch ist auch in diesem Falle der Mieter verpflichtet auf Abmahnung die ihm mögliche Abhilfe zu schaffen (§ 2 Abs. 2); denn auch auf das durch Zwangsmietvertrag geschaffene Mietverhältnis finden die Vorschriften des BGB., insbesondere auch § 549 Abs. 2, Anwendung (KG., JW. 1923, 765[6]; Josef, JW. 1920, 367; a. M. die erste Aufl. S. 109, ferner Nußbaum, Wirtschaftsrecht S. 2, Genzmer, DJZ. 1922, 348).

Bei Aufhebung des Mietverhältnisses lediglich wegen unbefugter Gebrauchsüberlassung an einen Dritten kann die Zwangsvollstreckung von der Sicherung eines ausreichenden Ersatzwohnraumes abhängig gemacht werden, wenn dies zur Vermeidung unbilliger Härten erforderlich erscheint § 6 Abs 1 Satz 2. Dies gilt nur hinsichtlich der Wohnräume; bei anderen Räumen darf eine Ersatzraumsicherung nicht zugebilligt werden.

**10.** Die Abmahnung, für deren Erklärung dem Mieter gegenüber eine besondere Form nicht vorgeschrieben ist, muß genau die vom Mieter zu beseitigenden Tatsachen der in Abs. 1 bezeichneten Art ersehen lassen. Andere als in der Abmahnung gerügte Verstöße dürfen zur Klagebegründung nicht verwertet werden, es sei denn, daß die Voraussetzungen des § 2 Abs. 2 Satz 1 Halbsatz 2 vorliegen. Wann im einzelnen Fall dem Mieter die Abhilfe „möglich" ist, bemißt sich nach den Umständen des einzelnen Falles: dem Mieter darf hier jedenfalls nichts Unmögliches, d h. eine außerhalb seines rechtlichen, moralischen oder physischen Einflusses gelegene Mitwirkung zugemutet werden. Die Grenze des Zumutbaren gilt für ihn ebenso wie für den Vermieter.

An Stelle der Abmahnung genügt es, wenn das Verhalten des Mieters oder einer von diesem nach Abs 1 zu vertretenden Person ein solches war, daß dem Vermieter die „Fortsetzung des Mietverhältnisses nicht zugemutet werden kann". In jedem Fall muß das Verhalten des Mieters gegen die Vorschriften des Abs. 1 verstoßen. Für die Beurteilung der Frage, wann im einzelnen Falle dem Vermieter die Fortsetzung des Mietverhältnisses nicht zugemutet werden kann, ist zu beachten, daß das Mietverhältnis wesentlich auf dem Vertrauen der Vertragsteile beruht; je nach den gesellschaftlichen Verhältnissen der Vertragsteile, dem Zuschnitt des Hauses, dem Ausmaß der Nutzung wird ein und derselbe Verstoß verschieden zu beurteilen sein. Zustimmend Hertel zu § 2.

Die Fortdauer der Belästigung, der Raumgefährdung oder unbefugten Gebrauchsüberlassung bis zur Klageerhebung oder gar bis zum Erlaß des Urteils ist n i c h t erforderlich. Es genügt die Feststellung des Tatbestandes der fortgesetzten Handlung zu irgendeinem Zeitpunkt vor der Klageerhebung. Nachträgliche Erlaubnis des Vermieters oder Beschluß des MEA. nach § 29 beseitigt auch für die Vergangenheit den Tatbestand der unbefugten Raumüberlassung. Dazu S t e r n zu § 2. Zum mindesten liegt in dem Antrag gemäß § 29 ein Versuch des Mieters Abhilfe zu schaffen S c h l o ß, BayZ. 1926, 39. Nicht der Tatbestand allein, sondern nur in Verbindung mit der Norm des Abs. 2 ist maßgebend; a. M. LG. Frankfurt JW. 1926, 1053. Eine Aussetzung des Verfahrens zum Zwecke der Einholung der Erlaubnis nach § 29 kommt aber nicht in Frage LG. II Berlin G u t Nr. 622.

## § 3.

I Der Vermieter kann auf Aufhebung des Mietverhältnisses klagen, wenn der Mieter, welcher den Mietzins in kürzeren als vierteljährigen Zeitabschnitten zu entrichten hat, mit einem Betrag im Verzug ist, welcher den für die Dauer **eines Monats** zu entrichtenden Mietzins **übersteigt; bei einem den Betrag für zwei Monate nicht erreichenden Rückstand ist die Erhebung der Klage erst zwei Wochen nach der Fälligkeit zulässig.** Ist der Mietzins in vierteljährigen oder längeren Zeitabschnitten zu entrichten, so kann die Aufhebungsklage erhoben werden, wenn der Mieter mit einem Betrag im Verzug ist, welcher den für die Dauer eines Vierteljahrs zu entrichtenden Mietzins erreicht; bei nur einmaligem Rückstand ist die Erhebung der Klage **erst zwei Wochen** nach der Fälligkeit zulässig. Bezieht sich der Rückstand auf mehrere Zeitabschnitte, so ist für die Berechnung des nach Satz 1, 2 maßgebenden Betrags der Mietzins des Zeitabschnitts zugrunde zu legen, hinsichtlich dessen der Mieter zuerst in Verzug geraten ist.

II Der Anspruch besteht nicht, wenn der Verzug auf Unkenntnis des Mieters über den Betrag oder den Zeitpunkt der Fälligkeit des Mietzinses **oder auf irrige Annahme eines Aufrechnungs-, Minderungs- oder Zurückbehaltungsrechts zurückzuführen ist, es sei denn, daß die Unkenntnis oder der Irrtum auf Fahrlässigkeit beruht.**

III Die Aufhebung ist nicht mehr zulässig, wenn **bis zum Ablauf von zwei Wochen seit Erhebung der Klage,**

**spätestens jedoch bis zum Schlusse derjenigen mündlichen Verhandlung erster Instanz, auf welche das Urteil ergeht, der Mieter den Vermieter befriedigt oder eine gegenüber der Mietzinsforderung zulässige Aufrechnung erklärt. Beantragt in diesen Fällen der Vermieter alsbald, den Rechtsstreit in der Hauptsache für erledigt zu erklären, so hat der Mieter die Kosten des Rechtsstreits zu tragen.**

**1.** Begriff des Vermieters § 1 Anm. 7.

**2.** Das Vorbild für § 3 bildet § 554 BGB., jedoch ist dieser Vorschrift gegenüber der Zahlungsverzug des Mieters enger begrenzt. Zu dieser Vorschrift im allgemeinen Goltermann, LZ. 1924, 445 und Gebhardt, LZ. 1924, 810.

Wird ein Mietverhältnis, das sich ausschließlich oder zum Teil auf Wohnräume bezieht, lediglich gemäß § 3 aufgehoben, so kann die Zwangsvollstreckung von der Sicherung eines ausreichenden Ersatzwohnraumes abhängig gemacht werden, wenn dies zur Vermeidung unbilliger Härten erforderlich erscheint § 6 Abs. 1 n. F. Nichtwohnräume genießen bei Aufhebung nach § 3 keinerlei Schutz durch Stellung eines Ersatzraumes.

Pflicht des Gerichtsschreibers unverzüglich der Fürsorgebehörde von dem Eingang einer auf § 3 — allein oder neben anderen Aufhebungsgründen — gestützten Klage Mitteilung zu machen § 10 Abs. 2.

**3.** Mietzins ist sowohl der vereinbarte Mietzins (§ 535 BGB.) als auch die gesetzliche Miete (§ 1 RMG.); auch die durch den § 13a neu eingeführte Zusatzmiete ist ein Teil des Mietzinses. Zur gesetzlichen Miete zählt ferner die Vergütung für Nebenleistungen des Vermieters (§ 12) sowie die Zuschläge nach § 10 RMG. Zustimmend Hertel S. 44 u. RG. JW. 1924, 801. Der auf die Miete entfallende Teil der Hauszinssteuer ist ein Teil der gesetzlichen Miete; eine in Aussicht stehende Stundung der Steuer berechtigt den Mieter nicht zum Abzug dieses Betrages vom Mietzins LG. I Berlin EA. 427.

**4.** Zahlungsverzug. Die Voraussetzungen des Zahlungsverzugs bemessen sich nach §§ 284 ff. BGB. Mahnung des Vermieters ist nach § 284 Abs. 2 nicht erforderlich. Aus welchem Grunde die Zahlung des Mietzinses unterbleibt, ist unerheblich (§ 279 BGB.); auch unverschuldete Zahlungsunfähigkeit des Mieters (z. B. infolge Arbeitslosigkeit) begründet die Aufhebungsklage. Geschäftsaufsicht verhindert nicht den Verzug Lang, EA. 328.

Aufhebung der Verzugsfolgen bei besonderem subjektiven Verhalten des Mieters gemäß Abs. 2; nachträgliche Beseitigung des Aufhebungsanspruchs des Vermieters im Falle der Befriedigung gemäß Abs. 3.

Die Wirkungen des Zahlungsverzuges des Mieters sind verschieden je nach den Zeitabschnitten, in denen der Mietzins zu entrichten ist. Im Gegensatz zu § 1 RMG. in Verbindung mit § 565 BGB. ist hier nicht die Bemessung des Mietzinses, sondern die tatsächliche Entrichtung maßgebend, mag die Verpflichtung hiezu auf Vertrag oder auf Gesetz (§ 30 MSchG.; § 551 BGB.) beruhen. Das Gesetz unterscheidet: Zahlung in kürzeren als vierteljährigen Abschnitten (Tage, Wochen, Monate) und Zahlung in vierteljährigen (§ 551 Abs. 2 BGB) oder längeren Abschnitten (Vierteljahr, Halbjahr, Jahr usw., auch einmalige Zahlung für die Vertragsdauer). Im ersteren Falle genügt zur Begründung der Aufhebungsklage seit der Novelle bereits Verzug mit einem Betrage, der eine Monatsmiete übersteigt, im letzteren Falle ist Verzug mit einem Vierteljahres-Mietzins erforderlich.

Maßgebend für die Beurteilung ist nicht der Zeitabschnitt, der zur Zeit der Klageerhebung gilt, sondern jener im Zeitpunkte des ersten Verzuges (arg e. c. Abs. 1 Satz 3).

Abweichend von der Regel des § 554 BGB., der Nichtzahlung des Mietzinses an zwei aufeinanderfolgenden Terminen verlangt, genügt hier Verzug mit der Entrichtung eines Mietzinses für die Dauer von mehr als einem Monat bzw. von einem Vierteljahr, gleichviel wann die Zahlung fällig und für welchen Zeitraum die nicht rechtzeitig bezahlte Mietrate zu entrichten war. Es findet demnach eine einfache Zusammenrechnung der rückständigen Beträge (auch Teilbeträge des Mietzinses) statt, soweit der Mieter mit ihrer Zahlung in Verzug sich befindet.

Der hiernach errechnete Betrag (Gesamtbetrag) ist mit dem für die Dauer von zwei Monaten bzw ein Vierteljahr (vereinbarungsgemäß oder als gesetzliche Miete) zu zahlenden Mietzins zu vergleichen. Maßgebend ist grundsätzlich der zur Zeit der Klageerhebung zu entrichtende Mietzins. § 3 Abs. 1 Satz 3 schränkt diese Regel bei einem Rückstand für mehrere Zeitabschnitte dahin ein, daß der als Vergleichsmaßstab heranzuziehende Mietzins nach jenem Zeitabschnitt zugrunde zu legen ist, hinsichtlich dessen der Mieter zuerst in Verzug geraten ist Zeitabschnitt bedeutet hier der vertragliche oder gesetzliche Zeitabschnitt und zwar zur Zeit des Verzuges.

Der Mietzins, der für den vertragsmäßigen oder gesetzlichen Zeitabschnitt (Monat, Vierteljahr oder Halbjahr usw) zu entrichten ist, bildet den Vergleichsfaktor für die Feststellung des Verzugseintritts nach dem Grundsatz des Abs 1 Satz 3. Ist z. B. vierteljährliche Zinszahlung vereinbart, so ist für das ganze Vierteljahr, in dem der erstmalige Zahlungsverzug des Mieters eingetreten ist, der Mietzins zu ermitteln. Zustimmend Hertel S. 46. Nur wenn der rückständige Betrag den Mietzins für das Verzugsvierteljahr erreicht, liegt ein Aufhebungsgrund vor. Bei wiederholter unpünktlicher Zahlung kann ein Aufhebungsgrund nach § 2 gegeben sein § 2 Anm. 7.

**5.** Zeitpunkt der Klagerhebung. Grundsätzlich kann der Vermieter sofort nach Eintritt des Verzugs auf Aufhebung klagen. Die Unterscheidung zwischen Vorauszahlung und Nachzahlung des Mietzinses hat die Novelle fallen gelassen; maßgebend ist für die Klagerhebung ebenso wie für den Verzug lediglich der Zeitpunkt der Fälligkeit der Zahlung.

Ausnahmsweise ist dem Vermieter die Einhaltung einer Frist zwischen Verzug und Klagerhebung vorgeschrieben. Eine vorzeitig erhobene Klage ist als unzulässig zurückzuweisen, es sei denn, daß im Zeitpunkt der Urteilsfällung der zulässige Zeitpunkt herangekommen ist. Ebenso Hertel S. 47. Die Frist beträgt zwei Wochen nach der Fälligkeit, wenn

1. bei Zahlung in vierteljährigen oder größeren Zeitabschnitten der Mieter mit nur einem Betrage im Rückstande ist, der die volle Vierteljahres (Halbjahres- usw.) rate nicht übersteigt — einmaliger Rückstand;
2. bei Zahlung in kürzeren Abschnitten der Mietrückstand zwar den Monatsbetrag der Miete übersteigt, aber den Betrag für zwei Monate nicht erreicht.

In allen anderen Fällen kann der Mieter sofort klagen, im Falle zu 1 also z. B. wenn mehrere Teilrückstände zusammen erst den Betrag der Viertel (Halbjahres) miete erreichen oder im Falle zu 2, wenn die rückständige Miete — gleichviel, um wieviel Zinsraten es sich handelt — den Betrag von zwei Monaten erreicht oder übersteigt.

**6.** Die Einschränkung der Verzugsfolgen im Interesse des Mieters ist durch die Novelle vom 29. Juni 1926 nicht unwesentlich erweitert worden. Nicht nur die Unkenntnis über Betrag oder Zeitpunkt der Fälligkeit des Mietzinses, sondern auch die irrige Annahme eines Aufrechnungs-, Minderungs- oder Zurückbehaltungsrechts wird dem Mieter zugute gehalten. Vgl. hiezu auch RG. JW. 1926, 1584. In allen diesen Fällen wird dem Vermieter trotz objektiven Vorhandenseins des Schuldnerverzuges der Aufhebungsanspruch versagt; die Klage ist kostenfällig abzuweisen.

Voraussetzung ist allerdings, daß die Unkenntnis oder der Irrtum des Mieters nicht auf Fahrlässigkeit beruht. Fahrlässigkeit ist Verletzung der im Verkehr erforderlichen Sorgfalt; ob eine solche gegeben ist, bemißt sich nach den Umständen des einzelnen Falles: Bildungsgrad, Geschäftsgewandtheit des Mieters sind zu berücksichtigen.

**7.** Vgl. § 554 BGB. Die Aufrechnung muß hier nicht unverzüglich erklärt sein; es genügt, wenn sie vor Erlaß des Urteils erklärt wird. Wegen der Zulässigkeit der Aufrechnung vgl. §§ 383ff. BGB.; in erster Linie sind die Bestimmungen des Mietvertrages maßgebend (§ 28 MSchG. und Erl.). Wegen der Kostentragung vgl. § 91 ZPO.

**8.** Nachträgliche Beseitigung des Aufhebungsanspruchs. Voraussetzung ist Erhebung der Klage; Befriedigung durch Zahlung (Hinterlegung § 378 BGB.) oder Aufrechnung vor Klagerhebung hat die kostenfällige Klagabweisung des Vermieters zur Folge.

Nach Klagerhebung kann der Mieter die Aufhebung des Mietverhältnisses durch Zahlung oder Erklärung der Aufrechnung nur abwenden, wenn er innerhalb einer Frist von zwei Wochen zahlt oder die Aufrechnung erklärt. Die Frist läuft von der Klagerhebung an, wenn sie allein oder neben den §§ 2, 4 auf § 3 gestützt wird; sie läuft von der Geltendmachung in der mündlichen Verhandlung an oder von der Zustellung des Schriftsatzes an, wenn der Aufhebungsgrund des § 3 erst im Laufe des Rechtsstreites geltend gemacht wird. Zahlung oder Aufrechnungserklärung werden nicht mehr berücksichtigt, wenn die mündliche Verhandlung erster Instanz, auf die das Urteil ergeht, geschlossen ist; dies gilt auch dann, wenn die mündliche Verhandlung vor Ablauf der zwei Wochen stattfindet („spätestens jedoch"). Die Novelle stellt klar, daß nur bis zum Urteil erster Instanz Zahlung oder Aufrechnungserklärung Berücksichtigung finden können, eine Auffassung, die bereits für das bisherige Recht vertreten wurde (Dahlsheimer, BayZ. 1925, 179; LZ. 1925, 541; Stern u. Nußbaum, JW. 1926, 73 u. 74; Kiefersauer, EA. 468; LG. III Berlin JW. 1926, 73 u. EA. 376; a. M. Hertel S. 48; Fuchs, JW. 1926, 1856 LG. Frankfurt JW. 1926, 1054). Befriedigung, die der Vermieter im Wege der Zwangsvollstreckung sich verschafft, ist keine Befriedigung im Sinne dieser Vorschrift, da nur dem zahlungswilligen Mieter die Vergünstigung des Abs. 3 eingeräumt werden soll. Teilleistungen kann der Vermieter ablehnen; eine teilweise Befriedigung genügt nicht, auch wenn dadurch der Restbetrag der Schuld unter den Monats- bzw. Vierteljahresbetrag herabsinken sollten Hertel S. 48; Stern S. 50; Vidal S. 35.

Die Kosten des Rechtsstreits trägt nach allgemeinen Vorschriften der Mieter, wenn der Vermieter infolge der Zahlung des Mieters den Rechtsstreit in der Hauptsache alsbald für erledigt erklärt, den Vermieter, wenn er an dem Aufhebungsanspruch festhält und die Klage abgewiesen werden muß. Für die Aufrechnung käme, da sie den Aufhebungsanspruch rückwirkend (§ 389 BGB.) beseitigt, lediglich die Kostentragungspflicht des Vermieters in Frage; die Novelle schafft hier gleiches Recht für beide Fälle: der Mieter hat die Kosten zu tragen, wenn der Vermieter alsbald nach Zahlung oder Aufrechnungserklärung den Rechtsstreit in der Hauptsache für erledigt zu erklären beantragt. Wegen Teilung der Kosten erster und zweiter Instanz vgl. LG. Hamburg EA. 348.

Die Zurückbehaltung des Mietzinses bewirkt nicht die Tilgung der Forderung, sondern hat nur die Verurteilung zur Leistung Zug um Zug zur Folge § 320 BGB. Sie kommt für Abs. 3 nicht in Frage. Vidal S. 36.

## § 4.

I Der Vermieter kann auf Aufhebung des Mietverhältnisses klagen, wenn für ihn aus besonderen Gründen ein so dringendes Interesse an der Erlangung des Mietraums besteht, daß auch bei Berücksichtigung der Verhältnisse des Mieters die Vorenthaltung eine schwere Unbilligkeit für den Vermieter darstellen würde. Zugunsten des Mieters ist dabei der Umstand mit zu berücksichtigen, daß der Mieter im Einverständnis mit dem Vermieter in dem Mietraum bauliche, mit einem erheblichen Kostenaufwande verbundene Arbeiten hat vornehmen lassen. Bei gewerblichen Räumen ist es zugunsten eines Mieters, der keine weitere Betriebsstätte als den herauszugebenden Raum besitzt, mit zu berücksichtigen, wenn der Vermieter außer einer Hauptbetriebsstätte mehrere Zweigstellen in demselben Gemeindebezirk inne hat und den Mietraum lediglich zur Vergrößerung seines Betriebs verwenden will. Die Absicht des Vermieters, den Raum selbst in Gebrauch zu nehmen oder ihn Angehörigen zum Gebrauche zu überlassen, rechtfertigt allein die Aufhebung nicht, **es sei denn, daß der Eigentümer eines vor mehr als drei Jahren erworbenen Grundstücks einen zu gewerblichen Zwecken vermieteten Raum für eigene gewerbliche Zwecke dringend braucht. Bei der Abwägung der beiderseitigen Interessen sind zugunsten des Vermieters die Zahl und das Lebensalter der zu seinem Hausstande gehörigen Abkömmlinge mit zu berücksichtigen.**

II **Liegen die im Abs. 1 bezeichneten Gründe nur für einen Teil des Mietraums vor, so kann die Aufhebung hinsichtlich dieses Teiles, insbesondere auch eines Hausgartens, verlangt werden.** Auch kann das Gericht die Aufhebung auf einen Teil des Mietraums beschränken, insbesondere, wenn der Vermieter Nebenräume, welche nicht Wohnräume sind, oder entbehrliche Teile des

Mietraums zur Herstellung selbständigen Wohnraums braucht. Bei teilweiser Aufhebung des Mietverhältnisses ist, sofern ein vereinbarter Mietzins zu zahlen ist, auf Antrag in der Urteilsformel auszusprechen, um welchen Betrag sich der Mietzins für den verbleibenden Teil des Mietraums mindert; gilt die gesetzliche Miete, so wird der verbleibende Teil des Mietzinses nach § 2 Abs. 4 des Reichsmietengesetzes von dem Mieteinigungsamte festgesetzt.

III Wird das Mietverhältnis lediglich auf Grund des Abs. 1 aufgehoben, so kann das Gericht auf Antrag des Mieters den Vermieter verpflichten, dem Mieter die für den Umzug innerhalb des Gemeindebezirkes erforderlichen Kosten ganz oder teilweise zu ersetzen, wenn dies nach Lage der Sache, insbesondere nach den Vermögens- und Erwerbsverhältnissen der Vertragsteile, der Billigkeit entspricht. Die oberste Landesbehörde kann bestimmen, daß benachbarte Gemeinden als eine Gemeinde im Sinne dieser Vorschrift anzusehen sind. Für Gemeinden, die verschiedenen Ländern angehören, kann auf Antrag der beteiligten obersten Landesbehörden der Reichsarbeitsminister die Bestimmung treffen.

IV Soweit die Ersatzpflicht ausgesprochen wird, ist auf Antrag des Mieters die Zwangsvollstreckung von der Hinterlegung eines in der Urteilsformel zu bezeichnenden, die Umzugskosten oder den zugebilligten Teil mutmaßlich deckenden Geldbetrags abhängig zu machen.

V Der Mieter ist über die Zulässigkeit der in den Abs. 3, 4 bezeichneten Anträge zu belehren. Wird das Urteil nur wegen der Umzugskosten angefochten, so erfolgt die Anfechtung durch sofortige Beschwerde.

VI Auf Antrag des Mieters kann durch einstweilige Verfügung die Hinterlegung des im Abs. 4 bezeichneten Betrags angeordnet werden, wenn der Mieter mit der erforderlichen behördlichen Genehmigung (§ 31) einen Ersatzraum gemietet oder wenn das Mieteinigungsamt einen Mietvertrag über einen Ersatzraum festgesetzt hat. Zum Erlasse der einstweiligen Verfügung ist nicht erforderlich, daß eine Gefährdung des Anspruchs glaubhaft gemacht wird.

VII Das Gericht kann in dem das Mietverhältnis aufhebenden Urteil aussprechen, daß eine Beschlagnahme des Mietraums durch die Gemeindebehörde unter bestimmten, im Urteil zu bezeichnenden Voraussetzungen ausgeschlossen ist. Eine Anfechtung des Urteils findet insoweit nicht statt.

**1.** Begriff des Vermieters § 1 Anm. 7.

**2.** Überwiegender Raumbedarf des Vermieters. Neben den in §§ 2 und 3 aufgeführten besonderen Fällen der Beschränkung des Kündigungsrechtes des Vermieters gibt § 4 einen allgemeinen Grund zur Aufhebung des Mietverhältnisses. Wegen des Zeitpunktes der Aufhebung § 5. Ist die Gemeinde Vermieterin, so steht ihr ohne weiteres das Recht aus § 4 zu, ohne daß es hiebei auf besondere fiskalische Interessen ankäme Ruth, JW. 1926, 1052 gegen LG. Bochum.

Ausreichender Ersatzwohnraum muß nach § 6 Abs. 1 Satz 1 gesichert werden, wenn die Aufhebung des Mietverhältnisses lediglich nach § 4 Abs. 1 erfolgt, es sei denn, daß die Versagung des Ersatzraumes keine unbillige Härte für den Mieter darstellt. Ausreichender Ersatzwohnraum kann zugebilligt werden bei Aufhebung hinsichtlich des Wohnraumes nach § 4 Abs. 2, wenn dies zur Vermeidung unbilliger Härten erforderlich erscheint (§ 6 Abs. 1 Satz 3). Bei Aufhebung von Mietverhältnissen über Nichtwohnräume lediglich nach § 4 muß ein für die Berufs- oder Geschäftsbedürfnisse ausreichender Ersatzraum gesichert werden, wenn der Mieter beweist, daß bei Versagung des Ersatzraumes dringende öffentliche Interessen gefährdet werden würden § 6 Abs. 2; im übrigen genießen Nichtwohnräume abgesehen von der Möglichkeit der Zubilligung einer Räumungsfrist keinerlei Vollstreckungsschutz.

Vorläufige Vollstreckbarkeit und Kostenerstattung sind in § 13 Abs. 3 u. 4 besonders geregelt. Eine besondere Regelung findet der Raumbedarf in §§ 23 und 35.

Bei einer Aufhebung des Mietverhältnisses aus dem in § 4 bezeichneten Grunde neben §§ 2 und 3 kann eine Verpflichtung des Vermieters zum Ersatz der Umzugskosten (Abs. 3) nicht ausgesprochen werden.

**3.** Teilaufhebung. Die Novelle gestattet nunmehr ausdrücklich dem Vermieter die Teilaufhebungsklage; die bisherige Streitfrage (2. Aufl. S. 39, ferner Ruth, JW. 1924, 762; Dahlsheimer, BayZ. 1924, 193; Metzler, BayZ. 1925, 78; Heraeus, Brumby, Stern im EA. 371, 378, 385 u. Komm. S. 60; LG. II Berlin JW. 1925, 2501; LG. Arnsberg JW. 1926, 1051; OLG. Frankfurt EA. 438) ist damit gegenstandslos geworden. Daneben bleibt bestehen die Befugnis des Gerichts die Aufhebung auf einen Teil des Mietraumes zu beschränken. Hausgärten genießen, wie der Gesetzestext ersehen läßt, auch nach der Auffassung des Gesetzgebers den gleichen Mieterschutz wie die Mieträume, mit denen zusammen sie vermietet sind (anders die Rechtsprechung des Kammergerichts).

Die Voraussetzungen für eine teilweise Aufhebung des Mietverhältnisses sind hinsichtlich des abzutrennenden Mietraums bzw. Mietgegenstandes (Garten ist kein Raum!) die gleichen wie für die Vollaufhebung.

Nur eine rechtliche Teilung des Gegenstandes des Mietverhältnisses kommt in Frage; bildet diesen nur ein einziger Raum, so entfällt die Anwendung des Abs. 2. Zu einer tatsächlichen Teilung z. B. durch Abteilung eines Ladenraums durch Einziehung einer Wand ist der Richter auch dann nicht befugt, wenn der Vermieter sich zur Durchführung bereit erklärt.

Zu welchem Zwecke die Teilung erfolgt, ist unerheblich; auch Geschäftsräume, nicht nur Wohnungen können aus den abgetretenen Bestandteilen des Mietgegenstandes gebildet werden.

**4.** Aufhebungsgrund ist das besonders begründete, dringende Interesse des Vermieters an der Erlangung des Mietraumes, vorausgesetzt, daß nicht auf Seite des Mieters gleich beachtenswerte Gründe für die Beibehaltung der Räume gegeben sind. Es handelt sich hier um einen Interessenausgleich allgemeiner Art mit dem Abmaße, daß nur bei überwiegendem Interesse des Vermieters eine Aufhebung des Mietverhältnisses gerechtfertigt wird.

Der Gesetzgeber hat auch hier dem Richter für die Beurteilung des Falles gewisse Gesichtspunkte an die Hand gegeben: zugunsten des Mieters (Abs. 1 Satz 2 allgemein, Satz 3 bei gewerblichen Räumen), zugunsten des Vermieters (Satz 4).

Hervorzuheben ist, daß der Raumbedarf des Vermieters nicht notwendig einem eigenen Bedürfnis entspringen muß (LG. München I LZ. 1925, 384; ebenso Hertel S. 55, Stern S. 56); in allen Fällen aber muß die Erlangung des Mietraums im Interesse des Vermieters selbst gelegen sein. Die Novelle hat in Satz 5 ausdrücklich die Berücksichtigung der Zahl und des Lebensalters der zum Hausstand d. i. zur häuslichen Gemeinschaft des Vermieters gehörigen Abkömmlinge vorgeschrieben. Darüber hinaus wird man aber ausnahmsweise unter Umständen auch den Wohnbedürfnissen sonstiger Verwandter Rechnung tragen dürfen, soweit sie nicht neben dem Vermieter einen selbständigen Haushalt führen. Dies gilt für Wohnräume in gleichem Maße wie für Nichtwohnräume.

Für den Richter darf indes nicht lediglich der private Interessenausgleich zwischen Mieter und Vermieter bei der Urteilsfällung ausschlaggebend sein: die Rücksichtnahme auf die Grundsätze des Wohnungsnotrechtes, „das öffentliche Interesse an dem Bekämpfen des Wohnungsmangels“ (so RG. 104, 244), wird die Urteilsfindung wesentlich beeinflussen; denn durch die nach Abs. 7 dem Gericht gebotene Möglichkeit Maßnahmen zur Bekämpfung des Wohnungsmangels nach bestimmter Richtung auszuschalten, nimmt der Richter teil an der Durchführung des Wohnungsmangelgesetzes, dessen Gesichtspunkte auch für ihn maßgebend sind (wie hier Ruth, JW. 1924, 761). Durch eine Entscheidung auf Grund des § 4 übernimmt der Richter eine Verantwortung, die über die Erledigung eines bloßen Parteistreites hinausreicht. Wegen der besonders sorgfältigen Prüfung dieser Frage bei Vergleichen auf Grund des § 4 vgl. Brumby, EA. 326.

Trotz einer dem Vermieter günstigen Entscheidung ist dieser — vorbehaltlich eines Urteilsausspruches nach Abs. 7 — bei der Ingebrauchnahme oder sonstigen Verfügung über die Räume an die Normen des WMG. und der dazu erlassenen Ausführungsbestimmungen gebunden; der Vermieter ist daher z. B. nicht befugt, frühere Wohnräume der in § 2 Abs. 2 WMG. bezeichneten Art zu Geschäftszwecken zu verwenden. Bei unbefugter Weitervermietung gilt die zivilrechtliche Folge des § 31 MSchG.

**5.** Unter Berücksichtigung der Umstände des einzelnen Falles kommen beispielsweise als Aufhebungsgründe in Betracht: notwendige Ausdehnung des Geschäftsbetriebes (vgl. aber § 2 WMG.), überstarke Belegung der Wohnräume des Vermieters, Notwendigkeit der Aufstellung eines Hausverwalters, begründete Aufnahme hilfloser Verwandter, Freimachung einer größeren Wohnung bei Überlassung einer Wohnung im eigenen Hause unter Beachtung der Regel des Abs. 1 Satz 4. Ansteckende Krankheit des Mieters ist dagegen kein Aufhebungsgrund im Sinne des § 4; hier könnte höchstens die Anfechtung des Mietvertrages nach § 119 BGB. in Betracht kommen a. M. LG. Breslau JW. 1925, 2820; dazu Ruth Fußnote. Kein Aufhebungsgrund ist weiter die Möglichkeit, die Räume besser insbes. zu einem höheren Mietzins vermieten zu können (LG. Elberfeld EA. 332; wohl aber unter Umständen die Absicht der Wohnungsbeschaffung durch Teilung oder Ausbau nach Maßgabe der §§ 33a, 33b, die Notwendigkeit der Durchführung größerer Instandsetzungsarbeiten, die die Freimachung der Räume bedingen.

Sonderfälle des § 4: §§ 22 und 23 (Dienst- oder Werkwohnungen) § 35.

Die Vorenthaltung des Mietraumes wird regelmäßig dann keine schwere Unbilligkeit für den Vermieter bedeuten, wenn ihm oder seinen Angehörigen nach den Bestimmungen des WMG. ein Anspruch auf eine Wohnung nach der Anschauung der Ortspolizeibehörde (noch) nicht oder nicht in dem geforderten Umfang zusteht.

**6.** Aufwendungen des Mieters. Der Begriff der baulichen Arbeiten ist nicht zu eng zu fassen: es genügt jede Veränderung der Mietsache; in Betracht kommen insbesondere auch Tüncher-, Tapeziererarbeiten, Einrichtung des elektrischen Lichtes. Voraussetzung ist, daß dadurch dem Mieter ein erheblicher Kostenaufwand entstanden ist; die Erheblichkeit ist nach dem zur Zeit der Zahlung maßgebenden Geldwert und dem zu dieser Zeit entrichteten Mietzins zu beurteilen. Die persönlichen Verhältnisse des Mieters scheiden hier ebenso wie jene des Vermieters aus; es kommt nur auf das Verhältnis dieses besonderen Aufwandes zu dem allgemeinen Aufwand des Mieters für die Räume an. Eine weitere Voraussetzung ist, daß die Arbeiten im Einverständnis mit dem Vermieter vorgenommen wurden: hier genügt stillschweigendes Einverständnis, ja selbst widerspruchloses Dulden des Vermieters.

Der Umstand, daß der Mieter Einrichtungen nach § 547 Abs. 2 BGB. wegzunehmen befugt ist, hindert nicht, auch den Kostenaufwand für solche Arbeiten nach Abs. 1 Satz 2 zu berücksichtigen; denn in den meisten Fällen wird die Einrichtung nach der Wegnahme ihrem ursprünglichen Zweck wenigstens nicht ohne weiteren Kostenaufwand dienstbar gemacht werden können. Der Kostenaufwand begründet aber gerade die Schutzwürdigkeit des Interesses des Mieters an der Erhaltung des Mietraumes.

**7.** Betriebsstätte. Sonderregelung für den Fall, daß Mieter und Vermieter gewerbliche Räume innehaben und der Vermieter den Mietraum lediglich zur Vergrößerung seines Betriebes, d. h. zu Geschäftszwecken, verwenden will. Als gewerblicher Raum im Sinne dieser Vorschrift ist jeder Geschäftsraum anzusehen.

Voraussetzung ist: beim Mieter, daß er überhaupt nur diese eine Betriebsstätte besitzt; wenn er daher in derselben oder in einer anderen Gemeinde eine weitere Betriebsstätte hat, so entfällt Satz 3; beim Vermieter, daß er in demselben Gemeindebezirk außer der Hauptbetriebsstätte mindestens zwei Zweigstellen innehat.

**8.** Eigenverwendung des Vermieters. Satz 4 bringt zunächst eine Einschränkung des Aufhebungsgrundes: Verneinung des nach Satz 1 erforderlichen dringenden Interesses an der Erlangung des Mietraumes, gleichviel ob es sich um einen Wohnraum oder um andere Räume handelt. Die Novelle hat, einem Antrag der Regierungsparteien entsprechend, einen zweiten Halbsatz eingefügt, der für gewerbliche Räume eine Ausnahme von der Einschränkung des ersten Halbsatzes bringt: hat der Vermieter als Eigentümer das Grundstück vor mehr als drei Jahren erworben und braucht er dringend den Raum für eigene gewerbliche Zwecke, so soll auch diese alleinige Absicht des Vermieters bei der Interessenabwägung berücksichtigt werden dürfen. Eine Auslegung dahingehend, daß in solchem Falle der dringende Eigenbedarf für sich allein die Aufhebung des Mietverhältnisses rechtfertige, eine Abwägung der Interessen beider Vertragsteile also überhaupt nicht Platz greifen könne (so Hertel, Novelle S. 6), vermag ich trotz des Wortlautes nicht anzuerkennen. Denn die allgemeine Regel des Abs. 1 Satz 1 wird durch keinen der nachfolgenden Sätze durchbrochen, vielmehr nur erläutert. So auch die Reichsregierung, Bericht des Ausschusses S. 34 (RTDrucks. Nr. 2371).

Die dreijährige Frist ist nach dem Zeitpunkt der Klageerhebung zu berechnen; im Ausschuß (Bericht S. 34) bestand zwar offenbar die Meinung, daß die Frist vom Tage des Inkrafttretens der Novelle d. i. 1. Juli 1926 rückwärts zu berechnen, also der 1. Juli 1923 als maßgebender Stichtag anzusehen sei. Im Gesetz findet diese Auffassung keine Begründung; der Wortlaut zwingt vielmehr zu der hier vertretenen Auffassung (ebenso Hertel, Novelle S. 7).

**9.** Die Teilaufhebung des Mietverhältnisses steht — abgesehen von der Teilaufhebungsklage — im Ermessen des Gerichts; Ausspruch ist auch ohne Antrag zulässig. Voraussetzungen für die Beschränkung der Aufhebung auf einen Teil des Mietraumes sind gesetzlich nicht festgelegt; als Beispiele sind genannt: die Inanspruchnahme entbehrlicher Wohnräume oder nicht bewohnbarer Nebenräume zum Zwecke der Herstellung selbständigen Wohnraumes. Der Grundgedanke des Gesetzes geht dahin, die Herstellung neuen Wohnraumes dem Vermieter durch Inanspruchnahme von Nebenräumen oder sonstiger entbehrlicher Teile der Mieträume zu erleichtern oder überhaupt möglich zu machen. Dem Ermessen des Richters ist es im übrigen überlassen, unter welchen Voraussetzungen er nur eine Teilaufhebung aussprechen will. Die Sicherung der Durchführung des Bauvorhabens ist Sache der Ortspolizeibehörde; das Gericht kann jedoch durch Urteilsausspruch nach Abs. 7 (Ermöglichung der Beschlagnahme, falls innerhalb bestimmter Frist die Herstellung des neuen Wohnraumes nicht erfolgt), die Ortspolizeibehörde wirksam unterstützen.

Die Bereitstellung eines Ersatzwohnraumes ist bei nur teilweiser Aufhebung anders geregelt als bei völliger Aufhebung § 6 Abs. 1 Satz 3.

**10.** Mietzinsbildung. Vereinbarter Mietzins ist in Gegensatz gestellt zu der gesetzlichen Miete nach § 1 RMG. Das Gericht bestimmt im ersteren Fall — aber nur auf Antrag — den Betrag, um den sich der vertragliche Mietzins infolge der Teilaufhebung mindert; der Mieter ist alsdann ohne weiteres berechtigt den vertragsmäßigen Mietzinsanspruch des Vermieters um diesen Betrag zu kürzen. Grundsätze für die Ermittlung dieses Betrages stellt das Gesetz nicht auf; zu berücksichtigen ist hierbei nicht nur die Raumgröße des abgetrennten Teiles, sondern auch die Gebrauchsfähigkeit des dem Mieter noch belassenen Mietraumes.

Gilt die gesetzliche Miete, so wird nicht der abzugsfähige Betrag ermittelt, sondern das Mieteinigungsamt stellt auf Antrag eines Vertragsteiles den ortsüblichen Mietzins für den dem Mieter belassenen Raum nach den Grundsätzen des § 2 Abs. 4 RMG. neu fest. Zustimmend Hertel S. 57; ferner KG. JW. 1924, 2006 u. Gut Nr. 360.

Die Urteilsformel enthält hiernach einen Ausspruch nur im ersteren Fall (vertraglicher Mietzins) und zwar nur auf Antrag einer Partei.

**11.** Umzugskostenersatz. Die Auferlegung steht, sofern die Aufhebung des Mietverhältnisses nur auf Abs. 1 sich gründet, im Ermessen des Gerichts, das nur auf Antrag hierauf erkennen kann. Belehrung des Mieters ist Pflicht des Gerichts Abs. 5. Die Ersatzpflicht des Vermieters beschränkt sich auf den Umzug innerhalb der Gemeinde; eine Ausdehnung auf benachbarte Gemeinden kann landesrechtlich angeordnet werden. Umzug ist gegeben, sowohl wenn nur ein Teil der Wohnung zu räumen ist (Abs. 2), als auch dann, wenn der Mieter eine neue Wohnung vorläufig nicht bezieht, sondern die Möbel z. B. bei einem Spediteur einstellt; denn auch im letzteren Fall wird Umzugsgut aus der freizumachenden Wohnung weggeschafft. Beim Wegzug des Mieters aus der Gemeinde wird ihm der auf den Transport der Möbel bis zur Bahn bzw., wenn diese außerhalb des Gemeindebezirks liegt, der auf den Transport innerhalb des Gemeindebezirks treffende Teil zu ersetzen sein, da die Bestimmung des künftigen Wohnortes des Mieters dem Vermieter nicht einseitig zugute kommen kann.

Andere Entschädigungsleistungen als für den Umzug können dem Vermieter nicht auferlegt werden; wegen sonstiger Aufwendungen für Einrichtungen usw. ist der Mieter auf das Wegnahmerecht des § 547 BGB. zu verweisen.

Die Frage, ob und in welchem Umfang der Vermieter zum Ersatz der Umzugskosten zu verpflichten ist, bemißt sich nach Billigkeitsgrundsätzen. Dabei sind nach dem Gesetz insbesondere die Vermögens- und Erwerbsverhältnisse der Vertragsteile zu berücksichtigen. Unter Umständen kommen in Betracht: Vorteile des Vermieters aus der Räumung, insbesondere bei Verwendung für Geschäftszwecke; leitender Gesichtspunkt muß immer sein, daß die Räumung im Interesse des Vermieters erfolgt und dieser daher grundsätzlich die Kosten dem Mieter zu ersetzen hat. Nur bei offensichtlicher Unbilligkeit soll von diesem Grundsatz abgewichen werden; dies kann insbesondere durch Verpflichtung zur teilweisen Kostenerstattung geschehen.

Die erforderlichen Kosten sind zu ersetzen; hieher gehören die Kosten des Spediteurs, des Tapezierers, Installateurs usw., soweit deren Inanspruchnahme nach den Verhältnissen des Mieters üblich und im Einzelfall geboten war, unter Umständen auch die Kosten für Neuanschaffungen geringeren Umfangs (Fenstervorhänge, nicht aber Beleuchtungskörper). Richtpunkte geben z. B. die jeweils für den Umzug der Staatsbeamten geltenden Bestimmungen. Streitigkeiten über die Höhe der Ersatzpflicht entscheiden die ordentlichen Gerichte; ist die Ersatzpflicht im Urteil ausgesprochen, so ist die Entscheidung für die Gerichte bindend. Die Fälligkeit der Ersatzforderung des Mieters tritt erst nach Aufwendung der Kosten ein. Wegen der Hinterlegung eines die Kosten mutmaßlich deckenden Geldbetrages vgl. Abs. 4 und 6. Anfechtung des Urteils nur wegen der Umzugskosten ist im Wege der sofortigen Beschwerde zulässig (Abs. 5).

**12.** Beschränkung der Zwangsvollstreckung durch Anordnung der Hinterlegung eines Geldbetrages auf Antrag. Pflicht des Richters zur Belehrung über die Antragsmöglichkeit (Abs. 5). Wegen Aufhebung der Beschränkung auf Antrag des Vermieters vgl. § 6 Abs. 5. Vor Hinterlegung ist die Zwangsvollstreckung unzulässig; Mieter hat das Erinnerungsrecht aus § 766 (nicht 767) ZPO. bei Vollstreckungsbeginn vor Hinterlegung. Auch noch nach Erlassung des Urteils ist Anordnung der Hinterlegung durch einstweilige Verfügung nach Maßgabe des Abs. 6 möglich.

**13.** Beschwerderecht. Das Recht der sofortigen Beschwerde steht dem Mieter zu, wenn seinem Antrag auf Verurteilung des Vermieters zur Kostenerstattung nicht oder nicht in vollem Umfang (z. B. nur zur Hälfte) stattgegeben, wenn die Hinterlegung eines Geldbetrages (Abs. 4) nicht angeordnet wurde, ferner wenn die Belehrung über die Zulässigkeit der beiden Anträge unterblieben ist (zustimmend Dahlsheimer, BayZ. 1925, 20).

Der Vermieter kann das Urteil durch sofortige Beschwerde anfechten, wenn die Aufhebung nicht nur aus § 4 erfolgt und er trotzdem zum Ersatz der Umzugskosten verpflichtet wurde, oder wenn nach seiner Auffassung die ganze oder teilweise Kostenauferlegung der Billigkeit nicht entspricht oder wenn der zu hinterlegende Betrag die Höhe der Umzugskosten vermutlich wesentlich übersteigt.

Die sofortige Beschwerde (§ 577 ZPO.) ist an eine Notfrist von zwei Wochen, beginnend mit der Zustellung des Urteils, gebunden; sie ist regelmäßig beim Amtsgericht (§ 7 MSchG., § 569 ZPO.) durch Einreichung einer Beschwerdeschrift oder zu Protokoll des Gerichtsschreibers zu erheben, kann jedoch auch in nicht dringenden Fällen (zur Wahrung der Notfrist) beim Landgericht (Beschwerdegericht) eingelegt werden. Das Amtsgericht ist zu einer Änderung seiner Entscheidung „wegen der Umzugskosten" nicht befugt (also auch dann nicht, wenn es infolge Nichtbelehrung des Mieters die Unterlassung der Antragstellung verschuldet hat).

Weitere Fälle der sofortigen Beschwerde § 6 Abs. 3 und 5, § 13 Abs. 4; wegen Unzulässigkeit einer weiteren Beschwerde § 6 Anm. 6.

**14.** Hinterlegung auf Anordnung des Gerichts im Wege einstweiliger Verfügung auf Antrag, auch ohne Glaubhaftmachung der Gefährdung des Anspruchs (§§ 935, 936, 920 ZPO.), falls der Mieter bereits einen Mietraum mit Zustimmung der Ortspolizeibehörde gemietet oder auf Grund des § 4 WMG. durch Zwangsmietvertrag vom MEA. zur Verfügung gestellt erhalten hat. Diese Voraussetzung ist glaubhaft zu machen; im übrigen ist lediglich die Erstattungspflicht des Vermieters nachzuweisen.

**15.** Beschränkung der Beschlagnahmebefugnis der Ortspolizeibehörde, auch ohne Antrag nach freiem Ermessen des Gerichts, ohne Anfechtungsmöglichkeit für sich allein (Satz 2). Inhaltlich ist die Anordnung beschränkt auf den Mietraum, hinsichtlich dessen die Aufhebung des Mietverhältnisses (Abs. 1 u. 2) ausgesprochen ist. Das Gericht ist zur Bezeichnung der Voraussetzungen im Urteil verpflichtet; ohne solche Voraussetzungen wäre die Befreiung des Mietraumes vom Zugriff der Ortspolizeibehörde für diese unverbindlich. In der Umgrenzung der Voraussetzungen ist das Gericht nicht beschränkt; es wird die Voraussetzungen dem Ergebnis der Verhandlung über die Aufhebungsklage zu entnehmen haben. Vor Erlaß einer Anordnung nach Abs. 7 wird es sich empfehlen, eine gutachtliche Äußerung der Ortspolizeibehörde (des Wohnungsamtes) einzuholen; das Gericht wird in der Regel die Voraussetzungen unter dem Gesichtspunkt der Sicherung der tatsächlichen Durchführung der durch das Urteil ermöglichten Absichten des Vermieters eng begrenzen z. B. die Beschlagnahme nur für den Fall für unzulässig erklären, daß der Vermieter selbst oder ein bestimmter Angehöriger den freigemachten Mietraum bezieht oder daß die zum Ausbau in Aussicht genommene selbständige Wohnung, gegebenenfalls bis zu einem bestimmten Zeitpunkt, auch tatsächlich vom Vermieter hergerichtet wird. Die Beschlagnahmebeschränkung kann auch von besonderen Bedingungen, die der Vermieter zu erfüllen hat, abhängig gemacht werden. Der Vermieter kann zur Herstellung einer neuen Wohnung innerhalb bestimmter Zeit, zum Ausbau der Nebenräume ohne Inanspruchnahme öffentlicher Mittel usw. verpflichtet werden. In der Hauptsache sollen nur öffentlichrechtliche, das Allgemeininteresse fördernde Gesichtspunkte für eine Beschränkung des Beschlagnahmerechtes der Ortspolizeibehörde maßgebend sein.

Erfolgt ein Ausspruch nach Abs. 7 im Urteil nicht oder ist die Beschränkung der Befugnisse der Ortspolizeibehörde nicht an bestimmte Voraussetzungen gebunden, so gelten die allgemeinen Vorschriften des Wohnungsmangelgesetzes: der freigemachte Mietraum unterliegt dem Zugriff der Ortspolizeibehörde, der Vermieter muß sich also unter Umständen die Einweisung eines anderen Mieters gefallen lassen (§ 4 WMG.).

Beschlagnahme im Sinne dieser Vorschrift ist jede Inanspruchnahme des Mietraumes nach den Vorschriften der §§ 4, 5 WMG. oder der dazu oder zur Erweiterung (§ 6) erlassenen landesrechtlichen Ausführungsbestimmungen, mag es sich dabei um eine förmliche Beschlagnahme oder sonstige Inanspruchnahme handeln. Der Ausspruch nach Abs. 7 hindert nur eine solche Inanspruchnahme durch die Gemeindebehörde, die infolge des Urteils möglich werden würde, nicht aber die Durchführung einer bereits bestehenden Beschlagnahme KG. JR. 1926 Nr. 1366 = EA. 481.

Erfolgt eine Inanspruchnahme des Mietraumes trotz Ausspruches nach Abs. 7, so steht dem Vermieter oder sonstigen Verfügungsberechtigten gegen den Zugriff der Ortspolizeibehörde die Beschwerde an die nach § 16 WMG. zuständige Stelle zu, die trotz vorliegendem rechtskräftigen Urteils selbständig zu prüfen hat, ob ein Ausspruch nach Abs. 7 — also insbesondere die Festlegung bestimmter Voraussetzungen — vorliegt. Diese Stelle ist aber nicht befugt nachzuprüfen, ob und unter welchen Voraussetzungen das Gericht die Beschränkung der Beschlagnahme auszusprechen berechtigt gewesen ist; lediglich das Vorhandensein bestimmter Voraussetzungen im Urteil, also die formelle Voraussetzung des Abs. 7, ist der Beurteilung durch diese Stelle zu unterstellen.

Steht fest, daß die Voraussetzungen des Urteilsausspruchs nach Abs. 7 nicht erfüllt sind, so entfällt die Beschränkung der Beschlagnahmebefugnis der Ortspolizeibehörde, ohne daß es einer Feststellung durch Urteil bedarf. Nachprüfung dieser Voraussetzung kann auf Beschwerde durch die zuständige Stelle nach § 16 WMG. erfolgen.

Der Ausschluß der Anfechtung des Urteils hinsichtlich des Ausspruchs nach Abs. 7 hindert jedoch das Berufungsgericht nicht, selbständig zu der Frage Stellung zu nehmen (einschränkend Dahlsheimer, BayZ. 1925, 20). Hat sich das WA. geäußert, so wird ihm trotzdem die Rolle eines Nebenintervenienten nicht (§ 66 ZPO.) zuzuerkennen sein (Stern S. 68; a. M. Vidal, EA. 325). Das WA. hat kein Anfechtungsrecht. Die Anfechtung des Urteils ist auch dann ausgeschlossen, wenn es einen Ausspruch nach Abs. 7 nicht enthält (Hertel S. 61).

## § 5.

[1] In den Fällen der §§ 2 bis 4 ist das Mietverhältnis für den Zeitpunkt aufzuheben, für den eine zur Zeit der Klageerhebung erfolgende Kündigung nach dem Vertrag oder beim Mangel einer Vertragsbestimmung nach § 565 des

Bürgerlichen Gesetzbuchs zulässig sein oder an dem die vereinbarte Mietzeit ablaufen würde. In den Fällen der §§ 2, 3 kann auf Antrag des Vermieters das Mietverhältnis mit sofortiger Wirkung aufgehoben werden.

II Der Zeitpunkt, für den die Aufhebung erfolgt, ist in der Urteilsformel festzustellen.

III In der Urteilsformel ist ferner zu bestimmen, daß der Mieter den Mietraum zu dem im Abs. 1 bezeichneten Zeitpunkt an den Vermieter herauszugeben hat. § 721 der Zivilprozeßordnung bleibt, vorbehaltlich des § 6 Abs. 3 Satz 2, unberührt; er **gilt entsprechend, wenn das Urteil die Herausgabe von Räumen zum Gegenstande hat, die nicht Wohnräume sind.**

*§ 721 ZPO.: I „Wird auf Räumung einer Wohnung erkannt, so kann das Gericht auf Antrag dem Schuldner eine den Umständen nach angemessene Frist zur Räumung gewähren.*

*II Auf den Antrag finden die Vorschriften der §§ 714, 716 entsprechende Anwendung“ (d. h. der Antrag ist vor dem Schlusse der mündlichen Verhandlung zu stellen, auf die das Urteil ergeht und kann, wenn übergangen, im Wege der Ergänzung des Urteils durch nachträgliche Entscheidung nach § 321 ZPO. durchgesetzt werden).*

**1.** § 5 ergänzt die §§ 1—4 in zweifacher Richtung: durch die Bestimmung des Zeitpunktes, zu dem auf die Aufhebungsklage das Mietverhältnis aufgehoben werden darf (Feststellung im Urteil) und die Anordnung, daß die Räumung des Mietraumes (§ 556 BGB.) zu diesem Zeitpunkt urteilsmäßig festzustellen ist. Rechtsgestaltende Wirkung durch Aufhebung des Mietverhältnisses und Feststellung der Räumungspflicht des Mieters (zu diesem Zeitpunkt) in ein und demselben Urteil erspart dem Vermieter die Durchführung eines besonderen Räumungsprozesses. Ohne Feststellung der Räumungspflicht ist das Urteil kein vollstreckbarer Räumungstitel OLG. Braunschweig Rspr. 43, 326.

Mangelnder Urteilsausspruch nach jeder der beiden Richtungen ist auf Antrag einer Partei durch Ergänzung des Urteiles nach § 321 ZPO. nachzuholen. Zulässig ist auch die Geltendmachung im Wege der Berufung (§ 14).

Unterlassung des Anspruches nach Abs. 3 hindert den Vermieter nicht, die Räumungsklage gesondert zu erheben. Dies ist von Bedeutung, wenn die einwöchige Frist des § 321 ZPO. oder die Berufungsfrist von einem Monat (§ 516 ZPO., § 14 MSchG.) bereits abgelaufen ist. Ist der Ausspruch unterblieben, so ist das

Urteil kein geeigneter Vollstreckungstitel für die Räumung (OLG. Braunschweig, Rspr. 43, 326).

Die Aufhebung des Mietverhältnisses erfolgt regelmäßig durch Endurteil § 300 ZPO. Teilurteil nach § 301 ZPO. kann auch bei Erledigung eines von mehreren Aufhebungsgründen nicht in Betracht kommen, weil durch eine solche Vorabentscheidung der Klageanspruch — Aufhebungsbegehren — vollständig erschöpft, das Teilurteil also in seiner Wirkung dem Endurteil gleichkommen würde (ebenso Stern, EA. 300). Aber auch ein Zwischenurteil erscheint weder nach § 303 ZPO. (a. M. Stern, EA. 300) noch nach § 304 ZPO. als zulässig, weil der Grundsatz der Zuziehung von Beisitzern gemäß § 7 Abs. 4 es unmöglich macht, den Rechtsstreit in verschiedene Verhandlungen zu gliedern und der Entscheidung eines verschieden zusammengesetzten Gerichts zu unterstellen.

Nur Aufhebung des Mietverhältnisses oder Abweisung der Klage ist möglich; dagegen kann das Gericht nicht auch dem Mieter neue Verpflichtungen auferlegen (für das bisherige Recht vgl. RG. 101, 115). Auch die Erhöhung des Mietzinses ist im Rahmen des Aufhebungsverfahrens ausgeschlossen.

**2.** Der Zeitpunkt der Aufhebung des Mietverhältnisses ist je nach dem Aufhebungsgrunde verschieden geregelt. Beim Zusammentreffen mehrerer Aufhebungsgründe und erfolgter Aufhebung aus diesen Gründen, ist Auflösung zum nächsten Termin zulässig. Demgemäß ist z. B. bei Aufhebung nach § 2 und § 4 die sofortige Aufhebung des Mietverhältnisses möglich.

Aufhebungstermine sind

a) beim Mietverhältnis auf bestimmte Zeit: das Ende des Mietverhältnisses (§ 564 Abs. 1 BGB.). Sofortige Aufhebung ist möglich bei Aufhebung in den Fällen der §§ 2, 3. Wegen des Begriffes des Mietverhältnisses auf bestimmte Zeit vgl. § 1 Anm. 5. Ohne Aufhebungsklage läuft das Mietverhältnis nach Ablauf der Zeit, für die es eingegangen ist, im Geltungsbereich des MSchG. auf unbestimmte Zeit weiter, wenn der Mieter sich nicht rechtzeitig auf die Beendigung beruft (§ 1 Abs. 2);

b) beim Mietverhältnis auf unbestimmte Zeit: der Ablauf der Kündigungsfrist, die sich in erster Linie nach dem Vertrag, in zweiter nach dem Gesetz (§ 565 BGB.) bemißt. Im Gegensatz zu § 1 Abs. 1 RMG. ist hier der vertraglichen Regelung der Kündigungsfrist entscheidende Bedeutung beigelegt (Schutz langfristiger Verträge). Über den Vertrag hinaus kann jedoch auch hier die sofortige Aufhebung des Mietverhältnisses ausgesprochen werden, wenn die Aufhebung auf die §§ 2 oder 3 gestützt wird.

Beim Mangel einer Vertragsbestimmung bemißt sich der Aufhebungstermin nach der im Einzelfall maßgebenden gesetzlichen Kündigungsfrist (§ 565 BGB.). Im Gegensatz zu § 3 kommt es hier nicht auf den Zeitabschnitt an, in dem der Mietzins zu entrichten, sondern auf jenen Abschnitt, nach dem der Mietzins *bemessen* ist.

**3.** *Räumungsfrist.* Das Gericht kann trotz Ausspruches nach Abs. 3 Satz 1 dem Inhaber der herauszugebenden Räume auf Antrag eine angemessene Räumungsfrist gewähren. Über den Rahmen des § 721 ZPO. hinaus ist durch die Novelle diese Befugnis auch auf *Nichtwohnräume* ausgedehnt worden.

§ 721 ZPO. ist eine rein *prozeßrechtliche*, auf *sozialpolitischen* Erwägungen beruhende Vorschrift, die eine Änderung der materiellen Rechtslage nicht zur Folge hat, OLG. Frankfurt, JW. 1922, 817[9]. Die Befugnis ist von Bedeutung, wenn der nach Abs. 1 zu ermittelnde und im Urteil festzustellende Zeitpunkt der Aufhebung des Mietverhältnisses und damit der Herausgabe des Mietraumes zur Zeit der Urteilsverkündung bereits verstrichen ist (z. B. im Falle der Berufung).

Die Zubilligung einer Räumungsfrist kann auch *neben* einer nach § 6 zulässigen *Ersatzraumsicherung* erfolgen. Ist der Antrag des Mieters im Urteil übergangen, so kann gemäß § 319 ZPO. die Ergänzung des Urteils verlangt werden § 6 Abs. 3.

## § 6.

**I Wird ein Mietverhältnis, das sich ausschließlich oder zum Teil auf Wohnraum bezieht, lediglich nach § 4 Abs. 1 aufgehoben, so ist die Zwangsvollstreckung durch Ausspruch in der Urteilsformel davon abhängig zu machen, daß hinsichtlich des Wohnraums für den Mieter ausreichender Ersatzraum gesichert ist; der Ausspruch kann unterbleiben, wenn die Versagung des Ersatzraums keine unbillige Härte für den Mieter darstellt. Wird ein Mietverhältnis der bezeichneten Art nach § 2 lediglich deshalb, weil der Mieter einem Dritten den Gebrauch des Mietraums unbefugt belassen hat, oder nach § 3 aufgehoben, so kann die Zwangsvollstreckung von der Sicherung ausreichenden Ersatzwohnraums abhängig gemacht werden, wenn dies zur Vermeidung unbilliger Härten erforderlich erscheint. Das gleiche gilt, wenn ein teilweise auf Wohnraum bezügliches Mietverhältnis nach § 4 Abs. 2 hinsichtlich des Wohnraums aufgehoben wird.**

II **Wird ein Mietverhältnis, das sich ausschließlich oder zum Teil auf anderen als Wohnraum bezieht, lediglich nach § 4 aufgehoben, so ist, soweit es sich um Raum handelt, der nicht Wohnraum ist, die Zwangsvollstreckung von der Sicherung des für die Berufs- oder Geschäftsbedürfnisse des Mieters ausreichenden Ersatzraums abhängig zu machen, wenn der Mieter beweist, daß bei Versagung des Ersatzraums dringende öffentliche Interessen gefährdet werden würden. Hat das Reich, ein Land, ein Gemeindeverband oder eine Gemeinde Räume der bezeichneten Art zu öffentlichen Zwecken oder Wohnräume, in denen gleichzeitig Dienstgeschäfte wahrgenommen werden, mietweise inne, so gilt Satz 1 mit der Maßgabe, daß der Nachweis durch eine Erklärung der Behörde geführt wird, welche der den Raum benutzenden Behörde vorgesetzt ist.**

III **Hat in den Fällen der Abs. 1, 2 der Mieter den Ausspruch beantragt und ist der Antrag im Urteil übergangen, so ist das Urteil zu ergänzen. Auf das Verfahren finden die Vorschriften des § 319 Abs. 2, 3 der Zivilprozeßordnung entsprechende Anwendung; das gleiche gilt, wenn ein Antrag auf Gewährung einer Räumungsfrist übergangen ist. Wird das Urteil nur wegen der Gewährung oder Versagung eines Ersatzraums oder einer Räumungsfrist angefochten, so erfolgt die Anfechtung durch sofortige Beschwerde.**

IV Solange in den Fällen der Abs. 1, 2 der Ersatzraum nicht gesichert ist, jedoch nicht über den Zeitpunkt der Herausgabe des Mietraums hinaus, haben die Beteiligten in Ansehung dieses Raumes die aus dem Mietverhältnisse sich ergebenden Rechte und Pflichten.

V Enthält das Urteil eine Beschränkung der Zwangsvollstreckung nach den Abs. 1, 2 oder nach § 4 Abs. 4 und treten **nach Ablauf der Beschwerdefrist** (Abs. 3 Satz 3, § 4 Abs. 5) Tatsachen ein, welche die Aufhebung des Mietverhältnisses nach den §§ 2, 3 rechtfertigen würden, **oder vereitelt der Mieter böswillig die Sicherung eines Ersatzraums,** so kann der Vermieter die Aufhebung der Beschränkung verlangen. Über den Antrag des Vermieters wird auf Grund mündlicher Verhandlung durch Urteil entschieden; gegen das Urteil findet sofortige Beschwerde statt. § 25 Abs. 2 des Gerichtskostengesetzes gilt entsprechend.

*§ 319 ZPO. II Über die Berichtigung kann ohne vorgängige mündliche Verhandlung entschieden werden. Der Beschluss, welcher eine Berichtigung ausspricht, wird auf dem Urteil und den Ausfertigungen bemerkt.*

*III Gegen den Beschluss, durch welchen der Antrag auf Berichtigung zurückgewiesen wird, findet kein Rechtsmittel, gegen den Beschluss, welcher eine Berichtigung ausspricht, findet sofortige Beschwerde statt.*

*§ 25 GKG.: II Ist ein Urteil unter Vorbehalt der Entscheidung über die Aufrechnung (ZPO. § 302), unter Vorbehalt der Geltendmachung von Verteidigungsmitteln (ZPO. § 540) oder im Urkunden- oder Wechselprozess unter Vorbehalt des Rechts des Beklagten (ZPO. § 599) erlassen worden, so wird durch die Gebühr für diese Entscheidung eine weitere Urteilsgebühr in derselben Instanz nicht ausgeschlossen.*

**1.** Die Beschränkung der Zwangsvollstreckung durch Sicherung eines Ersatzraumes ist ein Teil des Räumungsschutzes, der dem Mieter nach Aufhebung des Mietverhältnisses gewährt wird. Nur bei Aufhebungsklagen nach §§ 2—4 kommt eine Ersatzraumsicherung in Frage, nicht aber bei Räumungsklagen — auch nicht mehr im Falle des § 27 — LG. Köln JW. 1925, 1926. Räumungsschutz wird gewährt

1. durch Zubilligung einer Räumungsfrist § 5, § 6 Abs. 3,
2. durch Sicherung eines Ersatzraums.

Die Räumungsfrist ist über § 721 ZPO. hinaus auch für Nichtwohnräume zulässig, während die Einschränkung der Zwangsvollstreckung durch Abhängigmachung von der Sicherung eines Ersatzraumes seit der Novelle vom 29. Juni 1926 grundsätzlich — Ausnahme Abs. 2 — nur mehr für Wohnräume möglich ist, für letztere allerdings auch insoweit, als sie mit anderen Räumen durch einheitlichen Vertrag überlassen sind.

Soweit das Gesetz die Sicherung eines Ersatzraumes nicht ausdrücklich zuläßt, darf die Zwangsvollstreckung in dieser Weise nicht beschränkt werden.

Gewährt wird nunmehr nur mehr ein ausreichender Ersatzraum; die Unterscheidung zwischen angemessenem und ausreichendem Ersatzraum ist durch die Novelle beseitigt. Die Zuständigkeit des MEA. zur Entscheidung über diese Frage bleibt bestehen § 16 LG. III Berlin EA. 428; Vorschriften des Gerichts sind für das MEA. nicht bindend KG. KGBl. 1926, 81. Voraussetzungen für die Erteilung der vollstreckbaren Ausfertigung § 16.

Die Zuweisung eines weiteren Ersatzraumes unterbleibt, wenn der dem Mieter insgesamt verbleibende Ersatzraum bei Berücksichtigung seiner Wohn- und Geschäftsbedürfnisse als ausreichend zu erachten ist; vgl. Vidal, EA. 324; AG. Berlin-Schöneberg, KGBl. 1924, 40 und Brumby, EA. 310. Die Zuweisung eines Ersatzraums kommt im übrigen nur da in Frage, wo es sich um die Sicherung gegen die Entziehung der Räume handelt LG. Coblenz JW. 1926, 1056; anders OLG. Köln JW. 1926, 1025.

Recht des Vermieters auf Aufhebung der Beschränkung der Zwangsvollstreckung durch Sicherung eines Ersatzraumes (Abs. 1 u. 2) oder durch Hinterlegung eines Geldbetrages für die Umzugskosten, wenn die Voraussetzungen der §§ 2 u. 3 nach Ablauf der Beschwerdefrist oder nach Rechtskraft des Urteils eintreten (Abs. 4).

Fiktion der Fortsetzung des Mietverhältnisses, solange der Ersatzraum nicht gesichert ist Abs. 4. § 568 BGB. ist durch die Bestimmung des § 1 Abs. 2 wenigstens insoweit ersetzt, als es sich um Mietverhältnisse auf bestimmte Zeit handelt; für alle übrigen Fälle wird man auch jetzt noch § 568 BGB. zur Anwendung bringen können, da das MSchG. ebensowenig wie die MSchVO. (LG. München, JW. 1922, 827[14]) die Geltung des § 568 BGB. ausschließt.

**2.** Die Zubilligung von ausreichendem Ersatzraum ist zulässig

1. für Nichtwohnräume (Geschäftsräume, Läden, Werkstätten, Büros, Fabrikräume usw.) **nur** in dem Ausnahmefalle, daß der Mieter beweist, daß bei Versagung des Ersatzraumes dringende öffentliche Interessen gefährdet werden würden Abs. 2.

In allen übrigen Fällen, also grundsätzlich, darf für Nichtwohnräume ein Ersatzraum nicht zugebilligt werden. Dem Mieter gewerblicher Räume wird insoweit bewußt der Mieterschutz entzogen, eine Regelung, die für die Anwendung des § 4 (Interessenabwägung) nicht ohne Bedeutung bleiben wird unter dem Gesichtspunkt, daß die Entziehung eines Geschäftsraumes dem Inhaber unter Umständen einen viel größeren wirtschaftlichen Schaden bringen kann als die Entziehung des Wohnraumes (Ruth, ArchZivPrax. 121, 316 unter Hinweis auf die anders gestaltete französische Gesetzgebung).

Bei Vermietung von Wohn- und Geschäftsräumen können sich aus der Zulassung der Ersatzraumsicherung für den Wohnraum und der Versagung für den Geschäftsraum für den Vermieter manche Unzuträglichkeiten ergeben (ebenso Hertel, Novelle S. 10).

2. für Wohnräume nach folgenden Grundsätzen:
   a) bei Aufhebung des Mietverhältnisses nach § 2 ist nach dem Aufhebungsgrunde zu unterscheiden. Erfolgt die Aufhebung wegen Belästigung des Vermieters oder eines Hausbewohners oder wegen Raumgefährdung, dann darf ein Ersatzraum nicht zugebilligt werden. Ist dagegen die Aufhebung wegen unbefugter Gebrauchsüberlassung an einen Dritten ausgesprochen, so kann das Gericht einen Ersatzraum zubilligen, wenn ihm dies zur Vermeidung unbilliger Härten erforderlich erscheint.
   b) Bei Aufhebung nach § 3 (Zahlungsverzug) kann die Zwangsvollstreckung von der Sicherung eines Ersatzraumes abhängig gemacht werden, wenn dies zur Vermeidung unbilliger Härten erforderlich erscheint.
   c) Bei Aufhebung nach § 4 (Eigenbedarf des Vermieters) ist zu unterscheiden:
      α) Völlige Aufhebung des Mietverhältnisses lediglich nach Abs. 1 bedingt die Pflicht des Gerichts zur Gewährung eines Ersatzraumes; der Ersatzraum kann aber auch in diesem Fall versagt werden, wenn die Versagung für den Mieter keine unbillige Härte darstellt.
      β) Bei Teilaufhebung nach § 4 Abs. 2 kann ein Ersatzraum zugesichert werden, wenn dies zur Vermeidung unbilliger Härten erforderlich erscheint.

   Die vorstehenden Bestimmungen gelten auch bei einheitlicher Vermietung von Wohn- und anderen Räumen nur hinsichtlich der Wohnräume, so daß in allen Fällen des § 6 Abs. 1 immer nur ein Ersatzwohnraum in Frage kommt.

Beim Zusammentreffen mehrerer Aufhebungsgründe muß die Frage der Zulassung einer Ersatzraumsicherung immer nach der für den Mieter ungünstigsten Regelung entschieden werden. Bei Nichtwohnräumen ist bei Aufhebung des Mietverhältnisses aus § 2 oder § 3 neben § 4 ausnahmslos ein Ersatzraum zu versagen, da Abs. 2 nur in Frage kommt, wenn der Aufhebungsgrund ausschließlich auf § 4 gegründet ist. Bei Wohnräumen kann bei Aufhebung aus § 3 und § 4 oder § 2 (unbefugte Gebrauchsüberlassung) in Verbindung mit §§ 3 oder 4 ein Ersatzwohnraum zugebilligt werden; die Pflicht des Gerichts beschränkt sich jedoch nach Maßgabe des Abs. 1 Satz 1 nur auf den Fall, daß lediglich nach § 4 Abs. 1 das Mietverhältnis aufgehoben wird. Dagegen darf ein Ersatzraum nicht zugebilligt werden, wenn neben §§ 3 und 4 wegen Belästigung des Vermieters oder wegen Raumgefährdung (§ 2) das Mietverhältnis aufgehoben wird.

**3.** Ausreichend — im Gegensatz zu angemessen — ist ein Ersatzraum auch dann, wenn er die Fortsetzung des bisherigen Mietgebrauches in unbeschränktem Maße nicht zuläßt. Größe, Ausstattung und Zahl der bisher bewohnten Räume, deren Lage (insbesondere bei Geschäftsräumen), aber auch die Höhe des bisherigen Mietpreises sind indes vom MEA. auch bei der Entscheidung (§ 16) der Frage zu berücksichtigen, ob der Ersatzraum ausreichend ist (Ruth, JW. 1924, 1940). Dagegen kann dem Mieter ohne weiteres zugemutet werden, eine teuerere Wohnung zu nehmen, soweit seine wirtschaftliche Leistungsfähigkeit dies erlaubt. Darin liegt zugleich die Grenze nach oben Groffebert, EA. 464. Die Berufs- und Geschäftsbedürfnisse des Mieters sind nach der ausdrücklichen Vorschrift des Gesetzes zu berücksichtigen (vgl. auch LG. Berlin III KGBl. 1924, 38).

Bei Wohn- und anderen Räumen steht der Annahme eines ausreichenden Ersatzraumes nicht entgegen, daß dem Mieter eine Einschränkung seiner gewohnten Ansprüche hinsichtlich Zahl der Räume, Ausstattung der Räume und des Hauses im ganzen (Fahrstuhl, Warmwasserheizung, Licht- und Hausbrandversorgung) zugemutet wird, sofern sich die Herabsetzung des Wohnungsbedürfnisses im allgemeinen nur noch in den Schranken hält, die in den Gesellschaftskreisen des Mieters — aber auch unter Berücksichtigung der allgemeinen Verarmung des deutschen Volkes — üblich sind. Die Lage der Mieträume wird insbes. bei Nichtwohnräumen (Büros, Geschäftsräumen) eine wesentliche Rolle spielen; auch hier wird man dem Mieter gewisse Opfer zumuten müssen, die freilich in der Erhaltung der wirtschaftlichen Existenz ihre Grenze finden.

Ein bloß notdürftiger Ersatzraum, der nur zur Not, also insbes. nur vorübergehend, eine behelfsweise Unterbringung des Mieters gestattet, entspricht nicht dem Gesetz (so bereits 2. Aufl. S. 50).

Bestimmte Voraussetzungen für den Ersatzraum vorzuschreiben ist das Gericht nicht befugt (ebenso Hertel S. 71).

**4.** Ein Anspruch auf Zubilligung eines ausreichenden Ersatzraumes ist dem Mieter in keinem Falle, auch nicht im Falle der völligen Aufhebung des Mietverhältnisses nach § 4, eingeräumt.

Die Pflicht des Gerichts, die Zwangsvollstreckung von der Sicherung eines Ersatzraums abhängig zu machen ist eine absolute nur bei Nichtwohnräumen im Falle der Aufhebung lediglich nach § 4, sofern der Mieter beweist, daß bei Versagung des Ersatzraums dringende öffentliche Interessen gefährdet werden würden. Ob der Beweis erbracht ist, bestimmt das Gericht auf Grund freier Beweiswürdigung. Insoweit entscheidet auch hier das Gericht nach eigenem Ermessen; eine Ausnahme gilt nur für behördlichen Zwecken gewidmete Räume, für die der Beweis nach Abs. 2 Satz 2 unwiderlegbar durch die Erklärung der vorgesetzten Behörde erbracht wird: hier muß das Gericht den Ersatzraum zubilligen. Der zweite Fall der pflichtmäßigen Sicherung eines Ersatzraumes nach Abs. 1 Satz 1 (Aufhebung von Mietverhältnissen über Wohnräume lediglich nach § 4 Abs. 1) enthält gleichfalls keine unbedingte Pflichtaufgabe des Gerichts; denn es kann den Ersatzraum versagen, wenn dies für den Mieter eine unbillige Härte nicht darstellt, worüber das Gericht nach eigenem Ermessen befindet. Vgl. hieher LG. II Berlin KGBl. 1925, 80.

In allen übrigen Fällen darf das Gericht nach Abs. 1 die Sicherung eines Ersatzwohnraumes anordnen, wenn dies zur Vermeidung unbilliger Härten erforderlich erscheint. Wesentlich wird es hierbei die Umstände in Betracht ziehen, die zur Aufhebung des Mietverhältnisses geführt haben; z. B. werden unverschuldete wirtschaftliche Schwierigkeiten, die den Zahlungsverzug nach § 2 herbeigeführt haben, die Zubilligung eines Ersatzraumes rechtfertigen, während der zahlungsunwillige Mieter regelmäßig keine Nachsicht verdienen wird. Nach dieser Richtung ist zu beachten, daß auch dem Vermieter die Fortsetzung eines Mietverhältnisses bis zur Bereitstellung eines Ersatzraumes nicht unter allen Umständen zugemutet werden kann. Andererseits muß das Gericht, sollen die Aufhebungsurteile nicht Papierurteile bleiben, auf die örtliche Lage des Wohnungsmarktes Rücksicht nehmen. Denn wenn auch die Gemeinden zur Unterbringung obdachloser Personen verpflichtet sind, so darf eine Häufung der ersatzraumlosen Urteile nicht dazu führen, die Schwierigkeiten der gemeindlichen Obdachlosenfürsorge in einem Maße zu steigern, daß an Stelle der verschärften Wohnungsnot eine verschärfte Obdachlosigkeit tritt. Es genügt darauf hinzuweisen, daß nach der Auffassung v. Imhoffs im Wohnungsausschuß (Bericht S. 17), die Gemeinden gegenwärtig kaum in der Lage sein werden, die zu erwartende Obdachlosigkeit durch den Bau von Baracken und Behelfswohnungen wieder auszugleichen. Wie im Falle des § 4 (Anm. 4) trägt auch hier der Richter eine über die Erledigung privater Streitigkeiten hinausragende Verantwortung.

**5.** Für Nichtwohnräume hat zwar die Novelle die Gewährung einer Räumungsfrist ermöglicht (§ 5 Abs. 3), die Zubilligung eines Ersatzraums dagegen grundsätzlich ausgeschlossen. Die Vorschrift des Abs. 2 ist daher als Ausnahmebestimmung streng auszulegen. Die Gefährdung dringender öffentlicher Interessen ist Voraussetzung für die Zubilligung eines Ersatzraumes. Das Interesse des Mieters ist an sich ohne Einfluß; die Allgemeinheit muß ein Interesse an der durch den Ersatzraum allein möglichen Weiterführung des Betriebes, Geschäftes usw. haben. Dabei ist unerheblich, ob dieses Interesse sich auf den Betrieb als solchen (lebenswichtiger Betrieb) oder auf die darin beschäftigten Personen bezieht. Auch die Verhütung von Arbeitslosigkeit und damit von weiterer Belastung der öffentlichen Fürsorge liegt im öffentlichen Interesse. Örtliche Verhältnisse (Industriegebiet) sind ebenso zu beachten wie die allgemeine Wirtschaftslage. Private und behördliche Betriebe, Werkstätten, Einrichtungen (Feuer- und Unfallmeldestellen) werden hieher zu zählen sein.

Für behördlich in Anspruch genommene Räume — Nichtwohnräume bei Verwendung für öffentliche Zwecke oder Wohnräume, in denen gleichzeitig Dienstgeschäfte wahrgenommen werden — gilt der Nachweis der Gefährdung dringender öffentlicher Interessen als erbracht, wenn die vorgesetzte Behörde ein solches Interesse als bestehend erklärt. Dieser Beweis ist unwiderlegbar. Diesen besonderen Rechtsschutz genießen nur das Reich, die Länder, die Gemeinden und Gemeindeverbände, nicht aber sonstige Körperschaften des öffentlichen Rechts (vgl. § 7 WMG.).

**6.** Die Zubilligung eines Ersatzraumes oder einer Räumungsfrist erfolgt im Urteil. Fehlt es an diesem Ausspruch, so hat es dabei sein Bewenden, wenn der Mieter einen dahin gehenden Antrag nicht gestellt hatte; dies gilt insbes. auch für jene Fälle, in denen die Entscheidung über die Ersatzraumfrage eine Pflichtaufgabe des Gerichts bildet. Nur wenn ein Antrag seitens des Mieters gestellt war, findet eine Ergänzung des Urteils statt, wenn der Antrag im Urteil übergangen ist. Die Ergänzung erfolgt nach den für die Urteilsberichtigung geltenden Vorschriften des § 319 ZPO. (nicht gemäß § 321); eine Frist für die Stellung des Antrags ist nicht vorgeschrieben (so Hertel S. 72).

Ist über die Zubilligung eines Ersatzraumes oder einer Räumungsfrist im Urteil eine — bejahende oder verneinende — Entscheidung getroffen, so erfolgt die Anfechtung des Urteils nur nach dieser Richtung lediglich durch die sofortige Beschwerde (vgl. § 4 Anm. 13), nicht durch Berufung. Eine weitere Beschwerde ist nicht zulässig, weil im Gesetz ein solches weiteres Rechtsmittel nicht zugelassen ist, der Rechtsstreit vielmehr in der zweiten Instanz hier ebenso wie in der Hauptsache auf einen bestimmten Streitpunkt beschränkt ist und seinen Abschluß findet, weil ferner die Beschwerde an Stelle der sonst nur möglichen Berufung tritt (OLG. Nürnberg BayZ. 1926, 112; OLG. Rostock Gut Nr. 648) und endlich weil die Vorschriften der ZPO. auf das Verfahren vor dem Mietschöffengericht nicht ohne weiteres Anwendung finden (so KG. JW. 1924, 2035; OLG. Frankfurt JW. 1925, 823; OLG. Dresden Gut Nr. 650 u. OLG. Darmstadt JR. 1926 Nr. 153; a. M. OLG. Köln JW. 1924, 2041; OLG. Augsburg BayZ. 1925, 377, dazu Ruth, JW. 1926, 1594). Zusammenfassend Stern S. 77, Hertel S. 72, Gut Nr. 201, 202.

Im übrigen erfolgt die Urteilsanfechtung durch Berufung § 14. Insbes. ist die sofortige Beschwerde wegen Ersatzraum nicht zulässig bei einem den Einspruch verwerfenden Versäumnisurteil (§ 345 ZPO.); hier kann nur Berufung eingelegt werden für den Fall, daß eine Säumnis nicht vorgelegen hat § 513 Abs. 2 ZPO. LG. Hamburg EA. 411 u. Vidal, EA. 463. Nach Ablauf der Berufungsfrist ist die Beschwerde unzulässig LG. München I LZ. 1925, 126.

Die Einlegung der Berufung kann unter Umständen als Einlegung der allein zulässigen Beschwerde angesehen werden LG. Beuthen JW. 1926, 1614.

Wegen der Möglichkeit der Verhinderung der vorläufigen Vollstreckung, wenn wegen Versagung des Ersatzraums sofortige Beschwerde eingelegt wird LG. Hamburg EA. 439.

**7.** Mietrechtsverhältnis Infolge des Aufhebungsurteiles ist das Mietverhältnis beendigt; ein Wiederaufleben des Vertrages findet nicht statt (Salomonski, JW. 1923, 738). Die fingierte Verlängerung des Mietverhältnisses bedeutet, daß vom Zeitpunkt der Aufhebung des Mietverhältnisses (§ 5) bis zur tatsächlichen Räumung Rechte und Verbindlichkeiten der Parteien sich nach dem bisherigen Mietvertrag (auch Zwangsmietvertrag) bemessen: Fiktion der Fortsetzung des Mietverhältnisses ähnlich § 568 BGB. aber nur auf bestimmte Zeit und ohne Nachweis einer gegenteiligen Willensäußerung. Dazu Kiefersauer, BayZ. 1925, 43. Schadensersatzansprüche des Vermieters wegen Vorenthaltung des Mietraumes sind bis zu dem in Abs. 3 bezeichneten Zeitpunkt ausgeschlossen Stern S. 80; OLG. Rostock Gut Nr. 654. Die Rechtsgrundlage bildet nicht wie im Falle des § 568 BGB. ein fingierter Parteiwille, sondern die Rechtsnorm des Abs. 3: diese verweist bezüglich des Inhaltes der Rechte und Pflichten (OLG. Hamburg Rspr. 43, 328) auf das bis zur Aufhebung vorhandene Mietverhältnis. LG. München II (Gut Nr. 652) nimmt vertragsähnliche Rechte an, die aber nach Art und Umfang den bisherigen Rechten gleich seien.

Das Rechtsverhältnis gilt als Mietverhältnis; deshalb gelten alle gesetzlichen Vorschriften, insbesondere auch das Recht auf gesetzliche Miete § 1 RMG. und auf Festsetzung der Friedensmiete LG Hamburg EA. 463. Rechte auf Grund des bisherigen Mietverhältnisses, insbesondere der bisher geltende — vereinbarter oder gesetzlicher Mietzins (zustimmend Vidal, EA 379; a M Roediger, EA. 371) und das Vermieterpfandrecht bleiben bestehen. Auch das aus § 29 fließende Recht auf Untervermietung kann immer noch in Anspruch genommen werden LG. I München BayZ. 1925, 399; OLG. Rostock Gut Nr. 717 Eine Rechtsabtretung aber, wie sie im Falle des Wohnungstausches erforderlich ist, kann nicht mehr vollzogen werden Vertragliche Aufrechnungsverbote treten — entgegen § 28 — wieder in Kraft Brandis, Gruchot 67, 459.

Wegen der Anwendung des Abs 4 auf Wertwohnungen in den Fällen der §§ 20, 21 LG. München II Gut Nr. 657.

Bei Bewilligung der Räumungsfrist (§ 721 ZPO) gilt Abs. 4 auch nicht für die Zeit der Räumungsfrist. Hier ist die vom Mieter zu zahlende Vergütung im Streitfalle vom ordentlichen Gericht zu bestimmen; nach § 557 BGB. kann der Vermieter darüber hinaus Schadensersatzansprüche geltend machen Kiefersauer, BayZ. 1925, 44; Bley, Ztschr. f. ZivPr. 51, 75. Das gleiche gilt auch für die Zeit bis zur Hinterlegung des Betrags für die Umzugskosten durch den Vermieter.

8. Nachverfahren. Für das bisherige Recht zusammenfassend Kiefersauer, EA. 467. Ziel des Nachverfahrens ist die Aufhebung der Beschränkung der Zwangsvollstreckung, soweit sie von der Sicherung eines ausreichenden Ersatzraums oder von der Hinterlegung eines der Bestreitung der Umzugskosten dienenden Geldbetrages abhängig gemacht ist. Die Verpflichtung zum Ersatz der Umzugskosten kann nicht aufgehoben werden (so Kiefersauer, EA. 467 N. 5 gegen Stern § 6 IV 1). Die Urteilsformel, durch die dem Mieter der Vollstreckungsschutz wieder entzogen wird, könnte etwa lauten: „Die Zwangsvollstreckung aus dem Urteil vom . . . . . . . ist nicht davon abhängig, daß dem Mieter ein ausreichender Ersatzraum gesichert ist; die entgegenstehende Beschränkung der Zwangsvollstreckung aus diesem Urteil wird aufgehoben."

Prozessuale Voraussetzung des Nachverfahrens: Antrag des Vermieters, der nicht als Klagantrag, sondern als Prozeßbegehren, gerichtet auf Abänderung des Urteils, anzusehen ist. Deshalb können Klagansprüche z. B. auf Mietzinszahlung im Nachverfahren nicht geltend gemacht werden a. M. LG. Hirschberg JW. 1926, 875. Entscheidung über den Antrag erfolgt durch Urteil, das nicht durch Berufung, sondern nur mit der sofortigen Beschwerde anfechtbar ist; weitere Beschwerde ist auch (Anm. 6) hier ausgeschlossen (OLG. München BayZ. 1925, 297).

Weitere Prozeßvoraussetzung: Ablauf der Beschwerdefrist in den Fällen des § 4 Abs. 5, des § 6 Abs. 3 Satz 3; diese Regelung brachte die Novelle an Stelle der bisherigen Vorschrift, die den Eintritt der Rechtskraft des Urteils schlechthin forderte (dazu Kiefersauer, BayZ. 1926, 122). Die Neuregelung ist aber nicht genügend: sie versagt in allen Fällen, in denen die Aufhebung des Mietverhältnisses oder die Zubilligung des Ersatzraums in der Berufungsinstanz erfolgt ist. In diesem Falle läuft eine Beschwerdefrist nicht; hier kann nur die Rechtskraft des Urteils Prozeßvoraussetzung für das Nachverfahren bilden (ebenso Hertel, Novelle S. 13). Ob, wenn eine sofortige Beschwerde zulässig ist, Beschwerde erhoben wird, ist im übrigen unerheblich; es kommt lediglich auf den durch das Ende des Fristlaufs bezeichneten Zeitpunkt an.

Materielle Voraussetzungen sind: Eintritt der Tatbestandsmerkmale der §§ 2, 3 oder böswillige Vereitelung der Sicherung eines Ersatzraumes durch den Mieter z. B. durch Abschrecken des neuen Vermieters, durch Widerspruchserhebung gegen den festgesetzten Zwangsmietvertrag usw. Böswillige Vereitelung wird man nicht schon dann als gegeben erachten müssen, wenn der Mieter ohne ersichtlichen Grund den angebotenen Ersatzraum ausschlägt (LG. Hamburg EA. 397), wohl aber wenn er seine Mitwirkung bei Erlangung des Ersatzraums in einer gegen Treu und Glauben verstoßenden Art verweigert (ebenso Hertel S. 13).

Liegen diese Tatbestandsmerkmale vor, so hat der Vermieter einen unbedingten Rechtsanspruch auf Aufhebung der Klausel; seine Rechtsstellung ist insoweit günstiger als im eigentlichen Aufhebungsverfahren (Kiefersauer, BayZ. 1926, 135).

Wegen der Ausdehnung des Abs. 5 auf Vergleiche Oettle, LZ. 1924, 24; Dahlsheimer, BayZ. 1924, 153 u. 233; LG. Hamburg EA. 389; einschränkend LG. III Berlin KGBl. 1925, 81 (= EA. 390).

Für die Anwendung des Abs. 5 im Falle des § 32 LG. München II Gut Nr. 728.

## b) Verfahren.

## § 7.

I Über die Aufhebungsklage entscheidet das Amtsgericht unter Zuziehung von Beisitzern. Ausschließlich zuständig ist das Amtsgericht, in dessen Bezirk sich der Mietraum befindet. Die Vereinbarung der schiedsgerichtlichen Erledigung ist unwirksam.

II Die Beisitzer müssen zur Hälfte Vermieter aus dem Kreise der Hausbesitzer, zur Hälfte Mieter sein. Die Bestellung erfolgt auf Grund von Vorschlagslisten, die von örtlichen Hausbesitzer- und Mietervereinen zu erfordern sind, auf die Dauer von mindestens einem Jahre. Die Beisitzer erhalten für ihre Tätigkeit eine Vergütung.

III Für die Auswahl der Beisitzer darf nur maßgebend sein, daß von ihnen eine gewissenhafte und unparteiische Ausführung des Amtes zu erwarten ist; nach der Zugehörigkeit zu bestimmten Berufsarten oder Bevölkerungskreisen darf ein Unterschied nicht gemacht werden. Personen, die gleichzeitig Vermieter und Mieter sind, sollen nicht zu Beisitzern bestellt werden. Das gleiche gilt für Mitglieder und Vertreter von Gesellschaften und Genossenschaften, die ihren Mitgliedern satzungsgemäß Wohnungen verschaffen, soweit diese Personen Wohnungen inne haben, die nicht den Vorschriften dieses Gesetzes unterliegen, es sei denn, daß sie von einem örtlichen Hausbesitzer- oder Mietervereine vorgeschlagen sind. Die Beisitzer dürfen nicht zugleich mit dem Vollzuge der Maßnahmen gegen Wohnungsmangel betraut sein. Sie dürfen nur bestellt werden, wenn sie sich verpflichten, für Dritte keine berufliche oder ehrenamtliche Tätigkeit auszuüben, die sich auf Mietverhältnisse über Gebäude oder Gebäudeteile bezieht; im Falle ihrer Geschäftsvereinigung mit anderen müssen auch diese sich verpflichten, keine solche Tätigkeit im Bezirke des Gerichts gegen Vergütung auszuüben. Als Tätigkeit dieser Art gelten nicht die Verwaltung eines Hauses für Mitberechtigte, die Wahrnehmung der Mieterinteressen von Hausgenossen und die ehrenamtliche Tätigkeit in einem Hausbesitzer- oder Mietervereine. Im übrigen finden für die Berufung und deren Ablehnung sowie für die Verhältnisse, die bei der Ausübung des Amtes in Betracht kommen, die für Schöffen geltenden Vorschriften der §§ 31 bis 35, 51, 52, 54, 56 des Gerichtsverfassungsgesetzes entsprechende Anwendung; jedoch kann die Zahl der im § 35 Nr. 2 bezeichneten Sitzungstage anderweit gemäß Abs. 7 bestimmt werden.

IV Die Beisitzer sind in bestimmter Reihenfolge zu den Sitzungen heranzuziehen.

V Wer eine Verpflichtung nach Abs. 3 Satz 5 übernommen hat, darf nicht dieser Verpflichtung zuwider vor einem Gericht, einem Mieteinigungsamt oder einer Beschwerdestelle (§ 42) als Bevollmächtigter oder Beistand in Angelegenheiten auftreten, die sich auf Mietverhältnisse über Gebäude oder Gebäudeteile beziehen.

VI Für jeden Beisitzer ist mindestens ein Stellvertreter zu bestellen. Die Vorschriften der Abs. 2 bis 5 gelten auch für die Stellvertreter.

VII Das Nähere über die Bestellung der Beisitzer regelt die oberste Landesbehörde.

**1.** Aufhebungsklage, erhoben auf Grund der §§ 2, 3 oder 4; nur in solchen Fällen handelt es sich um Aufhebung des Mietverhältnisses im Sinne dieses Gesetzes. Andere Beendigungsgründe, wie Vereinbarung der Vertragsteile, Kündigung des Vermieters in den Fällen der §§ 19, 20, Kündigung des Mieters, bewirken nach Maßgabe der Vorschriften des BGB. kraft Gesetzes die Auflösung des Mietverhältnisses; eines gerichtlichen Urteils bedarf es in diesen Fällen wie nach bisherigem Recht auch künftig nicht. Zur Durchführung des hieraus abgeleiteten Räumungsanspruches des Vermieters (§ 556 BGB.) ist in diesen Fällen der gewöhnlichen Räumungsklage erforderlich.

Wegen der Zuziehung von Beisitzern auch für andere Rechtsstreitigkeiten, die die Herausgabe eines Mietraumes zum Gegenstand haben, vgl. § 27.

**2.** Ausschließlicher Gerichtsstand, daher nach § 40 ZPO. der Parteivereinbarung entzogen, ist für die Aufhebungsklage nach Abs. 1 bei dem Amtsgericht begründet, in dessen Bezirk sich der Mietraum befindet. Die Erledigung des Aufhebungsverfahrens im schiedsrichterlichen Verfahren nach §§ 1025 ff. ZPO. ist unzulässig (Satz 3); für andere Streitigkeiten aus dem Mietverhältnis z. B. für Durchführung der Instandsetzungsarbeiten gilt diese Beschränkung nicht.

Das Amtsgericht entscheidet grundsätzlich — von den nicht auf Grund einer mündlichen Verhandlung ergehenden Beschlüssen (§ 8) und vom ersten Verhandlungstermin (§ 11) abgesehen — unter Zuziehung von zwei Beisitzern, von denen einer Vermieter aus dem Kreise der Hausbesitzer, der andere Mieter sein muß. Die Beisitzer sind Volksrichter ähnlich den Beisitzern der Gewerbe- und Kaufmannsgerichte.

Das Mietschöffengericht ist nur eine Abteilung des Amtsgerichts. Daher kein Einwand sachlicher Unzuständigkeit bei Räumungsklagen, die bei dem Mietschöffengericht oder AG. anhängig gemacht sind Katz, JW. 1924, 792; Abgabe vom AG. an das Mietschöffengericht daher keine Entscheidung nach § 276 ZPO. OLG. Köln EA. 423; vgl. auch Goltermann, LZ. 1924, 447; ferner JW. 1925, 1152.

Die paritätische, nach Maßgabe des Landesrechts (Abs. 7) vorzunehmende Besetzung des Amtsgerichtes ist Voraussetzung für eine gültige Entscheidung des Gerichts im Aufhebungsverfahren. Unvollständige Besetzung bewirkt absolute Nichtigkeit des ergangenen Urteils: dieses ist gleichbedeutend mit der Entscheidung eines Nichtrichters (vgl. RG. 105, 59).

Das Berufungsgericht — gemäß § 71 GVG. und § 14 MSchG. die Zivilkammer des Landgerichts ohne Rücksicht auf den Wert des Berufungsgegenstandes — entscheidet dagegen (ohne Zuziehung von Beisitzern) lediglich in der Besetzung von drei Mitgliedern mit Einschluß des Vorsitzenden (§ 77 GVG.).

**3.** Nach dem nunmehrigen Wortlaut des § 7 Abs. 2, der auch für die MEA. gilt (§ 38), ist die bisherige Streitfrage, ob auch ein Hausbesitzer, der nicht Vermieter ist, die Eigenschaft zu einem Beisitzer besitze, in Übereinstimmung mit der herrschenden Meinung zu verneinen. Nur Hausbesitzer, die auf Grund eines Mietverhältnisses (Mietvertrag nach § 535 BGB., Zwangsmietvertrag) einem Dritten Räume überlassen, können zu Beisitzern bestellt werden; bloße Eigenhausbesitzer scheiden demnach aus.

Nach Abs. 3 Satz 2 *sollen* Personen, die gleichzeitig Mieter und Vermieter sind, nicht zu Beisitzern bestellt werden. Während die Verletzung des Abs. 2 Satz 1 als einer zwingenden Rechtsnorm die absolute Nichtigkeit einer Entscheidung des Amtsgerichts begründet, läßt ein Verstoß gegen Abs. 3 Satz 2 die Rechtsgültigkeit des Urteils unberührt (bloße Sollvorschrift).

Nur — es handelt sich hier um eine Mußvorschrift KG. EA. 403 — wo Vorschlagslisten von örtlichen Hausbesitzer- oder Mietervereinen nicht eingereicht werden, dürfen die Stadt- oder Gemeinderäte Vorschläge von sich aus machen; zu einer Abänderung eingereichter Vorschläge der Organisationen sind die Gemeindebehörden nicht befugt. Nur solche örtliche Vereinigungen kommen in Betracht, die ausschließlich oder überwiegend Vermieter- oder Mieterinteressen verfolgen, nicht aber Vereinigungen, die vorwiegend andere Zwecke verfolgen und nur nebenbei auch die Interessen der Hausbesitzer oder Mieter wahrnehmen KG. EA. 403. Der Verein muß örtlich sein, also im Bezirke des MEA. seinen Wirkungskreis haben.

Die Beisitzer erhalten nach § 31 Abs. 2 GVG. für ihre — ehrenamtliche — Tätigkeit eine *Vergütung*; diese bemißt sich gegenwärtig (ab 1. Januar 1926) nach den ReichsVOn vom 18. März 1924 / 22. Dez. 1925 RGBl. I S. 282 / 476.

**4.** *Einzelheiten der Berufung von Beisitzern*, als welche auch Frauen vorgeschlagen und berufen werden können. Diese Vorschriften gelten auch für die Stellvertreter von Beisitzern (Abs. 6).

a) *Zwingendes* Recht, dessen Verletzung eine unzulässige Besetzung des Gerichts mit der Folge der Nichtigkeit des Urteils bewirkt. Ausgeschlossen sind Beisitzer, die

1. mit dem *Vollzuge* von Maßnahmen gegen Wohnungsmangel *betraut* sind d. h. *Amtspersonen*, denen von der Ortspolizeibehörde, von der Bezirksverwaltungsbehörde usw. die Mitwirkung beim Vollzuge des Wohnungsmangelsgesetzes und seiner Ausführungsvorschriften als Dienstesaufgabe übertragen ist, also insbesondere Mitglieder der Wohnungskommissionen, der Wohnungs[vergebungs]ausschüsse, der Wohnungsämter (KG. EA. 302, 345, 355 u. 372). Da den Mieteinigungsämtern und Beschwerdestellen neben dem Vollzuge des Mieterschutzes (§§ 16, 29) und des Reichsmietengesetzes in besonderem Maße die Entscheidung von Beschwerden im Vollzuge des Wohnungsmangelgesetzes (§ 16) übertragen ist, kann ein *Beisitzer des Amtsgerichts* als Aufhebungsgericht *nicht zugleich Beisitzer* des Amtsgerichts als MEA., des gemeindlichen MEA. oder der Beschwerdestelle (§ 42 Abs. 2) sein. Bei Konkurrenz entscheidet die Reihenfolge; diese wird in Preußen durch Auslosung bestimmt (§ 9

AusfVO. KG. JW. 1924, 2010; Schloßmann, JW JW. 1925, 590), in Bayern entscheidet die Reihenfolge der Bestellung (Ziff. III 8 AusfBest.);

2. die Verpflichtung verweigern, für Dritte eine berufliche oder ehrenamtliche Tätigkeit, die sich auf Mietverhältnisse über Gebäude oder Gebäudeteile bezieht, nicht — also auch nicht außerhalb des Bezirks des Mietschöffengerichts KG. EA. 359 — auszuüben. Bei Geschäftsvereinigung mit andern haben auch diese Personen die Verpflichtung zu übernehmen, daß sie eine solche Tätigkeit im Bezirke des Gerichts, bei dem der Geschäftsteilhaber als Beisitzer bestellt ist, gegen Vergütung nicht ausüben; als Geschäftsvereinigung kommt jede geschäftliche oder berufliche Zusammenarbeit in Frage, die für die Ausübung des Berufs (Geschäfts) eine gewisse gegenseitige Abhängigkeit zur Folge hat (z. B. gemeinsame Kanzlei von Rechtsanwälten, sofern es sich nicht nur um eine bloße Bürogemeinschaft handelt).

Als Tätigkeit im Sinne dieser Vorschrift gilt nach Abs. 3 Satz 6 nicht die ehrenamtliche Tätigkeit in einem Hausbesitzer- oder Mieterverein, die Wahrnehmung der Mieterinteressen von Hausgenossen (Mietervertretung § 17 RMG) sowie die Verwaltung eines Hauses für Mitberechtigte Geschäftsführende Mitglieder eines Vermieter- oder Mietervereines dürfen deshalb wegen ihrer ehrenamtlichen Betätigung von der Berufung zum Beisitzer nicht ausgeschlossen werden; sie haben auch nicht ihre Verpflichtungserklärung auf diese Betätigung auszudehnen.

**b)** Sollvorschriften, deren Nichtbeachtung die Wirksamkeit eines Urteils nicht beeinflußt:

1. Bei der Auswahl der Beisitzer darf nach der Zugehörigkeit zu bestimmten Berufsarten oder Bevölkerungskreisen ein Unterschied nicht gemacht werden.
2. Personen, die gleichzeitig Vermieter und Mieter sind, sollen nicht zu Beisitzern bestellt werden.
3. Soweit nicht von einer örtlichen Hausbesitzer- oder Mieterorganisation vorgeschlagen, sollen auch Mitglieder oder Vertreter von Gesellschaften und Genossenschaften, die ihren Mitgliedern satzungsgemäß Wohnungen verschaffen, nicht zu Beisitzern bestellt werden, soweit diese Personen Wohnungen innehaben, die nicht den Vorschriften dieses Gesetzes (§ 33) unterliegen

Örtliche Hausbesitzer- und Mieter-Vereine sind nur solche Vereinigungen, die ausschließlich oder überwiegend Vermieter- oder Mieterinteressen verfolgen KG. JW. 1926, 185.

**5.** Die Sondervorschriften des § 7 über die Berufung der Beisitzer finden ihre Ergänzung durch die §§ 31—34 GVG.; die

Befugnis des Beisitzers, die Bestellung abzulehnen, bemißt sich nach § 35 GVG. Weitere Vorschriften des GVG. schreiben vor die Beeidigung der Beisitzer (§ 51), die Behandlung der Fälle, in denen ein Beisitzer zur ferneren Dienstleistung nicht mehr herangezogen oder aus der Liste gestrichen wird (§ 52), die Zulässigkeit der Entbindung des Beisitzers von der Dienstleistung (§ 54) und endlich das Recht der Ordnungsstrafen für unentschuldigtes Ausbleiben (§ 56).

**6.** Wer mit dem Vollzug von Maßnahmen gegen Wohnungsmangel nach seiner Bestellung als Beisitzer betraut wird, wird dadurch unfähig zur Ausübung seines Amtes; er wird daher aus der Liste gestrichen § 52 Abs. 1 GVG. Wer seiner Verpflichtung zuwider eine in Abs. 3 Satz 5 bezeichnete Tätigkeit ausübt, wird dadurch an sich nicht als Beisitzer unfähig, sondern ist nach § 52 Abs. 2 GVG. zur ferneren Dienstleistung nicht mehr heranzuziehen. Änderungen in den Voraussetzungen der in Anm. 5 Buchst. b Ziff. 2 und 3 bezeichneten Art können unberücksichtigt bleiben. Die Verletzung der Verpflichtung aus Abs. 5 hat die Zurückweisung des Bevollmächtigten oder Beistandes auch in den Fällen des § 12 zur Folge, solange er Beisitzer ist und soweit es sich nicht um eine nach Abs. 3 Satz 6 erlaubte Tätigkeit handelt.

**7.** Landesrecht. Preußen: AusfVO. vom 15. August 1923 (GS. S. 405); Bayern: AusfBest. vom 23. Juli 1923 (StAnz. Nr. 168, abgedruckt 2. Aufl. S. 142). Die in Abs. 2—6 aufgestellten Grundsätze müssen beachtet sein.

## § 8.

I Die nicht auf Grund einer mündlichen Verhandlung ergehenden Beschlüsse und Verfügungen werden von dem Amtsrichter allein erlassen.

II Im übrigen sind für die Befugnisse des Amtsrichters und der Beisitzer die Vorschriften über das landgerichtliche Verfahren maßgebend. Das Gericht kann anordnen, daß ein Augenschein durch die Beisitzer oder, wo mehr als zwei Beisitzer tätig sind, durch je einen Beisitzer aus dem Kreise der Vermieter und der Mieter eingenommen wird; andere Beweiserhebungen können Beisitzern nicht übertragen werden. Die Entscheidungen bedürfen nicht der Unterschrift durch die Beisitzer.

III In bezug auf die Beratung und Abstimmung finden die §§ 192 bis 198 des Gerichtsverfassungsgesetzes entsprechende Anwendung. Die Vorschriften der Zivilprozeßordnung über die Ausschließung und Ablehnung der Gerichtspersonen gelten sinngemäß; die Entscheidung über die Ausschließung oder Ablehnung eines Beisitzers erfolgt durch den Amtsrichter.

1. Das Verfahren in Aufhebungssachen findet vor den Amtsgerichten statt; es gelten daher grundsätzlich die hiefür vorgesehenen Bestimmungen der §§ 495—510b ZPO. Da jedoch hier, abweichend von der Regel des § 22 GVG. der Amtsrichter nicht als Einzelrichter, sondern unter Zuziehung von Beisitzern entscheidet, müssen verschiedene andere Vorschriften dem GVG. und der ZPO. entnommen werden, die dieser besonderen Organisation des Gerichts Rechnung tragen.

Für die erste Instanz gelten hiernach: die §§ 495—510b ZPO. grundsätzlich für das Verfahren vor dem Amtsgericht mit den aus den §§ 8—13, 15 sich ergebenden Abweichungen.

2. Die mündliche Verhandlung bildet nach dem Grundsatz des § 128 ZPO. die Regel, soweit es sich um eine Tätigkeit des erkennenden Gerichts handelt, im Gegensatz zu den lediglich der Fortführung des Verfahrens dienenden Entscheidungen wie Terminsbestimmung, Fristsetzung usw. (Prozeßleitung). In einer Reihe von Bestimmungen der ZPO. ist indes ausdrücklich ausgesprochen, daß die Entscheidung ohne mündliche Verhandlung erfolgen kann (fakultative mündliche Verhandlung).

3. Die Zuziehung der Beisitzer unterbleibt ferner in dem ersten auf die Klage angesetzten Termin nach Maßgabe des § 11.

4. Nur für die Befugnisse des Vorsitzenden und der Beisitzer, nicht aber auch für das Verfahren gelten die Vorschriften über das landgerichtliche Verfahren mit der Einschränkung der Sätze 2 und 3. Für das Verfahren gelten diese Bestimmungen nur im Umfange und nach Maßgabe des § 495 ZPO.

5. Beratung und Abstimmung §§ 194—200 GVG.; Verstoß gegen § 194 GVG. ist absoluter Revisionsgrund (§ 551 Ziff. 1 ZPO.), im übrigen bedeutet eine Verletzung der Vorschriften einen Verstoß gegen das Gesetz (§ 550 ZPO.). Durch die Rechtskraft des Urteils werden Mängel des Verfahrens geheilt; das Urteil ist daher wirksam.

Die Vorschriften über Ausschließung und Ablehnung von Gerichtspersonen finden sich in den §§ 41—49 ZPO.; § 45 überträgt die Entscheidung über die Ablehnung eines Amtsrichters dem Landgericht (a. M. Hein, EA. 312), Abs. 3 Satz 2 jene über die Ablehnung eines Beisitzers dem Amtsrichter. Demgemäß ist ein Beisitzer, der als Mitglied des Wohnungsamtes tätig war, von der Teilnahme an der Entscheidung über die Beschwerde gegen die Verfügung des Wohnungsamtes durch das MEA. kraft Gesetzes (§ 41 ZPO.) ausgeschlossen BayObLG. BayGemVZ. 1922, 481, das gleiche gilt für Mitglieder des die Gemeindebehörde nach außen vertretenden Organs KG. JW. 1924, 835 (= EA. 302). Dagegen ist der Amtsrichter, der in der gleichen Mietsache als Vorsitzender des MEA. tätig war, nicht ohne weiteres von der Ausübung des Richteramtes im Räumungsprozeß ausgeschlossen, weil dieser Rechtsstreit nicht als neue Instanz im Sinne des § 41 Ziff. 6 ZPO. anzusehen ist; auch eine Ablehnung wegen Besorgnis der Befangenheit nach § 42 ZPO ist nicht möglich (so OLG. Kiel SeuffA. 77 Nr. 95 = EA. 304). Vgl. auch KG. JW 1924, 1260.

## § 9.

Die Bestimmung eines Termins **zur Güteverhandlung** kann auch von dem Mieter beantragt werden, der eine Aufhebungsklage befürchtet.

Durch die Novelle ist der Änderung der ZPO. Rechnung getragen: die Vorschriften des § 510c ZPO. sind durch die entsprechenden Bestimmungen über das Güteverfahren §§ 495 a ff ersetzt. Das Kammergericht (Gutachten JR. 1925 Nr. 1117 u. bei Hertel S. 285) hielt in seinem Gutachten vom 10. Juni 1925 die Vorschriften schon bisher auf Mietaufhebungsklagen für anwendbar; ebenso Dahlsheimer, BayZ. 1924, 233; a. M. Riedhammer, BayZ. 1924, 257.

Auch der beklagte Mieter, also nicht nur der Vermieter kann — und zwar schon vor der Erhebung der Aufhebungsklage durch den Vermieter — die Anberaumung eines Gütetermins beantragen. Zuständig ist das nach § 7 ausschließlich zuständige Amtsgericht.

Wird verhandelt (Güteverhandlung § 499c ZPO), so ist der Gütetermin erster Termin im Sinne des § 11; er kann daher vor dem Amtsrichter allein stattfinden. Vgl. hieher Lilienthal, Mietgericht 1926, 60.

## § 10.

I Jede Ladung einer Partei zur mündlichen Verhandlung über die Aufhebungsklage soll den Hinweis darauf enthalten, daß gegen die Partei Versäumnisurteil ergehen kann, wenn sie im Termine nicht erscheint oder sich nicht ordnungsmäßig vertreten läßt.

II **Von dem Eingang einer Klage, mit welcher die Aufhebung eines auf Wohnraum bezüglichen Mietverhältnisses auf Grund des § 3 verlangt wird, hat der Gerichtsschreiber der Fürsorgebehörde unter Angabe des rückständigen Mietbetrags und unter Hinweis auf die Fürsorgepflicht gemäß den Reichsgrundsätzen über**

**Voraussetzung, Art und Maß der öffentlichen Fürsorge unverzüglich Mitteilung zu machen.**

**1.** Sollvorschrift, deren Verletzung rechtliche Folgen nicht nach sich zieht. Schutzvorschrift im Interesse rechtsunkundiger Parteien, maßgebend nicht nur für die erste Ladung, sondern auch für jede spätere Terminsladung, auch für § 370 ZPO. Wegen der Erlassung des Versäumnisurteils vgl. §§ 330 ff., 220 Abs. 2 ZPO. Die Vorschrift des Abs. 1 entfällt, wenn der Termin in der Sitzung verkündet wird.

**2.** Mitteilung an die Fürsorgebehörde. Diese soll dadurch in die Lage versetzt werden den Mietrückstand zu tilgen und die Aufhebungsklage zu Fall zu bringen; eine Verpflichtung zum Eingreifen ist durch diese Vorschrift für die Fürsorgebehörde nicht begründet. Nach §§ 1, 6 der Reichsgrundsätze ist die Fürsorgestelle gehalten, den Hilfsbedürftigen den notwendigen Lebensunterhalt zu gewähren; zum Lebensunterhalt gehört auch die Unterkunft.

Das Eingreifen der Stelle kommt hiernach grundsätzlich nur in Frage im Falle der Hilfsbedürftigkeit, deren Feststellung Sache der Fürsorgebehörde ist und die regelmäßig erst auf Grund besonderer Nachprüfung der Verhältnisse festgestellt werden kann. Zahlungsfähige, aber zahlungsunwillige Mieter durch Unterstützungen in ihrem Besitzstand zu erhalten, ist nicht Aufgabe der öffentlichen Fürsorge.

Will die Fürsorgebehörde eingreifen, so muß sie rasch Entschluß fassen; denn nur bis zum Schlusse der Verhandlung, auf welche das Urteil ergeht, kann durch Befriedigung des Vermieters das Aufhebungsurteil abgewehrt werden § 3 Abs. 3.

Die Pflicht des Gerichtsschreibers besteht auch dann, wenn neben § 3 andere Aufhebungsgründe geltend gemacht werden; die Klage braucht nicht lediglich auf § 3 gestützt zu sein. Der Klage gleich steht der Antrag des Vermieters — nicht auch des Mieters im Falle des § 9 — auf Festsetzung des Gütetermins. Bei Klagänderung oder Klagergänzung wird die Pflicht des Gerichtsschreibers nachträglich begründet.

Die Mitteilungspflicht kommt im übrigen nur in Frage, wenn es sich

1. um eine Aufhebungsklage — nicht auch bei Räumungsklagen, auch nicht im Falle des § 27 — und
2. um einen Wohnraum handelt.

**3.** Fürsorgebehörden sind in Preußen die Stadt- und Landkreise und die Stadtgemeinde Berlin. In Bayern sind es grundsätzlich die Ortsfürsorgeverbände; an diese wird die Mitteilung auch dann zu richten sein, wenn der Bezirksfürsorgeverband zuständig ist, da dem Gerichtsschreiber die Möglichkeit fehlt, die Zuständigkeitsvoraussetzungen im einzelnen Fall zu ermitteln.

## § 11.

I In dem ersten auf die Klage angesetzten Termine kann die Zuziehung der Beisitzer unterbleiben.

II Erscheint in dem Termine nur eine der Parteien, so erläßt auf ihren Antrag der Amtsrichter das Versäumnisurteil.

III Erscheinen beide Parteien und kommt ein Vergleich nicht zustande, so hat der Amtsrichter die Entscheidung zu erlassen, wenn sie sofort erfolgen kann und beide Parteien es beantragen. Andernfalls ist ein neuer Verhandlungstermin, zu dem die Beisitzer zuzuziehen sind, anzusetzen und sofort zu verkünden. Zeugen und Sachverständige, deren Vernehmung der Amtsrichter für erforderlich erachtet, sind zu diesem Termine zu laden.

**1.** Die Zuziehung der Beisitzer steht hier im Ermessen des Amtsrichters; keine Nachprüfung im Wege der Beschwerde möglich. Entscheidung des Einzelrichters ist nicht mehr zulässig, wenn in diesem ersten Termin nicht verhandelt und deshalb ein neuer Termin bestimmt worden ist Bei Verletzung der Vorschrift des Abs 3 Berufung zulässig wegen Mängel des Verfahrens (§ 539 ZPO.).

**2.** Versäumnisverfahren §§ 330 ff ZPO Der Termin ist auch dann von einer Partei versäumt, wenn sie zwar erscheint, aber nicht verhandelt (§ 220 Abs. 2 ZPO.).

**3.** Die Erledigung des Verfahrens — abgesehen von dem Ruhen des Verfahrens, der Vertagung oder der Erledigung durch Beweisbeschluß — erfolgt durch Urteil (auch Versäumnisurteil) oder Vergleich Das Urteil kann der Amtsrichter als Einzelrichter (ohne Zuziehung von Beisitzern) nur dann erlassen, wenn

1. die Entscheidung sofort in diesem Termin mit oder ohne Beweiserhebung auf Grund einmaliger Verhandlung (AG. Berlin-Schöneberg KGBl 1924, 38) erfolgen kann (vgl. dazu Hertel S 95; Stern S 94; Vidal S. 76; Goltermann, LZ 1924, 446) und wenn
2. beide Parteien hierauf antragen.

Die Beurteilung der ersten Voraussetzung ist dem Ermessen des Amtsrichters anheimgegeben: bei der zweiten Voraussetzung ist er an die Stellungnahme der Parteien gebunden: wenn nur eine Partei einen anderen Antrag z. B. auf Beweiserhebung stellt, darf eine Entscheidung durch den Einzelrichter nicht erfolgen. Das weitere Verfahren richtet sich nach Abs. 3 Satz 2 und 3.

Einen förmlichen Beweisbeschluß darf der Amtsrichter in diesem Termin nicht erlassen, da dieser der vorgängigen mündlichen Verhandlung bedarf und daher, wie sich aus § 8 Abs. 1 ergibt, nur unter Zuziehung der beiden Beisitzer erlassen werden kann (a. M. Goltermann, LZ. 1924, 446; vgl. aber auch Ruth, JW. 1924, 763).

## § 12.

Wird vor einem nach § 7 Abs. 1 besetzten Gericht oder vor dem Amtsrichter eine Partei, die einer Vereinigung der Hausbesitzer, der Mieter, der Arbeitgeber oder der Arbeitnehmer angehört, von einem Beauftragten der Vereinigung vertreten, so findet § 157 Abs. 1 der Zivilprozeßordnung insoweit keine Anwendung. **Als Beauftragte gelten alle mit Vertretungsausweis der Vereinigung versehenen Personen.**

§ 157 Abs. 1 ZPO. lautet: „Das Gericht kann Bevollmächtigte und Beistände, welche das mündliche Verhandeln vor Gericht geschäftsmäßig betreiben, zurückweisen." Diese Vorschrift findet auf das Aufhebungsgericht (mit oder ohne Beisitzer) insoweit keine Anwendung, als es sich um Beauftragte einer Vereinigung der Hausbesitzer, der Mieter, der Arbeitgeber oder der Arbeitnehmer handelt. Die Novelle stellt zur Behebung von Zweifeln fest, daß auch Vertreter, die nicht Vorstandsmitglieder der Organisationen sind, nicht zurückgewiesen werden dürfen. So auch für das bisherige Recht Günther EA. 415. Auf reine Mieter- oder Vermieterorganisationen ist diese Ausnahmevorschrift nicht beschränkt.

§ 7 Abs. 6 bleibt unberührt: wer auf Grund einer Verpflichtung nach § 7 Abs. 3 Satz 5 zum Beisitzer bestellt ist, darf als Bevollmächtigter vor Gericht nicht auftreten und ist daher zurückzuweisen. Dies gilt jedoch nur insoweit als es sich um eine nach Satz 6 nicht erlaubte Tätigkeit handelt; wer also ehrenamtlich in einem Hausbesitzer- oder Mieterverein tätig ist, darf vor Gericht als Beistand eines Vereinsmitgliedes auftreten und kann nicht zurückgewiesen werden (a. M. Hertel S. 97; Ruth, JW. 1924, 760). In eigener Sache ist der Beisitzer gemäß § 41 ZPO. ausgeschlossen.

Wegen der Anwendung der Vorschrift auf das Verfahren vor dem Mietschöffengericht überhaupt und bei Verbindung eines anderen Anspruchs mit der Aufhebungsklage gemäß § 15 vgl. Günther EA. 416.

## § 13.

I Bis zum Schlusse der mündlichen Verhandlung, auf die das Urteil ergeht, können andere als die in der Klage vorgebrachten Klagegründe geltend gemacht werden. In der Berufungsinstanz gilt dies nur, wenn glaubhaft gemacht wird, daß der Vermieter ohne sein Verschulden außerstande gewesen sei, jene Gründe im ersten Rechtszug vorzubringen, oder wenn der Mieter zu der Änderung der Klage seine Einwilligung erteilt hat.

II Die Leistung eines Eides ist durch Beweisbeschluß anzuordnen.

III Erfolgt die Aufhebung des Mietverhältnisses lediglich nach § 4, so ist das Urteil nicht für vorläufig vollstreckbar zu erklären. Ein Urteil, das auf einem anderen Grunde beruht, darf nur dann für vorläufig vollstreckbar erklärt werden, wenn glaubhaft gemacht wird, daß die Aussetzung der Vollstreckung dem Vermieter einen nicht zu ersetzenden Nachteil bringen würde.

IV Die Kosten des Rechtsstreits können, wenn die Aufhebung lediglich nach § 4 erfolgt, dem Vermieter ganz oder teilweise auferlegt werden, sofern dies nach Lage der Sache, insbesondere nach den Vermögens- und Erwerbsverhältnissen der Vertragsteile, der Billigkeit entspricht. Die Entscheidung über die Kosten kann in diesem Falle selbständig angefochten werden, sofern der Wert des Beschwerdegegenstandes den Betrag von dreißig Reichsmark übersteigt; die Anfechtung erfolgt durch sofortige Beschwerde.

V Für die Wertberechnnng bei der Aufhebungsklage ist der Betrag des für die Dauer eines Vierteljahrs zu entrichtenden Mietzinses maßgebend.

**1.** Die §§ 13—18 enthalten eine Reihe von Bestimmungen prozessualen Inhaltes (dazu Dahlsheimer, BayZ. 125, 23), durch die die Anwendung der Vorschriften der Zivilprozeßordnung auf das Aufhebungsverfahren in wesentlichen Punkten beschränkt und ergänzt wird:

§§ 3 ff. ZPO. Berechnung des Streitwertes (§ 13 Abs. 5).
§§ 33, 145, 278 ZPO. Widerklage (§ 15 Abs. 2, Abs. 3 Satz 3 u. 4).
§§ 91 ff. ZPO. Kosten des Rechtsstreites (§ 13 Abs. 4).
§ 145 ZPO. Trennung der Verhandlung (§ 15 Abs. 3 u. 4).

§ 260 ZPO. Klagenverbindung (§ 15 Abs. 1).
§§ 264, 268, 527 ZPO. nachträgliche Klagenhäufung (§ 13 Abs. 1).
§ 460 ZPO. Eidesleistung (§ 13 Abs. 2).
§ 511 ZPO. Berufung (§ 14 Abs. 1).
§ 709 ZPO. Vorläufige Vollstreckbarkeit des Urteils (§ 13 Abs. 3).
§§ 724, 730 ZPO. Erteilung der vollstreckbaren Ausfertigung des Urteils (§ 16).
§ 935 ZPO. Einstweilige Verfügung (§ 18).

Eine dem Zivilstreitverfahren bisher unbekannte Vorschrift enthält § 14 Abs. 2, der die Rechtsmittelbelehrung bei Aufhebungsurteilen einführt. Eine weitere Vorschrift materiellen Inhalts findet sich in § 17, der den Verbrauch der Aufhebungsgründe regelt.

**2.** Der Begriff der Klagänderung — in der Zivilprozeßordnung nicht ausdrücklich festgelegt — umfaßt die Änderung der Parteien, des Klagegrundes und des Klageantrages. Jede Änderung des Klagegrundes ist eine Klagänderung; sie unterliegt also grundsätzlich dem Verbot des § 264 ZPO., in der Berufungsinstanz ist sie an die Einwilligung des Gegners gebunden (§ 527 ZPO.).

Hiervon macht Abs. 1 für das Aufhebungsverfahren eine Ausnahme: auch ohne Einwilligung des Gegners kann der Kläger einen Klagegrund dadurch ändern, daß er nachträglich andere als die in der Klage vorgebrachten Gründe geltend macht: nachträgliche Klagenhäufung, die zwar nicht Klagänderung im eigentlichen Sinn ist, wohl aber (vgl. § 268 Ziff. 2 ZPO.) nach Analogie der Klagänderung zu behandeln ist. Im Aufhebungsverfahren darf hiernach der Vermieter, wenn er z. B. die Klage nur auf § 4 gestützt hat, später auch noch die Voraussetzungen der §§ 2 oder 3 oder beider Bestimmungen geltend machen.

Die Sonderbestimmungen der §§ 6, 13, 16, die zwischen den einzelnen Aufhebungsgründen unterscheiden, bleiben unberührt.

Von der Zulassung nachträglicher Klagenhäufung wird der Vermieter schon mit Rücksicht auf den in § 17 geregelten Verbrauch der Aufhebungsgründe entsprechend Gebrauch machen müssen.

**3.** Die Einschränkung der Klagenhäufung in der Berufungsinstanz entspricht dem Grundsatz des geltenden Rechts (§ 527 ZPO.), dem gegenüber § 13 Abs. 1 durch die Zulassung der Glaubhaftmachung der nicht schuldhaften Unterlassung des Vorbringens im ersten Rechtszuge immerhin eine wesentliche Besserstellung des Vermieters bedeutet. Begriff der Glaubhaftmachung § 294 ZPO.; der Einwilligung des beklagten Mieters §§ 260, 523 ZPO.

**4.** Ausnahme von der Regel des § 460 ZPO., wonach auf die Leistung des Eides grundsätzlich nur durch bedingtes Endurteil zu erkennen, Anordnung der Eidesleistung durch Beweisbeschluß nur in den besonderen Fällen des § 461 ZPO. zulässig ist (vgl. § 595 Abs. 4 ZPO. — Urkunden- und Wechselprozeß).

**5.** Vorläufige Vollstreckbarkeit des Urteils in Mietsachen ist nach Maßgabe des § 709 Ziff. 1 ZPO. auf Antrag zulässig. Hievon macht Abs. 3 eine Ausnahme unter grundsätzlicher Unterscheidung nach dem Aufhebungsgrund: Aufhebungsurteile wegen Raumbedarfs (§ 4) dürfen überhaupt nicht für vollstreckbar erklärt werden; sie müssen erst rechtskräftig werden, wenn sie einen geeigneten Titel für die Zwangsvollstreckung bilden sollen (§ 704 ZPO.). Diese Beschränkung der vorläufigen Vollstreckbarkeit gilt nur für solche Urteile, die ausschließlich auf § 4 gestützt sind: soweit eine Verbindung des Aufhebungsgrundes nach § 4 mit solchen nach §§ 2 oder 3 vorliegt, gilt hinsichtlich der Zulässigkeit der vorläufigen Vollstreckbarkeit Abs. 3 Satz 2. Auch bei Urteilen aus § 6 Abs. 5 kann die vorläufige Vollstreckbarkeit angeordnet werden.

Satz 2 bedeutet eine Beschränkung des § 709 Ziff. 1 ZPO.: die vorläufige Vollstreckbarkeit kann daher auch im Falle des § 13 Abs. 3 Satz 2 nur auf Antrag gewährt werden. Satz 2 bedeutet weiterhin eine Einschränkung des § 710 ZPO. für das Aufhebungsurteil: nur wenn glaubhaft (§ 294 ZPO.) gemacht wird, daß die Aussetzung der Vollstreckung dem Vermieter einen nicht zu ersetzenden Nachteil bringen würde, ist dem Antrag stattzugeben. Das Erbieten zur Sicherheitsleistung ist dem Vermieter nicht gestattet. Wann die Voraussetzungen des Satz 2 vorliegen, ist nach den Umständen des einzelnen Falles zu beurteilen; drohende Wiederholung tätlicher Beleidigungen, seltener Beschädigungen der Mietsache werden als solche Nachteile anzuerkennen sein. Aus welchen Mitteln ein solcher Schaden zu ersetzen ist, ist unerheblich; denn auch bei der gesetzlichen Miete ist der Vermieter zur Aufwendung eigener Mittel nach §§ 535, 536 BGB. verpflichtet.

Abs. 3 gilt auch für die Berufungsinstanz, beschränkt sich aber im übrigen nur auf Aufhebungs- und Herausgabeklagen (§ 27). Bei Verbindung mit anderen Ansprüchen (§ 15) gelten die Vorschriften der ZPO. unbeschränkt. Nußbaum, Ztschr. f. ZivPr. 50, 321.

Liegen die Voraussetzungen des Satzes 2 vor, so muß das Gericht die vorläufige Vollstreckbarkeit aussprechen.

Unabhängig von der Frage der vorläufigen Vollstreckbarkeit ist die Frage der Sicherung des Ersatzraumes nach § 6 zu beurteilen; solange ein gültiger Vollstreckungstitel — Rechtskraft oder vorläufige Vollstreckbarkeit § 704 ZPO. — nicht vorliegt, genügt nicht die Entscheidung über den Ersatzraum (§ 16): die Zwangsvollstreckung darf trotz Vorhandenseins des Ersatzraumes nicht beginnen.

**6.** Sonderregelung der Kostenverteilung (§§ 91 ff. ZPO.); gültig nur für den Fall, daß die Aufhebung lediglich wegen Raumbedarfs des Vermieters erfolgt: bei Verbindung des

Aufhebungsgrundes nach § 4 mit jenen aus §§ 2, 3 ist Abs. 4 nicht anwendbar. Kostenverteilung nach Abs. 4 steht im freien Ermessen des Gerichts, für das lediglich die Billigkeit maßgebend ist. Sonderregelung der Kostentragung § 3 Abs. 3.

Selbständige Anfechtung des Urteils wegen der Kostenentscheidung ist abweichend von § 99 ZPO zugelassen; wegen der sofortigen Beschwerde vgl. § 577 ZPO und OLG München, BayZ. 1925, 202 Nur der Vermieter, nicht auch der Mieter, ist anfechtungsberechtigt.

7. Berechnung des Streitwertes Abweichend von § 3 ZPO., wonach der Wert des Streitgegenstandes von dem Gerichte nach freiem Ermessen festgesetzt wird, und in Abweichung von der für Mietverhältnisse geltenden Sondervorschrift des § 8 ZPO. wird hier der Streitwert unter Ausschluß des richterlichen Ermessens für die Wertberechnung bei Aufhebungsklagen nach dem Vierteljahresmietzins festgestellt Maßgebend dürfte der Mietzins sein, der dem nach § 5 festzustellenden Zeitpunkt der Aufhebung vorausgeht; das KG. nimmt das Vierteljahr, welches auf den Zeitpunkt folgt, für welche die Aufhebung des Mietverhältnisses verlangt wird KG. Rspr. 44, 2 = JW. 1924, 237. OLG. Köln JW. 1926, 1041 hält den Mietzins für maßgebend, der im Zeitpunkt der Urteilsfällung gilt.

Über die Wertberechnung bei der Räumungsverpflichtung des Verkäufers des Hauses vgl. RG. WarnRspr. 1920 Nr 120. Über die Höhe des Streitwertes bei Räumungsklagen des Hauseigentümers gegen den Untermieter OLG München, BayZ 1925, 347.

Abs 5 findet keine Anwendung, wenn die Räumung nicht als Nebenfolge des Aufhebungsurteils (§ 5 Abs 3) ausgesprochen ist d. i. insbes. im Falle des § 27; so LG. Hamburg, EA. 309 und Vidal EA. 325 oder wenn den Klagegrund die Vereinbarung der Auflösung des Rechtsverhältnisses bildet OLG. Düsseldorf, JW. 1925, 821. Für diese Fälle der Räumungsklage gelten die §§ 9, 10 GKG., § 8 ZPO.; bei Eigentumsklagen (§ 985 BGB., § 31 MSchG.), § 9 GKG., § 3 ZPO. Vgl. LG. I Berlin KGBl. 1925, 27, LG. München I LZ. 1926, 243. Dagegen ist Abs. 5 auch für das Berufungsverfahren maßgebend OLG. Düsseldorf EA. 324 = JW 1924, 2040.

Weitere Beschwerde gegen die Entscheidung des Landgerichts im Kostenpunkt ist ausgeschlossen (so auch OLG Augsburg BayZ. 1926, 157 trotz der abweichenden Auffassung in der Ersatzraumfrage BayZ 1925, 377 und § 6 Anm. 6).

Über Streitwert bei Mietklagen im allgemeinen KG JW. 1924, 416 und Friedlaender Fußnote.

## § 14.

[1] Gegen ein Urteil, durch das ein Mietverhältnis aufgehoben oder eine Aufhebungsklage abgewiesen ist, finden die

Berufung und in den Fällen des § 6 Abs. 3, 5 auch die sofortige Beschwerde ohne Rücksicht auf den Wert des Beschwerdegegenstandes statt.

II **In den Fällen des § 4 Abs. 5, des § 6 Abs. 3 und des § 13 Abs. 4 findet die sofortige Beschwerde auch dann statt, wenn mehrere Beschwerdegründe nebeneinander geltend gemacht werden.**

III **Wird ein Urteil mit der Berufung und der sofortigen Beschwerde angefochten, so ist über beide Rechtsmittel von derselben Kammer des Landgerichts zu entscheiden.**

IV Jedes auf eine Aufhebungsklage ergehende Urteil soll einen Hinweis auf den zulässigen Rechtsbehelf sowie auf die Form und Frist seiner Einlegung enthalten.

**1.** Berufung ist ohne Rücksicht auf den Wert des Beschwerdegegenstandes (§ 511a ZPO.) zulässig. Das Berufungsgericht (Landgericht § 71 GVG.) entscheidet ohne Zuziehung von Beisitzern.

Abgesehen vom Falle des § 14 Abs. 1 ist Berufung weiterhin zulässig, wenn die Kostenentscheidung eines Anerkenntnisurteils angefochten wird (§ 99 Abs. 2 ZPO.), vorausgesetzt, daß der Beschwerdegegenstand 50 RMk. übersteigt.

Für die Berufung gelten die §§ 511—544 ZPO., soweit nicht die §§ 13, 15, 17 etwas anderes bestimmen. Die Berufungsfrist beträgt einen Monat § 516 ZPO.; sie beginnt mit der Urteilszustellung, spätestens aber mit dem Ablauf von fünf Monaten nach der Verkündung. OLG. München BayZ. 1925, 202; Kiefersauer EA. 466. Die Einlegung vor Zustellung des Aufhebungsurteils ist wirksam. Lauf der Berufungsfrist RG. 101, 253; Berufungsbegründung kann sich auf Ber.-Anträge beschränken RG. JW. 1924, 1859; mehrfache Einlegung der Berufung RG. 102, 364; fehlender ausdrücklicher Berufungsantrag RG. JW. 1925, 1638.

Die Entscheidung des LG. als Berufungsgericht ist unanfechtbar (§§ 511, 545 ZPO.), auch soweit sie über die Zubilligung oder Versagung des Ersatzraums befindet OLG. Hamburg LZ. 1924, 480; OLG. München BayZ. 1925, 297 und § 6 Anm. 6.

**2.** Beschwerderecht. Für die sofortige Beschwerde gilt § 577 ZPO.; sie tritt an Stelle des sonst gegebenen Rechtsmittels der Berufung; vgl. § 4 Anm. 13 und Dahlsheimer, BayZ. 1925, 23. Die Häufung mehrerer Beschwerdegründe ist ohne Einfluß auf die Zulässigkeit des Rechtsmittels, auch wenn eine Anfechtung des Urteils in der Hauptsache nicht erfolgt; a. M. LG. Oldenburg JW. 1924, 2066. Der durch die Novelle neu eingefügte Abs. 2 will dies klar stellen. Dieser Grundsatz kommt nicht in Betracht für die im Nachverfahren gemäß § 6 Abs. 5 zulässige sofortige Beschwerde, weil hier ausschließlich das Rechtsmittel der Beschwerde in Frage steht.

Die zunächst gegen das Gesamturteil eingelegte Berufung kann nachträglich auf die Ersatzraumfrage beschränkt werden KG. KGBl. 1926, 57 = EA. 473, während eine nur deswegen eingelegte Berufung als unzulässig zurückzuweisen wäre. Eine Anschlußberufung des Vermieters, die sich lediglich auf die Ersatzraumfrage beschränkt, ist deshalb gleichfalls unzulässig LG. Hamburg EA. 439.

Abs. 3 — neu — will eine einheitliche Beurteilung des Streitfalls sicherstellen, wenn das Urteil von beiden Parteien mit verschiedenen Rechtsmitteln angefochten wird. Aus der verschiedenen Beurteilung der Rechtsmittel durch verschiedene Zivilkammern haben sich Unzuträglichkeiten ergeben.

Die sofortige Beschwerde ist als einziges Rechtsmittel gegeben gegen nachstehende Nebenentscheidungen:

1. gegen das nach Erledigung der Hauptsache ergehende Kostenurteil (§ 99 Abs. 3 ZPO.; Beschwerdegegenstand über 30 RMk. § 13 Abs. 4 MSchG.);
2. gegen die Kostenentscheidung beim Aufhebungsurteil nach § 4, § 13 Abs. 4;
3. gegen die Gewährung oder Versagung eines Ersatzraums oder einer Räumungsfrist § 721 ZPO., §§ 6, 27 sowie gegen die Ergänzung des Urteils (§ 319 Abs. 3 ZPO.) bei Übergehung dieser Anträge § 6 Abs. 3;
4. gegen die Entscheidung im Nachverfahren des § 6 Abs. 5;
5. gegen die Zubilligung oder Versagung der Umzugskosten § 4 Abs. 3 und 5;
6. gegen die Entscheidung über Gewährung einer Geldentschädigung an Stelle des Ersatzraums §§ 22, 23.

Die Beschwerde ist unabhängig von der Berufung; ist diese unzulässig (§ 519b ZPO.), so berührt dies die sofortige Beschwerde nicht OLG. Düsseldorf JW. 1924, 2039. Das Beschwerderecht wird aber verbraucht, wenn über die Berufung sachlich entschieden wird; denn die Berufung umfaßt das Rechtsmittel gegen Haupt- u. Nebenentscheidung.

**3.** Beschwerdebelehrung. Sollvorschrift, Verletzung ohne Einfluß auf die Rechtswirksamkeit des Urteils.

Die Vorschrift gilt als Mußvorschrift auch für das MEA. (§ 40 Abs. 4).

Unterbleibt die vorgeschriebene Beschwerdebelehrung oder erfolgt sie unvollständig oder fehlerhaft, so hat sie nicht den Verlust des Rechtsbehelfes zur Folge, wenn die Beteiligten in Befolgung dieser Belehrung oder der unterbliebenen Belehrung prozessuale Rechtshandlungen versäumen. Es gilt das gleiche, wie in § 231 II der Reichsabgabenordnung bestimmt: die Rechtsmittelfrist wird nicht in Lauf gesetzt. Ebenso LG. Ludwigshafen EA. 332;

a. M. Dahlsheimer, BayZ. 1925, 23 unter Hinweis auf §§ 704, 705 ZPO.; Hertel S. 10; Stern S. 101; KG. EA. 373 Nr. 86; OLG. München BayZ. 1925, 218 erachtet bei unvollständiger Beschwerdebelehrung die Wiedereinsetzung in den vorigen Stand nach § 233 ZPO. für zulässig.

Bei der gesetzlich vorgeschriebenen Belehrung gilt der Mangel der Belehrung als ein Mangel der Zustellung; die Frist beginnt nicht zu laufen. Ist eine Belehrung nicht vorgeschrieben, so gilt sie ihrem ganzen Inhalt nach als ungeschrieben; die falsche Belehrung begründet daher weder den Antrag auf Wiedereinsetzung in den vorigen Stand, noch verlängert sie die Rechtsmittelfrist, noch bewirkt sie die Zulässigkeit der Rechtsmitteleinlegung bei der unrichtig bezeichneten Behörde Friedrichs, JW. 1924, 1281 Fußnote; Kratzer, BayGemVZ. 1924, 446 u. 475.

## § 15.

I Der Vermieter kann in der Klage neben dem Aufhebungsanspruch auch andere Ansprüche erheben, sofern sie das gleiche Mietverhältnis betreffen und das Gericht auch für sie zuständig ist.

II Die Erhebung einer Widerklage ist nur statthaft, sofern der Gegenanspruch des Mieters das gleiche Mietverhältnis betrifft.

III Wird mit der Aufhebungsklage ein Anspruch anderer Art verbunden, so ist auf Antrag des Beklagten anzuordnen, daß der Anspruch in getrenntem Prozesse verhandelt werde. Die Anordnung kann auch von Amts wegen getroffen werden. In entsprechender Weise ist zu verfahren, wenn eine Widerklage anderer Art erhoben wird. Die Abtrennung der Widerklage ist auf Antrag auch dann anzuordnen, wenn der mit ihr erhobene Anspruch die sachliche Zuständigkeit des Amtsgerichts übersteigt.

IV Der Antrag auf Abtrennung ist nur vor der Verhandlung des Antragstellers zur Hauptsache zulässig. Die Abtrennung von Amts wegen darf nur erfolgen, solange nicht eine Verhandlung zur Hauptsache stattgefunden hat und darauf ein Beschluß verkündet ist.

**1.** Objektive Klagenverbindung (Klagenhäufung). Gemäß § 260 ZPO. ist der Kläger befugt mehrere Ansprüche gegen denselben Beklagten in einer Klage zu verbinden, wenn für sämtliche Ansprüche das Prozeßgericht zuständig und dieselbe Prozeßart zulässig ist; dies gilt auch dann, wenn die Ansprüche auf verschiedenen Gründen beruhen. Hiernach kann — wenn man nicht überhaupt in diesen Fällen einen einzigen, auf Aufhebung des Mietverhältnisses gerichteten, nur in verschiedener Weise begründeten Anspruch erblicken will — der Vermieter die Aufhebungsklage aus jedem der in §§ 2, 3 u. 4 bezeichneten Gründe oder nach seiner Wahl aus einer Verbindung einzelner dieser Tatbestände begründen. Darüber hinaus läßt § 15 Abs. 1 eine Klageverbindung auch dann zu, wenn es sich um Ansprüche handelt, für die nicht das Aufhebungsverfahren der §§ 1 ff. maßgebend ist (ebenso Stern S. 103), sofern die Ansprüche nur das gleiche Mietverhältnis (Identität des Mietraums und der Mietparteien) betreffen und das Amtsgericht auch für sie zuständig ist. Da nach § 23 Ziff. 2 GVG. das Amtsgericht ohne Rücksicht auf den Wert des Streitgegenstandes zur Entscheidung von Mietstreitigkeiten zuständig ist, die die Überlassung, Benutzung oder Räumung von Mieträumen oder die Zurückbehaltung der vom Mieter (Untermieter) in die Mieträume eingebrachten Sachen betreffen, und auch die allgemeine Zuständigkeitsgrenze des § 23 Ziff. 1 GVG. erheblich erweitert ist, so ist für die Anwendung des Abs. 1 ein weiter Spielraum gegeben.

Mit der Klage gegen den Mieter wegen Aufhebung des Mietverhältnisses kann die Räumungsklage gegen den Untermieter (§ 556 Abs. 3 BGB.) verbunden werden; das Verfahren gegen den Untermieter wird aber bis zur Rechtskraft des Urteils im Verfahren gegen den Mieter auszusetzen sein Vidal, EA. 357; Gottschalk, JW. 1924, 1945; vgl. auch KG. JW. 1925, 1417.

Wegen der Möglichkeit der Verbindung der Aufhebungsklage mit einer gewöhnlichen Räumungsklage (§ 556 Abs. 1, § 985 BGB.) vgl. KG. JW. 1925, 1417; LG. Breslau DRZ. 1926 Nr. 402; RG. EA. 460 = JR. 1926 Nr. 1257.

Abs. 1 kann nur in Frage kommen, soweit für den anderen Anspruch auch das nach § 7 für die Aufhebungsklage ausschließlich zuständige Amtsgericht zuständig ist.

**2.** Widerklage. Nach § 33 ZPO. ist sie nur zulässig, wenn der Gegenanspruch mit dem in der Klage geltend gemachten Anspruch oder mit den gegen denselben vorgebrachten Verteidigungsmitteln in Zusammenhang steht. Für das Aufhebungsverfahren beschränkt Abs. 2 diesen Grundsatz auf die Voraussetzung, daß der Gegenanspruch das gleiche Mietverhältnis betrifft. Diese Voraussetzung ist jedoch, wie das Erfordernis des rechtlichen Zusammenhanges nach § 33 ZPO., dem Parteiverzicht unterworfen.

**3.** Trennung der Verhandlung. § 145 ZPO. gibt dem Richter die Befugnis zu der Anordnung, daß mehrere in einer Klage erhobene Ansprüche in getrennten Prozessen verhandelt werden; dies gilt auch für die Widerklage, wenn der Gegenanspruch mit dem in der Klage geltend gemachten Anspruche nicht in rechtlichem Zusammenhange steht. Die Anordnung ist unabhängig von den Anträgen der Parteien dem freien Ermessen des Gerichts überlassen. Für abgetrennte Ansprüche ist das nicht mit Beisitzern besetzte Gericht zuständig JW. 1924, 770.

Diese Vorschrift gilt gemäß § 495 ZPO. auch für das Aufhebungsverfahren. Für andere als die in Abs. 1 bezeichneten Ansprüche, d. h. für Ansprüche, die nicht das gleiche Mietverhältnis betreffen oder für die das Amtsgericht nicht zuständig ist („Ansprüche anderer Art") ist die Klagenverbindung in Abs. 3 über den Rahmen des § 260 ZPO. hinaus selbständig geregelt: sie ist zulässig, daher nicht ab instantia abzuweisen, aber der Beklagte braucht sich nicht darauf einzulassen, er kann die Verhandlung solcher Ansprüche im getrennten Prozeß beanspruchen. Auch von Amts wegen kann die Trennung angeordnet werden. Wegen des Zeitpunktes der Antragstellung vgl. Abs. 4 und § 274 Abs. 1 ZPO.

Ähnliches gilt für die Widerklage, die nach Abs. 2 nicht zulässig ist: auch hier kann auf Antrag des Widerbeklagten oder von Amts wegen die Abtrennung des Verfahrens über die Widerklage angeordnet werden. Die Anordnung ist auf Antrag auch dann zulässig, wenn der mit der Widerklage erhobene Anspruch die sachliche Zuständigkeit des Amtsgerichts (§ 23 Ziff. 1 GVG.) übersteigt, vgl. § 506 ZPO. Bei Ablehnung der Abtrennung ebenso wie bei Abtretung steht der Partei nur die Berufung gegen das Schlußurteil, nicht die Beschwerde zu § 567 ZPO. So Vidal S. 87.

## § 16.

[1] Enthält das Urteil einen Ausspruch nach § 6 Abs. 1, 2, so darf von demjenigen Teile des Urteils, welcher die Herausgabe des Mietraums zum Gegenstande hat, eine vollstreckbare Ausfertigung nur auf Anordnung des Vorsitzenden erteilt werden. Die Anordnung ist erst zulässig, wenn durch eine Bescheinigung der Gemeindebehörde oder durch andere öffentliche oder öffentlich beglaubigte Urkunden nachgewiesen ist, daß der Ersatzraum für den Mieter gesichert ist und daß entweder der Mieter sich mit dem Ersatzraum einverstanden erklärt oder binnen einer Woche seit der Zuweisung des Ersatzraums Einwendungen beim Mieteinigungsamt nicht erhoben hat oder daß die Einwendungen vom Mieteinigungsamte, das hierüber endgültig entscheidet, für unbegründet erklärt worden sind. **Der Zuweisung eines Ersatzraums steht es gleich, wenn der Vermieter dem Mieter durch eine nach § 132 des Bürgerlichen Gesetzbuchs zuzustellende Erklärung einen Ersatzraum anbietet, über den der Ver-**

**mieter oder ein dem Angebote zustimmender Dritter nach den wohnungsrechtlichen Vorschriften verfügungsberechtigt ist. Bei der Zuweisung oder dem Angebote soll der Mieter auf die Zulässigkeit von Einwendungen, auf die Form und Frist ihrer Geltendmachung sowie auf die Folgen des Fristablaufs hingewiesen werden.** Hat der Mieter gegenüber der Gemeindebehörde auf die Zuweisung eines Ersatzraums verzichtet, so genügt eine Bescheinigung der Gemeindebehörde über den Verzicht. Ist die Vollstreckung nach § 4 von der Hinterlegung eines Geldbetrags abhängig gemacht, so muß in gleicher Weise nachgewiesen sein, daß die Hinterlegung erfolgt und daß dem Mieter eine beglaubigte Abschrift der Hinterlegungserklärung zugestellt ist.

II Die Anordnung des Vorsitzenden ist in der Vollstreckungsklausel zu erwähnen.

III Die Vollstreckung darf erst beginnen, wenn die vollstreckbare Ausfertigung mindestens **sieben** Tage vorher zugestellt ist. Auf Antrag des Mieters kann der Vorsitzende eine längere Frist bestimmen.

IV Die vorstehenden Vorschriften finden keine Anwendung, wenn die Beschränkung der Zwangsvollstreckung nach § 6 Abs. 5 aufgehoben ist.

**1.** Die Erteilung der vollstreckbaren Ausfertigung des Urteils — beschränkt auf den Teil des Urteils, der die Herausgabe des Mietraumes zum Gegenstand hat — ist im Anschluß an die Sicherungen des Mieters gegen die Zwangsvollstreckung (§ 4 Abs. 4 Hinterlegung eines Geldbetrages für Umzugskosten, § 6 Sicherung eines Ersatzraumes) abweichend von der Regel des § 724 ZPO. nach dem Muster der §§ 730 ff. ZPO. geregelt. Die Voraussetzungen sind: 1. Anordnung des Amtsrichters (als Vorsitzenden); 2. Erwähnung der Anordnung in der Vollstreckungsklausel (Abs. 2); 3. Siebentagefrist seit Zustellung der vollstreckbaren Ausfertigung, sofern nicht längere Frist bestimmt ist (Abs. 3).

Die Verlängerung der Frist ist eine Entscheidung im Zwangsvollstreckungsverfahren; sie kann auch noch nach Ablauf der durch die Novelle von drei auf sieben Tage verlängerten Frist ergehen, sie erfolgt ohne mündliche Verhandlung. Gegen die Entscheidung findet die sofortige Beschwerde nach §§ 793, 577 ZPO. statt Dahlsheimer, BayZ. 1925, 180.

Die Erteilung der vollstreckbaren Ausfertigung des Aufhebungsurteils (dazu Aufhammer BayZ. 1926, 221) erfolgt durch den Gerichtsschreiber des Amts- bzw. Landgerichtes (§ 724 Abs. 2 ZPO.); dieser hat vor Erteilung der Vollstreckungsklausel die Anordnung des Vorsitzenden einzuholen und die Erteilung zu versagen, wenn der Vorsitzende die Anordnung verweigert. Die Erteilung oder Verweigerung der Anordnung ist ein innerer Vorgang, der keiner Beschwerde der Parteien zugänglich ist. Nach außen ist es in jedem Falle der Gerichtsschreiber, der die Klausel erteilt oder versagt; im Falle der Verweigerung kann der Gläubiger (Vermieter) gemäß § 576 ZPO., im Falle der Erteilung der Schuldner (Mieter) nach § 732 ZPO. die Entscheidung des Prozeßgerichtes nachsuchen. Gegen die Entscheidung des Gerichts findet einfache Beschwerde nach § 567 ZPO. statt, soweit überhaupt Beschwerde zulässig ist.

Die Anordnung muß nach Abs. 2 in der Vollstreckungsklausel erwähnt sein; ohne diese Erwägung ist, da ein wesentlicher Bestandteil der Klausel fehlt, die Vollstreckungsklausel unwirksam und die Zwangsvollstreckung aus ihr unzulässig (§ 766 ZPO.).

Eine weitere Voraussetzung der Zwangsvollstreckung ist die fristgemäß — mindestens sieben Tage vorher — bewirkte Zustellung der Vollstreckungsklausel an den Mieter (Abs. 3). Bei Verletzung dieser Vorschrift hat dieser das Erinnerungsrecht nach § 766 ZPO.

Die Erteilung der vollstreckbaren Ausfertigung des Aufhebungsurteils richtet sich auch hinsichtlich des oben bezeichneten Inhaltes lediglich nach den allgemeinen Vorschriften der §§ 724ff. ZPO., wenn die Beschränkungen der Zwangsvollstreckung nach § 6 Abs. 1 u. 2 (Ersatzraum) oder nach § 4 Abs. 4 (Hinterlegung eines Geldbetrages für die Umzugskosten) nachträglich auf Antrag des Vermieters gemäß § 6 Abs. 5 aufgehoben sind. Solange das Urteil aus § 6 Abs. 5 nicht rechtskräftig ist, sind die Vorschriften des § 16 Abs. 1—4 zur Anwendung zu bringen.

Wegen der Anwendung des § 16 bei Vergleichen vgl. § 27 Abs. 3.

**2.** Voraussetzungen für die Anordnung des Vorsitzenden ist

1. im Falle des § 6 Nachweis der Sicherung eines Ersatzraumes und des Einverständnisses des Mieters oder der Verurteilung durch das MEA.;
2. im Falle des § 4 Nachweis der Hinterlegung des Geldbetrages und der Zustellung einer beglaubigten Abschrift der Hinterlegungserklärung an den Mieter.

Der Nachweis der Sicherung des Ersatzraumes ist nur möglich

1. durch eine Bescheinigung der Gemeindebehörde dahingehend, daß der Ersatzraum tatsächlich gesichert ist, also zur Verfügung steht. Dies ist der Fall bei förmlicher amtlicher Zuweisung (vgl. § 36, aber auch KG. EA. 360 u. 355) aber auch dann — seit der Novelle einwandfrei (bis-

her Askenasy, EA 328; Dahlsheimer, BayZ. 1924, 194) —, wenn der Vermieter einen Ersatzraum anbietet, über den er oder ein dem Angebote zustimmender Dritter nach den wohnungsrechtlichen Vorschriften verfügungsberechtigt ist Die Erklärung muß — bei Vermeidung ihrer Rechtsunwirksamkeit — durch Vermittlung des Gerichtsvollziehers nach den Vorschriften der ZPO oder gegebenenfalls durch öffentliche Zustellung gemäß § 132 BGB dem Mieter vom Vermieter oder dessen Stellvertreter zugestellt werden; in ihr soll auf die Zulässigkeit von Einwendungen, auf die Form und Frist ihrer Geltendmachung sowie auf die Folgen des Fristablaufs hingewiesen werden Die angebotenen Räume müssen vom Inhaber — Vermieter oder Dritter, dessen Zustimmungserklärung gleichfalls dem Mieter zuzustellen ist — zur Verfügung gestellt und nach den Vorschriften des MSchG und WMG oder den hierzu erlassenen landesrechtlichen Bestimmungen frei verfügbar sein In Betracht kommen neben Neubauten insbes Altwohnungen nach Maßgabe der §§ 33a, 33b, gewerbliche Räume, übergroße Wohnungen usw;

2 durch andere öffentliche oder öffentlich beglaubigte Urkunden gleichen Inhalts (§ 415 ZPO) Hieher zählen in erster Linie Erklärungen zu Niederschrift des WA oder des MEA oder des Amtsgerichts (LG Hamburg EA 358)

Zum bisherigen Recht vgl auch Dahlsheimer BayZ. 1925, 110; Schubart, Ruth und Fuchs, JW 1925, 1102, 1103, Behrend JR 1925, 786, Stern, JR 1925, 169

**3.** Der Nachweis der Sicherung des Ersatzraumes genügt für sich allein nicht: es muß weiterhin dem Vorsitzenden des Mietschöffengerichts nachgewiesen werden, daß entweder der Mieter mit diesem Ersatzraum sich einverstanden erklärt hat oder daß er binnen einer Woche seit der Zuweisung des Ersatzraumes Einwendungen beim Mieteinigungsamt nicht erhoben hat (die Prüfung obliegt dem Vorsitzenden KG EA 394) oder daß die Einwendungen von dem MEA für unbegründet erklärt worden sind Nur bei Verzicht des Mieters auf Zuweisung genügt die Bescheinigung der Gemeindebehörde über den Verzicht

Wegen des Zeitpunktes der Sicherung des Ersatzraums vgl LG. Hamburg EA. 491.

Abschluß des Mietvertrages oder Festsetzung nach § 4 WMG gehört nicht zur Sicherung des Ersatzraums OLG Dresden Gut Nr. 674 vgl. vor allem Stern JR. 1925, 169

Über Einwendungen des Mieters gegen den Ersatzraum — dieser braucht nur mehr ein ausreichender zu sein § 6 — entscheidet ausschließlich das Mieteinigungsamt und zwar, abweichend von der Regel des § 41, endgültig Wegen der Grenzen der Unanfechtbarkeit Hertel S 116; KG. EA. 380, 488

Nr. 214 und 215. Keine Rechtsbeschwerde bei Weigerung des MEA. eine Bestätigung über Einwendungen gegen den Ersatzraum zu erteilen KG. JW. 1926, 1585 = JR. 1925 Nr. 1772. Zuständig ist das MEA., in dessen Bezirk die Gebäude oder Räume gelegen sind § 4 VerfAO. Die Entscheidung hat auch bei Einwendungen gegen einen Ersatzraum zu erfolgen, dessen Sicherung in einem Vergleich vereinbart wurde KG. JR. 1926 Nr. 154 = EA. 431.

Die Einwendungen müssen, soll eine sachliche Entscheidung erfolgen, innerhalb einer Frist erhoben werden, die mit der Zuweisung des Ersatzraums oder der Zustellung der Erklärung des Vermieters gemäß Abs. 1 Satz 3. Die Frist beträgt eine Woche. Prüfung der Rechtzeitigkeit und Erheblichkeit der Einwendungen erfolgt durch den Vorsitzenden des Prozeßgerichts, nicht durch das MEA. KG. EA. 394 und JR. 1926 Nr. 578; vgl. auch KG. EA. 355; a. M. Hertel S. 118. Die Entscheidung des MEA. ist auch möglich, bevor der Nachweis der Sicherung erbracht ist LG. Hamburg EA. 294. Die Frist ist auch dann als gewahrt anzusehen, wenn die Einwendungen bei der Gemeindebehörde erhoben werden, soweit gemeindliche MEA. in Betracht kommen, wobei unerheblich ist, ob die Gemeindebehörde vor oder nach Ablauf der Frist die Einspruchsschrift an das MEA. abgibt LG. Münster JW. 1924, 864. Soweit dagegen das Amtsgericht als MEA. tätig ist, gilt dies nicht. Ebensowenig ist ausreichend, daß die Einwendungen nur dem Vermieter gegenüber erhoben werden vgl. Boeck, EA. 320.

Erforderlich ist ein Antrag des Mieters; der Vermieter kann die Entscheidung des MEA. nicht herbeiführen. Nur wenn der Mieter bei einem auf Antrag des Vermieters eingeleiteten Verfahren ausdrücklich oder stillschweigend sein Einverständnis erklärt hat, kann das Verfahren zulässig sein KG. EA. 388 = JR. 1925 Nr. 1239.

Das MEA. entscheidet lediglich darüber, ob der Ersatzraum als ausreichend anzusehen ist; unerheblich ist, ob der Raum in einer anderen Gemeinde liegt KG. JW. 1924, 2009. Dagegen ist die Frage, ob der Ersatzraum als gesichert anzusehen ist, der Entscheidung des Gerichts vorbehalten KG. EA. 337. Über die Bedeutung der Vorschrift im einzelnen KG. EA. 360 = Rspr. 44, 251 und Hertel, LZ. 1926, 467.

Die Entscheidung des MEA. unterliegt nicht der Nachprüfung durch das Gericht, hindert dieses aber nicht, die Nichtigkeit einer Entscheidung des MEA. festzustellen (RG. 105, 60). Die Entscheidung des MEA. unterliegt der Rechtsbeschwerde, wenn sie in einem unzulässigen Verfahren ergangen oder wenn über die Einwendungen des Mieters nicht entschieden KG. JW. 1926, 66 = JR. 1925 Nr. 1240 oder wenn das MEA. unzuständig war KG. JW. 1925, 2482 = EA. 360.

## § 17.

**Der Vermieter, der mit der Aufhebungsklage abgewiesen ist, kann das Recht, die Aufhebung zu verlangen, nicht mehr auf Tatsachen gründen, die er in einem früheren Rechtsstreit geltend gemacht hat oder geltend machen konnte. Tatsachen, auf die aus diesem Grunde oder wegen § 2 Abs. 3 eine Aufhebungsklage nicht mehr gegründet werden kann, dürfen zur Unterstützung einer auf andere Tatsachen gegründeten Aufhebungsklage geltend gemacht werden.**

Verbrauch der Aufhebungsgründe (vgl. § 617 ZPO.); die Bestimmung bildet eine Ergänzung des § 13 Abs. 1, wonach dem Vermieter die nachträgliche Klagehäufung unbeschränkt gestattet ist. Obgleich § 17 nur von Klagabweisung spricht, gilt die Vorschrift doch auch für Fälle, in denen im Wege des Vergleichs der Streit erledigt wird EA. 376.

Maßgebend für die Anwendung dieser Vorschrift ist nicht die Begründung der Klage, sondern die in den §§ 2, 3 u. 4 aufgeführten Tatsachen. Dem Mieter gibt § 17 nicht eine prozeßhindernde Einrede im Sinne des § 274 ZPO., sondern eine allgemeine Einrede. Die Vorschrift ist im übrigen von Amts wegen, nicht erst auf Einwand des Beklagten zu beachten (ebenso Hertel S. 120; Brandis, Gruchot 67, 458; abw. 2. Aufl. S. 72).

## § 18.

**Im Wege der einstweiligen Verfügung darf die Herausgabe eines Mietraums nicht angeordnet werden.**

Gültig zunächst nur für die Anordnung im Wege des Aufhebungsverfahrens, wenn die Aufhebung eines Mietverhältnisses aus den in den §§ 2, 3 u. 4 aufgeführten Gründen geltend gemacht wird; durch § 27 Abs. 1 Satz 2 MSchG. wird diese Vorschrift jedoch ausgedehnt auf alle sonstigen Fälle, in denen die Herausgabe eines Mietraumes verlangt wird. Dadurch erleidet die Durchführung des Herausgabeanspruchs des Vermieters nach § 556 BGB. eine nicht unerhebliche Verzögerung bei der Zwangsvollstreckung.

Nichtanwendbar aber ist § 18 in den Fällen der gewöhnlichen Räumungsklage gemäß § 556 Abs. 1 BGB.: also wenn der Mietvertrag nichtig war (§ 31) oder fehlte oder wenn der Ehemann, dem nach § 627 ZPO. das Getrenntleben gestattet ist, die Ehefrau aus der Wohnung entfernen will (Niemeyer LZ. 1920, 329; OLG. München JW. 1925, 2155).

Einstweilige Verfügung §§ 935 ff. ZPO., insbesondere die Durchführung des § 940 ZPO. würde ohne das Verbot des § 18 für die Räumungsklage von besonderer Bedeutung sein.

Das Verbot des § 18 bezieht sich auf Räume aller Art, ist also nicht auf Wohnräume beschränkt. Jedoch muß es sich immer um Mietverhältnisse handeln, für die allein die §§ 1ff. zur Anwendung kommen können. Es findet keine Anwendung auf Streitigkeiten zwischen den Mietern selbst KG. JW. 1924, 848.

### c) Besondere Mietverhältnisse. Sonstige Vorschriften.

## § 19.

I Das beim Tode des Mieters dem Vermieter wie dem Erben nach § 569 des Bürgerlichen Gesetzbuchs zustehende Kündigungsrecht wird durch dieses Gesetz nicht berührt; entgegenstehende Bestimmungen des Mietvertrags kommen nicht in Betracht. Der Vermieter kann jedoch nicht kündigen, wenn der Erbe der Ehegatte des Mieters oder ein volljähriger Verwandter bis zum zweiten Grade ist und beim Tode des Mieters zu dessen Hausstand gehört hat.

II Kündigt der Vermieter oder der Erbe nach der im Abs. 1 bezeichneten Vorschrift, so treten Familienangehörige des Mieters, bei denen die im Abs. 1 Satz 2 bezeichneten Voraussetzungen vorliegen, in die Rechte und Pflichten des Mieters ein. Gibt ein Angehöriger unverzüglich, nachdem er von der Kündigung Kenntnis erlangt hat, dem Vermieter gegenüber die Erklärung ab, daß er das Mietverhältnis nicht fortsetzen wolle, so gilt hinsichtlich dieses Angehörigen der Eintritt als nicht erfolgt.

III Ist der Erbe nicht ein Familienangehöriger des Mieters, so kann er von Familienangehörigen, die beim Tode des Mieters zu dessen Hausstand gehört haben, die Herausgabe des Mietraums nur nach den für die Aufhebung eines Mietverhältnisses geltenden Vorschriften verlangen. Die für die weitere Überlassung des Raumes zu entrichtende Vergütung wird auf Antrag eines Vertragsteils von dem Mieteinigungsamte festgesetzt.

IV Auf Mietverhältnisse, die sich lediglich auf Geschäftsräume beziehen, finden die Vorschriften des Abs. 1 Satz 2 sowie der Abs. 2, 3 keine Anwendung. Abs. 1 Satz 1 gilt mit der Maßgabe, daß der Vermieter nicht kündigen kann, wenn der Erbe das Geschäft fortführt.

**1.** Die Sonderregelung des § 569 BGB. und damit jene des § 19 bezieht sich nur auf den Fall, daß während der Dauer des Mietverhältnisses der Tod des Mieters eintritt. Die Vorschrift ist daher nicht anwendbar, wenn

a) das Mietverhältnis, weil auf Lebensdauer des Mieters eingegangen (§ 567 BGB.), durch den Tod des Mieters beendigt wird; in diesem Falle liegt Miete auf bestimmte Zeit vor, ohne daß § 1 Abs. 2 zur Anwendung zu bringen wäre: diese Vorschrift setzt voraus, daß der Mieter auch noch nach Ablauf des Mietverhältnisses am Leben ist (Berufung auf die Beendigung);

b) das Mietverhältnis infolge des Todes des Vermieters auf die Erben des Vermieters übergeht: das Mietverhältnis wird zwischen diesen und dem Mieter im bisherigen Umfang, insbesondere mit dem vertraglichen oder gesetzlichen Kündigungsrecht, fortgesetzt; die außerordentliche Kündigungsbefugnis greift nicht Platz.

Tod des Mieters bedeutet die Beendigung des Lebens, gleichviel ob durch eigene Hand (Selbstmord) herbeigeführt. Da nur bei physischen Personen eine Beendigung des Lebens in Frage kommt, gilt § 569 BGB. und § 19 nicht für juristische Personen, auch nicht bei ihrer Auflösung. Dem Tode des Mieters steht gleich die Todeserklärung nach § 18 BGB., nicht aber die bloße Verschollenheit.

**2.** Kündigungsrecht. § 569 BGB. gewährt eine durch den Mietvertrag begründete außerordentliche Kündigungsbefugnis, die es dem Vermieter oder den Erben des Mieters ermöglicht das an sich fortlaufende Mietverhältnis vorzeitig unter Einhaltung der gesetzlichen Frist (§ 565 BGB.) zu kündigen.

Ob der hiernach Berechtigte von der Kündigungsbefugnis Gebrauch macht, steht in seinem Ermessen: ohne Kündigung wird das Mietverhältnis zwischen dem Vermieter und dem oder den Erben fortgesetzt und zwar in dem bisherigen Umfang, so daß ohne Genehmigung des Vermieters nicht etwa mehrere Erben (Mieter) mit ihren Familien die nur für eine Familie bestimmte Wohnung beziehen können. Zustimmend Hertel S. 124. Mehrere Erben haften dem Vermieter als Gesamtschuldner (§ 2058 BGB.); sie können ihr Kündigungsrecht nur gemeinsam ausüben (§ 2038 Abs. 1 Satz 1 BGB.; OLG. Frankfurt, JW. 1920, 1042[9]; RG. Recht 1924 Nr. 631). Ist ein Testamentsvollstrecker bestellt, so steht diesem unter Ausschluß der Erben das Kündigungsrecht zu Kreß, SeuffBl. 74, 229; RG. 74, 35. Den Erben wird wirksam nur gekündigt, wenn allen gekündigt wird RG. BayZ. 1924, 245; vgl. RG. 65, 5; RG. 90, 330; RG. 97, 81.

Haben mehrere gemietet und stirbt einer der Mieter, so steht dem überlebenden Mieter das Kündigungsrecht aus § 569 BGB. nicht zu; mit Rücksicht auf die Unteilbarkeit und Einheitlichkeit des Rechtsverhältnisses muß weiterhin angenommen werden, daß auch eine Kündigung von oder gegenüber den Erben des verstorbenen Mieters nicht zulässig ist a. M. Franke, SeuffBl. 77, 161. RG. SeuffA. 73 Nr. 69 (= RG. 90, 328) vertritt die Auffassung, daß aus der Einheitlichkeit des Rechtsverhältnisses nicht folge, daß eine Kündigung durch die Erben des verstorbenen Mieters unzulässig wäre. „Denn es besteht die Möglichkeit, daß nach dem Inhalt des Vertragsverhältnisses den Erben die Rechtsmacht zustehe, auch mit Wirkung für den Überlebenden die Kündigung zu erklären und daß sich dieser zu seinen Gunsten oder Ungunsten die Kündigung gefallen lassen mußte, auch selbst das Kündigungsrecht gewinne. Ob eine solche Rechtslage gegeben sei, ist nicht nach allgemeinen Grundsätzen, sondern nach den gesamten Umständen des einzelnen Falles, unter Beachtung des dem § 569 zugrunde liegenden Rechtsgedankens, der besonderen Natur des Rechtsverhältnisses und der Parteiabsichten zu entscheiden."

Dem überlebenden Ehegatten als solchen ist beim Tode des anderen Teiles ein außerordentliches Kündigungsrecht nicht eingeräumt; die Ehefrau insbesondere hat die Kündigungsbefugnis aus § 569 nur, wenn sie Erbe des Mannes geworden ist. Haben beide Ehegatten gemietet (vgl. hieher LG. II Berlin JW. 1924, 855; Wieluner, LZ. 1924, 721; OLG. München [8. 1. 24] BeschwReg. 762/23), so ist zu untersuchen, ob ein gemeinschaftliches Mietverhältnis mehrerer Personen oder nur ein vom Manne begründetes Mietverhältnis vorliegt: ob die Ehefrau als selbständige Vertragspartei auftreten wollte, bemißt sich nach den Umständen des einzelnen Falles (vgl. OLG. Celle Rspr. 33, 316; Colmar Rspr. 33, 317, aber auch Rspr. 27, 139). Regelmäßig wird nur ein vom Bestande des Mietverhältnisses des Ehemanns abhängiges und darum Einzelmietverhältnis vorliegen (ebenso Planck II 866; Oertmann, DJZ. 1905, 1079; SeuffA. 57, 179): alsdann kann die Ehefrau, wenn sie Erbin ist, nach dem Tode ihres Mannes nach § 569 BGB. das Mietverhältnis kündigen. Nach RG. 102, 232 ist der vom Ehemann geschlossene Mietvertrag zugleich zugunsten der Ehefrau abgeschlossen, so daß diese unmittelbares Vertragsrecht geltend machen kann. Wegen der Bedeutung der Mitunterzeichnung der Ehefrau Rspr. 33, 316, 317; Josef, Recht 1913, 238; Reichel, Recht 1913, 115; Oertmann, DJZ. 1913, 403; LG. Frankfurt KGBl. 1919, 39.

Eine Pflicht des Erben bei der Kündigung den Nachweis seiner Erbeneigenschaft (etwa durch Vorlage eines Erbscheines) zu erbringen wird nicht anzuerkennen sein; es handelt sich hier um eine Behauptung des Rechtserwerbes, die erst im Streitfalle darzutun ist (KG. KGBl. 118, 67 u. LZ. 1918, 653; Zweigert, LZ. 1915, 1349; a. M. KGRspr. 28, 154; Niendorff 353). Vgl. hieher RG. Recht 1924 Nr. 170; RG. 92, 153; RG. 96, 97.

**3.** Das Recht des Erben oder Vermieters aus § 569 BGB. wird durch das MSchG. grundsätzlich nicht berührt: der Vermieter oder Erbe ist also abweichend von § 1 nicht auf die Aufhebungsklage verwiesen; er kann durch Kündigung unter Einhaltung der gesetzlichen Frist die Beendigung des Mietverhältnisses herbeiführen. Ausnahme: Abs. 1 Satz 2.

Darüber hinaus wird dem Erben oder Vermieter durch § 19 das Kündigungsrecht auch für den Fall eingeräumt, daß diese Befugnis durch den Mietvertrag ausgeschlossen war: Erweiterung der Rechtsstellung des Vermieters oder des Erben. Über die Auslegung einer solchen Vertragsabrede OLG. Augsburg BayZ. 1908, 90.

Das Kündigungsrecht aus § 569 BGB. gilt für Räume jeder Art, also nicht nur für Wohnräume, sondern auch für Geschäftsräume. Die Einschränkungen, die die Ausübung und Durchführung dieses Kündigungsrechtes nach den Vorschriften des Abs. 1 Satz 2 sowie der Abs. 2 und 3 erfahren hat, entfallen für Mietverhältnisse, die sich lediglich auf Geschäftsräume beziehen (Abs. 4). Dagegen ist das Kündigungsrecht des Vermieters über § 569 BGB. hinaus dann ausgeschlossen, wenn der Erbe des Mieters in diesen Räumen das Geschäft fortführt: Einschränkung des Rechtes des Vermieters.

**4.** Rechtsstellung des Vermieters nach § 19 für den Fall, daß er von der Kündigungsbefugnis Gebrauch macht:

a) Mietverhältnisse, die sich lediglich auf Wohnräume oder zugleich auch auf andere Räume beziehen (Abs. 4).

1. Das Kündigungsrecht des Vermieters ist nur ausgeschlossen, wenn ein zum Hausstande gehörender erbberechtigter Ehegatte oder volljähriger Verwandter (bis zum zweiten Grade) vorhanden ist. Eine vom Vermieter in diesem Falle erklärte Kündigung ist rechtsunwirksam, sie führt nicht die Beendigung des Mietverhältnisses herbei (§ 564 BGB.); der Vermieter ist vielmehr auf die Aufhebungsklage nach §§ 1—4 angewiesen, wenn er die Aufhebung des Mietverhältnisses erreichen will.

In allen anderen Fällen ist die Kündigung des Vermieters zulässig; das Vorhandensein der Voraussetzungen des Abs. 1 Satz 2 hat der Erbe des Mieters zu beweisen, der die Unwirksamkeit der Kündigung geltend macht.

Erbberechtigung des Ehegatten oder Verwandten; ob die Erbberechtigung auf Gesetz, Testament oder Erbvertrag beruht, ist unerheblich, dagegen besitzt der Pflichtteilsberechtigte als solcher kein Erbrecht.

Ehegatten- und Verwandteneigenschaft: Verwandtschaft ist nach § 1589 BGB. zu beurteilen; in Betracht kommen: Eltern und Kinder (eheliche, adoptierte

§ 1757), Enkelkinder, Großeltern, Geschwister des Mieters, nicht aber uneheliche Kinder, soweit das Rechtsverhältnis gegenüber dem Vater in Betracht kommt. Erforderlich ist weiter, daß wenigstens einer der Verwandten volljährig oder für volljährig erklärt ist (§§ 2, 3 BGB.). Verwandten, die zur Zeit des Erbfalls minderjährig waren, kann der Vermieter auch dann kündigen, wenn sie zur Zeit der Kündigung volljährig sind. Für die Ehegatten ist Volljährigkeit nicht verlangt.

Zugehörigkeit zum Hausstand des Mieters im Zeitpunkte des Todes; sie ist nach den Umständen des einzelnen Falles zu beurteilen. Vorauszusetzen wird sein eine gewisse Zeitdauer der Zugehörigkeit schon vor dem Tode, eine Beteiligung am häuslichen Leben des Mieters, ohne daß in jedem Falle ununterbrochene Teilung der Wohn- und Schlafgelegenheit oder Einnahme der Mahlzeiten im Hause des Mieters, Besitz eigenen Hausrates usw. verlangt werden müßte (dazu Stern S. 113). Verwandt ist der Begriff der häuslichen Gemeinschaft im Sinne des § 2028 BGB. (dazu RG. LZ. 1922, 196) und Brumby, EA. 378. Vgl. hieher auch RG. EA. 445 u. Dahmann, EA. 378.

2. Soweit die Kündigung des Vermieters zulässig und daher rechtswirksam ist, beendigt sie an sich das Mietverhältnis zwischen dem Erben und dem Vermieter. Dennoch kann der Vermieter auch in diesem Falle die Rückgabe des Mietraumes nicht unter allen Umständen verlangen: sofern Familienangehörige des Mieters im Sinne des Abs. 1, also Ehegatte oder volljährige Verwandte bis zum zweiten Grad, die den Hausstand des Mieters im Zeitpunkt seines Todes teilen, vorhanden sind, treten diese nach der Vorschrift des Abs. 2 in die Rechte und Pflichten des Mieters ein. Es wird also kraft Gesetzes — und zwar ohne Rücksicht auf den Ablauf des gekündigten Mietverhältnisses — vom Zeitpunkt des Erbfalls an (Ruth, ArchZivPrax. 121, 341) ein Mietverhältnis zwischen dem Vermieter und diesen Familienangehörigen begründet, das sich seinem Inhalte nach nach den Bestimmungen des ursprünglichen, durch die Kündigung beendigten Mietverhältnisses beurteilt; es ist die gleiche Rechtslage wie im Falle des § 6 Abs. 4 gegeben. Infolge dieses gesetzlich begründeten Mietverhältnisses kann der Vermieter die Herausgabe des Mietraumes von den Familienangehörigen nicht verlangen (§ 556 BGB.), solange das Mietverhältnis nicht durch Zeitablauf oder vertragliche oder gesetzliche Kündigung — diese Verhältnisse bemessen sich nach dem ursprünglichen Mietvertrag — beendet ist. Die Zulässigkeit einer Kündigung des Vermieters

richtet sich nach den allgemeinen Vorschriften: sie wird regelmäßig ersetzt durch die Erhebung der Aufhebungsklage nach §§ 1—4

Sind die Familienangehörigen zugleich Erben, so kommt eine rechtswirksame Kündigung des Vermieters nach Abs 1 überhaupt nicht in Frage

Die (fingierte) Fortsetzung des Mietverhältnisses kann von den Familienangehörigen durch Erklärung nach Satz 2 abgelehnt werden; die Erklärung ist nicht als Kündigung anzusehen, auch nicht als Ausschlagung des Erben hinsichtlich eines Teiles des Nachlasses und damit als Durchbrechung des Prinzips der Generalsukzession beim Erbfall (so Ruth, ArchZivPrax 121, 342), da sie auch vom Nichterben abgegeben werden kann Die Wirkung ist allerdings die gleiche wie bei der Erbschaftsausschlagung: der Eintritt in die Rechte und Pflichten aus dem bisherigen Mietvertrag gilt als nicht erfolgt (Abs 2, § 1953 BGB) Erbberechtigte Verwandte, die nicht auf Grund des Abs 2, sondern zufolge ihres Erbrechtes in das Mietverhältnis eingetreten sind, können nach Maßgabe des Abs 1 kündigen.

3 Für die Durchführung des Herausgabeanspruches des Vermieters gegen die Familienangehörigen — er ist gegeben, nicht nur wenn eintrittsberechtigte Familienangehörige nicht vorhanden sind oder von dem Eintritt keinen Gebrauch machen, sondern auch dann, wenn der Vermieter die Aufhebung des gesetzlich begründeten Mietverhältnisses erreichen will — gelten weiterhin Beschränkungen: Soweit ein Mietverhältnis nach Abs 2 nicht zustande gekommen ist, wird der Herausgabeanspruch gemäß §§ 985 ff BGB in dem nach § 27 vorgesehenen Verfahren durchgeführt (§ 27 Abs 2 Satz 1); für die Aufhebung eines auf Grund des Abs 2 mit den Familienangehörigen begründeten Mietverhältnisses gilt das allgemeine Aufhebungsverfahren der §§ 1—18

b) Mietverhältnisse, die sich ausschließlich auf Geschäftsräume erstrecken (Abs 4)

1 das Kündigungsrecht des Vermieters ist nur ausgeschlossen, wenn der Erbe des Mieters das Geschäft fortführt Im übrigen ist das Kündigungsrecht des Vermieters nicht beschränkt, so daß die Frage, ob der Erbe Familienangehöriger ist, gar nicht in Betracht kommt; lediglich die Erbengemeinschaft ist ausschlaggebend;

2 der Herausgabeanspruch des Vermieters gegenüber den Familienangehörigen — deren Eintritt in das Mietverhältnis kommt hier nicht in Betracht — ist dem Verfahren nach § 27 unterworfen.

Die Fortführung des Geschäfts muß bis zu dem nach § 569 BGB. zulässigen Kündigungstermin erfolgt sein; spätere Aufgabe der Fortführung schließt die Anwendung des Abs. 4 aus. Die Fortführung kann auch in einer wirtschaftlich anders organisierten Art, insbesondere in vergrößertem Umfang erfolgen, in jedem Fall aber muß die Grundlage des bisherigen Geschäftes, der Geschäftszweig, beibehalten sein.

**5.** Rechtsstellung des Erben. Eine Unterscheidung zwischen Mietverhältnissen über Geschäfts- und Wohnräume findet auch hier statt. Für beide gemeinsam gilt jedoch, daß das Kündigungsrecht des Erben nach § 569 BGB. unbeschränkt gilt.

a) Mietverhältnisse, die sich lediglich auf Wohnräume oder zugleich auch auf andere Räume beziehen.

1. Trotz Beendigung des Mietverhältnisses infolge Kündigung des Erben wird nach Abs. 2 für bestimmte Familienangehörige des Mieters ein gesetzliches Mietverhältnis begründet. Daß der Erbe durch die Kündigung aus dem Kreis der zur Mietnachfolge gelangenden Verwandten ausscheidet und zugleich durch seine Kündigung die nach Abs. 2 Satz 2 erforderliche Erklärung ersetzt, erscheint rechtlich begründet (so Ruth, ArchZivPrax. 121, 344). Das Rechtsverhältnis besteht zwischen diesen Angehörigen und dem Vermieter (nicht dem Erben); der Erbe wird von seinen Verpflichtungen aus dem Mietverhältnis befreit. Da die Familienangehörigen nicht Rechtsnachfolger des Mieters oder dessen Erben sind, haften sie auch nicht für Mietzinsschulden des Erblassers.

2. Ist der Erbe nicht selbst Familienangehöriger des Erblassers (Mieters), so kann er seinen Herausgabeanspruch gegen Familienangehörige nur nach den für die Aufhebung eines Mietraumes geltenden Bestimmungen der §§ 1 ff. durchsetzen (Abs. 3). Er muß also förmliche Aufhebungsklage erheben; ob diese auch auf die §§ 2, 3 gestützt werden kann, erscheint zweifelhaft, da hier mietrechtliche Beziehungen vorausgesetzt sind, diese aber hier nicht zwischen dem Erben und den Familienangehörigen bestehen. Die Frage dürfte zu verneinen sein. Hiernach kommt lediglich die Aufhebungsklage auf Grund des § 4 in Frage; a. M. Hertel S. 127.

Familienangehörige im Sinne des Abs. 3 sind nicht nur die im Abs. 1 bezeichneten Ehegatten und volljährigen Verwandten bis zum zweiten Grade, wie sich aus der Gegenüberstellung des Wortlautes in Abs. 2 und 3 ergibt. Das Erfordernis, daß es sich um erwachsene Angehörige handelt, mag aus praktischen Gründen anerkannt werden. Für die Gleichstellung mit den Familienangehörigen des Abs. 1

spricht auch nicht der Hinweis auf die Regelung des § 27, die auch neben §§ 1 ff. einen Sinn hat und darum nicht überflüssig ist. Auch aus der Begründung des Entwurfes ist nichts für diese von Genthe (§ 19 Anm. 10b) vertretene Auffassung zu entnehmen, da ursprünglich in § 19 (§ 16 des Entwurfs) überhaupt nur „Familienangehörige" angeführt waren und die Beschränkung auf die in Abs. 1 des Gesetzes bezeichneten Verwandten erst vom Ausschuß in zweiter Lesung in Abs. 1 und 2 eingeführt wurde; bei Abs. 3 unterblieb die Begrenzung. Bei der Auslegung des Begriffes „Familienangehöriger" kann indes bis zu einem gewissen Grade der Standpunkt der Mehrheit des Ausschusses berücksichtigt werden, „daß künftig nur bei erwachsenen Familienangehörigen, die zu dem Verstorbenen in einem näheren Verwandtschaftsverhältnisse stehen, der Schutz des § 16 (nun § 19) gegeben sein soll".

3. Der hausfremde Erbe ist, sofern er nicht kündigt, als Rechtsnachfolger des Vermieters zur Zahlung des Mietzinses verpflichtet. Die nicht erbberechtigten Familienangehörigen aber stehen zum Vermieter in keinerlei Vertragsverhältnis: sie haben zwar den Mietbesitz, aber zwischen ihnen und dem Vermieter besteht ein vertragsloser Zustand wie zwischen dem Vermieter und dem Mieter, der trotz Kündigung des Mietverhältnisses nicht räumt. (A. M. Hertel S. 128, der ein kraft Gesetzes entstandenes Vertragsverhältnis besonderer Art annimmt). Erfüllung der dem Vermieter obliegenden Leistungen kann nur der Erbe fordern, der aber, da er den Mietgebrauch nicht hat, kein Interesse daran hat, gegen den Hauseigentümer vorzugehen (so auch Ruth, ArchZivPrax. 121, 345).

Hat aber der Erbe gekündigt, so gilt Abs. 2: Die Familienangehörigen werden kraft Gesetzes Mieter.

Abs. 3 Satz 2 — eingefügt durch die Ausschußbeschlüsse — will nun darüber hinaus die Möglichkeit geben, die Vergütung für die weitere Überlassung des Mietraumes durch den Erben an die Familienangehörigen durch das MEA. festzusetzen. Da zwischen diesen Personen ein Mietverhältnis nicht besteht — „Vertragsteile" sind hienach nicht vorhanden —, so handelt es sich hier um die Entschädigung für eine rein tatsächliche Überlassung oder — wie Ruth, ArchZivPrax. 121, 345 treffend sagt — um eine Entschädigung „für die gesetzlich geschützte Vorenthaltung des Besitzes". Da aber die Familienangehörigen auf Grund des Mietverhältnisses bereits an den Vermieter den Mietzins zu zahlen haben und eine nochmalige Vergütung an den Erben oder eine Zahlung des Mietzinses durch diesen an den Vermieter nicht in Frage kommt, erscheint die Vorschrift des Abs. 3 Satz 2 überflüssig und nur geeignet, rechtliche Verwirrungen unter den Parteien herbeizuführen; sie läßt eine klar durchdachte Gesetzgeberarbeit vermissen.

b) Mietverhältnisse, die sich ausschließlich auf Geschäftsräume erstrecken: die Beschränkungen der Abs. 2 und 3 finden keine Anwendung (Abs. 4).

**6.** Beschlagnahmerecht. § 3 Abs. 2 WMG. und Erl. KG. EA. 303 (= JW. 1924, 837) u. EA. 444 (= JR. 1926 Nr. 686) erachten eine Wohnung nicht schon deshalb als unbenutzt im Sinne des § 3, weil der Verfügungsberechtigte verstorben ist und der Erbe nicht zu seinem Hausstande zählt. Wegen der Inanspruchnahme von Altsitzerwohnungen KG. EA. 432 u. 489. Über die Ausdehnung des Begriffes unbenutzt durch landesrechtliche Anordnung nach § 6 WMG. vgl. KG. EA. 461 (= JR. 1926 Nr. 687) u. § 25 Abs. 2 der bayer. WMVO.

## § 20.

I Ist der Raum nur mit Rücksicht auf ein zwischen den Vertragsteilen bestehendes Dienst- oder Arbeitsverhältnis vermietet, so gelten die §§ 1 bis 19 auch über die Dauer des Dienst- oder Arbeitsverhältnisses hinaus. Dies gilt nicht, wenn der Mieter durch sein Verhalten dem Vermieter gesetzlich begründeten Anlaß zur Auflösung des Dienst- oder Arbeitsverhältnisses gegeben hatte oder wenn der Mieter das Verhältnis aufgelöst hat, ohne daß ihm vom Vermieter ein solcher Anlaß gegeben war. Ist streitig, ob ein begründeter Anlaß zur Auflösung des Dienst- oder Arbeitsverhältnisses vorlag, und ist für die Entscheidung die Zuständigkeit einer anderen Stelle begründet, so ist die Verhandlung bis zur endgültigen Erledigung des Streites auszusetzen. Die Entscheidung der anderen Stelle ist für das Gericht bindend, das über den Mietstreit entscheidet.

II Gewerkschaftliche Betätigung, insbesondere eine Beteiligung an Bestrebungen zur Erhaltung oder Verbesserung von Lohn- oder Arbeitsbedingungen, rechtfertigen die Aufhebung des Mietverhältnisses nicht.

**1.** Das Recht der Werkwohnungen, d. h. jener Räume, die an Arbeiter oder Angestellte gewerblicher oder landwirtschaftlicher Betriebe in den von dem Unternehmer zwecks Unterbringung solcher Personen errichteten Gebäuden auf Grund oder mit Rücksicht auf ein bestehendes Dienst- oder Arbeitsverhältnis vermietet oder unter Anrechnung der Vergütung auf den Arbeitslohn überlassen sind, schöpft seinen Inhalt nicht nur aus den für die Zeit nach Auflösung des Dienst- oder Arbeitsverhältnisses maßgebenden Sondervorschriften der §§ 20 bis 23, sondern hauptsächlich und in erster Linie aus § 1. Auch Hausmeister- und Portierwohnungen sind hieherzurechnen. Nicht erforderlich ist, daß der Arbeitgeber zugleich Eigentümer der Werkwohnung ist. Die Vereinbarung eines Mietzinses steht der Annahme einer Werkwohnung nicht entgegen (OLG. Celle, Rspr. 42, 1; vgl. auch LG. München II BayZ. 1925, 104).

Die Anwendung der für die Aufhebung eines Mietverhältnisses maßgebenden Vorschriften der §§ 1 ff. hängt ab von der Entscheidung der Frage, ob ein Mietverhältnis oder ein anderes Rechtsverhältnis im einzelnen Fall vorliegt: hierüber entscheiden die Umstände des einzelnen Falles. Liegt ein Mietverhältnis vor, so gilt das Aufhebungsverfahren, andernfalls ist die für das jeweilige Rechtsverhältnis (Dienstvertrag usw.) maßgebende allgemeine Norm anzuwenden. Hieher gehören: Hausmeisterwohnungen (1. Aufl. S. 18; Fischer, DJZ. 1922, 747; LG. München JW. 1921, 772[10]; LG. Breslau JW. 1921, 770[5]; Dahlsheimer, BayZ. 1924, 271), Pförtner- (Portier-)Wohnungen (Gerson, DJZ. 1920, 906; LG. Berlin JW. 1921, 283[2]), Werkwohnungen für Angestellte und Arbeiter (OLG. Braunschweig Rspr. 42, 157; Karger, JW. 1921, 737; LG. Crefeld JW. 1921, 1371; LG. Kassel, JW. 1923, 782[14]), Dienstwohnungen (RG. 105, 46; RG. JW. 1918, 95[18]; OLG. Braunschweig Rspr. 42, 157; LG. Berlin JW. 1921, 418[2]; LG. Nürnberg BayZ. 1922, 243 gegen Hanns, JW. 1921, 456 u. LG. Nürnberg JW. 1921, 773[11]; vgl. auch Berlin, BayZ. 1922, 243).

Über diese allgemeinen Gesichtspunkte hinaus regeln die §§ 20—23 das Aufhebungsverfahren für die Fälle, in denen Werkwohnungen im oben bezeichneten Sinn nach Beendigung des Dienst- oder Arbeitsverhältnisses freizumachen sind. Über den Grundsatz des § 1 hinaus wird in § 21 das Aufhebungsverfahren auch auf Nichtmietverhältnisse ausgedehnt. Die Sonderregelung erklärt die Grundsätze der §§ 1—19 für anwendbar, jedoch mit folgender Maßgabe:

für Mietverhältnisse:
- beschränkte Zulassung des Kündigungsrechtes des Vermieters (§ 20 Abs. 1 Satz 2);
- Erweiterung der Voraussetzungen des § 4 bei Raumbedarf des Unternehmers gegenüber einem Betriebsfremden (§ 23);

für Nichtmietverhältnisse:
- Anwendung des Aufhebungsverfahrens nach § 21;

für alle Rechtsverhältnisse:
- Einschränkung des § 4 (§ 22).

Der dem Arbeitnehmer gewährte besondere Schutz kann auch nicht durch Parteivereinbarung beschränkt oder aufgehoben werden (§ 49).

Nur die §§ 1—19 haben Geltung, nicht auch andere Bestimmungen des MSchG., insbes. nicht § 29 (LG. I Berlin KGBl. 1926, 69).

Wegen der Sonderbehandlung der Werkwohnungen im Vollzuge des Wohnungsmangelgesetzes vgl. § 15 WMG.; auch hier finden andere Bestimmungen des WMG. z. B. § 8 keine Anwendung (LG. I Berlin KGBl. 1926, 69). Wegen der wohnungsrechtlichen Weiterbenutzung nach Aufhebung des Dienstvertrages für BerlWR. KG. JW. 1926, 604. Wegen der grundsätzlichen Beschlagnahmebefreiung für Neubauten oder neugewonnene Räume §§ 33a, 33b MSchG., § 12 WMG.

**2.** Das Mietverhältnis muß mit Rücksicht auf das Dienst- oder Arbeitsverhältnis begründet, diesem also vorausgegangen sein (zustimmend Hertel S. 131; a. M. Stern S. 118); wenn daher ein Mieter nach Eingehung des Mietverhältnisses gewisse Geschäfte (z. B. Abschließen der Türen usw.) für den Vermieter übernimmt, gilt § 20 nicht, weil er Mieter bleibt (Gerson, DJZ. 1920, 906). Auch Dienstleistungen des Vermieters können die Anwendung des § 20 rechtfertigen (Ruth, ArchZivPrax. 121, 322).

Ohne Begründung eines Mietverhältnisses überlassene Räume sind nach § 21 gleichgestellt. Damit geht das Gesetz bewußt über den Rahmen des § 1 hinaus; es hat aber keineswegs das „Werkwohnungsverhältnis grundsätzlich als Mietverhältnis geregelt“ (so Erdmann im Arbeitgeber 1923 S. 195).

In Betracht kommen nur Räume im Sinne von Gebäuden oder Gebäudeteilen (§ 1); Neubauten und sonstige neu errichtete Räume sind nach Maßgabe der §§ 33, 33a u. 33b von den Vorschriften dieses Gesetzes ausgenommen. Für Dienstwohnungen des Staates oder sonstiger öffentlicher Körperschaften gilt § 32.

**3.** Die Ausdehnung der Aufhebungsklage auf die Zeit nach Beendigung des Dienst- oder Arbeitsverhältnisses hat nur für den Fall praktische Bedeutung, daß im Mietvertrag die Aufhebung des Arbeitsverhältnisses als Beendigungsgrund für die Miete ausdrücklich vorgesehen ist; denn andernfalls besteht das Mietverhältnis fort und es gelten für die Aufhebung die Grundsätze der §§ 1—4 ohne weiteres.

Infolge der Anwendung der §§ 1—19 auch über die Dauer des Dienst- oder Arbeitsverhältnisses hinaus wird hier wie im Falle des § 1 Abs. 2 das Mietverhältnis kraft Gesetzes — ohne diese Bestimmung bestünde kein Rechtsverhältnis LG. Zwickau JW. 1923, 785 — fortgesetzt und zugleich das Kündigungsrecht des Vermieters durch die Aufhebungsklage ersetzt. Abweichend von den §§ 1—4 wird jedoch dem Vermieter in den Fällen des Abs. 2 das Kündigungsrecht belassen, bzw. die Fortsetzung des Mietverhältnisses als nicht eingetreten angesehen; ausschlaggebend für die mietrechtliche Behandlung ist hiernach, aus welchem Anlaß das Dienst- oder Arbeitsverhältnis gelöst worden ist.

**4.** Es gelten also die allgemeinen Bestimmungen des BGB. über Kündigung oder Beendigung des Mietverhältnisses durch Zeitablauf. Durch Satz 2 wird nicht nur die Ausdehnung des MSchG. nach Satz 1 eingeschränkt: die Regel des Satz 1 soll vielmehr darüber hinaus auch die Anwendung der §§ 1 ff. auf die vorliegenden Mietverhältnisse beschränken. Der Vermieter von Werkwohnungen soll gegenüber der sonst anwendbaren Vorschrift über das Aufhebungsverfahren in den Fällen des Satzes 2 günstiger als der Vermieter anderer Räume gestellt werden. Darin liegt die besondere Bedeutung des § 20. Diese Sonderfälle umfassen:

a) die Aufhebung des Dienst- oder Arbeitsverhältnisses durch den Vermieter (Arbeitgeber): das Verhalten des Arbeitnehmers muß hierzu gesetzlich begründeten Anlaß gegeben haben; gewerkschaftliche Betätigung — nicht aber Beteiligung an wilden Streiks (zustimmend Hertel S. 134; dies gilt auch noch nach der durch die Novelle herbeigeführten Neufassung, ebenso Hertel, Novelle S. 21) — gibt keinen Anlaß (Abs. 2). Ein gesetzlich begründeter Anlaß kann sowohl bei der fristgemäßen (ordentlichen) als auch bei der fristlosen (außerordentlichen) Kündigung des Arbeitsverhältnisses gegeben sein; für eine Reihe von Fällen sind besondere Vorschriften erlassen (vgl. § 96 BRG., § 18 Schwerbeschädigten-Gesetzes), deren Beachtung in der Regel gleichfalls nur vorgeschrieben ist, wenn ein gesetzlicher Entlassungsgrund vorliegt. Ein Grund muß vorgelegen haben, mag auch der Dienstherr entgegenkommenderweise unter Einhaltung der ordentlichen Frist gekündigt haben (so mit Recht Vidal gegen AG. Hamburg EA. 339). Betriebsstilllegungen oder Betriebseinschränkungen sind vom Verhalten des Arbeitnehmers im allgemeinen unabhängig. In der Weigerung, dringende Überstunden zu leisten, kann ein Grund zur fristlosen Entlassung liegen (vgl. BayGemVZ. 1922, 16). Das Verhalten des Arbeitnehmers muß in jedem Fall ein schuldhaftes gewesen sein Brumby, EA. 326.

b) die Aufhebung des Dienst- oder Arbeitsverhältnisses durch den Mieter (Arbeitnehmer): dem Arbeitnehmer darf hiezu nicht vom Arbeitgeber (Vermieter) ein gesetzlich begründeter Anlaß gegeben worden sein.

Wegen Einzelheiten vgl. Erdmann im Arbeitgeber 1923, 195. § 20 findet keine Anwendung, wenn ein Arbeiter vereinbarungsgemäß aus dem Dienstverhältnis ausscheidet; erforderlich ist Vertragsauflösung auf Grund einseitiger Erklärung eines Vertragsteils EA. 331, 349.

**5.** Bei Streitfällen über diese Frage hat die zuständige Behörde (Schlichtungsausschuß, Gewerbe- oder Kaufmannsgericht usw.) in einer für das Gericht bindenden Weise zu entscheiden. Vgl. KG. JW. 1926, 605[3]; RG. 105, 132 und 108, 98. Voraussetzung ist, daß die Behörde sachlich zuständig ist. Das Amtsgericht ist jedoch zur selbständigen Prüfung der Frage berechtigt und verpflichtet, wenn die an sich zuständige Stelle z. B. wegen Fristablaufes sich mit der Angelegenheit nicht mehr befassen darf oder wenn zwischen den Streitsteilen wegen der Auflösung des Dienst- oder Arbeitsverhältnisses Streit besteht (Dahlsheimer, BayZ. 1924, 194).

Wegen der Aussetzung des Verfahrens vgl. Satz 3, OLG. Hamm, Rspr. 43, 329, KG. JW. 1926, 605 u. OLG. Frankfurt JW. 1926, 1592. Dazu Hertel S. 134, Stern S. 119, Becker, JR. 1926, 524.

**6.** Abs. 2 ist dahin zu verstehen, daß die gewerkschaftliche Betätigung (insbes. die Beteiligung am organisierten Streik, vgl. Anm. 4) einen gesetzlich begründeten Anlaß zur Aufhebung des Dienst- oder Arbeitsverhältnisses (nicht des Mietverhältnisses) nicht gibt; da Abs. 1 Satz 2 ohnehin eine Beschränkung der Grundsätze der §§ 1 ff. überhaupt einführt, dürfte Abs. 2 in Abweichung vom Wortlaut dem Sinn nach nur im Zusammenhang mit Abs. 1 auszulegen sein. Gelten die §§ 1—4 hiernach überhaupt nicht, so ist für ein „Aufhebungsverfahren" kein Raum, während bei Anwendung dieser Vorschriften eine Aufhebung des Mietverhältnisses nur aus den Gründen der §§ 2—4 möglich ist, unter die die gewerkschaftliche Betätigung ohnehin nicht fällt. Abs. 2 bedeutet daher keine Ergänzung der §§ 1—4 (a. M. Genthe § 20 Anm. 5).

## § 21.

**Ist ein Raum nur mit Rücksicht auf ein zwischen den Vertragsteilen bestehendes Dienst- oder Arbeitsverhältnis überlassen und stellt die Überlassung einen Teil der für die Leistung der Dienste zu gewährenden Vergütung dar, so finden die Vorschriften des § 20 nach der Auflösung des Dienst- oder Arbeitsverhältnisses entsprechende Anwendung. Der für die weitere Überlassung des Raumes zu entrichtende Mietzins wird auf Antrag eines Vertragsteils von dem Mieteinigungsamte festgesetzt.**

**1.** Es liegt also Raumüberlassung auf Grund Dienstvertrages, nicht Miete vor. Die Überlassung auf Grund Dienstvertrag muß beim Inkrafttreten des Gesetzes noch bestanden haben LG. Altona LZ. 1924, 484. Über landesrechtliche notwendige Genehmigung der Überlassung durch die Gemeindebehörde Dahlsheimer, BayZ. 1924, 271.

**2.** Nach Beendigung des Dienst- oder Arbeitsverhältnisses bestehen zwischen dem Eigentümer der Räume und ihrem Inhaber keinerlei Rechtsbeziehungen mehr; die weitere Überlassung ist eine rein tatsächliche, zu der der Eigentümer nur durch die Beschränkung seines Räumungsanspruches gezwungen ist. Der zu „entrichtende Mietzins" ist also rechtlich nur eine Vergütung (vgl. § 19 Abs. 3), er ist eine Entschädigung im Sinne des § 557 BGB. Ablehnend Hertel S. 138. Die Notwendigkeit der Festsetzung der gesetzlichen Miete ist nicht anzuerkennen; anders RG. EA. 420. Stern S. 122 nimmt an, daß durch die Festsetzung des Mietzinses ein Mietverhältnis entsteht; dies ist nicht notwendig der Fall, da zur Begründung eines Vertragsverhältnisses in erster Linie ein hierauf abzielender ausdrücklich oder stillschweigender Parteiwille erforderlich ist; RG. (14. Okt. 1924) EA. 344; vgl. auch Ruth, ArchZivPrax. 121, 348; JW. 1924, 1940.

Die Anwendung der §§ 1—19 sowie der Sondernormen kann nur eine „entsprechende" sein, weil hier im Gegensatz zu der Vermietung im Falle des § 20 mietrechtliche Beziehungen zwischen den Beteiligten überhaupt nicht bestanden haben.

Die gesetzliche Begründung eines Mietverhältnisses zwischen Arbeitnehmer und Arbeitgeber (so Ebel-Büchler Anm. 3) kann aus § 21 nicht entnommen werden; dazu hätte es einer ausdrücklichen Vorschrift bedurft. Dazu Ruth, ArchZivPrax. 121, 321.

## § 22.

Gelten in den Fällen der §§ 20, 21 die §§ 1 bis 19 auch nach der Beendigung des Dienst- oder Arbeitsverhältnisses, so genügt es an Stelle des im § 4 bezeichneten Aufhebungsgrundes, daß der Vermieter den Mietraum aus besonderen Gründen, insbesondere für den Nachfolger des Mieters in dem Dienst- oder Arbeitsverhältnis, dringend braucht. Der Vermieter wie der Mieter kann verlangen, daß die Zwangsvollstreckung statt von der im § 6 bezeichneten Sicherung eines Ersatzraums davon abhängig gemacht wird, daß der Vermieter an den Mieter einen angemessenen Geldbetrag **für den Umzug und die Unterkunftsbeschaffung** zahlt; § 6 Abs. 3, § 14, § 16 gelten entsprechend.

**1.** Einschränkung der Voraussetzungen des § 4: besondere Gründe sind darzulegen, aus denen zu ersehen ist, daß der Arbeitgeber den Raum dringend braucht. Nur das Interesse des Arbeitgebers ist zu würdigen, eine Interessenabwägung wie im Falle des § 4 findet nicht statt.

2. Zahlung eines Geldbetrages an Stelle der Sicherung eines Ersatzraumes — gültig für alle Aufhebungsfälle, nicht nur für § 4. Nach der Neufassung durch die Novelle soll der Geldbetrag zur — ganzen oder teilweisen — Bestreitung der Kosten für den Umzug und die Unterkunftsbeschaffung gezahlt werden. Keine Beschränkung auf den Umzug innerhalb des Gemeindebezirks. Zur Frage der Geldentschädigung eingehend Hertel S. 140. Wegen Zuweisung eines Ersatzraumes auch in diesem Falle vgl. § 36 Abs. 2.

Die Festsetzung der Zahlung einer Geldsumme muß auf Antrag des Vermieters erfolgen; lediglich die Höhe zu bemessen steht im Belieben des Gerichts. Da hinsichtlich der Verpflichtung zur Zahlung von Umzugskosten in der Gemeinde § 4 unverändert gilt, wird unter Umständen ein Geldbetrag zur Bestreitung eines Umzuges nach auswärts in Betracht kommen. Im übrigen wird auch die Leistungsfähigkeit des Arbeitgebers sowie die Größe seines Interesses an der alsbaldigen Räumung der Wohnung, die Möglichkeit, für den Mieter ein anderes Unterkommen zu finden, die Größe der Familie des Mieters bei der Festsetzung der Höhe der Geldsumme zu berücksichtigen sein. Das „Loskaufen" von Räumen muß unter allen Umständen auf das wirtschaftlich notwendige Maß beschränkt werden. Die Höhe des Geldbetrages allein kann eine wohnungspolitisch unerwünscht häufige Anwendung dieser Vorschrift verhüten.

Zulässig ist Antrag auf Ergänzung des Urteils sowie Anfechtung des Ausspruches (insbes. hinsichtlich der Höhe des Geldbetrages) oder wegen Fehlen des Ausspruches durch sofortige Beschwerde (§ 6 Abs. 3) ohne Rücksicht auf den Wert des Beschwerdegegenstandes (§ 14). Hinsichtlich der Erteilung einer vollstreckbaren Ausfertigung desjenigen Teiles des Urteils, das die Festsetzung des zu zahlenden Geldbetrages enthält, gilt § 16, d. h. es muß die Zahlung des Betrages durch öffentliche oder öffentlich beglaubigte Urkunden nachgewiesen sein.

## § 23.

Sind Räume in Gebäuden, die von dem Inhaber eines Betriebs zur Unterbringung von Angehörigen des Betriebs errichtet **oder vor dem 1. Juli 1918 zu Eigentum erworben oder gemietet sind,** an einen Betriebsfremden überlassen, so kann der Vermieter die Aufhebung des Mietverhältnisses verlangen, wenn er den Raum für einen Angehörigen des Betriebs dringend braucht. § 22 findet mit der Maßgabe entsprechende Anwendung, daß der Geldbetrag nur zuzuerkennen ist, wenn die Versagung eine unbillige Härte darstellen würde.

Erleichterung der Voraussetzungen der Aufhebungsklage aus § 4 für den besonderen Fall, daß eine Werkwohnung an einen Betriebsfremden, der die Betriebszugehörigkeit durch Ausscheiden aus dem Betrieb beim Inkrafttreten des Gesetzes verloren hat, vermietet ist. Bei bloßer Überlassung, d. h. Gebrauchsgewährung ohne Begründung eines Mietverhältnisses findet das Aufhebungsverfahren überhaupt nicht Anwendung. Die Zulassung des „Loskaufens" ist hier dem billigen (Hertel S. 144) Ermessen des Gerichts anheimgegeben. Durch die Ausdehnung der Vorschrift auf Gebäude, die vor dem 1. Juli 1918 erworben oder gemietet worden sind (Novelle vom 29. Juni 1926), wird eine sachliche Übereinstimmung mit § 15 WMG. erzielt.

Die Vorschrift ist von Bedeutung für Werkwohnungen, die nach den bisherigen Vorschriften vom Inhaber nicht geräumt werden mußten. Sie gilt auch für Gebäude, die von einem früheren Inhaber des Betriebes errichtet worden sind. Als Werkwohnung — nur eine solche kommt hier in Betracht — gilt auch eine Wohnung, die zeitweise an Betriebsfremde vermietet ist KG. EA. 374 = JW. 1925, 1883 oder wenn sie zunächst zu anderen Zwecken, aber noch vor dem 1. Juli 1918 zur Unterbringung von Betriebsangehörigen verwendet worden ist KG. EA. 355.

Abweichend von § 22 darf ein Geldbetrag dem Mieter nicht zuerkannt werden, wenn die Versagung für ihn keine unbillige Härte bedeutet.

## § 24.

I Die Vorschriften der §§ 1 bis 19 finden auf ein **Untermietverhältnis nur Anwendung, wenn es sich ausschließlich auf Wohnraum bezieht, in dem der Untermieter eine eigene Wirtschaft oder Haushaltung führt.**

II Einem Untermietverhältnis steht es gleich, wenn ein Hauseigentümer oder jemand, der einen Raum auf Grund eines Erbbaurechts, Nießbrauchs oder eines ähnlichen Rechtsverhältnisses inne hat, einen Teil des von ihm selbst im Hause benutzten Raumes vermietet.

**1.** Untermiete ist echte Miete (OLG. Breslau Rspr. 42, 156; LG. München I BayZ. 1925, 188).

Durch die Novelle hat die Vorschrift eine wesentliche Umgestaltung erfahren: der Untermieter genießt den Mieterschutz nur in dem Falle, daß er in den Räumen eine eigene Wirtschaft oder Haushaltung führt. Soweit dies der Fall ist, gilt der Mieterschutz der §§ 1—19 — abweichend vom bisherigen Recht vgl. OLG. Frankfurt Recht 1925, 537 — uneingeschränkt. Für die Zuweisung eines Ersatzraums kommt regelmäßig nur die Zuweisung leerer Räume in Frage (§ 16), zumal möblierte Zimmer in den meisten Ländern von der Zwangswirtschaft ausgenommen sind. Siehe Anm. 4. Möblierte Zimmer stehen auch reichlich im Angebot. Zubilligung der Umzugskosten ist hier wie in § 4 möglich.

Kein Mieterschutz des Untermieters gegenüber dem Hauptvermieter, da er zu diesem in keinerlei Vertragsverhältnis steht RG. 110, 124; LG. Hamburg EA. 295; a. M. Kiefersauer, BayZ. 1925, 43; OLG. Köln JW. 1925, 1137. Demgemäß auch keine Anwendung des § 27 bei Klage des Hauptvermieters gegen den Untermieter gemäß § 556 Abs. 3 BGB. OLG. Düsseldorf JW. 1925, 2346, LG. Köln JW. 1925, 1926 (vgl. auch LG. Hamburg JW. 1923, 782).

Untermieter ohne eigenen Haushalt sind nunmehr aus dem Mieterschutzrecht herausgenommen: für Untervermieter und Untermieter gelten die Vorschriften der §§ 553 ff. BGB., insbes. hinsichtlich der Kündigung. Ersatzraumzuweisung kommt nicht in Frage; die Untervermietung durch den Mieter an solche (einzelstehende) Personen bedarf — soweit nicht vertraglich bereits geregelt — stets der Erlaubnis des Vermieters, die durch das MEA. nicht ersetzt werden kann § 29 Abs. 2.

Dem Untermieter mit eigenem Haushalt kann das MEA. nach § 29 die weitere Untervermietung an solche Personen gestatten LG. München I BayZ. 1925, 188.

Vertraglicher Ausschluß der Untermiete steht der Anwendung des § 29 nicht entgegen KG. JW. 1924, 2009.

**2.** Untermieter mit eigener Wirtschaft oder Haushaltung. Wegen des Begriffes eigener Haushalt vgl. auch § 2 Anm. 5. Infolge der Gleichstellung der Begriffe eigener Haushalt und eigene Wirtschaft wird die Entscheidung ohne besondere Schwierigkeiten im Einzelfall getroffen werden können. Nicht erforderlich ist jedenfalls das Vorhandensein eigener Möbelstücke oder — insbes. bei jungen Ehepaaren — besonderer hauswirtschaftlicher Hilfskräfte. Notwendig wird dagegen sein, daß die Untermieter, wenn auch nicht immer, so doch regelmäßig wenigstens eine Hauptmahlzeit im Hause einnehmen. Im übrigen ist der Begriff der „eigenen Haushaltung" noch auszulegen; Küchenmitbenutzung für sich allein wird zur Annahme einer Haushaltführung nicht genügen (a. M. Stern S. 128). Vgl. auch AG. Hamburg EA. 424.

**3.** Rechtliche Gleichstellung mit der Untermiete, obwohl regelmäßig ein echtes Mietverhältnis vorliegt. Ähnliches Rechtsverhältnis ist auch das Wohnungsrecht (§ 1093 BGB.), da dieses das unterworfene Grundstück unmittelbar belastet und seine Rechtsregeln zum Teil dem Nießbrauchrecht entnommen sind (RG. 54, 233); darauf, daß die Berechtigung zur Wohnungsnutzung nicht auf das Eigentum zurückzuführen ist (so Genthe § 24 Anm. 6), kommt es im Hinblick auf die Erwähnung des Nießbrauches in Abs. 2 nicht an.

Nicht hieher gehört die Wohnungsleihe (§ 598 BGB.), da diese auf Grund rein schuldrechtlicher Grundlage das Recht der Wohnungsnutzung gewährt; trotz der Ähnlichkeit mit dem Mietverhältnis (RG. Gruch. 65, 717) darf die entgeltliche Weiterüberlassung der Leihräume auch nicht als Untermiete angesehen werden.

Die Beschränkung des Mieterschutzes auf Vermietung an Personen mit eigenem Haushalt gilt auch hier.

**4.** Landesrecht. Preußen: VO. über die Bewirtschaftung möblierter Zimmer und übergroßer Wohnungen vom 12. Dezember 1924 (GS. S. 760); hiernach sind die §§ 1—36, ausgenommen § 29 MSchG. sowie das WMG. und RMG. für möblierte Zimmer außer Kraft gesetzt (§ 1), soweit sie eine selbständige Wohnung nicht enthalten.

Bayern: Die Bestimmungen über die gesetzliche Mietzinsbildung finden nur noch Anwendung auf Untermietverhältnisse in Wohnräumen, die dem Untermieter die Führung einer eigenen Wirtschaft oder Haushaltung gestatten; die Mietzinsbildung entfällt auch für diese Räume, wenn sie nach dem 31. August 1926 auf Grund des § 19 Abs. IV der bayer. WMVO. freiwillig vermietet wurden (VO. vom 18. August 1926 Ziff. II, GVBl. S. 415). Möblierte Zimmer können in Bayern nicht mehr beschlagnahmt werden (Erl. zu § 10 WMVO.).

## § 25.

**Ist ein Raum für besondere Zwecke zu vorübergehendem Gebrauche vermietet oder untervermietet, so finden, unbeschadet des § 27, die §§ 1 bis 19 keine Anwendung.**

**1.** Die Bestimmung des Zweckes eines Mietverhältnisses ist wie bei jedem Vertrag Sache der Parteien: der Parteiwille entscheidet hierüber ausschließlich. Demgemäß haben es die Mietparteien in der Hand, trotz des Verbotes des § 49 Abs. 2 über den Weg des § 25 die Anwendung des Mieterschutzes auszuschalten. Das Gesetz versucht auf der einen Seite durch weitgehende, oft schwer durchführbare Bestimmungen die Anwendung der Vorschriften zu sichern, auf der anderen Seite bietet es selbst die Hand zur Ausschaltung des § 49 Abs. 2 in nicht übersehbarem Umfang. Die Rechtsprechung wird daher auf eine stark einschränkende Auslegung des § 25 hinzuwirken haben.

Im Regierungsentwurf waren diese Fälle nicht außerhalb des Gesetzes gestellt, sondern in einer Vorschrift mit dem nunmehrigen § 24 Abs. 2 der gleichen Behandlung wie Untermietverhältnisse unterstellt; erst in der Ausschußberatung wurde die völlige

Freigabe der für besondere Zwecke zu vorübergehendem Gebrauche vermieteten Räume beschlossen.

Die Besonderheit der Zweckvermietung kann mannigfacher Art sein: zu Bade-, Kur-, Erholungszwecken, zu Zwecken geschäftlicher Art (Ausstellung, Messe, dazu für das bisherige Recht LZ. 1921, 277 [§ 1 Anm. 3]), zu sportlichen Veranstaltungen, z. B. Rennen jeder Art, zu gesellschaftlichen Zwecken (Jubiläums-, Stiftungsfeiern). Der besondere Zweck darf nur einen vorübergehenden Gebrauch erfordern: wer also Messeausstellungsräume ständig, d. h. auf die Dauer vermietet, kann sich nicht auf § 25 berufen. Vorübergehend ist der Gebrauch nicht schon dann, wenn die Gebrauchszeit zeitlich beschränkt ist, sondern nur dann, wenn von vornherein der spätere Wegfall der Benutzung beabsichtigt ist. Stillschweigende Verlängerung der auf kurze Frist berechneten Benutzung schadet nicht. Die Vermietung eines Zimmers an einen Studenten für die Dauer eines Semesters fällt nicht unter § 25 (a. M. Ruth, ArchZivPrax. 121, 322; Stern S. 129), wohl aber jetzt unter § 24 (Anm. 2).

**2.** Es muß ein Mietverhältnis vorliegen; Nichtmietverhältnisse, insbes. Hotelmiete, fallen überhaupt nicht unter das MSchG. Der Miete stehen die Untermiete und — wie aus dem Zusammenhang mit § 24 sich ergibt — auch die Rechtsverhältnisse des § 24 Abs. 2 gleich.

**3.** Auf das Verfahren findet auch in Fällen des § 25 die besonderen Bestimmungen des § 27 (Zuziehung von Beisitzern, Beschränkung der Zwangsvollstreckung) Anwendung.

Anwendung finden die §§ 28 (Aufrechnung), 29 (Erlaubnis zur Untervermietung, vgl. aber Abs. 2), 30 (Mietzinszahlung), 31 (ungültige Mietverträge). Weiterhin sind solche Räume von der gesetzlichen Miete nicht ausgenommen und die Inanspruchnahme durch die Ortspolizeibehörde richtet sich nach den allgemeinen Regeln der §§ 2 ff. WMG. Auch § 49a gilt hier.

## § 26.

**Das dem Vermieter nach § 19 der Konkursordnung zustehende Kündigungsrecht wird durch dieses Gesetz nicht berührt.**

*§ 19 KO.: War dem Gemeinschuldner ein von ihm gemieteter oder gepachteter Gegenstand vor der Eröffnung des Verfahrens überlassen, so kann sowohl der andere Teil als auch der Verwalter das Miet- oder Pachtverhältnis kündigen. Die Kündigungsfrist ist, falls nicht eine kürzere Frist bedungen war, die gesetzliche. Kündigt der Verwalter, so ist der andere Teil berechtigt, Ersatz des ihm durch die Aufhebung des Vertrags entstehenden Schadens zu verlangen.*

*§ 20 KO. Abs. 1: War dem Gemeinschuldner ein von ihm gemieteter oder gepachteter Gegenstand zur Zeit der Eröffnung des Verfahrens noch nicht überlassen, so kann der andere Teil von dem Vertrage zurücktreten.*

Bei Konkurs des Mieters ist der Vermieter nicht auf die Aufhebungsklage verwiesen, er kann vielmehr nach Maßgabe des § 19 KO. das Mietverhältnis kündigen vgl. RG. 67, 372. Voraussetzung hiefür ist, daß der Raum dem Mieter vor Eröffnung des Konkursverfahrens bereits überlassen war; war ein Mietvertrag abgeschlossen, der Raum aber noch nicht überlassen, so kann der Vermieter vom Vertrag zurücktreten (§ 20 KO. u. § 1 Abs. 2 MSchG.). Dazu Bley Ztschr. f. ZivPr. 51, 68.

Steht der Vermieter unter Geschäftsaufsicht, so gilt § 26 nicht; die Aufhebung des Mietverhältnisses ist nach §§ 1ff. nur im Wege der Aufhebungsklage möglich Lang, EA. 328; Hertel S. 149.

## § 27.

I Die für die Aufhebungsklage geltenden Vorschriften über die Zuziehung von Beisitzern finden auch in einem Rechtsstreit Anwendung, der die Herausgabe eines Mietraums zum Gegenstande hat, ohne daß eine Aufhebung des Mietverhältnisses im Sinne dieses Gesetzes verlangt wird. Im übrigen bestimmt sich das Verfahren nach den §§ 7 bis 12, § 13 Abs. 2, Abs. 3 Satz 2, §§ 14, 15, 18. **Dem Mieter kann auf seinen Antrag eine den Umständen nach angemessene Frist zur Räumung auch dann gewährt werden, wenn das Urteil die Herausgabe von Räumen zum Gegenstande hat, die nicht Wohnräume sind; die Vorschriften des § 721 der Zivilprozeßordnung in Verbindung mit § 6 Abs. 3 Satz 2, 3 gelten entsprechend.**

II Die Vorschriften des Abs. 1 gelten auch, soweit der Vermieter oder der Erbe des Mieters von dessen Familienangehörigen die Herausgabe eines Raumes verlangen kann (§ 19). Das gleiche gilt für Räume, die nur mit Rücksicht auf ein bestehendes Dienst- oder Arbeitsverhältnis vermietet oder überlassen sind.

III Die Vorschriften des § 6 Abs. 4, 5 und des § 16 gelten auch, wenn in einem gerichtlichen Vergleiche die Aufhebung eines Mietverhältnisses oder in den Fällen der Abs. 1, 2 die Herausgabe eines Raumes mit der Bestimmung vereinbart ist, daß die Zwangsvollstreckung aus dem Vergleiche von der Sicherung eines Ersatzraums für den Mieter abhängig sein soll. Enthält der Vergleich eine solche Bestimmung nicht, so gilt sie, falls die Klage lediglich auf § 4 Abs. 1 gestützt war, als dahin vereinbart, daß ein ausreichender Ersatzwohnraum gesichert sein soll.

**1.** Regelung des Räumungsverfahrens außerhalb des Aufhebungsverfahrens; soweit eine Aufhebung des Mietverhältnisses im Sinne dieses Gesetzes (§§ 1—4) in Betracht kommt und gemäß § 5 ein Mietraum herauszugeben ist, verbleibt es bei den Bestimmungen der §§ 7—18.

Voraussetzung ist Raumüberlassung (Dahlsheimer, LZ. 1924, 449) auf Grund eines — rechtsgültigen — Mietvertrages (RG. JR. 1926 Nr. 1137). Daher keine Anwendung bei Herausgabe des Raumes durch den bisherigen Eigentümer, der durch den Zuschlag gemäß § 90 ZVG. oder durch Verkauf das Eigentum verloren hat. Herausgabeklage im Falle des § 31 geht an das ordentliche Gericht KG. JW. 1924, 2036.

Im übrigen kommen folgende Fälle in Betracht:

a) der Mieter hat — darin ist er unbeschränkt — gekündigt (§§ 564, 565 BGB.);
b) der Mieter oder Vermieter hat von dem ihm zustehenden gesetzlichen Rücktrittsrecht Gebrauch gemacht oder der Mietvertrag ist vom Vermieter wegen Irrtum (z. B. über Eigenschaften des Mieters) angefochten Ruth JW. 1925, 762 u. 2820;
c) das Mietverhältnis ist durch übereinstimmende Willenserklärung der Vertragsteile beendigt worden oder wenn eine auflösende Bedingung eingetreten ist; Ruth, ArchZivPrax. 121, 333; Brandis, Gruchot 67, 453;
d) der Vermieter (Erbe des Mieters) hat von dem ihm zustehenden Kündigungsrecht nach §§ 19, 25, 26 Gebrauch gemacht;
e) der Vermieter (Erbe des Mieters) verlangt nach Maßgabe des § 19 von Familienangehörigen des Mieters die Herausgabe des Raumes (Abs. 2 Satz 1);
f) der Arbeitgeber verlangt die Herausgabe eines vermieteten oder überlassenen Raumes nach § 20 Abs. 1 Satz 2, § 21 (Abs. 2 Satz 2) vgl. LG. III Berlin JW. 1924, 855, KG. JW. 1926, 999.

Die Sonderregelung des § 27 zerfällt in:

I. Verfahren nur unter Zuziehung von Beisitzern (§ 7) u. Abs. 1 Satz 2; dagegen ist seit der Novelle vom 29. Juni 1926 die Möglichkeit der Zubilligung eines Ersatzraumes entfallen: ein Ersatzraum kann nicht mehr gesichert werden. Damit hat § 27 an praktischer Bedeutung erheblich verloren;

II. Zubilligung einer Räumungsfrist über § 721 ZPO. hinaus auch für Nichtwohnräume. Wird der dahingehende Antrag des Mieters übergangen, so muß das Urteil unter entsprechender Anwendung des § 319 Abs. 2, 3 ZPO. ergänzt werden. Die Anfechtung des Urteils, die sich lediglich gegen die Gewährung oder Versagung der Räumungsfrist wendet, erfolgt durch sofortige Beschwerde.

Die Bestimmungen über das Verfahren — Zuziehung von Beisitzern (Abs. 1 Satz 1), §§ 7—12, 13 Abs. 2, Abs. 3 Satz 2, §§ 14, 15 u. 18 — finden auf alle unter a—f aufgeführten Fälle Anwendung. Im übrigen gelten die Bestimmungen der ZPO. insbes. hinsichtlich der Kostentragungspflicht; Festsetzung des Streitwertes erfolgt nach § 3 ZPO. OLG. Düsseldorf EA. 324.

§ 27 findet nach RG. 110, 124 keine Anwendung auf die Klage des Hauptvermieters gegen den Untermieter auf Herausgabe der Räume gemäß § 556 Abs. 3 BGB. Vgl. § 24 Anm. 1 u. Stern S. 131. Auch Schwarzmieter (§ 31) genießen nicht den Schutz des § 27 wie überhaupt nichtige Verträge im MSchG. keinen Schutz finden RG. JR. 1926 Nr. 1137 (= JW. 1926, 2081); a. M. Ruth JW. 1926, 1475. Vgl. auch OLG. Köln EA. 461.

**2.** Vergleich im Sinne dieses Absatzes ist nur der vor dem ordentlichen Gericht abgeschlossene Vergleich. Für Vergleiche vor dem MEA. gilt die Vorschrift nicht.

Ausdehnung des Vollstreckungsschutzes:

1. Bis zur Ersatzraumsicherung bzw. Herausgabe des Raumes gilt der Mietvertrag als fortbestehend § 6 Abs. 4;
2. die Ersatzraumklausel kann im Nachverfahren beseitigt werden § 6 Abs. 5;
3. vollstreckbare Ausfertigung darf nur nach Maßgabe des § 16 erteilt werden;
4. Ergänzung des Vergleichs kraft Gesetzes hinsichtlich des Ersatzwohnraums für den Fall, daß die Klage auf völlige Aufhebung des Mietverhältnisses lediglich auf Eigenbedarf des Vermieters (§ 4 Abs. 1) gestützt war.

Über den Begriff des Vergleichs § 45 Anm. 1.

Abs. 3 Satz 1 gilt auch für Vereinbarungen über eine Herausgabe des Raumes in den Fällen der Abs. 1 und 2.

Die Vermutung des Satzes 2 gilt nur, wenn die Klage auf Herausgabe von Wohnraum gestützt ist und sie auf die völlige Aufhebung des Mietverhältnisses — nicht nur auf Teilaufhebung nach § 4 Abs. 2 — gerichtet war. Widerlegung der Vermutung ist möglich.

## § 28.

Auf eine Verpflichtung des Mieters, eine ihm nach § 538 Abs. 2 des Bürgerlichen Gesetzbuchs gegenüber dem Vermieter zustehende Ersatzforderung nicht gegen eine Mietzinsforderung aufzurechnen, kann sich der Vermieter nicht berufen. Hat jedoch der Mieter die gesetzliche Miete zu zahlen, so kann er eine solche Forderung nur aufrechnen, soweit die im § 6 Abs. 2 des Reichsmietengesetzes bezeichnete Stelle vor der Vornahme der Arbeit die Vornahme einer laufenden Instandsetzungsarbeit (§ 5 jenes Gesetzes) für erforderlich erklärt hat.

**1.** Vertraglicher Ausschluß der Aufrechnungsbefugnis des Mieters mit einer Forderung aus § 538 Abs. 2 BGB. ist hiernach im Geltungsbereiche des MSchG. unwirksam. Die Vorschrift findet nur Anwendung auf die Ersatzforderung des Mieters nach § 538 Abs. 2 BGB. Der vertragliche Ausschluß der Aufrechnung schließt im übrigen den Anspruch auf Mietzinsminderung aus §§ 537, 538 nicht aus, weil es sich hier um eine kraft Gesetzes eintretende Befreiung von der Mietzinsforderung handelt, ein Gegenanspruch insoweit also nicht vorhanden ist (RG. 66, 75; RG. 13. Nov. 1917 LZ. 1918, 621; OLG. Frankfurt JW. 1918, 520[7]). Zustimmend Hertel S. 157.

**2.** Gilt nur für den Fall vertraglichen Ausschlusses der Aufrechnung; in allen anderen Fällen ist die Aufrechnungsbefugnis des Mieters auch bei Entrichtung der gesetzlichen Miete unbeschränkt. Da die Feststellung der Notwendigkeit vor Vornahme der Arbeiten erfolgen muß, bedeutet die Vorschrift eine wesentliche Erschwerung der Aufrechnungsbefugnis des Mieters, so daß für den Fall der gesetzlichen Miete der vertragl. Ausschluß der Aufrechnung seiner Wirkung nach in der Hauptsache bestehen bleibt. Während sonst die Einführung der gesetzlichen Miete in ein Vertragsverhältnis die gesetzlichen Leistungspflichten und Forderungsrechte im wesentlichen wiederherstellt (§ 20 RMG.), geht § 28 den entgegengesetzten Weg. Wegen großer Instandsetzungsarbeiten kann der Mieter unbeschränkt aufrechnen, da die Feststellung ihrer Notwendigkeit entweder nicht vorgeschrieben (§ 7 Abs. 1 RMG.) oder durch die Entscheidung des MEA. ersetzt (§ 7 Abs. 4 RMG.) ist (a. M. Genthe § 28 Anm. 5 u. Ebel-Büchler Anm. 3).

Die Aufrechnung ist nicht nur gegenüber dem der Art der Arbeit entsprechenden Zuschlag (§ 3 RMG.), sondern gegenüber dem gesamten Mietzins zulässig, da der Zuschlag Bestandteil des einheitlichen Mietzinses (§ 535 BGB.) ist.

Eine entsprechende Anwendung der Vorschrift auf die Einrede des Zurückbehaltungsrechts (so Brumby, EA. 358), dürfte nicht anzuerkennen sein (ebenso Stern S. 135).

**3.** Die Pfändbarkeit des Mietzinses wird auch für die gesetzliche Miete in vollem Umfang anzuerkennen sein, trotz der Zweckgebundenheit einzelner Mietzinsbestandteile (Kiefersauer,

Grundstücksmiete II 42; LG. München I BayZ. 1926, 62; OLG. Dresden LZ. 1926, 347; a. M. KG. u. Brumby EA. 442; KG. JR. 1925 Nr. 1217 und 1218; KG. KGBl. 1925, 89; KG. Mietgericht 1926, 62). Vgl. aber auch die abweichende Ansicht des KG. (KGBl. 1926, 29) über die Pfändbarkeit der Mietforderung gegen den Untermieter.

## § 29.

I Die Erlaubnis des Vermieters, den Gebrauch des Wohnraums einem Dritten zu überlassen, insbesondere ihn unterzuvermieten (§ 549 Abs. 1 des Bürgerlichen Gesetzbuchs), wird durch die Erlaubnis des Mieteinigungsamts ersetzt. Das Mieteinigungsamt soll die Erlaubnis versagen, wenn der Vermieter sie aus einem wichtigen Grunde verweigert hat.

II **Auf die Untervermietung von Räumen, in denen eine eigene Wirtschaft oder Haushaltung nicht geführt werden soll, finden die Vorschriften des Abs. 1 keine Anwendung.**

**1.** Abweichend von § 4 MSchVO. gilt diese Vorschrift nur für Wohnräume, d. h. für Räume, die tatsächlich zu Wohnzwecken verwendet werden (so KG. EA. 345), in diesem Umfang aber auch für die weitere Untervermietung LG. München I BayZ. 1925, 188, nicht aber für Überlassung für andere als Wohnzwecke KG. EA. 345. Nichtwohnräume, insbes. Geschäftsräume aller Art, dürfen ohne Genehmigung des Vermieters nicht untervermietet oder sonst an Dritte überlassen werden LG. Elberfeld DJZ. 1924, 836; KG. EA. 345. Gebrauchsüberlassung ohne Erlaubnis ist vertragswidriger Gebrauch, der den Vermieter im Geltungsbereich des MSchG. zur Aufhebungsklage gemäß § 2, sonst zur außerordentlichen Kündigung nach § 553 BGB. berechtigt.

Nur für leere Räume, nicht auch für mitvermietete Möbel und ähnliche Gegenstände kommt die Erlaubniserteilung in Frage KG. JR. 1926 Nr. 816 = EA. 444.

Bei gleichzeitiger Vermietung von Wohn- und Geschäftsräumen ist für die Anwendung des § 29 entscheidend, ob die Benutzung der Wohnung den wesentlichen Zweck des Rechtsverhältnisses ausmacht, die Überlassung der Geschäftsräume also nur nebensächliche Bedeutung hat oder nicht: jedenfalls darf ein an sich einheitliches Mietverhältnis, auch wenn die Benutzung der verschiedenen Räume verschiedenen Rechtsnormen unterstellt ist, nicht je nach der Art und Benutzung in verschiedene Teile auseinandergerissen werden (KG. JW. 1923, 767); EA. 388 = JR. 1925 Nr. 1241; ferner OLG. Rostock, EA. 346).

Bestreitet der Antragsgegner das Bestehen eines Mietverhältnisses, so hat das MEA. über den Bestand des Mietverhältnisses nicht zu entscheiden, sondern insoweit den Sachvortrag des Antragstellers seiner Entscheidung zugrunde zu legen KG. JR. 1926 Nr. 579. Vgl. auch KG. JR. 1926 Nr. 816.

Nach Erlaß eines rechtskräftigen Mietaufhebungsurteils soll § 29 nicht mehr anwendbar sein, auch wenn nach § 6 Abs. 4 bis zur Sicherung des Ersatzraums die Beteiligten Rechte und Pflichten behalten LG. I Berlin KGBl. 1926, 78 (= EA. 484), davon ausgehend, daß hier an Stelle der beendeten vertraglichen Rechte „zeitlich beschränkte, vertragsähnliche Rechte" aus Zweckmäßigkeitsgründen gewährt werden; a. M. mit Recht LG. München II BayZ. 1925, 399 und OLG. Rostock Gut Nr. 717.

**2.** Der praktisch wichtigste Fall der Gebrauchsüberlassung ist die Untermiete. Das Untermietverhältnis wird in seiner zivilrechtlichen Wirksamkeit durch die mangelnde Erlaubnis nach § 549 BGB. oder § 29 MSchG. nicht berührt; es begründet auch keinerlei Rechtsbeziehungen zwischen dem (Haupt-)Vermieter und dem Untermieter. Daß jenem gegen den Untermieter ein unmittelbarer Herausgabeanspruch zusteht, beruht auf der Sondernorm des § 556 Abs. 3 BGB.

Verschieden von der bloß tatsächlichen Gebrauchsüberlassung ist die Rechtsabtretung aus dem Mietrechte: eine Erlaubniserteilung des Vermieters zur Gebrauchsüberlassung enthält jedenfalls nicht zugleich die Erlaubnis zur Abtretung der Mieterrechte. Diese ist ohne Zustimmung des Vermieters nicht möglich, da die Leistung des Vermieters durch den Eintritt eines anderen Gebrauchers verändert wird (§ 399 BGB.). Immerhin aber wird man auch für diesen Fall § 549 BGB. und damit § 29 für entsprechend anwendbar zu erachten haben (zustimmend Hertel S. 160), da auch die Zession für den Vermieter nicht schädlicher ist als die Gebrauchsüberlassung RG. JW. 1911, 487 und KG. JW. 1922, 234, dagegen Mittelstein 599; Planck § 549 Anm. 7; wie hier Enneccerus § 351 Anm. 9. Für den Sonderfall des Wohnungstausches gilt nunmehr § 8 WMG. Zu erwähnen ist noch, daß in der Vereinbarung freier Übertragbarkeit des Mietvertrages auch die Vorauserteilung der Erlaubnis nach § 549 BGB. liegt; eine Entlassung des ursprünglichen Mieters aus dem Mietverhältnis läßt sich daraus nicht ableiten (SeuffA. 71 Nr. 8).

Über Rechtsabtretung bei Veräußerung eines Geschäfts mit der Firma § 2 **Anm. 9.**

Über Voraussetzung und Wirkung der Erlaubniserteilung bei Untervermietung im allgemeinen Lilienthal JR. 1926, 650.

Die vom Vermieter bei der Erlaubnisverweigerung geltend gemachten Gründe sind für ihn bindend; er kann nachträglich nicht andere Gründe geltend machen, es sei denn, daß er diese Gründe ohne sein Verschulden nicht früher gekannt hat. Deshalb kann der Mieter kündigen, wenn die vom Vermieter, auch unaufgefordert, angegebenen Weigerungsgründe nicht gerechtfertigt sind (JW. 1918, 302[5]); dies gilt auch für die Ersetzung der Erlaubnis durch das MEA.

In Betracht kommt nur die freiwillige Überlassung, nicht dagegen die behördliche Zuweisung von Wohnungssuchenden: hier bedarf es einer Erlaubnis des Vermieters nach § 549 BGB. u. § 29 MSchG. nicht, a. M. anscheinend LG. Berlin JW. 1924, 2059.

**3.** Die Erlaubnis kann auch dann erteilt werden, wenn der Mieter vor oder nach dem Inkrafttreten des MSchG. sich vertraglich verpflichtet hatte, die Räume nicht einem Dritten zu überlassen (ebenso KG. EA. 329; a. M. Stern S. 136). § 29 findet keine Anwendung, wenn die Erlaubnis vom Vermieter bei Eingehung des Mietverhältnisses oder während der Dauer eines mehrjährigen Mietverhältnisses formlos, sei es mündlich, sei es durch schlüssige Handlungen wirksam erteilt worden ist; die Form des § 566 BGB. braucht hier nicht erfüllt zu sein RG. Recht 1922 Nr. 1551. Der Untermieter braucht einen späteren, grundlosen Widerruf nicht gegen sich gelten zu lassen (RG. SeuffA. 77 Nr. 125); in diesem Fall kann er gemäß § 9 Antrag auf Gütetermin stellen Brumby, EA. 390. § 549 BGB. und § 29 gelten auch für das durch den sog. Zwangsmietvertrag (§ 4 WMG.) begründete Mietverhältnis, da dieses nach den allgemeinen Bestimmungen des BGB. zu beurteilen; dies ist um so mehr geboten als der Mieter, der auf Grund des Kontrahierungszwanges (§ 4 Abs. 1 Satz 1 WMG.) einen Untermietvertrag abgeschlossen hat, nicht schlechter gestellt sein darf als jener Verfügungsberechtigte, der es erst auf die Durchführung des Kontrahierungszwanges — Festsetzung des Zwangsmietvertrages — hat ankommen lassen (ebenso Josef, Recht 1924, 44).

Die Erlaubnis des MEA. kann nicht allgemein, sondern nur für einen bestimmten Dritten ersetzt werden so wenigstens KG. (1. XII. 24) EA. 354 (= Rspr. 44, 4); dazu Dahmann, EA. 393; ebenso KG. (7. I. 26) JR. 1926 Nr. 815 = JW. 1926, 1000 sowie Mittelstein Fußnote und Hertel JW. 1926, 2000; OLG. Dresden Gut Nr. 699; LG. Hamburg EA. 447. Für generelle Erlaubniserteilung dagegen wohl mit Recht das BayObLG. (9. IV. 26) BayZ. 1926, 160. Vgl. auch Neukum EA. 392; Brumby EA. 393, 447; Marwitz JW. 1926, 941. Im Vordergrund des Interesses steht wohl weniger die rechtliche Zulässigkeit als die Zweckmäßigkeit der generellen Erlaubniserteilung; nach dieser Richtung dürften jedenfalls die Interessen des Vermieters die Beschränkung der Erlaubniserteilung auf den Einzelfall erfordern. Ist der Personenkreis, aus dem die Untermieter entstammen, ein beschränkter, so steht der allgemeinen Erlaubniserteilung wohl nichts im Wege LG. München II BayZ. 1925, 399; OLG. Darmstadt JR. 1925 Nr. 1430.

Wegen der Zulässigkeit landesrechtlicher Anordnung nach § 6 WMG., wonach der Gemeinde im Zwangsmietvertrag (§ 4

WMG.) die Befugnis zur Weitervermietung an einen beliebigen Wohnungsuchenden eingeräumt wird vgl. KG. EA. 373; Goldschmidt JW. 1924, 2024 und Erl. zu § 4 WMG.

Die Erlaubniserteilung setzt einen Antrag des Mieters voraus. Weder das Wohnungsamt (a. M. Brumby, EA. 358) noch der Zwangsmieter ist zur Antragstellung berechtigt KG. EA. 394 (= JW. 1925, 2798); Vidal, EA. 325. Der Untermieter kann den Antrag nicht selbst stellen; dies ist Sache des Hauptmieters KG. EA. 354. Mitmieter können den Antrag nur gemeinschaftlich stellen LG. Hamburg EA. 447.

**4.** Die Erlaubniserteilung ist keine Zustimmung im Sinne der §§ 182ff. BGB. (vgl. Anm. 2). Sie begründet auch keinen Anspruch des Untermieters gegen den Hauptvermieter auf Gestattung der Benutzung der Mieträume, berechtigt aber den Untermieter zu dem Verlangen auf Feststellung, daß der Hauptvermieter zu einer Störung des Mietbesitzes des Untermieters nicht befugt sei (RG. SeuffA. 77 Nr. 125).

**5.** Die Erteilung der Erlaubnis ist grundsätzlich dem billigen Ermessen des MEA. (§ 40) anheimgestellt. Erteilt das MEA. die Erlaubnis, obgleich der Vermieter sie aus einem wichtigen Grund verweigerte, so ist die Erlaubniserteilung an sich gültig und schützt den Mieter vor Schadensersatzansprüchen des Vermieters. Andererseits hat der Mieter trotz der durch das MEA. erteilten Erlaubnis jedes Verschulden seines Untermieters gemäß § 549 Abs. 2 BGB. zu vertreten.

Die Entscheidung des MEA. über die Erlaubnis unterliegt der Rechtsbeschwerde OLG. Darmstadt JR. 1925 Nr. 1119 und OLG. Rostock Meckl. Zeitschr. 41, 88.

Das MEA. ist nicht befugt über die Rechtsgültigkeit des Untermietvertrages bindende Entscheidung zu treffen; es ist weiter nicht befugt, die Erlaubnis mit der Einschränkung zu erteilen, daß ein bestimmter Gebrauch mit der Wohnung gemacht oder unterlassen wird LG. Frankfurt JW. 1925, 396, LG. I Berlin JW. 1925, 500, oder die Erlaubnis von Bedingungen abhängig zu machen LG. Berlin I JW. 1925, 500; a. M. Hertel S. 163; Hein, JW. 1925, 396.

**6.** Ob ein wichtiger Grund vorliegt, darüber befindet das MEA. unter Ausschluß der Nachprüfung durch das ordentliche Gericht. Vgl. JW. 1924, 770; KGBl. 1924, 43; LG. Hamburg EA. 349; Tormin, EA. 419; LG. Elberfeld JW. 1924, 2063. Das MEA. wird im allgemeinen die Erlaubnis nur versagen, wenn ein Grund in der Person des Untermieters vorliegt, der ein Zusammenleben im Hause des Vermieters als nicht wünschenswert erscheinen läßt (unsittlicher Lebenswandel, ungebührliches Auftreten). Andererseits wird die Erlaubnis auch dann zu versagen sein, wenn eine aus gesundheitlichen oder sittlichen Rücksichten zu beanstandende Überbelegung der Räume eintreten würde (Schlafstellenunwesen); die durch die Untervermietung verursachte stärkere Abnützung der Räume wird gegebenenfalls lediglich zu einer Erhöhung des Mietzinses führen, vgl. Cohn, JW. 1922, 784. Wo gesetzliche Miete zu entrichten ist (§ 1 RMG.), darf indes ein Sonderzuschlag wegen Untervermietung nicht erhoben werden, da das RMG. nur die Zuschläge nach §§ 3, 7 u. 10 kennt; dazu LG. Berlin JW. 1923, 778. Wegen Versagung der Erlaubnis bei vertragswidriger Eröffnung einer Pension LG. I Berlin JW. 1926, 1048; vgl. aber auch LG. Frankfurt EA. 463, LG. I Berlin EA. 475. Zur Frage des wichtigen Grundes ferner OLG. Rostock Gut Nr. 707 und 708.

**7.** Durch die Novelle vom 29. Juni 1926 wurde das Anwendungsgebiet des § 29 erheblich eingeschränkt: die Untervermietung an Personen, die keine eigene Wirtschaft oder Haushaltung führen, bedarf künftig in jedem Fall der Zustimmung des Hausbesitzers als Vermieter; sie kann durch das MEA. nicht ersetzt werden vgl. § 24.

Eine vor dem 1. Juli 1926 vom MEA. erteilte Erlaubnis zur Untervermietung — gleichviel ob die Entscheidung zu diesem Zeitpunkt rechtskräftig war oder nicht — bleibt rechtswirksam, auch wenn es sich um Untermieter ohne eigene Wirtschaft oder Haushaltung handelte Art. III der Übergangsvorschriften der Novelle.

## § 30.

I Ist in Fällen, in denen die gesetzliche Miete zu zahlen ist, der Mietzins nach einem längeren Zeitabschnitt als einem Vierteljahre bemessen, so kann der Vermieter verlangen, daß der Mieter den Mietzins in vierteljährigen Zeitabschnitten entrichtet.

II Die oberste Landesbehörde kann anordnen, daß in Fällen, in denen die gesetzliche Miete gilt, der Vermieter wie der Mieter berechtigt ist, zu verlangen, daß der Mietzins wöchentlich oder monatlich gezahlt wird.

**1.** Regelung der Mietzinszahlung — nur gültig für die gesetzliche Miete —

a) Reichsrechtlich in Ergänzung des § 551 Abs. 2 BGB. (Abs. 1): Recht des Vermieters auf Zahlung in Vierteljahresraten, wenn der Mietzins auf längere Zeit als ein Vierteljahr bemessen ist. Daher nicht anwendbar, wenn monatlicher Mietzins von 100 *M*, zahlbar am 1. Januar und 1. Juli jeden Jahres vereinbart, wohl aber wenn Jahresmietzins von 1200 *M*, zahlbar am 1. Januar und 1. Juli jeden Jahres verabredet ist. Unter Vierteljahreszahlung ist reichsrechtlich keine Möglichkeit einseitiger Erzwingung gegeben a. M. Hertel S. 164.

Die Verpflichtung zur vierteljährigen Mietzinszahlung setzt voraus, daß der Vermieter sie vom Mieter verlangt, eine Form, insbes. wie bei der gesetzlichen Miete § 1 RMG. die Schriftform, ist für die Erklärung (§§ 130ff. BGB.) nicht gefordert. Wichtig wegen des Zahlungsverzuges § 554 BGB., § 3 MSchG.

b) Landesrechtlich (Abs. 2): Preußen ohne Regelung.

In Bayern kann, wenn gesetzliche Miete bezahlt wird, der Vermieter wie der Mieter wöchentliche oder monatliche Mietzinszahlung verlangen. MinBek. vom 25. Febr. 1925 StAnz. Nr. 48.

**2.** Die Regelung bezieht sich nur auf die Mietzinszahlung nach Zeitabschnitten: ob die Zahlung im voraus (pränumerando) oder nachträglich (postnumerando) geleistet werden soll, bestimmt sich ausschließlich nach dem Mietvertrag oder nach dem BGB.; nach §§ 551 Abs. 1, 580 BGB. ist der Mietzins am Ende der Mietzeit bzw. nach dem Ablauf des einzelnen Zeitabschnittes, also postnumerando zu entrichten, der Vermieter also unter allen Umständen vorleistungspflichtig. Auf Grund des § 271 Abs. 2 BGB. ist dagegen der Mieter befugt, soweit sich aus den Umständen des einzelnen Falles (z. B. aus dem Mietvertrag) nichts anderes ergibt, den Mietzins schon vor dem vertraglich oder gesetzlich (§ 551 BGB.) festgelegten Zeitpunkt der Fälligkeit, zu irgendeinem Zeitpunkt während des Monats zu entrichten. Lehnt der Vermieter die Annahme der Zahlung vor Fälligkeit ab, so gerät er unter Umständen in Annahmeverzug (§§ 293ff. BGB.). Der Mieter ist bei Annahmeverzug des Vermieters zur Hinterlegung des Mietzinses auf Kosten des Vermieters berechtigt (§§ 372—382 BGB.); Hinterlegungsstelle: Amtsgericht (Bay. HinterlegungsOrdg. v. 18. Dez. 1899).

Sind die Beteiligten von der nachträglichen Zahlung zur Vorauszahlung übergegangen, so liegt hierin eine Vertragsänderung, von der der Mieter nachträglich ohne Zustimmung des Vermieters nicht wieder abgehen kann LG. Fürth BayZ. 1925, 139.

**3.** Wird eine Anordnung nach Abs. 2 getroffen, so hat die hiernach maßgebende monatliche Entrichtung keinerlei Einfluß auf die Kündigungsfristen des § 565 BGB., da es hier nur auf die Bemessung der Miete ankommt und eine Änderung der Wirkungen des § 1 RMG. durch § 30 MSchG. nicht beabsichtigt war.

## § 31.

**[1] Bestehen in einer Gemeinde Anordnungen, nach denen der Abschluß von Mietverträgen über Gebäude oder Gebäude-**

eile anzuzeigen oder zur Genehmigung mitzuteilen ist, so können aus einem dieser Anordnung zuwider nicht angezeigten oder nicht genehmigten Mietvertrage Rechte weder einem Vertragsteil noch einem Dritten noch einer Behörde gegenüber geltend gemacht werden; insbesondere finden die Vorschriften über die Aufhebung des Mietverhältnisses sowie die Vorschriften des § 27 keine Anwendung.

II Ist die Anzeige erstattet oder die Genehmigung erteilt, so kann der Mieter die Herausgabe des Mietraums von demjenigen verlangen, der den Raum ohne Abschluß eines Vertrags oder auf Grund eines nicht angezeigten oder nicht genehmigten Mietvertrags inne hat.

**1.** § 31 sichert die zivilrechtliche Durchführung wohnungspolizeilicher Vorschriften, die auf Grund des § 6 WMG. landesrechtlich, nunmehr auch reichsrechtlich durch die neugeschaffenen §§ 33a (Abs. 3), 33b erlassen sind, wenn auch für letztere Vorschriften zufolge des Ausschlusses der §§ 1—36 nur eine entsprechende Anwendung in Frage kommt.

Umgehungen dieser Vorschriften sind als gegen das gesetzliche Verbot des § 134 BGB. verstoßend für nichtig zu erachten (1. Aufl. S. 159, zustimmend LG. München BayZ. 1924, 203 u. OLG. München BayZ. 1923, 219; Hertel S. 167; Brandis, ArchZivPrax. 121, 191; einschränkend Diemayer, BayZ. 1923, 170). OLG. Frankfurt Rspr. 43, 55 erachtet indes ohne Genehmigung abgeschlossene Verträge nicht für unwirksam, da derartige Verträge nicht wegen ihrer Natur, sondern nur wegen der besonderen Umstände, unter denen sie vorgenommen würden, verboten seien. Vgl. auch OLG. Stettin, JW. 1920, 664[10] u. Mittelstein Fußnote; Menzel, JR. 1926, 189; Goldschmidt JW. 1925, 1151; RG. 104, 365. Die Streitfrage ist erledigt, da nunmehr § 31 die unmittelbare Rechtsquelle für die zivilrechtliche Unwirksamkeit solcher Verträge bildet (a. M. Ruth, ArchZivPrax. 121, 329). Vgl. auch RG. Recht 1925, 685.

Verträge über Vermietungen von Gebäuden und Gebäudeteilen im Sinne des § 7 WMG. dürfen der Genehmigung nicht unterstellt werden, wenn sie öffentlichen Zwecken dienen (§ 7 Abs. 4 WMG.).

In jedem Fall muß es sich um einen Mietvertrag über Räume handeln; über dessen Verbindung mit einem Kaufvertrag über die Möbeleinrichtung RG. Recht 1924 Nr. 594, Pachtverträge, Nießbrauchrechte usw. kommen nicht in Frage. Der Hausverkäufer, der selbst als Mieter im Hause bleibt, bedarf keiner Genehmigung, weil er nur behält, was er bereits an Besitz hatte Kiefersauer

BayZ. 1925, 41. Vgl. hieher § 25 BayWMVO. und KG. EA. 373 = JW. 1926, 604.

**2.** Da § 6 WMG. nur die Inanspruchnahme von Wohnungen bezweckt, so wird sich praktisch die Anwendung des § 31 auf Wohnräume beschränken, obwohl die Bestimmung ihrem Wortlaut nach auch alle anderen Räume umfaßt. Hausmeisterwohnungen gehören auch hieher Dahlsheimer, BayZ. 1924, 271.

Unerheblich ist, ob es sich um beschlagnahmte oder um beschlagnahmefreie Räume handelt (OLG. München BayZ. 1923, 219).

**3.** Die Rechtsunwirksamkeit ist eine absolute; sie bewirkt die Lösung jeglicher Rechtsbeziehungen zwischen den Vertragsteilen und darüber hinaus können auch Dritten gegenüber Rechte aus dem Mietvertrag nicht abgeleitet werden. Mieter wie Vermieter können daher Ansprüche der in den §§ 535 ff. BGB. bezeichneten Art oder vertragsmäßige Ansprüche nicht geltend machen. Dritte sind insbes. jene Wohnungsuchende, denen von der Ortspolizeibehörde die zu Unrecht vermieteten Räume zugewiesen wurden: auch ihnen gegenüber kann sich weder der Mieter noch der Vermieter darauf berufen, daß die Räume vermietet seien. Endlich ist auch die Behörde, insbes. die mit dem Vollzuge der Maßnahmen gegen Wohnungsmangel betraute nicht gehindert, die Wohnung in Anspruch zu nehmen: sie ist über die Norm des § 3 Abs. 2 WMG. hinaus als „unbenutzt" anzusehen.

**4.** Es ist keine Aufhebungsklage möglich, weil ein rechtswirksames Mietverhältnis nicht vorliegt; für die Herausgabe des Mietraumes gilt das gewöhnliche Räumungsverfahren vor dem Amtsgericht, also keine Zuziehung von Beisitzern, keinerlei Beschränkungen der Zwangsvollstreckung. § 721 ZPO. gilt indes auch hier, aber nur für Wohnräume; eine selbständige Anfechtung dieser Entscheidung ist hier abweichend von § 6 Abs. 3 und § 27 Abs. 1 Satz 3 ausgeschlossen: nur die §§ 714, 716 und 321 (nicht 319) ZPO. finden Anwendung.

Die Erhebung der Räumungsklage kann nach RG. JW. 1925, 621 auf Grund Anordnung nach § 6 WMG. von der Zustimmung des MEA. abhängig gemacht werden (anders KG. JW. 1924, 2012; JW. 1925, 2484).

**5.** Der Mieter, der nunmehr unter wohnungspolizeilicher Genehmigung die Räume durch freiwilligen Vertrag oder durch den Zwangsmietvertrag (§ 4 WMG.) mietet, erwirbt auf Grund des Abs. 2 einen ursprünglichen und unmittelbaren Herausgabeanspruch gegen den Schwarzmieter. Nach dem Vorbild des § 556 Abs. 3 BGB. ist der Anspruch dem Mieter gegeben, ohne daß zwischen ihm und dem Schwarzmieter irgend welche Rechtsbeziehungen bestehen. Auf Grund des Mietvertrages kann er selbstverständlich auch vom Vermieter die Überlassung des Raumes verlangen. Über bedingten Zwangsmietvertrag und Herausgabeklage OLG. Hamburg EA. 440.

Die Herausgabeklage ist beim ordentlichen Gericht zu erheben KG. JW. 1924, 2036; bei Verbindung mit einer Aufhebungsklage kann das Mietschöffengericht auch für die Räumungsklage zuständig werden KG. JW. 1925, 1417. Vgl. § 27 Anm. 1.

**6.** Über die entsprechende Anwendung dieser Vorschrift auf den Fall, daß der Verfügungsberechtigte erst nach Ablauf der ihm von der Gemeindebehörde auf Grund des § 4 WMG gestellten Frist einen Mietvertrag mit dem Wohnungsuchenden abgeschlossen hat und dieser von der Gemeindebehörde nicht anerkannt wird vgl. Erl. zu § 4 WMG.

## § 32.

I **Hat jemand mietweise oder auf Grund eines sonstigen Rechtsverhältnisses ein Gebäude oder den Teil eines Gebäudes inne, das im Eigentum oder in der Verwaltung des Reichs oder eines Landes steht und entweder öffentlichen Zwecken oder zur Unterbringung von Angehörigen der Verwaltung des Reichs oder des Landes zu dienen bestimmt ist oder bestimmt wird, so finden, vorbehaltlich des Abs. 2, die §§ 1 bis 31 keine Anwendung.**

II Die Zwangsvollstreckung aus einem Urteil, welches die Herausgabe eines vermieteten oder überlassenen Raumes zum Gegenstande hat, ist durch Ausspruch in der Urteilsformel davon abhängig zu machen, daß ein ausreichender Ersatzraum gesichert ist; **an Stelle der Zubilligung des Ersatzraums kann auf Antrag des Reichs oder Landes die Gewährung eines angemessenen Geldbetrags treten.** Über Einwendungen gegen den Ersatzraum entscheidet die Behörde, welche der über den Raum verfügungsberechtigten Behörde vorgesetzt ist. **Im übrigen gelten die Vorschriften des § 6 Abs. 3 bis 5, des § 16 mit Ausnahme von Abs. 1 Satz 6 und des § 27 Abs. 3 Satz 1 mit der Maßgabe entsprechend, daß die im § 16 Abs. 1 Satz 2 bezeichnete Bescheinigung von der über den Raum verfügungsberechtigten Behörde ausgestellt wird und daß Einwendungen gegen den Ersatzraum bei dieser oder der ihr vorgesetzten Behörde zu erheben sind.** Der Mieter oder derjenige, dem der Gebrauch überlassen ist, kann vom Reiche oder vom Lande den Ersatz der erforderlichen Umzugskosten verlangen, es sei denn, daß ihm bereits nach den Dienstvorschriften angemessene Umzugskosten zustehen. Über die Ersatzpflicht ist auf Antrag des Berechtigten in der Urteilsformel Bestimmung zu treffen.

III Abs. 2 gilt nicht, wenn Tatsachen vorliegen, welche die Aufhebung des Mietverhältnisses nach den §§ 2, 3 rechtfertigen würden oder wenn der Raum für besondere Zwecke zu vorübergehendem Gebrauch überlassen ist.

IV Die Vorschriften der Abs. 1 bis 3 sowie des § 23 finden auf Gemeinden, Körperschaften des öffentlichen Rechtes, gemeinnützige Anstalten und Stiftungen sowie auf gemeinnützige, nicht auf Erwerb gerichtete Organisationen, soweit sie die Räume für eigene Zwecke dringend benötigen, entsprechende Anwendung.

**1.** Die Neufassung der Vorschrift durch die Novelle vom 29. Juni 1926 hat klargestellt, daß die Sonderbestimmung zugunsten gewisser Körperschaften und Anstalten (Abs. 1 u 4) auch dann Anwendung findet, wenn die im Gesetz geforderte Zweckbestimmung erst nach Abschluß des Mietvertrages oder nach dem Grundstückserwerb getroffen ist (vgl. hieher 2. Aufl. S. 97; Dahlsheimer, BayZ. 1925, 63 u. 191; Sontag, JW. 1925, 588; Bertram, JW. 1926, 244; Bandmann EA. 340; Kiefersauer, EA. 495; Quäbicker JW. 1926, 974; auch RG. 111, 8 u. Marsson, DJZ. 1926, 779). Nur die Zweckbestimmung, nicht die tatsächliche Verwendung der Gebäude entscheidet. Privatpersonen in öffentlichen Gebäuden genießen — abgesehen von den Angestellten — im übrigen den Schutz dieses Gesetzes (Mayerowitz, JW. 1923, 707).

Unerheblich ist, ob die Gebäude auf Grund Mietvertrages vermietet oder ohne solchen z. B. unentgeltlich oder auf Grund Dienstvertrages überlassen sind. Damit greift § 32 ähnlich wie § 21 über den Aufgabenkreis des MSchG. hinaus a. M. Hertel S. 171.

§ 32 gilt auch für Gebäude der Reichsbank und der Reichsbahngesellschaft (§ 46 Abs. 2 des BankG., § 16 Abs. 4 des ReichsbahnGes. vom 30 August 1924 RGBl. II S. 235 und 272). LG. Plauen JW. 1925, 2502.

Das Reich und die Länder sind gegenüber den in Abs. 4 aufgezählten Organisationen — die sich im Gegensatz zu § 16 RMG. nicht auf Körperschaften des öffentlichen Rechtes beschränken — insoferne bevorzugt, als bei diesen die Ausnahmestellung an die weitere Voraussetzung geknüpft ist, daß sie die Räume für eigene Zwecke dringend benötigen.

**2.** Die Beendigung des Gebrauchsrechtes in diesen Räumen richtet sich daher nach Vertrag, den Vorschriften des BGB. oder den besonderen dienstrechtlichen Vorschriften. Bei Beendigung des Gebrauchsverhältnisses ist der Mietraum nach § 556 BGB. zurückzugeben. Die Durchführung des Räumungsverfahrens erfolgt vor dem Amtsgericht. Bei Dienstwohnungen kann in Bayern unter Umständen auch Art. 21 PolStrG. zur Anwendung gebracht werden (Wassertrüdinger, BayZ. 1919, 306).

Lediglich die Zwangsvollstreckung ist nach Maßgabe der Abs. 2 u. 3 beschränkt.

**3.** Die Beschränkung der Zwangsvollstreckung entfällt, wenn Tatsachen der in den §§ 2 u. 3 bezeichneten Art vorliegen oder wenn es sich nur um vorübergehende Gebrauchsüberlassung für besondere Zwecke handelt (§ 25).

Für die Beschränkung der Zwangsvollstreckung gilt im übrigen folgendes:

1. Abweichend von der Regel muß in allen Fällen ein ausreichender Ersatzraum gewährt werden, also auch wenn die Versagung eine unbillige Härte für den Mieter nicht bedeuten würde.

   Auf Antrag des Reichs oder eines Landes kann — nach dem Ermessen des Gerichts — die Zubilligung eines angemessenen Geldbetrages an Stelle der Zusicherung eines Ersatzraumes treten. Der Ersatz der erforderlichen Umzugskosten (Satz 4) wird dadurch nicht berührt. Der Geldbetrag dient zur Entschädigung für Einlagerung der Möbel, für Aufwendungen aus Anlaß einer doppelten Haushaltführung, auch für Baukostenzuschüsse usw.

   Über Einwendungen gegen den Ersatzraum entscheidet nicht das MEA. (§ 16), sondern die vorgesetzte Behörde (Satz 2); bei dieser oder bei der vorgesetzten Dienstbehörde sind die Einwendungen zu erheben (Satz 3). Den Ort der Ersatzwohnung zu bestimmen, ist die Behörde nicht befugt OLG. Cassel JR. 1925 Nr. 1386. Über das Nachprüfungsrecht des Vollstreckungsgerichts OLG. Breslau EA. 446.

2. Ergänzung des Urteils bei übergangenem Antrag des Mieters auf Zusicherung eines Ersatzraumes, Zulässigkeit des Nachverfahrens § 6 Abs. 3 bis 5.

   Vollstreckbare Ausfertigung des Urteils nach § 16 (Hinterlegung eines Geldbetrages — Satz 6 des Abs. 1 — kommt nicht in Frage).

Der Gebrauchsberechtigte hat schlechthin (Dahlsheimer, BayZ. 1925, 191) Anspruch auf Ersatz der für den Umzug erforderlichen Kosten, der entgegen dem § 4 Abs. 3 nicht auf den Umzug innerhalb des Gemeindebezirkes beschränkt ist (a. M. Dutzmann, BayZ. 1925, 93).

4. Der Begriff der Gemeinnützigkeit ist kein feststehender; doch wird man sagen können, daß gemeinnützig nur ist, was der Allgemeinheit (im Gegensatz zu dem, was dem Einzelnen) nützt, dem allgemeinen Besten zugute kommt. Die Allgemeinheit muß von der entfalteten Tätigkeit einen unmittelbaren Nutzen haben, mag er auf leiblichem, geistigem, sittlichem oder kulturellem Gebiete liegen Ob die Organisation (Anstalt, Stiftung) auf gemeinnütziger Grundlage betrieben oder unterhalten wird, kann im einzelnen Fall nur an der Hand der Zweckbestimmung der Organisation überhaupt, deren Grundsätze über die Gewinnverteilung, über Verwendung des Vermögens bei Auflösung der Gesellschaft (Organisation) usw. beurteilt werden; die Absicht der Erzielung eines gewerblichen Gewinnes schließt jedenfalls den Begriff der Gemeinnützigkeit aus Abs 4 enthält insoweit eine Tautologie

Zwecke im Sinne des Abs. 4 sind nur öffentliche Zwecke, nicht auch Zwecke der Unterbringung von Angehörigen Kiefersauer EA 496; a M. Vidal S. 137, Hertel S. 174 Dringend benötigt sind die Räume dann, wenn andernfalls pflichtmäßig zu erfüllende (nicht freiwillig übernommene) Aufgaben nicht oder nur unzureichend erfüllt werden könnten

## § 33.

I Die Vorschriften der §§ 1 bis 31 finden ferner keine Anwendung auf Neubauten oder durch Um- oder Einbauten neugeschaffene Räume, wenn sie nach dem 1. Juli 1918 bezugsfertig geworden sind oder künftig bezugsfertig werden. Das gleiche gilt für Räume solcher Gesellschaften und Genossenschaften, deren Zweck ausschließlich darauf gerichtet ist, minderbemittelten Familien oder Personen gesunde und zweckmäßig eingerichtete Wohnungen in eigens erbauten oder angekauften Häusern zu billigen Preisen zu verschaffen und bei denen die unter Ziffer 1 des Abschnitts „Befreiungen“ der Nr. 1 des Tarifs zum Reichsstempelgesetze vom 3. Juli 1913 (Reichsgesetzbl. S. 639) in der Fassung des Gesetzes zur Änderung des Reichsstempelgesetzes vom 26. Juli 1918 (Reichsgesetzbl. S. 799) aufgeführten Voraussetzungen vorliegen; soweit derartige Gesellschaften und Genossenschaften einem Revisionsverbande nicht angehören, entscheidet die oberste Landesbehörde, ob die Voraussetzungen zutreffen.

II Auf Neubauten, die mit Zuschüssen aus den für die Wiederherstellung der während des Krieges zerstörten Gebiete bereitgestellten Mitteln errichtet sind, finden die Vorschriften dieses Gesetzes Anwendung.

III Die oberste Landesbehörde kann anordnen, daß die Vorschriften der §§ 1 bis 31 auf Neubauten oder durch Um- oder Einbauten neu geschaffene Räume Anwendung finden, die nach dem 1. Juli 1918 bezugsfertig geworden sind oder künftig bezugsfertig werden und für die Zuschüsse aus öffentlichen Mitteln gegeben sind.

IV Für die Erledigung eines Rechtsstreits, der vor dem Inkrafttreten einer Anordnung nach Abs. 3 anhängig geworden ist, gilt § 51 Abs. 1. Die Zwangsvollstreckung aus einem vor dem Inkrafttreten der Anordnung erlassenen Urteil erfolgt nach den vor dem Inkrafttreten des Gesetzes vom 1. Juni 1923 (Reichsgesetzbl. I S. 353) in Geltung gewesenen Vorschriften; Anordnungen, nach denen die Vollstreckung von der Genehmigung des Mieteinigungsamts abhängig war, finden Anwendung.

*Reichsstempelgesetz: Von der Stempelabgabe zu a, b, c befreit sind inländische Gesellschaften und Genossenschaften,*

*1. wenn ihr Zweck ausschliesslich gemeinnützig ist und wesentlich der Förderung der minderbemittelten Volksklassen dient, der Reingewinn satzungsmässig auf eine höchstens fünfprozentige Verzinsung der Kapitaleinlagen beschränkt, auch bei Auslosungen, Ausscheiden eines Gesellschafters oder für den Fall der Auflösung der Gesellschaft nicht mehr als der Nennwert des Anteils zugesichert und bei der Auflösung der etwaige Rest des Gesellschaftsvermögens für gemeinnützige Zwecke bestimmt ist.*

**1.** Neubauten, ausgenommen jene in Abs. 2 bezeichneten. Wörtlich übereinstimmend mit § 16 Abs. 1 Satz 1 u. Abs. 2 RMG. und § 12 WMG.

Wegen der Möglichkeit der Unterstellungen von Neubauwohnungen unter das MSchG. durch Parteivereinbarung LG. I Berlin EA. 435.

Neubauten sind neu errichtete Häuser, auch wenn zur Errichtung Reste vorhandener Bauten mitbenutzt worden sind, z. B. Kellergewölbe, Brandmauern usw. Immerhin muß es sich um ganze Häuser handeln, bloße Stockwerksaufbauten sind keine Neubauten (a. M. Hertel S. 178), wegen der Mansardenwohnungen Regent, EA. 426. Hieher gehören jedoch Seitenhäuser, Hintergebäude usw., und zwar selbst dann, wenn sie mit dem Hauptbau durch Gang oder Türe in Verbindung stehen.

Den Neubauten gleichgestellt sind „durch Um- oder Einbauten neugeschaffene Räume“, die Räume müssen also erst durch eine ihren bisherigen Zustand wesentlich verändernde bauliche Tätigkeit für die bestimmten Zwecke brauchbar gemacht worden sein. Das bloße Einziehen von Wänden, die Veränderung der Raumeinteilung als solche, die Verminderung oder Vermehrung der Zahl der Einzelräume, die Durchbrechung von Zwischenwänden, der Einbau von Tür- und Fensteröffnungen, die Errichtung eines eigenen Zugangs usw. genügen nicht zur Erfüllung der Vorschrift, insbes. wird daher der bloß innere Umbau eines Hotels zu Wohnungen regelmäßig nicht unter § 33 fallen, wohl aber die Umwandlung eines Stalles oder einer Garage in Wohnraum.

Wohnräume, die bisher den Anforderungen an solche Räume auch nicht annähernd entsprochen haben, müssen den Anforderungen nunmehr vollauf genügen: veränderte Verwendbarkeit liegt vor bei einem Umbau eines zwei Stockwerke umfassenden Ateliers zu einem Wohnraum KG. EA. 331. Zutreffend führt BayObLG. BayZ. 1924, 296 aus: nicht auf die größere oder geringere technische Arbeit, auf die Aufwendung größerer oder geringerer finanzieller Mittel oder auf die Größe des neu gewonnenen Raumes komme es an; entscheidend sei, ob ein Raum neu geschaffen wird für eine Verwendung, für die er bisher nicht geeignet war. Die bauliche Veränderung muß im übrigen eine so durchgreifende sein, daß durch sie erst die jetzige Gestalt und Verwendbarkeit bewirkt worden ist; bloße Instandsetzung eines bisher unverwendbaren Raumes genügt nicht Vidal S. 140; Hein, JW. 1924, 2034; vgl. aber auch LG. Hamburg EA. 349 u. Schloßmann, EA. 353. Das Ausmaß der Gestaltsänderung bemißt sich nach den Umständen des einzelnen Falles KG. EA. 374. Im allgemeinen vgl. Hertel S. 179, KG. JW. 1926, 601 und LG. I Berlin KGBl. 1926, 28; KG. EA. 486; OLG. Breslau JW. 1926, 1021.

Neugeschaffen sind auch Räume, die an Stelle der eingestürzten oder sonst vernichteten Räume erbaut worden sind KG. EA. 473; nicht aber zählt hieher die bloße Wiederherstellung verfallener und darum unbewohnbarer Räume.

Unerheblich ist, von wem die Baukosten getragen worden sind; auch wenn sie der Mieter aufgewendet hat, kommt § 33 zur Anwendung vgl. KG. EA. 331.

Die beiden Gruppen von Bauten werden oft im einzelnen Falle enge Berührungen aufweisen; da sie beide gleich zu behandeln sind, ist die Unterscheidung ohne große praktische Bedeutung. Zuständig zur Entscheidung der Frage, ob die Voraussetzungen des § 33 gegeben, sind ausschließlich die ordentlichen Gerichte. KG. JW. 1926, 1021. Für Räumungsklagen ist das Amtsgericht ohne Zuziehung von Schöffen zuständig. § 721 ZPO. gilt nur bei Wohnräumen. Vgl. § 31 Anm. 4.

Wo bei einem einheitlichen Mietverhältnis Räume unter § 33 fallen, während andere nicht dazu zählen, entscheidet die

Hauptsache; es geht nicht an, die einzelnen Mieträume verschieden zu behandeln. Zustimmend Hertel S. 186; BayObLG. BayZ. 1925, 88; Genthe WohnA. 1926, 315.

Räume, die vor 1. Juli 1918 bezugsfertig gewesen sind, bleiben dem Mieterschutz unterstellt; dagegen werden trotz des entgegenstehenden Wortlautes auch die am 1. Juli 1918 bezugsfertig gewordenen Bauten unter die Ausnahmevorschrift des § 33 fallen. Zustimmend Hertel S. 181.

Wegen des Begriffes „bezugsfertig" Dahlsheimer, BayZ. 1924, 152; Stern S. 148; auf die Feststellung der Baupolizeibehörde oder des Wohnungsamtes wird man wohl Rücksicht nehmen müssen. Wegen der Bezugsfertigkeit eines Ladens, auch wenn ein bestimmter Fußbodenbelag nicht vorhanden ist LG. Hamburg EA. 318, auch EA. 339.

Die Entscheidung darüber, ob ein Neubau usw. vorliegt, ist Sache des ordentlichen Gerichts, das an die Auffassung des MEA. nicht gebunden ist KG. JW. 1925, 800; KG. Recht 1925, 111; KG. EA. 443; OLG. Breslau JW. 1926, 1021.

Die Sonderstellung — Ausnahme von Mieterschutz der §§ 1—31 — gilt nicht

1. für Gebäude, die mit Zuschüssen aus den für die Wiederherstellung während des Krieges zerstörten Gebiete bereitgestellten Mitteln neu errichtet sind (Abs. 2). Soweit der Verfügungsberechtigte gleichzeitig eigene Mittel zur Raumbeschaffung verwendet hat, die nach dem 1. Juli 1918 bezugsfertig wurde, findet weder das MSchG. noch das WMG. Anwendung KG. EA. 302.
2. Für Neubauten, die mit Unterstützung des Hilfswerkes Oppau errichtet wurden; § 12 WMG.
3. Nach Landesrecht die Zuschußbauten (Anm. 4).

**2.** Rechtsschutz gegen Räumung (Vollstreckungsschutz):

a) Gewährung einer Räumungsfrist auf Grund des § 721 ZPO. durch das Vollstreckungsgericht. Der dahingehende Antrag ist gemäß § 714 in der mündlichen Verhandlung zu stellen; der Amtsrichter hat den rechtsunkundigen Beklagten auf diese Befugnis aufmerksam zu machen und auf Antragstellung gemäß § 139 ZPO. hinzuwirken. Gegen die Ablehnung wie gegen die Fristsetzung steht dem Räumungspflichtigen das gegen das Urteil selbst zulässige Rechtsmittel zu.

Ob und in welchem Umfang der Richter die Räumungsfrist gewähren will, steht in seinem freien Ermessen. Bei dieser Entscheidung wird er nicht nur die persönlichen Verhältnisse der Parteien z. B. Weitervermietung der Wohnung von einem bestimmten Termin ab, Verträglichkeit des Mieters, Hindernisse der Räumung infolge schwerer Erkrankung eines Familiengliedes des Mieters, Unmöglichkeit anderweit ein Unterkommen zu finden (bei Erwerbslosigkeit, Kinderreichtum), sondern auch die allgemeine Wohnungsmarktlage, insbesondere die Wirkungen auf die behördliche Wohnungsvergebung zu berücksichtigen haben; vgl. Dahlsheimer, BayZ. 1924, 233. Von diesem Gesichtspunkt aus wird der Handhabung des § 721 ZPO. eine wesentlich größere Bedeutung zuzuerkennen sein als bisher: die Vorschrift wurzelt im öffentlichen Recht und hat daher in Zeiten abnormer Wohnungsverhältnisse in erster Linie dem öffentlichen Interesse unter Zurückstellung privater Interessen zu dienen. § 721 gibt die Möglichkeit, Mißstände, die sich beim Abbau der Wohnungszwangswirtschaft ergeben, zu beseitigen. Zweck der Vorschrift ist, Härten bei sofortiger Vollstreckung des Räumungsurteils zu vermeiden.

Die Dauer der Räumungsfrist zu bestimmen, ist ohne Beschränkung auf eine Höchstfrist dem richterlichen Ermessen anheimgegeben (ebenso Stein § 721 II 7; a. M. Liebermann, DJZ. 1919, 842); sowohl eine mehrmonatige Räumungsfrist als auch eine wiederholte Verlängerung der Frist während unbegrenzter Dauer ist möglich. Es wird sich empfehlen, die Frist kalendermäßig zu bestimmen.

§ 721 ZPO. hat zunächst lediglich die Bedeutung einer prozeßrechtlichen Vorschrift; eine Änderung der materiellen Rechtslage hat ihre Anwendung nicht zur Folge (JW. 1922, 818). Nicht notwendig ist, daß die Herausgabe der Wohnräume auf Grund eines Mietverhältnisses erfolgt. In Betracht kommen neben obligatorischen (Miete, Pacht) auch dingliche Rechtsverhältnisse (Nießbrauch, beschränkte persönliche Dienstbarkeit) ja selbst Besitzstand ohne Rechtsgrund. Die Möglichkeit der Gewährung einer Räumungsfrist ist nach § 721 ZPO. beschränkt auf Wohnräume. Im Verfahren wegen Aufhebung des Mietverhältnisses § 5 und in dem Verfahren gemäß § 27 kann jedoch das Mietschöffengericht auch für Nichtwohnräume eine Räumungsfrist gewähren; die Geltung des § 721 ZPO. ist damit für den Bereich des MSchG. erweitert.

b) Die Gemeindepolizeibehörde, deren Einschreiten mit Rücksicht auf § 12 WMG. unmöglich ist, ist berechtigt und verpflichtet, zur Unterbringung Obdachloser zum Zwecke der Beseitigung eines Notstandes eine zeitlich begrenzte Verlängerung der Wohnungsnutzung anzuordnen; dies gilt selbst dann, wenn dadurch die Vollstreckung eines gerichtlichen Räumungsurteiles auf bestimmte Zeit verhindert wird; die Vorschriften der §§ 4 Abs. 7 und 36 Abs. 3 stehen dem nicht entgegen (vgl. Adam, EA. 408;

a. M. Lilienthal, JW. 1924, 768; wie hier Hertel S. 192). Bei Fortdauer des Notstandes kann durch Wiederholung solcher Anordnungen das Gebrauchsrecht auf längere Zeit, aber nur bis zur Beseitigung des Notstandes d. h. bis zur Unterbringung der Obdachlosen ausgedehnt werden.

Die Pflicht der Polizeibehörde, für die Unterbringung Obdachloser zu sorgen, wird in Preußen aus § 10 Tit. 17 Teil II des Allgem. Landrechts hergeleitet; hiernach ist es Aufgabe der Polizei, die nötigen Anstalten zur Erhaltung der öffentlichen Ruhe, Sicherheit und Ordnung sowie zur Abwendung der dem Publikum oder einzelnen Mitgliedern desselben bevorstehenden Gefahren zu treffen.

Das bayerische Polizeirecht kennt eine derartige gesetzliche Bestimmung nicht, obgleich allgemein eine allgemeine Verpflichtung der Polizeibehörden zur Verhütung der Obdachlosigkeit anerkannt wird. Das Ministerium für Soziale Fürsorge hat deshalb ein Eingriffsrecht der Polizeibehörden in Privateigentum — ein solcher Eingriff liegt in der, wenn auch nur zur Beseitigung eines Notstandes auf zeitlich begrenzte Frist erfolgenden Wiedereinweisung des Räumungspflichtigen — nicht anerkannt. Diese Auffassung ist m. E. nicht zu billigen, da, wenn auch eine förmliche Umschreibung des polizeilichen Aufgabenkreises durch eine gesetzliche Vorschrift dem bayer. Polizeirecht fehlt, der sachliche Aufgabenkreis der Polizei in Preußen und Bayern der nämliche ist. Die Beseitigung von Notständen als Aufgabe der Polizei ist in allen deutschen Ländern anerkannt.

Wegen der engen Grenzen des polizeilichen Notstandsrechts vgl. OVG. PreußVBl. 45, 44 (= DJZ. 1922, 51); 51, 223; JW. 1926, 1067; MecklLandesVerG. EA. 423. Runderlaß des Preuß. Ministers des Innern vom 2. Januar 1925 und 22. Sept. 1925 Hertel S. 296; vom 20. Nov. 1925 und 25. Febr. 1926 RArbBl. 1926 Amtl. Teil S. 15 und 194; vgl. auch Lehmann, EA. 356, 375, 381 und KG. EA. 456.

Beide Rechtsbehelfe sind der Parteivereinbarung entzogen, weil sie dem öffentlichen Rechte angehören; ein Verzicht auf ihre Geltendmachung ist daher unbeachtlich.

**3.** Genossenschaftshäuser. Wie aus der Fassung des § 16 RMG. zu entnehmen ist, kommt es hier auf den Stichtag des 1. Juli 1918 nicht an. In Betracht kommen Gesellschaften jeder Rechtsform, auch Vereine, wenn sie die Voraussetzungen des Satz 2 erfüllen (ebenso Genthe § 33 Anm. 3), insbes. aber Gesellschaften des bürgerl. Rechts (§§ 705 ff. BGB.), Aktiengesellschaften, Kommanditgesellschaften (§§ 178 ff., 161 ff. HGB.), Gesellschaften mit beschränkter Haftung sowie offene Handelsgesellschaften (§§ 105 ff. HGB.). Der in Satz 2 bezeichnete Zweck muß ein ausschließlicher sein; wenn auch nur nebenbei noch andere Zwecke verfolgt werden, so gilt § 33 nicht.

**4.** Zuschußbauten. Die Absätze 3 und 4 sind durch die VO. vom 24. Dez. 1923 (RGBl. I S. 1247) eingefügt worden; sie ermöglichen unter Einschränkung der Regel des Abs. 1 eine landesrechtliche Ausdehnung des Mieterschutzgesetzes auf Neubauten, sofern sie mit Hilfe von Zuschüssen aus öffentlichen Mitteln erbaut worden sind (Zuschußbauten).

Landesrechtliche Anordnungen im Sinne des Abs. 3 sind ergangen: in Preußen durch die VO. vom 7. April 1924 (GS. S. 220), in Bayern durch die Bekm. vom 23. Febr. 1924 (GVBl. S. 64; dazu Dahlsheimer, BayZ. 1925, 64). Wegen der Sonderstellung auf dem Gebiete des WMG. u. RMG. vgl. § 12 WMG., § 16 RMG. Die Mietzinsbildung ist hiernach in Zuschußbauten zwar freigegeben, der Vermieter hat aber im Rahmen des Mieterschutzes keine Möglichkeit die Mietzinssteigerung durchzusetzen, auch § 2 Abs. 4 RMG. ist nicht anwendbar (teilw. abweichend Regent, EA. 334).

Zuschüsse aus öffentlichen Mitteln sind die auf Grund der

a) Bestimmungen des Bundesrats für die Gewährung von Baukostenzuschüssen (31. Okt. 1918 ZBl. S. 1160);
b) Bestimmungen des Reichsrats über die Gewährung von Darlehen aus Reichsmitteln zur Schaffung neuer Wohnungen vom 10. Januar 1920 u. 25. August 1920 (ZBl. S. 56 u. 1395);
c) des Gesetzes vom 12. Febr. 1921 betr. vorläufige Förderung des Wohnungsbaues (RGBl. S. 175);
d) des Gesetzes über die Erhebung einer Abgabe zur Förderung des Wohnungsbaues in der Fassung vom 28. März 1923 u. vom 18. August 1923 (RGBl. I S. 238 u. 805), aufgehoben durch § 61 der 3. StNVO. vom 14. Febr. 1924 (RGBl. I S. 74, 89);
e) Dritte SteuernotVO. vom 14. Febr. 1924 §§ 26 ff. geändert und neu zusammengefaßt als „Gesetz über den Geldentwertungsausgleich bei bebauten Grundstücken" in der Fassung der Bekanntmachung vom 1. Juni 1926 (RGBl. I S. 251)

gewährten Beträge. Auf die Rechtsform, die im Laufe der Entwicklung von der reinen Zuschußleistung als verlorener Bauaufwand zum unverzinslichen, zuletzt gering verzinslichen Darlehen übergegangen ist, kommt es hierbei nicht an. Maßgebend ist das Recht der öffentlichen Unterstützung des Wohnungsbaues, nicht der sprachliche Begriff des Zuschusses als eines nicht rückzahlbaren Beitrages (a. M. Hertel S. 182; Stern S. 150; wie hier 2. Aufl. S. 102; ferner Erlasse des ReichsarbMin. vom 2. Juli und 23. Sept. 1924 ReichsarbBl. 1924 S. 322 u. 376; BayGemVZ. 1925, 106; Vidal S. 142 u. LG. Hamburg EA. 309). Nicht hieher zählen die Fälle, in denen Privatpersonen zwecks Vermeidung der Beschlagnahme übergroßer Wohnungen Ersatzbauten gestellt haben (zu weitgehend AG. Hamburg u. Vidal, EA. 331), wohl aber vom Staate oder der Gemeinde selbst errichtete Neubauten (a. M. Vidal S. 143 u. LG. Hamburg EA. 318). Mittel der produktiven Erwerbslosenfürsorge sind nicht hieher zu rechnen. Im übrigen ist unerheblich, wem die Neubauten gehören; auch die mit Zuschüssen erbauten Genossenschaftshäuser unterstehen dem Mieterschutz, wenn eine landesrechtliche Anordnung nach Abs. 3 besteht (ebenso Dahlsheimer, BayZ. 1925, 64 u. Rundschreiben des RArbMinisters vom 22. Sept. 1925 Gut Nr. 239, ReichsArbBl. 1925 S. 486).

Unerheblich ist, in welchem Umfang Zuschüsse gegeben oder in Anspruch genommen worden sind; bedeutungslos ist auch an sich der Umstand, daß die Zuschüsse, sei es vor, sei es nach Ausfertigung des Beihilfebescheides, freiwillig oder pflichtgemäß zurückbezahlt worden sind. Zustimmend LG. II Berlin JW. 1925, 1149; Oeller, BayZ. 1925, 130; Brumby, EA. 358 KG. JR. 1926 Nr. 1136. Unerheblich ist auch, ob die Zurückzahlung vor dem Inkrafttreten der VO. vom 24. Dez. 1923 (28. Dez. 1923) erfolgt ist a. M. LG. Altona LZ. 1925, 669.

**5.** Übergangsrecht. Vor dem Inkrafttreten des MSchG. waren auch Zuschußhäuser der MSchVO. unterstellt; eine landesrechtliche Ausnahmestellung war nicht möglich, weil § 5a MSchVO. nur die rechtliche Grundlage für eine Ausdehnung des Mieterschutzes, nicht aber für eine Einschränkung geboten hat. Abs. 3 bedeutet daher nur die Möglichkeit der Aufrechterhaltung des bisherigen Rechtszustandes in Ansehung der Zuschußhäuser.

**§ 33a.** I **Wird durch Teilung einer unbenutzten Wohnung von fünf oder mehr Wohnräumen eine neue räumlich und wirtschaftlich selbständige Wohnung gewonnen, so findet auf die neue Wohnung der erste Abschnitt dieses Gesetzes keine Anwendung. Das gleiche gilt, wenn im Einverständnis mit dem Mieter durch Teilung einer benutzten Wohnung der gleichen Größe eine neue räumlich und wirtschaftlich selbständige Wohnung hergestellt wird. Als neue Wohnung gilt der Teil der bisherigen Wohnung, in dem eine Küche nicht vorhanden war.**

II **Die Gemeindebehörde hat von der Anordnung oder Durchführung einer Beschlagnahme abzusehen, wenn der Verfügungsberechtigte sich verpflichtet, innerhalb einer von der Gemeindebehörde zu bestimmenden Frist**

**von mindestens vier Wochen die Teilung einer Wohnung der im Abs. 1 bezeichneten Art vorzunehmen und innerhalb der Frist die Arbeiten ausführt.**

**III Eine Beschlagnahme der neuen Wohnung ist nicht zulässig. Der Mietvertrag bedarf der Genehmigung der Gemeindebehörde. Die Genehmigung darf nur versagt werden, wenn der Mieter in der Gemeinde nicht als dringlich Wohnungsuchender eingetragen ist; eine Versagung aus anderen Gründen ist nicht zulässig.**

**IV Abs. 3 gilt auch, wenn die neue Wohnung durch Beendigung des Mietvertrags wieder frei wird.**

**§ 33b. Wird aus unbenutzten gewerblichen Räumen oder im Einverständnis mit dem Mieter aus benutzten gewerblichen Räumen durch Ausbau eine räumlich und wirtschaftlich selbständige Wohnung gewonnen, so finden die Vorschriften des § 33a entsprechende Anwendung. Dies gilt nicht, wenn die Räume bis zum 1. Oktober 1918 zu Wohnzwecken bestimmt oder benutzt waren.**

**1.** Die §§ 33a, 33b sind durch das Abänderungsgesetz vom 29. Juni 1926 neu geschaffen. Durch die Sonderstellung der durch Teilung von Wohnungen oder den Ausbau gewerblicher Räume neu geschaffenen Wohnungen wollte der Reichstagsausschuß, von dem diese Regelung eingefügt wurde, die Möglichkeit zur Beschaffung neuen Wohnraums geben. Ob die an diese Neuordnung geknüpften Hoffnungen sich erfüllen werden, wird die Praxis lehren.

Die Sonderstellung ist eine umfassende:

1. Die Vorbereitung der Schaffung der neuen Wohnung darf durch Beschlagnahme der zu teilenden Wohnung (§§ 4, 6 WMG.) nicht gestört werden, wenn innerhalb einer von der Gemeindebehörde zu bestimmenden Frist von mindestens vier Wochen die Teilung der Wohnung oder der Ausbau vorgenommen wird (Abs. 2).

   Nach Durchführung der Teilung kann die Restwohnung beschlagnahmt oder die bereits eingeleitete Beschlagnahme für diesen Teil der gesamten Wohnung durchgeführt werden.

2. Die Beschlagnahme der neuen Wohnung ist — über die Grundsätze des Reichs- und Landesrechts hinaus — verboten (Abs. 3). Die Novelle zum MSchG. bringt insoweit eine Abänderung des Wohnungsmangelgesetzes.

3. Auf die neue Wohnung finden die §§ 1—36 MSchG. keine Anwendung (Abs. 1). Der Vermieter ist daher zur Kündigung des Mietverhältnisses nach den Vorschriften des BGB. befugt; eine Ersetzung der Erlaubnis zur Untervermietung durch das MEA. kommt nicht in Frage usw. Nur bei der Begründung des Mietverhältnisses — und zwar bei der jedesmaligen, nicht nur bei der erstmaligen (Abs. 4) — ist der Vermieter bei Meidung der Ungültigkeit (entsprechend § 31) verpflichtet die Genehmigung der Gemeindebehörde zu erholen, die nur dann versagt werden darf, wenn der Mieter in der Gemeinde nicht als dringlich — nicht unbedingt vordringlich — Wohnungsuchender eingetragen ist. Daß die Genehmigung im übrigen versagt werden darf und muß, wenn die Voraussetzungen der §§ 33a, 33b nicht vorliegen (z. B. die zu teilende Wohnung ist keine Großwohnung, die neue Wohnung ist nicht als räumlich oder wirtschaftlich selbständige Wohnung zu erachten), bedarf keiner Begründung. Ist der Wohnungsuchende in der Vormerkungsliste der Gemeinde (nicht einer anderen) als dringlich eingetragen, so muß die Genehmigung des Mietvertrages erfolgen, ohne daß andere Gesichtspunkte z. B. der Wohnbedarf, die ausreichende bisherige Unterbringung in diesem Verfahren berücksichtigt werden dürfen. Insoweit ist der Vermieter trotz Aufhebung des Mieterschutzes in der Verfügung über die neue Wohnung beschränkt.

Gegen die Versagung der Genehmigung durch das WA. ist Beschwerde nach § 16 WMG. gegeben.

4. Die Vorschriften des Reichsmietengesetzes finden nach der durch die Novelle veranlaßten Neufassung des § 16 RMG. auf die gemäß §§ 33a, 33b neu gewonnenen Wohnungen keine Anwendung: es gilt also nicht die gesetzliche, sondern lediglich die vereinbarte Miete. Ungebührlich hohe Mieten können nur durch die Wuchervorschriften (§§ 49a, 49b MSchG.) bekämpft werden. Für den verbleibenden Teil der Wohnung bleibt das RMG. ebenso wie das MSchG. in Geltung.

**2.** Die neue Wohnung muß räumlich und wirtschaftlich selbständig sein (vgl. § 24 Abs. 1). Räumliche und wirtschaftliche Selbständigkeit setzen voraus, daß in der von anderen Wohnungen getrennten Wohnung ein selbständiger Haushalt geführt werden kann, ohne daß die Mitbenutzung anderer Räume im Hause mehr als ortsüblich erfolgt KG. JW. 1925, 1127. Dazu gehört vor allem eine ausreichende eigene Kochgelegenheit — nicht bloße Mitbenutzung —; die Kochgelegenheit muß neu geschaffen sein, weil nach der ausdrücklichen Vorschrift des Abs. 1 Satz 3 nur jener Teil der bisherigen Wohnung als neue Wohnung gilt, in dem eine Küche nicht vorhanden war. Weiterhin wird ein eigener Zugang zu fordern sein; es geht nicht an, daß der Zugang zu dem einen Teil durch den Wohnraum des andern führt. Regelmäßig wird auch die Benutzung von Wasserleitung und Abort nur da eine gemeinschaftliche sein dürfen, wo dies nach den örtlichen Verhältnissen, insbes. nach dem Charakter des Miethauses, üblich ist. Vgl. auch KG. EA. 389, LG. Greifswald EA. 475. Strenge Anforderungen nach dieser Richtung sind um so berechtigter, als das Gesetz ausdrücklich auch räumliche Selbständigkeit fordert. Auch auf die persönlichen Wohnbedürfnisse wird Rücksicht zu nehmen sein. Daß bei solcher Auffassung die praktische Auswirkung dieser Vorschrift erheblich beeinträchtigt wird, kann eine einschränkende Auslegung nicht rechtfertigen.

**3.** Die Schaffung der neuen Wohnung erfolgt

1. durch Teilung einer Wohnung (§ 33a) von fünf oder mehr Wohnräumen. Kleinere Wohnungen können auch nicht durch Teilung dem Mieterschutz entzogen werden. Als Wohnräume sind alle Räume zu erachten, die zum dauernden Aufenthalt von Menschen geeignet sind und eine gewisse Mindestgröße (etwa 10 qm), Licht- und Luftzuführungsmöglichkeit besitzen. Küchen- und Aborträume, Badezimmer zählen nicht hieher, wohl aber sog. Dienstbotenkammern, sofern nicht die örtlichen Verhältnisse eine andere Auffassung bedingen.

   Die Teilung erfolgt durch einseitige Maßnahmen des Vermieters, wenn die Wohnung unbenutzt d. i. wenn sie durch Auszug des Mieters frei geworden ist, sonst nur mit Zustimmung des Mieters. Für diesen ist zu beachten, daß er sich des Mieterschutzes beraubt, wenn er auf die bisher benutzte Küche verzichtet (Abs. 1 Satz 3).

2. Durch Ausbau gewerblicher Räume (§ 33b). Der Ausbau kann bei benutzten gewerblichen Räumen nur im Einverständnis mit dem Mieter erfolgen. Auf die Größe der zum Ausbau zur Verfügung stehenden Räume oder der zu gewinnenden Wohnung kommt es nicht an.

   Soweit es sich um Räume handelt, die „durch Um- oder Einbauten neugeschaffen“ wurden, kommt die für den Vermieter günstigere Vorschrift des § 33 zur Anwendung; alsdann besteht keinerlei Beschränkung hinsichtlich Mieterschutz, Mietzinsbildung und Verwendung.

Mißlich ist, daß Räume, die entgegen § 2 Abs. 2 WMG. aus Wohnräumen in gewerbliche Räume verwandelt worden sind, der Sonderstellung des § 33a nicht teilhaftig sein sollen, auch wenn sie zu Wohnräumen wieder umgestaltet worden sind; hier wird aber regelmäßig § 33 zur Anwendung kommen.

## § 34.

Die oberste Landesbehörde kann mit Zustimmung des Reichsarbeitsministers für bestimmte Gemeinden, insbesondere Grenzgemeinden, anordnen, daß die §§ 1—31 oder ein Teil dieser Vorschriften keine Anwendung finden, wenn der Mieter im Ausland eine seine Arbeitskraft ganz oder überwiegend in Anspruch nehmende Beschäftigung ausübt, ohne zu einem deutschen Arbeitgeber in einem Dienst- oder Arbeitsverhältnis zu stehen. Die Anordnung kann auf einzelne Gruppen von Mietern beschränkt werden.

Verhältnisse des Mieters (Gegensatz: § 32 Eigenschaften des Vermieters, § 33 Art des Gebäudes) sind entscheidend (vgl. auch § 35). Unter der doppelten Voraussetzung des § 34 (überwiegende oder vollständige Inanspruchnahme des Mieters durch die Beschäftigung im Ausland, Dienst- oder Arbeitsverhältnis bei einem Ausländer) ist die Landesbehörde in der Regelung des Mieterschutzes unbeschränkt, vorausgesetzt, daß der Reichsarbeitsminister zugestimmt hat.

Ausland nach dem gegenwärtigen Stand der Grenzen; hieher gehört selbstverständlich nicht das besetzte Gebiet

Landesrechtliche Anordnungen im Sinne dieser Vorschrift sind bisher nirgends ergangen.

## § 35.

I Hatte der Mieter am 1. Januar 1914 seinen Wohnsitz nicht im Inland, so genügt es an Stelle des im § 4 bezeichneten Aufhebungsgrundes, daß der Vermieter ein begründetes Interesse an der Erlangung des Mietraums hat; die Vorschriften über den Ersatz von Umzugskosten und die Sicherung eines Ersatzraums finden keine Anwendung.

II Abs. 1 gilt nicht, wenn die dort bezeichneten Voraussetzungen auch auf seiten des Vermieters vorliegen oder wenn der Mieter zu den im § 9c der Bekanntmachung über Maßnahmen gegen Wohnungsmangel vom 23. September 1918 (Reichsgesetzbl. S. 1143) in der Fassung des Gesetzes über Maßnahmen gegen Wohnungsmangel vom 11. Mai 1920 (Reichsgesetzbl. S. 949) bezeichneten Personen gehört.

**1.** Beschränkung des Mieterschutzes bei Personen, die am 1. Januar 1914 ihren Wohnsitz, nicht Aufenthalt (zustimmend

Hertel S. 186) im Ausland hatten. Nur wirksam hinsichtlich der Aufhebung wegen Raumbedarfs des Vermieters (§ 4); die übrigen Aufhebungstatbestände der §§ 2 u. 3 gelten unverändert. Inhalt: Erleichterung der Aufhebung: es genügt begründetes Interesse des Vermieters an der Erlangung des Mietraumes; Ersatz von Umzugskosten (§ 4 Abs. 3) und Sicherung eines Ersatzraumes (§ 6) findet nicht statt. Auch § 36 findet keine Anwendung; ebensowenig § 16.

Verschweigt der Mieter seine Ausländereigenschaft und wird auf Räumung nur unter Sicherung eines Ersatzraumes erkannt, so gilt § 35, nicht § 36 (so Lindemann, Recht 1924, 47).

Inland nach den damals gegebenen Grenzen des Deutschen Reiches.

**2.** Für die Fälle des Abs. 2 gilt der Schutz des § 4 in vollem Umfang:

a) wenn der Vermieter am 1. Januar 1914 seinen Wohnsitz nicht im Inlande hatte, oder

b) wenn der Mieter zu den in § 9c WMVO. aufgezählten Personen deutscher Staatsangehörigkeit — Flüchtlinge und Auslandsdeutsche — gehört (a. M. Hertel S. 188). Gemäß § 18 WMG. gilt die bisherige Fassung des § 9c WMVO. auch noch nach dem Inkrafttreten des WMG. für die Durchführung des Abs. 2.

Zweifel ergeben sich für den Fall, daß der Vermieter selbst zu den Personen des § 9c WMVO. zählt: gegenüber einer nach Abs. 2 privilegierten Person wird der Vermieter auch in diesem Falle auf Abs. 1 sich nicht berufen können, wohl aber gegen jeden anderen Mieter. Wann der Vermieter die Vermietereigenschaft erworben hat, ist unerheblich.

## § 36.

[1]Ist die Zwangsvollstreckung aus einem Urteil nach § 6 von der Sicherung eines Ersatzraums abhängig, so hat die Gemeindebehörde dem zur Herausgabe Verpflichteten einen entsprechenden Ersatzraum beschleunigt zuzuweisen, es sei denn, daß der Verpflichtete gegenüber der Gemeindebehörde auf die Zuweisung eines Ersatzraums verzichtet hat. Dies gilt auch im Falle eines gerichtlichen Vergleichs, wenn das Gericht die beschleunigte Zuweisung eines Ersatzraums angeordnet hat; eine Anfechtung der Entscheidung findet nicht statt. Die Gemeindebehörde hat den bisherigen Vermieter von dem Zeitpunkt der Zuweisung zu benachrichtigen.

II Ein Ersatzraum ist auch beschleunigt zuzuweisen, wenn der Mieter in den Fällen der §§ 22, 23, 32 den Mietraum gegen Zahlung eines Geldbetrags hat herausgeben müssen oder wenn in den Fällen des § 32 die Zwangsvollstreckung von der Sicherung eines Ersatzraums abhängig ist.

III Wer gemäß **den Vorschriften dieses Gesetzes** zur Herausgabe eines Raumes verpflichtet ist, darf von der Gemeindebehörde nicht in den gleichen Raum wieder eingewiesen werden.

**1.** Während § 4 Abs. 7 dem Gericht die Befugnis verleiht, die Tätigkeit der Ortspolizeibehörde im Vollzuge des Wohnungsmangelgesetzes im einzelnen Fall zu beschränken, verlangt § 36 von der Ortspolizeibehörde ein positives Handeln; § 36 ergänzt damit die Verpflichtungen der Ortspolizeibehörde aus dem WMG. im Interesse der Durchführung richterlichen Urteilsspruchs. Die Gemeinde kann sich ihrer Verpflichtung nicht dadurch entziehen, die Ersatzraumzuweisung sei überflüssig, weil der Mieter eines solchen nicht bedürfe KG. EA. 380. Abs. 3 beschränkt diese Tätigkeit durch das Verbot der Wiederzuweisung des gleichen Raumes an den Herausgabepflichtigen; nach der Neufassung des Abs. 3 durch die Novelle vom 29. Juni 1926 gilt dies auch dann, wenn dem Mieter ein Ersatzraum nicht zugebilligt ist.

Die Verpflichtung zur Zuweisung reicht nicht weiter als die Verfügungsmacht der Gemeindebehörde zur Inanspruchnahme von Räumen KG. EA. 360; Stern S. 153; vgl. hieher (zum Teil überholt) Lindemann, Recht 1924, 46; Reichau, JW. 1924, 790; Dahlsheimer, BayZ. 1924, 194 u. wegen der Zuweisung an Ausländer BayZ. 1924, 219; Oeller, BayZ. 1924, 256; Müller, JR. 1925, 59.

Im übrigen richtet sich die Verpflichtung der Gemeindebehörde zur Unterbringung Wohnungsloser nach den Bestimmungen des Wohnungsmangelgesetzes und besonderer Gesetze und Verordnungen. Zuweisung eines Ersatzraums in einer anderen Gemeinde ist grundsätzlich zulässig v. Wehner, BayGemVZ. 1925, 106.

**2.** Die beschleunigte Zuweisung umfaßt folgende Fälle (vgl. dazu Hertel S. 190):

a) im Aufhebungsverfahren ist die Zwangsvollstreckung von der Sicherung eines Ersatzraumes abhängig gemacht (§ 6);

Ausnahme: Der Herausgabeverpflichtete hat der Gemeindebehörde gegenüber (nicht bloß dem Vermieter oder sonstigen Personen gegenüber) auf die Zuweisung eines Ersatzraumes verzichtet.

b) der Mieter hat sich in einem gerichtlichen Vergleich (§ 27 Abs. 3) zur Herausgabe des Raumes bereit erklärt und das

Gericht hat die beschleunigte Zuweisung eines Ersatzraumes ausdrücklich durch unanfechtbare Entscheidung angeordnet;

Ausnahme: wie zu a.

c) der Inhaber einer Wohnung, der zur Herausgabe des Raumes nach §§ 22, 23, 32 verpflichtet ist, erhält vom Vermieter (Arbeitgeber) einen angemessenen Geldbetrag bezahlt. Hier wird die Zwangsvollstreckung nicht von der Sicherung eines Ersatzraumes abhängig gemacht: gleichwohl ist ein Ersatzraum beschleunigt zuzuweisen;

d) dem Inhaber einer reichseigenen usw. Wohnung ist ein Ersatzraum zugesichert (§ 32).

Die Art des Ersatzraumes zu bestimmen ist nicht Sache der Ortspolizeibehörde: ob (nach bisherigem Recht) ein angemessener oder ausreichender Ersatzraum im einzelnen Fall in Betracht kommt, bemißt sich ausschließlich nach dem Ausspruch im Urteil (§§ 6, 27). Dem Urteilsausspruch muß der Ersatzraum „entsprechen". Wegen der Einschränkung dieser Verpflichtung durch die Ausnahmevorschriften des WMG. vgl. § 12 WMG. Anm. 1.

Beschleunigt ist die Zuweisung dann, wenn der Räumungspflichtige rascher als andere Wohnungsuchende in gleicher Lage untergebracht wird. Vordatierung ist hier die gegebene Maßnahme. Vgl. RE. des ReichsArbMin. ReichsarbBl. 1925, 292; für Bayern MinBek. vom 6. Nov. 1924 ZtschrfW. 1925, 141.

**3.** Die Beschränkung des Abs. 3 entspricht der bisherigen Praxis (LG. Münster und LG. Torgau JW. 1922, 828, 829, LG. Nordhausen JW. 1924, 67; Brandis, ArchZivPrax. 121, 192): die Tätigkeit der Ortspolizeibehörde darf nicht die auf Entfernung des Mieters abzielende Zwangsvollstreckung vereiteln. Abs. 3 bringt ein ausdrückliches Verbot an die Ortspolizeibehörde, dessen Durchführung im Beschwerdeweg erzwungen werden kann. Vgl. KG. Recht 1925, 426. Darauf, ob die Zwangsvollstreckung von der Zusicherung eines Ersatzraums abhängig gemacht ist oder nicht, kommt es nach der Neufassung durch die Novelle nicht mehr an vgl. Ewald, JW. 1924, 791; Ruth, JW. 1924, 2079.

Das Verbot der Einweisung gilt nur, soweit das MSchG. auf das Mietverhältnis überhaupt Anwendung findet, also z. B. nicht bei Räumungen, die wegen mangelnden Rechtsgrundes oder wegen § 31 MSchG. erfolgen; ebenso Hertel S. 192.

Wegen der polizeilichen Unterbringung Obdachloser vgl. § 33 Anm. 2. Bei der Beratung der Novelle wurde ein Antrag auf Ausdehnung des Abs. 3 auf die Einweisung durch die Polizeibehörde abgelehnt. Zur Unterbringung Obdachloser und Räumungspflichtiger vgl. Weitz Heft 6 S. 28 der Kommunalen Vereinigung für Wohnungswesen (Heymann 1925).

2. Abschnitt.

## Mieteinigungsämter.

Die Vorschriften dieses Abschnittes gelten für alle Mieteinigungsämter, mögen sie auf Grund des 1. Abschnittes (§§ 4, 16, 19, 21, 29 MSchG.), auf Grund des Reichsmietengesetzes (§§ 1, 2, 7, 10, 13, 14) oder des Wohnungsmangelgesetzes (§§ 4, 8, gegebenenfalls § 16) und der zu diesen Gesetzen erlassenen Ausführungsbestimmungen tätig werden (§ 57 Abs. 1). Die Beschwerdestellen sind in den meisten Ländern bei den Landgerichten eingerichtet (§ 42 MSchG.).

Der Inhalt dieses Abschnittes beschränkt sich in der Hauptsache auf die Festlegung der Grundzüge des Verfahrens, dessen Einzelheiten in der Verfahrensanordnung (§ 47) geregelt sind. Hervorzuheben ist ferner die Beibehaltung der Vollstreckbarkeit von Vergleichen vor dem MEA. oder der Beschwerdestelle (§ 45) sowie die Neuregelung der Gebühren- und Kostenfrage (§ 46).

Der Abschnitt findet eine weitere Ergänzung durch die vorbehaltenen landesrechtlichen Sondervorschriften (§§ 37 Abs. 2, 38 Abs. 5, 39 Abs. 1 u. 2, 45 Abs. 2). Die Entscheidung des MEA. erfolgt wie bisher nach billigem Ermessen (§ 40 Abs. 3); dies gilt auch für die Entscheidung der Beschwerdestelle (§§ 41 Abs. 3, 43).

Die Rechtsnatur des MEA. ist bestritten (dazu Bandmann, Verfahren vor den MEA.). Das Reichsgericht (RG. 107, 284 = JW. 1924, 805) stellt sich in Übereinstimmung mit dem BayKompKonflGerichtshof (BayZ. 1922, 265) auf den Standpunkt, daß die gemeindlichen MEA. Verwaltungsbehörden sind, während das Kammergericht (JW. 1924, 843) sie als Verwaltungsgerichte ansieht. Vgl. hieher die Ausführungen der 2. Aufl. S. 71 u. 106, Hertel S. 193—199 u. die dort angef. Lit., Stern S. 159. Neuerdings hat das KG. EA. 473 die MEA. als „Verwaltungsbehörden oder Verwaltungsgerichte" bezeichnet.

Die Frage der Rechtskonstruktion kann dahingestellt bleiben. Wesentlich ist, daß das MEA. z. T. eine rechtsprechende Tätigkeit ausübt, daß es insbesondere auch die Billigkeitsentscheidung (§ 40 Abs. 3) im Rahmen des geltenden Rechts zu fällen hat und daß es befugt und befähigt ist, über Rechtsfragen zu befinden KG. JW. 1925, 800; KGEA. 413; so BayObLG. BayZ. 25, 235 allerdings nur insoweit, als solche im Rahmen seiner Zuständigkeit ihm zugewiesen sind. Nur durch diese Einschränkung wird der unerträgliche negative Kompetenzkonflikt zwischen Gericht und MEA. vermieden. Über die Tragweite einer Rechtsfrage über den eigenen Aufgabenkreis hinaus darf das MEA. nicht urteilen. Daher keine Ablehnung der Entscheidung, wenn nach Auffassung des MEA. die Entscheidung für das Rechtsverhältnis bedeutungslos, es sei denn, daß die Entscheidung offensichtlich überflüssig ist KG. EA. 359. Keine Stellungnahme des MEA. bei Streit über den Begriff „Neubau", Bestehen des Mietverhältnisses (KG. EA. 444, 461), auch nicht durch Verweisung der Parteien an das ordentliche Gericht unter Aussetzung des Verfahrens (KG. EA. 387; Dahmann, EA. 429). Vgl. § 29 Anm. 1.

Wesentlich ist weiterhin, daß die Aufsichtsbehörde — soweit nicht gesetzlich z. B. auf Grund des § 16 WMG. ein anderes bestimmt werden kann — weder in Preußen (Brumby, EA. 341) noch in Bayern in die Spruchtätigkeit des MEA. einzugreifen befugt ist. Die bloße Dienstaufsicht der Aufsichtsbehörde bleibt hiervon unberührt Hertel S. 200.

Für das ordentliche Gericht ist die Entscheidung des MEA. nur bindend, wenn sie innerhalb der sachlichen Zuständigkeit des MEA. ergangen ist. Die örtliche Zuständigkeit, die vorschriftsmäßige Besetzung des MEA. unterliegt der Nachprüfung des Gerichts ebensowenig wie die Frage der materiellen Richtigkeit der Entscheidung und die Beobachtung der Verfahrensvorschriften.

## § 37.

I Die in diesem Gesetze, dem Reichsmietengesetz und dem Wohnungsmangelgesetze, den Mieteinigungsämtern übertragenen Aufgaben sind durch Mieteinigungsämter wahrzunehmen, die dem § 38 entsprechen.

II Die oberste Landesbehörde kann Gemeinden, Gemeindeverbände und weitere Kommunalverbände zur Errichtung von Mieteinigungsämtern anhalten. Sie kann die Aufgaben einer anderen Stelle übertragen, wenn deren Zusammensetzung dem § 38 entspricht, insbesondere auch einem mit Beisitzern besetzten Gerichte; soweit die Übertragung an ein Gericht erfolgt, kann auch bestimmt werden, daß die Feststellung der Sicherung eines Ersatzraums (§§ 6, 16) schon im Verfahren über die Aufhebung des Mietverhältnisses getroffen werden kann. Für das Verfahren bleiben die für das Mieteinigungsamt geltenden Vorschriften maßgebend.

**1.** An Stelle der WMVO. ist mit Wirkung vom 1. Sept. 1923 an das Wohnungsmangelgesetz vom 26. Juli 1923 (RGBl. I S. 754) getreten; eine allgemeine Zuständigkeit der MEA. zur Entscheidung von Beschwerden ist hier — abweichend vom bisherigen Recht § 9d — nicht gegeben. Es ist vielmehr in § 16 den Landesbehörden ausdrücklich anheimgestellt, das Beschwerdeverfahren selbständig zu regeln.

Die Zuständigkeit der MEA. ist eine gesetzliche; sie kann durch Parteivereinbarung nicht begründet werden. Auch eine Erweiterung der Zuständigkeit ist ausgeschlossen; möglich wäre nur die Vereinbarung eines Schiedsvertrages OLG. Rostock EA. 346, LG. I Berlin EA. 347.

Ist das MEA. unzuständig, weil z. B. ein Mietverhältnis nicht vorliegt, so hat es den Antrag abzulehnen LG. Hamburg EA. 366; Tormin, EA. 419. Vgl. aber auch Vorbem. zum 2. Abschnitt.

Entscheidungen des MEA. innerhalb seiner gesetz- und verordnungsmäßigen Zuständigkeit sind für das ordentliche Gericht bindend RG. 101, 55; 103, 315.

**2.** Wegen der landesrechtl. Organisation in Preußen und Bayern vgl. die Ausführungsbestimmungen zum MSchG. Preußen vom 15. Aug. und 25. Sept. 1923 GS. 405, 449; Bayern v. 23. Juli 1923 StAnz. Nr. 168. Der Zwang zur Errichtung ist durch § 37 gesetzlich begründet OVG. DJZ. 1925, 265.

**3.** Zuständig ist das MEA.

1. nach dem Reichswohnungsmangelgesetz
   a) zur Festsetzung des Zwangsmietvertrages § 4,
   b) zur Festsetzung der Vergütung gegenüber der Gemeindebehörde § 5,
   c) zur Ersetzung der Zustimmung des Vermieters zum Wohnungstausch § 8,
   d) (landesrechtlich) zur Entscheidung über Beschwerden gegen das Wohnungsamt § 16;
2. nach dem Reichsmietengesetz
   a) zur Feststellung des gesetzlichen Mietzinses und zur Nachprüfung von Mietzinsen § 1,
   b) zur Feststellung der tatsächlichen und Festsetzung der ortsüblichen Friedensmiete und Vornahme des Mietenausgleichs § 2,
   c) zur Festsetzung eines Zuschlags für gewerbliche Betriebe § 10,
   d) zur Anordnung der Einstellung der Sammelheizung und Warmwasserversorgung § 12,
   e) zur Festsetzung und Nachprüfung des Untermietzinses § 14;
3. nach dem Mieterschutzgesetz
   a) zur Festsetzung der gesetzlichen Miete bei Teilaufhebung § 4 Abs. 2,
   b) zur Entscheidung über Einwendungen des Mieters gegen den zur Verfügung gestellten Ersatzraum § 16;
   c) zur Festsetzung der Vergütung für Raumüberlassung an Familienangehörige des verstorbenen Mieters § 19,
   d) zur Festsetzung der Vergütung für Raumüberlassung nach Beendigung des Dienst- oder Arbeitsverhältnisses § 21,
   e) zur Ersetzung der Erlaubnis des Vermieters zur Untervermietung § 29.

## § 38.

I Das Mieteinigungsamt besteht aus einem Vorsitzenden und mehreren Beisitzern. Für jedes Mitglied ist mindestens ein Stellvertreter zu bestellen.

II Der Vorsitzende muß zum Richteramte befähigt sein oder die Prüfung zum höheren Verwaltungsdienst abgelegt haben. Während seiner Amtszeit, die mindestens ein Jahr betragen soll, darf er gegen seinen Willen nur nach den für die Entlassung eines nicht richterlichen Beamten geltenden Vorschriften aus dem Amte entfernt werden, es sei denn, daß er vorher aus der Gemeindeverwaltung ausscheidet.

III Auf die Beisitzer finden die Vorschriften des § 7 Abs. 2 bis 6 entsprechende Anwendung. Die Vorschriften des § 7 Abs. 3 Satz 1, 4 bis 6, Abs. 4 bis 6 gelten entsprechend auch für den Vorsitzenden.

IV In bezug auf die Beratung und Abstimmung sowie auf die Ausschließung und Ablehnung des Vorsitzenden und der Beisitzer gilt § 8 Abs. 3 mit der Maßgabe, daß an Stelle des Landgerichts die Beschwerdestelle (§ 42) tritt.

V Das Nähere über die Besetzung des Mieteinigungsamts regelt die oberste Landesbehörde.

**1.** Besetzung des MEA., d. i. die Verfassung der Behörde im Gegensatz zu der Spruchtätigkeit des Amtes (§ 39). Wesentlich ist: der Vorsitzende und Beisitzer samt Stellvertretern (auch für den Vorsitzenden). Sie bekleiden ein Amt; daher sind die §§ 331 ff. StGB. für sie anwendbar. Vgl. auch OLG. Marienwerder LZ. 1921, 386; RG. Recht 1920 Nr. 807.

Die Beschwerdestelle hat zu prüfen, ob die Beisitzer des MEA. vorschriftsmäßig gewählt sind KG. JW. 1926, 185 = EA. 403 = JR. 1925 Nr. 1536 oder ob sie auf der Vorschlagsliste stehen OLG. Rostock Gut Nr. 734. Die Beisitzer dürfen nur während des Geschäftsjahres tätig sein, für das sie gewählt sind KG. JR. 1926 Nr. 946.

Ist das MEA. nicht vorschriftsmäßig besetzt, so unterliegt die Entscheidung der Rechtsbeschwerde, gegebenenfalls ist die Wiederaufnahme des Verfahrens zulässig; für das ordentliche Gericht besteht indes kein Nachprüfungsrecht RG. 105, 59.

**2.** Ist der Vorsitzende der Amtsrichter wie beim Amtsgericht als MEA., so gelten hinsichtlich seiner Befähigung und seiner Entlassung die allgemeinen Bestimmungen des GVG. (§§ 1—10) und des Richterdisziplinargesetzes. Für die Tätigkeit des Vorsitzenden gilt § 7 nach Maßgabe des Abs. 3 Satz 2, über seine Rechtsstellung vgl. OLG. Stettin, DRichtZ. 1925 Nr. 234 und Hertel S. 205. Über seine Verpflichtungserklärung nach § 7 Abs. 3 Satz 5 KG. EA. 359.

Die Beisitzer sind je zur Hälfte aus dem Kreise der Mieter und der vermietenden Hausbesitzer zu entnehmen. Wegen der Bestrafung der Beisitzer KG. EA. 396. Über die Unzulässigkeit der Mitwirkung von Gemeinderatsmitgliedern bei Entscheidungen, in denen die Gemeinde Partei ist KG. EA. 302, 345, 355; Bleicken EA. 311. Beamte, die bei Erlaß des Beschlagnahmebeschlusses mitgewirkt haben, sind gleichfalls ausgeschlossen BayObLG. Reger 44, 148; OLG. Rostock Gut Nr. 733.

Beisitzer, die als Zeugen oder Sachverständige vernommen wurden, sind von der Mitwirkung als Beisitzer in der betreffenden Sache ausgeschlossen KG. Rspr. 44, 255.

Über die rechtliche Stellung des Schriftführers beim MEA. KG. Gut Nr. 255; OLG. Rostock Gut Nr. 739.

Die Beschwerdestelle entscheidet an Stelle des Landgerichts, wenn der Vorsitzende des MEA. abgelehnt wird; einer Entscheidung der Beschwerdestelle bedarf es nicht, wenn der Vorsitzende das Ablehnungsgesuch für begründet hält (§ 45 Abs. 2 ZPO.). Gegen die Entscheidung ist sofortige Beschwerde an das OLG. zulässig KG. JW. 1924, 2036; OLG. Stettin JW. 1925, 2358. A. M. OLG. Hamm JW. 1925, 1136, Hertel S. 203.

**3.** Landesrecht. Preußen: AusfVO. vom 25. Sept. 1923; Bayern: AusfBest. vom 23. Juli 1923.

## § 39.

I Das Mieteinigungsamt entscheidet in der Besetzung von einem Vorsitzenden und mindestens zwei Beisitzern. Die Beisitzer müssen zur Hälfte Vermieter, zur Hälfte Mieter sein; ihre Zahl bestimmt die oberste Landesbehörde.

II Die oberste Landesbehörde kann zulassen, daß der Vorsitzende oder die Beisitzer (Abs. 1 Satz 2) oder wenn die Aufgaben des Mieteinigungsamts einem Gericht übertragen sind, der Gerichtsschreiber Vorverhandlungen abhalten, insbesondere einen Augenschein einnehmen, und daß, falls nicht ein Vergleich zustande kommt, der Vorsitzende eine Entscheidung trifft, wenn sie sofort erfolgen kann und die Beteiligten es beantragen.

III Gegen die Entscheidungen des Vorsitzenden kann innerhalb der Notfrist von einer Woche das Mieteinigungsamt angerufen werden.

**1.** Die Spruchtätigkeit des MEA. setzt ein ordnungsgemäß zusammengesetztes Amt voraus: Unfähigkeit des Vorsitzenden (§ 38 Abs. 2 MSchG., §§ 2 ff. GVG.) oder Verstoß gegen die Parität der Besetzung bewirken an sich, daß die Tätigkeit des Amtes als eine solche des MEA. nicht angesehen werden kann; ergehende Entscheidungen sind nicht nichtig und unbeachtlich, sondern nur anfechtbar (ebenso Hertel S. 209; a. M. 2. Aufl. und Syring, DJZ. 1921, 193). Im übrigen ist für den einzelnen Fall zu untersuchen, ob eine Verletzung der sonstigen reichs- oder landesrechtlich vorgesehenen Bestimmungen über die Bestellung des Vorsitzenden und der Beisitzer (§ 38 Abs. 3, § 7) den Beschluß des MEA. so stark beeinflussen, daß von der Entscheidung eines Mieteinigungsamtes nicht gesprochen werden kann. Der Nachprüfung durch das ordentliche Gericht unterliegt die ordnungsgemäße Besetzung des MEA. grundsätzlich ebensowenig wie die Einhaltung der für das MEA. vorgeschriebenen Verfahrensvorschriften (RG. 101, 53, 115). In RG. 105, 59 ist ausdrücklich festgestellt, daß die Beobachtung der für die Berufung maßgebenden Vorschriften ausschließlich Sache der dazu berufenen Behörden — hier des Bestellungs-Ausschusses — ist und daher der Nachprüfung durch die Gerichte entzogen ist.

Wegen der Rechtsbeschwerde bei nicht vorschriftsmäßiger Besetzung des MEA. vgl. § 551 Ziff. 1 ZPO., § 41 MSchG.; im übrigen wird die Rechtskraft des Urteils Verfahrensverstöße regelmäßig heilen, soweit nicht absolute Nichtigkeit vorliegt. Nichtvorschriftsmäßige Besetzung, wenn die Vorschlagsliste einer Vereinigung berücksichtigt ist, die nicht ausschließlich oder überwiegend Vermieter- oder Mieterinteressen verfolgt KG. JR. 1926 Nr. 1616.

Die örtliche Zuständigkeit des MEA. bemißt sich nach § 4 VerfAO.; die Entscheidung erfolgt in nichtöffentlicher Sitzung (§§ 5, 7 VerfAO.) und regelmäßig ohne mündliche Verhandlung.

Die Entscheidungen des MEA. erfolgen durch Beschluß, der regelmäßig schriftlich (§ 14 VerfAO.) zu begründen ist (vgl. § 40). Wegen der Sitzungspolizei vgl. § 13 VerfAO. Schriftliche Begründung des Beschlusses, Mitteilung an die Beteiligten, Aufnahme einer Verhandlungsniederschrift ist in den §§ 12, 14, 16 VerfAO. vorgeschrieben.

**2.** Der Vorsitzende des MEA. ist befugt, aber nicht verpflichtet, mit der Abhaltung von Vorverhandlungen, insbes. mit der Einnahme eines Augenscheines beim Amtsgerichte den Gerichtsschreiber zu betrauen. Bei der Bedeutung des Vorverfahrens für die Sachentscheidung wird der Richter nur besonders geeignete Gerichtsschreiber mit dieser Aufgabe betrauen dürfen; die Augenscheinseinnahme wird er regelmäßig wohl selbst vornehmen.

Der Vorsitzende selbst sowie die beiden Beisitzer können Vorverhandlungen abhalten; letztere jedoch nur, wenn der Vorsitzende sie damit betraut hat. Nur beide Beisitzer können mit der Augenscheinseinnahme beauftragt werden; § 8 Abs. 2 Satz 2 gilt auch hier entsprechend. Vgl. § 10 Abs. 2 VerfAO.

Der Begriff der Vorverhandlungen ist im Gesetz nicht festgelegt; § 501 ZPO. ist nicht ohne weiteres anzuwenden, weil hier die Vorlage eingehender Schriftsätze vorausgesetzt ist. Nach Abs. 2 dienen die Vorverhandlungen in erster Linie der Herbeiführung der vergleichsweisen Erledigung der Angelegenheit. Die Vorverhandlungen dürfen keinerlei entscheidende Tätigkeit enthalten; diese ist allein dem Vorsitzenden unter der Voraussetzung des Halbs. 2 vorbehalten.

**3.** Entscheidung durch den Vorsitzenden allein (vgl. §§ 8, 11) ist nur zulässig, wenn sie sofort, d. h. auf Grund einmaliger Verhandlung erfolgen kann, und wenn die Parteien übereinstimmend hierauf antragen. Sie wird daher regelmäßig unterbleiben, wenn der Vorsitzende nicht selbst die Vorverhandlung geführt, insbes. den Augenschein wahrgenommen hat. Ergänzung oder Berichtigung des Urteils erfolgt nach § 40 Abs. 6 nicht durch den Vorsitzenden, sondern durch das MEA.

Schon nach bisherigem Recht war es unzulässig, die Entscheidung darüber, ob eine andere Wohnung geeignet sei, einem Beisitzer zu überlassen (vgl. LG. Düsseldorf JW. 1923, 780[8]).

Gegen die Entscheidung des Vorsitzenden kann nach Abs. 3 innerhalb einer Woche (Notfrist, §§ 223, 224 ZPO.) das MEA. selbst angerufen werden, vor dem alsdann der ganze Streitfall zu verhandeln ist. Der Vorsitzende selbst, dessen Beschluß angefochten wird, ist von der Mitwirkung nicht ausgeschlossen Bidal S. 150. Fristberechnung § 222 ZPO., § 186 BGB. ab Zustellung oder Verkündung (§ 221 ZPO.).

Die Entscheidung des MEA. unterliegt der Rechtsbeschwerde nach § 41 MSchG.

**4.** Die Frist beginnt mit der Bekanntgabe der Entscheidung §§ 16 Abs. 2, 20 VerfAO. Gegen die Versäumung der Notfrist findet Wiedereinsetzung in den vorigen Stand statt (§ 20 Abs. 3 VerfAO.).

## § 40.

I Die Beteiligten sind zu einem Termine, der nicht in ihrer Anwesenheit anberaumt ist, schriftlich zu laden; § 10 gilt entsprechend. Die Ladungsfrist beträgt drei Tage; eine Abkürzung der Frist ist zulässig. Das Mieteinigungsamt muß in der Lage sein, festzustellen, daß die Ladungsschrift den Beteiligten rechtzeitig zugegangen ist.

II Sind die Beteiligten ordnungsgemäß geladen und ist die Sache zu einer Entscheidung reif, so kann das Miet=

einigungsamt auch in Abwesenheit eines Beteiligten entscheiden. Wird die Verhandlung vertagt, so hat der säumige Teil die den anderen Beteiligten durch das Ausbleiben verursachten notwendigen Kosten zu ersetzen. Erscheint der Säumige auch in dem zweiten Termine nicht, so darf eine weitere Vertagung nur mit Zustimmung der anderen Beteiligten stattfinden.

III Die Entscheidung (§ 39) erfolgt im Rahmen der im § 37 bezeichneten Vorschriften und der dazu erlassenen Anordnungen nach billigem Ermessen. Sie darf nur erlassen werden, wenn den Beteiligten Gelegenheit gegeben worden ist, sich zur Sache und über das Ergebnis einer Beweisaufnahme zu äußern und der Erhebung der Beweise beizuwohnen.

IV Die Entscheidung ist schriftlich zu begründen. Sind die Beteiligten im Termin anwesend, so kann die Begründung mündlich erfolgen; jeder Beteiligte kann jedoch innerhalb der Notfrist (§ 39 Abs. 3, § 41 Abs. 1) die schriftliche Mitteilung der Gründe beantragen. Die Beteiligten sind auf die zulässigen Rechtsbehelfe hinzuweisen; § 14 Abs. 4 gilt entsprechend.

V Vor der Entscheidung kann eine einstweilige Anordnung erlassen werden.

VI Die §§ 319, 321 der Zivilprozeßordnung gelten entsprechend. Ist die Entscheidung vom Vorsitzenden erlassen, so erfolgt die Berichtigung oder die Ergänzung durch das Mieteinigungsamt.

*§ 319 ZPO. I Schreibfehler, Rechnungsfehler und ähnliche offenbare Unrichtigkeiten, welche in dem Urteile vorkommen, sind jederzeit von dem Gerichte auch von Amts wegen zu berichtigen.*

*II Über die Berichtigung kann ohne vorgängige mündliche Verhandlung entschieden werden. Der Beschluss, welcher eine Berichtigung ausspricht, wird auf dem Urteil und den Ausfertigungen bemerkt.*

*III Gegen den Beschluss, durch welchen der Antrag auf Berichtigung zurückgewiesen wird, findet kein Rechtsmittel, gegen den Beschluss, welcher eine Berichtigung ausspricht, findet sofortige Beschwerde statt.*

*§ 321 ZPO. I Wenn ein nach dem ursprünglich festgestellten oder nachträglich berichtigten Tatbestande von einer Partei geltend gemachter Haupt- oder Nebenanspruch, oder wenn der Kostenpunkt*

*bei der Entscheidung ganz oder teilweise übergangen ist, so ist auf Antrag das Urteil durch nachträgliche Entscheidung zu ergänzen.*

*II Die nachträgliche Entscheidung muss binnen einer einwöchigen Frist, welche mit der Zustellung des Urteils beginnt, durch Zustellung eines Schriftsatzes beantragt werden.*

*III Der Schriftsatz muss den Antrag auf Ergänzung und die Ladung des Gegners zur mündlichen Verhandlung enthalten.*

*IV Die mündliche Verhandlung hat nicht nur den erledigten Teil des Rechtsstreites zum Gegenstande.*

**1.** § 40 regelt einen Teil des Verfahrens, gibt im besonderen die näheren Bestimmungen über die Entscheidung des Mieteinigungsamtes; sie erfolgt wie bisher „nach billigem Ermessen", muß aber regelmäßig schriftlich begründet werden. Als Grundsatz wird anzuerkennen sein, daß die formellen Vorschriften der Zivilprozeßordnung, soweit sie auf den reinen Parteibetrieb eingestellt sind, in dem Verfahren vor dem MEA. nur insoweit zur Anwendung zu bringen sind, als dies im Gesetz oder in der Verfahrensanordnung ausdrücklich zugelassen ist.

1. Zwischenentscheide sind mangels ausdrücklicher Vorschrift und mit Rücksicht darauf, daß die Beisitzer in jeder Sitzung wechseln, unzulässig LG. München II BayZ. 1924, 248.

2. Auch § 148 ZPO. über die Aussetzung des Verfahrens findet hier keine Anwendung; hier handelt es sich auch nicht um einen allgemeinen Rechtsgedanken, dessen Anwendung sich auch ohne besondere Vorschrift aus allgemeinen Grundsätzen ergeben müßte KG. EA. 387 (= JR. 1925 Nr. 1434); KG. JR. 1926 Nr. 483 (= EA. 443); OLG. Darmstadt HessRspr. 1925, 46.

3. Unanwendbar ist ferner § 295 ZPO. über die Heilung von Verfahrensmängeln durch Rügeverzicht KG. JW. 1924, 2020 = EA. 345.

4. Dagegen gelten die Vorschriften der ZPO. über die notwendige Streitgenossenschaft (§ 62) entsprechend KG. JW. 1926, 1583; a. M. Hein Fußnote.

5. Das gleiche gilt für die Grundsätze der §§ 578 ff. ZPO. über die Wiederaufnahme des Verfahrens KG. JW. 1925, 2336 = EA. 375.

6. Wegen der Zulässigkeit der Wiedereinsetzung in den vorigen Stand § 42 Anm. 1, wegen des Verbots der reformatio in peius § 43 Anm. 1.

Die Vorschriften dieses Gesetzes gelten nur für das Verfahren vor dem MEA., nicht auch für das Verfahren vor der Beschwerdestelle (§ 42); hiefür ist das die hiezu berufene Behörde, in Preußen und Bayern das für das Landgericht geltende Verfahrensrecht (§§ 253 ff., §§ 1 ff. ZPO.) maßgebend. Die VerfAO. gilt hier nach Maßgabe der §§ 27, 29 VerfAO.

2. Ladung und Ladungsfrist. Abweichend von §§ 214 ff. ZPO. gilt als Regel: die Beteiligten sind von Amts wegen schriftlich (mit Hinweis auf Versäumnisfolgen, von § 231 ZPO. abweichende Sollvorschrift des § 10) zu laden; Ausnahme: eine Ladung ist nicht erforderlich, wenn der Termin in Anwesenheit der Beteiligten bestimmt wurde. Für die Ladung ist im Gesetz — vorbehaltlich der Verfahrensanordnung — eine Form (abgesehen von der Schriftlichkeit) nicht vorgesehen; doch muß das MEA. nach Satz 3 in der Lage sein, festzustellen, daß die Ladungsschrift den Beteiligten rechtzeitig, also unter Einhaltung der Ladungsfrist tatsächlich zugegangen ist. Die Beachtung der für die Zustellung nach der ZPO. geltenden Bestimmungen ist hiernach nicht vorgeschrieben (§§ 166 ff.); jedoch kann die Zustellung auch durch den Gerichtsvollzieher oder durch die Post erfolgen. Im übrigen genügt Ladung durch den Amtsdiener gegen Empfangsschein. Die entsprechende Anwendung der Bestimmungen der ZPO. (§§ 181 ff.) über Ersatzzustellung wird ausnahmsweise im Interesse der Sicherheit des Ladungsdienstes zu fordern sein (ebenso Genthe § 41 Anm. 4). Über Ladung des nicht durch schriftliche Vollmacht ausgewiesenen Bevollmächtigten BayObLG. BayBBl. 1925, 238; LG. München I BayZ. 1925, 314.

Die Ladungsfrist ist entsprechend der Regel des § 217 ZPO. — Anwaltszwang kommt beim MEA. nicht in Betracht — auf drei Tage bemessen (vgl. dazu LG. Elberfeld JW. 1922, 826), Abkürzung der Frist ist nicht nur auf Antrag, sondern abweichend von § 226 ZPO. auch von Amts wegen durch den Vorsitzenden des MEA. (§ 11 VerfAO.) nach vorgängigem Gehör der Beteiligten (§ 226 Abs. 3 ZPO.) möglich. Dazu OLG. Rostock Gut Nr. 742.

3. Ordnungsgemäße, d. h. den Vorschriften des Abs. 1 und der Verfahrensanordnung entsprechende Ladung der Beteiligten vorausgesetzt, müßte das MEA. nach den auch hier anwendbaren — § 10 — Vorschriften der ZPO. über das Versäumnisverfahren auf Antrag der erschienenen Partei Versäumnisurteil nach §§ 330, 331 ZPO. erlassen. Abs. 2 gibt dem MEA. (Vorsitzenden § 39) die Befugnis zur Sachentscheidung, auch wenn einer der Beteiligten im Termin abwesend ist. Abwesenheit ist hier im Gegensatz zu § 333 ZPO. nur die körperliche Nichtanwesenheit der Beteiligten; ist eine Partei im Termin zwar erschienen, verhandelt sie aber nicht, so muß das MEA. auf Antrag Versäumnisurteil erlassen a. M. Hertel S. 214; Bandmann S. 58.

Abs. 2 gibt dem MEA. weiterhin — abweichend von § 335 ZPO. — die Befugnis ohne und auch gegen den Antrag des erschienenen Beteiligten die Verhandlung zu vertagen. Die Kostentragungspflicht (Satz 2) wird wohl in der ergehenden Endentscheidung auszusprechen sein (§ 15 VerfAO.). Als Kosten im Sinne dieser Vorschrift sind hier im Gegensatz zu § 46 auch die dem Gegner erwachsenden Kosten anzusehen. Die Vertagungsbefugnis des MEA. ist erst im zweiten Termin beschränkt (Satz 3): nur mit Zustimmung sämtlicher nicht säumiger Beteiligter darf nochmals die Verhandlung vertagt werden.

**4.** Die Entscheidung erfolgt nach billigem Ermessen (§ 7 MSchVO.); das MEA. ist daher bei seiner Entscheidung an keine prozessuale Beweisregel gebunden. Billiges Ermessen ist nicht gleichbedeutend mit freiem Ermessen: was billig ist, hat das MEA. aus dem Inhalt der Verhandlung unter Abwägung aller Parteiinteressen und unter Beachtung der in der Rechtsordnung vorgeschriebenen Normen zu entnehmen. Eine rechtliche Ungebundenheit besteht weder für das MEA. noch sonst für eine Behörde; auch Ermessensüberschreitung ist ebenso wie Ermessensmißbrauch rechtswidrig. Billiges Ermessen ist ein Rechtsbegriff. Zustimmend KG. JW. 1924, 877; Hertel S. 215, Stern S. 167; vgl. LG. Hamburg EA. 304. Die Beschwerdestelle hat nicht nur zu prüfen, ob die Anwendung des billigen Ermessens überhaupt erfolgt ist, sondern auch, ob sie richtig erfolgt ist KG. EA. 360 = JW. 1926, 1001.

Abs. 3 erweitert die Bestimmung des § 7 MSchVO., wonach die Entscheidung „im Rahmen der getroffenen Anordnungen" sich zu halten hat, dahin, daß „die im § 37 bezeichneten Vorschriften und der dazu erlassenen Anordnungen" zu beachten sind. Sachlich ist dadurch keine Änderung des bisherigen Rechtszustandes eingetreten: soweit die Gesetze, auf Grund deren das MEA. seine Tätigkeit zu entfalten hat, die Zuständigkeit oder die sachliche Entscheidung begrenzen, muß das MEA. sich daran ebenso halten wie der Richter an das Gesetz. Für billiges Ermessen ist da kein Raum, wo das Gesetz unzweideutige Normen gibt z. B. in § 2 Abs. 2 WMG. Das MEA. darf sich also z. B. mit der Regelung des Pachtzinses nicht befassen, weil die gesetzliche Miete nur auf Mietverhältnisse Anwendung findet (§ 1 RMG.); eine derartige Entscheidung des MEA. würde seine Zuständigkeit überschreiten, sie wäre unwirksam und unbeachtlich (RG. 101, 53, 115). Weitere Beispiele der Unzuständigkeit des MEA.: RG. JW. 1922, 805[6] (MEA. ist nicht dazu berufen, zu entscheiden, ob eine unter anderer Bezeichnung vereinbarte Leistung des Mieters einen Teil des Mietzinses bildet); KG. JW. 1922, 816[6] (laufende Mietverträge).

Rechtsnorm bildet das Mieterschutzgesetz, das Reichsmieten- und das Wohnungsmangelgesetz einschließlich der hierzu erlassenen Ausführungsbestimmungen und der auf Grund Ermächtigung von der obersten Landesbehörde oder der von ihr zulässigerweise bestimmten Stelle erlassenen Anordnungen. Die Rechtswirksamkeit der Ausführungsbestimmungen und der Anordnungen auf Grund Ermächtigung nachzuprüfen, ist nicht nur Recht, sondern Pflicht des MEA.

Aus Abs. 3 kann unmöglich gefolgert werden, daß das MEA. lediglich über Ermessensfragen, das Gericht über Rechtsfragen zu entscheiden hätte; das MEA. ist vielmehr auch zur Entscheidung über Rechtsfragen zuständig BayObLG. BayZ. 1925, 235 u. Vorbem. zum 2. Abschnitt.

Das MEA. ist nicht gehindert, seine Entscheidungen an Voraussetzungen und Bedingungen zu knüpfen RG. JW. 1924, 1964. Über die abweichende Auffassung des KG. vgl. Hertel S. 220.

Die Unanfechtbarkeit der Entscheidung des MEA., die wegen der Zulässigkeit der Nachprüfung im Aufsichtswege eine große Rolle gespielt hat, ist durch die Einführung der Rechtsbeschwerde grundsätzlich beseitigt. Die Endgültigkeit der Entscheidung des MEA. ist aber im Falle des § 16 MSchG. durch § 41 ausdrücklich aufrechterhalten.

Der Grundsatz des rechtlichen Gehörs ist durch ausdrückliche Vorschrift auch im Verfahren vor dem MEA. gesichert (Abs. 3 Satz 2); die Verletzung dieser Vorschrift ist absoluter Beschwerdegrund § 41 Abs. 2. Vgl. auch § 5 Abs. 2 VerfAO. Über den Kreis der Beteiligten im Falle des § 2 Abs. 5 RMG. vgl. LG. Hamburg EA. 491.

Wegen der Mitteilung der Beschlüsse an die Beteiligten vgl. § 16 Abs. 2 VerfAO.

**5.** Der Begründungszwang (vgl. § 14 VerfAO.) für die Entscheidung ist notwendig, um den Beteiligten die Begründung der Rechtsbeschwerde zu ermöglichen. Die Ausnahme des Satzes 2 ist ohne praktische Bedeutung, da jeder Beteiligte nachträglich — wenn auch nur innerhalb der Notfrist — die schriftliche Mitteilung der Gründe verlangen kann und eine spätere Entscheidungsbegründung schwieriger und wegen des Fehlens der unmittelbaren Verhandlungswirkung nicht wünschenswert ist. Die Begründung muß so gehalten sein, daß eine Nachprüfung hinsichtlich der Gesetzesverletzung möglich ist. Beispiele KG. EA. 360, 432, 480; BayObLG. EA. 442; LG. I Berlin JW. 1926, 874.

Der Hinweis auf die Art des im einzelnen Fall zulässigen Rechtsbehelfes ist zwingend vorgeschrieben; die Mitteilung der Form und Frist seiner Einlegung dagegen soll nur erfolgen (vgl. KG. EA. 373; LG. Hamburg EA. 397; aber auch § 14 Anm. 3). In welcher Form der Hinweis ergeht, ergibt sich aus der Art des Erlasses der Entscheidung: durch mündliche Erklärung bei Verkündung oder durch schriftliche Mitteilung bei Zustellung der Entscheidung.

Wegen Fehlens der Begründung kann ein Beschluß des MEA. von der Beschwerdestelle nur dann aufgehoben werden, wenn ihr eine schriftliche Begründung zur Zeit ihrer Entscheidung nicht vorliegt KG. JR. 1926 Nr. 947.

**6.** Einstweilige Anordnung. Die bestrittene Frage, ob eine solche einstweilige Anordnung etwa der Vollstreckung eines Räumungsurteils ohne weiteres entgegensteht, ist praktisch bedeutungslos geworden, da über die Frage der Herausgabe von Mieträumen im Aufhebungsverfahren entschieden wird (vgl. § 13 Abs. 3, § 18, § 27). Vgl. Bandmann S. 106. Ein Zwangsmietvertrag nach § 4 WMG. kann im Wege der einstweiligen Verfügung festgesetzt werden. Keine Rechtsbeschwerde gegen einstweilige Anordnungen des MEA. LG. München I BayZ. 1924, 328.

Zuständig ist außerhalb der Sitzungen der Vorsitzende (§ 11 VerfAO.). Beispiele einstweiliger Anordnungen KG. EA. 322, 480.

**7.** Die entsprechende Anwendung der §§ 319, 321 ZPO. bedeutet, daß im Falle des § 319 Abs. 3 ZPO. an Stelle der sofortigen Beschwerde die Rechtsbeschwerde des § 41 MSchG., ferner daß der Antrag auf Ergänzung des Urteils nach § 321 Abs. 2 ZPO. auch ohne Zustellung eines Schriftsatzes gestellt werden kann. Vgl. dazu EA. 376 Nr. 232. Wegen der Entscheidung des Vorsitzenden vgl. § 39. Die nachträgliche Entscheidung der Beschwerdestelle über den Antrag auf Erstattung außergerichtlicher Kosten ist unanfechtbar KG. KGBl. 1926, 74.

## § 41.

I Gegen die Entscheidung des Mieteinigungsamts findet innerhalb der Notfrist von zwei Wochen die Rechtsbeschwerde statt. § 16 Abs. 1 Satz 2 bleibt unberührt.

II Die Rechtsbeschwerde kann nur darauf gestützt werden, daß die Entscheidung auf einer Verletzung des Gesetzes beruhe. Dies ist stets anzunehmen, wenn § 40 Abs. 3 Satz 2 nicht beachtet ist; das gleiche gilt, wenn die Voraussetzungen vorliegen, unter denen nach § 551 Nr. 1 bis 5 der Zivilprozeßordnung eine gerichtliche Entscheidung als auf einer Verletzung des Gesetzes beruhend anzusehen ist. Ebenso liegt eine Gesetzesverletzung vor, wenn § 7 des Wohnungsmangelgesetzes unbeachtet geblieben ist; die endgültige Entscheidung hierüber hat bei Gebäuden, die zur Verfügung des Reiches stehen, die Reichsregierung, im übrigen die Landesregierung. Die §§ 550, 563 der Zivilprozeßordnung finden Anwendung. Die Entscheidung über die Kosten (§ 46) kann nur zugleich mit der Entscheidung in der Hauptsache angefochten werden.

III Die Beschwerdestelle ist befugt, in Fällen, in denen es ihr notwendig erscheint, von Amts wegen die Nachprüfung oder Vornahme einzelner tatsächlicher Feststellungen anzuordnen.

IV Der Gegner des Beschwerdeführers kann sich der Rechtsbeschwerde anschließen. Die §§ 521 Abs. 1, 522 der Zivilprozeßordnung gelten entsprechend.

*§ 551 ZPO. Eine Entscheidung ist stets als auf einer Verletzung des Gesetzes beruhend anzusehen:*
*1. wenn das erkennende Gericht nicht vorschriftsmässig besetzt war;*
*2. wenn bei der Entscheidung ein Richter mitgewirkt hat, welcher von der Ausübung des Richteramts kraft Gesetzes ausgeschlossen war, sofern nicht dieses Hindernis mittels eines Ablehnungsgesuchs ohne Erfolg geltend gemacht ist;*
*3. wenn bei der Entscheidung ein Richter mitgewirkt hat, obgleich derselbe wegen Besorgnis der Befangenheit abgelehnt und das Ablehnungsgesuch für begründet erklärt war;*
*4. wenn das Gericht seine Zuständigkeit oder Unzuständigkeit mit Unrecht angenommen hat;*
*5. wenn eine Partei in dem Verfahren nicht nach Vorschrift der Gesetze vertreten war, sofern sie nicht die Prozessführung ausdrücklich oder stillschweigend genehmigt hat.*
*6. . . . .*
*7. . . . .*

*§ 550 ZPO. Das Gesetz ist verletzt, wenn eine Rechtsnorm nicht oder nicht richtig angewendet worden ist.*

*§ 563 ZPO. Ergeben die Entscheidungsgründe zwar eine Gesetzesverletzung, stellt die Entscheidung selbst aber aus anderen Gründen sich als richtig dar, so ist die Revision zurückzuweisen.*

*§ 521 Abs. 1 ZPO. Der Berufungsbeklagte kann sich der Berufung anschliessen, selbst wenn er auf die Berufung verzichtet hat oder wenn die Berufungsfrist verstrichen ist.*

*§ 522 ZPO. I Die Anschliessung verliert ihre Wirkung, wenn die Berufung zurückgewiesen oder als unzulässig verworfen wird.*
*II Hat der Berufungsbeklagte innerhalb der Berufungsfrist sich der erhobenen Berufung angeschlossen, so wird es so angesehen, als habe er die Berufung selbständig eingelegt.*

**1.** Beschwerdeeinlegung. Voraussetzung ist eine beschwerdefähige Entscheidung des MEA. Gegen die Entscheidung des Vorsitzenden (§ 39) kann das MEA. angerufen werden; gegen dessen Entscheidung ist die Rechtsbeschwerde zulässig. Die Frist von zwei Wochen ist eine Notfrist, daher der Parteivereinbarung entzogen (§ 224 ZPO.); sie beginnt mit der Bekanntgabe (RG. Rspr. 43, 245) der Entscheidung (§§ 20, 21 VerfAO.), bei Anwesenheit des Beschwerdeführers oder seitens bevollmächtigten Vertreters bei Verkündung des Tenors (nicht notwendig auch der Gründe) der Entscheidung mit dieser (RG. JW. 1924, 844; a. M. bei Entfernung vor Bekanntgabe der Gründe RG. JW. 1924, 2023). Die Frist wird durch die Gerichtsferien in ihrem Laufe nicht gehemmt (§ 223 ZPO.). Bei mangelnder Rechtsbelehrung (zwingend vorgeschrieben) beginnt die Frist nicht zu laufen vgl. § 14 Anm. 3. Wegen der Fristberechnung vgl. § 222 ZPO., §§ 187 ff. BGB. Wegen Wiedereinsetzung in den vorigen Stand bei Fristversäumung vgl. §§ 20, 21 Abs. 5 VerfAO.

Beschwerdefähig ist nur eine Sachentscheidung, durch die die Instanz beendet wird. LG. Hamburg EA. 309; Friedmann, EA. 321. Daher keine Rechtsbeschwerde gegen Streitwertfestsetzungen und Festsetzungen der Kostenhöhe KG. EA. 345 u. 388 u. Rspr. 44, 7; Brumby, EA. 370. Zwischenentscheidungen sind unzulässig; werden sie erlassen, so wird man trotzdem die Rechtsbeschwerde als gegebenes Rechtsmittel anerkennen müssen (ebenso Stern S. 170; KG. bei Gut Nr. 282; vgl. aber auch LG. Hamburg EA. 309). Endgültig ist die Entscheidung des MEA. gemäß § 16 nur insoweit, als sie über die erhobenen Einwendungen sachlich befindet, während in allen anderen Fällen auch hier die Rechtsbeschwerde möglich ist KG. EA. 380 u. 409, auch LG. Rostock EA. 347 (Unzuständigkeit). Eine Sachentscheidung liegt auch dann vor, wenn das MEA. einen Antrag, eine vor dem 1. Oktober 1923 ergangene Entscheidung abzuändern, zurückweist KG. EA. 368, oder wenn es über das Vorliegen der Voraussetzungen des § 44 befindet BayObLG. BayZ. 1925, 87, nicht aber dann, wenn das Verfahren vor dem MEA. auf unbestimmte Zeit ausgesetzt wird LG. I Berlin EA. 369, ferner dann nicht, wenn das MEA. über eine Bescheinigung nach § 16 Entscheidung trifft KG. EA. 409. Keine Beschwerde gegen einstweilige Anordnungen LG. München I BayZ. 1924, 328; KGJR. 1926 Nr. 1617 (= EA. 481).

Gegen die Aussetzung des Verfahrens gemäß § 148 ZPO., die unzulässig ist, ist Rechtsbeschwerde möglich KG. EA. 387 = JR. 1925 Nr. 1028.

Die Rechtsbeschwerde ist weiterhin nur zulässig, wenn es sich um eine dem MEA. gesetzlich (§ 37) zugewiesene Aufgabe handelt, nicht aber bei Zuständigkeit infolge Parteivereinbarung (Schiedsrichteramt) LG. Hamburg EA. 339 u. 439, LG. Rostock EA. 346 oder bei Streitigkeiten, die dem MEA. in anderen Gesetzen zugewiesen sind z. B. als Kleingartenschiedsgerichte KG. LZ. 1924, 475.

Landesrechtlich kann für Angelegenheiten, die reichsrechtlich nicht geregelt sind, z. B. für Angelegenheiten des § 16 WMG. die Rechtsbeschwerde ausgeschlossen sein, wie dies in Bayern bis 1. Sept. 1926 der Fall war vgl. § 34 Bayer. WMBek.; zustimmend LG. München I BayZ. 1924, 127 u. BayObLG. BayZ. 1924, 175. Die gesetzliche Zulässigkeit dieser Regelung wird von Stern S. 170 zu Unrecht angezweifelt. Wegen Zulässigkeit der Rechtsbeschwerde in § 27 Abs. 2 MinBek. vgl. BayObLG. BayZ. 1925, 88. Durch § 35 der WMVO. ist nunmehr auch in Bayern die Rechtsbeschwerde eingeführt.

Die Bezeichnung der Beschwerde als Rechtsbeschwerde ist im Gesetz nicht vorgeschrieben; es genügt, wenn zum Ausdruck gebracht wird, daß die Entscheidung einer höheren Instanz herbeigeführt werden will. Im übrigen gilt auch hier falsa demonstratio non nocet Brumby, EA. 342. Eine bloße Gegenvorstellung ist allerdings keine Rechtsbeschwerde. Wegen der Schriftform der Rechtsbeschwerde KG. EA. 362. Beschwerdeberechtigt ist nur die von der Entscheidung unmittelbar betroffene Partei, nicht dritte Personen z. B. Wohnungsuchende, auch dann nicht, wenn sie mittelbar von der Entscheidung berührt werden. Eine formale Beschwerung des Beschwerdeführers ist immer vorausgesetzt LG. III Berlin KGBl. 1925, 48. Mehrere Beschwerdeführer können nur einheitlich das Rechtsmittel gebrauchen: nimmt nur einer die Beschwerde zurück, so bedarf es keiner Entscheidung mehr LG. Hamburg EA. 389. Beschwerdeberechtigt sind: in Wohnungsangelegenheiten die Gemeindebehörde (WA.) als Partei KG. Rspr. 43, 240; ebenso bei Festsetzung des Zwangsmietvertrags Brumby, EA. 305, 311 neben dem Verfügungsberechtigten KG. Rspr. 43, 332; EA. 337, nicht aber der Zwangsmieter KG. EA. 337 u. § 4 WMG. u. Erl.

Durch die Einlegung der Beschwerde wird die Wirksamkeit des angefochtenen Beschlusses gehemmt (§§ 20, 21 VerfAO.).

Auf den Verzicht und die Zurücknahme der Beschwerde finden die §§ 514 u. 515 Abs. 3 ZPO. entsprechende Anwendung (§ 22 VerfAO.).

**2.** Die Rechtsbeschwerde ist eine Beschwerde besonderer Art: sie kann gleich der Revision (§ 549 ZPO.) nur darauf gestützt werden, daß die Entscheidung auf einer Verletzung des Gesetzes beruhe.

Ihre Zulässigkeit ist ohne Rücksicht auf den Wert des Beschwerdegegenstandes in Abs. 1 geregelt (Entscheidung des MEA., Notfrist; Ausnahme § 16 Abs. 1); ihre Wirksamkeit an das Erfordernis einer kausalen Gesetzesverletzung unter Beschränkung auf bestimmte Rechtsnormen geknüpft (Abs. 2). Fehlt es an diesem Erfordernis, so ist die Rechtsbeschwerde unbegründet und daher zu verwerfen. Das MSchG. führt damit auch für die Rechtsbeschwerde den Begründungszwang, ohne jedoch die formalen Bestimmungen der §§ 554, 556 ZPO. zu übernehmen; nach § 21 VerfAO. soll der Beschwerdeführer die Beschwerde begründen und einen bestimmten Antrag stellen. Eine besondere Begründung ist nicht vorgeschrieben KG. JW. 1924, 877.

Für die Behandlung der Rechtsbeschwerde vor der Beschwerdestelle ist Abs. 3 von ausschlaggebender Bedeutung: in Abweichung von dem in § 561 ZPO. ausgesprochenen Grundsatz der Bindung des Revisionsgerichtes an die im Tatbestande des Berufungsurteiles festgestellten Tatsachen und an die Feststellung der Wahrheit oder Unwahrheit tatsächlicher Behauptungen ist der

Beschwerdestelle die Befugnis eingeräumt, die Nachprüfung oder Vornahme einzelner tatsächlicher Feststellungen anzuordnen. Diese Befugnis ist, soll die Beschwerdeinstanz nicht dieselbe Bedeutung wie die Berufungsinstanz erhalten einschränkend auszulegen Sie beschränkt sich — abgesehen von der Nachprüfung von Verfahrensmängeln — auf die Fälle, wo für die eigene Entscheidung der Beschwerdestelle (§ 43, § 41 Abs 2 Satz 4) in der Sache selbst eine Grundlage geschaffen werden muß Zunächst ist zu prüfen, ob eine Rechtsnorm richtig oder nicht richtig angewendet worden ist, wobei nicht übersehen werden darf, daß auch das billige Ermessen (§ 40 Abs 3) ein Rechtsbegriff ist, an den sich das MEA in erster Linie zu halten hat KG JW 1924, 849; KG EA 368; auch Warnecke, PrVerwBl. 45, 412; Vidal, EA 376 u KG EA 395 = JR 1925 Nr 1432. Vgl aber auch OLG Darmstadt JR 1926 Nr 1258

Die Nachprüfung und Feststellung kann die Beschwerdestelle selbst vornehmen, auch ein Gericht oder das MEA darum ersuchen

Auch die Anschließung an die Rechtsbeschwerde ist abweichend von § 556 ZPO nach der Regel der Anschlußberufung geregelt (Abs 4); sie ist wie diese an die Beschwerdefrist nicht gebunden Sie kann daher bis zum Schlusse der mündlichen Verhandlung, auf die die Entscheidung ergeht, erklärt oder durch nachträgliche Anträge ergänzt werden

Wegen weiterer Besonderheiten der Behandlung der Rechtsbeschwerde vgl § 42 Abs 1

**3.** Verletzung des Gesetzes genügt als Begründung der Rechtsbeschwerde nur, wenn sie für die angefochtene Entscheidung ursächlich war Ob ein solcher Kausalzusammenhang gegeben ist, hat die Beschwerdestelle nach freiem Ermessen zu prüfen, soweit ihr diese Möglichkeit nicht in den in Satz 2 u 3 aufgezählten Fällen durch die unwiderlegliche Vermutung für die Ursächlichkeit entzogen ist Für die Annahme des ursächlichen Zusammenhangs genügt indes schon die Möglichkeit, daß ohne die gerügte Verletzung der Rechtsnorm anders entschieden worden wäre; die rechtlichen Verstöße müssen zum mindesten maßgeblich für die Entscheidung gewesen sein RG 82, 275 Trotz vorliegender Ursächlichkeit ist aber die Gesetzesverletzung unbeachtlich, wenn einwandfrei feststeht, daß auch ohne sie eine andere Entscheidung nicht ergangen wäre (RG 57, 184; JW 1906, 572) oder wenn sicher feststeht, daß die Partei durch das Urteil, also trotz der Verletzung der Rechtsnorm nicht beschwert ist; letzteres folgt aus der nach Satz 4 anwendbaren Vorschrift des § 550 ZPO.

Der Begriff der Gesetzesverletzung folgt aus § 550 ZPO. (Satz 4): das Gesetz ist verletzt, wenn eine Rechtsnorm nicht oder nicht richtig angewendet worden ist Ob diese Rechtsnorm im öffentlichen Recht oder im Privatrecht begründet ist, ob es sich um eine materielle oder prozessuale Norm handelt, ob sie auf Gesetz,

Verordnung, Ministerialerlaß usw. beruht, ist unerheblich, sofern nur die Norm auf rechtlich gültiger Grundlage in der vorgeschriebenen Form erlassen ist. In Betracht kommen hier in erster Linie die Grundsätze des Mieterschutzgesetzes, des Reichsmietengesetzes und des Wohnungsmangelgesetzes sowie die hierzu erlassenen Ausführungsbestimmungen und Anordnungen auf Grund Ermächtigung. Wegen des Rechtsbegriffs des billigen Ermessens vgl. § 40 Anm. 4.

Bei jeder Gesetzesverletzung muß es sich um die Verletzung einer Vorschrift handeln, zu deren Anwendung das MEA. verpflichtet war; die Verletzung einer bloßen Sollvorschrift (z. B. § 10 u. § 39) ist ebensowenig wie das nicht sachgemäße Gebrauchmachen von einer Frage des freien Ermessens zur Begründung der Rechtsbeschwerde geeignet.

Eine Entscheidung ist stets als auf einer Verletzung des Gesetzes beruhend zu erachten

1. wenn der in § 40 Abs. 3 MSchG. festgelegte Grundsatz des rechtlichen Gehörs verletzt ist;
2. in den Fällen des § 551 Ziff. 1 mit 5 ZPO. (dazu RG. EA. 403 u. 387);
3. wenn die Vorschrift des § 7 WMG. (Inanspruchnahme fiskalischer Gebäude) unbeachtet geblieben ist (vgl. § 18 Satz 1 WMG.); ob diese Vorschrift verletzt ist, entscheidet nicht die Beschwerdestelle, sondern die nach dieser Vorschrift zuständige Reichs- oder Landesbehörde.

Ist eine Partei infolge nicht ordnungsgemäßer Ladung zur Verhandlung nicht erschienen, so ist das Vorliegen einer Gesetzesverletzung stets anzunehmen BayObLG. BayZ. 1925, 203.

**4.** Die Anfechtung der Entscheidung des MEA. lediglich wegen des Kostenpunktes ist entsprechend § 99 ZPO. als unzulässig erklärt (vgl. dagegen § 13 Abs. 4).

## § 42.

I Erachtet das Mieteinigungsamt die Rechtsbeschwerde für begründet, so hat es ihr abzuhelfen; andernfalls ist die Beschwerde der Beschwerdestelle vorzulegen.

II Die Beschwerdestelle entscheidet in einer Besetzung von mindestens drei Mitgliedern; der Vorsitzende und mindestens ein Beisitzer müssen zum Richteramte befähigt sein oder die Prüfung zum höheren Verwaltungsdienst abgelegt haben. Werden Hausbesitzer und Mieter bestellt, so dürfen sie nur in gleicher Zahl herangezogen werden. Die Mitglieder der Beschwerdestelle dürfen nicht Mitglieder eines Mieteinigungsamtes sein; § 7 Abs. 5 gilt entsprechend.

III Das Nähere über die Besetzung der Beschwerdestelle bestimmt die oberste Landesbehörde. Sie kann die Aufgaben der Beschwerdestelle einer Verwaltungsbehörde, dem Landgericht oder einem höheren Gericht übertragen.

**1.** Abweichend von den für die Berufung oder Revision maßgebenden Grundsätzen, aber in Anlehnung an die für die Beschwerde geltenden Bestimmungen der ZPO. (§ 571) ist das Mieteinigungsamt für verpflichtet erklärt, die eigene Entscheidung abzuändern, wenn die Rechtsbeschwerde ganz oder teilweise begründet erscheint; d. i. wenn die Entscheidung auf einer Gesetzesverletzung beruht (nicht aber, wenn z. B. nur neue Tatsachen vorgebracht werden KG. EA. 323, 368 = JW. 1924, 2018; JW. 1926, 258). Voraussetzung ist aber, daß die Rechtsbeschwerde überhaupt zulässig, d. h. an sich statthaft und rechtzeitig eingelegt ist; mangelt es an einem dieser Erfordernisse, so ist die Beschwerde vom MEA. als unzulässig zu verwerfen (§ 21 Abs. 2 VerfAO.), doch kann der Beschwerdeführer binnen einer Woche die Entscheidung der Beschwerdestelle beantragen. Auch wenn der Beschwerde nur teilweise abgeholfen wird, ist ihre Vorlage an die Beschwerdestelle geboten. So auch KG. JR. 1926 Nr. 1138 = EA. 472.

Auch wenn der Rechtsbeschwerde eine Begründung nicht beigefügt ist, kann ihr das MEA. abhelfen OLG. Darmstadt JR. 1925 Nr. 1433.

Ist die Rechtsbeschwerde wie im Falle des § 16 Abs. 1 Satz 2 unzulässig, so entfällt die Verpflichtung des MEA. zur Abhilfe; die als Anregung der Partei aufzufassende „Beschwerde" kann aber das MEA. zur Abänderung oder Aufhebung seiner Entscheidung veranlassen Neubürger, Kiefersauer, BayZ. 1924, 73 u. 137. Die Notwendigkeit und Berechtigung der Selbstberichtigung des MEA. beruht auf dem Gedanken, daß ein Rechtsmittel gegen die Entscheidung nicht zulässig ist oder — nach früherem Recht — war. Soweit § 41 reicht, ist deshalb diesem Gedanken die Grundlage entzogen. An Stelle des Rechtes der Selbstberichtigung tritt die Pflicht zur Abhilfe nach § 42 Abs. 1. Die Selbstberichtigung ist darüber hinaus zulässig

1. für Entscheidungen des MEA., die vor dem Inkrafttreten des MSchG. d. i. dem 1. Oktober 1923 ergangen sind, soweit eine solche Entscheidung heute noch sachliche Bedeutung hat KG. EA. 323 (= Rspr. 43, 262), 329 u. Brumby, EA. 350; a. M. anscheinend BayObLG. BayZ. 1925, 87; gegen die abändernde oder die Änderung ablehnende Entscheidung ist die Rechtsbeschwerde nach § 41 zulässig KG. EA. 329 und 368;
2. für später ergangene Entscheidungen, soweit eine Rechtsbeschwerde nicht zulässig ist z. B. bei mangelnder Sachentscheidung, Fall des § 16 usw. (§ 41 Anm. 1) so mit Recht

Brumby, EA. 294 gegen LG. Essen EA. 294; Hertel S. 231; a. M. KG. EA. 323 (= Rspr. 42, 258), LG. Düsseldorf JW. 1924, 2062; Hein, JW. 1924, 2018.

Beruht die Entscheidung auf einer arglistigen Täuschung der Parteien, die rechtlich bedeutsam ist (RG. 83, 433), so ist dennoch diese Entscheidung nicht null und nichtig (so Stern S. 175), sie besteht vielmehr als formaler Rechtsakt insolange fort, als sie nicht aufgehoben wird vgl. hieher RG. Recht 1924 Nr. 211, Josef, Recht 1924, 362. Die Zurücknahme, zu der das MEA. für befugt zu erachten ist, ist keine Selbstberichtigung, sondern die formelle Beseitigung eines materiell unrichtigen Entscheides durch Aufhebung seitens der zuständigen Stelle. Dadurch wird die materielle Ungültigkeit formell festgestellt. Wegen des früheren Rechts vgl. RG. 103, 314 u. 2. Aufl. S. 118, KG. JW. 1924, 839 u. Brandis, ArchZivPrax. 121, 182.

Ist die Beschwerdefrist fruchtlos abgelaufen, so gibt es im übrigen weder ein Rechtsmittel gegen den Entscheid noch eine Selbstberichtigung, wohl aber wird man die Wiedereinsetzung in den vorigen Stand bei Fristversäumung in entsprechender Anwendung der §§ 578 ff. ZPO. als eines allgemeinen, das gesamte Verfahrensrecht beherrschenden Rechtsgedankens für zulässig erachten dürfen KG. EA. 373 u. 375.

Die Abhilfe kann nicht ohne Anhörung des Beschwerdegegners (§ 21 Abs. 3 VerfAO.) oder sonst Beteiligter erfolgen, zumal wenn neue Tatsachen geltend gemacht oder Beweise angeboten sind (§ 40 Abs. 3 MSchG.). Die Anberaumung einer mündlichen Verhandlung ist nicht für erforderlich zu erachten; sie wäre auch unzweckmäßig, da sie nur zu einer weiteren Verzögerung des Verfahrens führen würde. Der Vorsitzende allein kann der Beschwerde nicht abhelfen; das MEA. hat darüber vielmehr in der Besetzung des § 39 Abs. 1 MSchG. zu befinden. Vgl. EA. 294. Der die Abhilfe versagende Beschluß ist nicht selbständig gebührenpflichtig, weil nur Teil des Verfahrens Brumby, EA. 378.

Wird der Beschwerde nicht oder nicht vollständig abgeholfen — eines besonderen Beschlusses oder einer Mitteilung an den Beschwerdeführer bedarf es nicht —, so muß sie das MEA. mit den Akten binnen drei Tagen der Beschwerdestelle vorlegen. § 21 Abs. 4 VerfAO. Einer Stellungnahme des Vorsitzenden oder des MEA. zu dem Vorbringen der Rechtsbeschwerde bedarf es nicht. Ist der Beschwerde vom MEA. teilweise abgeholfen, so hat die Beschwerdestelle nur insoweit Entscheidung zu treffen, als der Beschwerde noch nicht abgeholfen ist KG. EA. 472.

Wegen Wiedereinsetzung in den vorigen Stand bei Versäumung der Anrufung der Beschwerdestelle, bei Zurückweisung der Beschwerde durch das MEA. vgl. § 21 Abs. 5 VerfAO.

**2.** Als Beschwerdestellen sind in Preußen die LG. bestimmt (AufVO. vom 15. August 1923 § 13); in Bayern sind sie bei den Landgerichten unter Zuziehung von zwei Laienbeisitzern gebildet (AusfBest. vom 23. Juli 1923 Ziff. I 6). Die Beschlüsse der Beschwerdestelle sind ausnahmslos schriftlich zu begründen (§ 25 VerfAO.); im übrigen gelten die Vorschriften über das Verfahren vor dem MEA. entsprechend (§§ 27, 29 VerfAO.). Für den Vorsitzenden und die Beisitzer gelten die Vorschriften des § 7, mit Ausnahme zwar des Abs. 3 Satz 5.

**3.** Mit der sachlichen Entscheidung der Beschwerdestelle ist der Instanzenzug erschöpft; eine weitere Beschwerde ist deshalb ausgeschlossen vgl. § 43 Abs. 2, KG. JW. 1924, 840 u. 843; KG. EA. 313; OLG. Düsseldorf JW. 1924, 851; BayObLG. JW. 1926, 994 = BayZ. 1926, 64 dazu Wassertrüdinger, BayZ. 1926, 168; auch OLG. München BayZ. 1925, 297.

Zur Herbeiführung einer einheitlichen Rechtsprechung bietet § 24 VerfAO. die Möglichkeit der Herbeiführung einer „Vorabentscheidung über eine Rechtsfrage (Rechtsentscheid)“ durch ein höheres Gericht. Der Rechtsentscheid ist kein Rechtsmittel; die Einholung des Rechtsentscheides ist ausschließlich Sache der Beschwerdestelle, untersteht also nicht der Handhabung einer Partei. Einholung und Erteilung ist nur möglich bei MEA.-Sachen, nicht bei Sachen des Mietschöffengerichts KG. JW. 1924, 2025 und nur dann, wenn die Rechtsfrage für die Entscheidung der Beschwerdestelle von Erheblichkeit sein kann KG. EA. 338. Der Rechtsentscheid ist bindend nur, wenn er von einem höheren Gericht desselben Landes ausgeht; nur innerhalb eines Landes, nicht des Reiches soll die Einheitlichkeit der Rechtsprechung gesichert werden KG. JW. 1924, 840 (= EA. 308). Preußen = VO. vom 23. Oktober 1923 (GS. S. 485); Bayern = Bek. vom 1. Juli 1925 (StAnz. Nr. 117); die Erteilung obliegt dem Kammergericht bzw. dem BayObLG.

## § 43.

I Die Beschwerdestelle kann in der Sache selbst entscheiden oder sie zur nochmaligen Verhandlung und Entscheidung an das Mieteinigungsamt zurückverweisen. Die Zurückverweisung kann an eine andere Abteilung des Mieteinigungsamts erfolgen. Das Mieteinigungsamt, an das die Sache zurückverwiesen wird, hat die rechtliche Beurteilung, die der Aufhebung der Entscheidung zugrunde liegt, auch seiner Entscheidung zugrunde zu legen.

II Eine Entscheidung, die der Beschwerde unterliegt, wird erst endgültig, wenn die Beschwerdefrist abgelaufen ist, ohne daß eine Beschwerde eingelegt worden ist, oder wenn die

Beschwerde nach Ablauf der Beschwerdefrist zurückgenommen oder von der Beschwerdestelle zurückgewiesen wird.

**1.** Die Beschwerdestelle ist zur selbständigen Entscheidung der Sache befugt; die Möglichkeit der Ergänzung des Tatbestandes auf Grund des § 42 Abs. 3 gestattet aber eine sachliche Entscheidung nur in jenen Fällen, in denen die Verletzung einer Rechtsnorm vorliegt. Auf die in § 565 Abs. 3 ZPO. bezeichneten Fälle ist die Beschwerdestelle nicht beschränkt. Die Entscheidung der Beschwerdestelle ist endgültig; eine weitere Beschwerde ist nicht möglich § 42 Anm. 3.

Der für die Berufung aus § 536 ZPO. sich ergebende Grundsatz des Verbotes der reformatio in peius gilt als allgemeiner Rechtsgedanke auch für Mietsachen. § 43 Abs. 2 schließt den Eintritt der relativen Rechtskraft gegen die Beteiligten nicht aus BayObLG. BayZ. 1925, 235; Bandmann S. 102; Hertel S. 234; vgl. auch RG. Recht 1925, 425. Anerkannt nunmehr auch vom Gesetzgeber in Art. V der Novelle vom 29. Juni 1926 s. § 52 Anm. 3. Anders KG. JW. 1926, 1000 = EA. 432, wonach bei Zurückverweisung die erneute Entscheidung auch zu Ungunsten des Beschwerdeführers erfolgen kann.

Nach der Bekanntgabe der Entscheidung an die Parteien ist die Beschwerdestelle nicht mehr befugt, ihre Entscheidung abzuändern KG. EA 322 Wegen der Abänderung der Streitwertfestsetzung KG. JW. 1925, 858.

Gemäß §§ 27 VerfAO., 40 Abs. 5 MSchG. ist die Beschwerdestelle befugt vor ihrer Entscheidung einstweilige Anordnungen zu erlassen, damit das zu erstreitende Recht gesichert und nicht seine Verwirklichung gefährdet und erschwert werde KG. EA. 322.

**2.** Das Zurückverweisungsrecht entspricht der Regelung des § 565 ZPO.; die Geschäftsordnung ist maßgebend, wenn nicht an eine bestimmte Kammer verwiesen wird vgl. RG. LZ. 1924, 371. Zurückverweisung wird nur da am Platze sein, wo zur Endentscheidung noch umfangreiche Erhebungen erforderlich sind. Die Entscheidung über die Kosten (§ 46) ist in diesem Falle grundsätzlich, auch soweit die Kosten der Beschwerdestelle in Frage kommen, dem MEA. zu überlassen KG. DJZ. 1924, 832 = Rspr 43, 242; Bandmann S. 66.

**3.** Die Bindung des MEA (vgl. § 23 VerfAO.) an die Rechtsansicht der Beschwerdestelle (hiezu § 24 VerfAO.) reicht unter allen Umständen soweit, als der Tatbestand, wie er der Beschwerdestelle bei ihrer Entscheidung vorlag, unverändert geblieben ist. Das MEA ist deshalb auch nicht befugt, den der Beschwerdestelle bereits vorgelegenen Urkunden eine andere als von der Beschwerdestelle getroffene Auslegung zu geben, wenn nicht ein neues Tatsachenmaterial eine abweichende Auslegung rechtfertigt

(RG. LZ. 1919, 486; ferner V LZ. 1920, 49; IV LZ. 1920, 344; IV LZ. 1921, 109).

Ändert das Gericht später seine Ansicht, so dürfte eine Bindung des Untergerichts an den früheren RE. nicht anzuerkennen sein Fuchs EA. 427 gegen LG. Cleve. Dagegen ist die Bindung gegeben, auch wenn die Auffassung der Beschwerdestelle von einem RE. des KG. abweicht KG. JW. 1926, 1002 = EA. 443. Wegen der Bindung der Beschwerdestelle an den Rechtsentscheid vgl. § 42 Anm. 3.

**4.** Auch ohne sachliche Entscheidung der Beschwerdestelle wird die Entscheidung des MEA. in den in Abs. 2 bezeichneten Fällen endgültig. Endgültig ist die Entscheidung weiterhin auch dann, wenn sämtliche Beschwerdeberechtigten auf das Rechtsmittel verzichtet haben.

Die Endgültigkeit der Entscheidung bedeutet nicht nur, daß es kein weiteres Rechtsmittel gibt, sondern weiter, daß auch eine gerichtliche Klage unzulässig ist.

## § 44.

**Wer mit einem Antrag endgültig abgewiesen ist, kann den gleichen Antrag nicht mehr auf Tatsachen gründen, die er in einem früheren Verfahren geltend gemacht hat oder geltend machen konnte. Tatsachen, auf die der Antrag nicht mehr gegründet werden kann, dürfen zur Unterstützung eines auf andere Tatsachen gegründeten Antrags geltend gemacht werden.**

**1.** Verbrauch der Antragsgründe vgl. § 17. Die endgültige Abweisung umfaßt über § 43 Abs. 2 hinaus (a. M. KG. EA. 323, wonach nur Entscheidungen in Betracht kommen, die der Rechtsbeschwerde unterliegen) jedes rechtskräftig abgeschlossene Verfahren vor dem MEA.; daher Mietneufestsetzung zulässig bei veränderten Währungsverhältnissen LG. Hamburg EA. 314; auch LG. Marburg EA. 430. Vgl. LG. München II BayZ. 1925, 54.

Die bloß vergleichsweise Erledigung vor dem MEA. wird durch § 44 nicht getroffen KG. EA. 329; Kiefersauer, BayZ. 1924, 256; Genthe, BayGemVZ. 1924, 800; anders das BayObLG. BayZ. 1924, 248, auch nach dem einschränkenden RE. desselben Gerichts BayZ. 1925, 86.

§ 44 gilt nur für die Einleitung eines neuen Verfahrens vor dem MEA., nicht vor der Beschwerdestelle KG. EA. 322. Eine neue Partei wird durch § 44 nicht gehemmt, neue Anträge zu stellen LG. Hamburg EA. 370. Der neue Vermieter aber ist zufolge § 571 BGB., § 1 Abs. 3 MSchG., § 15 RMG. gebunden (ebenso Stern S. 179). Vgl. dazu KG. EA. 471; KG. Recht 1926

Nr. 1167; Bandmann S. 106; einschränkend BayObLG. BayZ. 1926, 32, wonach die Festsetzung der Friedensmiete nur die Parteien und ihre Gesamtnachfolger, nicht aber die Einzelnachfolger bindet.

Änderung der Rechtsprechung ist keine neue Tatsache im Sinne dieser Vorschrift LG. I Berlin EA. 484.

Erlangt die Entscheidung, weil über den gesetzlichen Aufgabenkreis des MEA. hinausgehend keine materielle Rechtskraft, so steht § 44 der Wiederholung des abgewiesenen Antrages nicht entgegen KG. EA. 426 = JW. 1926, 1003. Vgl. auch LG. Greifswald JW. 1926, 1046 und EA. 447.

**2.** Die Vorschrift des § 44 findet auch Anwendung bei Entscheidungen der MEA., die vor dem 1. Oktober 1923 ergangen sind; denn auch hier handelt es sich um ein rechtskräftig abgeschlossenes Verfahren. So 2. Aufl. S. 120; zustimmend BayObLG. BayZ. 1925, 87; ebenso LG. Hamburg EA. 295; a. M. Hertel S. 236 u. KG. EA. 323. Der Weg der Selbstberichtigung steht jedoch auch hier dem MEA. offen § 42 Anm. 1; LG. Hamburg EA. 370.

**3.** Da § 44 durch die Zulassung der Wiederholung eines besser begründeten Antrages lediglich eine sachliche Beschränkung der Rechtskraft der Entscheidung des MEA. bewirkt, muß darüber hinaus die Wiederaufnahme des Verfahrens unter den gleichen Voraussetzungen wie im bürgerlichen Rechtsstreit für zulässig erachtet werden KG. EA. 375 u. § 42 Anm. 1; Antrag auf Wiederaufnahme des rechtskräftig abgeschlossenen Verfahrens vor dem MEA. kann jeder beschwerdeberechtigte Beteiligte stellen.

Zur Auslegung des § 44 allgemein Bandmann EA. 465 ff.

## § 45.

**I Aus Vergleichen, die vor dem Mieteinigungsamte, dem Vorsitzenden des Mietseinigungsamts oder der Beschwerdestelle zwischen dem Vermieter, dem Mieter oder einem Dritten abgeschlossen sind, findet die gerichtliche Zwangsvollstreckung statt.**

**II Die oberste Landesbehörde kann bestimmen, daß auch aus Vergleichen, die in einem vor Beisitzern oder vor dem Gerichtsschreiber stattfindenden Verfahren (§ 39 Abs. 2) abgeschlossen sind, die gerichtliche Zwangsvollstreckung stattfindet.**

**1.** Der Vergleich als Vollstreckungstitel ist in § 794 Ziff. 1 u. 2 ZPO. nur für den gerichtlichen Vergleich anerkannt. Bereits § 13 MSchVO. hat auch den vor dem MEA. abgeschlossenen Vergleich als für die Vollstreckung geeignet erklärt. § 45 dehnt diesen Grundsatz auch auf den vor der Beschwerdestelle sowie vor dem Vorsitzenden des MEA. abgeschlossenen Vergleich aus. Vgl. § 39 Abs. 2.

Wegen des Begriffes des Vergleiches vgl. § 779 BGB. Voraussetzung für die Anwendbarkeit des Vergleichs ist, daß durch den Vergleich ein Streit erledigt wird, der zur Zuständigkeit des MEA. gehört. Dazu Vidal, EA. 389. Für die Frage der Unwirksamkeit eines Vergleichs kommt es darauf an, ob gerade der Streit oder die Ungewißheit, welche die Parteien durch den Vergleich beseitigen wollen, auch dann entstanden wäre, wenn sie die wirkliche Sachlage gekannt hätten (RG. LZ. 1923, 316).

Über Bedeutung und Auslegung des Vergleichs RG. 106, 312; RG. 106, 86.

Der Vergleich vor dem Aufhebungsgericht ist gerichtlicher Vergleich (§ 794 Ziff. 1 u. 2 ZPO.).

Die Zwangsvollstreckung aus Vergleichen nach § 45 findet nach den allgemeinen Bestimmungen der ZPO. (§§ 704 ff.) statt; Beschränkungen der Zwangsvollstreckung in der Art, wie sie für das Aufhebungsverfahren gelten, sind hier nicht vorgesehen. Im Rahmen des § 27 Abs. 3 findet jedoch auch bei Vergleich eine Ersatzraumsicherung statt; dazu LG. München I BayZ. 1924, 153. Aus dem gemäß § 4 WMG. festgesetzten Zwangsmietvertrag findet nicht ohne weiteres die gerichtliche Zwangsvollstreckung statt (§ 4 WMG.). Über Zwangsvollstreckung aus einem Vergleich mit unklarem Inhalt OLG. Augsburg BayZ. 1905, 435.

**2.** Vergleich vor dem Gerichtsschreiber. Preußen: § 3 VO. vom 22. Oktober 1923; Bayern: Ziff. II 3 AusfBest. vom 23. Juli 1923.

**3.** Wegen Erteilung der vollstreckbaren Ausfertigung zum Vergleich § 17 VerfAO.; wird sie versagt, so bleibt nur Klage auf Zahlung aus dem Vergleich EA. 389. Niederschrift über den Vergleich § 12 Abs. 3 VerfAO.; auch ohne Unterschrift ist der Vergleich gültig, gibt aber nicht das Recht zur Zwangsvollstreckung (LG. Schweinfurt JW. 1921, 181; Brandis, ArchZivPrax. 121, 182). Über den Nachweis des Vorliegens der Voraussetzungen des § 726 ZPO. LG. Berlin JW. 1922, 824[7] und Nußbaum, Fußnote.

**4.** Durch einen vor dem MEA. abgeschlossenen Vergleich wird die Formvorschrift des § 313 BGB. nicht gewahrt, da nur der Prozeßrichter in der Lage ist, durch Urteil die Verpflichtung zur Übertragung des Eigentums auszusprechen (LG. Bielefeld JW. 1923, 315; ebenso RG. JW. 1924, 805). Wegen der Vollmachtsbeibringung s. § 8 VerfAO.

Aus der Vorschrift des § 45 kann m. E. nicht die Schlußfolgerung gezogen werden, daß überall im MSchG. der Vergleich dem rechtskräftigen Abschluß des Verfahrens gleichzustellen ist (so BayObLG. BayZ. 1925, 86). Vielmehr wird man im Gegenteil sagen müssen, daß der Vergleich eben wegen der Norm des § 45 nicht schlechthin in allen Teilen ohne weiteres dem Urteil gleichzustellen ist (so Stern S. 179).

## § 46.

I Für das Verfahren vor dem Mieteinigungsamt und der Beschwerdestelle werden Gebühren erhoben. Die Höhe der Gebühren bestimmt die oberste Landesbehörde. Der Gesamtbetrag der Gebühren darf das Dreifache, im Verfahren vor der Beschwerdestelle das Fünffache der vollen Gebühr des § 8 des Gerichtskostengesetzes nicht übersteigen; der Berechnung darf kein höherer Wert zugrunde gelegt werden als der Jahresbetrag der gesetzlichen Miete (§ 1 des Reichsmietengesetzes).

II Neben den Gebühren kann die Erstattung der in dem Verfahren entstandenen baren Auslagen verlangt werden.

III Die Kosten (Abs. 1, 2) hat der unterliegende Teil zu tragen. Die §§ 92, 93, 97 der Zivilprozeßordnung gelten entsprechend. Kosten, die hiernach einer Gemeinde, einem Gemeindeverband oder einem weiteren Kommunalverbande zur Last fallen würden, bleiben außer Ansatz. Das Mieteinigungsamt kann die Kosten dem obsiegenden Teile auferlegen, soweit dies nach Lage der Sache, insbesondere nach den Vermögens- und Erwerbsverhältnissen der Beteiligten, der Billigkeit entspricht.

IV Von der Verpflichtung zur Kostentragung ist befreit, wer ohne Beeinträchtigung des für ihn und seine Familie notwendigen Unterhalts hierzu außerstande ist, es sei denn, daß die beabsichtigte Rechtsverfolgung oder Rechtsverteidigung mutwillig oder aussichtslos erscheint. Bessern sich die Verhältnisse des Kostenschuldners, so ist er zur Nachzahlung verpflichtet.

V Die Körperschaften des öffentlichen Rechtes sowie gemeinnützige Anstalten und Stiftungen genießen Gebühren- und Stempelfreiheit und sind von der Erstattung von Auslagen (Abs. 2) befreit.

*§ 92 ZPO.: I Wenn eine Partei teils obsiegt, teils unterliegt, so sind die Kosten gegeneinander aufzuheben oder verhältnismässig zu teilen. Sind die Kosten gegeneinander aufgehoben, so fallen die Gerichtskosten jeder Partei zur Hälfte zur Last.*

*II Das Gericht kann der einen Partei die gesamten Prozesskosten auferlegen, wenn die Zuvielforderung der anderen Partei eine verhältnismässig geringfügige war und keine besonderen Kosten veranlasst hat, oder wenn der Betrag der Forderung der anderen Partei von der Festsetzung durch richterliches Ermessen, von der Ausmittelung durch Sachverständige oder von einer gegenseitigen Berechnung abhängig war.*

*§ 93 ZPO.: Hat der Beklagte nicht durch sein Verhalten zur Erhebung der Klage Veranlassung gegeben, so fallen dem Kläger die Prozesskosten zur Last, wenn der Beklagte den Anspruch sofort anerkennt.*

*§ 97 ZPO. Abs. 1 und 2: I Die Kosten eines ohne Erfolg eingelegten Rechtsmittels fallen der Partei zur Last, welche dasselbe eingelegt hat.*

*II Die Kosten der Berufungsinstanz können der obsiegenden Partei ganz oder teilweise auferlegt werden, wenn sie auf Grund eines neuen Vorbringens obsiegt, welches sie nach freiem Ermessen des Gerichts in erster Instanz geltend zu machen imstande war.*

**1.** § 46 gilt für das Verfahren vor dem MEA. und auch der Beschwerdestelle: die Vorschrift regelt die Frage der Kostentragung, als deren Teil die Gebührenpflicht erscheint. Entgegen der grundsätzlichen Regelung des § 14 MSchVO. (§ 7 WMVO.) ist nunmehr das Verfahren stets gebührenpflichtig. Ausnahmen: Abs. 3 Satz 3 hinsichtlich der Kosten (einschließlich der Gebühren), die einer Gemeinde oder einem Gemeindeverband (Bezirk, Kreis) zur Last fallen würden, ferner Abs. 5 hinsichtlich der Kosten, die sonstige Körperschaften des öffentlichen Rechts, gemeinnützige Anstalten und Stiftungen treffen würden, endlich Abs. 4 in beschränktem Maße und vorbehaltlich der Nachzahlungspflicht bei Beeinträchtigung des notwendigen Unterhalts des Kostenpflichtigen. Wegen der Gebührenpflicht der Reichspost und der deutschen Reichsbahngesellschaft im allgemeinen RG. 109, 90; Dahlsheimer, BayZ. 1925, 7; OLG. Nürnberg BayZ. 1925, 70; vgl. auch Kröner, BayZ. 1925, 180 u. Bahlmann, EA. 416, Janz, BayZ. 1926, 217. Zum bayer. Kosten- u. Stempelgesetz BayObLG. BayZ. 1926, 91; LG. München I BayZ. 1926, 95.

Ein Kostenfestsetzungsverfahren findet nicht statt; die Bestimmung der Höhe der Ersatzpflicht ist Sache der die Ersatzpflicht aussprechenden Stelle LG. Ratibor EA. 382. Über die Notwendigkeit der Kostenentscheidung durch das MEA. bei Zurückverweisung KG. DJZ. 1924, 832 (§ 43 Anm. 2); vgl. auch KG. EA. 338 und 361.

Die Kostenentscheidung des MEA. ist nicht selbständig anfechtbar § 41 Abs. 2. Ist die Kostenentscheidung nach Erledigung der Hauptsache ergangen, so ist dagegen ein Rechtsmittel nicht gegeben KG. EA. 345. Wegen Zulässigkeit der Entscheidung über einen Kostenerstattungsantrag im Ergänzungsbeschluß KG. EA. 488.

Die Entscheidung über die Kosten ist nach Maßgabe des § 18 VerfAO. vollstreckbar. Dazu LG. Hamburg EA. 464.

**2.** Höhe der Gebühren. Preußen: VO.en vom 25. Sept. u. 20. Okt. 1923; Bayern: AusfBest. vom 23. Juli 1923. Weder Preußen noch Bayern haben eine untere Grenze für die Gebührenerhebung gezogen: innerhalb der Höchstgebühr sind die Gebühren nach dem Maße der Inanspruchnahme der Behörde sowie nach der Bedeutung der Sache für die Beteiligten festzusetzen. Dies gilt in Bayern (Ziff. II 4 AusfBest. 23. VII. 23) für das Verfahren vor dem MEA. ebenso wie vor der Beschwerdestelle. In Preußen dagegen gelten im Verfahren vor der Beschwerdestelle die für die Berufungsinstanz geltenden Vorschriften des GKG. ohne weiteres, so daß anders als vor dem MEA. die Gebühr nicht anders als im Gesetz — Prozeß-, Beweis- und Entscheidungsgebühr — bemessen werden kann KG. JW. 1924, 2036; JW. 1925, 1135; KG. EA. 473.

Wegen der Anwendung des Gerichtskostengesetzes, insbes. der Zulässigkeit der Beschwerde gegen die Streitwertfestsetzung vgl. den für Preußen ergangenen Beschluß des KG. EA. 338; a. M. OLG. Breslau EA. 410; JW. 1926, 1034.

Maßgebend für die Berechnung ist der Jahresbetrag der gesetzlichen Miete d. h. der Mietbetrag, wie er sich auf Grund der Vorschriften des RMG. für das der Entscheidung vorausgehende Jahr berechnet. Dies gilt nach der allgemeinen Fassung der Vorschrift auch dann, wenn die gesetzliche Miete für das in Betracht kommende Mietverhältnis nicht gilt, mag der „vereinbarte" Mietzins (§ 535 BGB.) höher oder niedriger sein als die gesetzliche Miete. Über Kostenentscheidung bei Mietfestsetzungen, wenn das Bestehen eines Mietverhältnisses bestritten wird LG. München I BayZ. 1924, 144.

**3.** Bare Auslagen sind Zeugen- und Sachverständigengebühren, Kosten für Augenscheineinnahme, für Wohnungsschätzungen, für Porto und Schreibwerk, für Telephon und Telegraph; hieher zählen nicht: die persönlichen Auslagen der Beteiligten (Reiseaufwand, Verdienstentgang), vgl. aber § 15 VerfAO., der persönliche und sachliche Aufwand für das MEA. usw. Wegen der Rechtsgültigkeit des § 15 VerfAO. KG. EA. 361.

Kosten im Sinne dieser Vorschrift sind nur Gebühren und Auslagen, nicht auch die dem Gegner erwachsenen Kosten. Die deutsche Gebührenordnung für Rechtsanwälte gilt auch für das Verfahren vor dem MEA. und der Beschwerdestelle KG. EA. 427 = JR. 1926 Nr. 26. An Gerichtskosten sind Prozeß- und Entscheidungsgebühr in Ansatz zu bringen KG. JR. 1926 Nr. 580.

**4.** Kostenverteilung: Grundsätzlich hat die Kosten der unterliegende Teil zu tragen; dem obsiegenden Teil können sie vom MEA. ganz oder teilweise auferlegt werden, wenn dies — worüber das MEA. (ebenso auch die Beschwerdestelle) nach freiem Ermessen befindet — der Billigkeit entspricht. Dazu Vidal S. 191. Im übrigen gelten die §§ 92, 93 (praktisch wohl kaum anwendbar,

Hertel S. 242), 97 ZPO. entsprechend. Wegen des Auslagenersatzes vgl. § 15 VerfAO.

Wegen der Kostenbefreiung der Gemeinden und Gemeindeverbände vgl. Anm. 1 u. Hertel S. 242; sie umfaßt nur die Gebühren und Auslagen des Verfahrens, nicht auch die den Beteiligten nach § 15 VerfAO. zu erstattenden Auslagen.

Veranlassung im Sinne des § 93 ZPO. setzt bei Räumungsklagen Verschulden des Beklagten nicht voraus; das Anerbieten des Beklagten, auszuziehen, sobald er eine andere Wohnung gefunden haben würde, gibt dem Kläger keine Sicherheit dafür, daß die Räumung wirklich erfolgt. Die „Veranlassung" umfaßt vielmehr alle Fälle, in denen das Verhalten des Beklagten den Kläger zwingt, Klage zu erheben, um befriedigt zu werden (LG. Oels JW. 1923, 784[21]).

**5.** Armenrecht. Nur die Beeinträchtigung des notwendigen, nicht auch die des standesmäßigen Unterhalts genügt; wann eine Rechtsverfolgung mutwillig oder aussichtslos ist, bemißt sich nach den Umständen des einzelnen Falles. Einschränkung der Vorschrift durch § 19 VerfAO. Die Befreiung von der Kostentragungspflicht ist lediglich eine vorläufige, sie wird erst eine endgültige, wenn feststeht, daß „eine Besserung des Verhältnisses des Kostenschuldners" nicht mehr eintritt. Praktisch bedeutet die Feststellung nach Abs. 4 Satz 1 die Befreiung von der Kostentragungspflicht. Die Nachzahlung wird durch Beschluß des MEA. bzw. der Beschwerdestelle, der keiner Anfechtung unterliegt (Vidal S. 192), angeordnet. Vgl. §§ 114, 125 ZPO.

## § 47.

Im übrigen wird das Verfahren vor dem Mieteinigungsamt und der Beschwerdestelle von der Reichsregierung mit Zustimmung des Reichsrats geregelt.

Die bisherige Verfahrensanordnung vom 23. Sept. 1918 ist durch Art. I der Bek. vom 19. Sept. 1923 (RGBl. I S. 885) auf Grund des § 47 MSchG. wesentlich geändert und auf Grund des Art. II dieser Bek. in neuer Fassung (RGBl. I S. 889) unter der Bezeichnung „Anordnung für das Verfahren vor dem Mieteinigungsamt und der Beschwerdestelle" am gleichen Tage bekanntgegeben worden.

3. Abschnitt.

# Schluß- und Übergangsvorschriften.

## § 48.

Die oberste Landesbehörde kann die ihr nach diesem Gesetze zustehenden Befugnisse einer anderen Behörde übertragen. Sie kann die Übertragung widerrufen und die Behörde zur Aufhebung einer auf Grund der Befugnis getroffenen Anordnung oder Maßnahme anhalten, auch eine solche Anordnung selbst aufheben.

## § 49.

I Auf die nach diesem Gesetze den Beteiligten zustehenden Rechte kann nicht verzichtet werden. Eine Vereinbarung, nach der einem Beteiligten bei Ausübung der Rechte besondere Nachteile erwachsen sollen, ist unwirksam.

II Die Vorschriften dieses Gesetzes finden auch auf Verträge Anwendung, die unter Umgehung oder zum Zwecke der Umgehung des Gesetzes abgeschlossen sind.

**1.** Voraussetzung für die Anwendung des § 49 ist wie für die des MSchG. überhaupt das Vorliegen eines Mietverhältnisses; daher keine Anwendung auf die Rechtsbeziehungen zwischen Hauptvermieter und Untermieter LG. Elbing EA. 377.

Die Vorschrift des § 49 Abs. I bestimmt ein Doppeltes: sie erklärt einen Verzicht auf die durch das MSchG. den Beteiligten (Mieter, Vermieter und Erben) gewährten Rechte für unzulässig und darum wirkungslos; in Betracht kommt lediglich ein vertraglicher Verzicht, da die Nichtausübung von Rechten dem Einzelnen überlassen bleibt (vgl. hieher RG. Recht 1924 Nr. 208) und nur eine rechtliche Bindung in dieser Hinsicht von der Rechtsordnung zu beachten ist. Die Vorschrift bestimmt darüber hinaus, daß auch die mittelbare Beschränkung der Rechtsausübung durch Vereinbarung besonderer d. h. über die durch das Rechtsverhältnis als solches begründeten Leistungen hinausgehender Nachteile unwirksam d. h. nichtig im Sinne des § 134 BGB. sein soll. Eine solche Vereinbarung kann auch in einem selbständigen Vertrag, also nicht bloß im Mietvertrag getroffen sein; immerhin aber muß eine Beziehung zum Mietverhältnis gegeben sein, ohne daß jedoch die Nachteile gerade den Mieter in dieser seiner Eigenschaft treffen müssen. Welcher Art die Nachteile sind, wie groß sie im Verhältnis zur Preisgabe des Rechtes sind, ist für die Wirkung des Abs. 1 Satz 2 unerheblich. In Betracht kommen: Vertragsstrafen, Räumungsverpflichtung, Einschränkungen des Mietgebrauchs jeder Art (Untervermietung, Gartenbenutzung Licht- und Kraftstromgewährung, Tierhaltung usw.), Verlust sonstiger durch den Mietvertrag oder durch andere Verträge (z. Dienstvertrag) begründeter Rechte, Beendigung des Mietverhältnisses überhaupt (RG. 104, 311; AG. Hamburg EA. 389). Nichtig wäre insbesondere auch eine vor dem Inkrafttreten des MSchG. getroffene Vereinbarung, wonach das Mietverhältnis fristlos endigen soll, falls der Mieter sich gegenüber einer Kündigung des Vermieters auf das MSchG. berufen sollte (Abs. 1 Satz 2); unwirksam wäre auch eine Vereinbarung des Inhalts, daß die Vertragsteile die Anwendung des MSchG. auf das vorliegende Mietverhältnis ausschließen (Abs. 1 Satz 1) vgl. § 19 RMG. Vgl. KG. EA. 329 = JW. 1924, 2009.

Die Nichtigkeit der Vertragsbestimmungen, die in Widerspruch mit § 49 stehen, bewirkt jedoch nicht die Nichtigkeit des Mietvertrages im Ganzen; nur die einzelnen unzulässigen Vertragsabreden sind unwirksam KG. EA. 419; Vidal S. 194.

**2.** Der Zweck dieser Vorschrift, Umgehungen des Gesetzes zu verhindern, darf nicht dazu führen den Parteiwillen auf dem Gebiete des Mietrechtes überhaupt auszuschalten. Dadurch, daß auch das Mieterschutzgesetz nur eine gegen den Willen des Mieters vom Vermieter beabsichtigte Aufhebung das Mietverhältnis einer Sonderregelung unterwirft, im übrigen aber an dem Grundsatz der Vertragsfreiheit festhält, läßt dieses Gesetz ebenso wie die MSchVO. erkennen, daß es „die Rücksichten auf das Gemeinwohl nicht über den Willen des Mieters stellt" (RG. 104, 308). Demgemäß dürfen nur offensichtliche Umgehungen des Gesetzes dem MSchG. unterstellt werden. Zustimmend Hertel S. 245. Insoweit ist möglicherweise das Anwendungsgebiet des § 49 Abs. 2 MSchG. trotz des gleichen Wortlautes enger begrenzt als das des Reichsmietengesetzes (§ 19): nur wenn die gewählte Rechtsform in der Absicht und mit dem Erfolg gewählt wurde, den aus diesem Gesetz Berechtigten der Vorteile dieses Gesetzes zu berauben, ist eine Nachprüfung der Rechtsform und die Anwendung des Abs. 2 geboten, vgl. auch § 19 RMG. Anm. 2.

## § 49a.

**I Wer für die mietweise oder auf Grund eines sonstigen Rechtsverhältnisses erfolgende Überlassung von Räumen oder im Zusammenhange damit für sich oder einen anderen einen Mietzins oder eine sonstige Vergütung fordert, annimmt oder sich versprechen läßt, die unter Berücksichtigung der gesamten Verhältnisse als unangemessen anzusehen sind, wird wegen Wuchers mit Räumen mit Geldstrafe oder mit Gefängnis bestraft. Ist die Tat fahrlässig begangen, so ist auf Geldstrafe oder Gefängnis bis zu einem Jahre zu erkennen.**

**II Ebenso wird bestraft, wer für die Vermittlung eines Rechtsgeschäfts der im Abs. 1 Satz 1 bezeichneten Art eine Vergütung fordert, annimmt oder sich ver-**

**sprechen läßt, die unter Berücksichtigung der gesamten Verhältnisse als unangemessen anzusehen ist.**

## § 49 b.

**Die Vorschriften des § 49 a finden auch auf die von Behörden sowie von der Deutschen Reichsbahn-Gesellschaft überlassenen Räume Anwendung.**

**1.** Die Bestimmungen sind vom Wohnungsausschuß eingefügt. Sie bezwecken die Bekämpfung von Auswüchsen, die sich im Wohnungswesen durch die Forderung hoher Abstandssummen, übermäßiger Mieten und sonstiger Vergütungen herausgebildet haben.

Bestraft wird der sog. Mietwucher (Abs. 1) und der Vermittlungswucher (Abs. 2). Wucher ist jede vermögenswerte Leistung, die unter Berücksichtigung der gesamten Verhältnisse als unangemessen anzusehen ist, oder, wie § 4 der PreistreibereiVO. vom 13. Juli 1923 (RGBl. I S. 700) sagte, einen übermäßigen Verdienst enthält. Die gesetzliche Miete kann immer nur den Ausgangspunkt der rechtlichen Würdigung bilden, niemals aber den absoluten Vergleichsmaßstab RG. JW. 1925, 1536. Auf Seite des Vermieters kommen in Betracht die Aufwendungen, die er zur Herstellung der Räume überhaupt und in ihrem gebrauchsfähigen Zustand gemacht hat; für diese ist eine den jeweiligen Kreditbedingungen entsprechende Verzinsungsquote sowie eine ausreichende Tilgungsquote zuzubilligen. Darüber hinaus hat der Vermieter Anspruch auf eine besondere Vergütung für seine Mühewaltung sowie auf Ersatz der steuerlichen Belastung des Hauses. Für große und kleine Instandsetzungsarbeiten und für die Betriebskosten ist gleichfalls ein angemessener Betrag in die Jahresmiete einzurechnen. Für Neubauten, Umbauten und Einbauten gelten diese Gesichtspunkte ohne weiteres; für Räume in Altbauten mit dem Abmaße, daß die eigenen Kapitalien und die fremden Gelder infolge der Aufwertungsgesetzgebung regelmäßig nur mit 25. v. H. des Goldmarkbetrages das Anwesen belasten; neue Belastungen dürfen nur insoweit berücksichtigt werden, als die Geldaufnahme den Bedürfnissen der Grundstücksbewirtschaftung zugute kommt (dieser Gesichtspunkt gilt hier auch für den Rangvorbehalt des § 7 AufwG., Kiefersauer, AufwGesetze S. 117).

Zugunsten des Vermieters ist stets zu berücksichtigen, daß der Mieter bei einem vor dem Inkrafttreten der Novelle, also vor dem 1. Juli 1926 liegenden Vertragsabschluß die geforderte Vergütung als angemessen befunden und ohne Beanstandung bezahlt hat. Es geht nicht an, daß der Mieter über den § 49 a nachträglich eine Mietzinsermäßigung erzwingen kann, obwohl er mit allen Mitteln darnach trachtete, sich in den Besitz der Räume zu setzen.

Die Erfahrungen, die mit der Zulassung der Erklärung der gesetzlichen Miete gemacht wurden, geben ein Bild von der Verwirrung der Rechtssitten.

Zu würdigen sind die gesamten Verhältnisse d. h. alle diejenigen, welche angesichts der Gestaltung des besonderen Falls bei umsichtiger Würdigung nach der allgemeinen Lebenserfahrung für die Bemessung der Vergütung in Betracht kommen können BayObLG. JW. 1925, 2481.

Auf bestehende Rechtsverhältnisse dürfte § 49a nur in besonderen Ausnahmefällen anzuwenden sein; die damaligen gesamten Verhältnisse ließen nicht immer als unangemessen erscheinen, was heute als übermäßige Forderung erscheinen könnte.

Nur unter Würdigung der Umstände des einzelnen Falles läßt sich feststellen, ob 150—200 % der Friedensmiete als Wucher angesehen werden kann. Es bleibt abzuwarten, ob eine Landesregierung die Erlassung von Richtlinien über Wucher mit Räumen für erforderlich erachtet.

**2.** Strafbar ist der Verfügungsberechtigte, der eine unangemessene Vergütung für die Raumüberlassung fordert, annimmt oder sich versprechen läßt. Auch der Beamte als Vertreter einer öffentlichen Behörde; § 49b bestätigt diese Auffassung. Strafbar ist auch der Vermittler. Vermittlung ist jede Tätigkeit, die eine Verbindung zwischen Mietlustigen und Vermieter herstellt, auch wenn sie eine Mitwirkung beim Vertragsabschluß selbst nicht umfaßt. Gewerbsmäßigkeit ist nicht erforderlich.

Der Mieter, der die übermäßige Mietzinsforderung bewilligt oder selbst übermäßige Preise bietet, ist nicht strafbar.

Die Raumüberlassung muß nicht notwendig eine mietweise Überlassung sein; auch die Gebrauchsüberlassung zufolge Rechtsabtretung, Pacht, dinglichen Rechts (Nießbrauch, Wohnungsrecht) usw. fällt unter § 49a. Die rechtliche Verpflichtung, auch vor der tatsächlichen Gebrauchsüberlassung macht strafbar.

Räume jeder Art kommen in Frage: Wohnräume ebenso wie Geschäftsräume, Büros, Fabrikräume, gleichviel ob es sich um Neubauten (§ 33) oder Althäuser handelt. Der Zweck der Überlassung ist unerheblich. Auch Luxusräume zählen — über den Rahmen des § 4 PrTrVO. hinausgehend — hieher.

**3.** Als unangemessene Vergütungen kommen in Betracht: Mietpreis, Pachtpreis, Tauschabfindung bei Wohnungstausch, Abstandsforderung, Umzugskosten (soweit sie über die tatsächlichen Aufwendungen hinausgehen); Baukostenzuschüsse in Ausnahmefällen. In Betracht kommen auch Vergütungen, die sich der Mieter für seine Zustimmung in den Fällen der §§ 33a, 33b gewähren läßt.

**4.** Strafbar ist die fahrlässige Begehung sowohl wie die vorsätzliche. Mangelndes Bewußtsein der Übermäßigkeit der Vergütung schließt Vorsätzlichkeit nicht aus; es genügt, daß der Täter sämtliche Unterlagen für die Beurteilung des Verhältnisses von Ware und Preis, von Leistung und Vergütung kennt RG. JR. 1926 Nr. 1224.

5. Die wucherische Vergütung bewirkt Nichtigkeit der Vereinbarung nach § 134 BGB. Ob der ganze Vertrag nichtig ist, bestimmt sich nach § 139 BGB.; regelmäßig wird die Ausdehnung auf den gesamten Vertrag zu verneinen sein. Vgl. RG. EA. 419.

6. Mietwucher und Vermittlungswucher ist als Leistungswucher nach § 4 der PreistreibereiVO. zu erachten (vgl. Kiefersauer, Grundstücksmiete Teil II S. 217; ebenso Alsberg, JW. 1924, 891; vgl. auch RG. JW. 1924, 1744 u. RG. DRichtZ. 1925, 11). Die PreistreibereiVO. ist nunmehr durch das Gesetz über die Aufhebung der Preistreibereiverordnung u. a. vom 19. Juli 1926 (RGBl. I 413) aufgehoben. Über das Verhältnis des § 4 zu § 49a MSchG. Eckstein, JW. 1926, 2166, OLG. Dresden u. Ruth, JW. 1926, 2223.

Die Verordnung gegen den Wucher bei Vermittlung von Mieträumen vom 31. Juli 1919 und 31. Mai 1920 (RGBl. S. 1364 und S. 1201) ist seit 1. Januar 1926 außer Kraft (§ 4); eine Verlängerung der Geltungsdauer ist nicht erfolgt. Demgemäß ist das öffentliche Angebot von Mieträumen unbeschränkt zulässig; ebenso das Angebot von Wohnungen unter der Bedingung des gleichzeitigen Erwerbes von Einrichtungsgegenständen (Kiefersauer, Grundstücksmiete II 218).

Unberührt durch die §§ 49a, 49b bleiben die landesgesetzlichen Bestimmungen, die eine Beschlagnahmepflicht der Gemeindebehörde vorsehen bei Wucher mit freigegebenen Wohnungen z. B. die Preußische Anordnung vom 30. Juni 1925 (GS. S. 87), abgedruckt bei Hertel Heft 3 S. 506 und WohnungsmangelGes. S. 179; vgl. auch Brumby, EA. 383. In Bayern besteht eine solche Anordnung nicht, wohl aber in Bremen (VO. vom 4. Febr. 1926) und Braunschweig (VO. vom 24. März 1926). Soweit Strafbestimmungen in diesen landesrechtlichen Vorschriften enthalten sind, werden sie als durch die §§ 49a, 49b beseitigt anzusehen sein.

## § 50.

§ 50 ist nicht aufgehoben, vielmehr bei der Neufassung als gegenstandslos weggelassen. Die bisherige Streitfrage, ob Anordnungen gemäß § 6 WMG. allgemein oder nur insoweit außer Kraft getreten sind als eine Regelung durch das MSchG. erfolgte, ist damit nicht erledigt. Das RG. (JR. 1925 Nr. 889) erachtet, von der letzteren Auffassung ausgehend, Raumvorschriften, nach denen die Erhebung einer Räumungsklage oder die Durchführung der Zwangsvollstreckung von der Zustimmung des MEA. abhängig gemacht wird, für rechtsgültig, soweit sie sich auf andere Rechtsverhältnisse als auf gültige Mietverhältnisse beziehen. Ebenso OLG. Köln JW. 1924, 2042; OLG. Düsseldorf JW. 1926, 1474; Meyerowitz, JW. 1926, 1004 Fußnote. Anders RG. JW. 1924, 2012; JW. 1925, 2484; JW. 1926, 1004; EA. 455; Ruth, JW. 1924, 799.

Die Erhebung der Aufhebungsklage dagegen kann nicht an die Zustimmung des MEA. gebunden werden RG. JW. 1924, 1617.

## § 51.

I Ein vor dem Inkrafttreten des Gesetzes vom 1. Juni 1923 (Reichsgesetzbl. I S. 353) anhängig gewordener Rechtsstreit, der die Herausgabe eines vermieteten oder sonst zum Gebrauch überlassenen Raumes zum Gegenstande hat, ist nach den bis dahin in Geltung gewesenen Vorschriften zu erledigen. Die Zwangsvollstreckung kann von der Sicherung eines ausreichenden Ersatzraums abhängig gemacht werden, wenn dies zur Vermeidung unbilliger Härten erforderlich erscheint; § 6 Abs. 3 bis 5, § 12, § 13 Abs. 2, Abs. 3 Satz 2, § 14, § 16 mit Ausnahme von Abs. 1 Satz 6 und § 36 finden entsprechende Anwendung.

II Die Zwangsvollstreckung aus einem vor dem Inkrafttreten des Gesetzes vom 1. Juni 1923 erlassenen Urteil erfolgt nach den bis dahin in Geltung gewesenen Vorschriften. Anordnungen, nach denen die Vollstreckung von der Genehmigung des Mieteinigungsamts abhängig ist, bleiben insoweit unberührt.

III Die Vorschriften des Abs. 1 Satz 2 und des Abs. 2 Satz 2 gelten nicht für die in den §§ 32, 33 bezeichneten Gebäude und Gebäudeteile.

**1.** Diese Übergangsbestimmung umfaßt nicht Mietstreitigkeiten, die die Zulässigkeit der Kündigung eines Mietraumes zum Gegenstand haben (a. M. Goltermann, LZ. 1924, 445), wohl aber Rechtsstreitigkeiten über die Räumung und zwar gleichgültig, ob es sich um ein Verfahren vor dem MEA. oder vor dem ordentlichen Gericht handelt. Auch wenn ein Streitverfahren über die Zulässigkeit der Kündigung vor dem 1. Okt. 1923 z. B. durch Genehmigung der Kündigung (§ 6 MSchVO.) seitens des MEA. bereits erledigt, das Räumungsverfahren aber noch durchzuführen ist, gilt das bisherige Recht auch für die Räumungsklage (übereinstimmend Genthe Anm. 2; Ruth, ArchZivPrax. 121, 314; LG. Braunschweig, JW. 1924, 856).

Die bisherigen Vorschriften gelten hiernach — mit der Abänderung des Abs. 3 — für das Prozeßverfahren anhängiger Sachen und für das noch nicht durchgeführte Vollstreckungsverfahren vgl. KG. EA. 303; RG. Recht 1923 Nr. 1234. Für den Fall einer nur vorläufig genehmigten Kündigung gilt die Sondervorschrift des Abs. 4. Dazu LG. II Berlin JW. 1924, 855; LG. Rottweil JW. 1924, 864. Auf Gründe, die dem MEA. bei dem Antrag auf Genehmigung der Kündigung nicht unterbreitet waren, kann die Räumungsklage nicht gestützt werden (RG. 104, 244).

Anhängig ist gleichbedeutend mit rechtshängig Stern EA. 301; LG. III Berlin, JW. 1924, 853.

**2.** Grundsatz der Erledigung des Rechtsstreites nach bisherigem Recht. Beschränkte Anwendung des MSchG.: „zur Vermeidung unbilliger Härten" kann nach dem Ermessen des Gerichts die Zwangsvollstreckung von der Sicherung eines ausreichenden Ersatzraumes abhängig gemacht werden.

Die Beschränkung der Zwangsvollstreckung durch Sicherung eines ausreichenden Ersatzraumes kann ohne Antrag des Mieters verfügt werden; Urteilsergänzung nach Maßgabe des § 319 Abs. 2 und 3 ZPO. ist ebenso zulässig wie die Anfechtung wegen des Mangels des Ausspruches durch sofortige Beschwerde. Der bisherige Inhaber des Raumes behält bis zur Sicherung des Ersatzraumes die Stellung eines Mieters. Der Vermieter kann nach Wegfall der Voraussetzungen die Aufhebung der Beschränkung verlangen.

Einzelvorschriften über beschränkte Zurückweisung von Beiständen (§ 12), Anordnung der Eidesleistung durch Beweisbeschluß (§ 13 Abs. 2), Beschränkung der vorläufigen Vollstreckbarkeitserklärung (§ 13 Abs. 3 Satz 2), Zulässigkeit der Berufung ohne Rücksicht auf den Wert des Beschwerdegegenstandes (§ 14), Erteilung einer vollstreckbaren Ausfertigung des Urteils (§ 16 mit Ausnahme des Abs. 1 Satz 6) und Verpflichtung der Ortspolizeibehörde zur beschleunigten Zuweisung eines Ersatzraumes (§ 36) sind entsprechend anzuwenden.

Die beschränkte Anwendbarkeit des MSchG. entfällt für die in den §§ 32, 33 und jetzt wohl auch in 33a, 33b Abs. IV bezeichneten Gebäude und Gebäudeteile (Abs. 3). Abs. IV ist durch die Novelle gestrichen.

**3.** Übergangsvorschriften des Ergänzungsgesetzes vom 29. Juni 1926, in Kraft getreten am 1. Juli 1926.

***Art. V: Ein vor dem Inkrafttreten dieses Gesetzes anhängig gewordener Rechtsstreit, welcher die Herausgabe eines vermieteten oder sonst zum Gebrauch überlassenen Raumes zum Gegenstand hat, ist un-***

*beschadet des § 536 ZPO. nach den neuen Vorschriften zu erledigen. Hinsichtlich der Rechtsmittel gegen Urteile, die vor dem Inkrafttreten erlassen sind, finden jedoch die bisherigen Vorschriften Anwendung.*

*Art. VI: I Für Urteile und Vergleiche, in denen die Zwangsvollstreckung von der Sicherung eines Ersatzraumes abhängig gemacht ist, bestimmt sich die Erteilung der Vollstreckungsklausel nach § 16 in der Fassung des Gesetzes auch dann, wenn das Urteil vor dem Inkrafttreten des Gesetzes oder einer nach § 52 erlassenen Anordnung ergangen oder wenn der Vergleich vor diesem Zeitpunkte geschlossen ist.*

*II Soweit in einem solchen Vergleiche die Sicherung eines Ersatzraumes als vereinbart gilt (§ 27 Abs. 3), behält es hierbei sein Bewenden.*

Prozessual ist keine Änderung durch die Novelle eingetreten; die Rechtsmittel sind — abgesehen von dem Falle des § 4 Abs. 1, in dem die Ersatzraumentscheidung früher nur mit der Berufung anfechtbar war — dieselben geblieben. Die prozessuale Neuerung des § 14 Abs. 3 kommt hier nicht weiter in Betracht.

Das materielle Recht, also insbes. die strengeren Vorschriften über den Ersatzraum § 6, sind auf rechtshängige Streitigkeiten anzuwenden, doch darf eine reformatio in peius für den Betroffenen damit nicht verbunden sein (§ 43 Anm. 2). Die Erteilung der Vollstreckungsklausel nach § 16 erfolgt nach den in Abs. 1 Satz 3, 4 dieser Vorschrift vorgesehenen Erleichterungen auch dann, wenn das Urteil mit Ersatzraumklausel vor dem 1. Juli 1926 ergangen, der Vergleich vor diesem Zeitpunkt geschlossen oder eine Anordnung nach § 52 ergangen war. Soweit nach § 27 Abs. 3 Satz 2 ein Ersatzraum im Vergleich als vereinbart gilt, bleibt es auch jetzt noch beim bisherigen Recht.

## § 52.

I Die oberste Landesbehörde kann mit Zustimmung des Reichsarbeitsministers anordnen, daß bestimmte Gemeinden oder Gemeindeteile oder bestimmte Arten von Mieträumen von den Vorschriften des ersten Abschnitts ausgenommen werden. Das Gericht kann jedoch auch in diesen Fällen die Zwangsvollstreckung aus Urteilen oder Vergleichen, welche die Herausgabe eines Mietraums zum Gegenstande haben, von der Sicherung eines ausreichenden Ersatzraums abhängig machen, wenn dies zur Vermeidung unbilliger Härten erforderlich erscheint **und die Zubilligung eines Ersatzraums nach den Vorschriften des ersten Abschnitts zulässig sein würde;** § 6 Abs. 3 bis 5, §§ 9, 10, 12, § 13 Abs. 2, Abs. 3

Satz 2, § 14, § 16 mit Ausnahme von Abs. 1 Satz 6, §§ 18, 36 gelten entsprechend. **Auch von den Vorschriften des zweiten Satzes sind Ausnahmen im Wege einer nach Satz 1 ergehenden Anordnung zulässig.**

II **Die oberste Landesbehörde kann, soweit sie es mit Rücksicht auf eine Lockerung oder Aufhebung der öffentlichen Raumbewirtschaftung für erforderlich hält, mit Zustimmung des Reichsarbeitsministers anordnen, daß in bestimmten Gemeinden oder Gemeindeteilen oder hinsichtlich bestimmter Arten von Mieträumen die Zwangsvollstreckung aus einem nach der Anordnung ergehenden Urteil, das die Herausgabe eines Mietraums zum Gegenstande hat, nicht von der Sicherung eines Ersatzraumes abhängig zu machen ist.**

**1.** Neufassung und zugleich Erweiterung durch die Novelle vom 29. Juli 1926: auch die Befugnis des Gerichts, die Zwangsvollstreckung von der Sicherung eines Ersatzraumes abhängig zu machen, kann nunmehr landesrechtlich aufgehoben werden. Die Befugnis aus Abs. 2 ist in Abs. 1 bereits enthalten.

Dazu die Übergangsbestimmung des Art. IV: Soweit die oberste Landesbehörde nicht ein anderes ausdrücklich bestimmt, bleibt die Befugnis des Gerichts zur Zubilligung eines Ersatzraumes im bisherigen Umfang bestehen; dies gilt auch dann, wenn bereits auf Grund des § 52 eine weitgehende Lockerung der Zwangsbewirtschaftung durchgeführt worden ist.

**2.** Die landesrechtliche Ermächtigung ist beschränkt auf Ausnahmen lediglich von den Vorschriften des ersten Abschnittes; die Anordnung kann auch eine allgemeine, für das ganze Land gültige sein (a. M. Ruth, ArchZivPrax. 121, 313); sie kann sich auch auf bestimmte Gemeinden (Gemeindeteile) oder bestimmte Arten von Mieträumen (z. B. Ausdehnung des § 29 auch auf Nichtwohnräume) beschränken.

Durch landesrechtliche Anordnung können aber nicht Ausnahmen, die z. B. für bestimmte Gebäude (§§ 32, 33), für bestimmte Rechtsverhältnisse (§ 25) vorgesehen sind, wieder beseitigt, ebensowenig können Ausnahmen vom zweiten Abschnitt erlassen werden.

Weitere landesrechtliche Vorschriften können auf Grund der §§ 30 Abs. 2 und 34 erlassen werden.

Eine weitere Ausdehnung des Mieterschutzes — etwa nach dem Vorbild des § 5a MSchVO. — ist ausgeschlossen. Vgl. LG. Hamburg EA. 448.

3. Landesrecht:

Preußen: VO. vom 12. Dezember 1924 GS. S. 760 über die Bewirtschaftung möblierter Zimmer und übergroßer Wohnungen. Dazu Hertel Heft 3 S. 295.

Bayern: MinBek. vom 27. Dez. 1924 StAnz. Nr. 301 über Aufhebung des Mieterschutzes für möblierte Wohnräume ohne Küche oder selbständige Kochgelegenheit. Dazu Dahlsheimer BayZ. 1925, 39. MinBek. vom 18. Aug. 1926 (StAnz. Nr. 192) über Mieterschutz und Mietzinsbildung (abgedruckt im Anhang).

Württemberg: Aufhebung des Mieterschutzes für gewerbliche Räume. Dazu Waidelich, EA. 367; Roediger EA. 371. Neufassung durch Bek. vom 26. Februar 1926 § 7.

Baden: VO. über Lockerung der Zwangswirtschaft für Wohnungen und Geschäftsräume vom 31. Juli 1926 (Bad. GVBl. S. 123) § 3.

Thüringen: VO. vom 20. Juli 1926 § 4.

In diesen Ländern sind Geschäftsräume oder teuere Wohnungen oder möblierte Zimmer in größerem oder kleinerem Umfang vom Mieterschutz ausgenommen.

## § 53.

—

## § 54.

Dieses Gesetz tritt am **1. Juli 1927** außer Kraft.

Mit dem gleichen Tage tritt auch das Reichsmietengesetz (§ 24 Abs. 2) außer Kraft. Neuer Termin eingefügt für beide Gesetze durch die Novelle vom 29. Juni 1926.

Das Wohnungsmangelgesetz vom 26. Juli 1923 ist hinsichtlich seiner Geltungsdauer nicht begrenzt.

# III. Anordnung für das Verfahren vor dem Mieteinigungsamt und der Beschwerdestelle*).

Vom 19. September 1923 (RGBl. Teil I S. 889).

Auf Grund des § 47 des Gesetzes über Mieterschutz und Mieteinigungsämter vom 1. Juni 1923 (Reichsgesetzbl. I

*) Dazu die ausgezeichnete Einzeldarstellung Bandmanns S. 35—112; auch Hertel S. 256ff.

S. 353) wird mit Zustimmung des Reichsrates folgendes verordnet:

## § 1.

I Der Vorsitzende des Mieteinigungsamtes ist vor seinem Amtsantritte zu treuer und gewissenhafter Führung seines Amtes eidlich zu verpflichten[1]. Soweit eine Verpflichtung nach den bisherigen Vorschriften[2] stattgefunden hat, behält es dabei sein Bewenden.

II Die eidliche Verpflichtung der Beisitzer bestimmt sich nach § 51 des Gerichtsverfassungsgesetzes[3].

1. Gilt nicht für das AG. (§ 29 Ziff. 2).
2. Durch Handschlag an Eides Statt (§ 1 a. F.).
3. Die Notwendigkeit der Beeidigung ergibt sich bereits aus § 38 Abs. 3 Satz 1 MSchG. in Verbindung mit § 7 Abs. 3 MSchG.

## § 2.

Die Mitglieder des Mieteinigungsamts sind zur Amtsverschwiegenheit verpflichtet.

## § 3.

Für das Verfahren vor dem Mieteinigungsamte gelten die Vorschriften über die Gerichtssprache entsprechend.

§§ 184 ff. GVG.: deutsche Sprache.

## § 4.

I Der Antrag ist an das[1] Mieteinigungsamt zu richten, in dessen Bezirk sich die Mietsache befindet. Im Falle des § 16 Abs. 1 Satz 2 des Gesetzes über Mieterschutz und Mieteinigungsämter (Mieterschutzgesetz) und in den Fällen der §§ 2, 4, 5, 6, 8 des Wohnungsmangelgesetzes vom 26. Juli 1923 (Reichsgesetzbl. I S. 754) ist der Antrag an das Mieteinigungsamt zu richten, in dessen Bezirk die Gebäude oder die Räume belegen sind.

II Der Antrag an das Mieteinigungsamt ist[2] schriftlich oder zu Protokoll des Schriftführers des Mieteinigungsamts zu stellen. Er soll[3] unter Darlegung der Sachlage und Angabe der Beweismittel kurz begründet werden; der An=

tragsteller soll die ihm zugänglichen Beweisurkunden, insbesondere Vertragsurkunden und Briefe, beifügen.

**1.** Die Entscheidung eines örtlich unzuständigen MEA. ist nicht schlechthin unwirksam (Hertel S. 257; a. M. 2. Aufl. S. 134). Nachprüfung durch das ordentliche Gericht findet nicht statt.

**2.** Mündlicher Antrag setzt das Verfahren nicht in Lauf. Handschriftliche Unterzeichnung des Antrages ist erforderlich § 126 BGB.

**3.** Auch ohne Begründung des Antrags muß das Verfahren eingeleitet werden.

## § 5.

I Das Mieteinigungsamt verhandelt und entscheidet in nichtöffentlicher[1] Sitzung.

II Vor der Entscheidung ist[2] der Gegner des Antragstellers zu hören. Betrifft das Verfahren eine der in den §§ 2, 4, 5, 6, 8 des Wohnungsmangelgesetzes bezeichneten Angelegenheiten, so ist vor der Entscheidung auch der zur Verfügung über die Gebäude oder die Räume Berechtigte und in den Fällen des § 4 dieses Gesetzes auch der Wohnungsuchende zu hören.

III Über Einwendungen des Mieters nach § 16 Abs. 1 Satz 2 des Mieterschutzgesetzes ist die Gemeindebehörde und wenn der Ersatzraum von dem obsiegenden Vermieter angeboten war, auch dieser zu hören. Hat der zur Verfügung über den Ersatzraum Berechtigte gegen die Zuweisung des Mieters Beschwerde erhoben, so soll das Mieteinigungsamt, falls es zur Entscheidung über die Beschwerde berufen ist, hierüber und über die Einwendungen des Mieters tunlichst in demselben Verfahren entscheiden, dabei gegebenenfalls auch den neuen Mietvertrag festsetzen[3 4].

**1.** Verhandlung in öffentlicher Sitzung berührt die Gültigkeit der Entscheidung nicht, begründet auch nicht die Rechtsbeschwerde, weil die Entscheidung auf der Verletzung des Gesetzes nicht beruhen wird. Vgl. hieher KG. KGBl. 1926, 81.

**2.** Verstoß begründet die Rechtsbeschwerde § 40 Abs. 3, § 41 Abs. 2 MSchG. Das ordentliche Gericht hat die Ordnungsmäßigkeit des Verfahrens nicht nachzuprüfen RG. 101, 115; RG. 105, 59. Dies gilt auch dann, wenn wesentliche Verfahrensvorschriften nicht beachtet sind (RG. 101, 53 = DJZ. 1921, 139), vorausgesetzt, daß das MEA. sich in den Grenzen seiner Zuständigkeit gehalten hat (RG. Recht 1922 Nr. 476).

3. Wegen der Rechtsnatur des Zwangsmietvertrags vgl. § 4 WMG.

4. Zu § 5 Abs. 2 u. 3 Bandmann, EA. 441, 449, 457, 468, 479.

## § 6.

I Der Antrag und die sonstigen Erklärungen eines Beteiligten sind den übrigen Beteiligten von Amts wegen mitzuteilen. Die Beteiligten haben die für die Mitteilung erforderliche Zahl von Abschriften einzureichen, soweit nicht der Vorsitzende hiervon Befreiung gewährt.

II Das Mieteinigungsamt kann von der Mitteilung absehen, wenn das mitzuteilende Schriftstück lediglich Wiederholungen früherer Angaben oder Ausführungen enthält.

## § 7.

I Das Mieteinigungsamt kann[1] anordnen, daß eine mündliche Verhandlung mit den Beteiligten[2] stattfindet. Es kann das persönliche Erscheinen der Beteiligten anordnen. Gegen die trotz dieser Anordnung nicht erschienenen Beteiligten kann wie gegen einen im Vernehmungstermine nicht erschienenen Zeugen verfahren werden; auf Haft darf nicht erkannt werden[3]. Das Mieteinigungsamt kann andere Personen, die ein rechtliches Interesse an der Entscheidung haben, zu der Verhandlung zulassen.

II Das Mieteinigungsamt soll in jeder Lage des Verfahrens auf eine gütliche Einigung der Beteiligten hinwirken.

1. Mündliche Verhandlung nicht vorgeschrieben; soweit sie angeordnet, ist nicht nur ihr Gegenstand, sondern auch sonstige Tatsachen aus dem Akteninhalt verwertbar LG. Hannover EA. 349.

2. Wohnungsuchender und Verfügungsberechtigter. Dazu Bandmann, EA. 441, 449, 457, 468, 479.

3. Verurteilung in die Kosten und Geldstrafe; zwangsweise Vorführung § 380 ZPO. Gegen die Verhängung der Ordnungsstrafe ist Beschwerde (nicht Rechtsbeschwerde) an die Beschwerdestelle entsprechend § 13 Abs. 3 VerfAO., § 380 Abs. 3 ZPO. zulässig vgl. auch KG. EA. 396 = JW. 1925, 2142.

## § 8.

I Die Beteiligten können sich durch eine mit schriftlicher Vollmacht versehene Person vertreten lassen[1]. Ist eine schriftliche Vollmacht beigebracht, so sind Ladungen und sonstige Mitteilungen an den Bevollmächtigten zu richten. Ist das persönliche Erscheinen eines Beteiligten angeordnet, so ist neben dem Bevollmächtigten auch der Beteiligte zu laden.

II [2]Der Mangel der Vollmacht kann unberücksichtigt bleiben. Ein Vergleich, der von einer nicht mit schriftlicher Vollmacht versehenen Person geschlossen ist, wird erst wirksam, wenn die Vollmacht beigebracht wird; hiefür ist dem Vertretenen eine angemessene Frist zu bestimmen. Von dem fruchtlosen Ablauf der Frist ist den anderen Beteiligten Mitteilung zu machen; auch kann alsbald eine Entscheidung erlassen werden.

II Gegenüber Bevollmächtigten und Beiständen, die nicht Rechtsanwälte sind, hat das Mieteinigungsamt die Befugnisse, die dem Amtsgericht im Verfahren über die Aufhebungsklage zustehen (§ 157 der Zivilprozeßordnung, § 12 des Mieterschutzgesetzes).

**1.** Zustellung an den Bevollmächtigten auch dann, wenn einer der Beteiligten ohne Vollmacht zugelassen war Abs. 2 LG. Hamburg EA. 358; vgl. auch EA. 411; BayObLG. BayZ. 1925, 203 will aber mit Recht die Zustellung an einen nach Abs. 2 zugelassenen Beteiligten nur dann gelten lassen, wenn die Annahme begründet ist, daß dieser tatsächlich bevollmächtigt ist. Anwaltszwang besteht weder vor dem MEA. noch vor der Beschwerdestelle.

**2.** Gilt nicht für das AG. (§ 29 Ziff. 3): an die Stelle des Abs. 2 treten die §§ 88 Abs. 2, 89 ZPO. (Berücksichtigung des Mangels von Amts wegen; einstweilige Zulassung).

## § 9.

I Das Mieteinigungsamt kann den Beteiligten aufgeben, binnen einer bestimmten Frist Tatsachen zur weiteren Aufklärung des Sachverhalts anzugeben und Beweismittel, insbesondere Urkunden, vorzulegen oder Zeugen zu stellen.

II Bei Versäumung der Frist kann das Mieteinigungsamt nach Lage der Sache ohne Berücksichtigung der nicht beigebrachten Beweismittel entscheiden.

Keine Fragepflicht wie in § 139 ZPO.

## § 10.

I Das Mieteinigungsamt kann auf Antrag oder von Amts wegen Beweise erheben, insbesondere Zeugen und Sachverständige eidlich vernehmen sowie Versicherungen an Eides Statt entgegennehmen. Zeugen und Sachverständige, die in dem Antrag oder in sonstigen Erklärungen der Beteiligten benannt sind, sollen zu der nächstfolgenden Verhandlung geladen werden, soweit ihre Vernehmung zur Aufklärung des Sachverhältnisses dienlich erscheint.

II Auf die Erledigung des Zeugen- und Sachverständigenbeweises finden die Vorschriften der Zivilprozeßordnung entsprechende Anwendung. Ein Augenschein kann nur durch Beisitzer aus dem Kreise der Vermieter und Mieter gemeinschaftlich erfolgen. Die Zeugen und Sachverständigen erhalten Gebühren nach Maßgabe der Gebührenordnung für Zeugen und Sachverständige.

III Die Gerichts- und Verwaltungsbehörden haben innerhalb ihrer Zuständigkeit dem Ersuchen der Mieteinigungsämter um Aufnahme von Beweisen zu entsprechen. Auf die von den Gerichten zu leistende Rechtshilfe finden die Vorschriften des dreizehnten Titels des Gerichtsverfassungsgesetzes entsprechende Anwendung.

Vorlegungseid ist unzulässig, § 426 ZPO. ist als zivilprozessuale Eigentümlichkeit unanwendbar KG. JR. 1926 Nr. 688 = EA. 461. Eidliche Vernehmung ist auch für Beisitzer des MEA. geboten; sie sind alsdann kraft Gesetzes in der Sache ausgeschlossen KG. JR. 1925 Nr. 1434 = EA. 443. Die Beeidigung der Zeugen und Sachverständigen richtet sich nach den Vorschriften der ZPO. KG. EA. 443, aber auch KG. EA. 387. Vgl. auch Bahlmann, EA. 452; Hertel, EA. 469: Einnahme des Augenscheins. Über Rückzahlung des Beweiskostenvorschusses Vidal, EA. 448.

## § 11.

Die Befugnisse aus § 6 Abs. 2, § 7, § 8 Abs. 3, §§ 9, 10[1] sowie aus § 40 Abs. 1 Satz 2, Abs. 5 des Mieterschutzgesetzes stehen außerhalb der Sitzungen dem Vorsitzenden zu.

1. Der VerfAO.

## § 12.

I Zu der Verhandlung wird ein Schriftführer[1] zugezogen[2]. Er ist bei der ersten Dienstleistung vom Vorsitzenden durch Handschlag an Eides Statt zu treuer und gewissenhafter Führung seines Amtes zu verpflichten und hat Amtsverschwiegenheit zu beobachten. Ein Schriftführer ist auch bei einer Vorverhandlung mit den Beteiligten zuzuziehen, wenn ein Vergleich geschlossen wird. Der Zuziehung eines Schriftführers bedarf es nicht, wenn die Vorverhandlung vor dem Gerichtsschreiber (§ 39 Abs. 2 des Mieterschutzgesetzes) abgehalten wird.

II Über die Verhandlung (Abs. 1 Satz 1, 3, 4) wird[3] eine Niederschrift aufgenommen, die von dem Vorsitzenden, in den Fällen des § 39 Abs. 2 des Mieterschutzgesetzes von zwei Beisitzern oder dem Gerichtsschreiber und, wenn ein Schriftführer[1] zugezogen wird, auch von diesem zu unterschreiben ist. Sie soll Ort und Tag der Verhandlung, die Bezeichnung der mitwirkenden Personen und der Beteiligten sowie das Ergebnis der Verhandlung enthalten.

III Kommt ein Vergleich zustande, so ist[3] er in der Niederschrift festzustellen. Die Niederschrift ist insoweit, als sie einen Vergleich enthält, den Beteiligten vorzulesen oder zur Durchsicht vorzulegen. In der Niederschrift ist zu bemerken, daß dies geschehen und die Genehmigung erfolgt ist.

**1.** Beim AG. der Gerichtsschreiber; besondere Verpflichtung findet nicht statt (§ 29 Ziff. 1 u. 2). Wegen der Anwendung des § 49 ZPO. auf den Schriftführer, KG. EA. 420; über die Ablehnung des Schriftführers entscheidet nicht der Vorsitzende, sondern das MEA.

**2.** Die Nichtzuziehung berührt die Gültigkeit der Entscheidung nicht § 39 MSchG. Anm. 1.

**3.** Für das MEA. bindende Vorschrift; ohne Beachtung der Vorschrift ist der Vergleich nicht vollstreckbar § 17 VerfAO. BayObLG. BayVBl. 1926, 343.

## § 13.[1]

I Die Aufrechterhaltung der Ordnung in der Sitzung liegt dem Vorsitzenden ob.

II Das Mieteinigungsamt kann gegen Beteiligte, Bevollmächtigte und Beistände sowie gegen Zeugen, Sachverständige und sonstige Personen, die sich in der Sitzung einer Ungebühr schuldig machen, vorbehaltlich der strafgerichtlichen oder disziplinaren Verfolgung, eine Ordnungsstrafe bis zu dem in dem Verfahren vor den ordentlichen Gerichten für Ungebührstrafen zulässigen Geldbetrag[2] oder bis zu drei Tagen Haft festsetzen, auch diese Personen aus dem Sitzungszimmer entfernen lassen. § 158 Satz 1 der Zivilprozeßordnung gilt entsprechend. Auf Rechtsanwälte, die als Bevollmächtigte oder Beistände auftreten, finden diese Vorschriften keine Anwendung.

III Gegen die Festsetzung einer Ordnungsstrafe findet binnen einer Frist von drei Tagen nach der Bekanntgabe Beschwerde statt. Über die Beschwerde entscheidet die Beschwerdestelle. Die Beschwerde hat keine aufschiebende Wirkung. Das Mieteinigungsamt ist befugt, die Strafe aufzuheben oder zu ermäßigen.

IV Die Befugnisse aus den Abs. 2, 3 stehen bei einer Verhandlung vor dem Vorsitzenden diesem allein zu.

1. Beim AG. treten an die Stelle des § 13 die §§ 177—185 GVG. (§ 29 Ziff. 3).

2. § 179 GVG.

## § 14.

I Die Entscheidung erfolgt durch Beschluß. Der Beschluß enthält[1] die Namen der Mitglieder, die bei der Entscheidung mitgewirkt haben, und ist von dem Vorsitzenden zu unterschreiben.

II Von einer schriftlichen Begründung[2] der Entscheidung soll nur abgesehen werden, wenn die anwesenden Beteiligten oder deren Bevollmächtigte nach mündlicher Mitteilung der Gründe (§ 40 Abs. 4 des Mieterschutzgesetzes) auf die Einlegung der Rechtsbeschwerde und auf die Mitteilung einer schriftlichen Begründung verzichten.

1. Zwingendes Recht, Verstoß begründet aber nicht Nichtigkeit des Beschlusses (§ 39 Anm. 1 MSchG.). Für die Beschlußfassung gilt § 195 GVG.: Der Schriftführer darf hiernach bei der Beratung und Abstimmung nicht anwesend sein (RG. 18, 161).

**2.** Grundsätzlich gilt Begründungszwang (vgl. § 40 MSchG.). Die Gründe können nachträglich zu den Akten gebracht werden, müssen aber spätestens vorliegen, wenn die Akten an die Beschwerdestelle gehen KG. EA. 472.

## § 15.

In der Entscheidung kann bestimmt werden, daß und in welchem Betrag ein Beteiligter anderen Beteiligten Ersatz der baren Auslagen sowie Entschädigung für eine durch notwendige Reisen oder durch die notwendige Wahrnehmung von Terminen entstandene Zeitversäumnis zu gewähren hat. Die für die Entschädigung von Zeugen geltenden Vorschriften sowie § 41 Abs. 2 Satz 5 des Mieterschutzgesetzes gelten entsprechend.

Rechtsgültigkeit des § 15 anerkennt KG. EA. 361. Höhe der zu ersetzenden Auslagen ist im Beschluß anzugeben; gegen Ausspruch Rechtsbeschwerde unzulässig OLG. Breslau EA. 410. Über Ersatz außergerichtlicher Kosten Bahlmann, EA. 453.

## § 16.

I Die Beschlüsse (§ 14) und die Anordnungen auf Grund des § 40 Abs. 5 des Mieterschutzgesetzes sind von dem Schriftführer auszufertigen; er bescheinigt die Übereinstimmung mit der Urschrift.

II Die Beschlüsse sind den Beteiligten oder deren Bevollmächtigten (§ 8), soweit sie nicht in deren Gegenwart verkündet sind, in der im § 40 Abs. 1 Satz 3 des Mieterschutzgesetzes vorgeschriebenen Weise mitzuteilen; von einer Mitteilung der Gründe kann, unbeschadet des § 40 Abs. 4 Satz 2 des Mieterschutzgesetzes, abgesehen werden, wenn der Beteiligte zu dem Termin, in dem der Beschluß ergangen ist, geladen, aber weder erschienen noch ordnungsgemäß vertreten war.

## § 17.

I Die Vollstreckungsklausel zu einem Vergleich ist vom Vorsitzenden oder, sofern die Aufgaben des Mieteinigungsamts dem Gericht übertragen sind (§ 37 Abs. 2 des Mieterschutzgesetzes), von dem Gerichtsschreiber zu erteilen und mit dem Siegel des Mieteinigungsamts oder der Gemeindebehörde zu versehen. Ist der Vergleich von einem Bevollmächtigten geschlossen (§ 8 Abs. 2 Satz 2), so darf eine vollstreckbare Ausfertigung nur erteilt werden, wenn eine schriftliche Vollmacht vorliegt.

II In den Fällen des § 726 Abs. 1, der §§ 727 bis 729, 738, 742, 744, des § 745 Abs. 2 und des § 749 der Zivilprozeßordnung ist die vollstreckbare Ausfertigung nur auf Anordnung des Amtsgerichts zu erteilen, in dessen Bezirk as Mieteinigungsamt seinen Sitz hat.

III Das im Abs. 2 bezeichnete Amtsgericht ist zuständig für die Entscheidung über Einwendungen, welche die Zulässigkeit der Vollstreckungsklausel betreffen, sowie für die Entscheidung über Erteilung einer weiteren vollstreckbaren Ausfertigung, die ausdrücklich als solche zu bezeichnen ist.

IV Der § 797 Abs. 5 der Zivilprozeßordnung findet Anwendung.

1. Beim AG. mit dem Gerichtssiegel (§ 29 Ziff. 4).

## § 18.

I Die Entscheidung ist, soweit sie Gebühren und Auslagen oder die einem Beteiligten zu ersetzenden Kosten (§ 15) betrifft, vollstreckbar. Das gleiche gilt von einem Beschlusse, durch den eine Ordnungsstrafe festgesetzt wird.

II Die Vollstreckung richtet sich[1] wegen der einem Beteiligten zu ersetzenden Kosten nach den Vorschriften der Zivilprozeßordnung, im übrigen nach den Vorschriften über die Beitreibung von Gemeindeabgaben.

1. Beim AG. richtet sie sich nach den Vorschriften über Beitreibung der Gerichtskosten (§ 29 Ziff. 5).

## § 19.

Auf Befreiung von der Kostenlast (§ 46 Abs. 4 des Mieterschutzgesetzes) haben Angehörige solcher Staaten keinen Anspruch, in denen einem Deutschen das Armenrecht in bürgerlichen Rechtsstreitigkeiten versagt wird.

## § 20.

I Im Falle des § 39 Abs. 3 des Mieterschutzgesetzes beginnt die Frist für die Anrufung des Mieteinigungsamts mit der Bekanntgabe der Entscheidung (§ 16 Abs. 2).

II Durch die Anrufung des Mieteinigungsamtes wird die Wirksamkeit des angefochtenen Beschlusses gehemmt.

III Ist die Anrufung verspätet erfolgt, so spricht das Mieteinigungsamt aus, daß es bei der Entscheidung sein Bewenden behalte. Gegen die Versäumung der Notfrist findet Wiedereinsetzung in den vorigen Stand statt; § 233 Abs. 1, §§ 234, 237, § 238 Abs. 1, 2 der Zivilprozeßordnung gelten mit der Maßgabe entsprechend, daß die im § 234 Abs. 1 bestimmte Frist eine Woche beträgt.

Wiedereinsetzung in den vorigen Stand bedeutet allgemeinen Verfahrensgrundsatz KG. EA. 373, 375.

## § 21.

I Die Beschwerde (§ 41 des Mieterschutzgesetzes) ist[1] beim Mieteinigungsamte schriftlich[2] oder zu Protokoll des Schriftführers[3] einzulegen. Die Einlegung bei der Beschwerdestelle genügt zur Wahrung der Notfrist. Der Beschwerdeführer soll die Beschwerde begründen und einen bestimmten Antrag stellen.

II Das Mieteinigungsamt hat von Amts wegen zu prüfen, ob die Beschwerde an sich statthaft und ob sie rechtzeitig eingelegt ist. Mangelt es an einem dieser Erfordernisse, so ist die Beschwerde vom Mieteinigungsamt als unzulässig zu verwerfen. Der Beschwerdeführer kann binnen einer Woche nach der Mitteilung des Beschlusses des Mieteinigungsamts die Entscheidung der Beschwerdestelle beantragen. In diesem Falle sind die Akten der Beschwerdestelle vorzulegen.

III Will das Mieteinigungsamt der Beschwerde abhelfen, so hat es vor der Entscheidung den Beschwerdegegner zu hören.

IV Wird der Beschwerde nicht abgeholfen, so ist sie mit den Akten, die den mit Gründen versehenen Beschluß[4] zu enthalten haben, binnen drei Tagen der Beschwerdestelle vorzulegen.

V In den Fällen der Abs. 1, 2 gilt § 20 Abs. 1, 2, Abs. 3 Satz 2 entsprechend.

**1.** Bei Nichtbeachtung Verwerfung der Beschwerde als unzulässig Rupp, EA. 340. Bei Beschwerdeeinlegung durch einen Bevollmächtigten ist es unerheblich, ob die Vollmacht innerhalb der Beschwerdefrist beigebracht wird KG. LZ. 1925, 609. Einlegung bei einer anderen Behörde genügt nicht zur Wahrung der Frist; möglich Wiederaufnahme des Verfahrens § 20.

**2.** Handschriftliche Unterzeichnung der Beschwerdeschrift durch die Partei oder Bevollmächtigten notwendig KG. EA. 362.

**3.** Nicht auch Erklärung zum Sicherungsprotokoll KG. EA. 427 = JR. 1926 Nr. 31.

**4.** Stellungnahme des Vorsitzenden allein nicht ausreichend LG. III Berlin EA. 294; Kammer EA. 312; aus praktischen Gründen a. M. Brumby EA. 294.

## § 22.

I Die Beteiligten können auf das Recht der Beschwerde verzichten.

II Auf den Verzicht sowie die Zurücknahme der Beschwerde finden §§ 514 und 515 Abs. 3 der Zivilprozeßordnung entsprechende Anwendung.

§ 515 Abs. 2 ZPO. findet keine Anwendung; daher Wirksamkeit der Beschwerdezurücknahme erst mit Zugehen der Erklärung an das MEA. oder die Beschwerdestelle KG. EA. 363.

## § 23.

Für die Beschwerdestelle sind, unbeschadet des § 41 Abs. 3 des Mieterschutzgesetzes, die tatsächlichen Feststellungen der angefochtenen Entscheidung bindend, soweit nicht neue Tatsachen zur Begründung eines wesentlichen Mangels des Verfahrens vorgebracht werden.

Beschwerdestelle kann vor sich selbst Beweise erheben § 41 Abs. 3 MSchG. EA. 350.

## § 24.

I Hat die oberste Landesbehörde die Aufgaben der Beschwerdestelle dem Landgericht oder einer Verwaltungsbehörde übertragen, so kann sie anordnen, daß die Beschwerdestelle die Sache einem höheren Gericht oder einer höheren Verwaltungsbehörde zur Vorabentscheidung über eine Rechtsfrage (Rechtsentscheid) vorzulegen hat oder vorlegen kann, wenn

a) die Beschwerdestelle von der ihr bekannten Entscheidung einer anderen Beschwerdestelle oder des höheren Gerichts (der höheren Verwaltungsbehörde) abweichen will,
b) es sich um eine von dem höheren Gericht (der höheren Verwaltungsbehörde) noch nicht entschiedene Rechtsfrage von grundsätzlicher Bedeutung handelt.

II Der Rechtsentscheid ist in der Sache verbindlich.

§ 42 MSchG. Anm. 3. Bestehen bei einer Beschwerdestelle mehrere Kammern und will eine Kammer von der ihr bekannten Entscheidung einer anderen Kammer abweichen, so hat sie die Sache zum Rechtsentscheid vorzulegen KG. EA. 345 (= JW. 1925, 801).

Solange der nachgesuchte Rechtsentscheid aussteht, darf die Beschwerdestelle über die Rechtsbeschwerde nicht nach ihrer von der anderen Beschwerdestelle abweichenden Rechtsauffassung entscheiden KG. EA. 361 (= JW. 1925, 801).

Die Rechtsentscheide der bayerischen Gerichte werden fortlaufend in der BayGemVZ. und in der BayZ. veröffentlicht. Für Preußen vgl. Hertel, Mieterschutz und Wohnungszwangswirtschaft Bd. III und Bd. IV Buch 1—3.

## § 25.

Die Beschlüsse der Beschwerdestelle sind schriftlich zu begründen.

## § 26.

Ist die Beschwerdestelle mit einer geraden Zahl von Mitgliedern besetzt, so entscheidet bei Stimmengleichheit die Stimme des Vorsitzenden.

Vgl. § 42 MSchG. Anm. 2.

## § 27.

Im übrigen gelten für das Verfahren vor der Beschwerdestelle die Vorschriften über das Verfahren vor dem Mieteinigungsamt entsprechend.

MSchG.: §§ 38 Abs. 4, 8 Abs. 3, §§ 40, 46 u. VerfAO. §§ 1—19.

## § 28.

Auf Verlangen eines Beteiligten hat der Schriftführer des Mieteinigungsamts auf der Ausfertigung der Entscheidung zu bescheinigen, daß die Entscheidung endgültig[1] geworden ist.

1. Vgl. § 43 Abs. 2 MSchG.

## § 29.

Soweit die Aufgaben des Mieteinigungsamts oder der Beschwerdestelle einem Gericht übertragen sind, finden die Vorschriften dieser Anordnung mit folgenden Maßgaben Anwendung:

1. An die Stelle des Schriftführers tritt der Gerichtsschreiber.
2. Eine besondere Verpflichtung des Vorsitzenden und des Gerichtsschreibers (§§ 1, 12) findet nicht statt.
3. An die Stelle des § 8 Abs. 2 treten die §§ 88 Abs. 2, 89 der Zivilprozeßordnung, an die Stelle des § 13 die §§ 177 bis 185 des Gerichtsverfassungsgesetzes.
4. Die Vollstreckungsklausel zu einem Vergleiche (§ 17) ist mit dem Gerichtssiegel zu versehen.
5. Die Beitreibung von Gebühren, baren Auslagen des Verfahrens und Ordnungsstrafen (§ 18) bestimmt sich nach den Vorschriften über die Beitreibung von Gerichtskosten.

---

# IV. Reichswohnungsmangelgesetz.

Vom 26. Juli 1923 (RGBl. Teil I S. 754).

## § 1.

Die oberste für das Wohnungswesen zuständige Landesbehörde kann Gemeindebehörden zu den nach diesem Gesetz zulässigen Anordnungen und Maßnahmen ermächtigen oder verpflichten. Sie kann die Anordnungen und Maßnahmen auch unmittelbar treffen oder die Berechtigung hiezu einer ihr unterstellten Behörde übertragen. Sie führt die Aufsicht über die Durchführung der Anordnungen oder Maßnahmen und erteilt die erforderlichen Anweisungen.

**1.** Oberste Landesbehörde ist in Preußen der Volkswohlfahrtsminister (Beschl. vom 7. Nov. 1919 GS. S. 173); in Bayern das Ministerium für Soziale Fürsorge (VO. vom 14. Nov. 1918 StAnz. Nr. 268).

**2.** Außerhalb dieses Gesetzes kommt in Betracht für die Unterbringung der Rhein- und Ruhrverdrängten (vgl. § 14)

a) hinsichtlich der vorläufigen Unterbringung: die VO. des Reichspräsidenten vom 14. Juni 1923 (RGBl. I S. 381),

b) hinsichtlich der endgültigen Unterbringung: Art. V des Notgesetzes vom 24. Februar 1923 (RGBl. I S. 147).

Die Grundzüge des Wohnungsmangelgesetzes sind folgende:

1. Das Gesetz dient in erster Linie der Beseitigung der Wohnungsnot, nicht der allgemeinen Raumnot; demgemäß sind auch die weitergehenden Maßnahmen auf Grund des § 6 nur zulässig zur Beseitigung des Wohnungsmangels. Die Inanspruchnahme von Nichtwohnräumen (§ 4) beschränkt sich auf die Verwendung als Wohnräume (§ 5) oder doch nur zwecks mittelbarer Gewinnung von Wohnräumen (§ 6).
2. Beachtenswert sind die völlige Freigabe von Neubauten, wenn sie nach dem 1. Juli 1918 bezugsfertig geworden sind (§ 12), sowie das Verbot der Beschlagnahme von Räumen, die innerhalb einer von der Gemeindebehörde zu bestimmenden Frist durch Teilung oder Ausbau die Beschaffung einer neuen räumlich und wirtschaftlich selbständigen Wohnung ermöglichen sollen. Die neue Wohnung selbst kann gleichfalls nicht beschlagnahmt werden §§ 33a, 33b MSchG.
3. Eine Sonderstellung ist den sog. fiskalischen Gebäuden im Sinne des § 7, ferner den Genossenschaftsbauten (§ 13) und den sog. Werkwohnungen (§ 15) eingeräumt.
4. Der Wohnungstausch hat eine besondere gesetzliche Regelung gefunden (§ 8).
5. Die vorzugsweise Berücksichtigung bei der Unterbringung von Wohnungsuchenden gilt nunmehr außer für Vertriebene (§ 14 Abs. 2) auch für Familien mit drei oder mehr in der häuslichen Gemeinschaft lebenden Kindern. Die bisherige Vorschrift des § 9c WMVO. gilt neben der neuen Fassung in § 14 WMG. nach Maßgabe des § 18 auch weiterhin.
6. Die Regelung des Beschwerdeverfahrens ist den Landesbehörden freigegeben (§ 16), so daß auch einer anderen Behörde als den MEA. die Entscheidung über die Beschwerde übertragen werden kann.

**3.** Wegen der Zurücknahme der Ermächtigung und der Aufhebung der hiernach getroffenen Anordnungen und Maßnahmen vgl. § 10.

4. Die Übertragung der Durchführung auf bestimmte Verwaltungsbehörden bildet die Regel. In Preußen sind hiemit die Oberpräsidenten und Regierungspräsidenten betraut. Nach der bayer. WMVO. sind in erster Linie die Ortspolizeibehörden (§ 29) Träger der Vollzugsgewalt. Nur in besonderen Fällen hat sich z. B. die bayer. Oberste Landesbehörde die unmittelbare Handhabung des Rechtes vorbehalten (§ 36).

5. Wegen des verschiedenen Geltungsbereiches der MSchVO. und WMVO. vgl. KG. JW. 1923, 767[9]; mit Recht ist hier auch darauf hingewiesen, daß nicht etwa alle gewerblichen Betriebsstätten neben den Wohnungen besonders geschützt sind, sondern daß letztere nur in einem bestimmten Umfang den Rechtsschutz der MSchVO. genießen (RG. 103, 273). Im übrigen will die MSchVO. Mieter, die schon Verträge haben, schützen, während die WMVO. durch Sicherung der zweckmäßigen Ausnutzung des vorhandenen Wohnraumes den Wohnungsuchenden entsprechende Mieträume verschaffen will. Diesen verschiedenen Gesichtspunkten entsprechend sind auch die auf Grund der Ermächtigung getroffenen landesrechtlichen Anordnungen je nach ihrem Inhalt (Schutz der Mieter oder Raumbeschaffung) der MSchVO. oder der WMVO. einzugliedern. Maßnahmen zum Schutze bestehender Mietverträge können daher niemals auf § 9 WMVO. — nunmehr § 6 WMG. — gestützt werden. Dieser Gesichtspunkt ist für das geltende Recht um so mehr zu beachten, als eine dem § 5a MSchVO. entsprechende Ermächtigungsklausel dem MSchG. unbekannt ist (vgl. § 52 MSchG. Anm. 2). Anders RG. 102, 188, das in § 9 eine Sammelbestimmung für Maßregeln aller Art erblickt, soweit sie zur Hebung der Wohnungsnot notwendig sind und im übrigen den gesetzlichen Voraussetzungen entsprechen. Ähnlich auch RG. 104, 364. Vgl. auch Erl. zu § 50 MSchG.

## § 2.

I Ohne vorherige Zustimmung der Gemeindebehörde dürfen

a) Gebäude oder Teile von Gebäuden nicht abgebrochen,
b) mehrere Wohnungen zu einer nicht vereint werden.

II Räume, die bis zum 1. Oktober 1918 zu Wohnzwecken bestimmt oder benutzt waren, dürfen zu anderen Zwecken, insbesondere als Fabrik-, Lager-, Werkstätten, Dienst- oder Geschäftsräume nicht verwendet werden. In besonderen Fällen kann die Gemeindebehörde Ausnahmen zulassen, wenn für den beanspruchten Raum neuer Wohnraum erstellt wird.

**1.** Abweichend von § 2 WMVO. bedarf es keiner ausdrücklichen Anordnung der Gemeindebehörde; § 2 ist absolutes Verbotsgesetz: während nach Abs. 2 die Genehmigung nur unter bestimmten Voraussetzungen ausnahmsweise zu erteilen ist, bleibt es in den Fällen des Abs. 1 dem freien Ermessen der Gemeindebehörde überlassen, ob und unter welchen Bedingungen sie die Genehmigung erteilen will (a. M. Hertel S. 9).

Die Zustimmung muß vor Ausführung des Vorhabens erteilt sein; nachträgliche Zustimmung der Gemeindebehörde kann die Strafbarkeit der Handlung nicht verhindern. Zustimmend Hertel S. 17. Strafen § 17 Ziff. 1. § 2 gilt nach Maßgabe des § 7 Abs. 3 auch für fiskalische und andere in § 7 bezeichnete Gebäude und Räume.

Einem Abbruch zum Zwecke der Beseitigung eines polizeiwidrigen Zustandes steht § 2 nicht entgegen PrOVG. Recht 1924 Nr. 510.

Ob die Gemeindebehörde von ihrem Recht, Ausnahmen zuzulassen Gebrauch macht, steht in ihrem freien Ermessen; eine Nachprüfung durch das MEA. findet nicht statt KG. JR. 1925 Nr. 1346; keine Beschwerde nach § 16 gegen die Entscheidung der Gemeindebehörde KG. JR. 1925 Nr. 1537 (= EA. 403, = JW. 1926, 1006); KG. JR. 1926 Nr. 948 (= JW. 1926, 1584) a. M. Brumby, EA. 461. Das billige Ermessen des MEA. ist hier durch gesetzliches Verbot ausgeschaltet KG. JW. 1925, 1881; vgl. auch KG. EA. 395 u. LG. Hamburg EA. 484.

**2.** Wegen des Begriffes Gebäude und Gebäudeteil vgl. § 1 MSchG. Anm. 2. Unter Abbruch ist jede Verwendung zu verstehen, durch die der Rauminhalt eines Gebäudes vermindert wird. Auch eine nur teilweise Veränderung kann genügen; das bloße Verlegen oder Entfernen von Zwischenwänden gehört nicht hieher ebenso KG. JW. 1921, 254 u. JW. 1924, 2056. In Betracht kommt in erster Linie der Abbruch von Außenmauern und eine dadurch herbeigeführte Verkleinerung oder sonstige Änderung des Gebäudes. Vgl. auch Hertel S. 10. Zu welchem Zweck das Gebäude abgebrochen wird, ist unerheblich; auch wenn aus dem Abbruchmaterial wieder an Ort und Stelle ein Gebäude aufgeführt werden soll, ist vorherige Zustimmung notwendig.

Wegen der gemäß § 6 möglichen landesrechtlichen Ausdehnung des Verbotes auf die Veränderung von Gebäuden, deren Bestandteilen oder Zubehör, sofern sie auf die Brauchbarkeit für Wohnzwecke von Einfluß ist und der Verpflichtung des Eigentümers zur Wiederherstellung des früheren Zustandes vgl. § 1 der bayer. WMVO.

**3.** Die Vereinigung muß mehrere selbständige Wohnungen umfassen: die bloße Abvermietung von Teilen einer Wohnung gehört nicht hieher. Zum Begriff der selbständigen

Wohnung § 33a MSchG. Anm. 2 u. Hertel S. 11. Ob bauliche Veränderungen notwendig sind, bemißt sich nach den Umständen des einzelnen Falles. In der Regel werden abgeschlossene Wohnräume (§ 4 Abs. 3) in Betracht kommen.

**4.** Die Umwandlung von Wohnräumen in Geschäftsräume ist hiernach, soweit es um Räume handelt, die bis zum 1. Oktober 1918 zu Wohnzwecken benutzt oder auch nur bestimmt waren, grundsätzlich verboten. Die ausnahmsweise Bewilligung, deren Erteilung abgesehen vom Falle des § 7 Abs. III in das Belieben der Gemeindebehörde gestellt ist, muß (zwingendes Recht KG. EA. 388) an die Bedingung geknüpft werden, daß für den beanspruchten Raum ein entsprechender neuer Wohnraum erstellt wird. Nur eine dem verloren gegangenen Raum nach Größe, Zahl und Ausstattung entsprechende Neuherstellung genügt der Vorschrift des Abs. 2; ob der neuhergestellte Raum durch einen Neubau oder durch Umbau oder Ausbau vorhandener Räume (vgl. §§ 33, 33b MSchG.) gewonnen wird, ist unerheblich. In jedem Fall aber muß der Gemeindebehörde der Raum zur Verfügung gestellt werden. Die bloße Zurverfügungstellung vorhandener Räume genügt nicht; ebensowenig ist es zulässig eine Geldabfindung an Stelle des Neubaues anzunehmen, es sei denn, daß sie so hoch bemessen wird, daß die Herstellung eines neuen Raumes tatsächlich damit ermöglicht wird.

Neuerstellte Räume können gemäß § 12 WMG. und § 33b MSchG. nicht beschlagnahmt werden. Die Gemeindebehörde kann aber die Nichterfüllung der Auflage (Zurverfügenstellen) die Überlassung der Altbauwohnung widerrufen § 11. Wegen der Miete gilt § 16 RMG.; doch kann die Gemeindebehörde die Zustimmung an die Bedingung der Einhaltung einer bestimmten Miethöhe (z. B. wie bei Altwohnungen) knüpfen.

Auf Genehmigungen, die bereits auf Grund der bisherigen Vorschriften erteilt sind, findet Abs. 2 keine Anwendung, da das Gesetz keine rückwirkende Kraft sich beigelegt hat.

Die Zweckbestimmung oder Verwendung am Stichtag ist maßgebend. Eine Umwandlung (RG. 105, 255 und Hertel S. 12) der Bestimmung oder Benutzung, die schon vor dem Stichtag vorgenommen worden ist, wird von der Vorschrift nicht betroffen (RG. 105, 251); wenn daher Räume vor dem 1. Oktober 1918 einmal für Wohnzwecke bestimmt oder verwendet waren, am 1. Oktober 1918 aber zu anderen Zwecken bestimmt und verwendet waren, so ist Abs. 2 auf sie nicht anwendbar. Eine nur vorübergehende Zweckverwendung am Stichtag bleibt aber außer Betracht: hier bleibt die ursprüngliche Zweckbestimmung als fortdauernd maßgebend. Geschäftsräume, die zwar bis zum 1. Okt. 1918 als solche, dann aber vorübergehend als Wohnräume und nunmehr wieder als Geschäftsräume benutzt worden sind, fallen daher nicht unter das Verbot des § 2 KG. EA. 373.

Abs. 2 bezieht sich nur auf benutzte Räume; unbenutzte Wohnräume unterliegen der Beschlagnahme nach § 4, gleichviel, ob sie am 1. Okt. 1918 Wohn- oder anderen Zwecken dienten Brumby EA. 342.

**5.** Wohnräume sind Räume, die Wohnzwecken dienen; daran ändert auch der Umstand nichts, daß eine gewerbsmäßige Verwendung der Räume durch Vermietung in Frage kommt KG. EA. 403. Nachsichtige Beurteilung der Übernahme von Praxisräumen eines Rechtsanwalts durch einen Kollegen LG. I Berlin JW. 1924, 2059. Bei Verbindung von Wohn- und anderen Räumen ist das wirtschaftliche Übergewicht einer der verschiedenen zusammentreffenden Zwecke ausschlaggebend KG. JR. 1926 Nr. 947. Werkstätte ist ein Raum, in dem nach Art eines kleinen Fabrikbetriebes mit Maschinen oder mit der Hand Rohmaterial verarbeitet wird. Büroräume fallen unter den Begriff der Geschäftsräume, in denen der Kaufmann und sein Personal die Geschäfte erledigen. Die Aufzählung enthält, wie das Wort „insbesondere" sagt, nur Beispiele, keine erschöpfende Regelung. Die Verwendung zur Ausübung des ärztlichen Berufs ist keine Verwendung zu Wohnzwecken KG. EA. 388.

## § 3.

I Der Verfügungsberechtigte hat der Gemeindebehörde

a) unverzüglich Anzeige zu erstatten, sobald eine Wohnung oder Fabrik-, Lager-, Werkstätten-, Dienst-, Geschäftsräume oder sonstige Räume unbenutzt sind,

b) ihrem Beauftragten über die unbenutzten Wohnungen und Räume sowie über deren Vermietung Auskunft zu erteilen und ihm die Besichtigung zu gestatten.

II Als unbenutzt gelten Wohnungen und Räume der bezeichneten Art, wenn sie völlig leer stehen oder nur zur Aufbewahrung von Sachen dienen, sofern den Verfügungsberechtigten eine andere Aufbewahrung ohne Härte zugemutet werden kann, oder wenn der Verfügungsberechtigte seinen Wohnsitz dauernd oder zeitweilig in das Ausland verlegt hat.

**1.** Verfügungsberechtigt ist derjenige, der als Eigentümer, Nießbraucher, Mieter, Untermieter, oder als Vertreter dieser Personen, ferner als Konkurs-, Zwangs-, Nachlaßverwalter oder Testamentsvollstrecker über die fraglichen Räume verfügt.

Auch bei Doppelwohnungen kommt es lediglich auf die rechtliche Verfügungsgewalt einer Person über mehrere Wohnungen an. Die Frage der tatsächlichen Benutzung und der damit zusammenhängenden Frage der genügenden tatsächlichen Ausnutzung der Räume hat mit dieser Frage nichts zu tun KG. EA. 354. Über Beschlagnahme, wenn der Mieter zur Herausgabe verurteilt ist, aber bis zur Sicherung des Ersatzraumes (§ 6 Abs. 4 MSchG.) bleibt KG. EA. 433.

Für öffentliche Gebäude bedarf der Beauftragte zur Erholung der Auskunft und Vornahme der Besichtigung der Zustimmung der obersten Reichs- oder Landesbehörde; die Anzeigeerstattung nach Buchst. a kann vom Verfügungsberechtigten nicht verlangt werden, solange nicht eine unmittelbare Weisung der Reichs- oder Landesbehörde an den Verfügungsberechtigten ergangen ist.

Zum Begriff des Verfügungsberechtigten Hertel S. 19, ferner KG. EA. 322, 456, 498.

**2.** Anzeige ist jede mündliche oder schriftliche Mitteilung an diejenige Stelle, welche von der Gemeindebehörde dazu bestimmt ist. Unverzüglich bedeutet nach § 121 BGB. ohne schuldhaftes Zögern.

**3.** Auskunft ist über alle Tatsachen zu erteilen, die für die Gemeindebehörde für eine anderweitige Verwertung der Räume von Bedeutung sind.

**4.** Besichtigung ist nur im Rahmen der bei Mieten geltenden Beschränkung auf die ortsübliche Zeit zu gestatten, nicht schlechtweg zu allen Tageszeiten. RG. 106, 270 erachtet drei Vormittagsstunden für je einen Tag in der Woche für angemessen. Die Besichtigung darf eine unbillige Störung des Mietgebrauchs nicht zur Folge haben. Jede übermäßige Belästigung des Wohnungsinhabers ist zu vermeiden. Ortssitten sind zu beachten. Kein Besichtigungszwang, wenn die Räume benutzt sind KG. JW. 1922, 228.

**5.** Unbenutzt im Sinne dieser Vorschrift und des Gesetzes überhaupt ist — unter der in Anm. 6 bezeichneten weiteren Voraussetzung — ein Raum nur dann, wenn er völlig leer steht oder nur zur Aufbewahrung von Sachen dient. Ein Raum, der nur zum Teil leer steht, oder nur zum Teil zur Aufbewahrung von Sachen dient, ist nicht unbenutzt. Auch ein Raum, der gewerbsmäßig (zustimmend RG. 105, 255) zur Aufbewahrung von Sachen benützt wird, kann nicht als unbenutzt gelten. Eine Erweiterung des Begriffes „unbenutzt" ist nur möglich durch Anordnung nach § 6; KG. EA. 436. Die Aufgabe der tatsächlichen Verfügungsgewalt macht den Raum ohne weiteres zu einem unbenutzten: er steht leer, wenn er vollständig ausgeräumt ist oder nach Halbsatz 2 und 3 als leerstehend anzusehen ist. Auf das Rechtsverhältnis, das in Frage steht, kommt es nicht weiter an; maßgebend ist das tatsächliche Verhältnis des Benutztseins. Brumby S. 30; Hertel S. 23; Stern S. 20; Ruth, JW. 1924, 837. Eine nur vorübergehende Aufgabe der Benutzung, also ein Unbenutztsein ohne den Willen der dauernden Aufgabe der Raumnutzung bewirkt kein Nichtbenutztsein im Sinne des Abs. 2 Ruth, JW. 1924, 1770; OLG. Rostock EA. 427 und insbes. bei Gut Nr. 478—482; vgl. auch KG. EA. 373 (= JR. 1925 Nr. 887 Tauschwohnung); a. M. KG. JW. 1925, 1770 (= JR. 1925 Nr. 1347 Kur- und Badeorte); vgl. auch JR. 1925 Nr. 1538.

Die **Verletzung wohnungsrechtlicher Vorschriften** ist für die Frage unerheblich, ob ein Raum als unbenutzt anzusehen ist. Auch wer ohne gültigen Mietvertrag (vgl. § 31 MSchG.) oder ohne Begründung eines Rechtsverhältnisses Räume inne hat, benutzt die Räume (Marcuse JW. 1924, 2014; Bahlmann EA. 418; a. M. Adam EA. 408 sowie KG. EA. 330, 354, 432, 456; KG. Recht 1925, 231; KG. JR. 1926 Nr. 28, Nr. 487 u. 488 und Hertel S. 26.

Die Überlassung der Räume an einen Dritten in Untermiete macht sie in keinem Falle zu unbenutzten a. M. KG. EA. 336 (= JW. 1924, 2015). Wegen der Aufnahme dritter Personen in die häusliche Gemeinschaft KG. EA. 445.

Die nachträgliche Änderung des bürgerlichrechtlichen Verhältnisses ist ohne Bedeutung: der Hausbesitzer, der nach Verkauf seines Hauses seine frühere Wohnung mietweise inne hat, bedarf hierzu keiner Genehmigung der Gemeindebehörde Kiefersauer, BayZ. 1925, 41; zustimmend Hertel S. 30; a. M. Dahlsheimer, BayZ. 1925, 91. Das gleiche gilt für die Benutzung einer Dienstwohnung durch den Dienstpflichtigen nach Beendigung des Dienstverhältnisses KG. JW. 1926, 604.

Künftig freiwerdende Wohnungen können auf Grund örtlicher Anordnung nicht schon deshalb in Anspruch genommen werden, weil die Anzeige des bevorstehenden Freiwerdens vorgeschrieben ist (KG. JW. 1926, 1005, dazu Stern Fußnote, = JR. 1926 Nr. 157).

Eine Wohnung, deren Verfügungsberechtigter seinen Wohnsitz ins Ausland verlegt hat (vgl. § 34 MSchG.), soll als unbenutzt gelten, auch wenn sie tatsächlich durch einen Untermieter usw. benützt wird.

Die Entscheidung darüber, ob eine Wohnung unbenutzt ist und als solche der Inanspruchnahme des § 4 unterliegt, steht nicht dem ordentlichen Richter, sondern nur dem MEA. zu (RG. WarnRspr. 1923 Nr. 48).

**6.** Die nur der Aufbewahrung von Sachen dienenden Räume gelten als unbenutzt unter der subjektiven, nach den Verhältnissen des Verfügungsberechtigten zu beurteilenden Voraussetzung, daß diesem eine andere Aufbewahrung ohne Härte zugemutet werden kann (Brumby EA. 373). Eine Härte kann unter Umständen z. B. darin liegen, daß besonders wertvolle Möbelstücke (Antiquitäten) auf dem Dachboden oder sonst an weniger geschützten Orten aufbewahrt werden müssen oder daß infolge der sonstigen Beschränkung des Raums eine außergewöhnliche, die

Bewohnbarkeit der verbleibenden Räume erheblich störende Zusammendrängung von Möbeln stattfinden müßte. Der Verkauf von Möbelstücken kann dem Verfügungsberechtigten in keinem Falle zugemutet werden.

Die Aufzählung der Begriffsmerkmale ist eine erschöpfende; andere Gesichtspunkte kommen nicht in Betracht (a. M. Auerbach, PrVBl. 45, 406). Insbesondere wird eine Wohnung durch den Tod des Mieters nicht unbenutzt (so AG. Dresden JW. 1923, 1061[1]; ebenso KG. JW. 1924, 837 [= EA. 303] u. EA. 425, LG. I Berlin JW. 1924, 856), es sei denn, daß Personen, die in häuslicher Gemeinschaft mit dem Verstorbenen wohnten, nicht vorhanden sind (so mit Recht Hertel S. 24). Wegen der Zulässigkeit einschränkender Anordnungen über die Beschlagnahme von Nachlaßwohnungen KG. JW. 1926, 2000 und Ruth, Fußnote.

**7.** Die Kosten der anderweitigen Aufbewahrung fallen dem Verfügungsberechtigten zur Last, sofern sich die Aufbewahrung im Hause ermöglichen läßt. Wenn sich dagegen die Aufbewahrung der Möbel außerhalb des Hauses ausnahmsweise — es wird darin aber regelmäßig eine Härte im Sinne der Anm. 6 zu erblicken sein — nicht umgehen läßt, so fallen die Kosten der Wegschaffung, der Lagerung und der Zurückschaffung der Möbel der Ortspolizeibehörde zur Last.

## § 4.

I Die Gemeindebehörde kann für eine unbenutzte Wohnung oder andere unbenutzte Räume, die zu Wohnzwecken geeignet sind, von dem Verfügungsberechtigten verlangen, daß er mit einem der ihm bezeichneten Wohnungsuchenden innerhalb einer angemessenen Frist einen Mietvertrag abschließt. Kommt ein Mietvertrag nicht zustande, so setzt auf Anrufen der Gemeindebehörde das Mieteinigungsamt, falls für den Verfügungsberechtigten kein unverhältnismäßiger Nachteil aus der Vermietung an sich oder aus der Art des Mieters zu besorgen ist, einen Mietvertrag fest. Der Vertrag gilt als geschlossen, wenn der Wohnungsuchende nicht innerhalb einer vom Mieteinigungsamte zu bestimmenden Frist bei diesem Widerspruch erhebt. Der Inhalt dieses Vertrages gilt den Parteien gegenüber als vereinbart.

II Das Mieteinigungsamt kann dabei anordnen, daß die Gemeinde an Stelle des Wohnungsuchenden als Mieter gilt und berechtigt ist, die Mieträume dem Wohnungsuchenden weiterzuvermieten.

III Stellt der Verfügungsberechtigte der Gemeindebehörde Wohnräume, die eine abgeschlossene Wohnung nicht darstellen, oder abgeschlossene Wohnungen, die durch Teilung oder Ausbau einer Wohnung gewonnen werden, bevor eine Beschlagnahme erfolgt ist, freiwillig zur Verfügung, so genügt der Nutzungsberechtigte den Vorschriften des Abs. 1, wenn er mit einem der auf der Wohnliste der Gemeindebehörde eingezeichneten Wohnungsuchenden, die vor dem 1. Januar 1914 in Deutschand ihren Wohnsitz hatten oder zu den im § 14 dieses Gesetzes bezeichneten Personen gehören, einen Mietvertrag innerhalb der Frist abschließt. Die Gemeindebehörde ist verpflichtet, dem Verfügungsberechtigten Einblick in die Wohnungsliste zu gewähren.

IV Die Vorschriften des Abs. 3 gelten auch für den Fall, daß zur Verfügung gestellter Wohnraum durch Aufhebung des Mietvertrags wieder frei wird.

**1.** Das Anwendungsgebiet des § 4 ist beschränkt auf Wohnräume d. h. Räume, die tatsächlich zu Wohnzwecken verwendet werden und auf solche Räume, die zwar anderen Zwecken dienen, z. B. als Geschäfts- oder Lagerräume, die aber zu Wohnzwecken geeignet sind. Zur Eignung gehört insbes. Ausschluß der Gefährdung der Sicherheit der Bewohner OLG. Darmstadt W 326/24. Stallräume sind wohl nicht als beschlagnahmefähig zu erachten; a. M. OLG. Rostock EA 381, wohl aber Läden RG Rspr. 43, 57. Teile von Wohnungen, die zur Mitbenutzung für mehrere Mieter bestimmt sind, z. B. Fluren sind nicht selbständig beschlagnahmefähig OLG Rostock bei Gut Nr. 493, vgl. aber auch Nr. 494. Wegen der Grenzen der Erweiterung des § 4 auf Grund des § 6 vgl. Erlaß des RArbM. vom 7. April 1921 (Reichsarbbl. S. 596). Über Beschlagnahme gewerblich benutzter, leerer Räume LG. I Berlin JW. 1925, 152. Für beide Gruppen gilt die weitere Voraussetzung, daß sie unbenutzt i. S. des § 3 sind, wenn sie also insbesondere völlig leer stehen oder nur zur Aufbewahrung von Sachen dienen. Ob die Voraussetzung des § 3 Abs. 2 im einzelnen Fall erfüllt ist, darüber entscheidet zunächst die Gemeindebehörde, wenn das Verlangen nach Abs. 1 Satz 1 gestellt, oder das MEA., wenn es den Mietvertrag nach Abs. 1 Satz 2 festsetzt.

Setzt das MEA. einen Zwangsmietvertrag ohne Beachtung dieser Voraussetzungen fest, so überschreitet es seine Zuständigkeit (OLG. Hamburg Rspr. 42, 1); die Entscheidung des MEA. ist weder für die Beteiligten noch für das ordentliche Gericht bindend und daher unbeachtlich (vgl. RG. Recht 1922 Nr. 475, 476, ferner RG. 104, 153).

Sind Wohnräume neben anderen, nicht unter § 4 fallenden Räumen in einem einheitlichen Rechtsverhältnis in Anspruch genommen, z. B. ein Laden samt Lagerkeller, Küche und zwei Räumen, so entscheidet für die Anwendbarkeit des § 4 der Hauptzweck. Vgl. KG. JW. 1924, 2020. Wenn daher die Vermietung des Ladens die Hauptsache ist, die übrigen Räume, insbesondere die Wohnräume dagegen zurücktreten (z. B. weil das Anwesen überhaupt nur schlechte Wohnungen enthält oder weil die Wohnräume ihrer Größe nach gegenüber dem Laden nur als Nebengelasse erscheinen), so darf das MEA. einen Zwangsmietvertrag für den Laden nicht festsetzen (KG. JW. 1923, 767[8]; zu weitgehend PreußKKGerH. PreußVBl. 44, 321). Die Festsetzung für die Nebenräume entfällt damit, da nur ein Mietverhältnis in Betracht kommt, das zugleich den Laden umfaßt. Die Gemeindebehörde ist dagegen nicht auch befugt für die Räume auch die Mitbenutzung unbebauter Grundstücksteile, z. B. eines Hausgartens, in Anspruch zu nehmen; die Zuständigkeit des MEA. zur Festsetzung eines Zwangsmietvertrages erstreckt sich daher nicht auch auf den Hausgarten (ebenso Komp.-Konfl.-Gerichtshof JW. 1922, 212; AG. Göttingen JW. 1924, 2072; Metzler, BayZ. 1925, 78). Für die Mitbenutzung nicht besonders bezeichneter Hausteile, z. B. des Hofes, der Waschküche, des Kellers und Trockenbodens gilt diese Beschränkung nicht. Zustimmend Hertel S. 39.

Keine Anwendung des § 4 auf Neubauten, Um- oder Einbauten § 12 und auf die durch Teilung bestimmter Wohnungen oder Ausbau neugewonnener selbständigen Wohnungen gemäß §§ 33a, 33b MSchG.

**2.** In § 4 WMG. ist der Gemeindebehörde das Recht eingeräumt, von dem Verfügungsberechtigten (Mieter, Vermieter oder Hauseigentümer) den Abschluß eines Mietvertrages zu verlangen. Dem Verfügungsberechtigten ist daher das Recht, ob und mit wem er einen Vertrag abschließen will (Abschlußfreiheit als Ausfluß der Vertragsfreiheit) genommen, soweit nicht Abs. 3 Platz greift. Die Einschränkung des Verfügungsberechtigten setzt eine Aufforderung der Gemeindebehörde voraus; sie besteht in der Verpflichtung zum Abschluß eines Mietvertrages mit dem von der Gemeinde bezeichneten Wohnungsuchenden über die von der Gemeinde bestimmten Räume: Kontrahierungszwang mit der Maßgabe, daß der Inhalt des Vertrages im übrigen, insbesondere hinsichtlich der Mietpreishöhe, der Vereinbarung der Vertragsteile überlassen bleibt (vgl. Nipperdey, Kontrahierungszwang und diktierter Vertrag, Jena 1920 S. 74). Die Durchsetzung des von der Gemeindebehörde auszuübenden Kontrahierungszwanges erfolgt nicht im Wege der Klage auf Abschluß des Mietvertrages vor den ordentlichen Gerichten (§ 894 ZPO.), sondern ausschließlich durch zwangsweise Festsetzung eines Mietvertrages seitens des MEA. (Abs. 1 Satz 2). Der Zwangsmietvertrag bildet die notwendige Ergänzung des Kontrahierungszwanges, insoweit sich die Beteiligten über die Höhe des Mietzinses oder sonstige Vertragseinzelheiten nicht zu einigen vermögen.

Zum Begriff des Verfügungsberechtigten KG. EA. 322 (= JW. 1924, 2017); KG. EA. 456; KG. JR. 1926 Nr. 2; KG. EA. 498; ferner OLG. Rostock bei Gut Nr. 513—516. Über Zuziehung des Vermieters bei Beschlagnahme von Räumen des Mieters OLG. Rostock EA. 423.

Der von der Gemeindebehörde verlangte Vertragsabschluß muß innerhalb einer von ihr bestimmten angemessenen Frist erfolgen; ein nach Fristablauf abgeschlossener Vertrag ist zwar an sich zivilrechtlich gültig und verpflichtet den Verfügungsberechtigten zur Überlassung der Räume. Allein die Gemeindebehörde braucht diesen Vertrag nicht anzuerkennen: sie hat die Möglichkeit nach Satz 2 einen Zwangsmietvertrag durch das MEA. (insbesondere mit anderem Inhalt) festsetzen zu lassen, sie kann aber auch einen anderen Wohnungsuchenden zuweisen und verlangen, daß mit diesem der Vertrag abgeschlossen wird. Im letzteren Falle liegt, wenn der Verfügungsberechtigte der Aufforderung nachkommt oder wenn ein Zwangsmietvertrag festgesetzt wird, an sich ein Doppelmietverhältnis vor; die zivilrechtliche Beurteilung hat davon auszugehen, daß der nach Ablauf der Frist abgeschlossene, von der Gemeindebehörde nicht anerkannte Mietvertrag in entsprechender Anwendung des § 31 MSchG. rechtsunwirksam ist; zustimmend Hertel S. 51. Der neue Mieter (auf Grund freiwilligen Vertrages oder Zwangsmietvertrages) kann daher von dem früher bezeichneten Wohnungsuchenden die Herausgabe des Mietraumes unmittelbar verlangen, wenn dieser bereits im Besitz der Räume sein sollte.

Der auf Grund des Kontrahierungszwanges abgeschlossene Mietvertrag begründet ein Mietverhältnis, das in allen seinen Teilen — Vertragsrecht, Gesetzesrecht — dem freiwillig abgeschlossenen Mietvertrag gleichsteht: soweit der Vertrag selbst die rechtlichen Beziehungen nicht ordnet, gelten die Bestimmungen der §§ 535—580 BGB. Das Mietverhältnis beruht auf Vertrag. Die Beschränkungen des Mieterschutzes gelten wie bei den sonstigen Mietverhältnissen; auch die Haftung des Untervermieters für Verschulden des Untermieters nach § 549 Abs. 2 BGB. greift Platz, weil der Vertrag auf der übereinstimmenden Willenserklärung beruht (a. M. Nipperdey S. 151).

Das Verlangen der Gemeindebehörde nach Abschluß eines Mietvertrages ist die Inanspruchnahme des Wohnraums, die in Abs. 3 als Beschlagnahme bezeichnet wird. Sie bewirkt die Entziehung der bürgerlich-rechtlichen Verfügungsgewalt für den Inhaber der unbenutzten Wohnung KG. EA. 322; Auerbach, EA. 417; Friedmann, EA. 425. Zweck des Eingriffs ist: Sicherung des Wohnraums für die Allgemeinheit KG. JW. 1924,

2016 (= EA. 317), vgl. auch KG. EA. 394. Die Bezeichnung des Wohnungsuchenden und die Durchführung der Beschlagnahme kann dem späteren Verfahren überlassen werden Kiefersauer, Bay. GemVZ. 1924, 625; insbes. dient die Rechtsfigur des Zwangsmietvertrags lediglich zur Unterstützung der auf Bekämpfung der Raumnot abzielenden Maßnahmen Kiefersauer, LZ. 1924, 581 u. OLG. Rostock bei Gut Nr. 509.

Die Bezeichnung des oder der Wohnungssuchenden ist bei der Inanspruchnahme nicht unter allen Umständen erforderlich Hein, PrVBl. 45, 240; Brumby, EA. 322; a. M. Müller, JW. 1925, 2797; Ruth, JW. 1924, 2016; Brumby, EA. 317. Für die Zulässigkeit dieser sog. abstrakten Beschlagnahme weiterhin Hertel S. 37. Zu unterscheiden ist hievon die sog. generelle Beschlagnahme d. h. die auf Grund des § 6 erlassenen weitergehenden örtlichen Maßnahmen, die — vom Einzelfall unabhängig — allgemeine Verfügungsbeschränkungen anordnet; hier hat eine Inanspruchnahme durch die Gemeindebehörde nicht mehr Bedeutung als die eines Hinweises auf eine bereits bestehende Verfügungsbeschränkung. Beispiele: § 16 des preuß. Musterstatuts vom 15. Okt. 1920 (Reichsanzeiger Nr. 176; im Auszug bei Hertel S. 189), § 25 der bayer. WMVO. bestimmen u. a., daß Wohnungen nur mit vorheriger Zustimmung der Gemeindebehörde vermietet, überlassen und in Gebrauch genommen werden dürfen. Die Zuweisung eines Wohnungsuchenden hat hier die gleiche Bedeutung wie die Inanspruchnahme Kiefersauer, BayGemVZ. 1924, 623; eine gesonderte weitere Beschlagnahmeverfügung ist hier ebensowenig wie im Falle des § 4 erforderlich KG. EA. 373. Durch den Antrag auf Festsetzung des Zwangsmietvertrages kann die Beschlagnahme nicht ersetzt werden KG. EA. 403. Form der Beschlagnahme § 11 u. KG. EA. 394. Verzicht durch Vereinbarung mit der Gemeinde möglich KG. EA. 374. Zum Begriff der Beschlagnahme RG. EA. 460.

Die Bezeichnung mehrerer Wohnungsuchender ist nach dem Wortlaut des § 4 nicht als wesentliche Voraussetzung für die Festsetzung des Zwangsmietvertrages anzusehen (a. M. KG. EA. 303, 330, 345; KG. JW. 1926, 259), wenngleich eine Auswahl der Wohnungsuchenden im Interesse des Verfügungsberechtigten gegeben sein soll (so Hertel S. 47, Stern S. 23). Landesrechtlich kann gemäß § 6 die Zuweisung nur eines Wohnungsuchenden angeordnet werden vgl. Brumby, EA. 308; KG. JW. 1924, 2019 u. EA. 373; § 19 der bayer. WMVO. Die Bezeichnung nur eines einzigen Wohnungsuchenden hat auch das KG. „ausnahmsweise" in zahlreichen Fällen für zulässig erklärt: wenn nur ein solcher in der Gemeinde vorhanden war (EA. 345), wenn nur ein einziger für die Art und Größe der Wohnung in Betracht kam oder er allein vorweg zu berücksichtigen war Hertel S. 47; auch LG. Neu-Ruppin JW. 1924, 864.

Wohnungsuchender ist, wer von der Gemeindebehörde als solcher bezeichnet ist LG. Hannover EA. 340, OLG. Rostock EA. 347. Nur natürliche Personen, nicht auch juristische, kommen in Betracht KG. EA. 368 u. 378. Ob Inländer oder Ausländer, ist unerheblich BayObLG. BayZ. 1925, 188. Auch Beamte und Reichswehrangehörige in den Fällen der Preuß. Anordnung vom 16. Juni 1923, nunmehr VO. vom 29. Mai 1925 GS. S. 65 zählen hieher KG. EA. 380.

Im Beschlagnahmeverfahren sind die Voraussetzungen der Beschlagnahme abschließend zu prüfen vgl. auch KG. EA. 380; maßgebender Zeitpunkt ist die Zeit des Erlasses LG. Hamburg EA. 448. Späterer Eintritt der Voraussetzung macht die unwirksame Beschlagnahme nicht mehr gültig KG. EA. 499. Beschwerde nach § 16. Im Verfahren zur Festsetzung des Zwangsmietvertrages können Einwendungen gegen die Vermietung an sich nur noch insoweit berücksichtigt werden, als sie im Beschlagnahmeverfahren nicht geltend gemacht werden konnten OLG. Rostock EA. 347 u. bei Gut Nr. 511, 512, 520; Hertel S. 45. Bei Hertel auch über die nicht einheitliche Rechtsprechung des KG. vgl. JR. 1925 Nr. 1348; auch Müller, JW. 1925, 2797. Das MEA. kann nicht an Stelle der vom WA. beschlagnahmten Räume andere beschlagnahmen LG. Hannover EA. 340. Wohl aber kann es die Räumungsverfügung des WA. mit der Maßgabe bestätigen, daß eine Räumungsfrist gewährt wird KG. EA. 456.

Über die Beschlagnahme einer Doppelwohnung und die Entschädigungspflicht der Gemeinde vgl. OLG. Breslau JW. 1926, 1020; dazu Brumby, Fußnote.

**3.** Zur Festsetzung des Zwangsmietvertrages ist zuständig das MEA., in dessen Bezirk die Gebäude oder Räume gelegen sind (§ 4 VerfAO.). Die Festsetzung des Mietvertrages ist ihrem Wesen nach die Begründung eines Mietverhältnisses durch autoritativen Staatsakt, unabhängig von dem Willen der Parteien Kiefersauer, LZ. 1924, 581. Die Rechtsfolge dieses durch das MEA. ausgesprochenen Staatsbefehls ist die Begründung eines nach den Vorschriften des BGB. und dem Inhalt des Staatsbefehles zu beurteilenden Mietverhältnisses; der Staatsbefehl tritt hier an die Stelle des Vertrages d. i. der übereinstimmenden Willenserklärung der Parteien. Der Ausdruck „Zwangsmietvertrag" ist ungenau und irreführend; denn nicht ein Vertrag wird festgesetzt, sondern das Rechtsverhältnis selbst. Die Bezeichnung „der Vertrag gilt als geschlossen" ist nicht zutreffend, da der Abschluß eines Vertrages nicht in Frage kommt, deshalb auch nicht fingiert wird (ebenso Genzmer, DJZ. 1922, 346).

Wird durch den Zwangsmietvertrag ein Mietverhältnis im Sinne des BGB. (zustimmend Hertel S. 66) begründet, so finden auch alle Bestimmungen dieses Gesetzes sowie des Mieterschutz-

und Reichsmietengesetzes auf dieses Mietverhältnis Anwendung. Also Zwang zur Aufhebungsklage, gesetzliche Miete, §§ 535 ff. BGB., insbes. § 549 Abs. 2 (Lit. u. Begründung s. 2. Aufl. S. 159), dagegen nicht die Bestimmungen der §§ 116 ff. BGB. (Willenserklärung) über Geschäftsfähigkeit usw., da die Begründung des Rechtsverhältnisses durch öffentlichrechtlichen Staatsakt erfolgt. Zustimmend Hertel S. 67.

Keine Haftung der Gemeinde infolge Zahlungsunfähigkeit eines Zwangsmieters LG. Hagen bei Gut Nr. 473.

Voraussetzung für die Einleitung des Verfahrens ist ein Antrag der Gemeindebehörde; sie allein, nicht auch der Wohnungsuchende ist zur Antragstellung und Einlegung der Rechtsbeschwerde befugt KG. JW. 1924, 835 u. 840.

Parteien sind im Verfahren die Gemeindebehörde (WA.) als Antragstellerin KG. JW. 1924, 2020; OLG. Rostock bei Gut Nr. 524, der Verfügungsberechtigte als Antragsgegner. Mitglieder des Gemeinderats können deshalb bei der Festsetzung des Zwangsmietvertrags nicht mitwirken KG. JW. 1924, 834; OLG. Rostock JW. 1924, 2043. Dem Wohnungsuchenden ist zwar Gelegenheit zur Äußerung zu geben, hat aber keine Parteistellung. Hertel S. 56. Wegen der genauen Bezeichnung OLG. Rostock bei Gut Nr. 525.

Wegen der Zulässigkeit bedingten Zwangsmietvertrags KG. EA. 440.

Aus der Festsetzung des Zwangsmietvertrages durch öffentlichrechtlichen Staatsbefehl folgt weiterhin, daß eine Anfechtung der Festsetzung durch Klage vor dem ordentlichen Gericht ausgeschlossen ist, da der Rechtsweg insoweit unzulässig ist (ebenso PrKKGH. PrVerwBl. 42, 511; Mittelstein, JW. 1922, 535 u. RG. bei Gut Nr. 465). Wegen der Unzulässigkeit des Rechtswegs auch für Räumungsklagen gegen einen zugewiesenen, vor Festsetzung eingezogenen Wohnungsuchenden RG. BayZ. 1925, 375.

Dagegen ist gegen die den Zwangsmietvertrag festsetzende Entscheidung des MEA. die Rechtsbeschwerde zur Beschwerdestelle zulässig (§§ 41, 42 MSchG.); sie ist der dem Verfügungsberechtigten zustehende, von dem Widerspruchsrecht des Mieters (Anm. 5) unabhängige Rechtsbehelf KG. EA. 337. Ist Widerspruch eingelegt, so ist die Rechtsbeschwerde gegenstandslos (KG. EA. 472 will lediglich die Berücksichtigung des Widerspruchs durch die Beschwerdestelle) KG. EA. 323. Landesrechtlich kann die Zuständigkeit zur Festsetzung gemäß § 16 anders geregelt sein vgl. § 19 bay. WMVO.; die Rechtsbeschwerde ist jedoch nunmehr seit 1. Sept. 1926 auch hier eingeführt (§ 35 WMVO.).

Die Räumung einer zwangsvermieteten Wohnung ist nicht ohne weiteres, sondern nur auf Grund gerichtlichen Urteils vollstreckbar (KG. Rspr. 42, 155). Nur wenn der Vertrag im Wege des Vergleichs vor dem MEA. abgeschlossen ist, findet § 45 MSchG. Anwendung; es liegt aber dann nicht eine Festsetzung des

Vertrages im Sinne des § 4 WMG., sondern ein Vertragsabschluß vor. Der Zwangsmietvertrag kann daher nur im Wege der Klage vor den ordentlichen Gerichten durchgesetzt werden; in dringenden Fällen muß auf die einstweilige Verfügung verwiesen werden (KG. JW. 1922, 818[2]). Die Durchführung der Zwangsvollstreckung im Wege unmittelbaren Zwanges auf Grund des § 11 WMG ist ausgeschlossen, weil es sich bei dem Zwangsmietvertrag nicht um eine Verfügung im Sinne dieser Vorschrift handelt. Mit der Beantragung der Festsetzung des Zwangsmietvertrages ist die Tätigkeit der Gemeindebehörde beendigt; dies schließt aber nicht aus, daß sie vor der Festsetzung gemäß § 11 den Wohnungsuchenden in die Mieträume einweist RG. BayZ. 1925, 375. Eine Ausdehnung des Zwangsrechts gemäß § 6 durch landesrechtliche Anordnung ist zulässig vgl. § 6.

**4.** Der Zwangsmietvertrag darf nur festgesetzt werden, wenn die gesetzlichen Voraussetzungen hiefür gegeben RG. LZ. 1923, 563. Das MEA. muß die Festsetzung ablehnen, wenn der dem Verfügungsberechtigten drohende Schaden den dem neuen Mieter bei Nichtabschluß des Vertrages erwachsenden Nachteil übersteigt. Es handelt sich hier um einen Sonderfall des billigen Ermessens (§ 40 Abs. 3 MSchG.); unrichtige Anwendung ist Gesetzesverletzung KG. EA. 395, 421. Diese Voraussetzung kann auch nicht durch landesrechtliche Anordnung nach § 6 beseitigt werden KG. EA. 373. Der Schaden muß unverhältnismäßig groß sein, die Festsetzung also eine schwere Unbilligkeit für den Verfügungsberechtigten darstellen. Der Gesichtspunkt der Nichtzumutbarkeit ist hier ausschlaggebend; es genügt, wenn ein solcher Nachteil zu befürchten steht. Ob der Nachteil aus der Vermietung an sich (z. B. bei Gebundenheit des Vermieters durch einen anderen Vertrag, bei hohem Alter des Verfügungsberechtigten, ungünstiger Lage der Räume, Notwendigkeit eigenen Wohnbedürfnisses oder der Unterbringung eines Hausverwalters usw) oder aus der Art des Mieters (Störenfried, Zahlungsunfähigkeit, gesellschaftlicher Stand, unreinliche Haushaltführung, Vorstrafen) zu besorgen ist, ist unerheblich.

Beispiele aus der Rechtsprechung: Berücksichtigung der Lage des Wohnungsmarktes KG. EA. 395 (= JR. 1925 Nr. 1540); LG. Hamburg EA. 411; persönliche Verhältnisse des Vermieters (Ruhebedürfnis, Krankheit, Vermietung mit Möblierung als Erwerbsquelle) KG. JW. 1925, 1651; JR. 1925 Nr. 1349 (= EA. 380); EA. 380 (= JW. 1925, 1653); Eigenbedarf des Verfügungsberechtigten KG. JR. 1925 Nr. 1541 = EA. 395, wobei auch nach dem 1. Juli 1918 bezugsfertige Räume zu berücksichtigen sind KG. Gut Nr. 112; Absicht des Wohnungsuchenden, die Wohnung zu verkaufen führt regelmäßig zur Ablehnung des Antrags KG EA 373, nicht aber die Absicht sie zu vertauschen LG. Hamburg EA. 411. Ablehnung, wenn Entlastung des einen Hausbesitzers zum Nachteil des andern LG. Hamburg EA. 377.

Nach KG. JR. 1925 Nr. 888 sind auch solche Umstände zu berücksichtigen, die auf einem Verstoße gegen die wohnungsrechtlichen Bestimmungen beruhen. Wegen der Nichtberücksichtigung von Neubauten KG. JW. 1926, 1006; aber auch Erl. zu § 12. Wegen weiterer Einzelheiten OLG. Rostock bei Gut Nr. 531—538, 540; LG. III Berlin EA. 446; OLG. Rostock EA. 462; ferner KG. EA. 481 (= JR. 1926 Nr. 1618) u. 489.

Trotz früherer Ablehnung der Festsetzung des Zwangsmietvertrages ist das MEA. nicht gehindert, bei neuerlicher Nachprüfung ohne oder unter Aufhebung seines früheren Beschlusses den Zwangsmietvertrag später festzusetzen, da es auch im Vollzuge des WMG. an seine Entscheidung nicht gebunden ist (RG. LZ. 1923, 563)

Die Festsetzung des Zwangsmietvertrags kommt nicht in Frage, wenn Wohnungen gemäß § 8 getauscht werden Kiefersauer, LZ. 1924, 581.

5. Widerspruch. Abweichend vom bisherigen Recht konnte bis zum Inkrafttreten der AbänderungsVO. vom 24. Dez. 1923 (RGBl. I S. 1247) — 28. Dez. 1923 — auch der Verfügungsberechtigte, nicht nur der Wohnungsuchende Widerspruch erheben. Dazu KG. EA. 323 (= JW. 1924, 2018). Durch Art. II der AbänderungsVO. wurden die Worte „oder der Verfügungsberechtigte" gestrichen und damit der frühere Rechtszustand wieder hergestellt: der Verfügungsberechtigte kann hiernach gegen die Festsetzung des Zwangsmietvertrages kein Widerspruchsrecht geltend machen. Vgl. KG. EA. 472, 498. Ein Widerspruchsrecht der Gemeinde wird auch dann nicht anzunehmen sein, wenn die Gemeinde als Mieterin zu gelten hat Vidal, EA. 376, 377; Boeck, JW. 1925, 2222, nunmehr auch KG. EA. 498; a. M. Hertel S. 72.

Der Widerspruch kann nur innerhalb der vom MEA. bestimmten Frist erhoben werden. Ist die Fristbestimmung im Beschlusse unterblieben, so nachträgliche Ergänzung des Beschlusses entsprechend § 319 ZPO. Widerspruch vor Festsetzung des Vertrages wird als rechtlich bedeutungslos anzusehen sein. Da aber gegen den Willen des Wohnungsuchenden ein Zwangsmietvertrag nicht festgesetzt werden kann (ebenso LG. Bremen EA. 397), so wird das MEA. die Festsetzung auch bei früherem Widerspruch unterlassen OLG. Rostock EA. 347; a. M. Hertel S. 71. Die Erklärung des Widerspruchs ist nicht nur als Antrag auf Selbstberichtigung (so Brumby, EA. 358; Stern, JW. 1924, 2011) zu werten; sie hat vielmehr die Aufhebung der Festsetzung des Zwangsmietvertrages durch das MEA. unmittelbar zur Folge, ohne daß es einer Prüfung darüber bedarf, ob der Widerspruch als begründet anzusehen ist oder nicht KG. EA. 323, OLG. Darmstadt JR. 1925 Nr. 1539. Vereitelt der Wohnungsuchende durch die Widerspruchserhebung böswillig die Sicherung eines Ersatzraums, so kann der Vermieter die Beseitigung der Ersatzraumklausel nach § 6 Abs. 5 MSchG. verlangen. Eine andere Frage ist, ob nicht der Wohnungsuchende, wenn er durch die Widerspruchserhebung die Zuweisung einer Wohnung ohne triftige Gründe verweigert, aus der Vormerkungsliste gestrichen werden kann. Vgl. auch KG. EA. 498.

Der Widerspruch hebt den Zwangsmietvertrag rückwirkend auf. Neuerliche Festsetzung durch die Beschwerdestelle ist jedoch möglich. Dem Wohnungsuchenden ist eigene Parteistellung nicht einzuräumen (a. M. Breslauer, JW. 1921, 229). Er hat kein Beschwerderecht, wenn das MEA. die Festsetzung des Zwangsmietvertrags ablehnt.

**6.** Der Inhalt des Zwangsmietvertrages wird durch das MEA. unter Berücksichtigung der Bedürfnisse des einzelnen Falles festgesetzt. Bei Nichtzumutbarkeit darf der Zwangsvertrag nicht festgesetzt werden: das billige Ermessen des MEA. ist insoweit eingeschränkt (§ 40 MSchG.). Im übrigen gelten folgende Gesichtspunkte: Abgesehen von besonderen Bedürfnissen des Einzelfalles oder bei vorhandener Zustimmung beider Vertragsteile über den einzelnen Punkt wird sich das MEA. grundsätzlich an die durch das BGB. normierte Lastenverteilung — Gebrauchsgewährung des Vermieters als Vorleistung, Mietzinszahlung in Geld als Nachleistung des Mieters, in der Regel als gesetzliche Miete — zu halten haben. Wird nur Mietzins und Umfang des Mietverhältnisses festgesetzt, so gelten im übrigen die Bestimmungen des BGB. Das MEA. wird aber je nach den Umständen des Falles auch Einzelheiten des Vertrages regeln müssen; insbes. können ortsübliche Bestimmungen in den Vertrag aufgenommen werden. Zahlenmäßige Angabe der Friedensmiete ist regelmäßig nicht erforderlich; es genügt der Vermerk, daß die gesetzliche Miete gelten soll vgl. auch Askenasy, EA. 328. Auch über die Instandsetzungspflicht des Vermieters kann Bestimmung getroffen werden; unbewohnbare Räume bewohnbar zu machen ist der Vermieter nicht verpflichtet, in vielen Fällen werden ihm auch sonst größere Instandsetzungsarbeiten nicht zugemutet werden können Brumby, EA. 390; Askenasy, EA. 425. Beginn des Mietverhältnisses, Vorauszahlung des Mietverhältnisses kann das MEA. nach billigem Ermessen bestimmen KG. EA. 489.

Festsetzung einer Vertragsstrafe für jeden Tag der Vorenthaltung der Räume Horch, JW. 1921, 521; unter Umständen Verpflichtung des Mieters zur Vornahme bestimmter Instandsetzungsarbeiten KG. JW. 1923, 765, nicht aber zur Zahlung einer Abfindungssumme, auch nicht zur Schadloshaltung des Vermieters durch Zahlung einer besonderen Geldsumme Hertel S. 63; a. M. Stern S. 26. Zulässig ist die Festsetzung der Benutzung eines bestimmten Zugangs OLG. Rostock bei Gut Nr. 527. Über Festsetzung einer vertragsmäßigen Kündigungsfrist mit Verlängerungsklausel Eckstorff, PrVerwBl. 45, 266.

Werden vom Verfügungsberechtigten gegen die Vermietung an sich oder gegen die Person des Mieters Einwendungen nicht erhoben, bestehen also Meinungsverschiedenheiten lediglich hinsichtlich des Vertragsinhaltes, so kann durch einstweilige Verfügung gemäß §§ 40 Abs. 5, 37 MSchG. der Zwangsmietvertrag festgesetzt werden. Die Anordnung ist jedoch nicht vollstreckbar Brumby, EA. 305.

Wegen Anwendung polizeilichen Zwangs zur Instandsetzung KG. EA. 338.

Der Inhalt des Zwangsmietvertrages ist nicht nur, wie das Gesetz sagt, für die Parteien „als Vereinbarung", sondern kraft des in der Festsetzung liegenden Staatsbefehls für Dritte und auch Behörden bindend. Die Zuständigkeit des ordentlichen Gerichtes beschränkt sich darauf festzustellen, ob die Festsetzung gegen eine zwingende Rechtsnorm verstößt.

**7.** Die Weitervermietung durch die Gemeindebehörde begründet die Haftung der Gemeinde aus § 549 Abs. 2 BGB.; sie ist daher für den Verfügungsberechtigten günstiger. In Fällen, in denen an sich die Zulässigkeit einer Festsetzung des Zwangsmietvertrages zweifelhaft erscheint, können durch eine Anordnung nach Abs. 2 die zu befürchtenden Nachteile unter Umständen, besonders wenn sie nur durch die Art des Mieters begründet sind, entkräftet und § 4 zur Anwendung gebracht werden. Vgl. Vidal, EA. 377; Hertel S. 69. Vgl. auch KG. EA. 498. Nach KG. EA. 345, OLG. Rostock EA. 347 ist auch bei Einsetzung der Gemeinde ein bestimmter Wohnungsuchender zu bezeichnen und KG. EA. 373 erachtet örtliche Anordnungen als unzulässig, die die Weitervermietung ohne Benennung eines bestimmten Wohnungsuchenden gestatten. Über Beendigung des Mietverhältnisses LG. Hamburg EA. 377, OLG. Hamburg JR. 1925 Nr. 3.

Die Weitervermietung an den eben erst aus den Räumen entsetzten Mieter wird als Beschränkung des richterlichen Vollstreckungsrechtes auch da für unzulässig zu erachten sein, wo § 36 MSchG. nicht zutrifft.

**8.** Die Abwendung des Kontrahierungszwanges und damit des Zwangsmietvertrages ist möglich, wenn die Voraussetzungen der Abs. 3 und 4 erfüllt sind; hiernach müssen

a) die Räume der Gemeindebehörde zur Verfügung gestellt werden, bevor eine Beschlagnahme erfolgt ist; als Beschlagnahme im Sinne dieser Vorschrift ist auch das Verlangen der Gemeindebehörde nach Abs. 1 anzusehen;

b) es muß sich um Wohnräume handeln, die entweder nicht abgeschlossen sind, d. h. eine räumlich selbständige Wohnungseinheit nicht darstellen oder, wenn dies der Fall ist, im Wege der Wohnungsteilung oder des Ausbaues oder beider Maßnahmen zusammen zur Herstellung selbständigen Wohnraumes verwendet werden können. Für Inhaber einer selbständigen Wohnung, bei der diese Voraussetzungen nicht erfüllt sind, gilt Abs. 1 unbeschränkt.

Der Verfügungsberechtigte (der Nutzungsberechtigte) kann beim Vorliegen dieser beiden Voraussetzungen innerhalb der Frist

a) an irgendeinen vorgemerkten Wohnungsuchenden (ohne Rücksicht auf den Zeitpunkt der Vormerkung) vermieten, wenn dieser vor dem 1. Januar 1914 in Deutschland seinen Wohnsitz hatte oder

b) ohne diese Einschränkung an einen Flüchtling (§ 14 Abs. 1—5) oder an kinderreiche Familien (§ 14 Abs. 6).

Soweit die Teilung einer Wohnung von fünf oder mehr Wohnräumen oder der Ausbau gewerblicher Räume in Frage kommt, kann der Verfügungsberechtigte die Beschlagnahme schon dann abwenden, wenn er sich verpflichtet, innerhalb der von der Gemeindebehörde festgesetzten Frist die Teilung der Wohnung oder den Ausbau vorzunehmen. §§ 33a Abs. 2, 33b MSchG. In der Vermietung der neu geschaffenen Wohnung ist der Verfügungsberechtigte unbeschränkt, wenn der Mieter als dringlich Wohnungsuchender in der Gemeinde eingetragen ist § 33a Abs. 3 MSchG.

Die Abwendung des Kontrahierungszwanges und damit des Zwangsmietvertrages (Abs. 3) und der Beschlagnahme (§ 33a Abs. 4 MSchG.) ist wiederholt möglich. Aus welchem Grunde und in welcher Rechtsform der Mietvertrag aufgehoben wurde (Vereinbarung, Kündigung, Aufhebungsurteil) ist unerheblich; dagegen ist immer vorausgesetzt, daß ein Mietvertrag überhaupt rechtsgültig zustandegekommen ist. Bestand Nichtigkeit von Anfang an, so gilt nicht Abs. 4, sondern Abs. 1. Das Wahlrecht des Vermieters nach Abs. 3 lebt wieder auf; dies gilt auch dann, wenn die Räume vertauscht werden sollen LG. Liegnitz JW. 1925, 81.

## § 5.

I Auf Anfordern der Gemeindebehörde hat der Verfügungsberechtigte der Gemeinde unbenutzte Fabrik-, Lager-, Werkstätten-, Dienst-, Geschäftsräume oder sonstige Räume (auch Dachgeschosse) zur Errichtung als Wohnräume gegen Vergütung zu überlassen. Das Mieteinigungsamt bestimmt die Höhe der Vergütung und die Zahlungsbedingungen, wenn eine Einigung nicht zustande kommt. Die Gemeindebehörde ist berechtigt, den Gebrauch der hergerichteten Räume einem Dritten zu überlassen, insbesondere sie zu vermieten.

II Die Anordnung baulicher Veränderungen soll nur nach Anhören des Verfügungsberechtigten erfolgen und nach

Möglichkeit die Schaffung eines dauernd verwertbaren Zustandes anstreben.

III Nach Fortfall der der Gemeindebehörde erteilten Ermächtigung sind dem Verfügungsberechtigten die Räume in angemessener Frist zurückzugewähren. Die Frist bestimmt, wenn eine Einigung nicht zustande kommt, das Mieteinigungsamt. Auf Verlangen des Berechtigten hat die Gemeinde den der früheren Zweckbestimmung und Ausstattung entsprechenden Zustand der Räume wieder herzustellen, es sei denn, daß ein schriftliches Einvernehmen über die vorgenommenen Änderungen erzielt war.

**1.** Während § 4 die Überlassung und Verwendung unbenutzter Wohnräume betrifft, soll durch § 5 die Inanspruchnahme von Räumen geregelt werden, die in ihrem gegenwärtigen Zustand für Wohnzwecke nicht geeignet sind, für solche Zwecke vielmehr erst hergerichtet werden müssen RG. JR. 1925 Nr. 1350. Die Eignung bzw. Nichteignung für Wohnzwecke im Zeitpunkt der Beschlagnahme ist maßgebend, nicht die bisherige Zweckbestimmung oder Verwendungsart. So mit Recht Hertel S. 78; RG. (3. Juli 1925) EA. 420.

Eine Wohnung ist für Wohnzwecke nicht geeignet, wenn Mängel bestehen, die nach ihrer Art und nach ihrem Umfang aus Gesundheits-, Sicherheits- oder sonstigen polizeilichen Gründen ein Wohnen als unzulässig erscheinen lassen oder wenn Vorschriften der Bau- oder Wohnungsordnung über die notwendige Beschaffenheit und Einrichtung von Wohnungen nicht beachtet sind. PreußOVG. PrVerwBl. 44, 432.

Polizeiliches Einschreiten gegen das Belassen der Räume in solchem Zustand ist unmöglich; durch § 5 wird die Ausnutzung selbst wohnungspolizeilicher Vorschriften eingeschränkt Hertel S. 78.

Nur unbenutzte Räume kommen in Frage und nur zu Zwecken der Unterbringung Wohnungsuchender. Erweiterung der Inanspruchnahme auch auf benutzte Räume ist durch landesrechtliche Anordnung gemäß § 6 möglich. Die Herrichtung als Wohnräume setzt nicht notwendig bauliche Änderungen voraus: Geschäftsräume, Büros können unter Umständen ohne weiteres Wohnzwecken dienstbar gemacht werden.

Soweit durch die Herrichtung ein Neubau entsteht, oder die Räume durch Um- oder Einbauten gewonnen werden, findet auf das (etwaige) Mietrechtsverhältnis zwischen Gemeinde und Wohnungsuchenden MSchG. (§ 33 vgl. auch §§ 33a, 33b), RMG. (§ 16) und WMG. (§ 12) keine Anwendung.

2. Beschlagnahmewirkung: die Gemeinde erhält das Verfügungsrecht über die Räume; dieses umfaßt das Recht der (entgeltlichen oder unentgeltlichen) Überlassung der Räume an einen Dritten sowie die Befugnis der Bewohnbarmachung. Der Verfügungsberechtigte kann lediglich mit der Beschwerde nach § 16 die Beschlagnahme bekämpfen Hein JW. 1925, 2485. Die Festsetzung eines Zwangsmietvertrages zwischen Gemeinde und Verfügungsberechtigten kommt nicht in Frage.

Der Verfügungsberechtigte erhält von der Gemeinde eine Vergütung, die Gemeinde vom Wohnungsuchenden den Mietzins, wenn sie ihm die Räume nach der Herrichtung weitervermietet hat. Die Kosten der Herrichtung sind ebenso wie jene der Wiederherstellung des früheren Zustandes von der Gemeinde zu tragen.

3. Im Gegensatz zu § 4 handelt es sich hier nicht um mietweise Überlassung d. h. um Überlassung zum vertragsmäßigen Gebrauch, sondern um Überlassung der Räume zur Herrichtung für Wohnzwecke unter Aufhebung des bisherigen Verwendungszweckes. Nicht hieher gehört die Entschädigung für die neben der Rauminanspruchnahme von der Gemeindebehörde verfügten Verwertung herausgenommener Schaufenster (RG. 106, 149). Die Bestimmung des MEA. beschränkt sich daher auf die Festsetzung der Höhe der Vergütung und der Zahlungsbedingungen; zur Begründung eines Mietverhältnisses zwischen Gemeinde und Verfügungsberechtigten besteht kein Anlaß. Die Inanspruchnahme ist ein öffentlichrechtlicher Anspruch der Gemeindebehörde, der nicht notwendigerweise bei seiner Verwirklichung zu einem privatrechtlichen Mietverhältnis zu führen braucht. Auch dem Verfügungsberechtigten wird der Abschluß eines Mietvertrages mit dem Wohnungsuchenden nicht zugemutet; daher keine Instandsetzungspflicht des Verfügungsberechtigten PrOVG. PrVerwBl. 45, 471 und DJZ. 1925, 121.

Das Rechtsverhältnis zwischen der Gemeinde und dem Verfügungsberechtigten ist ein öffentlichrechtliches; die Vergütung ist kein Mietzins, die Auflösung des Rechtsverhältnisses ist der Parteiverfügung (Aufhebungsklage, Kündigung) entzogen, das Recht auf gesetzliche Miete entfällt, für die Festsetzung der Vergütung ist der Rechtsweg ausgeschlossen RG. (6. April 1923) EA. 431; OLG. Darmstadt JW. 1924, 2038. Neben der Vergütung kann der Verfügungsberechtigte einen besonderen Schadensersatz auch nicht ausnahmsweise (so Hertel S. 94) verlangen; die Vergütung soll die billigen Ansprüche des Verfügungsberechtigten aus der Beschlagnahme abschließend regeln (ebenso Brumby S. 59; Ruth, JW. 1925, 1366). RG. 111, 224; RG. LZ. 1925, 774 und RG. 112, 189 lassen unter dem Gesichtspunkt der Enteignung einen Entschädigungsanspruch zu für den durch die Vergütung nicht abgegoltenen Schaden (a. M. RG. Warneyer Rspr. 1923 Nr. 48).

Die Gemeinde kann die Räume entgeltlich oder unentgeltlich abgeben, aber nur zu Wohnzwecken. Sie kann dem Wohnungsuchenden die Herrichtung der Räume aufgeben oder von ihm den Ersatz der hiefür aufgewendeten Kosten verlangen. Zwischen dem Dritten und dem bisherigen Verfügungsberechtigten besteht so wenig wie zwischen Vermieter und Untermieter ein Vertragsverhältnis. Für Beschädigungen der Räume durch den Dritten haftet in entsprechender Anwendung des § 549 Abs. 2 BGB. die Gemeinde dem Verfügungsberechtigten, soweit derartige Schäden nicht ohnehin bei der Wiederherstellung des früheren Zustandes nach Abs. 3 beseitigt werden.

Die Rückgabe hat auch dann zu erfolgen, wenn auf die Durchführung der Beschlagnahme verzichtet wird oder wenn die Beschlagnahme aus sonstigen Gründen gegenstandslos wird.

**4.** Die Wiederherstellung des früheren Zustandes erfolgt nur auf Verlangen des Verfügungsberechtigten; da nach Abs. 2 die Veränderung der Räume regelmäßig einen dauernd verwertbaren Zustand herbeiführt, z. B. Wohnungen, die nicht nur als Notwohnungen anzusehen, sondern mit allem ortsüblichen Zubehör und mit den erforderlichen Einrichtungen (Wasser- und Lichtleitung) ausgestattet sind, so kann der Verfügungsberechtigte auch diesen Zustand weiterhin belassen. Ob er das eine oder andere tun will, steht in seinem Ermessen. Nur muß er das Verlangen nach Wiederherstellung des Zustandes spätestens bei der Rückgabe der Räume stellen; eine spätere Erklärung ist unbeachtlich. Die Wiederherstellung des früheren Zustandes kann nicht gefordert werden, wenn der Verfügungsberechtigte bei Vornahme der Änderung sich schriftlich mit den getroffenen Maßnahmen einverstanden erklärt oder schriftlich auf die Wiederherstellung des früheren Zustandes verzichtet hat (Hertel S. 83).

**5.** Landesrechtliche Anordnungen gemäß § 6 können den Gemeinden die Verwendung zu anderen als Wohnzwecken nur gestatten, wenn dadurch mittelbar Wohnraum verfügbar wird. RG. EA. 337; LG. Berlin JW. 1925, 152. Vgl. § 8 der bayer. WMVO., der auf die Inanspruchnahme für Amtszwecke beschränkt ist. Die Verpflichtung der Gemeinde zur Entrichtung der Vergütung und zur Wiederherstellung des früheren Zustandes nach Abs. 3 kann den Gemeinden gleichfalls landesrechtlich nicht erlassen werden. Zustimmend Hertel S. 84.

## § 6.

**[1] Machen sich nach dem Ermessen der obersten Landesbehörde infolge besonders starken Mangels an Wohnungen außergewöhnliche Mißstände geltend, so kann die oberste Landesbehörde mit Zustimmung des Reichsarbeitsministers**

Gemeindebehörden auch zu anderen als den in den §§ 2 bis 5 bezeichneten Anordnungen und Maßnahmen, insbesondere zu Eingriffen in die Freizügigkeit sowie die Unverletzlichkeit der Wohnung und des Eigentums, desgleichen zu Beschränkungen der Zwangsvollstreckung, soweit solche Eingriffe und Beschränkungen zur Behebung oder Milderung der Wohnungsnot dringend erforderlich sind, ermächtigen oder verpflichten oder mit Zustimmung des Reichsarbeitsministers solche Anordnungen und Maßnahmen unmittelbar treffen oder die Berechtigung hierzu einer ihr unterstellten Behörde übertragen. Eingriffe sollen nur erfolgen, nachdem der Versuch einer gütlichen Einigung erfolglos geblieben ist. Soweit für Eingriffe in Privatrechte Entschädigung zu gewähren ist, haftet für die Zahlung der Entschädigung die Stelle, welche die Verfügung trifft.

II Für den Fall, daß Umbauten zur Durchführung des Abs. 1 vorgenommen sind, gelten § 5 Abs. 2 und 3 entsprechend.

**1.** Voraussetzung für eine Anordnung nach § 9 — früher § 9 — ist, daß infolge besonders starken Mangels an Wohnungen außergewöhnliche Mißstände hervorgetreten sind; dazu Lilienthal, JW. 1926, 956; KG. EA. 345. Ob dies der Fall ist, darüber befindet — unter Ausschluß der Nachprüfung durch das Gericht RG. 103, 309; RG. 107, 221 — die Landesbehörde nach freiem Ermessen (vgl. RGSt. BayGVBl. 1921, 158).

Formelle Voraussetzung ist, daß die Anordnung die Zustimmung des Reichsarbeitsministers (vgl. §§ 34, 52 MSchG.) gefunden hat. Ohne Zustimmung, die in der Anordnung zu erwähnen ist (vgl. nunmehr KG. JR. 1925 Nr. 1855; KG. JR. 1926 Nr. 486), entbehren die weitergehenden Anordnungen der Rechtswirksamkeit. Angabe des Datums der Ermächtigung durch die oberste Landesbehörde verlangt OLG. Marienwerder JR. 1926 Nr. 1368.

**2.** Anordnungen. Andere als die in den §§ 2 bis 5 bezeichneten Anordnungen und Maßnahmen sind nur weitergehende, der Erfassung und Beschaffung des Wohnraumes dienende Vorschriften. Die Landesbehörde ist auf Grund des § 6 nicht ermächtigt, Vorschriften oder Anordnungen zu erlassen, die die reichsrechtlichen Grundsätze des WMG. in irgendeiner Richtung einschränken oder die in anderen Reichsgesetzen festgelegten Grundsätze über den Zweck des WMG. (Wohnungsbeschaffung KG. JW. 1923, 767[9]) hinaus auszudehnen.

Die in den §§ 4, 5 reichsrechtlich festgelegten Grundsätze des Beschlagnahmerechts dürfen demgemäß verschärft und erweitert werden, soweit dadurch eine strengere und wirksamere Erfassung bisher nicht verfügbarer Wohnräume mittelbar oder unmittelbar ermöglicht wird KG. EA. 337; dagegen dürfen die Verpflichtungen der Gemeinde nicht zu Lasten des Verfügungsberechtigten erleichtert werden, es sei denn, daß es sich lediglich um eine bloße Vereinfachung des Verfahrens handelt. Über die Rechtsprechung des KG. Einzelheiten bei Hertel S. 86. Zwingend sind weiterhin § 2 (Verbot), § 7 (Sonderstellung der öffentlichen Gebäude vgl. Abs. 3), § 8 (Tausch), ferner die §§ 11—16. Erweiterungen des Reichsrechts sind im übrigen nur zulässig unter dem Gesichtspunkt, daß die Anordnungen wenigstens mittelbar der Unterbringung Wohnungsuchender dienen.

Wegen der „Beschränkungen der Zwangsvollstreckung" vgl. Ruth, JW. 1924, 799; JW. 1926, 1474.

Durch landesrechtliche Regelung kann aber wohl die zwangsweise Durchführung des Zwangsmietvertrages auf Grund des § 6 angeordnet werden, da durch eine solche Vorschrift lediglich die Durchführung des Zwangsverfahrens erleichtert wird (Hertel S. 67; KG. JR. 1925 Nr. 433; a. M. 2. Aufl. S. 165). Die Anordnung des Preuß. Wohlfahrtsministers vom 30. November 1922 (GS. S. 444) und § 38 der Bayer. WMVO. sind daher als rechtsgültig zu erachten. Ermächtigung der Gemeinde zur Weitervermietung an einen beliebigen Wohnungsuchenden (§ 4) wird von KG. JR. 1925 Nr. 890 als unzulässig erachtet. Wegen der Zulässigkeit der Inanspruchnahme gewerblicher Räume, wenn dadurch mittelbar Räume für Wohnzwecke frei werden KG. EA. 337 (= JW. 1924, 2022).

Dieser Rahmen, in dem die weitergehenden Maßnahmen zulässig sind, ist in § 6 ausdrücklich festgelegt: nur soweit sie zur Behebung oder Milderung der Wohnungsnot dringend erforderlich sind, dürfen Anordnungen (= allgemeine Vorschriften) und Maßnahmen (= Verfügungen im Einzelfall) getroffen werden. Bloße Zweckmäßigkeit der Regelung genügt nicht.

Das Gesetz bringt selbst Beispiele für solche Anordnungen und Maßnahmen, die mit Eingriffen in verfassungsrechtlich garantierte Grundrechte (Freizügigkeit, Eigentum, Art. 111, 115, 153 RV.) verbunden sind. Weiterhin kommen in Betracht:

a) Einführung einer Anzeige- und Auskunftpflicht des Hauseigentümers (Vermieters) über leerstehende, freiwerdende Räume, über die Größe und Ausstattung der Räume, über die Zahl der sie benutzenden Personen (Vordruck kann für die Anzeigeerstattung vorgeschrieben werden KG. EA. 445);

b) Verbot der privaten Wohnungsvermittlung;

c) Verbot der Vermietung, Überlassung oder Ingebrauchnahme von Wohnungen ohne vorherige Zustimmung der Gemeindebehörde;
d) Inanspruchnahme von Räumen bei Doppelwohnungen;
e) Inanspruchnahme übergroßer benutzter Räume;
f) Ausdehnung des Begriffes „unbenutzt".
g) nähere Regelung über die Führung von Vormerkungslisten durch die Gemeindebehörde.

**3.** Die Befugnis zur Subdelegation wäre nach staatsrechtlichen Grundsätzen ohne ausdrückliche Ermächtigung nicht anzuerkennen; hieraus sind Angriffe gegen die Rechtsgültigkeit des früheren § 9 vor der Fassung durch das Gesetz vom 11. Mai 1920 abgeleitet worden (vgl. insbes. Mittelstein, JW. 1920, 338).

**4.** Mangelnder Versuch der gütlichen Einigung berührt die Gültigkeit der Verfügung nicht.

**5.** Entschädigung. Nach Art. 153 RV. darf eine Enteignung nur gegen angemessene Entschädigung vorgenommen werden und wegen der Höhe der Entschädigung ist im Streitfall der Rechtsweg bei den ordentlichen Gerichten offen zu halten, soweit für beide Fälle Reichsgesetze nichts anderes bestimmen. Das WMG. hält an diesen Grundsätzen auch für die auf Grund des § 6 zulässigen Eingriffe in das Eigentum fest; eine entgegenstehende landesrechtliche Regelung des Entschädigungsverfahrens wäre unzulässig und unwirksam (bayer. KompKonflGH. LZ. 1921, 422 und v. d. Pfordten, BayGemVZ. 1921, 558 ff. und 614). Das RG. hat in ständiger Rechtsprechung (RG. 105, 253; RG. 108, 252; RG. 111, 224; RG. JR. 1926 Nr. 27; RG. 112, 189; RG. BayZ. 1926, 124) anerkannt, daß die Eingriffe in das Recht des Eigentümers, die von den zuständigen Behörden auf Grund der gesetzlichen Vorschriften zur Bekämpfung des Wohnungsmangels vorgenommen werden, sich als eine Enteignung im Sinne von Art. 153 Abs. 2 RVerf. darstellen. Nach Satz 2 daselbst dürfe eine Enteignung nur gegen angemessene Entschädigung vorgenommen werden, soweit nicht ein Reichsgesetz etwas anderes bestimme. Weder die WMVO. noch das WMG. schließe die Notwendigkeit einer Entschädigung aus; es enthalte im letzten Satz sogar eine Vorschrift darüber, wer für die Zahlung der Entschädigung hafte. Bereits RG. 102, 161 hat im übrigen sich dahin ausgesprochen, daß es nicht genügt, wenn eine Ausnahmebestimmung von den Grundsätzen des Art. 153 RVerf. sich nur aus dem Inhalt der Rechtsnorm ergibt. Ob es sich um Eingriffe auf Grund des WMG. selbst oder um solche auf Grund einer Anordnung handelt, ist nach Auffassung des RG. anscheinend (dazu Brumby, EA. 420 Fußnote) unerheblich. Vgl. auch PreußKompKonflGH. PrVerwBl. 45, 404; OLG. Breslau, JW. 1926, 1020.

Enteignung im Sinne des Art. 153 RVerf. scheint aber ausschließlich Entziehung des Eigentums, nicht bloße Eigentumsbeschränkung zu sein (so Auerbach, JW. 1925, 1365; a.M. Syring, DJZ. 1921, 105). Die Beschlagnahme bewirkt lediglich eine Verfügungsbeschränkung auf Seite des Verfügungsberechtigten, sie verschafft als solche keine Nutzungsrechte — daher Festsetzung des Zwangsmietvertrages notwendig —, sie übereignet nicht „förmlich" (so BayKKG. LZ. 1921, 422), sondern sie beschränkt den Gebrauch (so Wolff, RVerf. und Eigentum S. 26). Es erscheint darum nicht unbedenklich, die für die Eigentumsentziehung geltenden Grundsätze auf die Eigentumsbeschränkung anzuwenden (RG. 112, 192) und Art. 153 Abs. 2 RVerf. auf alle subjektiven Privatrechte auszudehnen (RG. 111, 227). Ursprünglich hatte das RG. selbst (WarnRspr. 1923 Nr. 46) ausgeführt, daß gegenüber dem Zweck und Inhalt der Bestimmungen dieses Gesetzes angeblich allgemeine Anschauungen oder Dogmen über grundsätzliche Entschädigungen bei jedem Eingriff der Exekutive in jedwedes Privatrecht für das Reichsrecht nicht weiter in Betracht kommen. Es ist zu bedauern, daß das RG. diesen Gedankengang späterhin völlig aufgegeben hat. Vgl. auch die von der jetzigen Rechtsprechung abweichenden früheren Urteile PreußKKG. Hertel Bd. III S. 193; OLG. Naumburg Hertel Bd. III S. 513; Ebner PrVerwBl. 45, 223; Auerbach, JW. 1924, 788.

Eine Entschädigung wegen Eingriffe in die Freizügigkeit ist jedoch in keinem Gesetze vorgesehen und daher auch hier nicht zu gewähren. Zustimmend Hertel S. 93. Die Festsetzung des Zwangsmietvertrages als solchen begründet keinen Anspruch auf Schadloshaltung; sie beruht auf der vorausgegangenen Aufforderung der Gemeinde.

Entschädigungspflichtig ist die Behörde, die die Verfügung erlassen hat, also regelmäßig die Gemeindebehörde; auch soweit die vorgesetzte Verwaltungsbehörde an Stelle der Behörde die Verfügung erläßt, ist diese haftbar (ebenso Hertel S. 95; a. M. 2. Aufl. S. 167). Der Haftungsanspruch wird nur gegen die Gemeinde gerichtet werden können, wenn die Verfügung der Ortspolizeibehörde im Instanzenzug von einer Beschwerdestelle bestätigt wird. Ein Verschulden der Stelle braucht nicht vorzuliegen.

Die Höhe der Entschädigung zu bemessen, ist Sache der ordentlichen Gerichte. Wegen der Zulässigkeit des Rechtswegs RG. JR. 1926 Nr. 27 und § 16 Anm. 4. Dabei wird auch zu berücksichtigen sein, daß im Hinblick auf die allgemeine Wohnungsnot von dem Inhaber von Räumen gewisse Opfer verlangt werden dürfen. Der Entschädigungsanspruch umfaßt nicht den vollständigen Ersatz des dem Betroffenen erwachsenen Vermögensschadens; nicht Schadensersatz, sondern Entschädigung ist zu gewähren RG. JW. 1924, 800. Als angemessene Entschädigung erachtet RG. 112, 189 bereits die Entschädigung, die das preuß. Enteignungsgesetz vom 11. Juni 1874 (GS. S. 221) dem Enteigneten zubilligt; hiernach ist für die hier in Frage kommende Eigentumsbeschränkung der Minderwert zu entschädigen, den das betroffene Grundstück sowie das Restgrundstück durch die ihnen auferlegte Beschränkung erleidet. Das RG. stellt fest, daß gerade bei der Wohnungsbeschlagnahme oft eine Entschädigung für fortlaufend zur Entstehung gelangende Nachteile in Betracht kommen wird, die nicht von vornherein durch eine Summe abzugelten sind. Ebenso RG. BayZ. 1926, 124. Im übrigen sind entschädigungsfähig: Schaden infolge Nichtzahlung des Mietzinses, infolge Beschädigung der Räume usw. Wiederherstellung des früheren Zustandes kann unter diesem Gesichtspunkt nicht gefordert werden RG. JR. 1926 Nr. 405 (= EA. 431). Bei der Berechnung der Vergütung ist andererseits zu berücksichtigen, daß der Verfügungsberechtigte auch ohne die Inanspruchnahme durch das WA. durch die Gesetzgebung (MSchG. RMG.) beschränkt sein würde, so daß immer zu prüfen ist, ob er überhaupt durch die Zuweisung eines Zwangsmieters eine Vermögenseinbuße erlitten hat RG. JR. 1926 Nr. 608.

Eine landesrechtliche Anordnung, wodurch die Höhe der Entschädigung eingeschränkt und der Rechtsweg ausgeschlossen wird, erachtet OLG. Darmstadt JW. 1924, 2038 als rechtsgültig; vgl. § 23 Abs. 2 der bay. WMVO.

**6.** Bei der auf Grund weitergehender Maßnahmen und Anordnungen beabsichtigten Durchführung von Umbauten muß — darin ist das Landesrecht durch Reichsrecht beschränkt —

a) auf möglichst dauernde Verwendbarkeit der Bauvornahme Bedacht genommen und

b) der in Anspruch genommene Raum nach Wegfall der Ermächtigung auf Verlangen des Berechtigten in dem der früheren Zweckbestimmung und Ausstattung entsprechenden Zustand wieder hergestellt und zurückgegeben werden.

Auch die Ausnahmeregelung des § 7 ist nach Maßgabe des § 7 Abs. 3 und 4 zu beachten.

**7.** Da § 6 nur der Wohnungsbeschaffung, nicht aber auch dem Mieterschutz dient (KG. JW. 1923, 767[9]), so kann künftig eine auf Grund des § 5a MSchVO. bisher mögliche Ausdehnung des Mieterschutzes über das MSchG. hinaus nicht mehr getroffen werden (a. M. Meyerowitz, JW. 1923, 712).

RG. WarnRspr. 1921 Nr. 84 dagegen erachtet es für möglich, daß auf Grund des § 6 auch Anordnungen erlassen werden, die die Kündigung einer Wohnung schlechthin ohne Rücksicht auf die Art der Benutzung (also auch bei Pachtvertrag) von der Zustimmung des MEA. abhängig machen. Ähnlich erklärt auch RG. 104, 364 es für zulässig, daß auf Grund dieser Vorschrift in den hier gekennzeichneten Notstandsfällen jene allgemeinen Anordnungen und Maßnahmen getroffen werden können, die zur

Bekämpfung der Wohnungsnot (also nicht nur zur Beschaffung von Wohnungen) erforderlich sind. Zum Gegensatz zwischen RG. u. KG. Ruth, JW. 1924, 799; Stern S. 38 u. Erl. zu § 50 MSchG. u. § 1 WMG. Anm. 5.

## § 7.

I Die Inanspruchnahme von Gebäuden oder Räumen, die im Eigentum oder in der Verwaltung des Reichs oder eines Landes oder im Eigentum oder Verwaltung einer Körperschaft des öffentlichen Rechts stehen und öffentlichen Zwecken oder zur Unterbringung von Angehörigen der Verwaltung des Reichs, des Landes oder der Körperschaft zu dienen bestimmt sind, ist nur zulässig, wenn von der zuständigen Reichs- oder Landesbehörde kein Einspruch erhoben wird. Diese Behörden entscheiden auch, ob die im Satz 1 erwähnten Voraussetzungen im Einzelfalle vorliegen. Ist Einspruch erhoben, so entscheidet bei Gebäuden oder Räumen, die zur Verfügung des Reichs stehen, die Reichsregierung, im übrigen die Landesregierung.

II Die Bestimmungen des Abs. 1 finden auf Gebäude und Räume, die im Eigentum oder in der Verwaltung gemeinnütziger Anstalten und Stiftungen, sowie gemeinnütziger, nicht auf Erwerb gerichteter Organisationen stehen, oder die religiösen oder anerkannt gemeinnützigen oder mildtätigen Zwecken dienen, entsprechend Anwendung.

III Die Bestimmungen des Abs. 1 und 2 gelten auch für andere Anordnungen und Maßnahmen, die auf Grund dieses Gesetzes getroffen sind. Das Recht der Gemeindebehörden aus §§ 2 und 3 bleibt jedoch unberührt. Die Versagung nach § 2 ist unzulässig, wenn gleichwertiger neuer Wohnraum hergestellt wird.

IV Verträge der in Abs. 1 und 2 genannten Stellen über die Ermietung von Gebäuden oder Gebäudeteilen zu öffentlichen Zwecken dürfen nicht der Genehmigung der Gemeindebehörden unterstellt werden.

**1.** Abweichend vom bisherigen Recht (§ 5a), aber im Anschluß an ähnliche Regelung des § 16 RMG. — über die Auslegung dieser Vorschrift nach dem ihr eigenen Zweck RG. 112, 8 — und des § 32 MSchG. ist die Entscheidung darüber, ob es sich um Gebäude der in Abs. 1 und 2 bezeichneten Art handelt, nicht mehr dem MEA., sondern der obersten Reichs- oder Landesbehörde übertragen. Die Gemeindebehörde bedarf also nicht mehr der vorherigen Zustimmung dieser Behörde; sie kann die Gebäude nach Maßgabe der reichsrechtlichen oder landesrechtlichen Bestimmungen in Anspruch nehmen. Es bleibt dann dem Verfügungsberechtigten überlassen, eine Entscheidung der zuständigen Behörde herbeizuführen.

Für diese Entscheidung sind keinerlei Vorschriften erlassen; die Behörde wird indes nicht ausschließlich eigene Interessen zu vertreten haben, vielmehr einen billigen Ausgleich zwischen den widerstreitenden Interessen des Verfügungsberechtigten und der Wohnungsuchenden herbeizuführen versuchen. Es bleibt der Behörde unbenommen, die Zustimmung an Bedingungen zu knüpfen; insbesondere sind Wünsche hinsichtlich der Person des zuzuweisenden Mieters zu erfüllen.

Voraussetzung für die Anwendung des § 7 ist, daß das Gebäude

1. im Eigentum oder in der Verwaltung des Reichs, eines Landes oder einer Körperschaft des öffentlichen Rechts steht und
2. daß es entweder den öffentlichen Zwecken oder zur Unterbringung von Angehörigen der Verwaltung zu dienen bestimmt ist.

Zweckdienung und Unterbringung muß im Interesse gerade der Korporation gelegen sein, in deren Eigentum oder Verwaltung das Gebäude steht. So Hertel S. 97; a. M. Brumby S. 76. Wann die Korporation das Eigentum erlangt oder die Verwaltung übernommen hat, ist unerheblich.

**2.** Abs. 1 entspricht dem Wortlaut des § 32 MSchG. mit dem Abmaße, daß auch sonstige Körperschaften des öffentlichen Rechtes dem Reich und Land völlig gleichgestellt sind. Als Körperschaft des öffentlichen Rechtes ist nach der Entwurfsbegründung auch die Reichsbank anzusehen; sie ist zwar keine Anstalt des Reichs, aber eine unter der Aufsicht und Leitung des Reichs stehende Bank mit selbständiger Rechtspersönlichkeit (§ 12 des Bankgesetzes). Über die Sonderbehandlung der Reichsbank im Zwangsverfahren vgl. § 11. Der deutschen Reichsbahngesellschaft kommt die Sonderstellung auf Grund des § 16 Abs. 4 des Reichsbahngesetzes vom 30. August 1924 (RGBl. II 272) im gleichen Umfang zu.

Öffentlichrechtliche Körperschaften oder Körperschaften des öffentlichen Rechts (vgl. hierzu § 89 BGB.) sind — abgesehen von den Gemeinden im Sinne der Gemeindeordnung — die Bezirks- und Kreisgemeinden (§ 22 der Verfassungsurkunde des Freistaates Bayern vom 14. August 1919).

Weiterhin kommen in Betracht die Religionsgesellschaften, soweit sie bisher schon die Eigenschaft einer Körperschaft des öffentlichen Rechts besessen haben oder diese künftig erwerben (Art. 137 Abs. V der Verfassung des Deutschen Reichs vom 11. August 1919; § 18 bayer. VerfU.); in Bayern sind derzeit als öffentliche Kirchengesellschaften nur anerkannt: die katholische Kirche sowie die beiden protestantischen Kirchen rechts und links des Rheins (§ 24 des bayer. Religions-Edikts vom 26. Mai 1818). Da jedoch auch Gebäude, die religiösen Zwecken dienen, unter § 7 fallen, hat hier die Unterscheidung nach dem öffentlich- oder privatrechtlichen Charakter der Religionsgesellschaften keinerlei praktische Bedeutung (vgl. auch Art. 1 der bayer. Kirchengemeindeordnung vom 24. Sept. 1912, wonach zur Klarstellung der Rechtsverhältnisse auch die Kirchengemeinden als rechtsfähige Beitragsverbände des öffentlichen Rechts anerkannt sind).

Zu den Körperschaften des öffentlichen Rechts zählen ferner: die Stiftungen und Anstalten des öffentlichen Rechts (§ 25 bayer. VerfU.): ferner berufsständische Vertretungen, soweit sie als öffentliche Körperschaften anerkannt sind, z. B. die Gemeindebeamtenkammer (VO. vom 9. Jan. 1919 GVBl. S. 13), die Bauernkammern (Art. 3 des Gesetzes über die Bauernkammern vom 20. März 1920 GVBl. S. 67), die Handelskammern (§ 3 der VO. vom 5. Febr. 1908 GVBl. S. 69), die Handwerkskammern (§§ 103 ff. der Reichsgewerbeordnung) samt den ihren Unterbau bildenden Innungen, freie wie Pflichtinnungen (§§ 81 ff. der Reichsgewerbeordnung). Hierher gehören ferner die Träger der Reichsversicherung, d. h. die Krankenkassen, die Berufsgenossenschaften und die Versicherungsanstalten (§§ 3 und 4 der Reichsversicherungsordnung vom 19. Juli 1911). Auch Zweckverbände nach Art. 26 des Selbstverwaltungsgesetzes vom 25. Mai 1919 zählen hierher.

Im übrigen ist der Begriff der Körperschaft des öffentlichen Rechtes durchaus kein feststehender; weder in der Reichsverfassung noch in der bayerischen Verfassung ist der Begriff gesetzlich festgelegt (vgl. Piloty, VerfU. S. 74 und 88).

**3.** Zweckverwendung. Religiösen Zwecken dient ein Gebäude dann, wenn es ausschließlich oder doch überwiegend der Ausübung der durch Art. 135 der Reichsverfassung (§ 17 der bayerischen Verfassungsurkunde) gewährleisteten Glaubens- und Gewissensfreiheit dient. Ob es sich dabei um verfassungsrechtlich anerkannte Religionsgesellschaften oder nur um lose Vereinigungen handelt, ist gleichgültig; in Betracht kommen deshalb Kirchen, Synagogen, Bethäuser usw. Soweit Räume in privaten Gebäuden, die im übrigen dem Wohnungsinhaber zur Verfügung stehen, für Bethauszwecke Verwendung finden, entscheidet die überwiegende Zweckbestimmung.

Die Gemeinnützigkeit oder Mildtätigkeit des Zweckes muß staatlich anerkannt sein, z. B. Art. 16 des bayer. Landeskulturrentengesetzes i. d. Fassung vom 31. März 1908 (gemeinnützige Bauvereinigungen). Die Gemeinnützigkeit der Vereinigung usw. genügt nicht, es muß gerade der Zweck, dem das betreffende Gebäude dient, ein gemeinnütziger sein; deshalb können gemeinnützige Baugenossenschaften für ihre Wohnhäuser nicht die Anwendung des § 7 in Anspruch nehmen.

Mildtätigen Zwecken dienen z. B. Spitalpfründen, Altersheime, Jugendfürsorgeanstalten.

Es ist nicht erforderlich, daß die Gebäude z. Z. des Erlasses dieses Gesetzes dem religiösen, mildtätigen usw. Zweck bereits gedient haben; es genügt, daß das Gebäude zur Zeit der Inanspruchnahme diesen Zwecken dient. Es kann deshalb die Vorschrift des § 7 auch dann zur Anwendung kommen, wenn ein Gebäude, das ursprünglich rein privaten Zwecken, z. B. als privater Hausbesitz gedient hat, durch anderweitige Verfügung (durch Verkauf an eine Stiftung) gemeinnützigen usw. Zwecken erst zugeführt wird.

**4.** Die Ausnahmeregelung des § 7 gilt auch gegenüber den auf Grund der Ermächtigung des § 6 erlassenen landesrechtlichen Anordnungen und Maßnahmen. Dagegen dürfen auch bei den in Abs. 1 und 2 bezeichneten Gebäuden ohne Genehmigung der Ortspolizeibehörde Wohnungen nicht vereinigt oder Abbrucharbeiten vorgenommen werden. Die Verwendung von Wohnräumen zu Geschäftszwecken muß aber abweichend von § 2 Abs. 2 genehmigt werden, wenn ein entsprechender (gleichwertiger) Wohnraum neu hergestellt wird.

Die Anzeige- und Auskunftpflicht des § 3 gilt unbeschränkt.

**5.** Kein Genehmigungszwang für Verträge. Auch die zivilrechtliche Unwirksamkeit solcher Verträge nach § 31 MSchG. kommt hier nicht in Frage.

## § 8.

Wollen Personen, die vor dem 1. Januar 1914 in Deutschland ihren Wohnsitz hatten, oder Personen, bei denen die im § 14 genannten Voraussetzungen vorliegen, ihre selbständigen benutzten Wohnungen innerhalb des Reichsgebiets miteinander tauschen, so sind sie verpflichtet, die Genehmigung der beteiligten Gemeindebehörden unter Beifügung der schriftlich gegebenen Zustimmung der Vermieter vor Durchführung des Tausches einzuholen. Wird die Zustimmung versagt, so entscheidet das Mieteinigungsamt. Unter diesen Voraussetzungen ist die Genehmigung innerhalb einer Frist von 14 Tagen zu erteilen; bei Überschreitung dieser Frist gilt die Genehmigung als erteilt. Die

Vorschriften über die zulässige Belegung und Benutzung behalten Gültigkeit.

**1.** Diese Bestimmung ist auf einen Beschluß des Wohnungs- und Siedlungsausschusses des vorl. Reichswirtschaftsrates (Drucksache Nr. 326 S. 6) zurückzuführen. Hiernach sollte der Tausch von selbständigen Wohnungen mit Zustimmung der Vermieter grundsätzlich freigegeben und der Tausch unter öffentlichen Beamten landesrechtlich besonders geregelt werden.

Nur — selbständige KG. EA. 433 — Wohnräume sind tauschfähig nach § 8; bei Verbindung von Wohn- und anderen Räumen entscheidet der Gesichtspunkt der Haupt- und Nebensache (§ 29 MSchG. Anm. 1): Die Zustimmung des Vermieters zum Tausch kann nicht ersetzt werden, wenn die Nichtwohnräume den Hauptgegenstand des Mietverhältnisses bilden KG. EA. 362, KG. JW. 1925, 1883; OLG. Rostock bei Gut Nr. 554.

Ob die Wohnung tatsächlich benutzt ist oder die Benutzung fortgesetzt werden soll, ist an sich unerheblich LG. Oppeln JW. 1926, 1050, auch KG. EA. 482.

Die Vereinbarung einer Abfindungssumme für die Überlassung einer Tauschwohnung verstößt, solange sie angemessen (§ 49a MSchG.) ist, nicht gegen das Gesetz KG. JW. 1924, 2032.

Zu § 8 im allgemeinen: Bahlmann EA. 451, 458.

**2.** Die Anwendung des § 8 ist beschränkt auf

a) natürliche Personen — gleichviel welche Staatsangehörigkeit sie besitzen —, die vor dem 1. Januar 1914 in Deutschland ihren Wohnsitz (§ 12 BGB.) hatten und

b) auf Deutsche, die als Vertriebene im Sinne des § 14 anzusehen sind.

Andere Deutsche oder Ausländer, die erst nach dem 1. Januar 1914 in Deutschland ihren Wohnsitz genommen haben, kommen für den Wohnungstausch überhaupt nicht in Frage; ein solcher Wohnungstausch darf nicht genehmigt werden, ganz abgesehen davon, daß das mangelnde Einverständnis des Vermieters durch das MEA. nicht ersetzt werden kann.

Maßgebend ist die bisherige Fassung des § 14, § 18.

**3.** Der Wohnungstausch — über seine Rechtsnatur RG. 73, 88; Kiefersauer LZ. 1924, 581; KG. EA. 374; LG. Hannover EA. 340; KG. JR. 1926 Nr. 29; auch RG. JW. 1926, 977 und Hein Fußnote; RG. JR. 1926 Nr. 158 — setzt dreierlei voraus:

a) die Verfügungsfreiheit über die Wohnung in allen ihren Teilen; diese Voraussetzung und damit § 8 entfällt, wenn das Mietverhältnis einer der Tauschparteien zur Zeit der Entscheidung rechtskräftig aufgehoben ist LG. Liegnitz JW. 1924, 2065; KG. EA. 373. Dies gilt auch im Falle der Fortsetzung des Mietverhältnisses kraft § 6 Abs. 4; ebenso

OLG. Rostock bei Gut Nr. 559. Ein etwa vorhandenes Untermietverhältnis wird durch den Tausch als solchen nicht berührt, da eine Beendigung des Hauptmietverhältnisses nicht eintritt. Der Tauschgegner hat daher — soweit unter den Vertragsteilen nichts anderes vereinbart ist — den Untermieter mitzuübernehmen; a. M. Hertel S. 133, der jedoch eine solche Vereinbarung als stillschweigend getroffen ansieht.

b) Die Zustimmung des Vermieters zu dem Tausch, der rechtlich als Rechtsabtretung (vgl. § 29 MSchG. Anm. 2) erscheint und daher der Genehmigung des Vermieters nach § 399 BGB. bedarf. Ebenso KG. JW. 1922, 234; ein Mietvertrag zwischen Hauswirt und Tauschgegner entsteht mit der Genehmigung nicht (a. M. KG. JW. 1925, 1127). Wie im Falle des § 29 MSchG., so kann auch hier die rechtsgeschäftliche Erklärung des Vermieters durch das MEA. ersetzt werden; die in der Rechtsprechung anerkannte entsprechende Anwendung des § 549 BGB. ist für den Sonderfall des Wohnungstausches nach Maßgabe des § 8 durch positive Gesetzesvorschrift ersetzt. Der Wohnungstausch ist daher zivilrechtlich in der Regel nichts anderes als der Eintritt des Tauschpartners in das bereits bestehende Mietverhältnis des Tauschgegners mit dem Abmaße, daß gleichzeitig der bisherige Mieter endgültig aus dem Mietverhältnis ausscheidet Kiefersauer LZ. 1924, 581. Für den Abschluß eines Zwangsmietvertrags ist deshalb kein Raum KG. JR. 1925 Nr. 201; Hertel S. 112; a. M. Ruth, JW. 1924, 1921. Möglich ist aber auch, daß der Tausch in der Weise sich vollzieht, daß jeder Mieter die Aufhebung des laufenden Vertrages mit seinem Vermieter vereinbart und dieser mit dem Tauschvertragsgegner seines bisherigen Mieters einen neuen Mietvertrag eingeht. Endlich kann auch jeder der Tauschenden einen Untermietvertrag abschließen KG. JR. 1926 Nr. 158; auch LG. Hannover EA. 340. In diesen beiden Fällen kommt nicht § 8, sondern § 4 WMG. und § 29 MSchG. zur Anwendung. Ebenso Hertel S. 105; vgl. KG. JR. 1926 Nr. 29. Vgl. auch LG. II Berlin JW. 1925, 80.

c) Die Genehmigung der Gemeindebehörde. § 8 ist also auch anwendbar, wenn der Tausch innerhalb der Gemeinde selbst erfolgt KG. JW. 1925, 2798 (= EA. 369) und Mittelstein, Fußnote. Der Widerruf der Genehmigung ist unzulässig, wenn nicht die landesrechtliche Anordnung nach § 6 ein anderes bestimmt; bei arglistiger Täuschung der Behörde, also bei rechtswidriger Einwirkung auf den Beamten dagegen kann die Genehmigung zurückgenommen werden Kormann, System der rechtsgeschäftlichen Staatsakte S. 354; O. Mayer[2] VerwR. I 267; Hertel S. 110; Brumby EA. 423; anders LG. Hannover daselbst und LG. Heidelberg bei

Gut Nr. 569. Bloßer Verdacht der Täuschung genügt auch dann nicht, wenn eine Geldsumme gezahlt wurde LG. Heidelberg bei Gut Nr. 564. Die Genehmigung bedeutet lediglich die Feststellung, daß dem Tausch ein öffentlichrechtliches Hindernis nicht entgegensteht RG. DRichtZ. 1924, 319.

Ein genehmigungspflichtiger Wohnungstausch liegt auch dann vor, wenn nur eine der Tauschwohnungen dem WMG. unterliegt KG. EA. 482.

**4.** Für die Entscheidung des MEA. d. h. für die Ersetzung der Genehmigung des Vermieters durch die Zustimmung des MEA. sind Richtlinien nicht vorgeschrieben. Das MEA. entscheidet daher nach billigem Ermessen (§ 40 Abs. 3 MSchG.), immerhin dürfte in entsprechender Anwendung des § 29 Satz 2 MSchG. die Zustimmung zu versagen sein, wenn sie vom Vermieter aus einem wichtigen Grund verweigert worden ist. Dazu Ruth, JW. 1924, 1922; LG. Elberfeld JW. 1924, 2063; LG. Hamburg EA. 411; RG. JR. 1926 Nr. 29. OLG. Rostock bei Gut Nr. 555 (Kinderzahl), Nr. 556 (Zahlungsunfähigkeit), KG. bei Gut Nr. 566 (Widerruf der Zustimmung des Vermieters). Die zu § 29 MSchG. gemachten Ausführungen gelten entsprechend. Kiefersauer, LZ. 1924, 581. Zu einer Änderung der Vertragsbestimmungen ist das MEA. nicht befugt, gleichwohl kann das MEA. die Zustimmung an Bedingungen knüpfen a. M. LG. Hannover EA. 340. Die Voraussetzungen des Tausches, nicht seine Zweckmäßigkeit unterliegt der Nachprüfung des MEA. OLG. Rostock EA. 396 u. bei Gut Nr. 560, aber auch EA. 397. Keine Bedingung des Tauschvollzugs (LG. Heidelberg bei Gut Nr. 561), keine Bedingung der Zahlung des Mietausfalls durch den bisherigen Mieter OLG. Rostock bei Gut Nr. 562, keine Auferlegung von Pflichten für den Vermieter Vidal EA. 476.

Keine Ablehnung der Entscheidung des MEA., weil der Vermieter seine Zustimmung widerrufen hat KG. JR. 1926 Nr. 1369 = EA. 461. Wegen der Beschlußbegründung vgl. LG. Bochum EA. 447.

**5.** Die Gemeindebehörde kann hiernach nur in Tätigkeit treten, wenn die Zustimmung zum Tausch entweder vom Vermieter (schriftlich) erteilt oder vom MEA. ersetzt ist. Sie hat vor der Tauschgenehmigung vom wohnungswirtschaftlichen Gesichtspunkt aus die Zweckmäßigkeit des Tausches, insbes. die Größe der Wohnung im Verhältnis zu der Zahl der Haushaltangehörigen nur insoweit zu prüfen, als landesrechtlich die Größe des Wohnungsbedürfnisses überhaupt noch Gegenstand wohnungspolitischer Maßnahmen ist (für Preußen und Bayern zu verneinen). Kiefersauer, LZ. 1924, 582; Auerbach, JW. 1924, 788; Brumby S. 85; Hertel S. 110. Ein Rechtsanspruch auf Erteilung der Genehmigung des Wohnungstausches steht den Tauschparteien nicht zu (ebenso KG. EA. 330); eine bedingungslose

Verpflichtung der Gemeindebehörde zur Erteilung der Genehmigung ist trotz der Fassung des § 8 nicht gegeben. Es wäre z. B. unzweckmäßig, wenn eine übergroße Wohnung, die durch Tausch in den Besitz einer kleinen Familie gekommen ist, sofort nach Genehmigung gemäß Satz 4 rationiert werden müßte; in einem solchen Falle wäre die Genehmigung zum Tausch von vornherein zu versagen oder an Bedingungen zu knüpfen, die die erforderliche Raumeinschränkung sicherstellen. Vgl. EA. 296.

Auf Antrag des WA. kann die Zustimmung von MEA. nicht ersetzt werden KG. JR. 1926 Nr. 1619 = EA. 489.

Gegen die Entscheidung des MEA. findet die Rechtsbeschwerde nach § 41 MSchG., gegen jene des WA. die Beschwerde zum MEA. statt. Beschwerdeberechtigt sind die Tauschpartner (KG. EA. 330, auch wenn sie im Bezirk anderer Gemeindebehörden wohnen KG. (EA. 490) und der Vermieter, nicht dagegen Dritte, insbes. Wohnungsuchende.

Nur wenn alle beteiligten Gemeindebehörden die Genehmigung erteilen, kann der Tausch vollzogen werden. Gegen die Versagung der Genehmigung innerhalb der Frist ist Aufsichtsbeschwerde möglich; nach Ablauf der Frist gilt die Genehmigung ohne Anfechtungsmöglichkeit als erteilt.

**6.** Tausch ohne Genehmigung ist nicht strafbar, da § 17 sich nicht auf § 8 bezieht. Zwangsräumung nach § 11. Wegen des Tausches von Neu- und Altbauwohnungen vgl. § 12 Anm. 1 und LG. Hanau EA. 404.

Für die Durchführung des Tauschvertrages stehen öffentliche Zwangsmittel nicht zur Verfügung; es können die Beteiligten ihre Rechte aus dem Tauschvertrag lediglich im ordentlichen Rechtsweg geltend machen Kiefersauer, LZ. 1924, 581; zustimmend Hertel S. 114.

## § 9.

**Die obersten Landesbehörden können Ausführungsbestimmungen zu diesem Gesetz erlassen.**

Preußen: AusfBest. vom 3. Juli 1920 (GS. S. 361), 11. Sept. 1923 (GS. S. 432), 7. u. 11. Januar 1924 (GS. S. 27).

Bayern: Die Verordnung über Maßnahmen gegen Wohnungsmangel (WMVO.) vom 18. August 1926 StAnz. Nr. 192 mit VollzBek. vom gleichen Tage.

Durch die selbständige Zusammenfassung des Reichsrechtes in landesrechtlichen Verordnungen wird auch die unmittelbare Anwendung des Reichswohnungsmangelgesetzes nicht ausgeschlossen; demgemäß sind Lücken der landesrechtlichen Regelung aus dem Reichsrecht zu ergänzen. Die Beurteilung der Tragweite örtlicher Anordnungen bedeutet zugleich eine Auslegung des Gesetzes selbst und unterliegt deshalb der Nachprüfung des Revisionsgerichts vgl. RG. 104, 365.

## § 10.

**Die obersten Landesbehörden können die von ihnen erteilten Ermächtigungen zurücknehmen und die Gemeindebehörden zur Aufhebung der von ihnen auf Grund der Ermächtigung getroffenen Anordnungen und Maßnahmen anhalten.**

Die Zurücknahme bewirkt, daß die ermächtigten Behörden von dem Tage der Zurücknahme oder von dem besonders bestimmten Zeitpunkt der Wirksamkeit der Verfügung an zu den Entscheidungen auf Grund dieses Gesetzes und den AusfBest. nicht mehr befugt sind. Die Entscheidungen sind rechtlich wirkungslos. Die Zurücknahme der Ermächtigungen ist öffentlich bekannt zu geben.

Eine rückwirkende Kraft kommt der Zurücknahme der Ermächtigung nicht zu; früher ergangene Anordnungen und Maßnahmen bleiben rechtswirksam. Dazu Hertel S. 116.

Das Eingreifen der obersten Landesbehörde ist an sich auf Grund des Gemeindeaufsichtsrechtes zulässig; Halbsatz 2 will lediglich die Rechtslage klarstellen. Soweit jedoch gegen die Entscheidungen der MEA. mit der Rechtsbeschwerde angreifbar sind, ist für die Aufsichtsbeschwerde — abgesehen von der Dienstaufsichtsbeschwerde — kein Raum.

## § 11.

**Die zur Bekämpfung des Wohnungsmangels getroffenen Verfügungen sind mit schriftlicher, tatsächlicher und rechtlicher Begründung dem Betroffenen zuzustellen. Sie können im Wege unmittelbaren polizeilichen Zwanges durchgeführt werden. Gegen Reich und Land ist die Anwendung derartiger Zwangsmaßnahmen unzulässig; das gleiche gilt für die Reichsbank.**

**1.** Verfügungen im Sinne dieses Gesetzes sind nur die für den Einzelfall getroffenen Maßnahmen der Gemeindebehörden, nicht auch die Entscheidungen der MEA.; es handelt sich nicht um Polizeiverfügungen im eigentlichen Sinn. Ebenso Stern S. 46; Hertel S. 120; OVG. PreußVerwBl. 44, 202. Deshalb ist auch der vom MEA. gemäß § 4 festgesetzte Zwangsmietvertrag keine Verfügung im Sinne dieser Vorschrift; wenn auch die Festsetzung des Zwangsmietvertrages „als Teil oder als Folge" (so PreußKKGH. JW. 1922, 535 und LZ. 1922,

278) der auf Beschlagnahme abzielenden Zwangsmaßnahmen anzusehen ist, so bildet die Entscheidung des MEA. dennoch einen rechtlich selbständigen Staatsakt, vermöge dessen dem Wohnungsuchenden der Prozeß vor dem ordentlichen Gericht gegenüber dem Verfügungsberechtigten erspart wird (KGSt. JW. 1922, 818[2]). Mit der Festsetzung des Zwangsmietvertrages wird nicht nur der Zwangsakt der Gemeindebehörde bestätigt, es wird vielmehr darüber hinaus ein bürgerliches Rechtsverhältnis zwischen dem Wohnungsuchenden und dem Verfügungsberechtigten erst geschaffen. Mit der Begründung des Mietverhältnisses ist aber zugleich die Tätigkeit der Gemeindebehörde beendigt und es besteht kein Anlaß zu weiteren polizeilichen Maßnahmen. Solange ein Mietvertrag nicht festgesetzt ist, kann die Ortspolizeibehörde auf Grund des § 11 die zwangsweise Einsetzung bewirken, allerdings auf die Gefahr hin, daß nach einer ablehnenden Entscheidung des MEA. die Zwangseinsetzung rückgängig gemacht werden muß. Zustimmend Hertel S. 120.

Durch Anordnung gemäß § 6 kann die unmittelbare Zwangsvollstreckung aus dem Zwangsvertrag zugelassen werden § 6 Anm. 2.

**2.** Begründungs- und Zustellungszwang gilt nicht nur auf Grund des § 11 WMG. für Verfügungen der Ortspolizeibehörden, sondern auf Grund des § 40 MSchG. und des § 14 VerfAO. für die Entscheidungen des MEA. und der Beschwerdestelle. Die Begründung ist eine notwendige Voraussetzung für die Rechtsgültigkeit der Verfügung; ein allgemeiner Hinweis auf das Gesetz ist nicht ausreichend KG. JW. 1925, 1414. Die Verfügung muß unmittelbar an den Betroffenen gerichtet sein KG. EA. 403. Ein Verzicht auf die in § 11 vorgeschriebene Form macht die Verfügung mindestens anfechtbar; die Beobachtung der Formvorschriften sind vom MEA. und der Beschwerdestelle von Amts wegen nachzuprüfen. Dazu Hertel S. 118. Eine Verzichtserklärung der betroffenen Partei bleibt unberücksichtigt KG. EA. 433, JW. 1926, 1468 = JR. 1926 Nr. 160.

Zustellung nach den Vorschriften der ZPO. ist nicht erforderlich; lediglich das Zugehen der Verfügung muß feststellbar sein LG. Hamburg EA. 492.

**3.** Die zwangsweise Durchführung der getroffenen Maßnahmen steht im Ermessen der Gemeindebehörde; soweit die Durchführung zur Bekämpfung des Wohnungsmangels notwendig ist, kann die Gemeindebehörde zur zwangsweisen Durchsetzung von Aufsichts wegen angehalten werden.

Wegen des Ausschlusses des Zwangsverfahrens gegen Reich, Land und Reichsbank vgl. Satz 3. Auch die deutsche Reichsbahngesellschaft genießt diese Sonderstellung auf Grund des § 16 Abs. 4 des Reichsbahngesetzes vom 30. Aug. 1924 RGBl. II 272.

4. Unmittelbarer polizeilicher Zwang bedeutet: die Gemeindebehörde kann unter Verzicht auf die mittelbare Einwirkung durch Strafandrohung gegen Zuwiderhandelnde sofort durch Anwendung der gesetzlichen Zwangsmittel die Verfügung zur Ausführung bringen. Welcher Art diese Zwangsmittel sind, bemißt sich nach den Umständen des einzelnen Falles: alle zur Erreichung des beabsichtigten Erfolges erforderlichen, zur Zuständigkeit der Gemeindebehörden gehörenden Zwangsmittel dürfen angewendet werden. In Betracht kommen: zwangsweise Räumung beschlagnahmter Räume, wenn sie benutzt sind; zwangsweise Öffnung unbenutzter Räume (a. M. OLG. Hamburg LZ. 1921, 70), Wegschaffung von Einrichtungsgegenständen, Verwahrung derselben an einem anderen Ort, zwangsweise Einsetzung zugewiesener Personen, zwangsweise Vornahme von baulichen Veränderungen in den beschlagnahmten Räumen, Wiederinstandsetzung der vom Betroffenen absichtlich unbrauchbar gemachten Räume (KG. EA. 338).

Wegen der Verpflichtung der Gemeindebehörde vor Durchführung der Zwangsmaßnahmen eine gütliche Einigung zu versuchen vgl. § 6 Abs. 1 Satz 2.

§ 11 ist unmittelbare Rechtsquelle für die Befugnis der Gemeindebehörde; landesrechtliche Vorschriften, die weitergehende Rechte enthalten, gelten unverändert fort. Landesrechtliche Einschränkungen hindern dagegen ein Vorgehen auf Grund des § 11 nicht.

MEA. und Beschwerdestelle können vor ihrer Entscheidung einstweilige Anordnungen erlassen KG. JW. 1924, 2025.

Wegen Zurücknahme einer Verfügung KG. JW. 1925, 1412 und § 8 Anm. 3.

## § 12.

I Die Vorschriften dieses Gesetzes finden auf Neubauten oder durch Um- oder Einbauten neugeschaffene Räume keine Anwendung, wenn sie nach dem 1. Juli 1918 bezugsfertig geworden sind oder künftig bezugsfertig werden.

II Auf Neubauten, die mit Zuschüssen aus den für die Wiederherstellung der während des Krieges zerstörten Gebiete bereitgestellten Mitteln errichtet sind, finden die Vorschriften dieses Gesetzes dagegen Anwendung.

III Die mit Unterstützung des Hilfswerkes Oppau errichteten Räume unterliegen den Vorschriften dieses Gesetzes sowie des Reichsmietengesetzes vom 24. März 1922 (RGBl. I S. 273) und des Gesetzes über Mieterschutz und Mieteinigungsämter vom 2. Juni 1923 (RGBl. I S. 353).

**1.** Vgl. die wörtlich übereinstimmende Regelung in § 33 Abs. 1 Satz 1 und Abs. 2 MSchG. und § 16 Abs. 1 Satz 1 und Abs. 2 RMG. Wegen der Begriffe „Neubauten" und „durch Um- oder Einbauten neugeschaffene Räume" vgl. § 33 MSchG. Anm. 1. Landesrechtliche Anordnungen gemäß § 6 können § 12 nicht einschränken KG. EA. 337.

Ob ein Neubau usw. vorliegt, darüber entscheidet das ordentliche Gericht; daher keine Bindung des Gerichts an die Entscheidung des MEA. über das Vorliegen eines Neubaues usw. OLG. Breslau EA. 434 und KG. JW. 1926, 1021.

Durch Vereinbarung mit der Gemeindebehörde kann die Sonderstellung des § 12 weder Altbauten noch Neubauten eingeräumt werden Ruth, Friedrichs, JW. 1925, 2486; die privatrechtliche Wirkung einer solchen Vereinbarung bleibt aber unberührt KG. EA. 363. Die Gemeindebehörde kann aber bei Verfügung über die Altwohnung des bisherigen Inhabers, der einen Neubau aus eigenen Mitteln errichtet, auf die Interessen des bisherigen Wohnungsinhabers Rücksicht nehmen Hertel S. 123.

Den Vorschriften des WMG. unterliegen Neubauten und durch Um- oder Einbauten neu geschaffenen Räume,

1. wenn sie bereits vor dem 1. Juli 1918 bezugsfertig geworden waren vgl. Erl. zu § 33 MSchG., aber auch die Sonderregelung in § 13 WMG.;
2. Zuschußbauten, aber nur soweit es sich um Zuschüsse aus Mitteln des Hilfswerkes Oppau (Abs. 3) oder um Mittel für die Wiederherstellung der während des Krieges zerstörten Gebiete (Abs. 2) handelt. Dagegen fehlt eine dem § 33 Abs. 3 MSchG. entsprechende landesrechtliche Möglichkeit der Ausdehnung des Wohnungsmangelrechts auf die mit Baukostenzuschüssen errichteten Bauten: solche Zuschußbauten sind, auch wenn für sie das MSchG. gilt, von den Vorschriften des WMG. befreit, wenn sie nach dem 30. Juni 1918 bezugsfertig werden LG. Hanau EA. 404.

Neugebaut sind auch Räume, die an Stelle der eingestürzten oder sonst vernichteten Räume erbaut worden sind KG. EA. 473 = JR. 1926 Nr. 1371 = JW. 1926, 1674.

Die Sonderstellung der Neubauten hat nicht zur Folge, daß wohnungspolitische Maßnahmen so zu treffen sind als wenn die Neubauten usw. nicht vorhanden wären (so KG. EA. 337 = DJZ. 1924, 833). Die Altwohnung unterliegt vielmehr der Beschlagnahme durch das WA. (so 2. Aufl. S. 176; Brumby S. 95; Ruth, JW. 1924, 837); dies gilt für Doppelwohnungen ebenso wie für die — jetzt nahezu gegenstandslose — Beschlagnahme übergroßer Wohnungen.

Beim Wohnungstausch gilt § 8 nur für die Verwendung der alten Wohnung. Das WA. hat nur zu der Übersiedlung von dem Neubau in die Altwohnung, nicht auch zur Übersiedlung in den Neubau Stellung zu nehmen. Deshalb ist der Antrag auf Tauschgenehmigung lediglich ein Antrag auf Zuweisung einer Wohnung, die durch den Umzug in den Neubau freigeworden ist. Bei Versagung keine Rechtsbeschwerde des Wohnungsuchenden. Vgl. auch Regent, EA. 418.

Bei Verbindung von neu geschaffenen Räumen, die außerhalb des WMG. stehen, mit alten Räumen gilt für den Altbau das WMG., für die neuen Räume die Sonderstellung des § 12. Dies gilt auch dann, wenn ein einheitlicher Mietvertrag vorliegt; anders als beim MSchG. und RMG. (dazu BayObLG. BayZ. 1925, 88) ist die Frage der einheitlichen Vermietung oder Verwendung nicht weiter zu untersuchen KG. EA. 374; a. M. Hertel S. 124 für den Fall, daß eine gesonderte Erfassung der Räume nicht möglich ist. Vgl. KG. JW. 1926, 601.

§ 12 Abs. 1 reicht im übrigen soweit, als die Voraussetzungen gegeben sind: soweit der Verfügungsberechtigte in einem Zuschußbau (Abs. 2, 3) aus eigenen Mitteln Räume erstellt hat, sind sie beschlagnahmefrei KG. EA. 302 = JW. 1924, 834.

**2.** Mit Wirkung vom 1. September 1923 (Art. 5 des Gesetzes vom 26. Juli 1923 RGBl. I S. 751) sind Gebäude oder Räume der in Abs. 1 bezeichneten Art von den Vorschriften des WMG. und daher auch der bisher geltenden WMVO. befreit. Das bedeutet z. B. für den auf Grund des § 4 WMVO. festgesetzten Zwangsmietvertrag nicht ohne weiteres die Aufhebung des Mietverhältnisses, da durch die nachträgliche Beseitigung der gesetzlichen Grundlage die auf dieser Grundlage begründeten Rechtsverhältnisse in ihrer Wirksamkeit nicht beeinträchtigt werden. Die Lösung des Mietverhältnisses erfolgt durch Vereinbarung oder durch Kündigung, deren Zulässigkeit zunächst nach dem Inhalt des Zwangsmietvertrages, im übrigen nach den Vorschriften des BGB. zu beurteilen ist.

**3.** Hilfswerk Oppau. Eingefügt durch Art. II der AbänderungsVO. vom 24. Dez. 1923 (RGBl. I S. 1247); neben der Beschlagnahmefähigkeit dieser Räume ist zugleich in Abweichung von § 33 MSchG. und § 16 RMG. die Unterstellung dieser Räume unter das Notrecht allgemein festgelegt.

## § 13.

Werden vor dem 1. Juli 1918 bezugsfertig gewordene Räume, die im Eigentum von Gesellschaften oder Genossenschaften der im § 16 Abs. 1 Satz 3 des Reichsmietengesetzes bezeichneten Art stehen, von der Gemeindebehörde zur Unterbringung von Wohnungsuchenden in Anspruch genommen, so ist die Gemeindebehörde zur Bezeichnung der aufzunehmenden Wohnungsuchenden erst dann berechtigt, wenn die Gesellschaft oder Genossenschaft die Räume nicht innerhalb der ihr gestellten Frist an einen Wohnungsuchenden vergibt, der bereits seit mindestens einem Jahr der Gesellschaft oder der Genossenschaft als Mitglied angehört.

**1.** Für die nach dem 30. Juni 1918 bezugsfertig gewordenen Bauten gilt die Ausnahmeregelung des § 12. Wegen der Genossenschaften vgl. § 33 MSchG. Anm. 2.

**2.** § 13 bringt eine Einschränkung des Zuweisungsrechtes (dazu Ruth, JW. 1924, 2017 u. Hertel S. 127) der Gemeindebehörde mit der Folge der Unzulässigkeit der Zwangseinsetzung (§ 11) und der Festsetzung des Zwangsmietvertrages (§ 4). Das Recht der Gemeindebehörde lebt wieder auf, wenn die Frist fruchtlos abgelaufen ist oder wenn ein Wohnungsuchender die Räume erhält, dem sie nach dieser Vorschrift nicht zugewiesen werden dürfen. Denn nur an den hier näher bezeichneten bestimmten Wohnungsuchenden darf die Genossenschaft (Gesellschaft) die Räume vergeben. Juristische Personen können nicht Wohnungsuchende sein KG. EA. 368, 374 = JR. 1925 Nr. 893.

**3.** Die Dauer der Mitgliedschaft dürfte von dem Ende der Frist rückwirkend zu berechnen sein. Die Frist muß eine angemessene sein und dürfte regelmäßig auf zwei Wochen zu bemessen sein. Wird eine Frist nicht gestellt, so ist das selbständige Verfügungsrecht der Genossenschaft — unter Beschränkung auf Mitglieder von mindestens einjähriger Dauer — der Dauer nach so lange unbeschränkt als nicht später eine Frist von der Gemeindebehörde bestimmt wird.

Die Mindestdauer der Mitgliedschaft kommt nicht in Frage, wenn sämtliche vorgemerkte Mitglieder noch nicht ein Jahr der Genossenschaft angehören. Zu dieser einschränkenden Gesetzesauslegung zwingt der Umstand, daß andernfalls tüchtige Genossenschaften, die großzügig Wohnungen hergestellt und dadurch die Zahl ihrer Anwärter auf Wohnungen vermindert haben, durch die Regelung des § 13 in der Verfügung über die Altbauten in unbilliger Weise beschränkt würden.

**4.** Auch ohne ausdrückliche Regelung folgt aus § 8, daß die Erteilung der Zustimmung zum Wohnungstausch im Ermessen der Gesellschaften steht; die Zustimmung der Eigentümer der Wohnung kann hier nicht durch das MEA. ersetzt werden KG. EA. 369; Hertel S. 128; a.M. Brumby, JW. 1925, 2482.

## § 14.

[1] Deutsche, die aus dem Ausland oder aus einem besetzten oder infolge des Friedensschlusses aus dem Reichsgebiet ausgeschiedenen oder einem einer anderen Verwaltung unter-

stehenden Landesteile vertrieben worden sind, sind von den Gemeinden bei der Unterbringung der Wohnungsuchenden vorzugsweise zu berücksichtigen.

II Als vertrieben im Sinne des Abs. 1 gelten nur

1. diejenigen, welche infolge Ausweisungsbefehls der fremden Macht das Gebiet verlassen mußten,
2. diejenigen, denen der Aufenthalt in den Gebieten durch sonstige Maßnahmen der Behörde oder andere gleichzwingende Gründe unmöglich gemacht worden ist,
3. diejenigen, welche bei Ausbruch oder während des Krieges in den Gebieten gewohnt, sie alsdann verlassen haben und infolge von Maßnahmen der dortigen Behörden nicht zurückkehren konnten.

III Als ein gleichzwingender Grund im Sinne des Abs. 2 Nr. 2 ist der allgemeine Verfall des Wirtschaftslebens in diesen Gebieten nicht anzusehen.

IV Die Eigenschaft als Vertriebener ist durch eine amtliche Bescheinigung festzustellen. Die obersten Landesbehörden bestimmen die Stellen, welche zur Ausstellung der Bescheinigung berechtigt sind. Von der Beibringung der amtlichen Bescheinigung sind befreit alle Deutschen, die beim Inkrafttreten dieses Gesetzes im Besitze von amtlichen Flüchtlingspapieren waren.

V Der Anspruch nach Abs. 1 erlischt, sobald der Vertriebene eine Wohnung bezogen hat, sofern es sich nicht lediglich um eine Notwohnung handelt.

VI Familien mit drei oder mehr in der häuslichen Gemeinschaft lebenden Kindern sind ebenfalls als „vorzugsweise zu berücksichtigende" anzusehen.

**1.** Die bisherige Fassung (§ 9c) dieser Vorschrift, die auch über die Geltungsdauer der WMVO. hinaus nach Maßgabe des § 18 gilt, lautet:

„Deutsche, die unter den Einwirkungen des Krieges aus dem Auslande oder aus einem von dem Feinde besetzten oder infolge des Friedensschlusses aus dem Reichsgebiet ausscheidenden oder einer anderen Verwaltung unterstehenden Landesteil geflüchtet oder vertrieben worden sind, sowie Deutsche, die zur Erfüllung einer Wehrpflicht aus dem Ausland nach Deutschland zurückgekehrt sind und denen jetzt von der ausländischen Regierung die Rückkehr nach ihrem

Wohnort verboten oder erschwert wird, sind von den Gemeinden bei der Unterbringung der Wohnungsuchenden vorzugsweise zu berücksichtigen."

Umfaßte die bisherige Regelung des § 9c nur die Kriegsvertriebenen und Flüchtlinge, so ist die neue Fassung nicht nur den gegenwärtigen durch den Ruhreinbruch herbeigeführten besonderen Verhältnissen angepaßt, sie hat vielmehr in Abs. 6 eine neue Kategorie von „vorzugsweise zu berücksichtigenden" Personen eingeführt: die kinderreichen Familien.

Der Kreis der vorzugsweise zu berücksichtigenden Personen kann durch landesrechtliche Anordnungen auf Grund des § 6 erweitert, aber nicht eingeschränkt werden. Ebenso Hertel S. 132; vgl. auch Ruth, JW. 1925, 635. Darüber hinaus kann landesrechtlich das gesamte Vormerkungswesen (Reihenfolge der Vormerkungen und Zuweisung, Ablehnung von Vormerkungen) geregelt werden.

Die Vorschriften der Abs. 2—4 sind eng auszulegen. Wegen der Zuständigkeit zur Entscheidung vgl. Abs. 4. Personen, die lediglich aus wirtschaftlichen Gründen, in der Hoffnung, in Deutschland die Möglichkeit zu einem besseren Fortkommen zu finden oder die aus irgend welchen sonstigen Gründen besonderer Art ohne äußeren Zwang ihren Wohnsitz verlassen haben, haben keinen Anspruch auf vorzugsweise Unterbringung. Wegen des Wortlautes der neuen Fassung vgl. § 3 des Verdrängungsschädengesetzes vom 28. Juni 1921 in der Fassung vom 10. Juli 1923 (RGBl. I S. 591) u. vom 28. Okt. 1923 (RGBl. I S. 1015 Gewaltschäden-Verordnung).

Zuständig zur Ausstellung der Bescheinigung über die Vertriebenen = Eigenschaft ist in Bayern die Regierung, K. d. J., § 9 Abs. 2 WMVO.

Die auf Grund des Notgesetzes vom 24. Febr. 1923 (Art. V) vorgesehene vorzugsweise Berücksichtigung Vertriebener gilt unverändert neben § 14 fort.

**2.** Der Anspruch auf vorzugsweise Unterbringung erlischt, wenn der Wohnungsuchende auf irgendeine Weise (durch freien Vertrag, durch Unterbringung auf Grund des Notgesetzes oder dieses Gesetzes) in den Besitz einer Wohnung gelangt ist, soweit es sich nicht nur um eine vorläufige Unterbringung (VO. vom 14. Juni 1923), insbesondere in einer Notwohnung handelt. Das ist allgemeiner Rechtssatz, der in Abs. 5 besonders betont ist. Der Begriff der Notwohnung ist hier nicht festgelegt; es kann hier auf die Bundesratsverordnung vom 31. Okt. 1918 über die Gewährung von Baukostenzuschüssen aus Reichsmitteln verwiesen werden. Hiernach sind als Notwohnungen anzusehen „Wohngelegenheiten, die infolge des Umbaues oder der Instandsetzung von an und für sich für den dauernden Aufenthalt von Menschen geeigneten, aber baupolizeilich nicht von vornherein dafür zugelassenen Räumen, vorübergehend für Wohnzwecke herangezogen werden (Einrichtung von Dach- und Kellerwohnungen u. dgl.)". Diese Begriffsbestimmung bedarf jedoch hier einer Erweiterung: Notwohnungen im Sinne dieser Vorschrift sind auch an sich gebrauchsfähige Räume, die aber nach der Zahl der zum Hausstand gehörenden Personen, nach ihrer inneren Ausstattung und Einrichtung im Vergleich mit den persönlichen, geschäftlichen und gesellschaftlichen Bedürfnissen des Inhabers den Mindestanforderungen nicht entsprechen. Vgl. § 10 Abs. 2 der bayer. WMVO.

**3.** Die Kinder müssen in häuslicher Gemeinschaft (vgl. § 19 MSchG.) mit den Eltern leben, also ihrem Hausstand angehören. Unerheblich ist, ob sie minderjährig oder volljährig sind. Sind die Kinder verheiratet, so wird man einen selbständigen Hausstand auch dann annehmen können, wenn das junge Ehepaar bei den Eltern wohnen bleibt.

Ob es sich um eheliche oder uneheliche Kinder eines Elternteils handelt, ist gleichgültig. Die uneheliche, unverheiratete Mutter bildet mit ihren Kindern keine Familie (a. M. Hertel S. 131), wohl aber der Witwer, die Witwe, der geschiedene Ehemann, die geschiedene Ehefrau mit den ihnen verbliebenen Kindern.

## § 15.

I Auf Räume, die zur Unterbringung von Angehörigen eines Betriebes von dem Inhaber des Betriebs errichtet oder vor dem 1. Juli 1918 zu Eigentum erworben oder gemietet sind, finden die Vorschriften der §§ 3 bis 5 nur dann Anwendung, wenn solche Räume länger als vier Wochen nicht benutzt sind und keine sichere Aussicht auf die Benutzung innerhalb der nächsten vier Wochen besteht.

II Soweit es sich um die Unterbringung von Personen handelt, die vor dem 1. Januar 1914 ihren Wohnsitz in Deutschland nicht hatten oder zu den im § 14 genannten Personen nicht gehören, bedarf der Inhaber des Betriebes der Zustimmung der Gemeindebehörde, es sei denn, daß es sich um die Belegung von Räumen handelt, die für die besonderen Zwecke der Unterbringung von Wanderarbeitern oder ähnlichen Personen errichtet sind.

**1.** Sog. Werkwohnungen (vgl. dazu RG. EA. 374, Hertel S. 135; Schloßmann JW. 1925, 1094 und EA. 478; Brumby JW. 1925, 1774 und EA. 476) genießen, soweit sie nicht als Neubauten auf Grund des § 12 ohnehin von den Vorschriften dieses

Gesetzes befreit sind, eine Ausnahmestellung. Werkwohnungen im Sinne dieser Vorschriften sind

a) Neubauten, gleichviel, wann sie von dem Inhaber des Betriebes oder dessen Rechtsvorgänger errichtet sind,

b) Altbauten, die vor dem 1. Juli 1918 zu Eigentum erworben und

c) Altbauten, die vor dem 1. Juli 1918 von dem Unternehmer zur Unterbringung von Angehörigen des Betriebs gemietet sind.

Auf Räume in Gebäuden, die erst nach dem 30. Juni 1918 zu Eigentum erworben oder gemietet sind, finden diese Vorschriften keine Anwendung (Brumby EA. 332), wohl aber dann, wenn die Räume zwar vor dem 1. Juli 1918 zu Eigentum erworben, zunächst aber anderen Zwecken und erst nachträglich, aber vor dem 1. Juli 1918 zur Unterbringung von Angehörigen des Betriebs verwendet worden sind (KG. EA. 355, Meyer JW. 1925, 2325. Die Weiterbenutzung der Werkwohnung durch den Dienstpflichtigen nach Aufhebung des Dienstvertrages bedarf keiner Genehmigung des WA. KG. JR. 1925 Nr. 894.

**2.** Die Anwendbarkeit der §§ 3—5 hängt davon ab, daß

a) die für die Unterbringung von Angehörigen des Betriebes (nach Hertel S. 137 auch von werkfremden Personen vgl. auch KG. EA. 374) bestimmten Räume länger als vier Wochen für diesen Zweck nicht verwendet werden und

b) daß keine sichere Aussicht besteht, daß diese Räume in den nächsten vier Wochen diesem Zweck zugeführt werden.

Die Wartefrist beträgt hiernach an sich acht Wochen, es sei denn, daß nach Ablauf der ersten vier Wochen bereits zu irgendeinem Zeitpunkt feststeht, daß innerhalb der rechtmäßigen Frist die Räume ihrem bestimmungsgemäßen Zweck nicht zugeführt werden können. Aus welchem Grunde dies nicht möglich ist, kommt für die Anwendung des § 15 nicht weiter in Betracht.

Die Nichtanwendung der §§ 3—5 bedeutet für den Inhaber des Betriebes volle Verfügungsfreiheit; sie ist bei Räumen, die für die besonderen Zwecke der Unterbringung von Wanderarbeitern oder ähnlichen Personen errichtet sind, eine absolute, auch durch Abs. 2 nicht eingeschränkte. Im übrigen bedarf die Verfügung des Unternehmers über die Räume der Zustimmung der Gemeindebehörde.

Wegen der Werkwohnungen landwirtschaftlicher Saisonarbeiter vgl. Erlaß des RArbeitsMin. vom 13. Februar 1924 V 3 Nr. 10373/23.

**3.** Die Zustimmung der Gemeindebehörde (Abs. 2) ist nur dann nicht notwendig, wenn es sich um die Unterbringung von Werkangehörigen handelt, die vor dem 1. Januar 1914 ihren Wohnsitz in Deutschland hatten oder um Personen der im § 14 bezeichneten Art (Vertriebene, kinderreiche Familien).

Die Zustimmung der Gemeindebehörde muß nicht erteilt, sie kann auch unter Umständen versagt werden. In erster Linie müssen die Interessen des Betriebes berücksichtigt werden; nur bei großem Notstand kann deren Zurückstellung zugunsten allgemeiner Interessen verlangt werden.

Maßgebend ist die bisherige Fassung des § 14, § 18.

## § 16.

**Gegen eine auf Grund dieser Verordnung im Einzelfalle getroffene Verfügung steht dem unmittelbar Betroffenen die Beschwerde zu. Das Nähere regelt die oberste Landesbehörde.**

**1.** In Betracht kommen Verfügungen jeder Art, nicht bloß solche auf Grund der Ermächtigungsvorschrift des § 6 erlassene Anordnungen und Maßnahmen. Immer aber muß es sich um Verfügungen für einzelne Fälle handeln im Gegensatz zu allgemeinen Anordnungen (Richtlinien). Die Verfügung muß eine bestimmte Person oder Sache oder beides zusammen betreffen. Von wem die Verfügung ausgeht, ist gleichgültig: nicht nur die Gemeindebehörden, auch andere Behörden kommen hier in Frage. Die nähere Regelung ist Sache des Landesrechtes.

**2.** Unmittelbar betroffen ist jeder, in dessen Rechtskreis die Verfügung eingreift. Nicht in Betracht kommt der bei der Zuweisung nicht berücksichtigte Wohnungsuchende KG. 303 u. 330; KG. JR. 1926 Nr. 30, auch nicht der zugewiesene Wohnungsuchende KG. EA. 427; auch nicht der Schwarzmieter LG. I Berlin EA. 437, auch OLG. Rostock bei Gut Nr. 496. Vgl. LG. Hamburg EA. 366 und 424, auch KG. JR. 1925 Nr. 896 und KG. JW. 1926, 1006 und Meyer Fußnote.

**3.** Abweichend vom bisherigen Recht (§ 9d) ist nicht das MEA. als zuständige Beschwerdestelle vorgeschrieben. Die Neufassung berücksichtigt die Wünsche einzelner Länder nach selbständiger Ausgestaltung des Beschwerdeverfahrens; die Landesbehörde ist daher in der Lage, das Beschwerdeverfahren, insbes. die Bestimmung der Beschwerdestelle, selbständig, etwa im Anschluß an landesrechtlich bereits bestehende Einrichtungen, auszugestalten.

Nach preußischem und bayerischem Landesrecht (zu § 9) ist die Rechtsbeschwerde nach § 41 MSchG. auch gegen die auf Grund des § 16 tätigen Stellen zulässig. Vgl. KG. JW. 1924, 842, Nußbaum und Ruth, Fußnoten JW. 1924, 834 u. 838. Jede auf Grund des WMG. erlassene (vgl. KG. Recht 1925, 167) Verfügung ist beschwerdefähig KG. EA. 380 = JR. 1925 Nr. 1352; vgl. aber auch KG. JW. 1925, 2799.

Die Rechtsbeschwerde steht jedem an dem Verfahren Beteiligten zu, insbes. auch der Gemeindebehörde (WA.) KG. JW. 1924, 843 (= EA. 308); LG. Hamburg EA. 366. Keine Beschwerde gegen eine Entscheidung der Gemeindebehörde nach § 2 KG. EA. 403 u. KG. JW. 1926, 1584 = JR. 1926 Nr. 948. Kein Beschwerderecht für den, der seine Wohnung dem Tauschgegner ausgeliefert hat LG. Hamburg EA. 424. Die Zurücknahme der Beschwerde wird erst wirksam, wenn die Zurücknahmeerklärung dem MEA. zugegangen ist KG. EA. 363. Über Unterlassung der Beschwerdeeinlegung KG. EA. 380. Über Beschwerdemöglichkeit nach mündlicher Mitteilung, aber vor der Zustellung OLG. Rostock bei Gut Nr. 584.

Das MEA. darf die Beschwerde gegen die Inanspruchnahme von Räumen durch das WA. nicht mit der Begründung zurückweisen, daß die Durchführung nur zulässig sei, wenn dem Betroffenen ein Ersatzraum gestellt werde. Eine solche Entscheidung unterliegt der Rechtsbeschwerde KG. JR. 1925 Nr. 1646. Bestätigung der Räumungsverfügung unter Gewährung einer Räumungsfrist ist dagegen zulässig KG. JR. 1926 Nr. 1372 = EA. 456.

Über Beschwerde des Schwarzmieters nach rechtskräftiger Beschlagnahme LG. I Berlin EA. 437; dazu Askenasy u. Bandmann EA. 459. Bei Beschlagnahme ist zu entscheiden, ob sie zur Zeit ihres Erlasses berechtigt war LG. Hamburg EA. 448 und KG. EA. 499.

**4.** Die Beschwerde nach § 16 ist unter Umständen nicht der einzige Rechtsbehelf, der dem von der Verfügung Betroffenen zu Gebote steht. In Betracht kommt hier insbesondere die Zulässigkeit des Rechtswegs, d. i. die Möglichkeit, Rechtsansprüche vor dem ordentlichen Gericht geltend zu machen. Für die Beurteilung der Zulässigkeit des Rechtswegs kommt zunächst in Betracht, daß das WMG. für verschiedene Ersatzansprüche, die sich aus Anlaß oder im Zusammenhang mit Verfügungen auf Grund dieses Gesetzes ergeben (RG. 104, 159 zu § 4; RG. 106, 149 zu § 5) keinerlei Zuständigkeitsnormen gibt: es werden weder die ordentlichen Gerichte für zuständig oder für ausgeschlossen erklärt noch andere Behörden zu deren Entscheidung berufen. Vor die ordentlichen Gerichte gehören nach § 13 GVG. alle bürgerlichen Rechtsstreitigkeiten, für welche nicht entweder die Zuständigkeit von Verwaltungsbehörden oder Verwaltungsgerichten begründet ist oder reichsgesetzlich besondere Gerichte bestellt oder zugelassen sind. Eine Begriffsbestimmung für bürgerliche Rechtsstreitigkeiten ist in § 13 GVG. nicht gegeben; dieser Begriff wird vielmehr vom Gesetzgeber als bekannt vorausgesetzt. Die Anwendung des § 13 GVG. steht hiernach im engsten Zusammenhang mit dem Wechsel der Anschauungen über privates und öffentliches Recht: mehr und mehr sind Rechtsgebilde, die früher als privatrechtliche angesehen wurden, als dem öffentlichen Recht angehörend erkannt worden (so RG. SeuffA. 73

Nr. 208). Andererseits darf die entgegengesetzte moderne Entwicklung auf eine Verschmelzung des öffentlichen Rechtes mit dem Privatrecht im Sinne einer Beschränkung der privaten Rechtsordnung durch öffentliche Normen nicht unbeachtet gelassen werden § 13 GVG. ist jedenfalls dahin aufzufassen, daß sich diese Vorschrift auf alle Streitigkeiten bezieht, die nach der zur Zeit des Erlasses des GVG geltenden Rechtsauffassung oder nach der Auffassung des betreffenden späteren Gesetzes durch die ordentlichen Gerichte zu entscheiden waren (RG 106, 177).

Maßgebend für die Beurteilung einer Streitsache als bürgerliche Rechtsstreitigkeit ist die Natur des Rechtsverhältnisses, aus dem der Anspruch abgeleitet wird, also die tatsächliche Begründung des mit der Klage erhobenen Anspruchs, der Aufbau und Antrag der Klage (RG. 89, 208; 93, 255; 102, 246, 251; 103, 52; 104, 207; 105, 38; 106, 149; RG. BayZ. 1925, 375) Das Klagevorbringen ist regelmäßig ausschlaggebend ohne Rücksicht auf die Richtigkeit und Erweislichkeit der vom Kläger aufgestellten Behauptungen (RG BayZ. 1923, 175, RG. 103, 18; LZ. 1923, 563) und ohne Rücksicht auf die Verteidigung des Beklagten (so RG 93, 255, dessen Erkenntnis in der Entsch. des BayKKGH vom 14 Oktober 1920 GVBl. 1920 Beil. II = BayZ 1920, 338 irrtümlicherweise in anderem Sinn verwertet ist). Nicht ganz klar RG LZ. 1924, 232, wo auch auf das Vorbringen des Beklagten zurückgegriffen wird. Dieser Grundsatz bedarf der Einschränkung nach zwei Richtungen:

1 der Kläger kann durch seine Prozeßbehauptungen nicht willkürlich einen Streit, der offensichtlich auf öffentlichrechtlichem Gebiet liegt, zu einer bürgerlichen Rechtsstreitigkeit nach § 13 GVG. gestalten (RG 71, 423; RG BayZ. 1921, 151; PreußKKGH JW 1922, 839; BayKKGH BayZ 1924, 174),

2 es gilt der Grundsatz, daß für öffentlichrechtliche, dem ordentlichen Rechtsweg entzogene Ansprüche der Rechtsweg nicht dadurch eröffnet werden kann, daß sie in die Form einer Schadensersatzforderung gekleidet werden (RG. 70, 395; 93, 258; 103, 52; 105, 40; 110, 164; PreußKKGH. PrVerwBl. 44, 404; 45, 404). Dieser Gesichtspunkt wird insbesondere dann zur Geltung kommen, wenn es sich um Eingriffe der Ortspolizeibehörden oder der von ihr beauftragten Stelle (Wohnungsamt) handelt, die in Erfüllung der ihnen übertragenen öffentlichrechtlichen Aufgaben vorgenommen werden (vgl v. d Pfordten, BayGemVZ 1921, 558). Abzulehnen ist insbesondere die Auffassung, daß vermögensrechtliche Ansprüche immer oder doch im Zweifel auch bürgerlich-rechtliche Ansprüche seien und im ordentlichen Rechtsweg ausgetragen werden könnten (ähnlicher Anschauung ist offenbar der BayVerwGH., vgl. Bd 39, 83; dagegen Helm-

reich, BayGemVZ. 1918, 233; Reindl, BayZ. 1918, 201). Über die Grenzgebiete zwischen öffentlichem und privatem Recht vgl. RG. 104, 141; 107, 41; RG. JW. 1924, 775 (dazu Nawiasky); RG. JR. 1925 Nr. 408.

Einzelheiten: RG. JW. 1923, 289[8] (Begriff des Rechtsweges im Sinne des Art. 153 RVerf.), dazu RG. 102, 161 im Gegensatz zum BayKKGer. LZ. 1921, 422 und v. d. Pfordten, BayGemVZ. 1921, 564 u. 614. Für die Mietzinsklage ist der Rechtsweg auch dann nicht verschlossen, wenn die Festsetzung der Miete einer besonderen Spruchbehörde übertragen ist; weigert sich der Mieter das MEA. anzugehen, so hat das ordentliche Gericht ihn als beweisfällig anzusehen und sein Urteil lediglich auf den Vertragsinhalt zu stützen RG. 103, 306).

Der Rechtsweg wurde für unzulässig erachtet: bei Klage auf Feststellung der Ungültigkeit eines Zwangsmietvertrages (PreußKKGH. JW. 1922, 535), bei Beschlagnahme oder Rationierung einer Wohnung durch die Gemeindebehörde (RG. Recht 1921 Nr. 1489; OLG. Düsseldorf LZ. 1920, 581; BayKKGH. BayZ. 1920, 338, Preuß. OVG. JW. 1923, 795; BayKKGH. BayZ. 1924, 174; BadKKGH. Gut Nr. 463; RG. BayZ. 1925, 375), bei Räumungsklage eines Wohnungsinhabers gegen den zugewiesenen Wohnungsuchenden (Preuß. OVG. JW. 1923, 795), bei Enteignung auf Grund der VO. vom 9. Dez. 1919 zur Hebung der dringendsten Wohnungsnot RG. BayZ. 1923, 175. Vgl. weiterhin RG. LZ. 1924, 232; BayZ. 1923, 175; Recht 1923 Nr. 347; RG. 109, 294; KG. JW. 1924, 848; BayObLG. BayZ. 1924, 175.

Dagegen wurde der Rechtsweg zulässig erklärt: bei Geltendmachung einer auf Vertrag begründeten öffentlichrechtlichen Last (RG. LZ. 1921, 106), bei Streitigkeiten aus Mietverträgen, die am Stichtag der AbgeltungsVO. noch nicht ausgeführt waren (RG. 105, 395), bei Ersatzansprüchen gegen die Stadtgemeinde wegen Amtspflichtverletzungen des Leiters des Wohnungsamtes bei Beschlagnahme einer angeblich unbenutzten Wohnung (RG. in JW. 1921, 742[7] und RG. 104, 159), bei Ersatzansprüchen wegen Verwendung von Einrichtungsgegenständen aus Anlaß der Inanspruchnahme von Räumen nach § 5 WMVO. (RG. 106, 149), bei negativer Feststellungsklage des Mieters gegenüber einer ohne Genehmigung des MEA. erfolgten Kündigung des Vermieters (LG. Stuttgart JW. 1922, 828[18]), bei Feststellungsklage gegen die Entscheidung des MEA. (§ 4 WMG.), wenn dieses die Grenzen seiner Tätigkeit überschritten hat (RG. LZ. 1923, 563), bei Herausgabe und Entschädigungsansprüchen aus Anlaß eines zweckwidrigen und den Rahmen der gesetzlichen Befugnisse des WA. überschreitenden Vollzugs einer gesetzlich zulässigen Beschlagnahme (BayObLG. DJZ. 1924, 237). Vgl. ferner hieher RG. 105, 253; RG. JW. 1924, 800; Preuß. KKGH. PrVerwBl. 45, 404; BayKKGH. BayZ. 1924, 198; OLG. Jena EA. 314.

Zu der ganzen Frage Krückmann LZ. 1923, 593; Hofacker LZ. 1924, 113; Hartmann ArchZivPrax. 109, 144; 113, 145; 121, 297; Brandis ArchZivPrax. 121, 188.

5. Soweit hiernach der Rechtsweg unzulässig ist, können die bayerischen Verwaltungsbehörden bei anhängigen Streitsachen nach Maßgabe des Gesetzes vom 18. August 1879 die Entscheidung der Kompetenzkonflikte zwischen den Gerichten und den Verwaltungsbehörden betr., den Kompetenzkonflikt erheben.

## § 17.

Mit Geldstrafe von mindestens 20000 ℳ und mit Gefängnis oder mit einer dieser Strafen wird bestraft:

1. wer einem gemäß § 3 erlassenen Verbote zuwiderhandelt,
2. wer einer gemäß § 3 erlassenen Anordnung zuwider vorsätzlich eine Anzeige oder Auskunft nicht oder nicht rechtzeitig erstattet oder wissentlich unrichtige oder unvollständige Angaben macht oder eine Besichtigung nicht gestattet,
3. wer einer Anordnung zuwiderhandelt, die auf Grund des § 6 erlassen worden ist.

Strafausmaß: 3 RMk. Mindeststrafe, 10 000 RMk. Höchststrafe (Art. I, V der VO. über Vermögensstrafen und Bußen vom 6. Febr. 1924 RGBl. I S. 44; § 2 der zweiten DurchfVO. zum Münzgesetz vom 12. Dez. 1924, RGBl. I S. 775).

Je nach der örtlichen Strafandrohung stellen sich Zuwiderhandlungen als Vergehen oder Übertretungen dar. Fahrlässigkeit ist lediglich bei Verstoß gegen Ziffer 1 und 3 strafbar.

Über die Möglichkeit einer Idealkonkurrenz dieser Vorschrift mit § 137 StGB. (Arrestbruch) vgl. RG. LZ. 1924, 340. Über Erschleichung einer Wohnungszuweisung RG. DJZ. 1924, 451.

Zuwiderhandlung gegen § 8 ist nicht strafbar. In Ziffer 1 soll es statt § 3 heißen: § 2; Berichtigung RGBl. 1923 I S. 878.

## § 18.

In Gesetzen, Verordnungen oder Anordnungen, in denen auf Vorschriften der Bekanntmachung über Maßnahmen gegen Wohnungsmangel verwiesen ist, treten die entsprechenden Vorschriften dieses Gesetzes an ihre Stelle. Soweit jedoch im § 35 des Gesetzes über Mieterschutz und Mieteinigungsämter vom 1. Juni 1923 (Reichsgesetzblatt I S. 353) sowie in den §§ 8 und 15 dieses Gesetzes auf § 14 Bezug genommen ist, bleibt die bisherige Fassung maßgebend. Diese gilt auch weiterhin für Personen, die zur Zeit des Inkrafttretens dieses Gesetzes auf Grund der bisherigen Fassung des § 14 bei einer Gemeindebehörde als Wohnungsuchende zur vorzugsweisen Berücksichtigung eingetragen waren.

Vgl. § 14 Anm. 1.

---

# Anhang.

## 1. Verordnung über Maßnahmen gegen Wohnungsmangel in Bayern

Vom 18. August 1926 (GVBl. S. 403).

Auf Grund der §§ 1, 6, 9, 10 und 16 des Wohnungsmangelgesetzes vom 26. Juli 1923 (RGBl. Teil I S. 754 ff.) wird — soweit erforderlich — mit Zustimmung des Reichsarbeitsministers folgendes verordnet:

**1.** Die seit 1. Okt. 1923 geltende MinBek. vom 25. September 1923, ergänzt durch die Bek. vom 7. Januar und 27. Dez. 1924 sowie vom 1. Juli 1926 (vgl. § 43 sowie Dahlsheimer, BayZ. 1925, 35 und v. Wehner, BayZ. 1925, 192) unter neuerlicher Änderung wichtiger Grundsätze neu gefaßt durch die Verordnung vom 18. August 1926. Sie tritt am 1. Sept. 1926 in Kraft.

Die neue WMBO. berücksichtigt Schrifttum und Rechtsprechung und kann als eine ausgezeichnete Zusammenfassung von Reichsrecht und landesrechtlicher Anordnung kraft § 6 WMG. bezeichnet werden. Mit Ausnahme der §§ 7 und 14 WMG. sind sämtliche Vorschriften des Reichsgesetzes in die VO. eingearbeitet.

**2.** Die Gliederung des Stoffes ist genau die gleiche wie bisher; lediglich die Übergangsvorschrift des § 42 ist neu eingefügt, so daß die WMBO. nunmehr 43 Paragraphen umfaßt. Auf die Übersicht S. 186, 187 der 2. Aufl. wird verwiesen.

**3.** Die wichtigsten Neuerungen sind folgende:

1. Auf gewissen Maßnahmen zur Erfassung des Wohnraumes ist zugunsten einer beschränkten Verfügungsfreiheit des Verfügungsberechtigten verzichtet § 2 Abs. 3, § 19 Abs. 4, § 25 Abs. 3 und 8: Er kann in den dort gegebenen Grenzen an bestimmte Personen die Räume als Wohnungen vermieten. In diesen Fällen sind zu-

gleich nach Maßgabe der Ziff. I 1—3 der MinBek. vom 18. Aug. 1926 (GVBl. S. 415) die Schranken des Mieterschutzes und der gesetzlichen Mietzinsbildung beseitigt.
2. Beschlagnahmeverbot für neu gewonnene Räume nach Maßgabe der §§ 33a, 33b MSchG. vgl. § 7 Abs. 4, § 19 Abs. 3.
3. Einschränkung der Beschlagnahme übergroßer Wohnungen nach dem 31. August 1926 § 7 Abs. 2.
4. Erleichterungen für die Zuweisung von Wohnungen außer der Reihe § 15 Abs. 7, § 16 Abs. 3 und 4, § 18 Abs. 3, § 25 Abs. 2.
5. Zulassung der Mietberechtigungskarte (Wohnungssuchkarte) und des Wohnungsgutscheines § 16 Abs. 6 und 7.
6. Einführung der Rechtsbeschwerde § 35 Abs. 1.
7. Beschränkung der Inanspruchnahme von Einzelräumen § 7 Abs. 1, § 40 Abs. 1.

**4.** Die Veröffentlichung der WMVO. ist im Staatsanzeiger Nr. 192 und im GVBl. S. 403 erfolgt; an der Rechtsgültigkeit der Verkündigung besteht daher kein Zweifel BayObLG. BayGem. VZ. 1921, 666, andererseits BayObLG. BayGemVZ. 1926, 161 (= BayZ. 1926, 60).

**5.** Die Zustimmung des Reichsarbeitsministers — soweit auf Grund § 6 WMG. erforderlich ist — ist ausdrücklich hervorgehoben und damit dem Gesetze Genüge getan RG. JR. 1926 Nr. 486; OLG. Marienwerder JR. 1926 Nr. 1368.

**6.** Die Rechtsprechung des Kammergerichts ist in Auszügen zusammengestellt in der BayGemVZ. 1925 Sp. 591; 1926 Sp. 528, 605, 660 und 689. Auch die Rechtsentscheide der bayer. Gerichte sind in der BayGemVZ. sowie der BayZ. regelmäßig veröffentlicht (§ 24 VerfAO.; MinBek. vom 16. Mai 1924 StAnz. Nr. 117) und übersichtlich zusammengestellt bei Hertel, Mieterschutz- und Wohnungszwangswirtschaft Bd. IV unter B. Endlich die Spruchsammlung von Gut, Stümper und Hormaier 1. und 2. Teil (Hefte der Vereinigung deutscher Wohnungsämter).

## § 1.

**I. Ohne vorhergehende behördliche Zustimmung dürfen**
**a) Gebäude oder Teile von Gebäuden nicht abgebrochen,**
**b) mehrere Wohnungen zu einer nicht vereinigt,**
**c) Gebäude oder Bestandteile und Zubehör von Gebäuden nicht in einer Art verändert werden, die auf die Brauchbarkeit für Wohnzwecke von Einfluß ist.**

**II. Im Falle der Zuwiderhandlung können Hausbesitzer oder Wohnungsinhaber zur Wiederherstellung des früheren Zu-**

standes angehalten werden. Im Weigerungsfalle kann die Wiederherstellung auf ihre Kosten erfolgen. Die Kosten sind in unmittelbaren Städten wie Gemeindegefälle, im übrigen gem. Art. 6 des Gesetzes zur Ausführung der Reichszivilprozeßordnung und Konkursordnung beizutreiben.

III. Zuständig zu den in den vorstehenden Vorschriften vorgesehenen Verfügungen ist in unmittelbaren Städten der Stadtrat, in mittelbaren Gemeinden das Bezirksamt.

**1.** Das Verbot des Abbruchs und der Vereinigung mehrerer Wohnungen entspricht § 2 Abs 1 WMG; vgl. die Erl hierzu

**2.** Das Verbot der Veränderung der Brauchbarkeit ist zweckmäßig und rechtlich gedeckt durch § 6 WMG Wegen des Begriffes der Bestandteile im Rechtssinn s §§ 93 bis 96 BGB, wegen des Zubehörs §§ 97, 98 BGB In Betracht kommen hier insbesondere Öfen, Herde, Fenster und Türen, durch deren Entfernung die Benutzung der Räume für Wohnzwecke erschwert oder unmöglich gemacht wird In jedem Falle kommen nur Bestandteile oder Zubehör von Gebäuden (nicht Grundstücken als solchen) und zwar nur in ihrer Beziehung zur Bewohnbarkeit in Betracht

Es genügt jede Art von Veränderung, wenn sie die Brauchbarkeit des Gebäudes (Gebäudeteiles) für Wohnzwecke irgendwie beeinflußt Der Umfang der Brauchbarkeit richtet sich nach dem bisher möglichen Gebrauchszweck, nicht nach der absoluten Brauchbarkeit; auch die Entfernung nur eines einzigen Ofens bedarf z B der behördlichen Zustimmung, selbst wenn die übrigen Öfen an sich als ausreichend erachtet werden können

**3.** Die Wiederherstellungspflicht nach Abs 2 umfaßt den Wiederaufbau des abgebrochenen Gebäudes (Gebäudeteiles), die Aufteilung der widerrechtlich vereinigten Wohnungen, die Wiederbeschaffung der entfernten oder vernichteten Bestandteile (Zubehörstücke) des Gebäudes Die Wiederherstellung kommt nur bei Zuwiderhandlungen in Frage, die nach dem 1 Oktober 1923 vom Hausbesitzer oder Wohnungsinhaber begangen wurden (§ 42); frühere Zuwiderhandlungen waren nur strafbar (§ 32 der bisherigen WMBek)

Die nach Abs 3 zuständige Stelle kann nach eigenem Ermessen von dem Wiederherstellungszwang Abstand nehmen Die Aufforderung zur Wiederherstellung des früheren Zustandes wird zweckmäßigerweise mit einer Fristsetzung unter Androhung der Ausführung verbunden Wegen der Beitreibung der Kosten vgl § 38 Anm 5

**4.** Gegen die Entscheidung des Stadtrates bzw des Bezirksamtes ist Aufsichtsbeschwerde zur Regierung, Kammer des Innern, zulässig; die §§ 34ff finden keine Anwendung, weil es sich nicht um Verfügungen der Ortspolizeibehörden handelt Oberaufsichtsbeschwerde zum Ministerium für Soziale Fürsorge wird nach der bisherigen Praxis des Ministeriums nur dann als zulässig zu erachten sein, wenn in der Begründung die Verletzung gesetzlicher oder verordnungsmäßiger Vorschriften oder das Vorliegen wesentlicher Mängel des Verfahrens ausdrücklich behauptet und angegeben wird, worin diese Gesetzesverletzungen und Mängel des Verfahrens erblickt werden.

Die Aufsichtsbehörde ist in keinem Falle zu einem Eingreifen verpflichtet; die Aufsichtsbeschwerde ist kein Rechtsmittel mit Entscheidungszwang (vgl. § 34 Anm. 1), sondern gibt der Aufsichtsbehörde lediglich Veranlassung zur Prüfung der Frage, ob sie von ihrem Recht der Nachprüfung Gebrauch machen will oder nicht. Für diese Prüfung kann das Ministerium besondere Geschäftsanweisungen erlassen.

## § 2.

I. Räume, die bis zum 1. Juli 1926 ständig oder zeitweise zu Wohnzwecken bestimmt oder benutzt waren, dürfen zu anderen Zwecken, insbesondere als Fabrik-, Lager-, Werkstätten-, Dienst- oder Geschäftsräume nicht verwendet werden; in besonderen Fällen kann in unmittelbaren Städten der Stadtrat, in mittelbaren Gemeinden das Bezirksamt Ausnahmen zulassen, wenn für den beanspruchten Raum neuer Wohnraum erstellt oder mit Genehmigung der Aufsichtsbehörde eine angemessene für Neubauzwecke zu verwendende Summe der Gemeinde zur Verfügung gestellt wird.

II. Die Vorschrift des Abs. I findet keine Anwendung,

a) wenn die zu Wohnzwecken bestimmten, aber zuletzt nicht hierzu benutzten Räume vom gleichen Inhaber zu einem anderen Zweck oder beim Wechsel des Inhabers für den gleichen Zweck benutzt werden,

b) wenn die zu Wohnzwecken bestimmten Räume nachweislich seit dem 1. Juli 1911 ununterbrochen zu Geschäftszwecken (als Fabrik-, Lager-, Werkstätten-. Dienst- oder Geschäftsräume) verwendet worden sind, soferne es sich nicht um Teile einer Wohnung handelt. Den Nachweis hat der Verfügungsberechtigte der Ortspolizeibehörde zu erbringen, die auf Verlangen eine Bestätigung darüber erteilen muß, daß der Raum zu Wohnzwecken auf Grund dieser Bestimmung nicht beansprucht wird. Im Streitfall entscheidet die Beschwerdestelle gemäß § 34.

III. Der Verfügungsberechtigte kann Räume, die vor dem 1. Juli 1926 nicht zu Wohnzwecken bestimmt oder benutzt waren, und Räume im Sinne des Abs. II Buchst. b auch an einen am Orte vorgemerkten Wohnungsuchenden als Wohnung ohne die vorherige schriftliche Zustimmung der Ortspolizeibehörde (§ 25

**Abs. 1) vermieten; bei späterem Freiwerden können die Räume zu Wohn- oder Geschäftszwecken vermietet werden.**

**1.** § 2 ist neu geregelt; im Grundsatz entspricht die Vorschrift dem § 2 Abs. 2 WMG. Vgl. die Erl. hierzu. Vgl. hieher Michel EA. 442.

Die Neuregelung will alle Räume erfassen, die bis zum 1. Juli 1926 für Wohnzwecke bestimmt oder benutzt waren; sie greift also insoweit wesentlich über die reichsrechtliche Regelung hinaus, die nur auf den 1. Oktober 1918 abzielt. Diese Erweiterung der Wohnungserfassung wird durch die in Abs. 2 vorgesehenen Ausnahmen wesentlich eingeschränkt: in den dort bezeichneten Fällen ist die Umwandlung ohne weiteres gestattet.

Die Verwendung der Räume zu anderen Zwecken ist allgemein erlaubt

1. mit Zustimmung des Stadtrates bzw. des Bezirksamts, sofern für den beanspruchten Raum neuer Wohnraum erstellt wird, vgl. § 2 Abs. 2 Satz 2 WMG. und
2. mit Genehmigung der Aufsichtsbehörde bei Zahlung einer angemessenen Geldsumme, die von der Gemeinde für Neubauzwecke zu verwenden ist, vgl. § 17.

**2.** Beschränktes Verfügungsrecht über die in Abs. 3 bezeichneten Räume: sie können ohne Zustimmung der Ortspolizeibehörde nach § 25 als Wohnung an vorgemerkte Wohnungsuchende vermietet — und wohl auch wie im Falle des § 25 Abs. 3 Anm. 5 sonst zu Gebrauch überlassen — werden. Bei späterem Freiwerden sogar für Geschäftszwecke.

Mietverhältnisse, die nach dieser Vorschrift nach dem 31. Aug. 1926 begründet werden, sind für die Dauer der Verwendung der Räume als Wohnräume, von den §§ 1—36 MSchG. und den Bestimmungen über die gesetzliche Mietzinsbildung befreit Ziff. I 1 der MinBek. vom 18. August 1926 GVBl. S. 415. Für Geschäftsräume gilt diese Sonderstellung nicht.

**3.** Einzelfälle der Genehmigungserteilung v. Wehner, BayGemVZ. 1924 Sp. 507 Ziff. 1; 1925 Sp. 25 Ziff. 1; Sp. 105 Ziff. 1.

## § 3.

**Der Hauseigentümer oder sein Stellvertreter hat der Ortspolizeibehörde binnen 48 Stunden Anzeige zu erstatten, sobald in dem Anwesen Wohnungen unbenutzt sind (§ 5). oder sobald feststeht, daß in dem Anwesen Wohnungen zu bestimmter Zeit frei werden. Die gleiche Verpflichtung trifft den Vermieter beschlagnahmter Räume bezüglich dieser Räume.**

## § 4.

**Der Wohnungsinhaber oder sein Stellvertreter hat der Ortspolizeibehörde auf Anfordern die Zahl, Lage, Größe und**

Verwendung der Räume seiner Wohnung, sowie die Anzahl der Personen des Haushalts anzugeben. Der Hauseigentümer, der Wohnungsinhaber und ihre Stellvertreter haben dem Beauftragten der Ortspolizeibehörde Auskunft über Wohnungen und Räume, sowie über deren Vermietung zu erteilen, ferner dem Beauftragten der Gemeinde und jedem Wohnungsuchenden, dem die Wohnung durch die Ortspolizeibehörde zur Auswahl zugewiesen wird und der einen Ausweis der Ortspolizeibehörde hierüber vorzeigt, die Besichtigung zu gestatten.

**1.** Die Anzeigepflicht ist nunmehr beschränkt auf unbenutzte oder freiwerdende Wohnungen, bei Beschlagnahme gilt sie für den Vermieter auch für sonstige Räume.

Das Freiwerden d. h. die Beendigung des Mietverhältnisses durch Kündigung, Aufhebungsurteil, Vereinbarung muß für eine bestimmte Zeit in Aussicht stehen d. h. rechtlich feststellbar sein. Die Kenntnis muß eine zuverlässige sein. Erfährt der Vermieter z. B. gelegentlich, daß der Mieter demnächst versetzt (befördert) werden soll, so genügt diese Kenntnis zur Begründung der Anzeigepflicht noch nicht; vgl. hierzu OLG. Rostock Rspr. 28, 155 (zur Kündigungsbefugnis aus § 570 BGB. genügt nicht, daß die vorgesetzte Dienststelle dem Beamten die vorläufige Mitteilung einer bloß beabsichtigten Versetzung macht) und OLG. Hamburg Rspr. 36, 114.

Wegen der Anzeigepflicht bei Besitz- und Eigentumswechsel § 25 Abs. 2.

**2.** Die Auskunftspflicht besteht nur auf Anfordern der Ortspolizeibehörde; ob diese mündlich oder schriftlich, im Einzelfall oder durch öffentliche Bekanntgabe (Ausschreiben, ortsübliche Bekanntmachung durch Ausschellen usw.) erfolgt, ist unerheblich. Jedenfalls aber muß sie von der Ortspolizeibehörde oder der von ihr nach § 29 ermächtigten Stelle ausgegangen sein.

Wegen der Besichtigungszeit vgl. § 3 WMG. Anm. 4.

## § 5.

I. Unbenutzt sind Wohnungen und Räume, die völlig leer stehen oder nur zur Aufbewahrung von Sachen dienen, soferne dem Besitzer eine andere Aufbewahrung ohne erhebliche Härte zugemutet werden kann; als unbenutzt gelten Wohnungen und Räume, deren Verfügungsberechtigter seinen Wohnsitz oder Aufenthalt dauernd oder für längere Zeit ins Ausland verlegt hat, soferne die Wohnung auch nicht mehr von dem Ehegatten oder volljährigen Verwandten bis zum zweiten Grade benutzt wird, die bis zur Ausreise mit dem Wohnungsinhaber in häuslicher Gemeinschaft gelebt haben; als unbenutzt gelten ferner solche Wohnungen, welche ohne die nach § 25 erforderliche behördliche Genehmigung bezogen wurden oder die der Verfügungsberechtigte unter Aufgabe der Eigenbewohnung anderen überlassen hat.

**II. Wohnungen, deren Inhaber sich aus beruflichen oder wirtschaftlichen Gründen in einer anderen inländischen Gemeinde aufhalten müssen und denen dort nachweislich noch keine angemessene Wohnung zugewiesen werden konnte, die ihnen die Führung eines eigenen Haushalts ermöglicht, gelten nicht als unbenutzt; sie gelten jedoch dann als unbenutzt, wenn der Inhaber die Möbel ganz oder in der Hauptsache aus der Wohnung entfernt hat.**

**1.** Die Begriffsbestimmung des § 5 geht von der Vorschrift des § 3 Abs. 2 WMG. aus, erweitert aber den Begriff durch Anordnung gemäß § 6 WMG. Dazu § 3 WMG. Anm. 5. Der Begriff des „unbenutzt" ist ein fest umgrenzter; nicht jede unbewohnte Wohnung ist eine unbenutzte im Sinne dieser VO. (so auch RG. 105, 251). Wegen der Ausdehnung des Begriffes durch § 31 MSchG. vgl. Anm. 3 dortselbst.

**2.** Die Begriffsbestimmung des Abs. 1 Satz 1 Halbsatz 1 (völlig leer stehen oder nur zur Aufbewahrung dient) gilt im gleichen Maße für Wohnungen (§ 40 Abs. 1) wie für andere Räume, gleichviel welcher Art. Bei Geschäftsräumen gilt indes die Aufbewahrung von Sachen unter Umständen als Selbstzweck, z. B. bei Lager- und Ausstellungsräumen, die den Kauflustigen gezeigt werden; hier kann keine Rede davon sein, daß die Räume „unbenutzt" sind (vgl. RG. 105, 251). Das Wörtchen „nur" ist hier ausschlaggebend: es kommt sowohl der Zweck als auch die Art der Aufbewahrung der Sachen an. Nur soweit es sich um die Zusammenstellung von Möbeln in einer Art handelt, daß sie nicht ohne weiteres in Gebrauch genommen werden können, ist der Raum unbenutzt im Sinne dieser Vorschrift, während alle anderen, mit Einrichtungsgegenständen angefüllten Räume der Beschlagnahme nach § 10 Abs. 3 verfallen; ausgenommen von der Regel des § 7 Buchst. a sind die Räume, die nach § 10 Abs. 3 dem Wohnungsinhaber zur Aufbewahrung der in den freizumachenden Räumen befindlichen Möbel und Einrichtungsgegenstände zu belassen sind.

Eine Härte liegt weder darin, daß die anderweitige Aufbewahrung Mühe und Kosten — diese hat auf jeden Fall der Besitzer selbst zu tragen, wenn sich die Aufbewahrung im Hause ermöglichen läßt — verursacht noch darin, daß die Gegenstände über- und ineinandergestellt werden müssen. Dagegen darf die andere Art der Aufbewahrung nicht mit einer Gefährdung der Sachen verbunden sein, z. B. kann die Verwahrung auf dem Dachraum oder im Keller unter Umständen den Möbeln schädlich sein. Tritt ein Schaden ein, so wird die Ortspolizeibehörde, wenn sie diese Art der Aufbewahrung veranlaßt hat, schadensersatzpflichtig sein. Eine Härte liegt auch dann vor, wenn die Möbel außerhalb des Hauses verwahrt werden sollen; hier müssen jedenfalls dem Besitzer die Kosten der Wegschaffung und auch jene der Zurückschaffung von der Ortspolizeibehörde sowie etwaige Lagergebühren ersetzt werden. Vgl. § 3 WMG. Anm. 6 und 7.

**3.** Der Wohnsitzverlegung in das Ausland wird — abweichend vom Reichsrecht — die Aufenthaltsverlegung gleichgestellt, die Vorschrift indes eingeschränkt für den Fall der Weiterbenutzung der Wohnung durch den Ehegatten oder bestimmte Verwandte, die in häuslicher Gemeinschaft (vgl. § 19 MSchG.) mit dem Wohnungsinhaber gelebt haben.

**4.** Ohne Genehmigung nach § 25 bezogene Wohnungen (vgl. Anm. 1) gelten ausdrücklich als unbenutzt und — offenbar in Anlehnung an RG. JW. 1924, 2015 — solche Räume, die vom Inhaber unter Aufgabe der Eigenbewohnung anderen entgeltlich oder unentgeltlich überlassen sind (Abs. 1 Halbsatz 3), ein Fall, der wohl regelmäßig bereits nach § 25 zu beurteilen ist.

**5.** Die Vorschrift des Abs. 2 dient offenbar lediglich zur Klarstellung des Falles, daß der Wohnungsinhaber mit seiner Familie in der anderen Gemeinde sich aufhält. Solange sich dagegen nur das Familienoberhaupt in der anderen Gemeinde aufhält, die Familie dagegen am bisherigen Wohnort bleibt, kommt die Frage des Unbenutztsein nicht in Betracht: die Wohnung kann unter Umständen nach § 7 Buchst. b rationiert werden, nicht aber kann der Wohnungswechsel erzwungen werden. Dies gilt auch dann, wenn der Wohnungsinhaber sich in der anderen Gemeinde nicht hat vormerken lassen; denn eine Verpflichtung am Orte der Berufs- oder Geschäftsausübung sich niederzulassen und für eine Wohnung vormerken zu lassen, besteht nicht. Zur Verhütung von offensichtlichem Mißbrauch ist aber nunmehr die Regelung dahin eingeschränkt, daß die Wohnung auch in solchem Falle als unbenutzt gilt, wenn der Inhaber die Möbel ganz oder in der Hauptsache aus der Wohnung entfernt hat.

**6.** Vgl. Anm. 4. Die Wohnung muß eine angemessene sein, d. h. dem nach der gesellschaftlichen und beruflichen Stellung des Wohnungsuchenden zu beurteilenden Bedürfnis entsprechen. Schlägt der Wohnungsuchende eine geringere Wohnung aus, so bleibt dies ohne Einfluß auf die Beibehaltung seiner bisherigen Wohnung.

## § 6.

I. Wer in der gleichen Gemeinde mehrere Wohnungen oder außer der in der Gemeinde gelegenen Wohnung noch eine oder mehrere andere Wohnungen in anderen Gemeinden hat, muß der Ortspolizeibehörde auf Anfordern Anzeige erstatten und dabei angeben, welche Wohnung als seine Hauptwohnung angesehen werden soll. Die gleiche Anzeige haben auf Anfordern auch Mitglieder eines gemeinsamen Haushalts zu erstatten, die außer der mit den übrigen Haushaltangehörigen gemeinsamen Wohnung noch eine eigene Wohnung in der gleichen oder in einer anderen Gemeinde besitzen.

II. Wird in der Anzeige die in der Gemeinde gelegene Wohnung als Hauptwohnung bezeichnet, so hat die Ortspolizeibehörde die Anzeige an jene Gemeinden weiterzuleiten, in welchen sich andere Wohnungen des Anzeigenden befinden.

III. Wird in der Anzeige keine Wohnung als Hauptwohnung bezeichnet, wird die Anzeige unterlassen oder wird als Hauptwohnung eine Wohnung bezeichnet, die nach der Sachlage als solche nicht in Frage kommt, so bestimmt wenn die Wohnungen in der gleichen Gemeinde liegen, die Ortspolizeibehörde, welche Wohnung als Hauptwohnung anzusehen ist. Liegen die Wohnungen in verschiedenen Gemeinden und kommt zwischen den Ortspolizeibehörden dieser Gemeinden keine Einigung zustande, so wird diese Bestimmung, wenn die Wohnungen im gleichen Bezirk liegen, vom Bezirksamt wenn sie in verschiedenen Bezirken, aber im gleichen Kreise liegen, von der Regierung, K. d. I., und in den übrigen Fällen vom Staatsministerium für Soziale Fürsorge getroffen. Liegen die Wohnungen im Bereiche verschiedener Länder, so steht die Bestimmung der Hauptwohnung dem Reichsarbeitsminister zu.

**1.** Anzeigeerstattung für Doppelwohnungen; Beschlagnahmemöglichkeit § 7 Anm 4 Wohnungen im Sinne der VO sind einzelne Räume nur, wenn in ihnen eine eigene Wirtschaft oder Haushaltung geführt wird oder geführt werden kann § 31.

**2.** Die für Mitglieder des Haushalts zu erstattende Anzeigepflicht bezieht sich nicht auf Kinder oder Enkelkinder, die zum zeitweisen Besuche einer höheren Schule am Orte ihres Studienaufenthaltes ein Zimmer innehaben Die Anforderung derartiger Anzeigen wäre wohl auch praktisch undurchführbar

## § 7.

I. Zur Unterbringung wohnungsuchender Parteien mit eigener Wirtschaft oder Haushaltung können beschlagnahmt werden:

a) unbenutzte Wohnungen oder andere unbenutzte Räume, die zu Wohnzwecken geeignet sind,
b) die Räume und Nebenräume zu großer Wohnungen (§ 10 Abs. III),
c) Wohnungen, die nach § 6 nicht als Hauptwohnung anzusehen sind, auch wenn die Anzeige (§ 6) einer anderen als der beschlagnahmenden Ortspolizeibehörde zu erstatten war.
d) unbenutzte Fabrik-, Lager-, Werkstätten-, Dienst-, Geschäftsräume. Läden, sowie sonstige unbenutzte Räume, auch Dachgeschosse,

e) benutzte Räume der unter d bezeichneten Art, soferne nicht dem Inhaber der Räume durch ihre Beschlagnahme die ordnungsgemäße Fortführung des Betriebes in unbilliger Weise erschwert wird.

II. Räume im Sinne des Abs. I Buchst. b dürfen nach dem 31. August 1926 nur in besonders dringenden Fällen mit Genehmigung oder auf Anordnung der Aufsichtsbehörde beschlagnahmt werden. Das Staatsministerium für Soziale Fürsorge kann für einzelne Gemeinden auch nach dem 31. August 1926 die Beschlagnahme ohne vorherige Genehmigung der Aufsichtsbehörde zulassen.

III. Eine gemäß Abs. I Buchst. b bis zum 1. September 1926 erfolgte Beschlagnahme bleibt vorbehaltlich der Bestimmung des § 31 bis auf weiteres aufrecht erhalten. Dies gilt auch beim Wechsel in der Person desjenigen, gegen den die Beschlagnahme ausgesprochen oder durchgeführt worden ist. Der Beschlagnahme ist eine vor dem 1. September 1926 erfolgte Zuweisung eines Wohnungsuchenden durch die Ortspolizeibehörde gleichzustellen.

IV. Eine Beschlagnahme der nach §§ 33 a und 33 b MSchG. gewonnenen neuen Wohnungen ist unzulässig.

## § 8.

Zu Amtszwecken können, wenn dadurch die Inanspruchnahme von Wohnräumen für amtliche Zwecke hintangehalten werden kann (§ 7 Abs. IV WMG.), beim Wechsel in der Person des Amtsinhabers die bisherigen Amtsräume beschlagnahmt werden, auch wenn sie Teile einer Wohnung sind.

**1.** Beschlagnahmerecht. Die behördliche Inanspruchnahme von Räumen erfolgt durch

1. die Beschlagnahme d. i. die förmliche, im Einzelfall von der Ortspolizeibehörde ausgesprochene Verfügungsbeschränkung des in § 11 bezeichneten Inhalts, deren Voraussetzungen in den §§ 7, 8 geregelt sind;
2. das allgemeine Verbot der Vermietung, Überlassung oder Ingebrauchnahme von Wohnungen ohne vorherige schriftliche Zustimmung der Ortspolizeibehörde, § 25.

Beide Vorschriften ergänzen sich, soweit die Inanspruchnahme von Wohnungen in Betracht kommt, sind aber rechtlich wegen der verschiedenen Voraussetzungen als durchaus selbständige Verfügungsbeschränkungen anzusehen. Dazu Kiefersauer, BayGemVZ. 1924, 622; § 7 Abs. 3 Satz 3; § 19 Anm. 1; § 25 Anm. 1; § 4 WMG. Anm. 2. Es ist daher nicht erforderlich, daß z. B. Wohnungen, die durch Beendigung des Mietverhältnisses demnächst frei werden, förmlich beschlagnahmt werden, zumal die Voraussetzungen des § 7 hier nicht gegeben sind. Es genügt vielmehr die schriftliche Eröffnung an den Verfügungsberechtigten, daß die Wohnung einem bestimmten Wohnungsuchenden zugewiesen ist. Ausreichend ist auch, wenn einem Wohnungsuchenden ein Zuweisungsschein auf diese Wohnung mit dem Auftrag ausgestellt wird, diesen bei dem Verfügungsberechtigten vorzuzeigen; denn in beiden Fällen ist dem letzteren amtlich bekanntgegeben, daß die Zustimmung zur eigenen Verfügung von der Ortspolizeibehörde nicht erteilt wird.

Die Beschlagnahme ist in den §§ 7, 8 nur hinsichtlich ihrer Voraussetzungen geregelt, während andere Bestimmungen sich in den §§ 10, 12, 13, 14, 17, 19, 23 u. 31 finden.

Weitere Bestimmungen über die Beschlagnahme enthält § 36 MSchG.: Abs. 1 und 2 verpflichten die Ortspolizeibehörde zur beschleunigten Zuweisung eines Ersatzraumes für den zur Herausgabe Verpflichteten, Abs. 3 beschränkt die Beschlagnahmebefugnis der Ortspolizeibehörde durch das ausdrückliche Verbot der Einweisung des zur Herausgabe Verpflichteten in die gleichen Räume. Das Gericht kann durch Urteil die Beschlagnahme bestimmter Räume für ausgeschlossen erklären (§ 4 Abs. 7 MSchG.) und in den Fällen der §§ 33a, 33b MSchG. ist die Beschlagnahme überhaupt verboten (Abs. 4).

Über die Rechtsnatur der Beschlagnahme vgl. § 4 WMG. Anm. 2 und RG. 105, 251; hiernach ist die Beschlagnahme als Enteignung im Sinne des Art. 153 Abs. 2 RV. anzusehen; ebenso das Bremer LG. (dazu Sievers, DJZ. 1920, 133), RG. 102, 161 und BayKKGH. LZ. 1921, 422. Vgl. hieher § 6 WMG. Anm. 5. Durch die Beschlagnahme als solche werden bestehende Verträge nicht aufgehoben (LG. Hamburg JW. 1923, 781[12]; vgl. auch Vorbem. zu § 19). Über die Zulässigkeit des Rechtswegs bei Beschlagnahme vgl. v. d. Pfordten, BayGemVZ. 1921, 558 und § 16 WMG. Anm. 4.

**2.** Zweck der Beschlagnahme. Sie darf grundsätzlich nur mehr erfolgen zur Unterbringung wohnungsuchender Personen mit eigener Wirtschaft oder Haushaltung. Die Beschränkung auf die haushaltführenden Personen ist eingeführt durch die MinBek. vom 27. Dez. 1924 StAnz. Nr. 301; dazu Dahlsheimer, BayZ. 1925, 37. Hierzu vgl. §§ 24, 29 MSchG. Zugunsten alleinstehender Personen, die einen eigenen Haushalt nicht führen, kann daher eine Beschlagnahme nicht erfolgen.

Für andere Zwecke — § 8 a. F. zählte auf: dienstliche, geschäftliche, gewerbliche und andere Zwecke — kann auch dann eine Beschlagnahme nicht mehr erfolgen, wenn dadurch mittelbar Räume für Wohnzwecke frei würden; mit einer Ausnahme: Amtsräume dürfen beim Wechsel des bisherigen Inhabers für Amtszwecke in Anspruch genommen werden und zwar auch dann, wenn sie Teile einer Wohnung sind. Vorausgesetzt ist, daß durch die Beschlagnahme dieser Räume die Inanspruchnahme von Wohnräumen für amtliche Zwecke hintangehalten wird § 8 n. F.

Der Kreis der Wohnungsuchenden bestimmt sich nach §§ 15, 16; auch Wohnungsuchende einer anderen (Nachbar-) Gemeinde können berücksichtigt werden, wenn in der Nachbargemeinde, nicht aber in der Aufenthaltsgemeinde eine Wohnungsnot herrscht.

Wohnungsuchender ist, wer eine selbständige Wohnung (§ 15) überhaupt nicht oder in völlig ungenügendem Umfang (§ 10 Abs. 3) hat.

Die Beschlagnahme muß erfolgen, wenn diese Maßnahme zur Bekämpfung der Wohnungsnot erforderlich ist (§ 31). Ob diese Voraussetzung gegeben ist, darüber wird im Beschwerdeverfahren nach § 34 entschieden. Der einzelne Wohnungsuchende hat jedoch gegenüber der Ortspolizeibehörde keinen rechtlich verfolgbaren Anspruch auf Beschlagnahme einer bestimmten Wohnung; die Verpflichtung der Gemeinde besteht lediglich gegenüber der Aufsichtsbehörde (vgl. § 15 Abs. 2).

**3.** Von den nach Buchst. a—e beschlagnahmefähigen Räumen ist hervorzuheben die Beschlagnahme übergroßer Wohnungen Buchst. b mit Abs. 2 und 3. Sie ist — an sich möglich auch zur Vergrößerung einer Nachbarwohnung KG. EA. 355 — nach dem 31. August 1926 nur mehr zulässig in besonders dringenden Fällen und auch da nur mit Genehmigung der Aufsichtsbehörde. Die Aufsichtsbehörde kann die Beschlagnahme selbständig anordnen. Für einzelne Gemeinden kann das Staatsministerium für Soziale Fürsorge die Befugnisse der Ortspolizeibehörde uneingeschränkt wiederherstellen.

Vor dem 1. Sept. 1926 erfolgte Beschlagnahme oder Zuweisung eines Wohnungsuchenden (§ 19 Anm. 2) bleiben aufrechterhalten, es sei denn, daß die Voraussetzungen hiefür weggefallen sind § 31. Sie bleibt auch bei Besitzwechsel aufrechterhalten; dies ist hier ausdrücklich (§ 12 Anm. 1) ausgesprochen.

**4.** Doppelwohnungen (Buchst. c) kommen für die Beschlagnahme nicht nur dann in Betracht, wenn beide Wohnungen der Zwangswirtschaft unterliegen; die Beschlagnahme der Altwohnung ist daher möglich, wenn deren Inhaber sich eine weitere Wohnung in einem Neubau hält vgl. § 12 WMG. Anm. 1 und die abweichende Rspr. des KG. Eine Doppelwohnung liegt nach KG. EA. 396 nicht schon dann vor, wenn jeder der beiden Ehegatten eine Wohnung inne hat; dem wird für die bayer. WMVO. nicht zuzustimmen sein, da es nach § 6 nicht auf die rechtliche Verfügungsmacht, sondern lediglich auf das „Halten" mehrerer Wohnungen ankommt.

**5.** Beschlagnahmefähig sind regelmäßig nur unbenutzte Räume; Ausnahme: Buchst. e. Für den Begriff „unbenutzt" ist grundsätzlich § 5 maßgebend.

Hinsichtlich der Räume in Gast- und Schankwirtschaften wird aber der Begriff „unbenutzt" etwas anders auszulegen sein. Unbenutzt bedeutet hier: „zur Zeit nicht bestimmungsgemäß verwendet". Tanzsäle z. B. sind in der Regel weder völlig leer noch lediglich zur Aufbewahrung von Sachen verwendet; sie sind aber auch nicht ständig in Benutzung, sondern einige Tage oder einmal in der Woche oder in noch größeren Zwischenräumen. Man wird daher zweckmäßigerweise Tanzsäle, die den größten Teil des Jahres nicht benutzt werden, unbelegte Gastzimmer usw. im allgemeinen als unbenutzt nach § 7d behandeln, dabei aber nach Möglichkeit Vorsorge treffen, daß für bestimmte, für die Benutzung dieser Räume bedeutsamen Tage (Kirchweihfeste, Faschingszeit) die Räume ihrer ursprünglichen Benutzung vorübergehend wieder zugeführt werden. Ist dies nicht möglich, so muß dem Verfügungsberechtigten wenigstens für diese Zeit eine angemessene Schadensersatzvergütung nach § 23 gewährt werden. Wegen der Möglichkeit der Inanspruchnahme solcher Räume auf Grund der VO. vom 14. Juni 1923 (RGBl. I S. 381) zur vorläufigen und auf Grund des Art. V des Notgesetzes vom 24. Febr. 1923 (RGBl. I S. 147) zur endgültigen Unterbringung Ausgewiesener vgl. dortselbst.

**6.** Beschlagnahme unbenutzter Räume jeder Art — abgesehen von Wohnungen oder zu Wohnzwecken geeigneten Räumen — Buchst. e.

Die Aufrechterhaltung des Betriebes muß unter allen Umständen gewährleistet sein; daß durch die Raumbeschlagnahme die Betriebsfortführung erschwert wird, ist zulässig, die Erschwerung darf nur nicht das Maß dessen übersteigen, was billigerweise unter den gegenwärtigen Verhältnissen jemand zugemutet werden kann. Schaden wird in jedem Falle vergütet (§ 23).

## § 9.

**I. Als zuständige Landesbehörde im Sinne des § 7 des Wohnungsmangelgesetzes gilt das Staatsministerium, zu dessen Geschäftsbereich das Gebäude oder die Dienstwohnung gehört.**

**II. Zur Ausstellung der Bescheinigung über die Vertriebenen-Eigenschaft gemäß § 14 des Wohnungsmangelgesetzes sind die Regierungen, K. d. I., zuständig.**

**1.** Die Bayerische Siedlungs- und Landbank ist als eine gemeinnützige Organisation im Sinne des § 7 Abs. 2 WMG. zu erachten v. Wehner, BayGemVZ. 1925, 26 Ziff. 8. Wegen der Zweckdienung v. Wehner, BayGemVZ. 1924, 508 Ziff. 9.

**2.** Dienstwohnung im Sinne dieser Bek. ist jede im Interesse der Ausübung des Dienstes von dem Dienstherrn oder in dessen Auftrag dem Beamten angewiesene Wohnung, mag sie dem Beamten gegen oder ohne Zahlung eines Mietzinses oder einer sonstigen Entschädigung überlassen sein, mag es sich um staatliche, städtische oder private Gebäude handeln. Vgl. auch § 13 Abs. 3, §§ 22, 25 WMVO.

In der Bek. vom 25. Sept. 1923 (GVBl. S. 342) betr. die Mietentschädigung für Dienstwohnungen und Dienstzimmer ist der Begriff der staatlichen Dienstwohnung im Sinne dieser Bek. wie folgt festgelegt: „Dienstwohnungen sind nur diej. Wohnungen, die den Beamten vom Staate im Interesse des Dienstes, d. h. zur Ermöglichung und Förderung der Erfüllung der dem Inhaber obliegenden Dienstesaufgaben zugewiesen sind, sei es, daß die Wohnungen dazu dienen, die Überwachung von Amts- oder Geschäftsräumen oder die rasche und leichte Erreichbarkeit der Beamten auch außerhalb der gewöhnlichen Geschäftsstunden zu sichern, sei es, daß die Einräumung der Wohnung dazu bestimmt ist, dem Beamten gewisse durch sein Amt bedingte Repräsentationspflichten zu erleichtern. Sind diese Voraussetzungen erfüllt, so ist es für den Begriff der Dienstwohnung gleichgültig, ob die dem Beamten eingeräumte Wohnung sich in einem Staatsgebäude oder in einem vom Staate gemieteten Gebäude oder ihm entgeltlich oder unentgeltlich überlassenen Gebäude oder Gebäudeteile befindet."

Wegen der Dienstwohnungen der Volksschullehrer vgl. Art. 14 des Schulbedarfgesetzes.

## § 10.

I. Vor jeder Beschlagnahme ist zu versuchen, unter den Beteiligten eine gütliche Einigung zu erzielen. Hierüber ist eine Niederschrift aufzunehmen. Eingriffe in die Freizügigkeit, in die Unverletzlichkeit der Wohnung und des Eigentums sollen nur erfolgen, nachdem der Versuch einer gütlichen Einigung erfolglos geblieben ist.

II. Bei jeder Beschlagnahme sind die persönlichen, die Familien-, Berufs- und Erwerbsverhältnisse der Beteiligten zu berücksichtigen. Auch ist zu prüfen, ob sich die Räume ihrer Lage, ihrer baulichen Beschaffenheit und ihrer Ausstattung nach zu den Zwecken eignen, für welche sie beschlagnahmt werden sollen.

III. Bei der Beschlagnahme von Räumen und Nebenräumen zu großer Wohnungen (§ 7 Abs. I Buchst. b) sind dem Wohnungsinhaber die zur angemessenen Unterbringung der Haushaltangehörigen und die für deren Berufs- und Erwerbstätigkeit erforderlichen Räume, d. h. die nach Zahl, Alter, Geschlecht und Gesundheitszustand der Haushaltungsangehörigen benötigten Schlafräume, eine Küche mit Zubehör, mindestens ein Wohnraum, die nötigen Arbeitsräume, ferner ausreichende Räume zur Aufbewahrung der in den freizumachenden Räumen befindlichen Möbel und Einrichtungsgegenstände zu belassen. Dabei ist neben der Zahl auch die Größe der belassenen Räume zu berücksichtigen. Soweit für Räume von Dienst- und Privatwohnungen auf Grund der §§ 2 und 3 des Gesetzes vom 16. Juni 1922 (RGBl. S. 517) zur Abänderung des Gesetzes, betr. die Besteuerung der Dienstwohnungen der Reichsbeamten vom 31. Mai 1881 Steuern nicht erhoben werden dürfen, sind diese Räume nicht als entbehrlich zu erachten.

IV. Die Räume können auch für mehrere Wohnungsuchende beschlagnahmt werden. Dem zugewiesenen Untermieter steht ein Anspruch auf Mitbenutzung der Kochgelegenheit des Vermieters nicht zu.

V. Die Mitbenutzung der Abortanlage, der Waschküche, des Ausgusses und der Wasserleitung, der Anschluß an die Gas- und elektrische Leitung ist nach näherer Regelung der Ortspolizeibehörde zu gestatten.

**1.** Die Beschlagnahme ist das Zwangsmittel zur Bekämpfung der Wohnungsnot. Gelingt es, im Wege gütlicher Einigung den erstrebten Erfolg zu erzielen, so ist dieser Weg der zweckmäßigere. Darum die Bestimmung, daß vor jeder Beschlagnahme die gütliche Einigung zu versuchen ist. Die vorgeschriebene Aufnahme einer Niederschrift entspricht einem praktischen Bedürfnis. Die Nichtbeachtung dieser Bestimmung hat aber keineswegs die Ungültigkeit der Beschlagnahme zur Folge. Die Bestimmung des Abs. 1 ist nicht Voraussetzung der Rechtswirksamkeit der Beschlagnahme, sondern eine Verwaltungsanordnung aus Zweckmäßigkeitsgründen, deren Einhaltung im Beschwerdeweg durchgesetzt werden kann. Vgl. auch § 6 WMG. Anm. 4.

**2.** Die Beschlagnahme kann nur im Umfang des § 10 durchgeführt werden. Es ist daher ohne Einverständnis der Beteiligten nicht zulässig, einen Wohnungsinhaber zur Räumung der Wohnung und zum Beziehen einer anderen zu veranlassen, auch wenn die Verhältnisse noch so sehr für die Zweckmäßigkeit einer solchen Anordnung sprechen. Z. B. A bewohnt mit 3 Personen eine 6-Zimmerwohnung, B mit 6 Personen eine 3-Zimmerwohnung. Für A ist die Wohnung zu groß, für B die seinige zu klein. Trotzdem kann ein Wohnungstausch nicht erzwungen, es kann nur bei A nach Maßgabe des § 10 Abs. 3 rationiert werden. In solchen Fällen kann unter Umständen durch Übernahme der Umzugskosten für A dessen Zustimmung zum Wohnungstausch erreicht werden. Dagegen ist die Ortspolizeibehörde (Wohnungsamt) auch nicht befugt, den Zwangstausch dadurch herbeizuführen, daß es auf den Vermieter der Wohnung einen Druck dahin ausübt, daß er dem Mieter kündigt. Dies ist auch in dem Falle unstatthaft, daß zugleich diesem Mieter eine andere, wenn auch angemessene Wohnung zugewiesen wird. Das Wohnungsamt hat sich einer jeden Einflußnahme auf bestehende Privatrechtsverhältnisse zu enthalten (autogr. MinE. vom 22. Okt. 1921 Nr. 1506 h 186).

**3.** Umfang der Prüfungspflicht nach Abs. 2. Die Beteiligten müssen nach ihrer Lebensauffassung und gesellschaftlichen Schichtung ein gewisses Maß von harmonischem Zusammenleben gewährleisten.

Man kann z. B. dem Wohnungsinhaber nicht zumuten, daß er dem zugewiesenen Mieter jederzeit den Zutritt zu einem ihm gehörenden Raum gestattet; deshalb kann ein Zimmer, das nur durch ein anderes zugänglich ist, wegen der ungünstigen Raumeinteilung nicht beschlagnahmt werden. Dies gilt insbesonders dann, wenn Familienwohnungen geschaffen werden sollen. Zur Vermeidung gegenseitiger erheblicher Störungen ist in den meisten Fällen die räumliche Trennung der Wohnungen erforderlich; in dieser Beziehung sind die baulichen Verhältnisse von ausschlaggebender Bedeutung. Wie in § 10 Abs. 4 angeführt ist, muß für eine eigene Kochgelegenheit unter allen Umständen Sorge getragen werden. Eine solche läßt sich in Wohnungen geringerer Ausstattung möglicherweise in jedem Zimmer einrichten, nicht dagegen in einem Herrschaftszimmer mit Parkettböden. Die Trennung der Wohnungen durch Zwischenwände, Verschläge usw. wird im einzelnen Falle angemessen sein.

**4.** Beschlagnahme übergroßer Wohnungen (Abs. 3). Haushaltangehörige sind nicht nur jene Personen, die dauernd (= ununterbrochen) im Haushalte leben, vielmehr zählen hieher auch jene in der Berufsbildung befindliche Personen, die zum Zwecke ihrer Ausbildung zeitweise außerhalb des Haushalts sich aufhalten, regelmäßig aber nach Beendigung der Studien- und Lehrzeit in den Haushalt zurückkehren. Z. B. Kinder, die auswärts Schulen besuchen, Hochschüler, Lehrlinge usw. Alle diese Personen sind dem Haushalt zuzurechnen und bei der Rationierung zu berücksichtigen. Wegen der Nichtberücksichtigung der Wohnung des Untermieters bei Feststellung der Größe der Wohnung des Untervermieters KG. EA. 330.

Auf die sozialen Verhältnisse ist bei Beurteilung dieser Frage besondere Rücksicht zu nehmen. Ein Künstler oder ein Schriftsteller, überhaupt jeder Vertreter eines Berufes, der eine höhere geistige Ausbildung voraussetzt, wird auch bei der Bemessung des ihm zukommenden Wohnraumes ein gewisses Existenzminimum beanspruchen können. Andererseits wird z. B. ein Krämer kein besonderes Arbeitszimmer brauchen, wohl aber der Inhaber eines Kaufgeschäftes, der mehrere Angestellte beschäftigt. Im letzteren Falle könnte wiederum zu erwägen sein, ob dem Geschäftsinhaber nicht die Benutzung eines z. B. im gleichen Hause befindlichen Kontorraumes zugemutet werden kann.

Kinder unter 6 Jahren können, auch wenn sie verschiedenen Geschlechtes sind, in der Regel — Sexualanomalien ausgenommen

— in einem Zimmer schlafen. Schwieriger wird es sein, zu entscheiden, bis zu welchem Lebensalter man Kindern des nämlichen Geschlechtes die Benutzung nur eines Schlafraumes zumuten kann. Annähernd gleichaltrige Kinder des gleichen Geschlechtes können wohl auch über das 18. Lebensjahr hinaus einen Schlafraum teilen, vorausgesetzt, daß ihre berufliche Tätigkeit nicht eine allzu große Verschiedenheit der Lebensgewohnheiten bedingt. Ein Junge, der eine höhere Schule besucht und zu Hause deshalb viel schriftliche Arbeiten anzufertigen hat, kann das Schlaf- und Studierzimmer nicht mit dem Bruder teilen, der als kaufmännischer Angestellter oder Lehrling nach Erledigung seiner achtstündigen Arbeit zu Hause dem Nichtstun sich hingibt. Andererseits können Söhne, die studieren, sich sehr wohl mit einem gemeinsamen Schlaf- und Studierraum begnügen. Selbstverständlich darf die Behörde — wohl aber die Eltern — nicht verlangen, daß ein Junge, der eine Mittelschule besucht, mit einem 5jährigen oder noch kleineren Kinde in einem Zimmer schläft. Ähnliche Gesichtspunkte gelten für die Mädchen, bei denen aber im allgemeinen eine größere Einschränkung bezüglich der Benützung gemeinsamer Räume verlangt werden kann.

Auch bei Erwachsenen kann in dieser Beziehung eine Einschränkung gefordert werden. Einer alten Witwe z. B., die mit ihrer erwachsenen Tochter den Haushalt führt, kann unter Umständen wohl zugemutet werden, daß sie mit ihrer Tochter einen Schlafraum teilt.

Der Gesundheitszustand der Haushaltungs-Angehörigen muß unter allen Umständen eine entsprechende Rücksichtnahme finden. Insbesondere müssen ansteckend erkrankte Mitglieder wenigstens hinsichtlich des Schlafraumes von den anderen abgesondert werden, z. B. lungenkranke Personen müssen stets — wenn irgend möglich — gesonderte Schlafräume erhalten (vgl. hieher § 16 Abs. 3 Ziff. 3). Aber auch andere Krankheiten, soweit sie nicht lediglich vorübergehender Natur sind, kommen in Betracht; Epileptiker dürfen z. B. nicht mit anderen Personen, ausgenommen ihre Pfleger, den Schlafraum teilen, insbesondere nicht mit Kindern. Inwieweit der Gesundheitszustand auch für die Zuweisung eines abgesonderten Wohnraumes maßgebend sein kann, muß der Entscheidung im einzelnen Fall überlassen werden.

Bei Prüfung der Frage, ob die Gesundheitsverhältnisse eine weitgehendere Raumbenutzung tatsächlich erfordern, wird stets — Fälle offensichtlicher Krankheit, z. B. Epilepsie ausgenommen — der Amtsarzt einzuvernehmen sein. Kleinere Beschwerden, wie Kopfleiden, nervöse Beschwerden, werden im allgemeinen unbeachtet bleiben müssen.

Die Fälle, in denen mehr als ein Wohnraum zugebilligt werden kann, bilden die Ausnahme. Abgesehen von der Rücksichtnahme auf die Gesundheitsverhältnisse des Haushalts wird wohl nur die Größe des Haushaltes (Kinderzahl) in Betracht kommen.

In einer Wohnung genügt gewöhnlich ein Arbeitsraum, es sei denn, daß erwachsene Kinder infolge ihrer Berufsausbildung oder infolge Berufsausübung, z. B. Stundengeben im Hause, einen selbständigen Arbeitsraum benötigen.

Ausreichend sind die Räume auch dann, wenn die Möbel in einer Weise zusammengestellt werden müssen, daß die Benutzung erschwert und daher der gewöhnliche Gebrauch ausgeschlossen ist. Daß die Aufbewahrungsräume in der gleichen Geschoßlage sich befinden müssen wie die Wohnung, ist nicht erforderlich; es können daher für diesen Zweck auch die sogenannten Bodenkammern herangezogen werden. Auch kann gefordert werden, daß einzelne Möbelstücke und Einrichtungsgegenstände in den in Benutzung bleibenden Räumen verteilt werden, soweit diese Forderung keine Unbilligkeit darstellt.

Die Größe des Wohnraumes ist in Zukunft weit mehr als bisher bei allen behördlichen Maßnahmen in Betracht zu ziehen. Leider versagt die Wohnungsrationierung infolge der technischen Schwierigkeiten und auch aus finanziellen Rücksichten gerade bei den größten Wohnungen.

Steuerfreie Räume in Dienst- und Privatwohnungen werden nicht auf den Wohnbedarf angerechnet; nach § 2 des in Satz 3 angeführten Gesetzes dürfen für Räume einer Dienstwohnung, die sich innerhalb der von der Reichsregierung bestimmten Grenzen hält oder für sonstige Räume, die für einen Beamten nach den Grundsätzen der Reichsregierung zur Erfüllung seiner dienstlichen Aufgaben erforderlich sind, nicht Steuern erhoben werden, die sich auf Größe, Zahl oder Beschaffenheit der Wohnräume beziehen. Nach § 3 gilt das gleiche entsprechend für die Beamten der Reichsbank, die unter das Besoldungsgesetz fallenden Soldaten der Wehrmacht; weiterhin für die Beamten der Länder, Gemeinden und Gemeindeverbände, einschließlich der Angehörigen der Schutzpolizei, ferner für die Beamten der sonstigen Körperschaften, Stiftungen und Anstalten des öffentlichen Rechts mit der Maßgabe, daß an die Stelle der Reichsregierung die Landesregierungen treten. Dazu Kiefersauer, Wohnungsabgabe S. 86, 249; ferner § 7 WMG., §§ 9, 22 WMVO.

**5.** Die Inanspruchnahme von möblierten Räumen ist seit der Streichung des bisherigen Abs. 5 durch die MinBek. vom 27. Dez. 1924 StAnz. Nr 301 ausgeschlossen. Dazu Dahlsheimer, BayZ. 1925, 38. Wegen der Notwendigkeit der Zustimmung des WA. zur Vermietung bisher möbliert abgegebener Räume als leere Räume AG. München bei Gut Nr. 501; vgl. hieher auch OLG. Rostock bei Gut Nr. 499 u. 500.

**6.** Das Mitbenutzungsrecht erstreckt sich grundsätzlich auf die Waschküche, den Küchenausguß und die Wasserleitung — nicht auch auf den Herd Abs. 4 — sowie auf den Anschluß an die Gas- und elektrische Leitung. Die Ortspolizeibehörde kann Einzelheiten regeln und dabei die Mitbenutzung aus praktischen oder gesundheitlichen Gründen einschränken (vgl. 2. Aufl. S. 201 Anm. 18).

## § 11.

I. Die Verfügungsberechtigten sind vor jeder Beschlagnahme zu hören. Ihre Einwendungen sind zu würdigen.

II. Jede Beschlagnahme muß den Verfügungsberechtigten oder ihren in häuslicher Gemeinschaft lebenden Ehegatten schriftlich eröffnet werden (§ 39). Dabei sind die beschlagnahmten Räume genau aufzuführen; ferner ist anzugeben, von welchem Tage ab die Räume beschlagnahmt sind. Die Verfügung ist mit einer Belehrung über die Wirkungen der Beschlagnahme (§ 12) und die Bestrafung bei Zuwiderhandlungen sowie über die Beschwerdemöglichkeit zu versehen.

III. Der Hausbesitzer ist von jeder Beschlagnahme in seinem Anwesen zu verständigen.

**1.** Die Verpflichtung, den Verfügungsberechtigten mit seinen Einwendungen zu hören, entspricht den Grundsätzen eines jeden geordneten Verfahrens. Die Mißachtung dieses Grundsatzes hat zu den meisten Klagen Anlaß gegeben. Die Ortspolizeibehörden werden deshalb dieser Bestimmung besondere Aufmerksamkeit zuzuwenden haben.

**2.** Die Einwendungen müssen innerhalb angemessener Frist vorgebracht werden; andernfalls finden sie keine Berücksichtigung. Um einerseits jede Verschleppung hintanzuhalten, andererseits aber um zu vermeiden, daß der Verfügungsberechtigte ohne sein Verschulden mit seinen Erinnerungen zu spät kommt, wird sich die Bemessung einer Frist zur Erhebung von Einwendungen empfehlen; sie soll nicht unter einer Woche, vordringliche Fälle ausgenommen, betragen. Zugleich ist bekanntzugeben, daß Einwendungen, die verspätet einlaufen, in der Regel unberücksichtigt bleiben müssen.

**3.** Die Unterlassung der schriftlichen Eröffnung begründet die Unwirksamkeit der Beschlagnahme; die Wirkungen der Beschlagnahme nach § 12 treten nicht ein, Zuwiderhandlungen sind nicht strafbar, Zwangsvollzug nach § 38 ist unstatthaft.

**4.** Zustellung der Beschlagnahmeverfügung an den die häusliche Gemeinschaft teilenden Ehegatten genügt.

Durch die Zulassung der Eröffnung der Beschlagnahmeverfügung auch an den Ehegatten des Verfügungsberechtigten (statt an diesen selbst) werden die Schwierigkeiten der Feststellung der Verfügungsmacht nach dem ehelichen Güterrecht (§§ 1363—1557

BGB.) umgangen. Dagegen ist bei jeder anderen Mehrheit von Verfügungsberechtigten genau festzustellen, an wen die Eröffnung zu erfolgen hat. Bei mehreren Miteigentümern ist zwischen den beiden, dem BGB. bekannten Arten des gemeinschaftlichen Eigentums, dem Miteigentum nach Bruchteilen (Miteigentum im Sinne der §§ 1008 ff. BGB.) und dem Gesamteigentum (Gemeinschaft zur gesamten Hand) zu unterscheiden.

Die Bruchteilsgemeinschaft bildet die Regel; ihre rechtliche Würdigung (ideeller Anteil des einzelnen Miteigentümers an der Sache) bemißt sich nach den §§ 741 ff. und 1008—1011 BGB. Da nach § 747 BGB. den Miteigentümern nur ein gemeinschaftliches Verfügungsrecht (RG. 89, 178) eingeräumt ist, muß die Beschlagnahmeverfügung jedem Miteigentümer zugestellt werden, es sei denn, daß ein gemeinsamer Bevollmächtigter aufgestellt ist.

Als Gemeinschaftsverhältnisse zur gesamten Hand (RG. 65, 331) kommen in Betracht: nicht rechtsfähige Vereine (§ 54 BGB.), Gesellschaften des bürgerl. Rechts (§§ 705 ff. BGB.), Miterbengemeinschaft (§ 2032 BGB.), offene Handelsgesellschaften (§§ 105 ff. HGB.) und Kommanditgesellschaften (§ 161 HGB.). Zustellungsempfänger sind die nach Maßgabe der einzelnen Bestimmungen vertretungsberechtigten Personen; bei Miterben z. B. sämtliche Miterben (§§ 2038, 2040 BGB.). Ebenso KG. JW. 1924, 837 u. Ruth Fußnote.

**5.** Die Eröffnung erfolgt durch „Zustellung" nach § 39. Eine förmliche Zustellung durch Postzustellungsurkunde ist auch hier nicht erforderlich (vgl. § 40 Abs. 1 Satz 3 MSchG.); es genügt Bekanntgabe durch eingeschriebenen Brief, durch den Gemeindediener gegen Empfangschein oder gegen Unterschrift. Wegen der Erfüllung dieser Voraussetzungen für die Strafbarkeit bei Zuwiderhandlungen vgl. RGSt. 29. Nov. 1921 BayZ. 1922, 106.

**6.** Abs. 2 Satz 2 enthält zwingende Vorschriften, deren Beachtung im Beschwerdeweg erzwungen werden kann. Im übrigen hat ihre Nichtbeachtung verschiedene Rechtsfolgen.

Fehlt die Bezeichnung der beschlagnahmten Räume, so ist die Verfügung wegen dieses Mangels unwirksam: die Beschlagnahme hat keinerlei Rechtswirkung (Anm. 3). Ist die Bezeichnung zu unbestimmt, so gilt das gleiche; im übrigen können unter Umständen trotz ungenauer Bezeichnung der Räume insoweit Rechtswirkungen eintreten, als nach Lage des einzelnen Falles ein Zweifel hinsichtlich der Beschlagnahme einzelner Räume ausgeschlossen ist.

Ist der Zeitpunkt, von dem ab die Beschlagnahme wirksam sein soll, nicht oder nicht genügend bestimmt, so ist die Verfügung dennoch voll wirksam: die Wirksamkeit tritt in diesen Fällen spätestens vom Zeitpunkt der Eröffnung der Verfügung an ein. Ähnlich BayObLG. BayZ. 1923, 236.

Nicht erforderlich ist die Bezeichnung eines Wohnungsuchenden vgl. § 4 WMG. Anm. 2.

**7.** Der Mangel der Belehrung oder eine falsche Beschwerdebelehrung macht die Beschlagnahmeverfügung nicht unwirksam, weil diese mit der Eröffnung der Verfügung wirksam wird, sofern diese nur den wesentlichen Inhalt, nämlich die Erklärung der Beschlagnahme sowie die Angabe des Gegenstandes und des Zeitpunktes, von dem an sie wirksam wird, enthält oder in Verbindung mit den Umständen des einzelnen Falles diese wesentlichen Erfordernisse erkennen läßt. Da die Belehrung über die Beschwerdemöglichkeit ausdrücklich vorgeschrieben ist, beginnt die Beschwerdefrist bei unrichtiger, fehlender oder unvollständiger Beschwerdebelehrung nicht zu laufen (BGH. 41, 72). Vgl. im übrigen § 14 MSchG. Anm. 3.

**8.** Verständigung des Hausbesitzers (Abs. 3). Ist der Hausbesitzer selbst der Verfügungsberechtigte, so gilt für ihn Abs. 2; in diesem Falle steht ihm ein selbständiges Beschwerderecht zu. Dies gilt jedoch nicht, wenn der Mieter verfügungsberechtigt ist.

## § 12.

I. Mit der Eröffnung der Beschlagnahmeverfügung (§ 11) verlieren die Verfügungsberechtigten die Befugnis, über die beschlagnahmten Räume zu verfügen. Sie dürfen nur mehr mit vorheriger Zustimmung der die Beschlagnahme verfügenden Behörde die Räume anderen überlassen oder bauliche Änderungen und sonstige Arbeiten an den Räumen vornehmen.

II. Die Beschlagnahme wird mit Eintritt der Rechtskraft der Beschlagnahmeverfügung wirksam. Sie bleibt auch einem neuen Verfügungsberechtigten gegenüber wirksam.

III. Die Inhaber beschlagnahmter Räume haben diese innerhalb einer angemessenen Frist zu räumen; die Frist wird von der die Beschlagnahme verfügenden Behörde bestimmt und muß mindestens eine Woche, beginnend mit der Wirksamkeit der Beschlagnahme, betragen.

**1.** Die Wirkung der Beschlagnahme. Die Eröffnung der Verfügung muß an den Verfügungsberechtigten erfolgen. Die Eröffnung an die Person, zu deren Gunsten die Beschlagnahme erfolgt, ist ebenso wirkungslos, wie jene an den Hausbesitzer allein; denn die Beschlagnahme bedeutet nichts anderes als die Entziehung der rechtlichen Verfügungsmacht (vgl. § 4 WMG. Anm. 2), die nur dem gegenüber möglich ist, der sie innehat.

Änderung in der Person des Verfügungsberechtigten bewirkt keine Änderung der Beschlagnahmewirkung vgl. § 7 Abs. 3 Satz 2 und § 12 Abs. 2 Satz 2.

**2.** Die Verfügung über die Räume ist grundsätzlich nur in rechtlicher Beziehung (z. B. Weitervermietung) beseitigt und zwar insoweit, als die Räume dadurch der Verwendung durch die Ortspolizeibehörde in der von dieser beabsichtigten Art entzogen werden. Der tatsächliche Gebrauch durch den Verfügungsberechtigten in der bisherigen Art ist bis zum Zeitpunkt der Räumung, der nicht schon zugleich mit der Beschlagnahmeverfügung festgesetzt sein muß, gestattet. Überlassung zum Gebrauch an andere oder bauliche Änderungen und andere Arbeiten dürfen an den beschlagnahmten Räumen nicht vorgenommen werden; insoweit erstreckt sich die Beschlagnahme auch auf die tatsächliche Verfügung.

Der Verfügungsberechtigte ist aber nicht gehindert, die Raumnutzung durch Kündigung des Mietverhältnisses oder bei sonstiger Beendigung desselben (Zeitablauf, vertragsmäßige Aufhebung) aufzugeben. Dies ist ebenso zulässig, wie der Mieter, dessen Mietzinsschuld zugunsten eines Gläubigers des Vermieters gepfändet ist, das Mietverhältnis lösen kann. Trotz Beendigung des Mietverhältnisses bleibt die Raumbeschlagnahme nach Abs. 2 auch dem neuen Verfügungsberechtigten gegenüber wirksam.

Objekt der Beschlagnahme ist hiernach nicht nur der Anspruch des Verfügungsberechtigten (Vermieters) auf Einräumung des unmittelbaren Besitzes, sondern die Rechtsmacht überhaupt, die sich in der Geltendmachung der vertraglichen Rechte nur zum Teil äußert (so Herzfeld, JW. 1921, 221).

**3.** Die Verletzung des Verfügungsverbotes ist nach § 41 strafbar. Die verbotswidrige Verfügung ist aber auch zivilrechtlich unwirksam. Die Nichtigkeit der Verfügung ergibt sich — wenigstens für Wohnungen — bereits aus § 25 in Verbindung mit § 134 BGB. Mietverträge sind nunmehr auf Grund der ausdrücklichen Vorschrift des § 31 MSchG. rechtsungültig.

**4.** Die formelle Rechtskraft der Verfügung tritt ein, wenn entweder die Beschwerdefrist des § 34 abgelaufen oder wenn eine auf Grund dieser Vorschrift in der Beschwerdeinstanz erlassene Entscheidung mit der Rechtsbeschwerde nicht angefochten oder verworfen ist. Eine materielle Rechtskraft der Beschlagnahmeverfügung ist nicht anzuerkennen, da es sich um eine polizeiliche Verfügung handelt. Die Ortspolizeibehörde ist deshalb auch nicht gehindert die Beschlagnahmeverfügung zurückzunehmen (§ 31) oder abzuändern.

**5.** Abs. 3. Eine kürzere Frist macht die Räumungsanordnung nicht unwirksam.

## § 13.

**I.** Die Gemeinde kann nach Anhörung des Verfügungsberechtigten und des Hauseigentümers in beschlagnahmten Räumen bauliche Veränderungen und sonstige Arbeiten, insbesondere die Einrichtung einer Kochgelegenheit durchführen, unter ihrer Aufsicht vom Mieter durchführen lassen oder die bereits erfolgte Durchführung genehmigen, soweit dies erforderlich ist, um die Räume für den Zweck der Beschlagnahme herzurichten. Insoweit zur Herstellung des Anschlusses an die Gas- oder elektrische Leitung Arbeiten in den an die beschlagnahmten Räume anschließenden Räumen der Wohnung vorgenommen werden müssen, hat der Verfügungsberechtigte und der Hauseigentümer die Ausführung der Arbeiten und die Belassung der Anschlußleitungen auch in diesen Räumen zu dulden. Die Anordnung baulicher Veränderungen soll nach Möglichkeit die Schaffung eines dauernd verwertbaren Zustandes anstreben. Die Gemeinde kann es dem Hauseigentümer überlassen, die Abänderungen oder Arbeiten binnen bestimmter Frist selbst auszuführen.

II. Die Kosten der baulichen Änderungen und der sonstigen Arbeiten hat die Gemeinde zu tragen.

III. Vor der Vornahme baulicher Änderungen und sonstiger Arbeiten bei Gebäuden im Sinne des § 7 des Wohnungsmangelgesetzes und bei Dienstwohnungen von Beamten hat die Gemeinde die vorherige Zustimmung der zuständigen Reichs- oder Landesbehörde (§ 9) zu erholen.

**1.** Die Anhörung des Verfügungsberechtigten und des Hauseigentümers ist zwingend vorgeschrieben; bei Verletzung der Vorschrift macht sich die Gemeinde unter Umständen schadensersatzpflichtig. Im übrigen vgl. hieher und zu Satz 3 § 5 Abs. 2 WMG.

**2.** Bauliche Veränderungen liegen vor, wenn an der Substanz des Gebäudes (innerhalb oder außerhalb der Räume) eine Veränderung vorgenommen werden soll, z. B. Aufbau eines neuen Stockwerkes, Aufführen von Zwischenwänden usw. Sie werden in der Regel in Verbindung mit den „sonstigen Arbeiten" vorkommen. Eine scharfe Trennung beider Arbeiten ist nicht immer möglich. Zu den sonstigen Arbeiten zählen: Einrichtung einer Kochgelegenheit, der Wasserleitung, der Lichtanlage, Anbringen von Türen, Fenstern, Fußböden, Öfen und Herden. Weiterhin kommen in Betracht: Tüncherarbeiten, Reparaturen aller Art.

**3.** Die Gemeinde kann die Arbeiten selbst durchführen, unter ihrer Verantwortung und Aufsicht vom Mieter durchführen lassen oder die bereits erfolgte Durchführung genehmigen (Abs. 1 Satz 1); sie kann die Arbeiten für ihre Rechnung vom Hauseigentümer selbst ausführen lassen, wenn sich dieser dazu bereit erklärt und sie innerhalb einer bestimmten Frist durchführt (Abs. 1 Satz 4).

Die Duldungspflicht des Verfügungsberechtigten (Hauseigentümers) beschränkt sich nicht nur auf die beschlagnahmten Räume selbst; er hat auch bei Anschlußleitung die Inanspruchnahme anschließender Räume zu gestatten (Abs. 1 Satz 2).

**4.** Die Kosten der Herrichtung trägt die Gemeinde. Eine Heranziehung des Hausbesitzers zur Kostentragung ist ausgeschlossen. Auch eine Ersatzpflicht des Hausbesitzers nach den Vorschriften über Geschäftsführung ohne Auftrag (§§ 677, 683 BGB.) dürfte hier ausgeschlossen sein (vgl. auch § 14 Abs. 3). Für die Übergangszeit ist jedoch die Mietzinsverwendung zulässig, v. Wehner, BayGemVZ. 1925, 25 Ziff. 2; ebenso Brumby EA. 358.

**5.** Sonderregelung für Beamtendienstwohnungen und fiskalische Gebäude (Abs. 3). Vgl. §§ 9, 22, 25 Abs. 1 Buchst. b.

## § 14.

I. **Wird die Beschlagnahme von Räumen aufgehoben oder wird die Beschlagnahme aus sonstigen Gründen gegenstandslos, so hat die Gemeinde die Räume dem Verfügungsberechtigten in angemessener Frist zurückzugewähren.**

II. **Sind auf Anordnung der Gemeinde in den beschlagnahmten Räumen bauliche Änderungen oder sonstige Arbeiten vorgenommen worden (§ 13), so hat im Falle des Absatzes I die Gemeinde auf Verlangen des Hauseigentümers den der früheren Zweckbestimmung und Ausstattung entsprechenden Zustand der Räume wieder herzustellen, soferne dieses Verlangen nicht offenbar unbillig ist.**

III. **Verlangt der Hauseigentümer im Falle des Absatzes I, daß der durch die baulichen Änderungen und die sonstigen Arbeiten (§ 13) geschaffene Zustand erhalten bleiben soll, so hat er der Gemeinde die von ihr für die Änderungen und die Arbeiten gemachten Aufwendungen insoweit zu ersetzen, als der Ertragswert des Anwesens durch diese Arbeiten zur Zeit der Rückgewährung (Abs. I) erhöht ist.**

**1.** Die Aufhebung der Beschlagnahme kann erfolgen wegen Wegfall der Voraussetzungen § 31 oder infolge Verzichtes auf die Durchführung. Die Beschlagnahme gilt als aufgehoben im Falle des § 25 Abs. 6.

Wegen der Verpflichtung zur Beschlagnahme vgl. § 30. Wegen der Zulässigkeit der Ablösung der Zwangseinquartierung durch Zahlung einer Geldsumme vgl. § 17.

Die Beschlagnahme kann gegenstandslos werden z. B. weil die persönlichen Verhältnisse der Beteiligten eine Änderung erfahren haben, die nach § 10 zur Rückgängigmachung der Beschlagnahmeverfügung führt oder weil die Ermächtigung der Ortspolizeibehörde durch die Landesbehörde gemäß § 10 WMG. zurückgenommen wurde oder weil die Zwangsbewirtschaftung auf dem Gebiete des Wohnungswesens aufgehört hat.

**2.** Die Bestimmung der Frist ist Sache der Ortspolizeibehörde. Zögert die Ortspolizeibehörde ungebührlich lang mit der Rückgewährung, so ist Beschwerde zur Gemeindeaufsichtsbehörde in entsprechender Anwendung des § 30 möglich. Der Rechtsweg ist ausgeschlossen.

**3.** Die Rückgewährung bedeutet die Herausgabe der Räume, wenn diese von der Ortspolizeibehörde vermietet waren (§ 556 BGB., § 19 WMVO.); wenn sie vom Verfügungsberechtigten selbst vermietet sind, bedeutet die Rückgewährung wenigstens die Beschaffung von Räumen für die bisherigen Zwangsmieter.

**4.** Außer der Rückgewähr der Räume kommt die Wiederherstellung des früheren Zustands in Betracht, und zwar auf Kosten der Gemeinde. Eine Beteiligung des Hausbesitzers an der Kostentragung ist auch hier (§ 13 Abs. 2) ausgeschlossen.

Das Verlangen ist offenbar unbillig, wenn die Weiterbenutzung der Räume als Wohnräume auch nach Rückgewährung der Räume beabsichtigt ist. Wenn z. B. beschlagnahmte Bodenkammern nicht mehr als solche, sondern als selbständige Wohnungen weiterhin vermietet werden, dann ist das Verlangen des Hausbesitzers auf Wiederherstellung des früheren Zustandes offenbar unbillig. Solches Verlangen kann, da es wirtschaftlich eine Kosten- und Arbeitsverschwendung bedeutet, nur als Mißbrauch eines Rechtes betrachtet werden (§ 226 BGB.).

Hat die Gemeinde die Kosten der Instandsetzung aus eigenen Mitteln bestritten, so kann sie sich gegen solches Verlangen auch dadurch sichern, daß sie das Recht auf Wiederherstellung des früheren Zustandes vertraglich ausschließt. Dies ist als zulässig zu erachten. Vgl. § 5 WMG.

**5.** Abs. 3. Der Zustand der beschlagnahmten Räume bleibt auch dann erhalten, wenn der Hausbesitzer weder dieses Verlangen noch jenes der Wiederherstellung des früheren Zustandes stellt. Die Unzweckmäßigkeit der Regelung des Abs. III neben der des Abs. II springt in die Augen: neben Abs. II hätte Abs. III dahin lauten müssen, daß der Hausbesitzer, sofern er das Verlangen nach Wiederherstellung des früheren Zustandes nicht stellt, der Gemeinde die von ihr gemachten Aufwendungen insoweit zu ersetzen hat, als der Ertragswert des Anwesens durch diese Arbeiten zur Zeit der Rückgewährung erhöht ist.

## § 15.

I. Die Ortspolizeibehörde hat über die für Zuweisung einer Familienwohnung (selbständigen Wohnung mit Kochgelegenheit) vorgemerkten Personen Listen (Vormerkungslisten) zu führen. Soweit nicht in den nachfolgenden Vorschriften die Gewährung eines Vorzugsrechtes begründet ist, sind die wohnungsuchenden Personen nach der Zeit der Anmeldung ihres Wohnungsanspruches in die Vormerkungsliste einzutragen. Das Nähere über die Einrichtung der Vormerkungslisten regelt die Ortspolizeibehörde; sie kann besondere Vormerkungslisten für vordringliche, dringliche und nicht dringliche Wohnungszuweisungen führen und anordnen, daß zunächst nur Wohnungsuchende, die in der Vormerkungsliste für vordringliche Wohnungszuweisungen stehen, eine Wohnung zugewiesen erhalten.

II. Die Vormerkung begründet keinen Rechtsanspruch auf Zuweisung einer Wohnung.

III. Anspruch auf Eintragung in die Vormerkungsliste haben ortsansässige Personen, die wohnungslos sind oder aus dringenden Gründen ihre Wohnung wechseln müssen, weiterhin Personen, die aus einer fremden Gemeinde aus dringenden beruflichen oder wirtschaftlichen Gründen zugezogen sind oder zuziehen müssen.

IV. Die Eintragung in die Vormerkungsliste und die Zuweisung einer Wohnung ist zu versagen:

1. Personen, deren Einkommens- und Vermögensverhältnisse offensichtlich derart sind, daß ihnen die Beschaffung einer Wohnung im Wege der Neubautätigkeit oder der Anmietung einer beschlagnahmefreien Wohnung billigerweise zugemutet werden kann, soferne die Aufsichtsbehörde nicht eine Ausnahme zuläßt;
2. gegenüber Minderjährigen, soferne die Aufsichtsbehörde nicht eine Ausnahme zuläßt.

V. Weiterhin kann die Eintragung in die Vormerkungsliste und die Zuweisung einer Wohnung versagt werden Angestellten und Arbeitern, die infolge Neugründung oder Erweiterung eines Betriebes oder infolge vorübergehender Betriebsvornahmen durch einen privaten Unternehmer zum Zuzug in eine Gemeinde veranlaßt wurden.

VI. Wohnungsuchenden, die vor Zuweisung einer Wohnung auf Grund ihrer Beschäftigung im öffentlichen Dienst aus einer Gemeinde wegziehen müssen und in dieser Gemeinde noch keine Wohnung inne hatten, die ihnen die Führung eines eigenen Haushalts ermöglichte, ist in der neuen Aufenthaltsgemeinde die Vormerkungszeit anzurechnen, deren Zurücklegung die Ortspolizeibehörde des bisherigen Aufenthaltsortes bestätigt.

VII. Wohnungsuchenden, die vor Zuweisung einer Wohnung aus dringenden wirtschaftlichen oder beruflichen Gründen aus einer Gemeinde wegziehen müssen und in dieser Gemeinde noch keine Wohnung innehatten, die ihnen die Führung eines eigenen Haushalts ermöglichte, ist in der neuen Aufenthaltsgemeinde die Vormerkungszeit angemessen anzurechnen, deren Zurücklegung die Ortspolizeibehörde des bisherigen Aufenthaltsortes bestätigt.

**1.** Die §§ 15, 16 regeln die Reihenfolge, nach der die Vergebung der Familienwohnungen d. i. der räumlich und wirtschaftlich selbständigen Wohnungen (§ 33a MSchG. Anm. 2) zu erfolgen hat. Formelle Voraussetzung ist regelmäßig die Vormerkung d. h. die Eintragung des Wohnungsuchenden in die Vormerkungsliste; die Ausnahme bildet die Zuweisung außer der Reihe d. h. nicht in der Reihenfolge der Eintragung in der Vormerkungsliste.

Über die Auswahl der Wohnungsuchenden und die Regeln der VO. über die Zuweisung im einzelnen vgl. die Übersicht in § 19 Anm. 1. Für Einzelräume in Wohnungen sowie für Nichtwohnräume aller Art wird eine Vormerkungsliste nicht geführt.

**2.** Die Einrichtung der Vormerkungsliste zu bestimmen, ist Sache der Ortspolizeibehörde. Die Einteilung der Wohnungsuchenden in vordringliche, dringliche und nicht dringliche ist nunmehr ausdrücklich (vgl. 2. Aufl. S. 208) anheimgegeben.

Maßgebend für die Eintragung in die Vormerkungsliste ist grundsätzlich der Zeitpunkt der Anmeldung des Wohnungsanspruchs; Ausnahme: Vordatierung der Vormerkungszeit § 15 Abs. 6 und 7, § 26, § 27 Abs. 13.

Die Vormerkung hat nicht die Begründung eines Anspruchs auf Zuweisung einer Wohnung zur Folge (Abs. 2).

**3.** Auf Antrag müssen in die Vormerkungsliste eingetragen werden

1. Personen, die wohnungslos sind d. h. eine Familienwohnung in ausreichendem Maße (§ 10 Abs. 3) nicht besitzen oder
2. Personen, die aus dringenden Gründen (tatsächliche Unzulänglichkeit der Wohnung, Baufälligkeit, Räumungszwang) ihre Wohnung wechseln müssen oder
3. Personen, die aus dringenden beruflichen oder wirtschaftlichen Gründen, also zum Zwecke der Ausübung oder Weiterführung ihres Berufes, Gewerbes (Gegensatz: Eintritt in den Ruhestand) aus einer fremden Gemeinde früher oder später zuziehen.

Grundsätzlich kommen — abgesehen von Ziffer 3 — nur ortsansässige Personen in Frage. Ob es sich um Inländer oder Ausländer handelt, ist nunmehr — anders die WMBek.; vgl. dazu aber auch Dahlsheimer BayZ. 1924, 219 — unerheblich.

Sofern die Aufsichtsbehörde für den Einzelfall nicht etwas anderes anordnet, sind von der Vormerkung und damit von der Wohnungszuweisung ausgeschlossen:

1. Minderjährige,
2. Personen mit besonders günstigen Einkommens- und Vermögensverhältnissen.

Die Feststellung der in Abs. 4 Ziff. 1 bezeichneten Voraussetzung dürfte äußerst schwierig sein. Die rein finanzielle Möglichkeit der Errichtung eines Neubaues genügt dann nicht, wenn ein Bauplatz nicht oder nicht in geeigneter Lage dem Baulustigen zur Verfügung steht. Die Inanspruchnahme einer beschlagnahmefreien Wohnung setzt das Vorhandensein solcher Wohnungen und die Bereitwilligkeit des Vermieters zur Vergebung an den Wohnungsuchenden voraus.

Die Aufnahme in die Vormerkungsliste kann Arbeitern und Angestellten im Falle des Abs. 5 versagt werden.

**4.** Vordatierung der Vormerkungszeit durch Anrechnung auswärts — auch außerhalb Bayerns v. Wehner, BayGemVZ. 1924, 507 Ziff. 2 — verbrachter Wartezeit

1. bei Zuzug auf Grund öffentlichen Dienstes — nicht nur bei vorliegendem Beamtendienstverhältnis § 27 Abs. 14, 15 — in vollem Umfang (Abs. 6) und
2. bei Zuzug aus dringenden beruflichen oder wirtschaftlichen Gründen in angemessenem Umfang (Abs. 7).

## § 16.

I. Die Ortspolizeibehörde hat sich bei der Vergebung der freiwerdenden Familienwohnungen an die Reihenfolge der Vormerkung zu halten. Zuweisungen außer der Reihe dürfen nur aus dringenden sozialen oder wirtschaftlichen Gründen oder auf besondere Anordnung der Aufsichtsbehörde erfolgen.

II. Die Zuweisung außer der Reihe darf nicht im Büroweg, sondern nur durch Sitzungsbeschluß nach näherer Regelung des Stadt- oder Gemeinderates erfolgen. Jeder Beschluß, der die Zuweisung außer der Reihe anordnet, ist mit den zugehörigen Unterlagen unverzüglich der Aufsichtsbehörde zur Genehmigung vorzulegen. Er wird erst wirksam, wenn die Aufsichtsbehörde nicht binnen 14 Tagen nach Absendung der Vorlage durch den Stadt- oder Gemeinderat die Genehmigung versagt. Die Entscheidung der Aufsichtsbehörde ist endgültig.

III. Zuweisungen außer der Reihe bedürfen in folgenden Fällen der Genehmigung der Aufsichtsbehörde nicht:

1. bei Hausmeister-, Laden- und Pächterwohnungen,
2. bei Zuweisungen, die wegen Vornahme baulicher Maßnahmen in der bisherigen Wohnung erfolgen müssen,
3. bei Zuweisungen auf Grund ansteckender Tuberkulose,
4. bei Zuweisungen auf Grund des § 36 MSchG.

IV. Wohnungen, welche in unmittelbarem räumlichen Zusammenhange mit Geschäftsräumen stehen (Ladenwohnungen), sind auf Antrag dem Inhaber des Ladens zuzuweisen, falls dieser am Orte eine Familienwohnung freimacht oder der bisherige Inhaber des Ladens und der Ladenwohnung auf die Zuweisung einer Familienwohnung in einer inländischen Gemeinde verzichtet und der Hauseigentümer mit der Anmietung des Ladens und der Wohnung einverstanden ist. Außerdem sind Ladenwohnungen in der Regel solchen Inhabern des Ladens zuzuweisen, welche am Orte für eine Familienwohnung vorgemerkt sind; die Ortspolizeibehörden können im letzteren Falle die Zuweisung von Ladenwohnungen von einer Vormerkungsdauer bis zu einem Jahr abhängig machen.

V. Die Zuweisung einer Wohnung außer der Reihe gegen Zahlung eines Geldbetrages ist unzulässig. Aus besonderen Gründen kann mit Genehmigung der Aufsichtsbehörde eine Wohnung unter der Bedingung außer der Reihe zugewiesen werden, daß durch den Wohnungsuchenden mindestens die gleiche Anzahl von Wohnräumen durch Neu- oder Einbau hergestellt und der Ortspolizeibehörde zur freien Verfügung gestellt werden. Der Vollzug der Wohnungszuweisung soll in diesem Falle erst erfolgen, wenn die neuzuerstellenden Wohnräume bezugsfertig sind.

VI. Die Stadt- oder Gemeinderäte können durch Satzung mit Genehmigung der Regierung, K. d. I., die Vergebung von Wohnungen mittels Mietberechtigungskarte (Wohnungsuchkarte) in widerruflicher Weise einführen; die Regierungen, K. d. I., können die Einführung der Mietberechtigungskarte im Bedarfsfall auch von Aufsichts wegen anordnen. Die Mietberechtigungskarte ist eine von der Ortspolizeibehörde (Wohnungsamt) ausgestellte Bestätigung darüber, daß die in der Karte näher bezeichnete Person berechtigt ist, wegen Anmietung einer Familienwohnung der in der Mietberechtigungskarte näher bezeichneten Art und Größe mit dem jeweiligen Vermieter in Verbindung zu treten und einen vorläufigen Mietvertrag abzuschließen, der jedoch erst nach erfolgter schriftlicher Genehmigung durch die Ortspolizeibehörde rechtswirksam wird und zum Einzug berechtigt. Die Mietberechtigungskarten dürfen nur an eine begrenzte Anzahl der am längsten vorgemerkten oder sonst besonders berücksichtigenswerten Wohnungsuchenden (Abs. I und VII) ausgegeben werden; der Vermieter hat keinen Rechtsanspruch auf Vermietung an einen Inhaber einer Mietberechtigungskarte; die Vergebung von Wohnungen kann auch weiterhin durch Zuweisung erfolgen.

VII. Wohnungsinhabern, die ihre Wohnung freiwillig aufgeben, ohne zur Zeit eine andere Wohnung am gleichen Orte oder an einem anderen Orte zu beanspruchen, kann durch die Ortspolizeibehörde ein Wohnungsgutschein ausgestellt werden; auf späteres Verlangen ist den Inhabern solcher nicht übertragbarer Wohnungsgutscheine sofort außer der Reihe eine möglichst gleichwertige Wohnung zuzuweisen bzw. eine Mietberechtigungskarte auf eine solche Wohnung auszustellen.

**1.** Zuweisung außer der Reihe als Ausnahme nur aus dringenden sozialen oder wirtschaftlichen Gründen gestattet. Die Aufsichtsbehörde kann ein anderes anordnen Abs. 1.

Form dieser Zuweisung: Gemeinde(Stadt)ratsbeschluß und Genehmigung der Aufsichtsbehörde Abs. 2. Dazu v. Wehner, BayGemVZ. 1924, 507 Ziff. 3.

Durch Zahlung eines Geldbetrages kann die Zuweisung einer Wohnung außer der Reihe nicht herbeigeführt werden; Ausnahme mit Genehmigung der Aufsichtsbehörde nach Maßgabe des Abs. 5. Wegen der Geldabfindung bei Beschlagnahme vgl. § 17.

Die Zuweisung wird erst wirksam, wenn entweder die 14tägige Frist ohne Erklärung der Aufsichtsbehörde abgelaufen oder die Genehmigung erteilt ist. Erst von diesem Zeitpunkt an liegt eine Zuweisung im Sinne des § 19 vor; erst von diesem Zeitpunkt an ist der Hausbesitzer beteiligt und darum beschwerdeberechtigt. Bis dahin ist es ein Prüfungsverfahren, dessen Abschluß aber das Beschwerderecht des Hauseigentümers nicht beeinträchtigen kann. Im Prüfungsverfahren selbst ist lediglich der Wohnungsuchende selbst beteiligt und daher beschwerdeberechtigt; dieses Beschwerderecht wird aber durch die Endgültigkeit der Entscheidung ausgeschlossen Kiefersauer, BayGemVZ. 1924, 626.

**2.** Wann die besonderen Verhältnisse im Sinne des Abs. 1 vorliegen, ergibt die Würdigung des einzelnen Falles. Dabei wird nicht nur auf die persönlichen Verhältnisse des Wohnungsuchenden sondern auch auf die besondere wirtschaftliche Stellung Bedacht zu nehmen sein, die der Wohnungsuchende zu bekleiden berufen ist und zu deren Ausübung er gerade einer bestimmten Wohnung bedarf. Für eine Hausmeisterwohnung z. B. wird der in der Reihenfolge nächste Wohnungsuchende nicht immer tauglich sein, ganz abgesehen davon, daß die Übertragung dieser Stelle eine Vertrauenssache ist, die auch von der Ortspolizeibehörde zu würdigen wäre. Die VO. hat nunmehr in Abs. 3 und 4 einzelne Fälle festgelegt, bei denen ohne weiteres die Voraussetzungen des Abs. 1 Satz 2 als gegeben zu erachten sind und deshalb die Einholung der Genehmigung der Aufsichtsbehörde nach Abs. 2 ohne weiteres erlassen ist. Dazu bisher die autogr. MinE. vom 22. Sept. 1924 Nr. 1505a 173.

Nicht empfehlenswert, weil von relativer Wirkungslosigkeit, ist eine Unterscheidung der Dringlichkeit nach dem Familienstand des Wohnungsuchenden. Möglich wäre immerhin, daß durch eine innerdienstliche Anweisung an das Wohnungsamt (anders im Falle des § 32) zu bestimmen, daß länger verheiratete Ehepaare unter sonst gleichen Verhältnissen vor jung verheirateten Ehepaaren zu berücksichtigen sind. Wegen kinderreicher Familien vgl. § 26 Ziff. 4.

Neben den persönlichen Verhältnissen des Wohnungsbewerbers ist auch die in der Gemeinde bestehende Lage des Wohnungsmarktes in Betracht zu ziehen.

Die die Vormerkung begründenden Verhältnisse sind nicht unabänderlich. Deshalb kann auch die Vormerkung keine (unabänderlichen) Rechte (§ 15 Abs. 2) schaffen. Je nach der Veränderung der für die Vormerkung maßgebenden Grundlagen der persönlichen Verhältnisse und der Lage des Wohnungsmarktes kann die Ortspolizeibehörde eine Vormerkung abändern oder auch völlig streichen.

**3.** Die Mietberechtigungskarte ist eine freiwillige Einrichtung der Ortspolizeibehörde, solange sie die Regierung, K. d. I., nicht anordnet. Ihre Einführung schließt die Zuweisung der Wohnungen nicht aus. Der Mietvertrag bedarf der schriftlichen Genehmigung der Ortspolizeibehörde. Abs. 6.

**4.** Der Inhaber eines Wohnungsgutscheines hat Anspruch auf Zuweisung einer Wohnung außer der Reihe Abs. 7.

## § 17.

**I. Die Abwendung der Beschlagnahme von überzähligen Wohnräumen und von Doppelwohnungen kann gegen Zahlung einer angemessenen Geldsumme unter der Voraussetzung zugelassen werden, daß der geleistete Betrag von der Gemeinde unverzüglich zur Schaffung neuen Wohnraums oder zur Freimachung alten Wohnraums verwendet wird.**

**II. Die Abwendung der Zwangsräumung von Wohnungen, die ohne Zustimmung der Ortspolizeibehörde bezogen wurden, durch Geldzahlung ist in jedem Falle unzulässig.**

**1.** Geldzahlung ist nur zulässig in den Fällen des § 7 Buchst. b und c; in allen anderen Fällen ist die Ablösung ausgeschlossen; ausdrücklich hervorgehoben in Abs. 2 (Abwendung der Zwangsräumung), § 16 Abs. 5 (Zuweisung außer der Reihe).

Die Bemessung der Höhe der Abfindungssumme ist — abweichend vom bisherigen Recht — in das pflichtgemäße Ermessen der Gemeindebehörde gestellt. Der Geldbetrag muß in jedem Falle angemessen sein d. h. den Verlust ausgleichen können, der durch die Nichtdurchführung der Beschlagnahme entsteht. Der Ausgleich erfolgt durch Schaffung neuen Wohnraums oder durch Freimachung alten Wohnraums; grundsätzlich muß daher die Abstandssumme so hoch bemessen werden, daß eines dieser beiden Ziele erreicht wird.

Die Gemeinde ist verpflichtet, die Geldsumme unverzüglich zu dem von ihr bestimmten Zweck zu verwenden.

**2.** Eine andere, hier nicht geregelte Frage ist, ob die Gemeinde infolge des Abschlusses eines Loskaufvertrages gehindert ist, eine Beschlagnahme der freigegebenen Räume durchzuführen; man wird sie verneinen müssen aus dem Gesichtspunkt, daß die Ausübung öffentlichrechtlicher Befugnisse durch privatrechtlichen Vertrag nicht beschränkt werden kann. Dies ist besonders wichtig für den Fall, daß eine weitere Verschärfung der Wohnungsnot — veränderte Umstände — die Gemeindebehörde zwingt (§ 30), von den ihr zustehenden Befugnissen Gebrauch zu machen OLG. Köln JW. 1924, 851; Hertel S. 45; OLG. Rostock bei Gut

Nr. 519; a. M. RG. JW. 1925, 2258; Stern S. 38. Für Klagen auf Erfüllung der Loskaufverträge bzw. auf Feststellung der sich hieraus für die Gemeinde ergebenden Verpflichtungen erachtet RG. JW. 1925, 2323 und RG. bei Gut Nr. 466 den Rechtsweg für unzulässig. Vgl. auch Hein PrVerwBl. 44, 272.

Wird ohne zwingenden Grund — worüber im Streitfalle nach §§ 34, 35 nach freiem Ermessen zu entscheiden sein wird — trotz der Abmachung die Beschlagnahme durchgeführt, so macht sich die Gemeinde unter Umständen schadensersatzpflichtig. In jedem Fall aber wird man dem Betroffenen einen Anspruch auf völlige oder teilweise Zurückzahlung der Abstandssumme aus dem Gesichtspunkt der ungerechtfertigten Bereicherung zuerkennen müssen, wobei allerdings auch die Zeitdauer des ungestörten Raumbesitzes angemessen zu berücksichtigen sein wird.

## § 18.

I. Dem Eigentümer eines Hauses ist auf Verlangen eine in dem Haus freiwerdende Wohnung zuzuweisen, falls sie seinem Wohnbedarf entspricht und er eine annähernd gleichwertige Wohnung am gleichen Orte der Ortspolizeibehörde zur Verfügung stellt.

II. Dem Käufer des Hauses ist, soferne er Inländer ist, in der Regel eine durch den Wegzug des Verkäufers in dem Haus freiwerdende Wohnung zuzuweisen, soferne sie den Wohnbedarf des Käufers nicht erheblich übersteigt und der Verkäufer auf Zuweisung einer selbständigen, der Zwangswirtschaft unterliegenden Wohnung in einer anderen bayerischen Gemeinde schriftlich verzichtet. Die Zuweisung kann auch unter einer Auflage erteilt werden.

III. Wohnungen, die durch Bezug einer ohne Inanspruchnahme öffentlicher Mittel erstellten Neubauwohnung frei werden, sind in der Regel einem vom bisherigen Wohnungsinhaber bezeichneten, für eine Familienwohnung an dem betreffenden Orte vorgemerkten Wohnungsuchenden zuzuweisen, wenn dies bei der Ortspolizeibehörde noch vor Freiwerden der Wohnung beantragt wird. Die Zuweisung kann auch unter einer Auflage erteilt werden.

**1.** Die Zuweisung der freiwerdenden — also nicht tauschbereiten § 27 Abs. 2 — Wohnung an den Hauseigentümer (Abs. 1) muß auf Verlangen erfolgen, wenn

1. die Wohnung seinen Wohnbedarf (§ 10 Abs. 3) nicht übersteigt und
2. wenn er eine annähernd gleichwertige — also nicht mehr wie bisher vollwertige — Wohnung am gleichen Ort zur Verfügung stellt.

**2.** Für die Wohnungszuweisung an Hauskäufer (Abs. 2) kommen nur deutsche Staatsangehörige (Inländer) in Frage und nur dann, wenn der Verkäufer vom Orte wegzieht; bleibt er im Ort, so entfällt § 18 auch dann, wenn er eine Wohnung zunächst nicht in Anspruch nimmt. Abweichend von Abs. 1 darf die zugewiesene Wohnung den Wohnbedarf des Käufers nur nicht „erheblich" übersteigen. Die Zuweisung kann Auflagen enthalten.

Auch hier steht — im Gegensatz zum bisherigen Recht — dem Käufer wie im Falle des Abs. 1 dem Eigentümer ein Rechtsanspruch auf Zuweisung der Wohnung zu, wenn die Voraussetzungen erfüllt sind. Wegen der Verpflichtung zur Anzeigeerstattung bei Eigentumswechsel § 25 Abs. 2.

**3.** Abs. 3 ist neu eingefügt. Er enthält eine Sondervorschrift über die Zuweisung (§ 16).

## § 19.

I. Die Ortspolizeibehörde kann die beschlagnahmten Räume selbst vermieten. Sie kann auch dem Verfügungsberechtigten für unbenutzte, rechtswidrig benutzte, beschlagnahmte oder demnächst freiwerdende Räume einen Wohnungsuchenden oder mehrere Wohnungsuchende zur Auswahl zuweisen. Entscheidet sich bei der Zuweisung mehrerer Wohnungsuchender der Verfügungsberechtigte nicht binnen einer angemessenen, von der Ortspolizeibehörde festzusetzenden Frist für einen bestimmten Wohnungsuchenden, so weist ihm die Ortspolizeibehörde einen solchen zu.

II. Kommt zwischen dem Verfügungsberechtigten und dem ausgewählten oder zugewiesenen Wohnungsuchenden ein Mietvertrag nicht zustande, so setzt auf Anrufen der Beteiligten oder der Ortspolizeibehörde das Mieteinigungsamt, in unmittelbaren Gemeinden ohne Mieteinigungsamt die nach § 34 errichtete Beschwerdestelle, in mittelbaren Gemeinden ohne Mieteinigungsamt das Bezirksamt, falls für den Verfügungsberechtigten kein unverhältnismäßiger Nachteil aus der Vermietung an sich oder aus der Person des Mieters zu besorgen ist, den Mietvertrag fest. Der Vertrag gilt als geschlossen, wenn der Wohnungsuchende nicht innerhalb einer von der zur Festsetzung des Zwangsmietvertrags zuständigen Stelle zu bestimmenden Frist bei dieser Widerspruch erhebt. Bis zur endgültigen Festsetzung des Mietvertrags kann die Ortspolizeibehörde oder die Aufsichtsbehörde den Vertrag vorläufig festsetzen. Der Inhalt des Vertrags gilt den Parteien gegenüber als vereinbart.

III. Die festsetzende Stelle kann dabei anordnen, daß die Gemeinde an Stelle des Wohnungsuchenden als Mieter gilt und berechtigt ist, die Mieträume dem Wohnungsuchenden weiter zu vermieten. In diesem Falle steht der Gemeinde ein Widerspruchsrecht gegen den Zwangsmietvertrag nicht zu.

IV. Wohnräume, die eine abgeschlossene Wohnung nicht darstellen oder abgeschlossene Wohnungen, die durch Teilung oder Ausbau einer Wohnung nach dem 1. Juli 1918 gewonnen sind oder künftighin gewonnen werden, können, soferne sie nicht auf Grund des § 7 beschlagnahmt sind, ohne die nach § 25 erforderliche Zustimmung der Ortspolizeibehörde an solche Wohnungsuchende vermietet werden, welche in die Vormerkungsliste des Ortes eingetragen sind oder zu den in § 14 des Wohnungsmangelgesetzes bezeichneten Personen gehören. Die Bestimmungen der §§ 33 a und b MSchG. werden hiedurch nicht berührt. Die Ortspolizeibehörde ist verpflichtet, den Verfügungsberechtigten Aufschluß darüber zu geben, ob der in Frage kommende Wohnungsuchende vorgemerkt ist.

V. Die Vorschriften des Abs. IV gelten auch für den Fall, daß zur Verfügung gestellter Wohnraum durch Aufhebung des Mietvertrages wieder frei wird.

**1.** § 19 regelt die Durchführung der Beschlagnahme; sie erfolgt entweder

1. durch Abschluß eines Mietvertrages zwischen Ortspolizeibehörde und Wohnungssuchenden oder
2. durch Zuweisung eines Wohnungsuchenden (oder mehrerer Wohnungsuchenden zur Auswahl) an den Verfügungsberechtigten.

Die Vermietung. Zwischen der Ortspolizeibehörde und einem von ihr auszuwählenden Wohnungsuchenden kommt hier ein regelrechter Mietvertrag zustande. Die Festsetzung der Höhe des Mietzinses und der sonstigen Bedingungen stehen ausschließlich im Ermessen der Behörde.

Das Verhältnis zwischen der Ortspolizeibehörde und dem Verfügungsberechtigten aber ist keine Miete, sondern ein Rechtsverhältnis mietähnlichen Charakters (vgl. dazu RG. 104, 18 und BayKKGH. Sammlung Bd. 22 S. 7). Dem Verfügungsberechtigten steht kein Kündigungsrecht gegen die Ortspolizeibehörde zu; er hat gemäß § 14 einen Anspruch auf Rückgewähr der überlassenen Räume und gemäß § 23 auf Gewährung einer angemessenen Vergütung (diese Vergütung ist unabhängig von der durch die Ortspolizeibehörde eingenommenen Miete). Andererseits haftet die Ortspolizeibehörde in entsprechender Anwendung der Vorschriften des BGB. über Miete wie ein Mieter für den Untermieter gegenüber dem Verfügungsberechtigten für die Handlungen ihres Mieters (§ 549 BGB.).

Die Zuweisung Wohnungsuchender. Hervorzuheben sind:

1. die Richtlinien für die Auswahl nach der Art der Gebäude und Räume; diese Richtlinien bevorzugen

a) Beamte und Angestellte im öffentlichen Dienst hinsichtlich der Privatwohnungen (§ 27) und der Dienstwohnungen sowie der öffentlichen Gebäude im Sinne des § 7 WMG. (§ 22);
b) Mitglieder der Baugenossenschaften und ähnlicher Gesellschaften nach Maßgabe des § 21;
c) Arbeiter und Angestellte bestimmter Betriebe hinsichtlich der Werkwohnungen usw. im Rahmen des § 20 Abs. 1 und 2;
d) Arbeiter, Angestellte und diesen sozial gleichstehende Beamte des Kohlenbergbaues (§ 20 Abs. 3);

2. die Grundsätze der Zuweisung außerhalb der Reihenfolge der Vormerkung (§ 15); die Bevorzugung erfolgt
   a) durch Vordatierung der Vormerkung um je (§ 26 Abs. 2) 3/4 Jahre
      α) bei versetzten Reichs-, Staats-, Gemeindebeamten, Geistlichen (§ 27 Abs. 13);
      β) bei Vertriebenen im Sinne des § 14 WMG. (§ 26);
      γ) bei pensionierten Reichs- und Staatsbeamten aus der Pfalz (§ 26);
      δ) bei (Kriegsblinden und) Schwerkriegsbeschädigten (§ 26);
      ε) bei kinderreichen Familien im Sinne des § 14 WMG. (§ 26);
   b) durch Anrechnung des Aufenthalts in einer anderen Gemeinde auf die Vormerkungszeit
      α) in vollem Ausmaß bei Zuzug auf Grund öffentlichen Dienstes;
      β) in angemessenem Umfang bei Zuzug aus dringenden wirtschaftlichen oder beruflichen Gründen § 15 Abs. 6 und 7;
   c) durch Zuweisung außer der Reihe
      α) an Beamte nach § 27 Abs. 9;
      β) in den Fällen des § 16 Abs. 3;
      γ) auf Grund des Wohnungsgutscheines § 16 Abs. 7;
      δ) im Falle der Neuherstellung von Räumen § 16 Abs. 5;
      ε) zugunsten des Hauseigentümers oder des Hauskäufers nach Maßgabe des § 18 Abs. 2 und 3;
      ζ) aus dringenden sozialen oder wirtschaftlichen Gründen oder auf besondere Anordnung der Aufsichtsbehörde (§§ 16 Abs. 1, 36).
   d) durch Zuweisung auf Antrag des bisherigen Wohnungsinhabers an bestimmte Personen
      α) bei Umzug in eine ohne Inanspruchnahme öffentlicher Mittel erstellte Neubauwohnung § 18 Abs. 3;
      β) bei Aufgabe der Wohnung nach Maßgabe des § 25 Abs. 3 Satz 5;

e) durch Zulassung der Anmietung der Wohnung auf Grund der Mietberechtigungskarte (Wohnungssuchkarte) nach § 16 Abs. 6;
f) durch Zulassung der beschränkten „freien Vermietung" nach § 25 Abs. 3 u. § 19 Abs. 4.

**2.** Über die Durchführung der Beschlagnahme hinaus stellt § 19 nunmehr ausdrücklich (vgl. 2. Aufl. S. 213 Anm. 1) klar, daß die Zuweisung eine besondere Form der Beschlagnahme darstellt Kiefersauer, BayGemVZ. 1924, 625. Die Neufassung der Vorschrift läßt deshalb ausdrücklich — auch ohne förmliche Beschlagnahme — die Zuweisung von Wohnungsuchenden zu bei unbenutzten (§ 5), rechtswidrig benutzten (z. B. § 25, § 27 Abs. 4) und demnächst freiwerdenden Wohnungen (§ 25; generelle Beschlagnahme). Die Zuweisung ist hier eine Form der Inanspruchnahme von Räumen im Sinne des § 4 WMG. (Anm. 2); vgl. auch § 7 Abs. 3 Satz 3; ferner v. Wehner, BayGemVZ. 1925, 107 Ziff. 2.

**3.** § 19 beschränkt sich wie sein Vorbild § 4 WMG. auf Wohnungen und auf andere Räume, die zu Wohnzwecken geeignet sind. Vgl. § 4 WMG. Anm. 1.

**4.** Die Ortspolizeibehörde kann einen oder mehrere — ernstliche, dazu OLG. Rostock bei Gut Nr. 529 — Wohnungsuchende zur Auswahl zuweisen; die für das Reichsrecht bestehende Streitfrage (§ 4 WMG. Anm. 2) ist hiernach zufolge Anordnung nach § 6 WMG. für Bayern gegenstandslos. Entscheidet sich bei mehreren Wohnungsuchenden der Verfügungsberechtigte nicht binnen der festgesetzten Frist, so weist ihm die Ortspolizeibehörde einen Wohnungsuchenden zu. Vgl. hieher OLG. Rostock bei Gut Nr. 528.

Die bloße Zuweisung eines Wohnungsuchenden gibt diesem noch kein Recht auf Besitz der Räume (OLG. Frankfurt JW. 1922, 816[6]), begründet überhaupt kein Rechtsverhältnis Vidal, EA. 339.

Rechtsbeziehungen zwischen dem Wohnungsuchenden und dem Verfügungsberechtigten werden hiernach begründet

1. durch (freiwilligen) Mietvertrag zwischen diesen Personen; in diesem Falle steht dem Verfügungsberechtigten in den Grenzen der Abs. 4 u. 5, solange eine Beschlagnahme nicht erfolgt ist, im übrigen nach Maßgabe des Abs. 1, ein Auswahlrecht zu;
2. durch Zwangsmietvertrag, der ein Mietrechtsverhältnis in gleicher Weise wie zu 1 zwischen dem Wohnungsuchenden und dem Verfügungsberechtigten zur Folge hat (vgl. § 4 WMG.).

**5.** Die Festsetzung des Zwangsmietvertrages erfolgt nach § 4 WMG. nur auf Anrufen der Gemeindebehörde, nach § 19 auch auf Antrag des Wohnungsuchenden oder des Verfügungsberechtigten. Diese sind demgemäß auch beschwerdeberechtigt. Zuständig zur Festsetzung des Zwangsmietvertrages sind das MEA., die Beschwerdestelle oder das Bezirksamt; Rechtsbeschwerde ist nach Maßgabe des § 35 Abs. 1 zulässig.

Zur vorläufigen Festsetzung des Zwangsmietvertrages sind Ortspolizeibehörde und Aufsichtsbehörde befugt Abs. 2 Satz 3.

Materielle Voraussetzung der Festsetzung ist wie in § 4 WMG. (vgl. Anm. 4): dem Verfügungsberechtigten darf kein unverhältnismäßiger Nachteil erwachsen. Dem Wohnungsuchenden ist — insoweit ist jetzt § 19 dem Reichsrecht angepaßt, vgl. 2. Aufl. S. 214, 239 — ein Widerspruchsrecht eingeräumt; über die rechtliche Bedeutung des Widerspruchs und sein Verhältnis zum Beschwerderecht vgl. § 4 WMG. Anm. 5. In Abs. 3 ist in Übereinstimmung mit der von mir zu § 4 WMG. Anm. 5 vertretenen Auffassung festgelegt, daß der Gemeinde ein Widerspruchsrecht auch dann nicht zusteht, wenn sie als Mieterin eingesetzt ist.

Über die Rechtsnatur des Zwangsmietvertrages vgl. § 4 WMG. Anm. 3.

**6.** Abs. 4 u. 5 — dazu Dahlsheimer, BayZ. 1925, 38 — gestattet nach dem Vorbild des WMG. (§ 4 Abs. 3 u. 4) in beschränktem Umfang vor Durchführung der Inanspruchnahme die freie Vermietung an den Verfügungsberechtigten. Zum Begriff der „abgeschlossenen Wohnung" v. Wehner, BayGemVZ. 1924, 507 Ziff. 4; aber auch § 33a MSchG. Anm. 2 und BGH. 36, 35; 44, 10. Die landesrechtliche Regelung entspricht nunmehr (vgl. 2. Aufl. S. 214 Anm. 9a) dem Reichsrecht (§ 4 WMG. Anm. 8) mit dem Abmaße, daß

1. die Herstellung der abgeschlossenen Wohnung durch Teilung oder Ausbau einer Wohnung vor dem 1. Juli 1918 außer Betracht bleibt und daß
2. für die in der Vormerkungsliste eingetragenen Wohnungsuchenden das Erfordernis der Wohnsitzbegründung in Deutschland vor dem 1. Januar 1914 entfällt.

Mietverhältnisse, die auf Grund dieser Vorschrift nach dem 31. August 1926 begründet wurden, stehen außerhalb des Mieterschutzes (§§ 1—36 MSchG.) und des Reichsmietengesetzes Ziff. I 2 der Bek. vom 18. August 1926.

Daß die weitergehende Ausnahmestellung der gemäß §§ 33a, 33b neu gewonnenen Wohnungen unberührt bleibt (§ 4 WMG. Anm. 8), ist in Abs. 4 Satz 2 ausdrücklich hervorgehoben.

## § 20.

**I. Auf Räume, die zur Unterbringung von Angehörigen eines Betriebes von dem Inhaber des Betriebes oder dessen Vorgänger errichtet oder zu diesem Zwecke vor dem 1. Juli 1918 zu Eigentum erworben oder gemietet sind, finden die Vor-**

schriften der §§ 3, 4, 7 Abs. I Buchst. a, c, d und e, sowie der §§ 19 und 25 keine Anwendung, auch wenn die Betriebsart inzwischen geändert wurde, es sei denn, daß solche Räume länger als vier Wochen nicht benutzt sind und keine sichere Aussicht auf die Benutzung innerhalb der nächsten vier Wochen besteht.

II. Soweit es sich um die Unterbringung von Personen handelt, die vor dem 1. Januar 1914 ihren Wohnsitz nicht in Deutschland hatten oder nicht zu den in § 14 des Wohnungsmangelgesetzes genannten vertriebenen Personen gehören, bedarf der Inhaber des Betriebes der Zustimmung der Ortspolizeibehörde, es sei denn, daß es sich um die Belegung von Räumen handelt, die für die besonderen Zwecke der Unterbringung von Wanderarbeitern oder ähnlichen Personen errichtet sind.

III. Wohnungen, in denen Arbeiter oder versicherungspflichtige oder versicherungsberechtigte Angestellte oder diesen sozial gleichgestellte Beamte des Kohlenbergbaues wohnen, dürfen nur zur Unterbringung von Personen der gleichen Berufsklassen in Anspruch genommen werden.

Entspricht § 15 WMG. Abs. I ist anders gefaßt; hier ist auch zum Ausdruck gebracht, daß auch eine Änderung der Betriebsart der Anwendung der Vorschrift nicht entgegensteht. Neu ist, daß auch bei Errichtung der Räume durch einen Vorgänger des Betriebsinhabers die Sondernorm des § 20 Platz greift. Dazu v. Wehner, BayGemVZ. 1925, 25 Ziff. 3; auch Dahlsheimer, BayZ. 1924, 271.

## § 21.

Werden vor dem 1. Juli 1918 bezugsfertig gewordene Räume, die im Eigentume von Gesellschaften oder Genossenschaften der im § 16 Abs. I Satz 3 des Reichsmietengesetzes bezeichneten Art stehen, von der Ortspolizeibehörde zur Unterbringung von Wohnungsuchenden in Anspruch genommen, so ist die Ortspolizeibehörde zur Bezeichnung der aufzunehmenden Wohnungsuchenden erst dann berechtigt, wenn die Gesellschaft oder Genossenschaft die Räume nicht innerhalb der ihr gestellten Frist an einen Wohnungsuchenden vergibt, der bereits seit mindestens einem Jahre der Gesellschaft oder Genossenschaft als Mitglied angehört.

Vgl. § 13 WMG. und Erl. Vormerkung am Ort ist nicht erforderlich v. Wehner, BayGemVZ. 1924, 12. Die Größe des Wohnbedarfs ist nicht weiter zu berücksichtigen; der letzte Halbsatz ist gestrichen. Wegen der Zulässigkeit der Vergebung auch an auswärtige, nicht in die Vormerkungsliste eingetragene Mitglieder v. Wehner, BayGemVZ. 1924, 508 Ziff. 5.

## § 22.

Die durch Inanspruchnahme von Gebäuden im Sinne des § 7 des Wohnungsmangelgesetzes und von Dienstwohnungen von Beamten gewonnenen Wohnungen sind zunächst an Beamte und Angestellte des betreffenden Dienstzweigs, dann an Beamte und Angestellte überhaupt zu vergeben.

Vgl. dazu §§ 9, 25 u. 27 Abs. XII.

## § 23.

I. Für die Überlassung der beschlagnahmten Räume hat die Gemeinde dem Verfügungsberechtigten von der tatsächlichen Inanspruchnahme der Räume (§ 12 Abs. III) an eine angemessene Vergütung zu gewähren, soweit diesem durch Inanspruchnahme der beschlagnahmten Räume nachweisbar ein Ausfall an Miete entsteht. In den Fällen des § 7 Abs. I Buchst. e hat die Gemeinde dem Verfügungsberechtigten außer der Gewährung dieser Vergütung auch allen Schaden zu ersetzen, der ihm durch die Beschlagnahme in seinem Erwerbe entsteht. Soweit der Schaden durch die Beschlagnahme von Räumen entsteht, die bisher an Fremde vermietet wurden, und der Verfügungsberechtigte zur Vermietung dieser Räume an Fremde keine Genehmigung gemäß § 33 der Reichsgewerbeordnung besitzt, ist als Schadensersatz nur der ortsübliche Mietpreis für ortsansässige Dauermieter zu leisten.

II. Kommt eine Einigung über die Vergütung nicht zustande, so wird die von der Gemeinde zu leistende Zahlung nach Höhe und Zahlungsbedingungen vom Mieteinigungsamt, in unmittelbaren Gemeinden ohne Mieteinigungsamt von der gemäß § 34 errichteten Beschwerdestelle, in mittelbaren Gemeinden ohne Mieteinigungsamt vom Bezirksamt festgesetzt. Über Beschwerden gegen diese Festsetzung entscheidet die Regierung, K. d. J., soweit es sich um Festsetzungen von Mieteinigungsämtern und Beschwerdestellen unmittelbarer Städte und von Bezirksämtern handelt; das Bezirksamt, soweit es sich um Festsetzungen von Mieteinigungsämtern mittelbarer Gemeinden handelt.

III. In dem Falle, daß die Ortspolizeibehörde für die beschlagnahmten Räume dem Verfügungsberechtigten einen oder mehrere Wohnungsuchende zugewiesen hat (§ 19), ist die Vergütung von der Gemeinde bis zum Zeitpunkt der Zuweisung zu gewähren, es sei denn, daß die Festsetzung eines Zwangsmietvertrags durch die zuständige Stelle abgelehnt wurde.

IV. Bei der Festsetzung der Vergütung sind auch die durch die Freimachung der Räume (§ 12 Abs. III) entstandenen Kosten zu berücksichtigen.

**1.** Vergütung an den Verfügungsberechtigten. Verfügungsberechtigter kann sowohl der Hausbesitzer als auch der

Mieter sein. Ebenso RG. JR. 1926 Nr. 27. Für beide kann allerdings „ein Ausfall an Miete" gar nicht in Betracht kommen; so z. B. wenn, was zumeist der Fall ist, die beschlagnahmten Räume bisher nicht vermietet, sondern im Eigengebrauch des Verfügungsberechtigten gestanden waren. Die Worte „Ausfall an Miete" sind daher dahin auszulegen, daß auch der Entgang der Nutzungsmöglichkeit zu entschädigen ist. Dies gilt ganz besonders für die Inanspruchnahme unbenutzter gewerblicher Räume. Die nach Abs. 3 festzusetzende Vergütung für die Gebrauchsüberlassung umfaßt nicht auch die Schäden aus Eingriffen in das Eigentum, die außerhalb der Beschlagnahme liegen (RG. 106, 149). Wegen der Enteignungsentschädigung vgl. § 6 WMG. Anm. 5.

**2.** Die Entschädigungsleistung der Gemeinde ist eine zweifache: eine Vergütung für den Wegfall der Nutzung und eine Schadensersatzleistung daneben bei Inanspruchnahme benutzter gewerblicher Räume. Die Leistung ist regelmäßig eine wiederkehrende Leistung, die erst mit der Beendigung der Beschlagnahme erlischt.

Die Bemessung der Entschädigungsleistung ist zunächst der freien Vereinbarung zwischen Gemeinde und Verfügungsberechtigten überlassen; kommt eine solche nicht zustande, dann entscheidet das Mieteinigungsamt bzw. die in Abs. 2 bezeichnete Stelle. Der Anspruch auf Zahlung muß im ordentlichen Rechtsweg geltend gemacht werden, wobei aber den Gerichten die Nachprüfung der von der in Abs. 2 bezeichneten Stelle festgesetzten Höhe der Vergütung bzw. des Schadens entzogen ist.

Angemessen ist die Vergütung dann, wenn sie sich im Rahmen der durchschnittlichen Mietpreise bewegt; angemessen ist insbesondere die gesetzliche Miete (§§ 1 ff. RMG.). Wegen der Berechnung der gesetzlichen Miete vgl. § 14 RMG. Die Kosten der Freimachung der Räume sind nach Abs. 5 bei der Bemessung der Vergütung in Anschlag zu bringen.

Die Inanspruchnahme möblierter Zimmer (§ 23 a. F. Abs. 2) kommt nicht mehr in Frage.

**3.** Bei der Festsetzung der Entschädigungssumme sind die allgemeinen Grundsätze über Schadensersatzleistung nach den §§ 249—253 BGB. zu beachten. Insbesondere wird hier die Frage nach dem gemäß § 252 BGB. zu ersetzenden entgangenen Gewinn eine bedeutende Rolle spielen. Auch der ursächliche Zusammenhang des Schadens mit der Beschlagnahme bedarf besonderer Würdigung. Daher keine Inanspruchnahme bei Zahlungsunfähigkeit des Mieters Brumby S. 73; Hertel S. 92; a. M. Ruth, JW. 1925, 1365.

Wegen der Einschränkung der Schadensersatzleistung vgl. Abs. 1 Satz 3; an der Rechtsgültigkeit dieser auf Grund des § 6

WMG. ergangenen Anordnung zu zweifeln, besteht kein Anlaß (a. M. Hertel S. 93).

**4.** Die Festsetzung der Höhe der Vergütung — nicht auch der Schadensersatzleistung — ist den ordentlichen Gerichten entzogen und gemäß Abs. 2 dem MEA., der Beschwerdestelle oder dem Bezirksamt übertragen. Der BayKKGH. LZ. 1921, 422 erachtet diese Bestimmung (bisher § 16 Abs. 1 WMBek.) insoweit für ungültig, als sie den Rechtsweg für die Entschädigungsforderung schlechthin ausschließt (vgl. dazu v. d. Pfordten, BayGemVZ. 1921, 564 ff., 614). Dieser Auffassung ist nicht beizutreten, da es sich hier nicht um eine Entschädigungsforderung im Sinne des Art. 153 Abs. 2 RVerf. handelt RG. JR. 1926 Nr. 27 u. neuerdings BayObLG. (12. Dez. 1925) bei Gut Nr. 470.

Die Nachprüfung erfolgt auf Beschwerde durch die Regierung, K. d. J., oder das Bezirksamt; die Beschwerde ist keine Rechtsbeschwerde im Sinne des § 35 Abs. 1, eine Beschwerdefrist ist nicht vorgeschrieben.

## § 24.

I. Wohnungen dürfen nur durch die Ortspolizeibehörden vermittelt werden.

II. Jede private Wohnungsvermittlung ist verboten.

III. Wohnungsgesuche und -Angebote, sowie alle auf die Vermittlung von Wohnungen bezüglichen Ankündigungen dürfen nur mit vorheriger Zustimmung der Ortspolizeibehörde veröffentlicht werden.

**1.** Die amtliche Vermittlungstätigkeit unter Ausschluß gleichgearteter privater Tätigkeit beschränkt sich auf Wohnungen im Sinne des § 40. Die Vermittlung von Nichtwohnräumen jeder Art, also insbesondere von Läden, Werkstätten, Lagerräumen, Geschäftsräumen usw. bleibt der gewerblichen Ausübung überlassen. Die Ortspolizeibehörde kann hier die private Tätigkeit nicht ausschalten; im übrigen ist sie aber nicht gehindert, auch die Vermittlung von Nichtwohnräumen zu übernehmen.

Alle Gemeinden ohne Ausnahme sind zur Errichtung unentgeltlicher Wohnungsnachweise verpflichtet. Art und Umfang dieser Einrichtung bemißt sich nach dem örtlichen Bedürfnis.

**2.** Wohnungs-Vermittlung ist der Nachweis einer beziehbaren Wohnung; daher ist es gleichgültig, ob die Wohnungsvermittlung gewerbsmäßig betrieben wird oder nicht. Auch die gelegentliche Vermittlungstätigkeit wird von dem Verbot getroffen. Ihre Ergänzung findet die Vorschrift in § 25, wonach auch das Vermieten, Überlassen und Ingebrauchnehmen von Wohnungen der Zustimmung der Ortspolizeibehörde bedarf. Es soll der Unfug des „Schwarzmietens" mit allen Mitteln bekämpft werden.

3. Die rechtliche Zulässigkeit der Anordnung in Abs. 3 ist gemäß § 6 WMG. zu bejahen RGStr. BayGemVZ. 1921, 158. Die Zustimmung ist vom Verleger zu erholen; dieser kann auch die Annahme der Veröffentlichung von der Vorlage der behördlichen Zustimmungserklärung abhängig machen.

4. Zuwiderhandlungen gegen § 24 werden nach § 41 bestraft.

## § 25.

I. Wohnungen dürfen nur mit vorheriger schriftlicher Zustimmung der Ortspolizeibehörde vermietet, überlassen oder in Gebrauch genommen werden, soweit nicht für bestimmte Gruppen von Wohnräumen die Zustimmung allgemein erteilt wurde. Die Zustimmung der Ortspolizeibheörde ist nicht notwendig:

a) bei Wohnräumen, die auf Grund der Vorschriften des § 19 Abs. IV vermietet werden.
b) bei Wohnungen in Gebäuden, die im Eigentum oder in der Verwaltung des Reiches, eines Landes oder einer Körperschaft oder Stiftung des öffentlichen Rechts stehen, sowie bei Dienstwohnungen von Beamten,
c) bei Wohnungen, die im Falle eines Hausverkaufs vom bisherigen Hauseigentümer als Mieter weiterbewohnt werden.

II. Als Ingebrauchnahme von Wohnungen gilt auch die Fortsetzung des Mietverhältnisses oder der Wohnungsbenutzung durch die Erben des verstorbenen Wohnungsinhabers, nicht jedoch die Fortsetzung des Mietverhältnisses oder der Wohnungsbenutzung durch den Ehegatten oder volljährige Verwandte bis zum zweiten Grad des verstorbenen Wohnungsinhabers, die mit letzterem bis zu dessen Tod in häuslicher Gemeinschaft gelebt haben. Als Ingebrauchnahme von Wohnungen gilt ferner das Verbleiben des Untermieters in den gemieteten Räumen nach Erlöschen des Hauptmietverhältnisses. Jeder Wechsel im Eigentum oder im Besitz eines Wohnhauses ist der Ortspolizeibehörde von dem bisherigen Besitzer, bei Erbfällen vom Erben unter Mitteilung der genauen Anschrift des neuen Anwesensbesitzers mitzuteilen; die Anzeige ist spätestens binnen zweier Wochen von dem Übergang des Eigentums oder Besitzes, bei Erbfällen von der Feststellung des Erbrechts ab, zu erstatten. Zum Beziehen der durch den Eigentums- oder Besitzwechsel freiwerdenden Wohnungen ist die vorherige Zustimmung der Ortspolizeibehörde erforderlich. Sind in einer Wohnung, welche vom Wohnungsinhaber aufgegeben wird, volljährige Verwandte ersten oder zweiten Grades des Wohnungsinhabers, die mit ihm seit längerer Zeit gemeinschaftlichen Haushalt geführt haben, so ist die Wohnung auf Antrag in der Regel diesen Verwandten oder einem derselben dann zuzuweisen, wenn von ihnen ein eigener Haushalt in der Wohnung weitergeführt wird.

III. Wohnungen, deren Jahresfriedensmiete
in München den Betrag von 3600 ℳ,
in Nürnberg, Fürth und Ludwigshafen a. Rh. den Betrag von 2400 ℳ,
in Augsburg und Würzburg den Betrag von 2100 ℳ,
in den übrigen Gemeinden mit mehr als 10000 Einwohner den Betrag von 1800 ℳ,
in den kleineren Gemeinden den Betrag von 1200 ℳ
übersteigt, können, wenn sie nach dem 31. August 1926 frei werden, innerhalb einer Frist von einem Monat, vom Tage des Freiwerdens der Wohnung an gerechnet, an Wohnungsuchende, die am Orte auf eine Familienwohnung vorgemerkt sind oder am Orte eine Familienwohnung freimachen oder zur Verfügung stellen, an die in § 26 Abs. I Ziff. 1 aufgeführten Personen, sowie an Beamte und an Beamte im Ruhestand nach Maßgabe der Absätze IV—IX vermietet werden.

IV. Der Vermieter hat den Mietvertrag über solche Wohnungen der Ortspolizeibehörde zur Prüfung der Frage vorzulegen, ob die Voraussetzungen des Abs. III gegeben sind. Die Ortspolizeibehörde hat binnen 14 Tagen nach der Vorlage des Mietvertrags dem Vermieter eine schriftliche Bestätigung darüber zu erteilen, daß gegen die Vermietung keine Erinnerung besteht; wird innerhalb dieser Frist die Bestätigung nicht erteilt, so steht dem Vermieter die Beschwerde nach § 34 zu. Der Mietvertrag wird erst mit der Erteilung der Bestätigung durch die Ortspolizeibehörde oder die Beschwerdestelle wirksam. Vor Erteilung der Bestätigung darf die Wohnung bei Meidung polizeilicher Räumung nicht bezogen werden.

V. Die Ortspolizeibehörde kann die Frist des Abs. III allgemein oder für einzelne Fälle verlängern.

VI. Ausgenommen von der freien Vermietung sind Wohnungen der in Abs. III genannten Art, in denen sich beim Freiwerden noch Untermieter mit eigener Wirtschaft oder Haushaltung befinden, die diese schon am 1. September 1926 innehatten. Die Ortspolizeibehörde hat jedoch die Vermietung nach Abs. III dann zu genehmigen, wenn das Verbleiben oder die Unterbringung der Untermieter zu angemessenen Bedingungen sichergestellt ist. Mit der Genehmigung der Ortspolizeibehörde gilt eine auf Grund des § 7 Abs. I Buchst. b erfolgte oder eine durch Zuweisung ausgesprochene Beschlagnahme als aufgehoben.

VII. Als Friedensmiete im Sinne der Absätze III und IV gilt der Betrag, der sich nach Ziff. 3 der VO. des Gesamtministeriums über die gesetzliche Miete vom 28. März 1924 (GVBl. S. 139) errechnet; erforderlichenfalls ist die Friedensmiete vom Mieteinigungsamte (in Gemeinden ohne gemeindliches Mieteinigungsamt vom Amtsgerichte) auf Antrag der Ortspolizeibehörde oder der Beteiligten oder eines der Beteiligten festzustellen oder festzusetzen (§ 2 RMG.).

VIII. Wohnungen in Gemeinden unter 3000 Einwohnern können ohne vorherige schriftliche Zustimmung der Ortspolizeibehörde (Abs. I) an Inländer vermietet, diesen überlassen oder von diesen in Gebrauch genommen werden, wenn die Ortspolizeibehörde und bei Beamtenwohnungen außerdem die nach § 27 zuständige Behörde schriftlich bestätigen, daß sie diese Wohnung für einen Wohnungsuchenden nicht benötigen; die Bestätigung muß auf Antrag erteilt werden, wenn für die Wohnung innerhalb sechs Wochen nach Einlauf der Antragstellung bei der Ortspolizeibehörde für Beamtenwohnungen bei der nach § 27 zuständigen Behörde, kein geeigneter Wohnungsuchender zugewiesen wird. Wird die Wohnung später wiederum frei, so ist das Verfahren nach Satz 1 zu wiederholen. Die Regierungen, K. d. I., können für einzelne Gemeinden unter 3000 Einwohnern die Vorschrift von Satz 1 außer Kraft setzen, wenn dies die Lage des Wohnungsmarktes erfordert; die Außerkraftsetzung ist ortsüblich bekannt zu machen und dem Staatsministerium für Soziale Fürsorge mitzuteilen.

IX. Die Einwohnerzahl der Gemeinde (Abs. III und VIII) bemißt sich nach den Ergebnissen der Volkszählung vom 16. Juni 1925; hiebei ist die Zahl der Wohnbevölkerung maßgebend.

**1.** Die Neufassung des § 25 durch die VO. hat der Vorschrift eine neue Bedeutung gegeben: die generelle Beschlagnahme der Wohnungen ist in wesentlichen Punkten durchbrochen. Die allgemeine Verfügungsbeschränkung ist bereits durch die Einschränkung des Begriffes „Wohnung" in § 40 eingeengt: Einzelräume in Wohnungen, die eine eigene Wirtschafts- oder Haushaltführung nicht gestatten, sind gleich den Nichtwohnräumen von der Vorschrift des § 25 ausgenommen. Für Werkwohnungen ist in § 20 eine Sonderregelung getroffen, für Beamten-Dienstwohnungen und Wohnungen in reichs- oder staatseigenen Gebäuden besteht kein Zustimmungszwang § 27 Abs. V, § 25 Abs. 1 Buchst. b. Gleichgültig ist, ob es sich um beschlagnahmefreie oder beschlagnahmefähige Wohnungen handelt OLG. München BayZ. 1923, 219; vgl. aber § 40 Abs. 2.

Von der absoluten Verfügungsbeschränkung der Abs. I u. II zu unterscheiden ist die relative Verfügungsbeschränkung; letztere zerfällt in eine allgemeine Beschlagnahmeaufhebung für Gemeinden unter 3000 Einwohner (Abs. VIII) und in eine Einzelerlaubniserteilung für Wohnungen für alle Gemeinden mit einer bestimmten, nach der Größe der Gemeinden abgestuften Jahresfriedensmiete (Abs. III—VII).

Zuwiderhandlungen gegen die absolute oder relative Verfügungsbeschränkung sind nach § 41 strafbar. Unbefugte Ingebrauchnahme hat Zwangsräumung (§ 38) zur Folge, die innerhalb drei Tagen trotz Beschwerdeerhebung vollstreckbar ist § 37. Dem Verbot des § 25 zuwider begründete Rechtsverhältnisse sind gemäß § 134 BGB. rechtsunwirksam, § 31 MSchG., LG. München I BayZ. 1924, 203.

Dem Verfügungsverbot entspricht die Verfügungsbefugnis der Ortspolizeibehörde; diese wird ausgeübt entweder durch die „Zustimmung“ zu der in Satz 1 bezeichneten rechtlichen oder tatsächlichen Verfügung des Berechtigten über die Räume oder durch Zuweisung eines Wohnungsuchenden. Die Zustimmung, die schriftlich zu erteilen ist, bedeutet keinen privatrechtsgeschäftlichen Akt nach der Art des § 183 BGB., sondern ein öffentlichrechtliches Erfordernis der Rechtswirksamkeit der Ausübung der Verfügungsgewalt. Die Zuweisung hingegen bedeutet die Inanspruchnahme der Wohnung für den Wohnungsmarkt, also die Überführung der bereits bestehenden generellen Beschlagnahme in eine Beschlagnahmeverfügung für den einzelnen Fall (§ 4 WMG. Anm. 2); sie hat also die gleiche rechtliche Bedeutung wie eine Beschlagnahme Kiefersauer, BayGemVZ. 1924, 623; v. Wehner, BayGemVZ. 1925, 106 Ziff. 2.

**2.** Der Zustimmungszwang umfaßt

das Vermieten = Überlassung zur Nutzung gegen Entgelt (§ 535 BGB.),

das Überlassen überhaupt, sei es ohne Entgelt (Leihe RG. bei Gruchot 65, 717), sei es gegen Entgelt, aber ohne Abschluß eines Mietvertrages (RG. WarnRspr. 1921 Nr. 141) auf Grund Dienstvertrages (Dahlsheimer, BayZ. 1924, 271) oder auf Grund eines dinglichen Rechtes (Wohnungsrecht § 1093 BGB.),

das Ingebrauchnehmen = die rein tatsächliche Raumnutzung ohne oder selbst gegen den Willen des Verfügungsberechtigten und die Benutzung durch den Verfügungsberechtigten selbst, ferner Abs. 2.

Das Verbot des § 25 erstreckt sich nur auf Räume und Wohnungen, die der Beschlagnahme nach § 7 unterworfen sind; deshalb entfällt der Zustimmungszwang für die Aufnahme von Gästen, für die Beherbergung von Haushaltangehörigen (nahen Verwandten), für die Aufnahme von Dienstboten.

Vom Zustimmungszwang ausgenommen und ohne jede Einschränkung verfügungsfrei sind nur die Beamtendienstwohnungen und die Wohnungen, die im Eigentum oder in der Verwaltung der in Abs. I Buchst. b bezeichneten Körperschaften stehen. Dazu v. Wehner, BayGemVZ. 1925, 106 Ziff. 3. Das Verfügungsrecht der Ortspolizeibehörde lebt wieder auf, wenn innerhalb der Frist von sechs Wochen nach Freiwerden über die Wohnung durch die zuständige Behörde nicht verfügt ist; die Zuweisung durch die Ortspolizeibehörde darf aber nur nach Maßgabe des § 27 Abs. XII an Beamte erfolgen.

Beschränkt, aber ohne Zustimmung der Ortspolizeibehörde verfügbar sind nicht abgeschlossene oder durch Teilung oder Ausbau einer Wohnung nach dem 1. Juli 1918 neu gewonnene Wohnungen: sie können an Personen vermietet werden, die in der Vormerkungsliste eingetragen sind oder zu den Flüchtlingen im Sinne des § 14 WMG. zählen (§ 19 Abs. IV, § 25 Abs. I Buchst. a).

Frei verfügbar, nur hinsichtlich der Genehmigung des Mietvertrages gebunden sind die gemäß §§ 33a, 33b MSchG. neu gewonnenen selbständigen Wohnungen.

Daß die Beibehaltung der vom bisherigen Eigentümer bewohnten Räume auch im Falle eines Hausverkaufes nicht unter § 25 fällt (Abs. I Buchst. c), entspricht bereits dem bisherigen Recht Kiefersauer BayZ. 1925, 41; a. M. Dahlsheimer, BayZ. 1924, 170 und 1925, 91.

**3.** Über den rechtlichen Begriff der Ingebrauchnahme hinaus schreibt Abs. 2 Satz 1 vor, wie die Ingebrauchnahme der Erben des verstorbenen Wohnungsinhabers wohnungspolitisch zu behandeln ist. Wegen des Mieterschutzes ist auf § 19 MSchG. zu verweisen; dort auch Erl. des Begriffs der häuslichen Gemeinschaft.

Der Erbe tritt in das Mietverhältnis kraft Gesetzes ein, er wird Mieter; nimmt er Besitz von der Wohnung, ohne daß er vorher einen Mitbesitz hatte, so liegt hierin eine Ingebrauchnahme; dagegen liegt eine an sich nicht unter diesen Begriff fallende Fortsetzung des Mitgebrauchs vor, wenn der Erbe bereits vorher im Mitbesitz der Wohnung z. B. auf Grund der Zugehörigkeit zum Haushalt, war. Für volljährige Verwandte bis zum zweiten Grad und für den Ehegatten, die bis zum Tode des verstorbenen Wohnungsinhabers mit diesem in häuslicher Gemeinschaft gelebt haben, besteht hiernach kein Zustimmungszwang.

Abs. 2 Satz 2 regelt die Ingebrauchnahme durch den Untermieter. Das Untermietverhältnis erlischt mit der Beendigung des Hauptmietverhältnisses (vgl. § 556 Abs. 3 BGB.). Die Fortsetzung des Gebrauchs der Mietsache ist eine Ingebrauchnahme ohne rechtlichen Grund gegen oder ohne den Willen des verfügungsberechtigten Hausbesitzers und fällt daher an sich schon unter Überlassen oder Ingebrauchnahme der Wohnung.

**4.** **Anzeigepflicht des bisherigen Besitzers oder des Erben beim Wechsel im Eigentum oder Besitz eines Wohnhauses, auch wenn ein Wohnungswechsel im Zusammenhang mit dem Besitzwechsel nicht stattfindet (Satz 3).**

**Daß zum Beziehen der freiwerdenden Wohnungen die Zustimmung der Ortspolizeibehörde erforderlich ist, ergibt sich bereits aus Abs. I Satz 1. Neu ist die Vorschrift in Satz 5, wonach auf Antrag bei Wohnungsaufgabe die Wohnung in der Regel bestimmten Verwandten, die längere Zeit mit dem Wohnungsinhaber einen gemeinschaftlichen Haushalt geführt haben, zuzuweisen ist.**

**5.** Ein beschränktes Verfügungsrecht (= „freie Vermietung" im Sinne des Abs. VI) für die in Abs. III bezeichneten Wohnungen ist dem Vermieter in allen Gemeinden unter folgenden Voraussetzungen eingeräumt:

1. Die Wohnung muß nach dem 31. August 1926 frei werden d. h. ein bestehendes Rechtsverhältnis muß nach diesem Zeitpunkt sein Ende gefunden haben, gleichviel ob durch Kündigung, Aufhebungsurteil, Vereinbarung usw.; tatsächliche Aufgabe des Besitzes ist erforderlich, fingierte Fortsetzung des Mietverhältnisses nach § 6 Abs. 4, § 19 Abs. 2 MSchG. steht der Anwendung des Abs. III entgegen;
2. die Vermietung — ihr gleichzustellen ist auch ohne ausdrückliche Bestimmung jede andere entgeltliche oder unentgeltliche Gebrauchsüberlassung — muß innerhalb einer Frist von einem Monat, vom Tage des Freiwerdens an gerechnet, erfolgen; die Frist kann verlängert werden Abs. V. Nach Ablauf der Frist hat der Vermieter kein Anrecht auf eine Bestätigung nach Abs. IV; die Ortspolizeibehörde kann aber — gegebenenfalls unter Fristverlängerung — die Bestätigung erteilen;
3. die Vermietung darf nur erfolgen
   a) an Personen, die für eine Familienwohnung vorgemerkt sind oder
   b) an andere Personen, die eine Familienwohnung — gleichviel welcher Größe — frei machen oder zur Verfügung stellen oder
   c) an vertriebene Deutsche im Sinne des § 14 WMG. oder
   d) an aktive Beamte oder an Beamte im zeitlichen, dauernden oder zeitweiligen Ruhestand § 27 Abs. XIV, XV.
4. der Mietvertrag ist der Ortspolizeibehörde zur Bestätigung vorzulegen; er wird erst rechtswirksam (§ 31 MSchG.) mit der Erteilung der Bestätigung durch die Ortspolizeibehörde oder die nach §§ 34, 35 zuständige Beschwerdestelle Abs. IV;
5. die Voraussetzungen der Ziffer 1—3 hat die Ortspolizeibehörde zu prüfen. Sie hat dem Vermieter binnen 14 Tagen nach Vorlage des Mietvertrages eine schriftliche Bestätigung darüber zu erteilen, daß — sofern alle Voraussetzungen gegeben sind — gegen die Vermietung eine Erinnerung nicht besteht. Wird die Bestätigung verweigert oder wird sie innerhalb der Frist nicht erteilt, so steht dem Vermieter innerhalb einer Woche nach Eröffnung der Verfügung die Beschwerde nach § 34 und wohl auch die Rechtsbeschwerde nach § 35 an die nächste Instanz zu.

Vor Erteilung der Bestätigung durch die Ortspolizeibehörde oder die nach §§ 34, 35 zuständige Stelle darf die Wohnung bei Meidung polizeilicher Räumung nicht bezogen werden.

Einer weiteren Würdigung bedarf die Frage, ob die Unterbringung von Untermietern in den freiwerdenden Wohnungen gesichert ist. Nach Abs. VI ist eine besondere Genehmigung der Ortspolizeibehörde für die Vermietung von Wohnungen erforderlich, in denen sich Untermieter mit eigener Wirtschaft oder Haushaltung befinden, sofern die Räume schon am 1. September 1926 bezogen waren; hier darf die Bestätigung der Ortspolizeibehörde nur erteilt werden, wenn für den Untermieter das Verbleiben oder die Unterbringung zu angemessenen Bedingungen vom Hauptvermieter (§ 556 Abs. 3 BGB.) gesichert ist. Soweit dies der Fall ist, muß die Genehmigung erteilt werden, die zugleich nach Satz 3 die Aufhebung der Beschlagnahme — durch förmliche Inanspruchnahme nach § 7 oder durch Zuweisung — enthält. Angemessen ist unter Umständen, insbes. unter Berücksichtigung der Leistungsfähigkeit des Untermieters, auch die Unterbringung in einem Neubau; es gilt das gleiche wie für die Sicherung eines angemessenen Ersatzraums nach § 6 a. F. MSchG. (dazu 2. Aufl. S. 48).

Die Friedensmiete wird nach den Grundsätzen des RMG. und der Ziffer 3 der VO. vom 28. März 1924 (Grundstücksmiete II S. 108) ermittelt; im Streitfalle entscheidet das MEA. oder das als MEA. tätige Amtsgericht, das auf Antrag eines Beteiligten oder der Ortspolizeibehörde die Friedensmiete festzustellen (§ 2 Abs. 3 RMG.) oder festzusetzen hat (§ 2 Abs. 4 RMG.).

Die §§ 1—36 sowie die Vorschriften über die gesetzliche Mietzinsbildung finden auf Mietverhältnisse, die gemäß § 25 Abs. III bis VII nach dem 31. August 1926 begründet wurden, keine Anwendung; das Mietverhältnis ist frei kündbar, der Mietpreis unterliegt der freien Vereinbarung Ziff. I 3 der Bek. vom 18. Aug. 1926.

**6.** Ein weniger beschränktes Verfügungsrecht steht dem Verfügungsberechtigten in Gemeinden unter 3000 Einwohnern unter folgenden Bedingungen zu:

1. Die Vermietung, Gebrauchsüberlassung oder Ingebrauchnahme darf nur an Inländer d. i. deutsche Staatsangehörige erfolgen und
2. die Ortspolizeibehörde — im Falle des § 27 die zuständige Behörde — muß schriftlich bestätigt haben, daß sie die Wohnung nicht benötigt.

Weitere Beschränkungen bestehen nicht, doch kann diese Vergünstigung für einzelne Gemeinden nach Satz 3 durch die Kreisregierung außer Kraft gesetzt werden, wenn die Wohnungsmarktlage dies erfordert Abs. VII. Einer Vorlage des Mietvertrages bedarf es nicht.

Die Bestätigung muß erteilt werden, wenn von der Behörde innerhalb sechs Wochen nach Antragstellung ein geeigneter Wohnungsuchender nicht zugewiesen wird. Beschwerde nach §§ 34, 35 ist auch hier möglich, wenn die Bestätigung versagt wird. Eine Frist zur Erteilung der Bestätigung ist abweichend von Abs. IV hier nicht vorgesehen.

Im Gegensatz zu der „freien Vermietung" nach Abs. III—VII bedarf es einer wiederholten Bestätigung der Behörde, wenn die frei vermietete Wohnung später wiederum frei wird.

Die §§ 1—36 MSchG. sowie die Bestimmungen über die gesetzliche Mietpreisbildung finden Anwendung.

**7.** Die nach dem Ergebnis der Volkszählung vom 16. Juni 1925 zu ermittelnde Zahl der Wohnbevölkerung ist aus Zeitschrift des Bayer. Statistischen Landesamts 1926 Heft 1 zu entnehmen.

## § 26.

I. Die nachstehend bezeichneten Personen sind bei der Zuweisung von Wohnungen von Amts wegen in der Weise vorzugsweise zu berücksichtigen, daß sie in der Reihenfolge der Wohnungsvormerkungen um mindestens ¾ Jahre vorgezogen werden:

1. Personen, die im Sinne des § 14 des Wohnungsmangelgesetzes als vertriebene Deutsche zu erachten sind,
2. die in der Pfalz angestellten Reichs- und Staatsbeamten, die aus den Landesteilen rechts des Rheins stammen und bei der Versetzung in den Ruhestand in das rechtsrheinische Bayern zurückkehren,
3. Kriegsblinde und Schwerkriegsbeschädigte,
4. Familien mit drei oder mehr in der häuslichen Gemeinschaft lebenden Kindern.

II. Falls mehrere Bevorzugungsgründe gleichzeitig vorliegen, ist die Bevorzugung aus jedem Grunde gesondert zu gewähren.

**1.** Die Vordatierung der Vormerkungszeit ist für Beamte (Begriff § 27 Anm. 3) im besonderen in § 27 Abs. XIII, für die in Ziffer 1—4 bezeichneten Personen im allgemeinen geregelt. Der wohnungslose Aufenthalt in einer anderen Gemeinde ist bei Zuzug auf Grund Beschäftigung im öffentlichen Dienst ganz, sonst nach Maßgabe des § 15 Abs. VII angemessen auf die Vormerkungszeit anzurechnen § 15 Abs. VI.

Die Vordatierung erfolgt um ¾ Jahre, vom Tage der Anmeldung (§ 15 Abs. 1) rückwärts gerechnet.

Schwerkriegsbeschädigte sind Personen, deren Erwerbsfähigkeit zufolge des Rentenbescheides auf 50% und mehr festgestellt ist; Kriegsblinde fallen bereits unter den Begriff des Schwerbeschädigten.

**2.** Mehrfache Vordatierung (Abs. 2). Sie gilt auch auch für die Bevorzugung der Beamten nach § 27 Abs. XIII. Wird z. B. ein schwerkriegsbeschädigter Beamter mit vier Kindern von A nach B versetzt und hat er vorher ein Jahr in C im dienstlichen Auftrag gewohnt, ohne eine Wohnung erhalten zu haben, so wird das Vormerkungsdatum vom 2. Jan. 1924, dem Tage der Anmeldung, in entsprechender Anwendung des § 188 BGB. wie folgt ermittelt: es werden angerechnet 1 Jahr (§ 15 Abs. 6), 3/4 Jahr (§ 26 Ziff. 3), 3/4 Jahr (§ 26 Ziff. 4) und 3/4 Jahre (§ 27 Abs. 13), zusammen 3 1/4 Jahre, so daß der Vormerkungstag auf den 1. Oktober 1920 festzusetzen ist. Wegen der Zuzählung augenblicklich infolge der mißlichen Wohnungsverhältnisse der Gemeinschaft nicht angehörender Kinder v. Wehner, BayGemVZ. 1924, 508 Ziff. 6.

## § 27.

I. Über die durch Versetzung eines Beamten unmittelbar oder auch mittelbar freiwerdende Wohnung kann die zuständige Behörde zugunsten eines oder mehrerer Beamten ihrer oder einer anderen Verwaltung bis spätestens sechs Wochen nach Freiwerden der Wohnung verfügen; sie kann dieses Verfügungsrecht auch innerhalb der gleichen Frist zugunsten eines ausgeschiedenen oder ausscheidenden Beamten oder einer noch in einer Dienstwohnung befindlichen Familie eines verstorbenen Beamten ausüben.

II. Das Verfügungsrecht der zuständigen Behörde tritt nur dann ein, wenn der Ortspolizeibehörde über die freiwerdende Wohnung auf Grund dieser Verordnung das Verfügungsrecht zustehen würde, und die Wohnung tatsächlich frei wird; die Wohnung wird dann nicht frei, wenn sie vom Inhaber vertauscht wird.

III. Einer Versetzung gleichzustellen ist die Einberufung eines Beamten zur Dienstleistung in einen anderen Zweig der Reichs- oder Staatsverwaltung und die Versetzung in den einstweiligen Ruhestand (mit Wartegeld), sowie der Fall, daß ein Beamter freiwillig seine Wohnung aufgibt.

IV. Als versetzt im Sinne dieser Verordnung ist auch ein Beamter anzusehen, dessen Dienstesstelle verlegt wird und der dadurch am neuen Orte dieser Dienstesstelle seinen Wohnsitz nehmen muß.

V. Über Wohnungen, die dadurch unmittelbar oder mittelbar frei werden, daß ein Beamter, Angestellter oder Arbeiter eine Dienstwohnung oder eine reichs- oder staatseigene Wohnung zugewiesen erhält, verfügt innerhalb der Frist des Abs. I die über die Dienstwohnung oder die reichs- oder staatseigene Wohnung verfügungsberechtigte Behörde oder die dieser vorgesetzte Behörde.

VI. Über Wohnungen, die dadurch unmittelbar oder mittelbar frei werden, daß ein Beamter, Angestellter, Arbeiter, ein ausgeschiedener oder in Ruhestand versetzter Beamter oder Beamtenhinterbliebene in eine mit Arbeitgeberdarlehen des Reiches oder Landes erbaute Wohnung übernommen werden, steht das Verfügungsrecht innerhalb der Frist des Abs. I derjenigen Behörde zu, die das Arbeitgeberdarlehen gegeben hat. Als Arbeitgeberdarlehen sind in der Regel solche Darlehen anzusehen, die von der ausgegebenen Stelle langfristig mit geringer Verzinsung und unter der ausdrücklichen Bedingung gewährt werden, daß der Bauherr bis zur Rückzahlung des Darlehens die mit diesem Darlehen erstellten Wohnungen nur an Beamte, pensionierte Beamte oder Hinterbliebene von Beamten vermieten darf. Das Verfügungsrecht tritt nur dann ein, wenn dieses Arbeitgeberdarlehen in Gemeinden bis zu 25000 Einwohnern mindestens zweitausend Mark, in den anderen Gemeinden mindestens dreitausend Mark erreicht.

VII. Über die durch Todesfall oder Übertritt in den dauernden oder zeitlichen Ruhestand oder durch Ausscheiden eines Beamten aus dem Reichs- oder Staatsdienst innerhalb neun Monaten freiwerdende Wohnung kann die zuständige Behörde innerhalb einer Frist von sechs Wochen nach Freiwerden der Wohnung zugunsten der in Abs. I aufgeführten Personen verfügen. Die Ortspolizeibehörde ist verpflichtet, der zuständigen Behörde vom Freiwerden einer solchen Wohnung sofort Mitteilung zu machen. Die Frist wird erst vom Tage nach dem Eingang dieser Mitteilung bei der zuständigen Behörde an gerechnet.

VIII. Bei Vorliegen der Voraussetzungen nach Abs. I mit VII bemißt sich das Verfügungsrecht über die Wohnungen nach Abs. V und VI.

IX. Die Zuweisung der Wohnung nach Abs. I—VIII erfolgt durch die Ortspolizeibehörde; diese ist verpflichtet, dem Antrage der zuständigen Behörde auf Zuweisung einer Wohnung an den von ihr bezeichneten Beamten sofort zu entsprechen.

X. Weigert sich der Vermieter mit dem zugewiesenen Beamten einen Mietvertrag abzuschließen, so hat die Ortspolizeibehörde die Festsetzung eines Zwangsmietvertrages bei der nach § 19 bezeichneten Stelle zu beantragen. Wird der Abschluß eines Zwangsmietvertrages abgelehnt, so kann die zuständige Behörde innerhalb der Frist des Abs. I wiederum über die Wohnung verfügen.

XI. Zuständige Behörde ist diejenige Oberste Landes- oder Oberste Reichsbehörde in Bayern, welcher der Beamte bis zu seiner Versetzung, seiner Ruhestandsversetzung, seinem Ausscheiden oder seinem Tode angehört hat. Die zuständige Behörde kann die Ausübung des ihr auf Grund dieser Verordnung zustehenden Verfügungsrechtes über Wohnungen an unterstellte Behörden oder auch an andere Behörden allgemein oder im Einzelfall übertragen.

XII. Trifft die zuständige Behörde über die freiwerdende Wohnung des Beamten innerhalb der Frist des Abs. I keine

Verfügung, so verfügt über die Wohnung die Ortspolizeibehörde zugunsten eines Beamten, falls ein solcher die Wohnung benötigt und zwar zunächst eines Beamten der betreffenden Körperschaft (Reich, Land usw.); Beamte, die Entschädigung für getrennte Haushaltführung beziehen, sind vorzugsweise zu berücksichtigen.

XIII. Versetzte Reichs- oder Staatsbeamte sind in der Reihenfolge der Wohnungsvormerkung um mindestens 3/4 Jahre vorzuziehen. Das Staatsministerium für Soziale Fürsorge behält sich vor, für einzelne Orte die Bevorzugungszeit zu erhöhen.

XIV. Unter Beamte im Sinne dieser Verordnung sind die planmäßigen und nichtplanmäßigen Beamten des Reiches, die etatmäßigen und nichtetatmäßigen Beamten Bayerns, die Beamten der Reichsbank und der Deutschen Reichsbahngesellschaft, die in den einstweiligen Ruhestand versetzten Beamten sowie Beamte im Vorbereitungsdienst, soweit sie die Stelle eines Beamten dauernd wahrnehmen, zu verstehen. Zu den Beamten zählen auch die Angehörigen der Reichswehr und Landespolizei.

XV. Diese Vorschriften finden auch auf Kreis-, Bezirks- und Gemeindebeamte, auf die Beamten der Träger der Sozialversicherung, sowie auf die Geistlichen der Religionsgesellschaften des öffentlichen Rechtes entsprechende Anwendung.

**1.** Diese Vorschrift — wiederholt amtlich erläutert und geändert, zuletzt noch am 1. Juli 1926 StAnz. Nr. 148 — enthält eine Sonderregelung für Wohnungen, deren Inhaber Beamte sind. In Betracht kommen nur Privatwohnungen in privaten Gebäuden; wegen der Dienstwohnungen und der Wohnungen in sog. fiskalischen Gebäuden vgl. §§ 8, 9 u. 22 u. vor allem Abs. I u. V. Die Regelung ist in erster Linie eine dienstrechtliche, insofern sie der dem Beamten vorgesetzten Behörde ein Verfügungsrecht über die Wohnung einräumt.

**2.** Zuständige Behörde ist die oberste Reichs- oder Landesbehörde und von ihr betraute unterstellte Behörde. Im einzelnen ist durch die Bek. vom 18. August 1926 StAnz. Nr. 192 hiezu unter Zusammenfassung früherer Bekanntmachungen als zuständige Behörde bezeichnet:

a) Im Geschäftsbereich des Staatsministeriums der Justiz:

1. an Orten, an denen sich nur ein Amtsgericht befindet, der Amtsgerichtsvorstand für die Wohnungen aller Justizbeamten des Amtsgerichtsbezirks, mit Ausnahme der Strafanstaltsbeamten,
2. an Orten, an denen sich ein Landgericht befindet, der Landgerichtspräsident für die Wohnungen aller Justizbeamten am Sitz des Landgerichts, mit Ausnahme der Strafanstaltsbeamten,

3. an Orten, an denen sich ein Oberlandesgericht befindet, der Oberlandesgerichtspräsident für die Wohnungen aller Justizbeamten am Sitze des Oberlandesgerichts, mit Ausnahme der Strafanstaltsbeamten,
4. für die Wohnungen von Strafanstaltsbeamten der Vorstand der Strafanstalt.

b) Im Geschäftsbereich des Reichspostministeriums:

die Oberpostdirektionen.

c) Im Geschäftsbereich der Deutschen Reichsbahngesellschaft, Gruppenverwaltung Bayern:

die Reichsbahndirektionen Augsburg, Ludwigshafen, München, Nürnberg, Regensburg und Würzburg, sowie die diesen Reichsbahndirektionen unterstellten Bau- und Betriebsinspektionen.

d) Für den Bereich des Wehrkreiskommandos (Bayer. VII) 7. (Bayer.) Division:

die Standortältesten; für die Standorte München, Ingolstadt und Grafenwöhr die Kommandanturen.

e) Für den Bereich der Reichsvermögensverwaltung in der Pfalz:

die Vermögensämter Kaiserslautern und Landau.

Sämtliche Bayerische Staatsministerien, mit Ausnahme des Staatsministeriums der Justiz, haben bisher von der Übertragungsbefugnis keinen Gebrauch gemacht, behalten sich jedoch vor, in einzelnen Fällen unterstellte Behörden mit der Ausübung des Verfügungsrechts über Beamtenwohnungen zu beauftragen; das gleiche gilt hinsichtlich der Landesfinanzämter München, Nürnberg und Würzburg, sowie der Hauptversorgungsämter München und Würzburg.

**3.** Beamte im Sinne der VO. sind (Abs. XIV) die plan-(etat)mäßigen und nichtplan(etat)mäßigen Beamten des Reichs und Bayerns, der Reichsbank und der Deutschen Reichsbahngesellschaft sowie die Angehörigen der Reichswehr und der Landespolizei.

Ihnen gleichgestellt sind (Abs. XV) die Beamten der Gemeinden, Bezirke und Kreise, der Krankenkassen, Berufsgenossenschaften und Landesversicherungsanstalten (Träger der Sozialversicherung) und endlich die Geistlichen der katholischen Kirche, der evang.-lutherischen Kirche rechts des Rheins, der vereinigten prot. Kirche der Pfalz und der reformierten Kirche.

Auch die in den einstweiligen Ruhestand versetzten Beamten sowie nach Maßgabe des Abs. XIV Halbsatz 2 Beamte im Vorbereitungsdienst zählen hieher.

**4.** Voraussetzung des Verfügungsrechts der Behörde ist

1. daß die Ortspolizeibehörde ohne die Sondernorm des § 27 auf Grund dieser VO. verfügungsberechtigt

wäre (Abs. II); nur wenn der Inhaber der Wohnung die tatsächliche und rechtliche Verfügungsgewalt aufgibt, wird die Wohnung frei. Dies ist nicht der Fall bei der Rechtsabtretung im Falle des Tausches;

2. daß eine Versetzung des Beamten vorliegt. Versetzung ist die dienstliche Abberufung des Beamten an einen anderen Ort; ihr gleichgestellt ist die Versetzung in den einstweiligen Ruhestand (mit Wartegeld), die Einberufung in einen anderen Dienstzweig, die Wohnsitzveränderung infolge Verlegung der Dienststelle und auch die freiwillige Aufgabe der Wohnung durch den Beamten (Abs. III, IV).

**5.** Sonderbestimmungen sind getroffen für den Fall, daß eine Wohnung mittelbar (dazu Stern, BayZ. 1925, 101 u. EA. 390) oder unmittelbar dadurch frei wird, daß

1. eine Dienstwohnung oder eine reichs- oder staatseigene Wohnung zugewiesen wird (Abs. V);
2. eine mit Arbeitgeberdarlehen erbaute Wohnung übernommen wird (Abs. VI);
3. eine Wohnung durch Todesfall, übertritt in den (zeitlichen oder dauernden) Ruhestand oder durch Ausscheiden eines Beamten aus dem Dienst frei wird (Abs. VII). Die Versetzung in den einstweiligen Ruhestand mit Wartegeld wird nach Abs. I, III behandelt.

**6.** Die Durchführung des behördlichen Verfügungsrechts erfolgt auf Antrag durch Zuweisung seitens der Ortspolizeibehörde. Dieser obliegt es auch die Festsetzung des Zwangsmietvertrages bei der nach § 19 zuständigen Stelle zu beantragen (Abs. IX, X).

Die Ortspolizeibehörde erlangt das ihr durch § 27 entzogene Verfügungsrecht unter den Beschränkungen des Abs. XII wieder, wenn die zuständige Behörde innerhalb der Frist des Abs. I keine Verfügung trifft.

**7.** Vordatierung der Vormerkungszeit. Sie beträgt wie bisher für Beamte mindestens ¾ Jahre, kann auch für einzelne Orte erhöht werden (Abs. XIII).

**8.** Einzelheiten zum bisherigen Recht v. Wehner, BayGemVZ. 1924, 508 Ziff. 7; 1925, 25 Ziff. 4; 1925, 106 Ziff. 4.

## § 28.

**Wollen Personen, die vor dem 1. Januar 1914 in Deutschland ihren Wohnsitz hatten, oder Personen, bei denen die in § 14 des Wohnungsmangelgesetzes genannten Voraussetzungen vorliegen, ihre selbständig benutzten Wohnungen innerhalb des Reichsgebietes miteinander tauschen, so sind sie verpflichtet, die Zustimmung der beteiligten Ortspolizeibehörden unter Bei-**

fügung des schriftlich gegebenen Einverständnisses der Vermieter vor Durchführung des Tausches einzuholen. Wird das Einverständnis durch die Vermieter versagt, so kann die gemäß § 19 zur Festsetzung des Zwangsmietvertrages zuständige Stelle das Einverständnis der Vermieter ersetzen. Unter diesen Voraussetzungen ist die Zustimmung der Ortspolizeibehörde innerhalb einer Frist von vierzehn Tagen zu erteilen; die Frist beginnt in dem Zeitpunkt, in dem die erforderlichen Unterlagen der Ortspolizeibehörde vollzählig vorliegen. Bei Überschreitung dieser Frist gilt die Genehmigung als erteilt.

**1.** Entspricht § 8 WMG. mit dem Abmaße, daß Satz 3 über die Aufrechterhaltung der Vorschriften über die zulässige Belegung und Benutzung in Wegfall gekommen ist. Vgl. § 8 WMG. Anm. 5.

Ohne § 28 wäre der Tausch nach § 25 genehmigungspflichtig, da andernfalls jede Umgehung dieser Vorschrift möglich wäre vgl. KG. Reger 43, 106.

Ein zwangsweiser Wohnungstausch gegen den Willen einer oder beider Parteien (Zwangsumquartierung, Wohnungswechsel) ist grundsätzlich nicht zulässig; auch jede mittelbare Einwirkung auf den Wohnungswechsel ist den Ortspolizeibehörden untersagt.

Abweichend von § 8 WMG. kann außer dem MEA. auch das Bezirksamt oder die Beschwerdestelle zur Festsetzung des Zwangsmietvertrages zuständig sein. Vgl. v. Wehner, BayGemVZ. 1924, 48 u. 509 Ziff. 8; 1925, 25 Ziff. 5.

**2.** Gebühr für die Zustimmung zum Wohnungstausch s. § 30 Anm. 4. Über die Verpflichtung zur Ausstellung einer Bestätigung § 9 Abs. 2.

## § 29.

I. Zuständig zu den Verfügungen und Entscheidungen dieser Verordnungen sind, soweit nichts anderes bestimmt ist, die Ortspolizeibehörden. Diese können mit Zustimmung der Aufsichtsbehörde unter Fortdauer ihrer Verantwortung und unter ihrer ständigen Aufsicht und Leitung die Anordnung und Durchführung der auf Grund dieser Verordnung zu treffenden Maßnahmen einer besonderen gemeindlichen Stelle (Wohnungsamt) übertragen.

II. Die Tätigkeit des Wohnungsamtes kann nach Beschluß des Gemeinderats mit Zustimmung der Aufsichtsbehörde durch einen Wohnungsausschuß wahrgenommen werden, der mit einem unparteiischen Vorsitzenden und der gleichen Anzahl von Mietern und Vermietern zu besetzen ist.

III. Als Ortspolizeibehörden im Sinne dieser Verordnung gelten in München, Nürnberg und Fürth die Stadträte.

**1.** Träger der wohnungspolitischen Maßnahmen ist grundsätzlich die Ortspolizeibehörde; Ausnahmen §§ 1, 2, 19 u. 23. Ihre Tätigkeit wird durch die Aufsichtsbehörde von Aufsichts wegen und nach Maßgabe der §§ 34, 35 im Rechtsmittelverfahren nachgeprüft. Ortspolizeibehörde ist in Landgemeinden der Bürgermeister (Art. 138 rrhein. GemO.), in Städten der Stadtrat (Art. 92 GemO.). Eine Mitwirkung des Gemeinderates ist bei Landgemeinden, vom Fall des Art. 140 GemO. abgesehen, ausgeschlossen. In München, Nürnberg und Fürth gilt der Stadtrat als Ortspolizeibehörde Abs. 3.

**2.** Das Wohnungsamt ist eine besondere gemeindliche Stelle. Ohne die Zustimmung der Aufsichtsbehörde (Bezirksamt, Regierung, K. d. J.) ist die Übertragung des Vollzuges der WMVO. auf diese Stelle unzulässig und wirkungslos; die in diesem Falle getroffenen Verfügungen sind, weil von einer unzuständigen Behörde getroffen, rechtlich unwirksam. Die Genehmigung ist auf dem Dienstweg zu erholen.

Bürgermeister bzw. Stadtrat sind der Aufsichtsbehörde gegenüber auch dann für die Tätigkeit der besonderen gemeindlichen Stelle verantwortlich, wenn sie selbst bei ihr nicht mitwirken. Aufsicht und Leitung bleibt ihr Recht und ihre Pflicht.

Beschwerden gegen die gemeindliche Stelle sind in der Regel vom Bürgermeister bzw. dem Stadtrat (Art. 94, 101, 102 GemO.) als Ortspolizeibehörde zu würdigen, ehe sie an die Gemeindeaufsichtsbehörde geleitet werden. Die gemeindliche Stelle ist nicht befugt, an Stelle oder im Namen des Stadtrates bzw. des Bürgermeisters zu handeln. In der Praxis wird zumeist das Wohnungsamt (der Wohnungsausschuß) unmittelbar der Aufsichtsbehörde die Akten vorlegen; dagegen wird nichts zu erinnern sein. Die Mitglieder des Wohnungsausschusses sind befugt, in Angelegenheiten, die dem Wohnungsausschuß zugewiesen sind, Anträge an den Stadtrat zu stellen, auch die Nachprüfung der Beschlüsse des Ausschusses anzuregen. Inwieweit der Stadtrat solchem Antrag stattgeben will, ist seinem Ermessen überlassen.

An Stelle des Wohnungsamtes kann auch ein besonderer Ausschuß (Wohnungsausschuß), in der Regel bestehend aus einem Vorsitzenden und zwei Beisitzern je zur Hälfte aus dem Kreise der Hausbesitzer und dem der Mieter, mit der Durchführung dieser Bek. betraut werden. Solche Ausschüsse sind im Vollzug der bayer. VO. vom 29. April 1919 betr. Bekämpfung ungebührlicher Mietzinssteigerungen gebildet und meist auch für die Durchführung der Maßnahmen zur Bekämpfung der Wohnungsnot verwendet worden. Auch für ihre Beibehaltung bedarf es nach § 29 der Zustimmung der Aufsichtsbehörde im einzelnen Fall. Der Antrag hat den Namen des Vorsitzenden, die Zahl der Beisitzer und Benennung ihrer Eigenschaft (Hausbesitzer oder Mieter) zu enthalten. Die Beibehaltung der früheren Wohnungsausschüsse als Wohnungsämter im Sinne des § 29 wird nach der Praxis des Ministeriums für soziale Fürsorge dann gestattet, wenn die Zusammensetzung des Ausschusses eine gerechte und unparteiische Sachbehandlung gewährleistet und wenn ein enges Zusammenarbeiten dieser Stelle mit der Ortspolizeibehörde sichergestellt ist.

Soweit jedoch neben dem Wohnungsamt ein Wohnungsausschuß bestellt ist, hat dieser nur eine das Wohnungsamt beratende und unterstützende Tätigkeit zu entfalten. Zuständig zur Durchführung der der Ortspolizeibehörde obliegenden Aufgaben ist auch in diesem Falle lediglich das Wohnungsamt; dagegen steht nichts im Wege, daß schwierige Fälle im Wohnungsausschuß vorberaten werden. Bei dieser Abgrenzung der beiderseitigen Tätigkeit sowie bei verständiger Handhabung der der Ortspolizei verbleibenden ständigen Aufsicht und Leitung werden sich Widersprüche zwischen Wohnungsamt und Wohnungsausschuß leicht vermeiden lassen (ME. vom 8. November 1921 Nr. 1568a 11).

Wegen des Wegfalls des Vorentscheidungsantrages nach Art. 7 BGG. vgl. RG. 106, 34; v. Schelhorn, JW. 1924, 1036; Abänderungsgesetz vom 7. März 1924 (GVBl. S. 65). Das bayer. BGG. hatte die Entscheidung des RG. vom 20. Febr. 1923 für das bayerische Recht abgelehnt Reger 43, 501 u. 44, 149.

Der Wohnungsausschuß, der vom Stadt(Gemeinde-)rat bestellt wird, ist „zur Besorgung bestimmter Geschäfte" im Sinne der Art. 106, 145 GemO. gebildet. Mitglieder des Stadt-(Gemeinde-)rats, die zu diesem Ausschusse abgeordnet werden, sind zur Annahme der Wahl verpflichtet, ohne daß ihnen ein Ablehnungsrecht nach Art. 172, 174 GemO. zustehen würde. Das Gleiche gilt von dem als Vorsitzenden des Wohnungsausschusses vom Bürgermeister gemäß Art. 106 Abs. 3 GemO. bestellten Mitglied des Stadt(Gemeinde-)rates.

## § 30.

**Die Ortspolizeibehörden sind verpflichtet, von den Befugnissen dieser Verordnung Gebrauch zu machen, soweit es zur Bekämpfung des Wohnungsmangels notwendig ist. Soweit dies nicht oder nicht in genügendem Maße geschieht, haben die Gemeindeaufsichtsbehörden die den Ortspolizeibehörden zukommenden Befugnisse an deren Stelle auszuüben.**

**1.** Die Handhabung der Befugnisse nach dieser Bekanntmachung zählt zu den gesetzlichen Aufgaben der Ortspolizeibehörde; sie handeln insoweit als Organe des Staates PreußOVG. PrVerwBl. 45, 164 (= DJZ. 1924, 237). Sie hat hiebei von Amts wegen die erforderlichen Anordnungen zu treffen, soweit solche nach objektiver Beurteilung der Verhältnisse notwendig sind. Auch Anträge dritter Personen sind, soweit sie nicht offenkundig zur Weiterbehandlung ungeeignet sind, zu würdigen; ergibt sich hierbei Gelegenheit zur Erfassung weiteren Wohnraums, so muß die Ortspolizeibehörde die erforderlichen Maßnahmen treffen, ohne daß die Erzwingung dieser Pflicht im ordentlichen Rechtsweg möglich wäre RG. 109, 294; RG. EA. 409. Abstandnahme von einer Wohnungsbeschlagnahme bei Bereitstellung anderen Wohnraumes oder bei Zahlung eines Geldbetrages (Loskauf) ist nicht allgemein zulässig; sie ist zulässig, wenn besondere Gründe vorliegen, namentlich dann, wenn die Durchführung der Beschlagnahme sich technisch schwierig gestalten oder zu besonderen Härten für die Wohnungsinhaber führen würde. Vgl. nunmehr die ausdrückliche Regelung in § 16 Abs. 5 u. § 17.

Wegen der allgemeinen Verpflichtung der Ortspolizeibehörden zur Unterbringung Obdachloser im Falle eines Notstandes vgl. § 33 MSchG. Anm. 2.

Auch wenn die Gemeinde aus dem Gebiete der Wohnungszwangswirtschaft als Organ des Staates handelt, so haftet für Übergriffe der Beamten des WA., die Gemeindebeamte sind, nicht der Staat, sondern die Gemeinde RG. EA. 414 u. 442; RG. BayZ. 1926, 124.

**2.** Wegen der ihr auf dem Gebiete der Wohnungsaufsicht obliegenden Verpflichtung zum Einschreiten bei Mißständen (Baufälligkeit, Gesundheitswidrigkeit, Überbelegung) vgl. die VO. über die Wohnungsaufsicht vom 10. Febr. 1901 GVBl. S. 73 (Neuer, BayGemVZ. 1924, 593) und die hierzu erlassenen oberpolizeilichen Vorschriften der einzelnen Regierungen. Dazu Spaet, „Die Wohnungsfrage vom gesundheitlichen Standpunkt", BayGemVZ. 1905, 6ff. und Mayr, Wohnungspolizei BayZ. 1918, 340. Wegen der Anwendung des Art. 73 PStGB. vgl. BayObLG. BayZ. 1924, 92 u. BayZ. 1925, 11.

**3.** Da die Gemeindeaufsichtsbehörde an die Stelle (§ 34) der Ortspolizeibehörde tritt, gelten für sie insoweit alle Bestimmungen, die nach dieser VO. von der Ortspolizeibehörde zu beachten sind. Die Kosten fallen der Gemeinde zur Last. Die Aufsichtsbehörde ist auch befugt, die Ortspolizeibehörde anzuweisen, einem Wohnungsuchenden die nächste in geeigneter Lage freiwerdende Wohnung in bestimmter Größe zuzuteilen. Diese Verfügung ist keine Anordnung in Gegenständen der Staatsaufsicht, die das gemeindliche Selbstverwaltungsrecht verletzt oder der Gemeinde eine gesetzlich nicht begründete Leistung auferlegt (VGHS. Bd. 42, 102).

**4.** Gebührenrecht. Soweit die Ortspolizeibehörden sowie die an ihrer Stelle handelnden Bezirksämter Verfügungen auf Grund dieser VO. treffen, die an sich d. h. abgesehen von ihrer Beziehung zu bestimmten Personen oder Gegenständen im öffentlichen Interesse und unabhängig von der Anregung einer privaten Person im Rahmen der diesen Behörden obliegenden Pflichtaufgaben ergehen müssen, sind sie als „Amtshandlungen, die unabhängig von dem Verschulden einer Partei im öffentlichen Interesse von Amts wegen gepflogen werden" nach Abs. 3 Ziff. 1 des Kostengesetzes gebührenfrei. Dies gilt insbes. für Beschlagnahmeverfügungen (§§ 7, 8), aber auch für die Erteilung der Zustimmung nach § 25, die der Beschlagnahme in ihrer Rechtswirkung gleichsteht.

Soweit es sich dagegen um die Inanspruchnahme der Ortspolizeibehörde lediglich im Interesse einer bestimmten Person handelt, z. B. bei der Führung der Vormerkungslisten §§ 15 ff., bei der Zuweisung einer Wohnung (im Vollzuge oder auch in Verbindung mit einer Verfügung nach §§ 7, 8, 25), bei der Zustimmung zu einem Wohnungstausch (§ 28) usw. ist die ergehende Verfügung nach Art. 143 ff. KostG. (in der Fassung vom 16. Febr. 1921 und 18. März 1922 GVBl. S. 35 und 209) grundsätzlich gebührenpflichtig, da das bei dem Vollzug der VO. durch die Ortspolizeibehörden allgemein hervortretende öffentliche Interesse für sich allein die Voraussetzungen des Art. 3 Ziff. 1 KostG. nicht zu erfüllen vermag.

Soweit hiernach Gebühren im Vollzuge der VO. zu erheben sind, fließen sie bei Erhebung durch die Bezirksämter in die Staatskasse (Art. 1 KostG.), bei Erhebung durch die Gemeindebehörden in die Gemeindekasse (Art. 165 KostG.), wobei für die unmittelbaren, einem Bezirksamt nicht unterstellten Gemeinden Art. 143 unmittelbar, für die mittelbaren Gemeinden dagegen gemäß Art. 164 KostG. nur nach Maßgabe des § 12 der VO. vom 28. Dez. 1914 (GVBl. S. 677) Geltung besitzt. Letztere VO. hat durch die VO. vom 1. Febr. 1923 (GVBl. S. 19) eine Ergänzung insofern erfahren, als die Gebühr des Art. 143 Abs. I Ziff. 3 (neue Fassung vom 18. März 1922 GVBl. S. 209) auch zur Erhebung kommt bei Gesuchen „um Vormerkung für die Zuweisung einer Wohnung, um Zuweisung einer Wohnung und um Zustimmung zu einem Wohnungstausch".

Gebührenerhebung außerhalb des Vollzuges der WMVO.: Art. 149 KostG. (schriftliche Erteilung eines Wohnungsaufschlusses).

Die Gebühren werden ab 1. Januar 1924 in Gold berechnet und in Reichsmark erhoben (§ 35 Anm. 3).

## § 31.

**Die Ortspolizeibehörden sind verpflichtet, die von ihnen verfügten Beschlagnahmen aufzuheben, wenn die Voraussetzungen für die Beschlagnahme weggefallen sind.**

**1.** Über den Wegfall der Voraussetzungen für eine Beschlagnahme vgl. Anm. 2 zu § 14. Würde die Ortspolizeibehörde ihrer Pflicht zur Aufhebung der Beschlagnahme nicht nachkommen, so könnte in entsprechender Anwendung des § 30 die Gemeindeaufsichtsbehörde (nicht das MEA.) von Amts wegen oder auf Antrag die Aufhebung verfügen.

**2.** Die Ortspolizeibehörde kann grundsätzlich die Beschlagnahmeverfügung jederzeit abändern; denn nach allgemein gültigem Verwaltungsgrundsatz sind die Verwaltungsbehörden an ihre Anordnungen nicht gebunden, sondern berechtigt — im Falle des § 31 sogar verpflichtet — ihre Verfügungen zurückzunehmen. Dieser Grundsatz unterliegt aber, wie in RG. 106, 142 für den Vollzug der VO. vom 15. März 1918 über den Verkehr mit landwirtschaftlichen Grundstücken ausgeführt ist, mancherlei Einschränkungen. „Die Befugnis zur selbständigen Abänderung der Verfügungen ist z. B. ausgeschlossen, wenn die Anfechtung derselben durch besondere Rechtsbehelfe [vgl. §§ 34, 35 WMVO.] geregelt ist oder die Gründe für die Zurücknahme durch Gesetz besonders bestimmt sind [hier nur bei der Zurücknahmeverpflichtung der Fall]. Ebenso wird die Verfügung nicht mehr zurückgenommen werden dürfen, wenn das genehmigte Unternehmen tatsächlich ins Werk gesetzt oder in Ausführung begriffen ist oder wenn dadurch in wohlerworbene Rechte Dritter eingegriffen würde.“ Auch durch die Beschlagnahmeverfügung wird ein subjektives Recht begründet: Verwirklichung des allgemeinen Wohnanspruchs des Wohnungsuchenden Hein, PreußVerwBl. 44, 269.

**3.** Die Aufhebung der Beschlagnahme als Rechtsfolge der Genehmigung der „freien Vermietung“ nach § 25 Abs. III ist für Untermietverhältnisse in § 25 Abs. VI vorgesehen.

## § 32.

**Stadträte und Gemeinderäte können zur Durchführung der Vorschriften dieser Verordnung allgemeine Anordnungen erlassen. Diese bedürfen der Genehmigung des Staatsministeriums für Soziale Fürsorge oder der vom Staatsministerium für Soziale Fürsorge zur Erteilung der Genehmigung ermächtigten Stelle.**

Die Anordnungen müssen sich im Rahmen der VO. halten; weitergehende Bestimmungen als in dieser VO. vorgesehen sind, können auch durch die allgemeinen Anordnungen der Gemeinde nicht getroffen werden. Dies gilt insbesondere von dem Verlangen nach Wohnungstausch. Auch dürfen solche allgemeine Anordnungen nicht gegen die Grundsätze der Reichs- und Länderverfassung verstoßen; es kann daher z. B. auf Grund des § 32 nicht allgemein angeordnet werden, daß junge Ehepaare von der Wohnungszuweisung grundsätzlich ausgeschlossen werden. Darin würde ein Verstoß gegen Art. 119 der Reichsverfassung liegen. Wegen einer speziellen innerdienstlichen Anweisung vgl. § 16 Anm. 3. Wegen der für die Vormerkung geltenden Grundsätze §§ 15, 16. Die Genehmigung der allgemeinen Anordnungen kann außer vom Staatsministerium für soziale Fürsorge auch von der hierzu ermächtigten Stelle erfolgen.

## § 33.

In Gemeinden, für deren Bezirk ein Mieteinigungsamt nicht errichtet ist, sind die in dieser Verordnung den Mieteinigungsämtern zugewiesenen Befugnisse von der gem. § 34 zur Verbescheidung von Beschwerden zuständigen Stelle auszuüben, mit Ausnahme der Festsetzung der Friedensmiete gem. § 25 Abs. VII.

**1.** Wo ein gemeindliches (bezirksgemeindliches) MEA. nicht besteht ist zuständig: die Beschwerdestelle (in unmittelbaren Städten) oder das Bezirksamt (in mittelbaren Gemeinden) § 34 Abs. 2 u. 5.

**2.** Da nur in den Fällen der §§ 19, 23 u. 25 dieser VO. eine solche Zuweisung der Befugnisse in Frage kommt, eine entsprechende Regelung aber in diesen Vorschriften bereits getroffen ist, entbehrt § 33 der praktischen Bedeutung.

**3.** Für die Feststellung (§ 2 Abs. 3 RMG.) oder die Festsetzung der Friedensmiete (§ 2 Abs. 4 RMG.) verbleibt es auch in Gemeinden ohne gemeindliches MEA. bei der Zuständigkeit des als MEA. tätigen Amtsgerichts § 37 Abs. 2 MSchG.; § 25 Abs. VII.

## § 34.

I. Gegen die auf Grund dieser Verordnung im Einzelfalle getroffenen Verfügungen der Ortspolizeibehörden können die Beteiligten innerhalb einer Woche nach Eröffnung der Verfügung Beschwerde einlegen. Die Beschwerde ist bei der Stelle einzureichen, welche die Verfügung getroffen hat. Diese kann der Beschwerde abhelfen.

II. Über Beschwerden gegen Verfügungen der Ortspolizeibehörden und Wohnungsämter entscheidet eine Beschwerdestelle. Für jede unmittelbare Stadt ist eine solche zu errichten. Sie ist mit einem rechtskundigen Vorsitzenden und je einem Vertreter der Mieter und Vermieter zu besetzen. Der rechtskundige Vorsitzende und die Beisitzer werden vom Stadtrat bestellt. Falls die örtlichen Organisationen der Mieter und Vermieter Vorschlagslisten für die Wahl der Beisitzer zum Mieteinigungsamt einreichen, sind die Beisitzer der Beschwerdestelle aus diesen Vorschlagslisten zu bestellen.

III. In dieser Besetzung entscheiden die Beschwerdestellen über Beschwerden gegen Verfügungen der Ortspolizeibehörden und Wohnungsämter, durch die in bestehende Rechte eingegriffen wird. In den übrigen Fällen entscheidet der Vorsitzende der Beschwerdestelle oder sein Stellvertreter im Büroweg.

IV. Die Stadträte der unmittelbaren Städte werden ermächtigt, die den Beschwerdestellen auf Grund dieser Verordnung zukommenden Befugnisse den gemeindlichen Mieteinigungsämtern zu übertragen. Die Mieteinigungsämter gelten in diesem Falle als Beschwerdestellen.

V. Über Beschwerden gegen Verfügungen der Ortspolizeibehörden und Wohnungsämter mittelbarer Gemeinden entscheiden als Beschwerdestellen die Mieteinigungsämter, soweit solche nicht vorhanden sind, die Bezirksämter.

VI. Über Beschwerden gegen Verfügungen, die von den Bezirksämtern an Stelle der Ortspolizeibehörden erlassen werden, entscheiden die Regierungen, K. d. J.

**1.** Beschwerderecht und Beschwerdefrist. Entsprechend § 16 WMG. ist beschwerdeberechtigt jeder, der durch die Verfügung unmittelbar in einer Rechtsbeziehung betroffen wird Held, BayGemVZ. 1922, 204; Kiefersauer, BayGemVZ. 1924, 625. Beschwerdeberechtigt ist auch die Gemeindebehörde (WA.), wenn die Entscheidung zu ihren Ungunsten ergangen ist RG. JW. 1924, 843. Wer für die Zuweisung vorgemerkt ist, hat, wie in § 15 Abs. 2 ausdrücklich ausgesprochen ist, keinen Rechtsanspruch auf Zuweisung einer Wohnung und ist daher nicht beschwerdeberechtigt, wenn einem anderen Wohnungsuchenden eine Wohnung zugewiesen wird. Auch dem zugewiesenen Zwangsmieter steht ein Beschwerderecht nicht zu.

Die Beschwerdefrist beträgt eine Woche. Die Frist ist unerstrecklich; bei Versäumung erfolgt Zurückweisung der Beschwerde ohne sachliche Prüfung. Jede Verfügung, nicht nur die Beschlagnahmeverfügung § 11, ist mit schriftlicher Begründung und Beschwerdebelehrung dem Betroffenen zuzustellen § 39. Wegen der Berechnung der Frist vgl. die §§ 221, 222 ZPO. und §§ 187, 188 BGB., die hier entsprechend anzuwenden sind. Bei unrichtiger oder unvollständiger Beschwerdebelehrung beginnt die Frist nicht zu laufen § 39.

Beschwerdefähig sind nur Verfügungen der Ortspolizeibehörden als solche (nicht anderer Behörden §§ 1, 2) und nur solche Verfügungen, die — im Gegensatz zu den Anordnungen des § 34 — im Einzelfalle getroffen worden sind.

Die Beschwerde, die man als Rechtsbeschwerde bezeichnen könnte, ist im Gegensatz zu der Aufsichtsbeschwerde (§ 1 Anm. 9) ein Rechtsmittel, das dem Beschwerdeberechtigten einen Anspruch auf Entscheidung durch die Beschwerdeinstanz gibt, sofern dem Beschwerdeantrag nicht ohnehin schon durch die Ortspolizeibehörde stattgegeben wird (Abs. 1 Satz 3).

**2.** Beschwerdeinstanzen sind

a) gegenüber Verfügungen der Ortspolizeibehörden (Wohnungsämter § 29) in unmittelbaren Städten (Abs. 2—4): die Beschwerdestellen;

b) gegenüber Verfügungen der Ortspolizeibehörden (Wohnungsämter § 29) in mittelbaren Gemeinden (Abs. 5): die MEA. bzw. die Bezirksämter;

c) gegenüber Verfügungen der Bezirksämter (an Stelle der Ortspolizeibehörden) Abs. 6: die Regierungen, Kammern des Innern.

In Betracht kommen nur die gemeindlichen (bezirksgemeindlichen) Mieteinigungsämter (Abs. 5); die Amtsgerichte sind auch da, wo sie die Aufgaben der MEA. übertragen erhalten haben, mit dem Vollzuge der WMVO. nicht betraut.

Soweit auf Grund des Abs. 4 die Aufgaben der Beschwerdestelle den gemeindlichen MEA. übertragen werden, entscheiden diese nicht als MEA., sondern als Beschwerdestellen; als solche unterstehen sie der Aufsicht der Gemeindeaufsichtsbehörden § 35.

Im übrigen gilt

1. hinsichtlich der Zusammensetzung der Beschwerdeinstanzen:

Bezirksämter und Regierungen, K. d. J., entscheiden im Büroweg ohne Zuziehung von Beisitzern;

die MEA. (auch als Beschwerdestellen Abs. 4 u. 5) entscheiden in der Besetzung von einem Vorsitzenden und zwei Beisitzern (§ 39 MSchG., Ziff. I, 4, 5 AusfBest.);

die Beschwerdestellen entscheiden in der Besetzung nach Abs. 2, soweit nicht auf Grund des Abs. 3 der Vorsitzende allein tätig sein kann;

2. hinsichtlich des Verfahrens vor den Beschwerdeinstanzen:

Bezirksämter und Regierungen, K. d. J., entscheiden ohne förmliches Verfahren (ebenso v. Wehner, Bay. GemVZ. 1925, 25 Ziff. 6) im Büroweg;

auf die Beschwerdestellen und die im Vollzuge des WMG. und der WMVO. tätig werdenden MEA. finden nach § 35 Abs. 4 die für das Verfahren vor den MEA. geltenden Vorschriften — vorbehaltlich der aus § 35 Abs. 2 und 3 sich ergebenden Abweichung — entsprechende Anwendung.

Für die rechtliche Beurteilung ist die Vorschrift des § 35 Abs. 2 von größter Wichtigkeit; auch die MEA. sind, soweit sie im Vollzuge des WMG. und der WMVO. — vgl. § 34 Abs. 4 und 5 — tätig werden, der Aufsicht der für die Gemeinde bestehenden Aufsichtsbehörden unterworfen und haben deren Anordnungen auch bei der Spruchtätigkeit zu befolgen.

Neu eingeführt — zum bisherigen Recht vgl. 2. Aufl. S. 230; LG. München I BayZ. 1924, 127 u. BayObLG. BayZ. 1924, 175 — an Stelle der Aufsichtsbeschwerde ist die Rechtsbeschwerde; sie ist der einzige, den Beteiligten zustehende Rechtsbehelf gegen die Entscheidung der Beschwerdestellen (Beschwerdestelle, MEA., Bezirksamt, Regierung, K. d. J.) § 34 und der Mieteinigungsämter oder Bezirksämter in den Fällen der §§ 19 u. 28. Die Beschwerde im Falle des § 23 Abs. 2 ist hiernach keine Rechtsbeschwerde. Die Rechtsbeschwerde ist entsprechend ihrem Vorbild in § 41 MSchG. nur damit zu begründen, daß die Entscheidung als auf einer Gesetzesverletzung beruhend erachtet wird.

Weniger praktische Bedeutung ist der Vorschrift des § 35 Abs. 2 beizumessen, wonach auch die MEA. an Stelle des billigen Ermessens (§ 40 Abs. 3 MSchG.) nach freiem Ermessen zu befinden haben; denn auch dieses freie Ermessen wird durch die Bindung der Beschwerdestelle an die Rechtsnormen dieser VO. eingeschränkt.

**3.** Die Beschwerdestelle. Die Errichtung einer besonderen Beschwerdestelle ist Pflichtleistung der unmittelbaren Gemeinde, zu deren Erfüllung sie durch die vorgesetzte Regierung, K. d. J., angehalten werden kann (§ 37 MSchG.), solange der Stadtrat nicht von der Ermächtigung nach Abs. 4 Gebrauch macht.

Für den Vorsitzenden ist Befähigung zum Richteramt erforderlich; der Vermieter muß aus dem Kreise der Hausbesitzer entnommen werden §§ 7, 38 MSchG. Für die Auswahl der Beisitzer, ihre Berufung — soweit nicht Abs. 2 Satz 5 etwas anderes bestimmt — ihre Ablehnung und die sonst bei der Ausübung des Amtes in Betracht kommenden Verhältnisse werden die Bestimmungen des § 7 Abs. 3 MSchG. entsprechend anzuwenden sein. Wegen der Berücksichtigung des Landhausbesitzes vgl. die Erl. zu § 43.

Die Spruchtätigkeit der Beschwerdestelle (im Gegensatz zu ihrer Organisation nach Abs. 2; vgl. §§ 38, 39 MSchG.) kommt nur für Fälle in Betracht, in denen in bestehende Rechte durch die Verfügung der Ortspolizeibehörde (WA.) eingegriffen wird. Da die Beschwerde grundsätzlich nur von solchen Beteiligten erhoben werden kann, in deren Rechtssphäre die Verfügung eingegriffen hat, so folgt hieraus, daß die Abweisung von Beschwerden mangels Beschwerdeberechtigung vom Vorsitzenden allein und ohne Verhandlung vorgenommen werden kann. Das gleiche wird — obwohl eine Bestimmung hiefür fehlt — aus praktischen Gründen bei Versäumnis der Beschwerdefrist zu gelten haben; ist es dem Vorsitzenden überlassen, über die Frage der Beschwerdeberechtigung allein zu befinden, so gilt dies um so mehr für die Beurteilung der Frage, ob die vorgeschriebene Beschwerdefrist eingehalten ist.

Die MEA. sind bei Ausübung der Tätigkeit als Beschwerdestellen nicht unabhängige Spruchstellen, sondern nach ausdrücklicher Bestimmung des § 35 der Staatsaufsicht unterstellte Verwaltungsstellen.

## § 35.

**I. Gegen die Entscheidungen der Beschwerdestellen nach § 34 und der Mieteinigungsämter und Bezirksämter nach §§ 19 und**

28 steht den Beteiligten innerhalb einer Frist von einer Woche nach Eröffnung der Verfügung die Rechtsbeschwerde zu, die nur darauf gestützt werden kann, daß die Entscheidung auf einer Verletzung des Gesetzes beruhe. Die Beschwerde ist bei der Stelle einzureichen, welche die angegriffene Verfügung erlassen hat; erachtet diese Stelle die Beschwerde für begründet, so hat sie ihr abzuhelfen, andernfalls muß sie die Beschwerde der nächstvorgesetzten Aufsichtsbehörde unverzüglich vorlegen, die endgültig im Büroweg entscheidet.

II. Die Beschwerdestellen und die Mieteinigungsämter, soweit sie im Vollzuge des Wohnungsmangelgesetzes und der gegenwärtigen Verordnung tätig werden, sind Verwaltungsstellen, die unter der Aufsicht des Staatsministeriums für Soziale Fürsorge und der Aufsichtsbehörden ihrer Gemeinden entscheiden; sie haben sich in ihrer Tätigkeit an die von ihren vorgesetzten Stellen aufgestellten Verwaltungsgrundsätze für die Handhabung der Vorschriften über Maßnahmen gegen Wohnungsmangel zu halten.

III. Im übrigen entscheiden die Bezirksämter, Beschwerdestellen und Mieteinigungsämter nach freiem Ermessen.

IV. Für das Verfahren vor den Beschwerdestellen und Mieteinigungsämtern gelten die für das Verfahren vor den Mieteinigungsämtern erlassenen Vorschriften entsprechend.

V. Bei Abweisung der Beschwerden werden die Gebühren erhoben, die das Bayer. Kostengesetz vorsieht; bei Mieteinigungsämtern und Beschwerdestellen unmittelbarer Städte kommen die Gebühren für die Bescheide der Bezirksverwaltungsbehörden in Ansatz. Im Falle der Abweisung der Beschwerde sind weiter die baren Auslagen des Verfahrens festzusetzen und ist zu bestimmen, wer sie zu tragen hat. Falls die Regierungen, K. d. J., über Beschwerden gegen Verfügungen entscheiden, die von den Bezirksämtern an Stelle der Ortspolizeibehörden erlassen wurden, gilt dies entsprechend.

**1.** Die R e ch t s b e s ch w e r d e ist auf Grund des § 16 WMG. — und, soweit die MEA. in Betracht kommen, unter dem Zwang dieser Vorschrift KG. JW. 1924, 842 — neu eingeführt. Sie ist nur zulässig gegenüber den Entscheidungen der MEA. und Bezirksämtern in den Fällen der §§ 19 und 28 sowie der in § 34 bezeichneten Beschwerdestellen. Beschwerdeberechtigt sind die am Verfahren Beteiligten § 34 Anm. 1; § 16 WMG. Anm. 3.

Die Beschwerdefrist läuft von der Zustellung der Entscheidung an § 39; die Frist beträgt eine Woche. Bei Fristversäumung ist in entsprechender Anwendung der §§ 233 ff. ZPO. — allgemeiner Rechtsgedanke — Wiedereinsetzung in den vorigen Stand zulässig KG. JW. 1925, 1128.

Die Einlegung der Beschwerde erfolgt bei der Stelle, die die angegriffene Entscheidung erlassen hat. Die Einreichung der

Rechtsbeschwerde bei der vorgesetzten Aufsichtsbehörde selbst genügt zur Wahrung der Frist vgl. § 569 ZPO., vor allem aber die Deklaration vom 15. Juni 1898 GVBl. S. 294, die hier entsprechend anzuwenden sein dürfte. Die zuständige Stelle hat die Pflicht der Beschwerde abzuhelfen, wenn sie dieselbe für begründet erachtet. Die Zurücknahme der Beschwerde ist jederzeit zulässig, nicht erst wenn sie der zuständigen Stelle vorgelegt wird.

Die Rechtsbeschwerde ist nur begründet, wenn nachgewiesen wird, daß eine Gesetzesverletzung vorliegt, auf der die Entscheidung beruht. Eine unwiderlegliche Vermutung des ursächlichen Zusammenhangs besteht — abweichend von § 41 Abs. 2 Satz 2 u. 3 MSchG. — hier nicht. Der Kausalzusammenhang ist daher von der Aufsichtsbehörde nach freiem Ermessen zu prüfen vgl. § 41 Anm. 3. Das Gesetz ist verletzt, wenn eine Rechtsnorm nicht oder nicht richtig angewendet worden ist.

Über die Rechtsbeschwerde entscheidet die der entscheidenden Stelle nächstvorgesetzte Aufsichtsbehörde endgültig d. h. ohne die Möglichkeit einer weiteren Beschwerde § 42 MSchG. Anm. 4. Zuständig ist hiernach die Regierung, K. d. J., oder das Staatsministerium für Soziale Fürsorge; § 36 Satz 1 bedarf insoweit einer Einschränkung. Die Entscheidung erfolgt im Büroweg.

Die Aufsichtsbehörde hat zu prüfen

1. ob die Beschwerde frist- und formgerecht eingelegt ist. Ist dies nicht der Fall, so ist die Beschwerde als unzulässig zurückzuweisen;
2. ob die ergangene Verfügung formell ordnungsmäßig erfolgt ist und
3. ob die materiellen Voraussetzungen für den Erlaß der Verfügung vorliegen (Zeitpunkt des Erlasses LG. Hamburg EA. 448).

Keine Beschränkung der Aufsichtsbehörde in der Vornahme tatsächlicher Feststellungen. Wegen der aufschiebenden Wirkung der Rechtsbeschwerde sowie der Möglichkeit der Einstellung oder Anordnung des sofortigen Vollzugs vgl. § 37. Begründungszwang des § 39 gilt auch hier.

**2.** Die Spruchtätigkeit ist keine unabhängige, sondern eine dem Einfluß der für die Gemeinde zuständigen Aufsichtsbehörde unterliegende. Aufsichtsbehörde gegenüber dem MEA. in unmittelbaren Städten, gegenüber der Beschwerdestelle (§ 35 Abs. 2), ferner (Art. 13 Abs. 1 SV.) gegenüber dem bezirksgemeindlichen MEA. (Ziff. I, 2 bayer. AusfBest. z. MSchG.) ist die Regierung, Kammer des Innern; über gemeindliche MEA. in mittelbaren Gemeinden führt das der Gemeinde vorgesetzte Bezirksamt die Aufsicht. Die Oberaufsicht steht nach Abs. 2 nicht dem Staatsministerium des Innern, sondern dem Staatsministerium für Soziale Fürsorge zu.

Die Ausübung der Staatsaufsicht erfolgt von Amts wegen oder aus Anlaß der Einreichung einer Aufsichtsbeschwerde. Die Aufsichtsbehörde kann die Entscheidung des MEA. (der Beschwerdestelle) aufheben oder abändern; sie kann auch außerhalb eines Einzelfalles allgemeine Weisungen (Verwaltungsgrundsätze) an die MEA. und Beschwerdestellen ergehen lassen, an die diese bei ihrer Spruchtätigkeit gebunden sind. Dies gilt insbesondere für Rechtsauslegungen (Rechtsentscheide), die nicht nur wie im Falle des § 24 VerfAO. in der Sache, sondern allgemein für verbindlich erklärt werden können.

Wegen der Ausschließung des Beschwerderechts zum Staatsministerium für Soziale Fürsorge vgl. § 36. Die Dienstaufsichtsbeschwerde wird durch die Einführung der Rechtsbeschwerde nicht ausgeschlossen; dazu hätte es einer ausdrücklichen Vorschrift bedurft. Aus Abs. 2 folgt das Gegenteil. Sie ist aber kein Rechtsmittel, durch das eine materielle Entscheidung der höheren Stelle herbeigeführt werden könnte. Ob und inwieweit sich die Aufsichtsbehörde auf die Aufsichtsbeschwerde hin sachlich mit der Angelegenheit befassen will, steht in ihrem Ermessen. Nach Ablauf der Frist für die Rechtsbeschwerde wird sich die Aufsichtsbehörde praktisch regelmäßig einer sachlichen Nachprüfung enthalten.

Die als Aufsichtsbeschwerde bezeichnete Beschwerde wird unter Umständen als Rechtsbeschwerde zu behandeln sein, da die Bezeichnung als „Rechtsbeschwerde" ebensowenig wie in § 41 MSchG. vorgeschrieben ist; falsa demonstratio non nocet. Erforderlich ist nur, daß aus dem Schriftstück unzweifelhaft hervorgeht, daß die Entscheidung einer höheren Instanz herbeigeführt werden will; eine bloße Gegenvorstellung ist überhaupt keine Beschwerde.

**3.** Gebühren. § 46 MSchG. gilt auch nicht für die Entscheidungen der MEA. Gebührenfreiheit für Verfügungen der Ortspolizeibehörden § 30 Anm. 4. Die Gebührenberechnung erfolgt ab 1. Januar 1924 nach bestimmten Grundsätzen in Gold, MinBek. vom 4. Jan. und 28. März 1924 (GVBl. S. 7 u. 132). Zahlung kann nur in Reichsmark, der Einheit der derzeitigen Reichswährung, verlangt werden.

Über den Begriff der baren Auslagen vgl. § 46 MSchG. Anm. 4.

Die Entscheidung über die Kostentragung steht im freien Ermessen der Spruchbehörde; auch dem obsiegenden Teile kann ein Teil der Auslagen überbürdet werden.

Die Gebühr für die Mittelstelle ist im Falle des Satzes 3 in Ansatz zu bringen; Umfang und Zahlungsverpflichtung hinsichtlich der baren Auslagen festzustellen.

## § 36.

Eine Beschwerde an das Staatsministerium für Soziale Fürsorge findet in keinem Falle statt. Das Staatsministerium für Soziale Fürsorge behält sich jedoch vor, aus erheblichen Gründen des öffentlichen Interesses, Ortspolizeibehörden zur Zuweisung von Wohnungen an bestimmte Persönlichkeiten zu veranlassen und den Vollzug an Verfügungen, die auf Grund der Vorschriften über Maßnahmen gegen Wohnungsmangel ergangen sind, einzustellen.

**1.** Die Aufsichtsbeschwerde bzw. Oberaufsichtsbeschwerde ist dadurch nicht eingeschränkt, gemeint ist lediglich, daß ein weiteres (förmliches) Rechtsmittel zur Herbeiführung einer letztinstanziellen Entscheidung durch das Ministerium nicht eingeräumt ist. Gesonderte Erledigung findet die Dienstaufsichtsbeschwerde gegen eine Behörde oder Stelle aus Anlaß des Vollzuges dieser VO.

**2.** Die Zuständigkeit des Staatsministeriums zur Entscheidung über die Rechtsbeschwerde nach § 35 wird durch diese Vorschrift nicht berührt § 35 Anm. 1.

## § 37.

Die Beschwerde nach § 34 und die Rechtsbeschwerde nach § 35 Abs. I haben aufschiebende Wirkung. Beschwerden solcher Personen, die eine freigewordene Wohnung ohne Genehmigung der Ortspolizeibehörde (§ 25) unrechtmäßig nach dem Freiwerden bezogen haben, ohne in dieser Wohnung bisher gewohnt zu haben, ist die aufschiebende Wirkung versagt. In der Räumungsverfügung ist hierauf besonders hinzuweisen mit dem Bemerken, daß die Zwangsräumung ungeachtet der Einlegung einer Beschwerde nach drei Tagen vollzogen werden kann. Die zur Verbescheidung der Beschwerde zuständigen Stellen können den vorläufigen Vollzug einer Verfügung der unteren Instanz vor und nach Einlegung einer Beschwerde, sowie den sofortigen Vollzug ihrer eigenen Entscheidung anordnen, wenn eine Abänderung der Entscheidung voraussichtlich nicht zu erwarten ist. Die zur Verbescheidung der Beschwerden zuständigen Stellen können den angeordneten sofortigen Vollzug einstellen.

**1.** Die grundsätzlich aufschiebende Wirkung der Beschwerde und Rechtsbeschwerde ist ohne weiteres versagt den sog. Schwarzmietern, wobei der Begriff aus § 25 zu schöpfen ist. Über die Regel des § 39 hinaus ist hierauf bei der Räumungsverfügung besonders hinzuweisen; die Zwangsräumung kann innerhalb drei Tagen erfolgen.

**2.** Zur Anordnung des vorläufigen Vollzuges der eigenen Entscheidung oder derjenigen der unteren Instanz — vor oder nach Einlegung des Rechtsmittels — ist die zur Verbescheidung der Beschwerde zuständige Stelle befugt. Voraussetzung ist lediglich, daß nach pflichtgemäßem Ermessen dieser Stelle eine Abänderung voraussichtlich nicht zu erwarten steht. Auf die Dringlichkeit des Falles oder auf die aus der Anordnung für die Beteiligten drohenden Nachteile kommt es — abweichend vom bisherigen Recht — nicht weiter an.

**3.** Die Einstellung des angeordneten sofortigen Vollzugs kann die Beschwerdestelle anordnen, worüber sie nach freiem Ermessen befindet § 35 Abs. 3.

## § 38.

I. Die zur Bekämpfung des Wohnungsmangels getroffenen Verfügungen können im Wege des unmittelbaren polizeilichen Zwanges durchgeführt werden. Insbesondere können Wohnungen, die unter Verletzung der Vorschriften dieser Verordnung bezogen worden sind, im Wege unmittelbaren Zwanges geräumt werden. Das gleiche gilt, wenn im Falle des § 12 Abs. III die Räumung verweigert wird. Unmittelbarer Zwang kann ferner angewendet werden, wenn der Verfügungsberechtigte nach Festsetzung des Zwangsmietvertrages sich weigert, dem Zwangsmieter die zugewiesenen Räume zu überlassen, und wenn im Falle des § 13 die Vornahme baulicher Änderungen und sonstiger Arbeiten verhindert wird.

II. Die Kosten fallen dem Ungehorsamen zur Last. Sie werden in unmittelbaren Städten wie Gemeindegefälle, im übrigen gem. Artikel 6 des Gesetzes zur Ausführung der Reichszivilprozeßordnung und Konkursordnung beigetrieben.

III. Gegen Reich und Land ist die Anwendung derartiger Zwangsmaßnahmen unzulässig, das gleiche gilt für die Reichsbank und die Deutsche Reichsbahngesellschaft.

**1.** Entspricht § 11 WMG. Abwendung der Zwangsräumung durch Geldzahlung ist unzulässig § 17 Abs. 2. Schwarzmieter können im Falle des § 37 Satz 2 u. 3 ungeachtet der Beschwerdeeinlegung innerhalb drei Tagen aus der Wohnung zwangsweise entfernt werden. Polizeiliche Räumung bei Beziehung vor der Erteilung der Bestätigung nach § 25 Abs. IV.

**2.** Den Umfang und die Art des im Einzelfall erforderlichen Zwangsmittels zu bestimmen, ist dem pflichtgemäßen Ermessen der Ortspolizeibehörde überlassen (vgl. Schiedermair Art. 21 Anm. 5 PolStGB.). Überschreitungen können die Ortspolizeibehörde unter Umständen schadensersatzpflichtig machen. In jedem Fall wird es sich empfehlen, abzuwarten, ob der Betroffene von den ihm zustehenden Rechtsbehelfen Gebrauch macht oder darauf ausdrücklich oder durch Versäumung der Frist verzichtet hat.

Voraussetzung für die Zulässigkeit von Zwangsmaßnahmen ist, daß die Verfügung sich im Rahmen der durch die WMVO. den Ortspolizeibehörden übertragenen Befugnisse hält, ferner, daß die Verfügung ordnungsgemäß (nach Form und Inhalt) erlassen ist (§ 11, § 29).

Wegen Unzulässigkeit der Zwangsmaßnahmen gegen Reich, Land und Reichsbank vgl. Abs. 3. Wegen der Reichsbahngesellschaft vgl. § 11 Anm. 3 WMG.

Die nach Art. 21 PolStGB. zuständige Behörde kann innerhalb des ihr zugewiesenen Wirkungskreises auch Ungehorsamsstrafen androhen und auch auf Grund dieser Vorschrift die Räumung durchführen. Dies ist von Bedeutung für jene Fälle, in denen die WMVO. nicht gilt (§ 40 Abs. 2).

Über vorläufige Festsetzung des Zwangsmietvertrages § 19 Abs. 2 Satz 3; über Einweisung vor Festsetzung § 4 WMG. Anm. 3 a. E.; a. M. v. Wehner, BayGemVZ. 1925, 26 Ziff. 7.

**3.** Außerhalb des Wohnungsmangelgesetzes steht der Ortspolizeibehörde (§ 16 der ZuständigkeitsVO. vom 4. Jan. 1872 RegBl. S. 25) nach Art. 38 PolStGB. das Recht zu, bei nicht streitigen Verpflichtungen zur Wohnungsräumung die von ihr getroffenen Anordnungen zwangsweise zu vollziehen. Voraussetzung ist: die Räumungsverpflichtung darf vom Räumungsverpflichteten nicht bestritten sein; es genügt ein ernstlich gemeintes, wenn auch offensichtlich unberechtigtes Bestreiten (so Schiedermair, PolStGB. Anm. 2; a. M. Lindner, BayGem.-VZ. 1905, 444 und Steinbach, BayGemVZ. 1907, 632). Die Entscheidung darüber, ob die Bestreitung nach bürgerlichem Recht oder nach dem Mieterschutzrecht (VGH. 43, 8) begründet ist oder nicht, steht nicht der Ortspolizeibehörde zu (Bestelmeyer, Seuff-Bl. 63, 108); Art. 38 PolStGB. ist daher nicht anwendbar, wenn ein Streit besteht, wohl aber, wenn der Räumungspflichtige in der Wohnung verbleibt, ohne Gründe anzugeben. Die Befugnisse des Art 38 greifen nur Platz, wenn es sich um die Räumung von Wohnungen, Teilen einer solchen oder Nebenräumen einer Wohnung handelt, nicht aber bei Räumung von Geschäftsräumen. Unerheblich ist dagegen, ob die Wohnung bisher auf Grund bürgerlich-rechtlichen Rechtsverhältnisses (insbes. Miete) oder aus öffentlichem Rechtsgrunde (a. M. Steinbach a. a. O. S. 632) oder überhaupt ohne Rechtsgrund in Besitz genommen wurde.

Wegen des Art. 73 PStGB. vgl. § 30 Anm. 2.

**4.** Gegen eine auf Grund dieser Vorschrift angeordnete Zwangsmaßnahme ist ein besonderes Rechtsmittel, insbesondere eine Beschwerde zum MEA., dem Bezirksamt oder der Beschwerdestelle nach § 34 nicht zulässig. Wohl aber ist gegen die Anwendung polizeilichen Zwanges die allgemeine Aufsichtsbeschwerde zulässig. Der Verwaltungsrechtsweg ist ausgeschlossen.

Zu der ganzen Frage vgl. Ziegler, Das Recht des Zwangsvollzugs in Bayern, Annalen d. D. Reichs 1915, 724 ff.

5. Verschiedenartige Regelung des Beitreibungsverfahrens für die Kosten: in unmittelbaren Städten werden sie nach Art. 21, 22, 23 des VollzGes. z. Finanzausgleichgesetz in der Fassung vom 30. April 1924 (GVBl. S. 156) wie Gemeindegefälle (Ausstandsverzeichnis), im übrigen nach Art. 6 AGzZPO. und KO. (Erteilung der Vollstreckungsklausel) beigetrieben.

## § 39.

Die zur Bekämpfung des Wohnungsmangels getroffenen Verfügungen sind unter Belehrung über Zulässigkeit, Form und Frist der Beschwerde mit schriftlicher, tatsächlicher und rechtlicher Begründung dem Betroffenen zuzustellen. Die Zustellung entfällt, wenn die Entscheidung am Schlusse einer mündlichen Verhandlung in Gegenwart des Betroffenen oder seines Vertreters unter Beschwerderechtsbelehrung verkündet wurde.

Entspricht § 11 WMG. Neu ist die Vorschrift, daß die Verfügung eine Belehrung über Zulässigkeit, Form und Frist der Beschwerde enthalten muß. Über die Rechtsfolgen der Unterlassung vgl. § 14 MSchG. Anm. 3. Der neu eingefügte Satz 2 entspricht der Auffassung des KG. JW. 1924, 844; vgl. hierzu aber auch § 41 MSchG. Anm. 1.

Wegen der besonderen Hinweise bei Räumungsverfügungen vgl. § 37 Satz 3.

## § 40.

I. Als Wohnungen im Sinne dieser Verordnung gelten auch Wohnräume, in denen eine eigene Wirtschaft oder Haushaltung geführt wird oder geführt werden kann.

II. Die Vorschriften des Wohnungsmangelgesetzes und dieser Verordnung finden auf Neubauten oder durch Um- oder Einbauten neugeschaffene Räume keine Anwendung, wenn sie nach dem 1. Juli 1918 bezugsfertig geworden sind oder künftig bezugsfertig werden.

III. Die mit Unterstützung des Hilfswerkes Oppau errichteten Räume unterliegen in allen Fällen der Beschlagnahme.

1. Als Wohnung gilt eine Gesamtheit von Räumen, die zum Aufenthalt des Inhabers zu dienen bestimmt ist. Meist kommt nur eine selbständige, abgeschlossene Wohnung in Frage. Vgl. § 33a MSchG. Als Wohnungen gelten nach Abs. 1 aber auch Einzelräume in Wohnungen, jedoch nur insoweit darin eine eigene Wirtschaft oder Haushaltung geführt werden kann oder geführt wird. Durch diese Neuregelung ist Übereinstimmung mit §§ 24, 29 MSchG. erzielt. Wegen der Begriffe vgl. die Erl. dortselbst.

Künstlerateliers gelten nur mehr unter dieser weiteren Voraussetzung d. h. in Verbindung mit einer Wirtschafts- oder Haushaltführung als Wohnungen im Sinne der VO.

Soweit es sich um beschlagnahmefreie, d. h. dem Zugriff der Ortspolizeibehörde nach § 10 entzogene Teile der Wohnung handelt, z. B. Mädchenkammer, kann die Inanspruchnahme auch nicht durch Berufung auf § 40 gerechtfertigt werden; die Aufnahme von Hausgenossen in die engste Familiengemeinschaft, der Wechsel von Dienstboten usw. vollzieht sich ohne Mitwirkung der Ortspolizeibehörde.

**2.** Neubauten und durch Um- oder Einbauten neugeschaffene Räume, sowie Bauten, die mit Unterstützung des Hilfswerkes Oppau errichtet wurden, sind bereits zufolge der zwingenden Vorschrift des § 12 WMG. (Abs. 1 u. 3, Abs. 2 kommt für Bayern nicht in Frage) von der Zwangsbewirtschaftung befreit. Die bisher angeordnete Ausdehnung der Befreiung auf Räume, die als Ersatz für andere dem Wohnungsmarkt durch Elementarereignisse oder Abbruch entgangenen Räume hergestellt werden, war, da über den Rahmen der Anordnungsbefugnis aus § 6 WMG. hinausgehend, rechtsungültig KG. JW. 1924, 2023 u. KG. EA. 473.

Zur Neufassung von Abs. 1 und 2 Dahlsheimer BayZ. 1925, 39. Beschlagnahmefrei sind endlich auch die durch Teilung oder Ausbau neu gewonnenen Wohnungen nach Maßgabe der §§ 33a, 33b MSchG., § 7 Abs. 4 WMVO.

## § 41.

**Zuwiderhandlungen gegen die Anordnungen dieser Verordnung oder die auf Grund dieser Verordnung ergehenden Verfügungen werden mit Gefängnis und mit Geldstrafe bis zu 10000 Reichsmark oder mit einer dieser Strafen bestraft.**

Entspricht § 17 WMG.; Mindestgeldstrafe 3 RMk.

## § 42.

**Ein vor dem Inkrafttreten dieser Verordnung anhängiges Verfahren ist nach den neuen Vorschriften zu erledigen. Hinsichtlich der Beschwerden gegen die vor dem Inkrafttreten dieser Verordnung erlassenen Beschlüsse der Beschwerdestellen finden jedoch die bisherigen Vorschriften Anwendung. Die von den Stadträten und Gemeinderäten auf Grund des § 32 der WM.-Bek. vom 25. 9. 1923 erlassenen Anordnungen behalten weiterhin ihre Gültigkeit, soferne sie mit den Bestimmungen dieser Verordnung nicht in Widerspruch stehen. Das gleiche gilt hinsichtlich der vom Staatsministerium für Soziale Fürsorge oder von den Aufsichtsbehörden auf Grund des § 35 a. a. O. aufgestellten Verwaltungsgrundsätze.**

**1.** Bei rechtshängigem Verfahren kommt materiell das neue Recht zur Anwendung, prozessual verbleibt es bei dem bisherigen Recht: die Rechtsbeschwerde des § 35 findet auf schwebende Verfahren keine Anwendung. Anhängig ist ein Verfahren, wenn die zuständige Behörde ihre Verfügung den Betroffenen bereits vor dem 1. Sept. 1926 zugestellt hat (§ 39).

**2.** Auf Grund des bisherigen Rechts erlassene Anordnungen (§ 32) und Verwaltungsgrundsätze (§ 35) bleiben bestehen, soweit sie mit der Neuregelung der WMVO. nicht in Widerspruch stehen. Eine Überprüfung nach dieser Richtung ist geboten.

### § 43.

I. Die Verordnung tritt am 1. September 1926 in Kraft.

II. Mit dem gleichen Tage treten die Bekanntmachungen über Maßnahmen gegen Wohnungsmangel vom 25. 9. 1923 (StAnz. Nr. 223) in der Fassung der Bekanntmachungen vom 7. 1. 1924 (StAnz. Nr. 6), der Ziff. I der Bekanntmachung vom 27. 12. 1924 (StAnz. Nr. 301) und vom 1. 7. 1926 (StAnz. Nr. 148) außer Wirksamkeit.

Aufrechterhalten bleiben z. B. insbesondere hinsichtlich der Beiziehung von Beisitzern zu den MEA.

a) die MinBek. vom 18. Juli 1919 (StAnz. Nr. 191): weibliche Personen können als Beisitzer zugezogen werden,

b) die autogr. MinE. vom 19. August 1919 Nr. 10847 c 206: in Gemeinden mit ausgedehntem Landbesitz — ob diese Voraussetzung erfüllt ist, darüber entscheidet im Zweifelsfalle die vorgesetzte Aufsichtsbehörde — muß für die Erledigung von Angelegenheiten, bei denen ein Landhausbesitzer streitbeteiligt ist, wenigstens einer aus dem Kreise der Hausbesitzer bestimmten Beisitzer den ortsansässigen Landhaus- u. Villenbesitzern entnommen oder von diesen als Beisitzer vorgeschlagen sein.

---

## 2. Verordnung über Mieterschutz und Mietzinsbildung in Bayern.

Vom 18. August 1926 (GVBl. S. 415).

Auf Grund des § 22 Satz 3 des Reichsmietengesetzes vom 24. März 1922 (RGBl. I S. 273) und des § 52 Abs. I Satz 1 des Gesetzes über Mieterschutz und Mieteinigungsämter in der Fassung der Bekanntmachung vom 30. Juni 1926 (RGBl. I S. 347) wird nach Anhörung und, soweit erforderlich, mit Zustimmung des Reichsarbeitsministers unter dem Vorbehalt des jederzeitigen Widerrufs angeordnet was folgt:

## I.

Die Vorschriften des ersten Abschnittes des Reichsgesetzes über Mieterschutz und Mieteinigungsämter in der Fassung der Bekanntmachung vom 30. Juni 1926 (RGBl. I S. 347) sowie die Bestimmungen über die gesetzliche Mietpreisbildung finden keine Anwendung:

1. auf Mietverhältnisse über Räume, die nach dem 31. August 1926 auf Grund des § 2 Abs. III der Verordnung über Maßnahmen gegen Wohnungsmangel in Bayern (WMVO.) vom 18. August 1926 (GVBl. S. 403) begründet werden, soferne und solange diese Räume zu Wohnzwecken vermietet werden,

2. auf Mietverhältnisse über Räume, die nach dem 31. August 1926 auf Grund des § 19 Abs. IV WMVO. begründet werden,

3. auf Mietverhältnisse über Wohnungen, die nach dem 31. August 1926 auf Grund des § 25 Abs. III—VII WMVO. — im Falle des § 25 Abs. VI WMVO. mit Genehmigung der Ortspolizeibehörde — begründet werden,

4. auf Mietverhältnisse über Räume, die gewerblich oder geschäftlich benutzt werden, falls deren Jahresfriedensmiete die Mietgrenzen des § 25 Abs. III WMVO. übersteigt und die Räume nach dem 31. August 1926 neu vermietet werden.

Bei Mietverhältnissen, die sich auf zusammenhängende Wohnräume und geschäftlich oder gewerblich benutzte Räume beziehen, ist zur Beurteilung der Frage, ob die Mietgrenzen des § 25 Abs. III WMVO. überschritten werden, von der Gesamtjahresfriedensmiete auszugehen.

## II.

Die Bestimmungen über die gesetzliche Mietpreisbildung finden auf Untermietverhältnisse nur dann noch Anwendung, wenn diese sich ausschließlich auf Wohnraum beziehen, in dem der Untermieter eine eigene Wirtschaft oder Haushaltung führt, es sei denn, daß der Vermieter nach dem 31. August 1926 auf Grund des § 19 Abs. IV WMVO. freiwillig vermietet hat (I Ziff. 2 dieser VO.). § 24 Abs. II MSchG. gilt entsprechend.

## III.

Die Verordnung tritt am 1. September 1926 in Kraft. Mit dem gleichen Tage tritt Ziff. II der Bekanntmachung vom 27. Dezember 1924 Nr. 1512 a 7 (StAnz. Nr. 301) außer Kraft.

**1.** Von dem Rechte der gesetzlichen Mietpreisbildung — Reichsmietengesetz (S. 31), VO. über die gesetzliche Miete vom 28. März 1924 (Teil II S. 103), §§ 2, 3 des Gesetzes über den Geldentwertungsausgleich bei bebauten Grundstücken in der Fassung vom 1. Juni 1926 (RGBl. I S. 251) — sind ausgenommen

1. Wohnräume, die auf Grund der § 2 Abs. 3, § 19 Abs. 4, § 25 Abs. 3—7 WMVO. nach dem 31. August 1926 vermietet worden sind,
2. gewerblich oder geschäftlich benutzte Räume überhaupt, sofern sie nach dem 31. August 1926 neu vermietet werden und die Jahresfriedensmiete die in § 25 Abs. 3 WMVO. festgelegten Mietgrenzen übersteigt.

Bei Ermittlung der Mietgrenzen ist in beiden Fällen für zusammenhängende Wohnräume und Nichtwohnräume von der Gesamtfriedensmiete auszugehen.

**2.** In beschränktem Maße finden die Bestimmungen über die gesetzliche Mietpreisbildung Anwendung auf Untermietverhältnisse — Begriff nach § 14 RMG., § 24 MSchG. zu beurteilen — Anwendung, soweit es sich nicht um Mietverhältnisse gemäß § 19 Abs. 4 WMVO. handelt, für die bereits gemäß Ziff. I 2 die Ausnahmestellung gilt. Die gesetzliche Mietpreisregelung gilt abweichend von § 14 MSchG. nur für Wohnräume, in denen der Untermieter eine eigene Wirtschaft oder Haushaltung führt.

**3.** Die Vorschriften der §§ 1—36 MSchG. finden auf die in Anm. 1 bezeichneten Mietverhältnisse über Wohnräume (Ziff. 1) und Nichtwohnräume (Ziff. 2) keine Anwendung. Die Mieter dieser Räume genießen keinerlei Mieterschutz.

# Sachregister.

**Die Zahlen verweisen auf die Seiten, B bedeutet, daß es sich um eine Regelung der WMVO. in Bayern handelt.**

## A.

## H.

## M.

## N.



## O.



## P.



## R.

## S.

## Aus „Schweitzers braunen Handausgaben"
empfehlen wir:

**Angestellten-Versicherungsgesetz.** Erläutert v. Senatspräs. **Meinel,** München. 3. Aufl. 1926. (508 S.) geb. 16.50

**Aufenthalts- und Freizügigkeitsgesetz.** Mit Vollzugs-Vorsch. Von OberregRat Dr. **Ziegler,** München. 3. Aufl. (173 S.) 1926. geb. 6.80

**Arbeitsnachweis.** Mit den AusfBestimmungen. Erläutert von ObRegRat Dr. **G. Ziegler** und Reg.-Rat **M. Schlederer,** München. (223 S.) 1923. geb. 3.80

**Bauordnung, Bayer.** Mit sämtlichen einschläg. Bestimmungen. Erl. von Bezirksamtmännern **G. Heilmann** und **K. Weinisch,** Schweinfurt. 8°. (280 S.) 1924. geb. 7.—

**Bürgerliches Gesetzbuch** (Kleiner Staudinger) auf Grund von J. von Staudingers Kommentar bearb. von **F. Keidel,** Oberstlandesgerichtsrat, München. 2. Aufl. (1229 S.) 1920. geb. 9.—

**Das Erbschaftssteuergesetz** für das Deutsche Reich vom 3. Juni 1906 nebst den Ausführungsbestimmungen. Erl. von Finanzpräsident Dr. **F. W. R. Zimmermann.** 4. Aufl. (681 S.) 1925. Mit Nachtrag 1926. geb. 15 —

**Fischereigesetz, Bayer.,** vom 15. VIII. 08 mit der Landesfischereiordg. v. 23. III. 09 u. allen Vollz.-Vorschr. von **J. Bleyer,** Min.-Rat im Bayer. Justizmin. 3. Aufl. (310 S.) 1925. geb. 12.—

**Flurbereinigungs-Gesetz, Bayer.** v. 5 Aug. 1922. Von Minist.-Rat Dr. **G. Seubelt.** Mit Nachtrag 1925. kart. Mk 6.40

**Gemeindeordnung, Bayer.,** Selbstverwaltungs- u. Wahlgesetz (rechtsrh.) Erl. v. Minist.-Rat **M. Roesch** i. Staatm. d. Innern. 3. Aufl. v. Roesch. Selbstverw. (393 S.). 1923. geb. 6.—

**Geschäftsaufsicht und Zwangsvergleich.** Erl. von Justizrat Dr. **H. Cahn,** Nürnberg. Mit Nachtrag 1925. geb. 9.40

**Grundstücksmiete II. Teil: Mietzinsbildung u. Mietzinssteuer.** Von Dr. **F. Kiefersauer.** (VIII., 299 S.) 1924. geb. 7.50

**Handelsgesetzbuch** für das Deutsche Reich v. 10. V. 97. Von Justizrat Dr. **H. Frankenburger.** München. 5. Auflage. (711 S.) 1921. geb. 5.—

**Jagdgesetz, Bayer.** Mit allen einschl. Bestimmungen. Erläut. v. Staatsanw. Dr. **Behr,** München. (498 S.) 1919. geb. 5.—

**Kartell-Verordnung.** Mit einschl. Vorschr. i. d. Rechtspr. Erläutert v. Rechtsanwälten **Haußmann** und **Holländer.** 8°. 1925. (164 S.). geb. 5.60

---

**J. Schweitzer Verlag** (Arthur Sellier) **München, Berlin, Leipzig.**

# Nachtrag

zu

# Kiefersauer, Mieterschutz und Wohnungsmangel.

3. Auflage.

---

**Inhalt:**

1. Verordnung des Bayer. Staatsministeriums für soziale Fürsorge vom 28. Dezember 1926, Abänderung der VO. über Maßnahmen gegen Wohnungsmangel in Bayern (WMVO.) vom 18. Aug. 1926 betr.
   (auf einseitig bedruckten Blättern)
2. Verordnung der Bayer. Staatsmininisterien der Justiz und für soziale Fürsorge vom 28. Dez. 1926 über Mieterschutz und Mietzinsbildung in Bayern (MSch.—MZVO.)

---

1927

**München, Berlin, Leipzig**

J. Schweitzer Verlag (Arthur Sellier).

Druck von Dr. F. P. Datterer & Cie., Freising-München

# Verordnung einer Abänderung der Verordnung über Maßnahmen gegen Wohnungsmangel in Bayern (WMVO.) vom 28. Aug. 1926.

(GVBl. S. 403, StA. Nr. 192.)

Vom 28. Dezember 1926 (GVBl. S. 552.)

**Staatsministerium für Soziale Fürsorge.**

Auf Grund der §§ 1, 6, 9, 10 und 16 des Wohnungsmangelgesetzes vom 26. Juli 1923 (RGBl. Teil I S. 754 ff.) wird — soweit erforderlich — mit Zustimmung des Reichsarbeitsministers in jederzeit widerruflicher Weise verordnet:

Die Verordnung über Maßnahmen gegen Wohnungsmangel in Bayern (WMVO.) vom 18. August 1926 (GVBl. S. 403, StA. Nr. 192) wird wie folgt geändert:

Art. I.

§ 8 erhält folgende Fassung:

Zu Amtszwecken können, wenn dadurch die Inanspruchnahme von Wohnräumen hintangehalten werden kann (§ 7 Abs. IV WMG.) bisherige Amtsräume beschlagnahmt werden, auch wenn sie Teile einer Wohnung sind.

Art. II.

In § 16 Abs. III Ziff. 4 wird nach „§ 36 MSchG." eingefügt: „. . . . und auf Grund von Räumungsurteilen ohne Ersatzklausel . . . . .".

Art. III.

§ 24 erhält folgende Fassung:

I. Wohnungen dürfen nur durch die Ortspolizeibehörden vermittelt werden.

II. Jede private, gewerbsmäßige Vermittlung und Ermittlung von Wohnungen und Wohnungstäuschen ist verboten; Ausnahmen hievon können die Bezirkspolizeibehörden — in München, Nürnberg und Fürth der Stadtrat — zuverlässigen Personen, Organisationen oder Firmen in jederzeit widerruflicher Weise gestatten.

III. Wohnungsgesuche und -Angebote, sowie alle auf Vermittlung von Wohnungen bezügliche Ankündigungen jeder Art dürfen nur mit vorheriger Zustimmung der Ortspolizeibehörde veröffentlicht werden.

Art. IV.

An Stelle des § 25 Abs. III mit VI treten folgende Bestimmungen:

Abs. III. Wohnungen, deren Jahresfriedensmiete

| | | |
|---|---|---|
| in München | . . . . . . . . . | 3000 ℳ, |
| in Nürnberg, Fürth und Ludwigshafen | | 2000 ℳ, |
| in Orten der Ortsklasse A | . . . | 1800 ℳ, |
| der Ortsklasse B | . . . | 1500 ℳ, |
| der Ortsklasse C | . . . | 1200 ℳ, |
| der Ortsklasse D | . . . | 900 ℳ |

und mehr beträgt, können innerhalb einer Frist von zwei Monaten, vom Tage des Freiwerdens der Wohnung an gerechnet, an Wohnungsuchende, die am Orte für eine Familienwohnung vorgemerkt sind oder am Orte eine Familienwohnung freimachen oder zur Verfügung stellen, an die in § 26 Abs. I Ziff. 1 aufgeführten Personen, sowie an Beamte oder an Beamte im Ruhestand nach Maßgabe der Absätze V und VII vermietet werden. Die Ortspolizeibehörde kann in einzelnen Fällen von dem Erfordernis der Vormerkung auf eine Familienwohnung Befreiung erteilen.

Abs. IV. Wohnungen, deren Jahresfriedensmiete

| | | |
|---|---|---|
| in München | . . . . . . . . . . . | 2000—3000 ℳ, |
| in Nürnberg, Fürth und Ludwigshafen | | 1400—2000 ℳ, |
| in Orten der Ortsklasse A | . . . . . | 1200—1800 ℳ, |
| der Ortsklasse B | . . . . . | 900—1500 ℳ, |
| der Ortsklasse C | . . . . . | 600—1200 ℳ, |
| der Ortsklasse D | . . . . . | 360— 900 ℳ |

beträgt, dürfen, falls sie nach dem 31. Dezember 1926 frei werden, innerhalb einer Frist von zwei Monaten, vom Tage des Freiwerdens der Wohnung an gerechnet, an die in Abs. III aufgeführten Personenkreise nach Maßgabe der Abs. V mit VII vermietet werden, soweit nicht bei Beamtenwohnungen den zuständigen Behörden ein Verfügungsrecht gemäß § 27 zusteht.

Abs. V. Der Vermieter hat den Mietvertrag über Wohnungen nach Abs. III und IV der Ortspolizeibehörde zur Prüfung der Frage vorzulegen, ob die Voraussetzungen der Abs. III mit IV gegeben sind. Die Ortspolizeibehörde hat binnen 14 Tagen nach der Vorlage des Mietvertrages dem Vermieter eine schriftliche Bestätigung darüber zu erteilen, daß gegen die Vermietung keine Erinnerung besteht; wird innerhalb dieser Frist die Bestätigung nicht erteilt, so steht dem Vermieter die Beschwerde nach § 34 zu. Der Mietvertrag wird erst mit Erteilung der Bestätigung der Ortspolizeibehörde oder Beschwerdestellen wirksam. Vor Erteilung der Bestätigung darf die Wohnung bei Meidung polizeilicher Räumung nicht bezogen werden. Die Ortspolizeibehörde kann die Fristen der Abs. III und IV allgemein oder für Einzelfälle verlängern.

Abs. VI. Mit dem Zeitpunkt der rechtswirksamen Vermietung von Wohnungen gemäß Abs. III mit V gilt eine auf Grund des § 7 Abs. I Buchst. b erfolgte oder durch Zuweisung ausgesprochene Beschlagnahme als aufgehoben.

Art. V.

§ 25 Abs. IX enthält folgende Fassung:

Die Einwohnerzahl der Gemeinde (Abs. VIII) bemißt sich nach den Ergebnissen der Volkszählung vom 16. Juli 1926; hiebei ist die Zahl der Wohnbevölkerung maßgebend.

Art. VI.

In § 35 Abs. III wird „freiem" durch „billigem" ersetzt.

Art. VII.

§ 40 Abs. I erhält folgende Fassung:

Als Wohnungen im Sinne dieser Verordnung gelten auch Wohnräume, in denen eine eigene Wirtschaft oder Haushaltung geführt wird oder geführt werden kann, sowie Wohnräume, die in Hauptmiete vermietet werden und nicht Teile einer Wohnung sind (z. B. Künstler-Ateliers, Treppenzimmer).

Art. VIII.

Hinter § 40 wird folgender § 40a eingeschaltet:

I. Gemeinderäte (Stadträte) in Gemeinden unter 2000 Einwohnern (s. § 25 Abs. IX) können bestimmen, daß die Vorschriften der Wohnungsmangelverordnung mit Ausnahme der §§ 1, 2, 5, 6, 7 Abs. I Buchst. a und c: 8, 27 und 28 keine Anwendung finden, insoweit ihre Weitergeltung nicht zur Durchführung der aufrechterhaltenen Vorschriften notwendig erscheint. Die auf Grund der bisherigen Vorschriften getroffenen Maßnahmen behalten bis zur ausdrücklichen Aufhebung weiterhin Wirksamkeit.

II. Der Beschluß bedarf der Genehmigung der Aufsichtsbehörde, welche sie nur in widerruflicher Weise und nur dann erteilen darf, wenn der Stand des Wohnungsmarktes die Ausnahmebestimmung rechtfertigt. Die Aufsichtsbehörde kann auch für einzelne Gemeinden die Außerkraftsetzung der WMVO. gemäß Satz 1 nach Einvernahme des Gemeinderats (Stadtrats) in jederzeit widerruflicher Weise anordnen.

III. Die Beschlüsse oder Anordnungen nach Abs. I sind im Amtsblatt der Aufsichtsbehörden zu veröffentlichen und erhalten mit Beginn des auf die Veröffentlichung folgenden zweiten Monats Wirksamkeit.

Art. IX.

Diese Verordnung tritt am 1. Januar 1927 in Kraft.

# Verordnung über Mieterschutz und Mietzinsbildung in Bayern.

(MSch.—MZVO.).

Vom 28. Dezember 1926 (GVBl. S. 553.)

**Staatsministerien der Justiz und für Soziale Fürsorge.**

Auf Grund des § 22 Satz 3 des Reichsmietengesetzes vom 24. März 1922 (RGBl. I S. 273) und des § 52 Abs. 1 Satz 1 des Reichsgesetzes über Mieterschutz und Mieteinigungsämter vom 30. Juni 1926 (RGBl. I S. 347) wird nach Anhörung und, soweit erforderlich mit Zustimmung des Reichsarbeitsministers **in jederzeit widerruflicher Weise** angeordnet:

§ 1.

Die Vorschriften des ersten Abschnittes des Gesetzes über Mieterschutz und Mieteinigungsämter sowie die Bestimmungen über die gesetzliche Mietpreisbildung finden keine Anwendung:

1. auf Mietverhältnisse über Räume, die nach dem 31. August 1926 auf Grund des § 2 Abs. III der Verordnung über Maßnahmen gegen Wohnungsmangel in Bayern (WM.-VO.) vom 18. August 1926 (GVBl. S. 403), künftig in der Fassung der Verordnung vom 28. Dezember 1926 (GVBl. S. 552), begründet worden sind oder künftig begründet werden, soferne und solange diese Räume zu Wohnzwecken vermietet werden,
2. auf Mietverhältnisse über Räume, die nach dem 31. August 1926 auf Grund des § 19 Abs. IV WMVO. begründet worden sind oder künftig begründet werden,
3. auf Mietverhältnisse über Wohnungen, die nach dem 31. Dezember 1926 auf Grund des § 25 Abs. III WMVO. begründet werden.

§ 2.

I. Die Vorschriften des ersten Abschnittes des Gesetzes über Mieterschutz und Mieteinigungsämter finden mit Wirkung vom 1. Juli 1927 an auf Mietverhältnisse über Räume, die gewerblich oder geschäftlich benützt werden, keine Anwendung.

II. Die Aufhebung des Mieterschutzes (Abs. I) gilt nicht:

1. für Mietverhältnisse über gewerblich oder geschäftlich benützte Räume, deren Jahresfriedensmiete
   in München den Betrag von . . . . . 1400 ℳ,
   in Nürnberg, Fürth und Ludwigshafen den Betrag von . . . . . . . . . . 1200 ℳ,
   in den Orten der Ortsklasse A den Betrag von 960 ℳ,
   in den Orten der Ortsklasse B den Betrag von 720 ℳ,
   in den Orten der Ortsklasse C den Betrag von 480 ℳ und
   in den Orten der Ortsklasse D den Betrag von 360 ℳ
   nicht übersteigt,
2. für Mietverhältnisse über gewerblich oder geschäftlich benützte Räume, die Teile einer Wohnung sind,
3. für Mietverhältnisse über Räume, die ausschließlich gemeinnützigen, religiösen, mildtätigen, schulischen oder erzieherischen Zwecken dienen. Ob diese Voraussetzungen im Einzelfalle vorliegen, entscheidet im Streitfalle das Staatsministerium, zu dessen Geschäftsbereich die in den Räumen betriebene Tätigkeit gehört.

III. Mietverhältnisse über gewerblich oder geschäftlich benützte Räume, für welche nach Abs. I mit Wirkung vom 1. Juli 1927 ab der Mieterschutz aufgehoben ist, können von dem Inkrafttreten der Verordnung (§ 5) ab gekündigt werden, wenn die Kündigung frühestens zum 30. Juni 1927 wirksam wird.

IV. Mietverhältnisse über gewerblich oder geschäftlich benützte Räume, die wegen des wirtschaftlichen Zusammenhangs mit Wohnräumen zusammen mit solchen vermietet sind, sind mit Wirkung vom 1. Juli 1927 ab vom Mieterschutz befreit, wenn der auf die gewerblich oder geschäftlich benützten Räume entfallende Teil der Gesamtjahresfriedensmiete die Mietgrenzen des Abs. II Ziff. 1 übersteigt. Im Streitfalle wird dieser Teil vom Mieteinigungsamte festgesetzt. Abs. III findet Anwendung.

§ 3.

I. Die Bestimmungen über die gesetzliche Mietpreisbildung finden mit Wirkung vom 1. Juli 1927 ab auf Mietverhältnisse über Räume, die gewerblich oder geschäftlich benützt werden, keine Anwendung.

II. Die Aufhebung der gesetzlichen Mietpreisbildung (Abs. I) gilt nicht für die in § 2 Abs. II bezeichneten Mietverhältnisse.

III. Mietverhältnisse über gewerblich oder geschäftlich benützte Räume der in § 2 Abs. IV bezeichneten Art sind mit

Wirkung vom 1. Juli 1927 ab von der gesetzlichen Mietpreisbildung befreit, wenn der auf die gewerblich oder geschäftlich benützten Räume entfallende Teil der Gesamtjahresfriedensmiete die Mietgrenzen des § 2 Abs. II Ziff. 1 übersteigt. Im Streitfalle wird dieser Teil vom Mieteinigungsamte festgesetzt.

§ 4.

Die Bestimmungen über die gesetzliche Mietpreisbildung finden auf Untermietverhältnisse nur dann noch Anwendung, wenn diese sich ausschließlich auf Wohnraum beziehen, in dem der Untermieter eine eigene Wirtschaft oder Haushaltung führt. Auch in diesem Falle gelten sie dann nicht, wenn der Vermieter nach dem 31. August 1926 auf Grund des § 19 Abs. IV WMVO. freiwillig vermietet hat oder künftig freiwillig vermietet (§ 1 Ziff. 2 dieser Verordnung). § 24 Abs. 2 MSchG. gilt entsprechend.

§ 5.

V. Die Verordnung tritt am 1. Januar 1927 in Kraft. Mit dem gleichen Tage tritt die Verordnung vom 18. August 1926 (GVBl. S. 415) außer Kraft.

II. Mietverhältnisse, die auf Grund der Verordnung vom 18. August 1926 vom Mieterschutz und von der gesetzlichen Mietpreisbildung ausgenommen worden sind, bleiben hiervon auch weiterhin befreit.

FSC
www.fsc.org
MIX
Papier | Fördert gute Waldnutzung
FSC® C083411

Kolibri 360 GmbH
Ferdinand-Jühlke-Straße 7
99095 Erfurt, Deutschland
produktsicherheit@kolibri360.de

# Grundstücksmiete

Von

Dr. Fritz Kiefersauer

1926

München, Berlin und Leipzig

J. Schweitzer Verlag (Arthur Sellier)

# Angestelltenversicherung.

Sonderdruck aus „Ziegler-Buchert" Verwaltungsgesetze,

J. Schweitzer Verlag, München 1926.

Sonderdruck aus „Ziegler-Buchert" Verwaltungsgesetze,
4. Auflage
J. Schweitzer Verlag, München 1926.

# 1. Angestelltenversicherung.

## a) Angestelltenversicherungsgesetz.

Vom 28. Mai 1924.

(RGBl. I S. 563)[1][2])

## Erster Abschnitt

## Umfang der Versicherung

### I. Versicherungspflicht

§ 1.[2a]) Für den Fall der Berufsunfähigkeit (§ 30) und des Alters sowie zugunsten der Hinterbliebenen werden Angestellte nach den Vorschriften dieses Gesetzes versichert, insbesondere

1. Angestellte in leitender Stellung,
2. Betriebsbeamte, Werkmeister und andere Angestellte in einer ähnlich gehobenen oder höheren Stellung,
3. Büroangestellte, soweit sie nicht ausschließlich mit Botengängen, Reinigung, Aufräumung und ähnlichen Arbeiten beschäftigt werden, einschließlich der Bürolehrlinge und Werkstattschreiber,
4. Handlungsgehilfen und Handlungslehrlinge, andere Angestellte für kaufmännische Dienste, auch wenn der Gegenstand des Unternehmens kein Handelsgewerbe ist, Gehilfen und Lehrlinge in Apotheken,
5. Bühnenmitglieder und Musiker ohne Rücksicht auf den Kunstwert ihrer Leistungen,
6. Angestellte in Berufen der Erziehung, des Unterrichts, der Fürsorge, der Kranken- und Wohlfahrtspflege,

---

[1]) Durch die Bekanntmachung der neuen Fassung des Angestelltenversicherungsgesetzes vom 28. Mai 1924 (RGBl. I S. 563) ist das „Versicherungsgesetz für Angestellte" vom 20. Dezember 1911 (RGBl. S. 989) unter der Bezeichnung „Angestelltenversicherungsgesetz" neu verkündet worden. Inzwischen geändert durch Gesetz über die Personalverhältnisse bei der Deutschen Reichsbahn-Gesellschaft vom 30. August 1924 (RGBl. II S. 287), durch Gesetz über Zusatzsteigerung der Renten in der Angestelltenversicherung vom 23. März 1925 (RGBl. I S. 28), durch die 2. VO. zur Durchführung des Münzgesetzes vom 12. Dezember 1924 (RGBl. I S. 775) und durch Gesetz über Ausbau der Angestellten- und Invalidenversicherung und über Gesundheitsfürsorge in der Reichsversicherung vom 28. Juli 1925 (RGBl. I S. 157).

[2]) Vgl. hiezu Reichskanzler-Bek. über Versicherungsfreiheit von 29. Juni 1912 (RGBl. S. 405); Verordnung über die Veröffentlichung grundsätzlicher Entscheidungen der Senate für Angestelltenversicherung vom 24. Januar 1923 (RGBl. I S. 73); vgl. I 1b; Beitragsordnung der Angestelltenversicherung vom 21. November 1924 (RGBl. I S. 745), vgl. I 1c; Verfahrensordnung für die Ausschüsse der Angestelltenversicherung vom 21. Dezember 1922 (RGBl. I S. 956), vgl. I 1d; Verfahrensordnung für die Kammern der Angestelltenversicherung vom 21. Dezember 1922 (RGBl. I S. 959), vgl. I 1e; Verfahrensordnung der Senate für Angestelltenversicherung vom 12. Januar 1923 (RGBl. I S. 73), vgl. I 1f; Verordnung über Errichtung von Ausschüssen und Kammern der Angestelltenversicherung vom 21. Dezember 1922 (RGBl. I S. 963), vgl. I 1g; Verordnung über die Außerkraftsetzung von Vorschriften über die Angestelltenversicherung vom 28. Mai 1924 (RGBl. I S. 606).

[2a]) In der Fassung des Gesetzes vom 28. Juli 1925 (RGBl. I S. 157).

7. aus der Schiffsbesatzung deutscher Seefahrzeuge und aus der Besatzung von Fahrzeugen der Binnenschiffahrt Schiffsführer, Offiziere des Decks- und Maschinendienstes, Verwalter und Verwaltungsassistenten sowie die in einer ähnlich gehobenen oder höheren Stellung befindlichen Angestellten ohne Rücksicht auf ihre Vorbildung. Als deutsches Seefahrzeug gilt jedes Fahrzeug, das unter deutscher Flagge fährt und ausschließlich oder vorzugsweise zur Seefahrt benutzt wird.

Unter Abs. 1 Nr. 5, 6 fallen auch Lehrlinge, die sich in einer geregelten Ausbildung zu einem dieser Berufe befinden.

Voraussetzung der Versicherung ist für alle diese Personen, daß sie gegen Entgelt in einem Dienstverhältnis beschäftigt werden, daß ihr Jahresarbeitsverdienst die nach § 3 festgesetzte Grenze nicht übersteigt, und daß sie beim Eintritt in die versicherungspflichtige Beschäftigung das Alter von sechzig Jahren noch nicht vollendet haben. Die Altersgrenze gilt nicht, wenn ein nach dem Vierten Buche der Reichsversicherungsordnung Versicherter in eine nach diesem Gesetze versicherungspflichtige Beschäftigung übertritt.

Der Reichsarbeitsminister ist ermächtigt, durch Ausführungsbestimmungen nach Anhören der Reichsversicherungsanstalt und des Reichsversicherungsamts die Berufsgruppen, die in den Kreis des Abs. 1 fallen, näher zu bezeichnen.

§ 2. Zum Entgelt im Sinne dieses Gesetzes gehören neben Gehalt oder Lohn auch Gewinnanteile, Sach- und andere Bezüge, die der Versicherte, wenn auch nur gewohnheitsmäßig, statt des Gehalts oder Lohnes oder neben ihm von dem Arbeitgeber oder einem Dritten erhält. Als Wert der Sachbezüge gelten die Sätze, die auf Grund des § 160 der Reichsversicherungsordnung festgesetzt sind.

§ 3. Der Reichsarbeitsminister setzt die Jahresarbeitsverdienstgrenze im Sinne des § 1 Abs. 3 dieses Gesetzes fest; die Festsetzung ist dem Reichsrat und dem Ausschuß des Reichstags für soziale Angelegenheiten alsbald mitzuteilen und auf ihr gemeinsames Verlangen zu ändern. Für die Jahresarbeitsverdienstgrenze werden Zuschläge, die mit Rücksicht auf den Familienstand gezahlt werden, nicht angerechnet.

Wer die für seine Versicherungspflicht maßgebende Verdienstgrenze überschreitet, scheidet erst mit dem ersten Tage des vierten Monats nach Überschreiten der Verdienstgrenze aus der Versicherungspflicht aus.

§ 4. Den im § 1 Abs. 1 bezeichneten Personen stehen gleich

1. Angehörige der Schutzpolizei im Sinne des § 1 des Reichsgesetzes über die Schutzpolizei der Länder vom 17. Juli 1922 (Reichsgesetzbl. I S. 597) und Soldaten, wenn sie bei ihrer vorgesetzten Dienststelle die Versicherung beantragen,
2. selbständige Lehrer und Erzieher, die in ihrem Betriebe keine Angestellten beschäftigen.

§ 5. Versichert sind auch Deutsche, die bei einer amtlichen Vertretung des Reichs oder eines deutschen Landes im Ausland oder bei deren Leitern oder Mitgliedern beschäftigt sind.

§ 6. Die Reichsregierung kann mit Zustimmung des Reichsrats die Versicherungspflicht auch auf andere Personen erstrecken, die eine ähnliche Tätigkeit wie die im § 1 bezeichneten auf eigene Rechnung ausüben, ohne in ihrem Betrieb Angestellte zu beschäftigen.

§ 7. Der Reichsarbeitsminister kann mit Zustimmung des Reichsrats bestimmen, wieweit die deutschen Bediensteten ausländischer Staaten und solcher Personen, welche nicht der inländischen Gerichtsbarkeit unterstehen, die Pflichten der Arbeitgeber zu erfüllen haben.

§ 8. Die Beschäftigung eines Ehegatten durch den anderen begründet keine Versicherungspflicht.

§ 9. Eine Beschäftigung, für die als Entgelt nur freier Unterhalt gewährt wird, ist versicherungsfrei.

§ 10. Der Reichsarbeitsminister bestimmt mit Zustimmung des Reichsrats, wieweit vorübergehende Dienstleistungen versicherungsfrei bleiben.

§ 11.[3]) Versicherungsfrei sind die in Betrieben oder im Dienste des Reichs, der Deutschen Reichsbahn-Gesellschaft, eines Landes, eines Gemeindeverbandes, einer Gemeinde oder eines Trägers der Reichsversicherung Beschäftigten, wenn ihnen Anwartschaft auf Ruhegeld und Hinterbliebenenrenten im Mindestbetrage der ihrem Diensteinkommen entsprechenden Höhe gewährleistet ist.

Das gleiche gilt für die Geistlichen der als öffentlich-rechtliche Korporationen anerkannten Religionsgesellschaften sowie für Lehrer und Erzieher an öffentlichen Schulen oder Anstalten.

Ob eine Anwartschaft als gewährleistet anzusehen ist, entscheidet für die Beschäftigten in Betrieben oder im Dienste des Reichs oder eines vom Reiche beaufsichtigten Trägers der Reichsversicherung der zuständige Reichsminister; im übrigen entscheidet die oberste Verwaltungsbehörde desjenigen Landes, in dessen Betrieben oder Dienste die Beschäftigung stattfindet, oder in dessen Gebiete der Gemeindeverband oder die Gemeinde liegt oder der Träger der reichsgesetzlichen Arbeiterversicherung seinen Sitz hat. In den Fällen des Abs. 2 entscheidet die oberste Verwaltungsbehörde desjenigen Landes, in dessen Gebiete die Korporation oder die öffentliche Schule oder Anstalt ihren Sitz hat.

Die Gewährleistung der Anwartschaften bewirkt Befreiung von der Versicherungspflicht von dem Zeitpunkt ab, an dem sie tatsächlich verliehen werden. Sie hat keine rückwirkende Kraft.

§ 12.[3]) Versicherungsfrei sind

1. Beamte des Reichs, der Deutschen Reichsbahn-Gesellschaft, der Länder, der Gemeindeverbände und der Gemeinden, Geistliche der als öffentlich-rechtliche Korporationen anerkannten Religionsgesellschaften, Lehrer und Erzieher an öffentlichen Schulen oder Anstalten, solange sie lediglich für ihren Beruf ausgebildet werden, sowie die im Dienste des Reichs, der Deutschen Reichsbahn-Gesellschaft oder eines Landes vorläufig beschäftigten Beamten und vorläufig beschäftigten Geistlichen der als öffentlich-rechtliche Korporationen anerkannten Religionsgesellschaften,
2. Angestellte in Post- und Telegraphenbetrieben des Reichs sowie Angestellte der Deutschen Reichsbahn-Gesellschaft oder der Länder, die Aussicht auf Übernahme in das Beamtenverhältnis und Anwartschaft auf eine ausreichende Invaliden- und Hinterbliebenenfürsorge haben,
3. Soldaten, die eine der im § 1 bezeichneten Tätigkeiten während der Vorbereitung zu einer bürgerlichen Beschäftigung ausüben, auf die § 11 anzuwenden ist,
4. Personen, die zu ihrer wissenschaftlichen Ausbildung für den zukünftigen Beruf gegen Entgelt tätig sind.

Ob die Voraussetzungen der Nrn. 1, 2 vorliegen, entscheiden die nach § 11 Abs. 3 zuständigen Stellen.

§ 13. Versicherungsfrei ist, wer berufsunfähig ist, oder wer Ruhegeld oder Witwerrente nach den Vorschriften dieses Gesetzes oder eine Invalidenpension nach den Vorschriften des Reichsknappschaftsgesetzes oder eine Invaliden-, Witwer- oder Witwenrente aus der Invalidenversicherung bezieht.

§ 14.[3]) Auf seinen Antrag wird von der Versicherungspflicht befreit,

wem von dem Reiche, der Deutschen Reichsbahn-Gesellschaft, einem Lande, einem Gemeindeverbande, einer Gemeinde oder einem Träger der Reichsversicherung, oder

wem auf Grund früherer Beschäftigung als Lehrer oder Erzieher an öffentlichen Schulen oder Anstalten

Ruhegeld, Wartegeld oder ähnliche Bezüge im Mindestbetrage der seinem Diensteinkommen entsprechenden Höhe bewilligt sind und daneben Anwartschaft auf Hinterbliebenenfürsorge (§ 11) gewährleistet ist.

---

[3]) Geändert durch Ges. über die Personalverhältnisse bei der Deutschen Reichsbahn-Gesellschaft vom 30. August 1924 (RGBl. II S. 287).

§ 15. Über den Antrag entscheidet die Reichsversicherungsanstalt. Auf Beschwerde entscheidet das Oberversicherungsamt, in dessen Bezirk der Antragsteller wohnt.

Die Befreiung wirkt vom Eingang des Antrags bei der Reichsversicherungsanstalt an.

Der Reichsarbeitsminister kann Näheres über die Voraussetzungen der Befreiung bestimmen.

§ 16. Die Reichsversicherungsanstalt widerruft die Befreiung, sobald ihre Voraussetzungen nicht mehr vorliegen. Auf Beschwerde entscheidet das Oberversicherungsamt (§ 15 Abs. 1 Satz 2).

Bei Verzicht auf die Befreiung und bei ihrem endgültigen Widerrufe tritt die Versicherungspflicht wieder in Kraft.

§ 17. Das Reichsversicherungsamt kann auf Antrag des Arbeitgebers bestimmen, wieweit § 11, § 12 Nr. 1, 2, §§ 14 bis 16 gelten für

1. die in Betrieben oder im Dienste anderer öffentlicher Verbände oder von Körperschaften oder von Eisenbahnen des öffentlichen Verkehrs oder als Lehrer und Erzieher an nichtöffentlichen Schulen oder Anstalten Beschäftigten, wenn ihnen mindestens die im § 11 bezeichneten Anwartschaften gewährleistet sind oder sie lediglich für ihren Beruf ausgebildet werden,
2. Personen, denen auf Grund früherer Beschäftigung bei solchen Verbänden oder Körperschaften oder Eisenbahnen, Schulen oder Anstalten Ruhegeld, Wartegeld oder ähnliche Bezüge im Mindestbetrage der ihrem Diensteinkommen entsprechenden Höhe bewilligt sind und daneben eine Anwartschaft auf Hinterbliebenenfürsorge (§ 11) gewährleistet ist,
3. Beamte und Bedienstete der landesherrlichen Hof-, Domanial-, Kameral-, Forst- und ähnlichen Verwaltungen, der Herzoglich Braunschweigischen Landschaft, der Fürstlich Hohenzollernschen Fideikommißverwaltung und der standesherrlichen Verwaltungen sowie Angestellte in Betrieben, für die eine besondere Invaliden- und Hinterbliebenenversorgung bereits durch reichs- oder landesrechtliche Vorschriften geregelt ist.

§ 18[3a]) Scheiden Personen, die gemäß § 11, § 12 Nr. 1 bis 3, § 17 versicherungsfrei sind, aus der versicherungsfreien Beschäftigung aus, ohne daß gegen den Arbeitgeber ein Anspruch auf Ruhegeld oder Hinterbliebenenrente (§ 11 Abs. 1) entsteht oder im Falle des Vorhandenseins von Hinterbliebenen ein Anspruch auf Hinterbliebenenrente entstehen würde, so sind für die Zeit dieser Beschäftigung, frühestens jedoch von dem Zeitpunkte der Einführung der Versicherungspflicht für die in Frage kommende Berufsgruppe, Beitragsmarken der Gehaltsklasse zu verwenden, der die versicherungsfreien Personen im Falle ihrer Versicherungspflicht angehören würden. Für jeden Monat bis zum Schlusse des Jahres 1923 sind Beiträge der Gehaltsklasse C zu entrichten. Für Ersatzzeiten im Sinne des § 170 unterbleibt die Beitragsentrichtung. Die Beiträge gelten als Pflichtbeiträge. Der Eintritt des Versicherungsfalls steht der Nachentrichtung von Beiträgen bis zu diesem Zeitpunkt nicht engegen.

Solange die Personen Anspruch auf Wartegeld haben oder ihnen Ruhegehalt nach Artikel 4 der Verordnung zur Herabminderung der Personalausgaben des Reichs (Personal-Abbau-Verordnung) vom 27. Oktober 1923 (Reichsgesetzbl. I S. 999) oder Ruhegehalt nach einer entsprechenden landesrechtlichen Regelung oder nach einer vom Reichsarbeitsminister bezeichneten anderen Vorschrift zugesichert ist, unterbleibt die Beitragsentrichtung nach Abs. 1.

Ob ein Anspruch auf Ruhegeld, Ruhegehalt, Wartegeld oder Hinterbliebenenrente entsteht oder entstehen würde (Abs. 1, 2), entscheiden die nach § 11 Abs. 3 bestimmten Stellen.

Die Zeiten, in denen der Beschäftigte gemäß § 11, § 12 Nr. 1 bis 3, § 17 oder auch ohne diese Vorschriften schon wegen der Höhe seines Jahresarbeitsverdienstes nicht versicherungspflichtig gewesen ist, werden als Ersatzzeiten nach

[3a]) In der Fassung des Gesetzes vom 28. Juli 1925 (RGBl. I S. 157).

§ 170 angerechnet, sofern nicht die im § 20 bezeichnete Erklärung abgegeben wird. Beiträge, aus denen die Anwartschaft erloschen wäre, sind nicht nachzuentrichten.

**§ 19.** Treten Personen, die bisher versicherungspflichtig waren, in ein nach § 11, § 12 Nr. 1 bis 3, § 17 versicherungsfreies Beschäftigungsverhältnis, so sind, wenn sie in den Ruhestand versetzt werden oder mit Hinterlassung von anspruchsberechtigten Hinterbliebenen sterben, von dem Versicherungsträger achtzig vom Hundert der seit dem 1. Januar 1924 entrichteten Versicherungsbeiträge dem Versicherten oder seiner Witwe oder, falls eine solche nicht vorhanden ist, den hinterlassenen Kindern unter achtzehn Jahren auszuzahlen.

Ein weitergehender Anspruch gegen den Versicherungsträger ist ausgeschlossen.

**§ 20.** Die im § 19 Abs. 1 Satz 1 bezeichneten Personen können binnen zwei Monaten nach ihrem Eintritt in eine gemäß § 11, § 12 Nr. 1 bis 3, § 17 versicherungsfreie Beschäftigung dem Arbeigeber gegenüber erklären, daß sie auf das ihnen nach § 19 Abs. 1 zustehende Recht verzichten. Der Arbeitgeber hat unverzüglich eine Abschrift der Erklärung dem zuständigen Versicherungsträger zu übersenden.

Ist der Verzicht erklärt, so gelten die allgemeinen Vorschriften.

### II. Freiwillige Versicherung

**§ 21.** Wer aus einer versicherungspflichtigen Beschäftigung ausscheidet und mindestens vier Beitragsmonate auf Grund der Versicherungspflicht zurückgelegt hat, kann die Versicherung freiwillig fortsetzen (Weiterversicherung).

Unter der gleichen Voraussetzung kann die Versicherung auch während des Aufenthalts des Versicherten im Ausland freiwillig fortgesetzt werden.

**§ 22.**[3a] Zum freiwilligen Eintritt in die Versicherung (Selbstversicherung) sind bis zum vollendeten vierzigsten Lebensjahre berechtigt:

1. Die § 1 Abs. 1 genannten Angestellten, wenn ihr Jahresarbeitsverdienst die für die Versicherungspflicht festgesetzte Grenze übersteigt,
2. Personen, die für eigene Rechnung eine ähnliche Tätigkeit wie die im § 1 Genannten ausüben,
3. Personen, die nach §§ 9, 10, § 12 Nr. 4 versicherungsfrei sind.

Sie können, wenn die Voraussetzungen für ihre Selbstversicherung weggefallen und mindestens vier Beitragsmonate auf Grund der Selbstversicherung zurückgelegt sind, die Selbstversicherung fortsetzen.

# Zweiter Abschnitt
# Gegenstand der Versicherung

### I. Allgemeines

**§ 23.** Gegenstand der Versicherung sind Ruhegeld und Hinterbliebenenrenten.

**§ 24.** Ruhegeld erhält, wer die Berufsunfähigkeit (§ 30) oder das gesetzliche Alter nachweist sowie die Wartezeit erfüllt und die Anwartschaft aufrechterhalten hat.

**§ 25.** Hinterbliebenenrenten werden gewährt, wenn der Verstorbene zur Zeit seines Todes die Wartezeit erfüllt und die Anwartschaft aufrecht erhalten hat.

**§ 26.** Wer sich vorsätzlich berufsunfähig macht, verliert den Anspruch auf das Ruhegeld.

Hat sich der Versicherte die Berufsunfähigkeit beim Begehen einer Handlung, die nach strafgerichtlichem Urteil ein Verbrechen oder vorsätzliches Vergehen ist, zugezogen, so kann das Ruhegeld ganz oder teilweise versagt werden. Die Verletzung bergpolizeilicher Verordnungen oder des § 93 Abs. 2, 3 und der §§ 95 bis § 97 der Seemannsordnung gilt nicht als Vergehen im Sinne des vorstehenden Satzes. Das Ruhegeld kann den im Inland wohnenden Angehörigen ganz oder teilweise zugewiesen werden, wenn der Versicherte sie bisher ganz oder überwiegend aus seinem Arbeitsverdienst unterhalten hat. Deutsche Schutzgebiete gelten im Sinne dieser Vorschrift als Inland.

Das Ruhegeld kann auch versagt werden, wenn wegen des Todes, der Abwesenheit oder eines anderen in der Person des Antragstellers liegenden Grundes kein strafgerichtliches Urteil ergeht.

§ 27. Hat ein Versicherter Beiträge zur Angestelltenversicherung und zur Invalidenversicherung entrichtet (Wanderversicherter), und ist die Wartezeit für das Ruhegeld der Angestelltenversicherung erfüllt und die Anwartschaft nicht erloschen, so werden ihm nur die Leistungen der Angestelltenversicherung zuzüglich des Steigerungsbetrages der Invalidenversicherung (§ 57) gewährt, auch wenn er die Voraussetzungen für die Gewährung der Invalidenrente erfüllt hat.

Den Hinterbliebenen des Wanderversicherten werden, wenn die Wartezeit für die Hinterbliebenenrenten der Angestelltenversicherung erfüllt und die Anwartschaft nicht erloschen ist, nur die Leistungen der Angestelltenversicherung zuzüglich des Steigerungsbetrags der Invalidenversicherung (§§ 57, 59) gewährt, auch wenn die Voraussetzungen für die Gewährung der Hinterbliebenenrenten der Invalidenversicherung erfüllt sind. Im Falle des § 40 Satz 1 steht den Hinterbliebenen der Anspruch auf die Hinterbliebenenrenten der Invalidenversicherung zu, wenn deren Voraussetzungen erfüllt sind.

Näheres über die Durchführung dieser Vorschriften kann der Reichsarbeitsminister bestimmen.

§ 28. Länger als auf ein Jahr rückwärts vom ersten Tage des Monats an gerechnet, in dem der Antrag eingegangen ist (§ 214), werden Ruhegeld und sonstige Renten nicht gezahlt, sofern nicht der Berechtigte durch Verhältnisse, die außerhalb seines Willens liegen, verhindert worden ist, den Antrag rechtzeitig zu stellen. Der Antrag ist binnen drei Monaten nach Wegfall des Hindernisses zu stellen.

§ 29. Der Anspruch auf Leistungen der Reichsversicherungsanstalt verjährt in vier Jahren nach der Fälligkeit.

## II. Ruhegeld

§ 30. Ruhegeld erhält der Versicherte, der das Alter von fünfundsechzig Jahren vollendet hat oder durch körperliche Gebrechen oder wegen Schwäche seiner körperlichen und geistigen Kräfte zur Ausübung seines Berufes dauernd unfähig ist. Berufsunfähigkeit ist dann anzunehmen, wenn seine Arbeitsfähigkeit auf weniger als die Hälfte derjenigen eines körperlich und geistig gesunden Versicherten von ähnlicher Ausbildung und gleichwertigen Kenntnissen und Fähigkeiten herabgesunken ist.

Ruhegeld erhält auch der Versicherte, der nicht dauernd berufsunfähig ist, aber während sechsundzwanzig Wochen ununterbrochen berufsunfähig gewesen ist, für die weitere Dauer der Berufsunfähigkeit.

§ 31. Das Ruhegeld beginnt, unbeschadet des § 28, mit dem ersten Tage des Monats, in dem die Voraussetzungen des § 30 vorliegen. Läßt sich der Beginn der Berufsunfähigkeit nicht feststellen, so gilt als solcher der Tag, an dem der Antrag auf Ruhegeld eingegangen ist (§ 214).

## III. Hinterbliebenenrenten

§ 32. Witwenrente erhält die Witwe nach dem Tode ihres versicherten Mannes.

§ 33. Waisenrente erhalten nach dem Tode des versicherten Vaters seine ehelichen Kinder unter achtzehn Jahren und nach dem Tode einer Versicherten ihre vaterlosen Kinder unter achtzehn Jahren. Als vaterlos gelten auch uneheliche Kinder.

Den ehelichen Kindern werden gleichgestellt

1. die für ehelich erklärten Kinder,

2. die an Kindes Statt angenommenen Kinder,
3. die Stiefkinder und die Enkel, die der Verstorbene unmittelbar vor seinem Tode mindestens ein Jahr lang unentgeltlich unterhalten oder für die er Kinderzuschuß bezogen hat,
4. die unehelichen Kinder, wenn die Vaterschaft des Verstorbenen festgestellt ist.

Treffen die Voraussetzungen für mehrere Waisenrenten zusammen, so wird die Waisenrente nur einmal gewährt, und zwar zum höheren Betrage.

§ 34. Nach dem Tode der versicherten Ehefrau eines erwerbsunfähigen Ehemannes, die den Lebensunterhalt ihrer Familie ganz oder überwiegend aus ihrem Arbeitsverdienste bestritten hat, steht den ehelichen Kindern unter achtzehn Jahren Waisenrente zu, ebenso dem Manne Witwerrente, solange er bedürftig ist. § 33 Abs. 2 gilt entsprechend.

Für die Waisenrente gilt dies auch, wenn zur Zeit des Todes der Versicherten die Ehe nicht mehr bestand.

§ 35. Nach dem Tode einer versicherten Ehefrau, deren Ehemann sich ohne gesetzlichen Grund von der häuslichen Gemeinschaft ferngehalten und seiner väterlichen Unterhaltspflicht entzogen hat, steht den ehelichen Kindern unter achtzehn Jahren Waisenrente zu. § 33 Abs. 2 gilt entsprechend.

Dies gilt auch, wenn zur Zeit des Todes der Versicherten die Ehe nicht mehr bestand und der Ehemann sich seiner väterlichen Unterhaltspflicht entzogen hat.

§ 36. Die Renten der Hinterbliebenen beginnen, unbeschadet des § 28 mit dem ersten Tage des Monats, in den der Todestag des Ernährers fällt, sofern dieser ein Ruhegeld nicht bezog, andernfalls mit dem ersten Tage des Monats, der auf den Todestag folgt. Bei nachgeborenen Waisen beginnt die Rente mit dem ersten Tage des Geburtsmonats.

§ 37. Die gesetzlichen Leistungen werden auch dann gewährt, wenn der Versicherte verschollen ist. Er gilt als verschollen, wenn während eines Jahres keine glaubhaften Nachrichten von ihm eingegangen sind und die Umstände seinen Tod wahrscheinlich machen.

Von den Hinterbliebenen kann die eidesstattliche Erklärung verlangt werden, daß sie von dem Leben des Vermißten keine anderen als die angezeigten Nachrichten erhalten haben.

§ 38. Den Todestag Verschollener stellt die Reichsversicherungsanstalt nach billigem Ermessen fest. Für die auf See Verschollenen gilt als Todestag der Tag des Unterganges des Schiffes. Ist das Schiff als verschollen anzusehen, so gilt als Todestag der Tag der Beendigung des Dienstverhältnisses nach § 53 Abs. 1 der Seemannsordnung.

§ 39. Hinterbliebene haben keinen Anspruch auf die Versicherungsleistungen, falls sie den Tod des Versicherten vorsätzlich herbeigeführt haben.

[§ 40. Die Hinterbliebenen haben keinen Anspruch auf Rente, wenn der verstorbene Ernährer erst nach dem Eintritt der Berufsunfähigkeit geheiratet hat und der Tod innerhalb der ersten drei Jahre der Ehe eingetreten ist. Die Reichsversicherungsanstalt kann unter besonderen Umständen auch dann Hinterbliebenenrente gewähren.][3b]

## IV. Heilverfahren

§ 41. Um die infolge einer Erkrankung drohende Berufsunfähigkeit eines Versicherten abzuwenden, kann die Reichsversicherungsanstalt ein Heilverfahren einleiten, soweit nicht bereits durch einen Träger der reichsgesetzlichen Arbeiterversicherung ein Heilverfahren eingeleitet ist.

Dasselbe gilt, wenn zu erwarten ist, daß ein Heilverfahren den Empfänger eines Ruhegeldes wieder berufsfähig macht.

Anträge auf Heilverfahren sind an die Reichsversicherungsanstalt zu richten.

---

[3b]) § 40 aufgehoben durch Gesetz vom 28. Juli 1925 (RGBl. I S. 157).

§ 42. Versicherten Soldaten wird während ihrer Zugehörigkeit zur Wehrmacht ein Heilverfahren von der Reichsversicherungsanstalt nicht gewährt. Dafür hat diese der Wehrmacht nach Abschluß des Kalenderjahres für jeden entrichteten Beitrag einen Betrag zu vergüten, den der Reichsarbeitsminister festsetzt. Diese Mittel sind zur Hälfte aufzuwenden, um allgemeine Maßnahmen zu treffen, die den Eintritt vorzeitiger Invalidität unter den versicherten Soldaten verhüten und ihre und ihrer Angehörigen gesundheitlichen Verhältnisse fördern können; zur anderen Hälfte werden sie den Einnahmen des Reichs wieder zugeführt. Entsprechendes gilt bei versicherten Angehörigen der Schutzpolizei.

§ 43. Die Reichsversicherungsanstalt kann den Erkrankten in einem Krankenhaus oder in einer Anstalt für Genesende unterbringen.

Ist er verheiratet und lebt er mit seiner Familie zusammen, oder hat er einen eigenen Haushalt, oder ist er Mitglied des Haushalts seiner Familie, so bedarf es seiner Zustimmung.

Bei einem Minderjährigen genügt seine Zustimmung.

§ 44. Angehörige des Erkrankten, deren Unterhalt er ganz oder überwiegend aus seinem Arbeitsverdienste bestritten hat, erhalten während des Heilverfahrens (§ 43) ein Hausgeld. Es beträgt täglich mindestens drei Zwanzigstel des zuletzt entrichteten Monatsbeitrags.

Das Hausgeld fällt weg, solange und soweit Gehalt oder Lohn auf Grund eines Rechtsanspruchs gezahlt wird.

Die Zahlung des Ruhegeldes kann für die Dauer des Heilverfahrens ganz oder teilweise eingestellt werden.

§ 45. Entzieht sich ein Erkrankter ohne gesetzlichen oder sonst triftigen Grund dem Heilverfahren (§ 41), und wäre die Berufsunfähigkeit durch das Heilverfahren voraussichtlich verhütet oder beseitigt worden, so kann das Ruhegeld auf Zeit ganz oder teilweise versagt werden, wenn der Erkrankte auf diese Folge hingewiesen worden ist.

§ 46. Läßt die Reichsversicherungsanstalt ein Heilverfahren bei einem Erkrankten eintreten, welcher der reichsgesetzlichen Arbeiterversicherung unterliegt, so kann sie die Zahlung des Hausgeldes oder des Ruhegeldes während der Dauer von Barbezügen aus der reichsgesetzlichen Arbeiterversicherung bis zur Höhe dieser Barbezüge einstellen.

§ 47. Streitigkeiten, die zwischen der Reichsversicherungsanstalt und dem Versicherten aus den Vorschriften der §§ 43 bis 46 entstehen und nicht bei der Rentenfeststellung erledigt werden, entscheidet auf Beschwerde das Oberversicherungsamt.

§ 48. Gegen die Träger der reichsgesetzlichen Arbeiterversicherung steht der Reichsversicherungsanstalt ein Ersatzanspruch wegen Einleitung des Heilverfahrens nicht zu.

§ 49. Als reichsgesetzliche Arbeiterversicherung gilt auch die Versicherung beim Reichsknappschaftsverein als Träger der Krankenversicherung und bei Ersatzkassen (§§ 4, 11 ff. des Reichsknappschaftsgesetzes, §§ 503 ff. der Reichsversicherungsordnung).

§ 49a.[3c]) Die Reichsversicherungsanstalt kann mit Genehmigung des Reichsarbeitsministers Mittel aufwenden, um allgemeine Maßnahmen zur Verhütung des Eintritts vorzeitiger Berufsunfähigkeit oder zur Hebung der gesundheitlichen Verhältnisse der versicherten Bevölkerung zu fördern oder durchzuführen. Die Genehmigung kann auch für Pauschbeträge erteilt werden.

## V. Sachleistungen

§ 50. Empfänger von Ruhegeld oder sonstiger Rente können auf ihren Antrag in einem Invaliden- oder Waisenhaus oder einer ähnlichen Anstalt untergebracht werden. Dazu können die Barbezüge ganz oder teilweise verwendet werden.

---

[3c]) Eingefügt durch Gesetz vom 28. Juli 1925 (RGBl. I S. 157).

Die Aufnahme verpflichtet den Bezugsberechtigten auf ein Vierteljahr und, wenn er nicht einen Monat vor Ablauf dieser Zeit widerspricht, jedesmal auf ein weiteres Vierteljahr zum Verzicht auf die Barbezüge, soweit sie zu verwenden sind.

§ 51. Trunksüchtigen, die nicht entmündigt sind, können ganz oder teilweise Sachleistungen gewährt werden. Auf Antrag eines beteiligten Fürsorgeverbandes oder der Gemeindebehörde des Wohnorts des Trunksüchtigen muß dies geschehen. Bei Trunksüchtigen, die entmündigt sind, ist die Gewährung der Sachleistungen nur mit Zustimmung des Vormundes zulässig. Auf seinen Antrag muß sie geschehen.

Die Sachleistungen gewährt die Gemeinde des Wohnorts. Der Anspruch auf Barleistungen geht im Werte der Sachbezüge auf die Gemeinde über. Die Sachleistung kann auch durch Aufnahme in eine Trinkerheilanstalt oder mit Zustimmung der Gemeinde durch Vermittlung einer Trinkerfürsorgestelle gewährt werden.

Ein Rest der Barleistungen ist dem Ehegatten des Bezugsberechtigten, seinen Kindern oder seinen Eltern und, falls solche nicht vorhanden sind, der Gemeinde zur Verwendung für ihn zu überweisen.

§ 52. Das Versicherungsamt (Beschlußausschuß) erläßt die Anordnung nach Anhören der Gemeindebehörde und des Bezugsberechtigten und teilt sie ihnen und der Reichsversicherungsanstalt schriftlich mit. Es entscheidet bei Streit zwischen der Gemeinde und dem Bezugsberechtigten.

## VI. Wartezeit

§ 53. Die Wartezeit dauert

1. beim Ruhegeld für männliche Versicherte einhundertundzwanzig Beitragsmonate, für weibliche Versicherte sechzig Beitragsmonate,
2. bei den Hinterbliebenenrenten einhundertundzwanzig Beitragsmonate.

Sind weniger als sechzig Beitragsmonate auf Grund der Versicherungspflicht nachgewiesen, so beträgt die Wartezeit beim Ruhegeld für weibliche Versicherte neunzig Beitragsmonate, im übrigen einhundertundfünfzig Beitragsmonate.

Die Wartezeit für Selbstversicherer beträgt in allen Fällen einhundertundachtzig Beitragsmonate.

## VII. Erlöschen der Anwartschaft

§ 54. Die Anwartschaft erlischt, wenn nach dem Kalenderjahr, in dem der erste Beitragsmonat zurückgelegt worden ist, innerhalb der zunächst folgenden zehn Kalenderjahre weniger als acht und nach dieser Zeit weniger als vier Beitragsmonate während eines Kalenderjahrs zurückgelegt worden sind.

Die erworbenen Anwartschaften gelten als bis zum 31. Dezember 1923 aufrechterhalten.

§ 55. Die Anwartschaft lebt, unbeschadet der Nachzahlungsmöglichkeit nach § 187, wieder auf, wenn der Versicherte die zur Aufrechterhaltung der Anwartschaft noch erforderlichen freiwilligen Beiträge innerhalb der zwei Kalenderjahre nachentrichtet, die dem Kalenderjahre der Fälligkeit der Beiträge folgen.

Die Anwartschaft lebt auch dann wieder auf, wenn der Versicherte von neuem auf Grund einer versicherungspflichtigen Beschäftigung oder eines Selbstversicherungsverhältnisses Beiträge entrichtet hat, und zwar,

falls vor dem Erlöschen der Anwartschaft die Wartezeit erfüllt war, für mindestens vierundzwanzig Beitragsmonate,

andernfalls für mindestens achtundvierzig Beitragsmonate.

Die Anwartschaft gilt als nicht erloschen, wenn die Zeit, die zwischen dem erstmaligen Eintritt in die Versicherung und dem Versicherungsfalle liegt, mindestens zu drei Vierteln mit Beiträgen oder Ersatzzeiten im Sinne des § 382 Abs. 1 belegt ist.

## VIII. Berechnung der Leistungen

§ 56.[4]) Das jährliche Ruhegeld besteht aus Grundbetrag und Steigerungsbetrag. Der Grundbetrag ist für alle Gehaltsklassen 480 Reichsmark. Als Steigerungsbetrag werden fünfzehn vom Hundert der Beiträge gewährt, die für die Zeit seit dem 1. Januar 1924 gültig entrichtet worden sind.

Ferner wird für Beiträge der Gehaltsklassen F bis J aus der Zeit vom 1. Januar 1913 bis 31. Juli 1921 ein Steigerungsbetrag gewährt; er beträgt für jeden Beitrag

| | | |
|---|---|---|
| in der Gehaltsklasse | F . . . . | 1 Reichsmark |
| „ „ „ | G . . . . | 2 „ |
| „ „ „ | H . . . . | 3 „ |
| „ „ „ | J . . . . | 4 „ |

§ 57. Bei Wanderversicherten (§ 27) tritt zu den Leistungen der Angestelltenversicherung als Ergänzung der Steigerungsbetrag der Invalidenversicherung für anrechnungsfähige Beitragswochen dieser Versicherung.

Hat der Versicherte nach Festsetzung des Ruhegeldes Beiträge zur Invalidenversicherung entrichtet, so ist, wenn er invalide im Sinne des § 1255 der Reichsversicherungsordnung wird, sein Ruhegeld durch Bescheid der Reichsversicherungsanstalt nach Abs. 1 zu ergänzen.

Die Träger der Invalidenversicherung erstatten der Reichsversicherungsanstalt den Steigerungsbetrag nach näherer Bestimmung des Reichsarbeitsministers.

§ 58.[4a]) Hat der Ruhegeldempfänger Kinder unter achtzehn Jahren, so erhöht sich für jedes von ihnen das Ruhegeld um jährlich 90 Reichsmark (Kinderzuschuß).

Bei Gewährung des Kinderzuschusses werden ehelichen Kindern gleichgestellt

1. die für ehelich erklärten Kinder,
2. die an Kindes Statt angenommenen Kinder, wenn sie vor Eintritt der Berufsunfähigkeit angenommen sind,
3. die Stiefkinder und die Enkel, wenn sie vor Eintritt der Berufsunfähigkeit von dem Ruhegeldempfänger unentgeltlich unterhalten worden sind,
4. die unehelichen Kinder, wenn die Vaterschaft des Ruhegeldempfängers festgestellt ist.

Für uneheliche Kinder, die das sechzehnte Lebensjahr vollendet haben, sowie für Stiefkinder und Enkel wird der Kinderzuschuß nur gewährt, solange sie von dem Ruhegeldempfänger unterhalten werden.

§ 59. Die Witwenrente und die Witwerrente betragen sechs Zehntel, Waisenrenten für jede Waise fünf Zehntel des nach §§ 56, 57 zu berechnenden Ruhegeldes.

§ 60. Ruhegeld und sonstige Renten werden, auf volle Reichspfennige aufgerundet, in Teilbeträgen monatlich im voraus mit den im Postverkehr üblichen Zahlungsmitteln gezahlt.

## IX. Erstattung von Beiträgen

§ 61. Stirbt eine Versicherte nach Ablauf der Wartezeit für das Ruhegeld vor Eintritt in den Genuß eines Ruhegeldes, und besteht kein Anspruch auf Hinterbliebenenrente, so ist auf Verlangen die Hälfte der für die Zeit vom 1. Januar 1924 bis zum Tode der Versicherten entrichteten Beiträge zu erstatten.

Anspruchsberechtigt sind nacheinander der Ehegatte, die Kinder, der Vater, die Mutter, die Geschwister, wenn sie mit der Versicherten zur Zeit ihres Todes in häuslicher Gemeinschaft gelebt haben oder von der Versicherten wesentlich aus ihrem Arbeitsverdienst unterhalten worden sind. Der Anspruch verfällt, wenn er nicht innerhalb eines Jahres nach dem Tode der Versicherten geltend gemacht wird.

---

[4]) Abs. 1 in der Fassung des Gesetzes vom 28. Juli 1925 (RGBl. I S. 157). Abs. 2 hinzugefügt durch Ges. vom 23. März 1925 (RGBl. I S. 28).

[4a]) In der Fassung des Gesetzes vom 28. Juli 1925 (RGBl. I S. 157).

§ 62.[4a]) Heiratet eine Versicherte nach Ablauf der Wartezeit für das Ruhegeld und scheidet sie binnen drei Jahren nach der Verheiratung aus der versicherungspflichtigen Beschäftigung aus, so steht ihr ein Anspruch auf Erstattung der Hälfte der für die Zeit vom 1. Januar 1924 bis zu dem Ausscheiden geleisteten Beiträge zu. Der Anspruch verfällt, wenn er nicht binnen drei Jahren nach der Verheiratung geltend gemacht wird. Die Erstattung schließt weitere Ansprüche an die Reichsversicherungsanstalt aus den erstatteten Beiträgen aus.

Die Vorschriften des Abs. 1 gelten auch für Versicherte, die durch Eintritt in eine Schwesternschaft oder religiöse Gemeinschaft aus der Versicherungspflicht ausscheiden und sich nicht freiwillig weiterversichern.

## X. Wegfall der Leistungen

§ 63.[4a]) Die Witwen- und Witwerrenten fallen mit dem Ablauf des Monats weg, in dem der Berechtigte wieder heiratet. Die Witwe wird mit dem dreifachen Betrag ihrer Jahresrente abgefunden. Der Anspruch verfällt, wenn er nicht innerhalb eines Jahres nach der Wiederverheiratung geltend gemacht wird.

Die Waisenrente fällt mit dem Ablauf des Monats weg, in dem die Waise das achtzehnte Lebensjahr vollendet oder heiratet.

§ 64. Für den Sterbemonat und den Monat, der das Ruhen der Rente bringt, werden die Beträge voll gezahlt.

§ 65. Ist beim Tode des Empfängers die fällige Rente noch nicht abgehoben, so sind nacheinander bezugsberechtigt der Ehegatte, die Kinder, der Vater, die Mutter, die Geschwister, wenn sie mit dem Empfänger zur Zeit seines Todes in häuslicher Gemeinschaft gelebt haben oder von ihm wesentlich aus seinem Arbeitsverdienst unterhalten worden sind.

§ 66. Stirbt ein Versicherter oder ein zum Bezug einer Witwen- oder Witwerrente Berechtigter, nachdem er seinen Anspruch erhoben hatte, so sind zur Fortsetzung des Verfahrens und zum Bezuge der bis zum Todestage fälligen Beträge nacheinander berechtigt der Ehegatte, die Kinder, der Vater, die Mutter, die Geschwister, wenn sie mit dem Berechtigten zur Zeit seines Todes in häuslicher Gemeinschaft gelebt haben oder von ihm wesentlich aus seinem Arbeitsverdienst unterhalten worden sind.

## XI. Entziehung der Leistungen

§ 67. Ist der Empfänger eines Ruhegeldes nicht mehr berufsunfähig im Sinne des § 30, so entzieht ihm die Reichsversicherungsanstalt das Ruhegeld.

§ 68. Witwerrenten, die nach § 34 gewährt sind, entzieht die Reichsversicherungsanstalt, sobald die Bedürftigkeit des Empfängers wegfällt.

§ 69. Ein Bescheid, der das Ruhegeld oder die sonstige Rente entzieht, wird mit Ablauf des Monats wirksam, in dem er zugestellt worden ist.

§ 70. Wird Ruhegeld von neuem bewilligt, so wird die frühere Beitragsleistung dem Versicherten angerechnet.

§ 71. Wird nachgewiesen, daß ein Versicherter, der als verschollen galt, noch lebt, so wird die weitere Zahlung von Hinterbliebenenrente eingestellt. Die Reichsversicherungsanstalt braucht die zu unrecht gezahlten Beiträge nicht zurückzufordern.

## XII. Ruhen der Rente

§ 72. Die Rente ruht, solange der Berechtigte eine Freiheitsstrafe von mehr als einem Monat verbüßt oder in einem Arbeitshaus oder in einer Besserungsanstalt untergebracht ist.

Hat er im Inland Angehörige, die er ganz oder überwiegend aus seinem Arbeitsverdienst unterhalten hat, so wird ihnen das Ruhegeld überwiesen.

§ 73. Die Rente ruht, solange sich der berechtigte Inländer im Ausland aufhält und es unterläßt, der Reichsversicherungsanstalt seinen Aufenthaltsort mitzuteilen. Weist der Berechtigte nach, daß er ohne sein Verschulden die Mitteilung unterlassen hat, so lebt insoweit das Recht auf die Rente wieder auf.

**§ 74.** Die Rente ruht,

1. solange sich der berechtigte Ausländer freiwillig gewöhnlich im Ausland aufhält,
2. solange der berechtigte Ausländer wegen Verurteilung in einem Strafverfahren aus dem Reichsgebiet ausgewiesen ist. Das gleiche gilt für einen berechtigten Ausländer, der aus Anlaß der Verurteilung in einem Strafverfahren aus dem Gebiet eines deutschen Landes ausgewiesen ist, solange er sich nicht in einem anderen deutschen Lande aufhält.

**§ 75.** Die Reichsregierung kann mit Zustimmung des Reichsrats das Ruhen der Rente für ausländische Grenzgebiete oder für auswärtige Staaten ausschließen, deren Gesetzgebung Deutschen und ihren Hinterbliebenen eine entsprechende Fürsorge gewährleistet.

**§ 76.** Die Reichsversicherungsanstalt kann einen berechtigten Ausländer, der sich gewöhnlich im Ausland aufhält, mit dem Kapitalwert seiner Bezüge abfinden. Der Reichsarbeitsminister bestimmt das Nähere.

**§ 77.** Deutsche Schutzgebiete gelten im Sinne der §§ 72 bis 76 als Inland.

**§ 78.** Treffen außer den Fällen des § 27 und des § 33 Abs. 3 die Voraussetzungen für mehrere Renten aus der Angestelltenversicherung zusammen, oder tritt neben den Anspruch auf eine Rente aus der Angestelltenversicherung der Anspruch auf eine Rente aus der Invalidenversicherung, so erhält der Berechtigte die höchste Rente und von den anderen Renten ohne Kinderzuschuß die Hälfte als Zusatzrente.

### XIII. Verhältnis zu anderen Ansprüchen

**§ 79.** Unberührt von diesem Gesetze bleiben die gesetzlichen Pflichten der Gemeinden und Fürsorgeverbände zur Unterstützung Hilfsbedürftiger und andere auf Gesetz, Satzung, Vertrag oder letztwilliger Verfügung beruhende Pflichten zur Fürsorge für die nach diesem Gesetze Versicherten und ihre Hinterbliebenen.

**§ 80.**[4b]) Unterstützt eine Gemeinde oder ein Fürsorgeverband als Träger der Armenfürsorge nach gesetzlicher Pflicht einen Hilfsbedürftigen für eine Zeit, für die er einen Anspruch nach diesem Gesetze hatte oder noch hat, so kann die Gemeinde oder der Fürsorgeverband, jedoch nur bis zur Höhe dieses Anspruchs, Ersatz beanspruchen.

**§ 81.** Der Ersatz von Bestattungskosten, die beim Tode des Versicherten gewährt worden sind, kann, soweit nicht der Träger der reichsgesetzlichen Unfallversicherung oder Krankenversicherung Ersatz zu leisten hat, aus den gemäß § 61 zu erstattenden Beiträgen beansprucht werden; im übrigen darf nur auf Ruhegeld oder sonstige Renten zugegriffen werden.

**§ 82.** Zur Befriedigung des Ersatzanspruchs darf auf rückständige Rentenbeträge bis zu ihrer vollen Höhe, auf andere Rentenbeträge nur bis zu ihrer halben Höhe zugegriffen werden.

**§ 83.** Der Ersatzanspruch ist bei der Reichsversicherungsanstalt anzumelden.

**§ 84.**[4b]) Eine Gemeinde oder ein Fürsorgeverband als Träger der Armenfürsorge kann auch dann Ersatz beanspruchen, wenn der Hilfsbedürftige, der einen Anspruch auf Ruhegeld oder sonstige Rente hat, stirbt, ohne den Anspruch angemeldet zu haben.

**§ 85.** Auch die Ersatzberechtigten können die Feststellung der Leistungen nach diesem Gesetze betreiben und Rechtsmittel einlegen. Der Ablauf der Fristen, die ohne ihr Verschulden verstrichen sind, wirkt nicht gegen sie; dies gilt nicht für Verfahrensfristen, soweit die Ersatzberechtigten das Verfahren selbst betreiben.

**§ 86.** Der Anspruch auf Ersatz ist ausgeschlossen, wenn er nicht spätestens sechs Monate nach Ablauf der Unterstützung geltend gemacht wird.

---

[4b]) In der Fassung des Gesetzes vom 28. Juli 1925 (RGBl. I S. 157).

# Aus dem Gesetz zur Änderung der Reichsversicherungsordnung und des Angestelltenversicherungsgesetzes.

**Vom 25. Juni 1926.**
(RGBl. I S. 312).

## Abschnitt B

Das Angestelltenversicherungsgesetz wird wie folgt geändert:

### Artikel 12

1. Der § 33 erhält folgende Fassung:

Waisenrente erhalten nach dem Tode des Versicherten seine Kinder bis zum vollendeten fünfzehnten Lebensjahr. Erhält das Kind nach Vollendung des fünfzehnten Lebensjahrs Schul- oder Berufsausbildung, so wird die Rente für deren Dauer gewährt, jedoch nicht über das vollendete einundzwanzigste Lebensjahr hinaus. Ist das Kind bei Vollendung des fünfzehnten Lebensjahrs infolge körperlicher oder geistiger Gebrechen außerstande, sich selbst zu erhalten, so wird die Rente gewährt, solange der Zustand dauert.

Als Kinder gelten

1. die ehelichen Kinder,
2. die für ehelich erklärten Kinder,
3. die an Kindes Statt angenommenen Kinder,
4. die unehelichen Kinder eines männlichen Versicherten, wenn seine Vaterschaft festgestellt ist,
5. die unehelichen Kinder einer Versicherten,
6. die Stiefkinder und die Enkel, wenn sie vor Eintritt des Versicherungsfalls von dem Versicherten überwiegend unterhalten worden sind.

Treffen die Voraussetzungen für mehrere Waisenrenten zusammen, so wird die Waisenrente nur einmal gewährt, und zwar zum höheren Betrage.

2. Der § 34 erhält folgende Fassung:

Kinder einer versicherten Ehefrau, die eheliche Kinder des hinterbliebenen Ehemanns sind oder deren rechtliche Stellung haben, erhalten die Waisenrente nicht, wenn die verstorbene Ehefrau aus ihrem Arbeitsverdienste zum Unterhalte der Kinder nicht beigetragen hat.

3. Der § 35 erhält folgende Fassung:

Nach dem Tode der versicherten Ehefrau eines erwerbsunfähigen Ehemanns, die den Lebensunterhalt ihrer Familie ganz oder überwiegend aus ihrem Arbeitsverdienste bestritten hat, steht dem Manne Witwerrente zu, solange er bedürftig ist.

4. Als § 35a wird eingefügt:

§ 35a

Die Gesamtbezüge der Hinterbliebenen dürfen achtzig vom Hundert des höchsten Jahresarbeitsverdienstes der höchsten Gehaltsklasse nicht übersteigen, welcher der Versicherte nicht nur vorübergehend angehört hat; sonst werden sie nach dem Verhältnis ihrer Höhe gekürzt. Beim Ausscheiden eines Hinterbliebenen erhöhen sich die Leistungen bis zum zulässigen Höchstbetrage.

### Artikel 13

Der § 58 erhält folgende Fassung:

Hat der Empfänger eines Ruhegeldes Kinder (§ 33 Abs. 2), so erhöht sich das Ruhegeld für jedes von ihnen bis zum vollendeten fünfzehnten Lebensjahr um jährlich 90 Reichsmark (Kinderzuschuß). Erhält das Kind nach Vollendung des fünfzehnten Lebensjahrs Schul- oder Berufsausbildung, so wird der Kinderzuschuß bis zum vollendeten einundzwanzigsten Lebensjahre gewährt, solange die Schul- oder Berufsausbildung dauert und der Versicherte das Kind überwiegend unterhält. Der Kinderzuschuß wird für Kinder, die infolge körperlicher und geistiger Gebrechen außerstande sind, sich selbst zu erhalten, gewährt, solange der Zustand dauert und der Versicherte das Kind überwiegend unterhält.

Der Kinderzuschuß wird nicht gewährt, soweit das Ruhegeld einschließlich des Kinderzuschusses den höchsten Jahresarbeitsverdienst der höchsten Gehaltsklasse übersteigt, welcher der Versicherte nicht nur vorübergehend angehört hat; bei der Feststellung dieses Höchstsatzes werden Zuschläge, die mit Rücksicht auf die Kinderzahl gegeben werden, vom Jahresarbeitsverdienste nicht abgezogen.

Mehreren Ruhegeldempfängern wird der Kinderzuschuß für dasselbe Kind nur einmal gewährt, und zwar demjenigen, der das Kind unterhält.

Für Stiefkinder und Enkel wird der Kinderzuschuß nur gewährt, solange der Rentenempfänger sie überwiegend unterhält.

Jede Änderung der Rente durch Hinzutritt oder durch Ausscheiden eines Kindes wirkt vom ersten Tage des auf die Änderung folgenden Monats ab.

### Artikel 14

Der § 63 Abs. 2 erhält folgende Fassung:

Die Waisenrente fällt mit dem Ablauf des Monats weg, in welchem die Voraussetzungen für den Wegfall der Rente nach § 33 eintreten oder die Waise heiratet.

### Artikel 15

Vor § 72 werden hinter der Überschrift „XII. Ruhen der Rente" folgende Vorschriften eingefügt:

§ 71 a

Ist die Berufsunfähigkeit Folge eines entschädigungspflichtigen Unfalls, so ruht der Teil des Grundbetrags des Ruhegeldes, der dem vom Versicherten bezogenen Teile der Vollrente aus der Unfallversicherung entspricht. Gilt die Berufsunfähigkeit wegen Verschlimmerung der Unfallfolgen nachträglich als Folge des Unfalls, so darf die Ruhensvorschrift nicht zur Kürzung des bisherigen Gesamtrentenbetrags angewendet werden.

Ist der Tod des Versicherten Folge eines entschädigungspflichtigen Unfalls, so ruht neben der Rente aus der Unfallversicherung der Grundbetrag der Hinterbliebenenrente aus der Angestelltenversicherung.

Das Ruhen tritt erst ein, wenn Unfallrente tatsächlich gewährt wird.

Der Betrag, der ruht, darf den Betrag der Unfallrente nicht übersteigen.

§ 71 b

Neben reichsgesetzlichen Unfallrenten ruht das Ruhegeld, soweit die Gesamtbezüge den höchsten Jahresarbeitsverdienst der höchsten Gehaltsklasse übersteigen, welcher der Versicherte nicht nur vorübergehend angehört hat.

§ 71 c

Neben reichsgesetzlichen Unfallrenten ruht die Witwen- und Witwerrente, soweit die Gesamtbezüge fünfzig vom Hundert, die Waisenrente, soweit die Gesamtbezüge zwanzig vom Hundert des nach § 71 b maßgebenden Jahresarbeitsverdienstes übersteigen.

Treffen mehrere Hinterbliebenenrenten mit reichsgesetzlichen Unfallrenten zusammen, so ruhen sie nach dem Verhältnis ihrer Höhe, soweit die Gesamtbezüge aller Hinterbliebenen achtzig vom Hundert des nach § 71 b maßgebenden Jahresarbeitsverdienstes übersteigen.

§ 71 d

Bezieht der Versicherte eine Kinderzulage aus der Unfallversicherung, so ruht der Kinderzuschuß (§ 58) bis zur Höhe der Kinderzulage.

§ 71 e

Im Sinne der §§ 71 a bis 71 d gilt Heilanstaltpflege (Anstaltpflege) als Bezug der Vollrente aus der Unfallversicherung.

Eine abgefundene Rente aus der Unfallversicherung gilt als fortlaufend.

### Artikel 16

Hinter § 251 wird eingefügt:

§ 251 a

Gewährt ein Träger der Unfallversicherung einem Berechtigten, der eine Rente aus der Angestelltenversicherung bezieht, eine Rente oder Heilanstaltpflege (Anstaltpflege) aus der Unfallversicherung oder treten Änderungen hierin ein, so ist die Reichsversicherungsanstalt unverzüglich zu benachrichtigen. Bei Verletztenrenten ist das Maß der Einbuße an Erwerbsfähigkeit anzugeben.

Artikel 17

Im § 385 Satz 1 werden die Worte „unter achtzehn Jahren" ersetzt durch: „(§ 33)".

Artikel 18

1. Dem § 394 wird als Abs. 5 neu hinzugefügt:

Die Vorschriften der §§ 27, 57 gelten mit Wirkung vom 1. Januar 1923 ab auch für die Wanderversicherten, die vor dem 1. November 1923 die Leistungen der Invalidenversicherung gewählt haben. Auf die hiernach zu gewährenden Leistungen werden die bisher von den Trägern der Invaliden- und der Angestelltenversicherung bewirkten Leistungen angerechnet. Die Reichsversicherungsanstalt erstattet den Trägern der Invalidenversicherung den Grundbetrag, den sie an die Berechtigten geleistet haben.

2. Der bisherige Abs. 5 wird Abs. 6.

## Abschnitt C

## Übergangsvorschriften

Artikel 19

(1) Das Gesetz tritt am 1. Juli 1926 in Kraft.

(2) Seinen Vorschriften unterliegen für die Zeit nach dem Inkrafttreten alle Ansprüche ohne Rücksicht auf die Zeit ihrer Entstehung. Die Rechtskraft früherer Entscheidungen steht nicht entgegen.

(3) Die Nichtanwendung der neuen Vorschriften in einem Feststellungsverfahren, das am 1. Juli 1926 schwebt, gilt auch dann als Revisionsgrund, wenn das Oberversicherungsamt sie noch nicht anwenden konnte.

(4) Ist eine Rente vor dem 1. Juli 1926 weggefallen oder ist der Rentenantrag vor diesem Zeitpunkt rechtskräftig abgewiesen worden, so ist auf Antrag zu prüfen, ob die Vorschriften dieses Gesetzes für den Berechtigten günstiger sind, und ein neuer Bescheid zu erteilen.

(5) Soweit die Voraussetzungen für den Anspruch auf Kinderzuschuß und Waisenrente aus der Invaliden- und Angestelltenversicherung nach den Vorschriften dieses Gesetzes nicht mehr vorliegen, fallen die am 30. Juni 1926 noch laufenden Leistungen erst mit dem 1. Oktober 1926 weg. Dies gilt für die vom Reichstag am 22. Juni 1926 beschlossene knappschaftliche Pensionsversicherung entsprechend.

Artikel 20

Bisher ergangene Entscheidungen über Abfindung nach § 616 Abs. 1 der Reichsversicherungsordnung in der Fassuug des Gesetzes vom 14. Juli 1925 (Reichsgesetzbl. I S. 97) sind auf Antrag des Verletzten aufzuheben, wenn der Berechtigte zur Zeit der Abfindung noch Anspruch auf eine andere Verletztenrente aus der Unfallversicherung hatte. Ein Anspruch auf Rückzahlung des infolge der Abfindung gezahlten Betrags besteht nicht. Der Träger der Unfallversicherung hat aber die gezahlte Abfindungssumme auf die Rentenbezüge für die Zeit nach dem 30. Juli 1925 oder bei erneuter Abfindung der Rente auf die neue Abfindungssumme anzurechnen. Über die Aufhebung der Abfindung und die Anrechnung entscheidet der Vorsitzende des Vorstandes der Genossenschaft oder der Sektion oder der Vorstand der Ausführungsbehörde durch Bescheid. Auf die Berufung gegen den Bescheid entscheidet das Oberversicherungsamt endgültig.

Berlin, den 25. Juni 1926.

Der Reichspräsident
von Hindenburg

Der Reichsarbeitsminister
Dr. Brauns

# Verordnung
# über die Abkürzung der Wartezeit und den Einkauf von Beitragsmonaten in der Angestelltenversicherung.

**Vom 14. Juli 1926 (RGBl. I S. 413).**

Auf Grund des § 384 Abs. 2 des Angestelltenversicherungsgesetzes in der Fassung vom 28. Juli 1925 (Reichsgesetzbl. I S. 157) wird nach Anhören der Reichsversicherungsanstalt für Angestellte hiermit verordnet.

## Artikel I

1. Als Deckung für die Abkürzung der Wartezeit und den Erwerb von Rentensteigerungen gemäß § 56 des Angestelltenversicherungsgesetzes ist der Unterschiedsbetrag zwischen dem Werte der Versicherung mit abgekürzter Wartezeit und dem Werte der Versicherung mit voller gesetzlicher Wartezeit in einer Summe zu entrichten.

2. Für die Berechnung der Deckung sind die Rechnungsgrundlagen der Denkschrift, betreffend die Pensions- und Hinterbliebenenversicherung der Privatangestellten (Nr. 986 der Reichstagsdrucksachen, 12. Legislaturperiode, 1. Session 1907/09) und, soweit die Kinderrenten in Betracht kommen, die im ersten Beiheft zu der Zeitschrift „Die Angestelltenversicherung“ (1914) angegebenen Zahlen der Kinder und männlichen Versicherten zu verwenden. Als Rechnungszinsfuß ist fünf vom Hundert einzusetzen.

3. Die Abkürzung der Wartezeit kann nur für volle Jahre beansprucht werden.

4. Für die Feststellung des Alters des Versicherten bei Berechnung der Deckungsmittel sind die beiden Lebensjahre maßgebend, die er nach dem Zeitpunkt des Beginns der Versicherung und nach Eingang des Abkürzungsantrags bei der Reichsversicherungsanstalt für Angestellte vollendet.

5. Bei der Abkürzung der Wartezeit ist diejenige Gehaltsklasse zugrunde zu legen, die dem durchschnittlichen Jahresarbeitsverdienste der letzten zwölf Monate vor dem Antragseingang entspricht, oder auf Antrag eine höhere, mindestens jedoch die Gehaltklasse C. In besonderen Fällen kann die Reichsversicherungsanstalt für Angestellte die Abkürzung in der Gehaltsklasse B gestatten.

## Artikel II

1. Der Einkauf von Beitragsmonaten nach Erfüllung der Wartezeit erfolgt durch Entrichtung der entsprechenden Anzahl von Gehaltsklassenbeiträgen in einer Summe.

2. Ergibt sich beim Eintritt des Versicherungsfalls, daß infolge des Einkaufs mehr Monate mit Beiträgen zur Angestelltenversicherung oder mit Ersatzzeiten im Sinne des § 382 und der Verordnung vom 7. Februar 1925 (Reichsgesetzbl. I S. 10) belegt sind, als Kalendermonate zwischen dem Tage des Eintritts in die Angestelltenversicherung und dem Versicherungsfalle liegen, so werden die überschüssigen Beitragsmonate dem Versicherten bei der Ermittlung des Steigerungsbetrags mehrfach angerechnet, und zwar, wenn der Einkauf erfolgt ist im Alter

bis zu 20 Jahren, dreifach,
über 20 Jahre bis zu 30 Jahren, zweifach,
über 30 Jahre bis zu 40 Jahren, eineinhalbfach,
über 40 Jahre bis zu 50 Jahren, zu sieben Sechsteln,
über 50 Jahre bis zu 60 Jahren, einfach.

3. Für die Feststellung des Alters des Versicherten ist dasjenige Lebensjahr maßgebend, das er nach Eingang des Einkaufsantrags vollendet.

## Artikel III

Die nach Artikel I und II erworbenen Beitragsmonate gelten allgemein als Beitragsmonate im Sinne des § 55 Abs. 3 des Angestelltenversicherungsgesetzes, für die dem Einkauf nachfolgende Zeit auch als Beitragsmonate im Sinne des § 54 a. a. O.

Berlin, den 14 Juli 1926.

Der Reichsarbeitsminister

In Vertretung

Dr. Geib

§ 87. Streit über Ersatzansprüche aus den §§ 80 bis 86 wird im Verwaltungsstreitverfahren oder, wo ein solches nicht besteht, durch die dem Ersatzberechtigten vorgesetzte Aufsichtsbehörde entschieden. Die Entscheidung der letzteren kann binnen einem Monat nach Zustellung im Wege des Rekurses nach den §§ 20, 21 der Gewerbeordnung angefochten werden.

§ 88. Was in diesem Abschnitt für Gemeinden und Fürsorgeverbände vorgeschrieben ist, gilt auch für Betriebsunternehmer und Kassen, die statt solcher Verpflichteten nach gesetzlicher Pflicht Hilfsbedürftige unterstützen.

§ 89. Soweit die nach diesem Gesetz Versicherten oder ihre Hinterbliebenen gesetzlich von Dritten Ersatz eines Schadens beanspruchen können, der ihnen durch die Berufsunfähigkeit oder durch den Tod des Ernährers erwachsen ist, geht der Anspruch auf die Reichsversicherungsanstalt bis zum Betrage derjenigen Leistungen über, die sie infolge des Schadens zu tragen hat.

Hat ein ordentliches Gericht über solche Ansprüche zu erkennen, so ist es an die Entscheidung gebunden, die in einem Verfahren nach diesem Gesetze darüber ergeht, ob und in welchem Umfang die Reichsversicherungsanstalt verpflichtet ist.

### XIV. Besondere Vorschriften

§ 90. Leistungen, die nach diesem Gesetze gewährt werden, und die durch den Übergang des Anspruchs darauf ersetzten Unterstützungen sind keine öffentlichen Armenunterstützungen.

§ 91. Die Ansprüche des Berechtigten können mit rechtlicher Wirkung übertragen, verpfändet und gepfändet werden nur wegen

1. eines Vorschusses, den der Berechtigte auf seine Ansprüche vor Anweisung der Leistungen vom Arbeitgeber oder von der Reichsversicherungsanstalt erhalten hat,
2. der im § 850 Abs. 4 der Zivilprozeßordnung bezeichneten Forderungen,
3. der Forderungen der nach § 80 ersatzberechtigten Gemeinden und Fürsorgeverbände sowie der an ihre Stelle tretenden ersatzberechtigten Arbeitgeber, Ersatzkassen ( § 363) und Versicherungsträger der reichsgesetzlichen Arbeiterversicherung einschließlich des Reichsknappschaftsvereins; die Übertragung, Verpfändung und Pfändung ist nur in Höhe der gesetzlichen Ersatzansprüche zulässig,
4. rückständiger Beiträge, die nicht seit länger als drei Monaten fällig sind.

Ausnahmsweise darf der Berechtigte auch in anderen Fällen den Anspruch mit Genehmigung des Versicherungsamts ganz oder zum Teil auf andere übertragen.

§ 92. Ansprüche auf Ruhegeld oder sonstige Renten dürfen nur aufgerechnet werden auf

Ersatzforderungen für bezogene Unfallrenten und Entschädigungen, soweit der Reichsversicherungsanstalt ein Anspruch darauf nach § 89 zusteht,
geschuldete Beiträge,
gezahlte Vorschüsse,
zu Unrecht gezahlte Rentenbeträge,
die zu erstattenden Kosten des Verfahrens (§ 310),
die von der Reichsversicherungsanstalt verhängten Geldstrafen.

## Dritter Abschnitt
## Träger der Versicherung

### I. Bezeichnung

§ 93. Träger der Versicherung ist, soweit nichts anderes bestimmt ist, die Reichsversicherungsanstalt für Angestellte. Sie hat ihren Sitz in Berlin.

### II. Rechtsfähigkeit und Aufsicht

§ 94. Die Reichsversicherungsanstalt ist rechtsfähig. Sie ist eine öffentliche Behörde.

Der Reichsarbeitsminister übt die Aufsicht über die Reichsversicherungsanstalt aus.

§ 95. Die Bücher der Reichsversicherungsanstalt sind jährlich abzuschließen; auf Grund der Bücher ist für das abgelaufene Geschäftsjahr ein Rechnungsabschluß und ein die Verhältnisse sowie die Entwicklung der Anstalt darstellender Bericht anzufertigen und dem Reichsarbeitsminister mitzuteilen. Der Rechnungsabschluß und der Bericht sind dem Reichstag vorzulegen.

Als Geschäftsjahr gilt das Kalenderjahr.

§ 96. Die Rechnungen der Reichsversicherungsanstalt über ihre persönlichen und sachlichen Verwaltungskosten werden durch den Rechnungshof des Deutschen Reichs geprüft.

## III. Organe

§ 97. Die Organe der Reichsversicherungsanstalt sind
1. das Direktorium,
2. der Verwaltungsrat,
3. die Vertrauensmänner.

### 1. Direktorium

§ 98. Das Direktorium vertritt die Reichsversicherungsanstalt gerichtlich und außergerichtlich. Es hat die Stellung eines gesetzlichen Vertreters.

§ 99. Das Direktorium besteht aus einem Präsidenten, seinem Stellvertreter und weiteren beamteten Mitgliedern sowie aus je drei Vertretern der Versicherten und ihrer Arbeitgeber (ehrenamtliche Mitglieder). Die Zahl der ehrenamtlichen Mitglieder muß größer sein als die der beamteten. Sind zu einer Sitzung des Direktoriums nicht sämtliche ehrenamtliche Mitglieder erschienen, so scheiden bei der Abstimmung die beamteten Mitglieder in entsprechender Anzahl aus.

Das Direktorium faßt seine Beschlüsse nach Stimmenmehrheit. Bei Stimmengleichheit gibt die Stimme des Präsidenten den Ausschlag. Im übrigen wird die Geschäftsführung durch eine Geschäftsordnung geregelt, die der Verwaltungsrat im Einvernehmen mit dem Direktorium erläßt; sie bedarf der Zustimmung des Reichsarbeitsministers.

§ 100. Die beamteten Direktoriumsmitglieder und die übrigen planmäßigen Beamten des höheren Dienstes ernennt der Reichspräsident nach Vorschlag des Reichsrats auf Lebenszeit. Der Verwaltungsrat ist vorher zu hören.

Bei der Ernennung der beamteten Direktoriumsmitglieder kann für die ersten drei Jahre der Dienstzeit der Widerruf vorbehalten werden.

§ 101. Die im § 100 bezeichneten Beamten haben die Rechte und Pflichten der Reichsbeamten.

Ihre Besoldungen, Pensionen und sonstigen Dienstbezüge sowie die Pensionen und Unterstützungen für ihre Hinterbliebenen trägt die Reichsversicherungsanstalt. Der Besoldungs- und Pensionshaushalt wird für das Direktorium durch den Reichshaushalt, für die übrigen im § 100 bezeichneten Beamten vom Reichsrat auf den Antrag des Reichsarbeitsministers jährlich festgesetzt.

§ 102. Die ehrenamtlichen Mitglieder des Direktoriums wählt der Verwaltungsrat auf sechs Jahre. Für jedes Mitglied werden mindestens zwei Ersatzmänner gewählt; sie vertreten es, wenn es verhindert ist, und treten, wenn es ausscheidet, für den Rest der Wahlzeit in der Reihenfolge ihrer Wahl ein.

Die Vertreter der Arbeitgeber werden von den Arbeitgebervertretern, die übrigen von den Versichertenvertretern unter den Mitgliedern des Verwaltungsrats gewählt.

Die §§ 109 bis 111, 117 gelten entsprechend.

Ein Mitglied des Verwaltungsrats, das Mitglied des Direktoriums wird, scheidet aus dem Verwaltungsrat aus.

§ 103. Die übrigen Beamten und die Angestellten werden vom Direktorium angestellt. Das Direktorium erläßt im Einverständnis mit dem Verwaltungsrat eine Dienstordnung, in der die Zahl, die Gehaltsbezüge, die Grundsätze für Anstellung, Dienstentlassung, Ruhestandsversorgung und Hinterbliebenenfürsorge zu regeln sind.

2. Verwaltungsrat

§ 104. Der Verwaltungsrat hat folgende Aufgaben:

1. Er vertritt die Reichsversicherungsanstalt gegenüber dem Direktorium.
2. Er beschließt über die Festsetzung des Voranschlags, unbeschadet des § 101 Abs. 2 Satz 2.

   Für Ausgaben, die im Laufe des Geschäftsjahrs notwendig werden, ohne daß sie im Voranschlage vorgesehen sind, ist die Zustimmung des Verwaltungsrats erforderlich; war sie vorher nicht möglich, so ist die Genehmigung des Verwaltungsrats unverzüglich einzuholen.
3. Er nimmt den Rechnungsabschluß (§ 95) und die Bilanz (§ 173) ab. Dies schließt das Recht zur Prüfung der Einnahmen, Ausgaben und Belege ein.
4. Er ist befugt, durch Beauftragte aus seiner Mitte jederzeit Einblick in die Geschäftsführung zu nehmen. Der Beauftragte kann Sachverständige und Hilfskräfte zuziehen.
5. Er bestimmt gemeinsam mit dem Direktorium die Grundsätze für die Anlegung des Vermögens. Die Geschäftsordnung kann für den Erwerb von Grundstücken und für Verfügungen über Grundstücke die Zustimmung des Verwaltungsrats oder eines Ausschusses vorschreiben.
6. Er hat bei der Vorbereitung wichtiger Beschlüsse des Direktoriums gutachtlich mitzuwirken.

§ 105. Der Verwaltungsrat besteht aus dem Präsidenten des Direktoriums oder seinem Stellvertreter als Vorsitzendem und mindestens je zwölf Vertretern der Versicherten und ihrer Arbeitgeber. Der Reichsarbeitsminister kann die Zahl der Mitglieder nach Bedarf erhöhen.

Die Vertreter der Arbeitgeber werden von den Arbeitgebervertretern unter den Vertrauensmännern, die übrigen von den Versichertenvertretern unter den Vertrauensmännern gewählt.

§ 106. Der Verwaltungsrat ist befugt,

aus seinen Mitgliedern für einzelne Arbeitsgebiete Ausschüsse zu bilden und

einzelne Obliegenheiten mit Ausnahme der Festsetzung des Voranschlags, der Abnahme des Rechnungsabschlusses und der Bilanz einem solchen Ausschuß übertragen.

§ 107. Der Verwaltungsrat faßt seine Beschlüsse nach Stimmenmehrheit. Im übrigen wird die Geschäftsführung durch eine Geschäftsordnung geregelt, die der Verwaltungsrat erläßt; sie bedarf der Zustimmung des Reichsarbeitsministers.

Der Präsident beruft den Verwaltungsrat. Auf Verlangen der Mehrheit des Verwaltungsrats ist dieser zu berufen.

§ 108. Die Wahl findet nach den Grundsätzen der Verhältniswahl statt. Der Reichsarbeitsminister erläßt eine Wahlordnung und leitet die Wahl durch seine Beauftragten.

Für jeden Vertreter werden mindestens zwei Ersatzmänner gewählt; sie ersetzen ihn, wenn er verhindert ist, und treten, wenn er ausscheidet, für den Rest der Wahlzeit in der Reihenfolge ihrer Wahl ein.

Bei Streit über die Wahl entscheidet der Reichsarbeitsminister.

§ 109. Wählbar zum Verwaltungsrate sind nur volljährige Deutsche. Nicht wählbar ist,

1. wer infolge strafgerichtlicher Verurteilung die Fähigkeit zur Bekleidung öffentlicher Ämter verloren hat oder wegen eines Verbrechens oder Vergehens, das den Verlust dieser Fähigkeit zur Folge haben kann, verfolgt wird, falls gegen ihn das Hauptverfahren eröffnet ist,
2. wer infolge gerichtlicher Anordnung in der Verfügung über sein Vermögen beschränkt ist.

§ 110. Wählbar als Vertreter der Arbeitgeber ist, wer regelmäßig mindestens einen versicherten Angestellten beschäftigt.

§ 111. Wählbar als Vertreter der Versicherten sind nur Versicherte, die nicht als Vertreter der Arbeitgeber wählbar sind.

§ 112. Die Wahlzeit dauert sechs Jahre.

Die Gewählten bleiben nach Ablauf dieser Zeit im Amte, bis ihre Nachfolger eintreten.

Wer ausscheidet, kann wiedergewählt werden.

§ 113. Ein Arbeitgeber kann die Wahl nur aus einem wichtigen Grunde ablehnen, insbesondere wenn er

1. das sechzigste Lebensjahr vollendet hat,
2. mehr als vier minderjährige eheliche Kinder hat; Kinder, die ein anderer an Kindes Statt angenommen hat, werden dabei nicht gerechnet,
3. durch Krankheit oder Gebrechen verhindert ist, das Amt ordnungsgemäß zu führen,
4. mehr als eine Vormundschaft oder Pflegschaft führt. Die Vormundschaft oder Pflegschaft über mehrere Geschwister gilt nur als eine; zwei Gegenvormundschaften stehen einer Vormundschaft, ein Ehrenamt der Reichsversicherung einer Gegenvormundschaft gleich.

Nach mindestens zweijähriger Amtsführung kann eine Wiederwahl für die nächste Wahlzeit abgelehnt werden.

§ 114. Über die Zulässigkeit der Ablehnung entscheidet das Direktorium.

Wer die Wahl ohne zulässigen Grund ablehnt, kann vom Präsidenten des Direktoriums mit Ordnungsstrafe in Geld bestraft werden.

Das Direktorium kann einen Vertreter von seinem Amte entbinden, wenn ein wichtiger Grund vorliegt.

Auf Beschwerde entscheidet der Reichsarbeitsminister endgültig.

§ 115. Die Mitglieder des Verwaltungsrates und die ehrenamtlichen Direktoriumsmitglieder verwalten ihr Amt unentgeltlich als Ehrenamt. Für ihre Teilnahme an Sitzungen erhalten sie Tagegelder und Vergütung der Reisekosten nach festen, von dem Reichsarbeitsminister bestimmten Sätzen.

§ 116. Die Vertreter der Versicherten haben ihrem Arbeitgeber jede Einberufung zu den Sitzungen anzuzeigen. Tun sie es rechtzeitig, so gibt das Fernbleiben von der Arbeit dem Arbeitgeber keinen wichtigen Grund, das Arbeitsverhältnis ohne Einhalten einer Kündigungsfrist zu lösen.

§ 117. Werden von einem Gewählten Tatsachen bekannt, die seine Wählbarkeit ausschließen, so hat ihn der Verwaltungsrat seines Amtes durch Beschluß zu entheben.

Vor der Beschlußfassung ist ihm Gelegenheit zur Äußerung zu geben.

Gegen den Beschluß ist die Beschwerde bei dem Reichsarbeitsminister zulässig.

### 3. Vertrauensmänner

§ 118. Die Vertrauensmänner wählen die Mitglieder des Verwaltungsrats sowie die Beisitzer der Angestelltenversicherung für die Versicherungsämter, die Oberversicherungsämter und das Reichsversicherungsamt.

§ 119. Den Vertrauensmännern kann das Versicherungsamt zu seiner Unterstützung Aufträge erteilen. Sie sollen auch ohne Auftrag alle ihnen bekanntgewordenen Tatsachen mitteilen, die nach ihrer Ansicht für das Versicherungsamt oder die Reichsversicherungsanstalt wichtig sind.

§ 120. Die Vertrauensmänner werden je zur Hälfte aus den Versicherten, die nicht Arbeitgeber sind, und aus den Arbeitgebern der versicherten Angestellten gewählt.

Die Zahl beträgt für den Bezirk einer unteren Verwaltungsbehörde sechs; wohnen im Bezirke der unteren Verwaltungsbehörde mehr als zehntausend Versicherte, so kann die oberste Verwaltungsbehörde für je angefangene weitere zehntausend die Zahl der Vertrauensmänner um zwei erhöhen.

Der obersten Verwaltungsbehörde bleibt vorbehalten, für kleinere Bezirke die Zahl der Vertrauensmänner bis auf zwei herabzusetzen oder die Bezirke mehrerer unteren Verwaltungsbehörden zu einem Bezirke zusammenzufassen und zu bestimmen, welche untere Verwaltungsbehörde die im § 124 Abs. 3, § 127 Abs. 2, § 128, § 129 Abs. 1 dieser Behörde zugewiesenen Geschäfte wahrzunehmen hat.

**§ 121.** Die Vertrauensmänner aus den Arbeitgebern werden von den Arbeitgebern der versicherten Angestellten, die übrigen von den versicherten Angestellten gewählt.

**§ 122.** Wahlberechtigt sind volljährige Deutsche, sofern sie zu den versicherten Angestellten oder ihren Arbeitgebern gehören und im Bezirke der unteren Verwaltungsbehörde wohnen.

Nicht wahlberechtigt sind die im § 109 Abs. 2 bezeichneten Personen.

**§ 123.** Für die Wahlen der Arbeitgeber kann der Reichsarbeitsminister das Stimmrecht nach der Zahl der von ihnen beschäftigten Versicherten verschieden festsetzen.

**§ 124.** Gewählt wird schriftlich nach den Grundsätzen der Verhältniswahl. Für die versicherten Angestellten dient die Versicherungskarte (§ 176) als Ausweis, für die Arbeitgeber eine von der Gemeindebehörde ausgestellte Bescheinigung. In der Versicherungskarte muß wenigstens ein Beitrag innerhalb der letzten zwölf Monate vor der Wahl nachgewiesen sein.

Der Reichsarbeitsminister erläßt eine Wahlordnung und bestellt den Leiter der Wahl.

Bei Streit über die Wahl entscheidet die untere Verwaltungsbehörde.

**§ 125. Für jeden Vertrauensmann werden in gleicher Weise je zwei Ersatzmänner gewählt; sie ersetzen ihn, wenn er verhindert ist, und treten, wenn er ausscheidet, für den Rest der Wahlzeit in der Reihenfolge ihrer Wahl ein.**

**§ 126.** Wählbar sind nur Versicherte, die nicht Arbeitgeber sind, und Arbeitgeber der versicherten Angestellten, die im Bezirke der unteren Verwaltungsbehörde wohnen oder beschäftigt werden oder ihren Betriebssitz haben, und die nicht nach § 109 ausgeschlossen sind.

**§ 127.** Die §§ 112, 113, 116 gelten entsprechend.

Solange und soweit keine Wahl zustande kommt oder die Gewählten die Dienstleistung verweigern, beruft die untere Verwaltungsbehörde Vertrauensmänner aus der Zahl der Wählbaren.

**§ 128.** Über die Zulässigkeit der Ablehnung beschließt die untere Verwaltungsbehörde.

Wer die Wahl oder die Berufung ohne zulässigen Grund ablehnt, kann von der unteren Verwaltungsbehörde mit Ordnungsstrafe in Geld bestraft werden.

Die untere Verwaltungsbehörde kann einen Vertrauensmann von seinem Amte entbinden, wenn ein wichtiger Grund vorliegt.

Auf Beschwerde entscheidet die höhere Verwaltungsbehörde.

**§ 129.** Werden von einem Vertrauensmanne Tatsachen bekannt, die seine Wählbarkeit ausschließen oder eine grobe Verletzung seiner Amtspflicht darstellen, so enthebt ihn die untere Verwaltungsbehörde seines Amtes.

Auf Beschwerde entscheidet die höhere Verwaltungsbehörde.

**§ 130.** Die Vertrauensmänner verwalten ihr Amt unentgeltlich als Ehrenamt.

Die Reichsversicherungsanstalt erstattet ihnen ihre baren Auslagen. In besonderen Fällen kann ihnen eine Entschädigung für Zeitverlust oder für entgangenen Arbeitsverdienst gewährt werden. Die Reichsversicherungsanstalt kann hierüber Bestimmungen erlassen.

## Vierter Abschnitt

## Versicherungsbehörden

### I. Allgemeines

**§ 131.** Die Spruchbehörden der Angestelltenversicherung sind

1. Versicherungsämter,
2. Oberversicherungsämter,
3. das Reichsversicherungsamt.

## II. Versicherungsämter

§ 132. Die Versicherungsämter, die in der Angestelltenversicherung zuständig sind, bestimmt der Reichsarbeitsminister nach Anhören der Reichsversicherungsanstalt mit Zustimmung des Reichsrats.

Bei diesen Versicherungsämtern werden ein oder mehrere Ausschüsse für Angestelltenversicherung gebildet. Sie bestehen, unbeschadet des § 232, aus dem Vorsitzenden und aus Versicherungsvertretern der Angestelltenversicherung, und zwar je einem Vertreter der Versicherten (Versichertenvertreter) der Angestelltenversicherung und ihrer Arbeitgeber.

§ 133. Der Leiter des Versicherungsamts ist zugleich der Vorsitzende des Ausschusses für Angestelltenversicherung, soweit nicht ein besonderer Vorsitzender für den Ausschuß bestellt wird. Ein oder mehrere ständige Stellvertreter des Vorsitzenden werden bestellt. Der bestellte Vorsitzende und die Stellvertreter sollen durch Vorbildung und Erfahrung auf dem Gebiete der Reichsversicherung geeignet sein. Sie sollen besondere Kenntnisse und praktische Erfahrung in der Angestelltenversicherung besitzen.

Der besondere Vorsitzende und die ständigen Stellvertreter werden von der obersten Verwaltungsbehörde bestellt, in deren Bezirk das Versicherungsamt seinen Sitz hat.

§ 134. Die Zahl der Beisitzer der Angestelltenversicherung, die insgesamt bei dem Versicherungsamte zur Verfügung stehen, muß mindestens zwanzig betragen. Sie kann vom Versicherungsamte mit Genehmigung des Oberversicherungsamts sowie von diesem nach Anhören des Versicherungsamts erhöht werden.

Ein Versicherungsvertreter der Angestelltenversicherung darf nicht zugleich besoldeter Beamter des Versicherungsamts, Versicherungsvertreter bei einem anderen Versicherungsamte, Beisitzer bei einem Oberversicherungsamt oder nichtständiges Mitglied des Reichsversicherungsamts sein.

§ 135. Die Arbeitgeberbeisitzer der Angestelltenversicherung werden von den Arbeitgebervertretern unter den Vertrauensmännern, die Versichertenbeisitzer der Angestelltenversicherung von den Versichertenvertretern unter den Vertrauensmännern in schriftlicher Abstimmung gewählt.

Wahlberechtigt sind die Vertrauensmänner des Bezirkes, für den der Ausschuß beim Versicherungsamte zuständig ist.

§ 136. Die §§ 108 bis 111 gelten entsprechend.

Bei Streit über die Wahl entscheidet die oberste Verwaltungsbehörde, in deren Bezirk das Versicherungsamt seinen Sitz hat.

§ 137. Die Versicherungsvertreter sollen mindestens je zur Hälfte am Sitze des Versicherungsamts selbst oder nicht über zehn Kilometer entfernt wohnen oder beschäftigt sein.

Bei der Wahl sollen die hauptsächlichen Berufszweige und die verschiedenen Teile des Bezirks berücksichtigt werden.

Der Reichsarbeitsminister kann mit Zustimmung des Reichsrats darüber Besonderes oder Abweichendes bestimmen.

§ 138. Die §§ 112, 113, 116 gelten entsprechend.

§ 139. Über die Zulässigkeit der Ablehnung beschließt das für den Wohnort des Gewählten zuständige Versicherungsamt.

Wer die Wahl ohne zulässigen Grund ablehnt, kann vom Versicherungsamt mit Ordnungsstrafe in Geld bestraft werden.

Das Versicherungsamt kann einen Vertreter von seinem Amte entbinden, wenn ein wichtiger Grund vorliegt.

Auf Beschwerde beschließt das Oberversicherungsamt (Beschlußkamm.) endgülitg.

§ 140. Werden von einem Versicherungsvertreter Tatsachen bekannt, die seine Wählbarkeit ausschließen oder eine grobe Verletzung seiner Amtspflicht darstellen, so enthebt das Versicherungsamt ihn seines Amtes.

Auf Beschwerde beschließt das Oberversicherungsamt (Beschlußkammer) endgültig.

§ 141. Der Vorsitzende des Versicherungsamts verpflichtet die Versicherungsvertreter vor ihrer ersten Dienstleistung auf die gewissenhafte Erfüllung ihrer Pflichten.

Das Versicherungsamt kann gegen einen Vertreter, der sich der Erfüllung seiner Pflichten entzieht, Ordnungsstrafe in Geld verhängen. Es hat die Strafe zurückzunehmen, wenn nachträglich eine genügende Entschuldigung nachgewiesen wird.

Auf Beschwerde beschließt das Oberversicherungsamt (Beschlußkammer) endgültig.

§ 142. Solange und soweit keine Wahl zustande kommt oder die Gewählten die Dienstleistung verweigern, beruft das Versicherungsamt Vertreter aus der Zahl der Wählbaren.

§ 143. Die Versicherungsvertreter der Angestelltenversicherung verwalten ihr Amt unentgeltlich als Ehrenamt.

Das Versicherungsamt erstattet ihnen ihre baren Auslagen.

Daneben gewährt es den Versichertenvertretern Ersatz für entgangenen Arbeitsverdienst oder statt dessen einen Pauschbetrag für Zeitverlust. Einen solchen Pauschbetrag kann es auch den Vertretern der Arbeitgeber zubilligen. Die Pauschbeträge bedürfen der Genehmigung des Oberversicherungsamts (Beschlußkammer).

§ 144. Die oberste Verwaltungsbehörde kann bestimmen, wieweit das Versicherungsamt technische, staatliche und gemeindliche Beamte seines Bezirkes als Beiräte mit beratender Stimme zum Beschlußverfahren zuziehen darf.

§ 145. Die Kosten des Ausschusses für Angestelltenversicherung schießt das Land und, wenn das Versicherungsamt bei einer gemeindlichen Behörde errichtet ist, der Gemeindeverband vor, dessen Bezirk von dem des Versicherungsamts umfaßt wird; ist das Versicherungsamt für die Bezirke mehrerer unteren Verwaltungsbehörden gemeinsam errichtet, so bestimmt die oberste Verwaltungsbehörde, wie der Vorschuß zu leisten ist.

Die Kosten werden von der Reichsversicherungsanstalt nach Grundsätzen erstattet, die der Reichsarbeitsminister nach Anhören des Reichsrats und der Reichsversicherungsanstalt einheitlich für das Reich festgesetzt. Je am Ende des Kalendervierteljahrs hat die Reichsversicherungsanstalt angemessene Abschlagszahlungen zu leisten.

§ 146. Das Versicherungsamt erteilt auch Auskunft in Angelegenheiten der Angestelltenversicherung.

### III. Oberversicherungsämter

§ 147. Die Oberversicherungsämter, die in der Angestelltenversicherung zuständig sind, bestimmt der Reichsarbeitsminister nach Anhören der Reichsversicherungsanstalt mit Zustimmung des Reichsrats.

Bei diesen Oberversicherungsämtern werden Kammern für Angestelltenversicherung gebildet.

§ 148. Die Kammern für Angestelltenversicherung bestehen aus Mitgliedern des Oberversicherungsamts und aus Beisitzern.

§ 149. Ist das Oberversicherungsamt an eine höhere Reichs- oder Landesbehörde angegliedert, so ist ihr Leiter zugleich der Vorsitzende der Kammer für Angestelltenversicherung. Als sein ständiger Stellvertreter wird ein Direktor des Oberversicherungsamts bestellt.

Mindestens ein weiteres Mitglied des Oberversicherungsamts muß zugleich als Stellvertreter des Direktors für die Kammern für Angestelltenversicherung bestellt werden; für jedes solche Mitglied muß mindstens ein Stellvertreter für die Kammern für Angestelltenversicherung bestellt werden. Der bestellte Vorsitzende und die Stellvertreter sollen durch Vorbildung und Erfahrung auf dem Gebiete der Reichsversicherung geeignet sein. Sie sollen besondere Kenntnisse und praktische Erfahrung in der Angestelltenversicherung besitzen.

§ 150. Die oberste Verwaltungsbehörde kann bestimmen, daß dem Direktor noch andere Dienstgeschäfte übertragen werden, und daß die übrigen Mitglieder der Kammer für Angestelltenversicherung das Amt im Nebenberuf ausüben.

§ 151. Die Beisitzer der Kammern für Angestelltenversicherung werden je zur Hälfte aus Vertretern der Versicherten der Angestelltenversicherung und ihrer Arbeitgeber gewählt.

Ihre Gesamtzahl muß mindestens zwölf betragen. Sie kann von der obersten Verwaltungsbehörde des Landes, in dem das Oberversicherungsamt seinen Sitz hat, erhöht werden.

Ein Beisitzer darf nicht zugleich nichtständiges Mitglied des Reichsversicherungsamts sein.

§ 152. Für Wahl, Rechte und Pflichten der Beisitzer und ihrer Stellvertreter gelten die §§ 135 bis 143 entsprechend. Jedoch gehen Beschwerden an die oberste Verwaltungsbehörde.

§ 153. Das Oberversicherungsamt bildet eine oder mehrere Spruchkammern für Angestelltenversicherung für diejenigen Angelegenheiten aus der Angestelltenversicherung, die dieses Gesetz dem Spruchverfahren überweist.

Die Spruchkammer besteht aus einem Mitglied des Oberversicherungsamts (§ 149 Abs. 2) als Vorsitzendem und je einem Beisitzer der Arbeitgeber und der Versicherten.

§ 154. Das Oberversicherungsamt bildet eine oder mehrere Beschlußkammern für Angestelltenversicherung für diejenigen Angelegenheiten aus der Angestelltenversicherung, die dieses Gesetz dem Beschlußverfahren überweist.

Die Beschlußkammer besteht aus dem Vorsitzenden, einem zweiten Mitglied (§ 149 Abs. 2) und zwei Beisitzern.

Bei Stimmengleichheit gibt der Vorsitzende den Ausschlag.

§ 155. Die oberste Verwaltungsbehörde führt die Aufsicht über die Kammern für Angestelltenversicherung bei dem Oberversicherungsamte.

Sie gibt ihnen die erforderlichen Hilfskräfte bei und beschafft ihre Geschäftsräume.

Die Beamten des mittleren und unteren Dienstes haben die Rechte und Pflichten der Reichs- oder Landesbeamten, wenn sie im Hauptamt und nicht nur vorübergehend oder zur Vorbereitung beschäftigt werden; das Nähere bestimmt die Landesregierung.

Der Vorsitzende des Oberversicherungsamts verpflichtet sie auf die gewissenhafte Erfüllung der Amtspflichten, soweit sie nicht bereits durch einen Diensteid verpflichtet sind.

§ 156. Für die Kosten der Kammern für Angestelltenversicherung gelten die Vorschriften des § 145.

## IV. Reichsversicherungsamt

§ 157. Für die Aufgaben der Angestelltenversicherung, die dem Reichsversicherungsamt übertragen sind, werden bei dem Reichsversicherungsamte Senate für Angestelltenversicherung gebildet.

§ 158. Ihre Entscheidungen sind endgültig.

§ 159. Die Senate für Angestelltenversicherung bestehen aus ständigen und nichtständigen Mitgliedern des Reichsversicherungsamts nach den besonderen Vorschriften dieses Gesetzes.

§ 160. Die ständigen Mitglieder des Reichsversicherungsamts, die in den Senaten für Angestelltenversicherung tätig sind, werden vom Reichsarbeitsminister bestellt; sie sollen besondere Kenntnisse und praktische Erfahrung in der Angestelltenversicherung besitzen.

§ 161. Die Zahl der nichtständigen Mitglieder des Reichsversicherungsamts aus den Arbeitgebern und den Versicherten wird um zwölf vermehrt, die je zur Hälfte aus Vertretern der Versicherten der Angestelltenversicherung und ihrer Arbeitgeber gewählt werden.

Für Wahl, Rechte und Pflichten dieser Beisitzer und ihrer Stellvertreter gelten die §§ 135 bis 143 entsprechend. Für die Bestrafung und die Amtsenthebung ist jedoch das Reichsversicherungsamt (Beschlußsenat) zuständig.

**§ 162.** Der Reichsrat bezeichnet aus der Zahl der von ihm gewählten nichtständigen Mitglieder diejenigen, die in die Senate für Angestelltenversicherung eintreten. Erforderlichenfalls kann er zu diesem Zwecke höchstens zwei nichtständige Mitglieder hinzuwählen; entsprechend ist die Zahl der Mitglieder erhöht, die der Reichsrat zu entsenden hat.

**§ 163.** Der Reichsarbeitsminister verpflichtet die vom Reichsrat für die Senate für Angestelltenversicherung gewählten nichtständigen Mitglieder, der Präsident des Reichsversicherungsamts die übrigen und ihre Stellvertreter vor ihrer ersten Dienstleistung auf die gewissenhafte Erfüllung ihrer Pflichten.

**§ 164.** Das Reichsversicherungsamt bildet Spruchsenate für Angestelltenversicherung für diejenigen Angelegenheiten aus der Angestelltenversicherung, die dieses Gesetz dem Spruchverfahren überweist.

Der Spruchsenat besteht aus einem Vorsitzenden, einem ständigen Mitglied (§ 160), einem hinzugezogenen richterlichen Beamten und je einem Vertreter der Versicherten der Angestelltenversicherung und ihrer Arbeitgeber.

**§ 165.** Den Vorsitz im Spruchsenate führt der Präsident oder ein Direktor (§ 160) oder ein Senatspräsident (§ 160). Der Reichsarbeitsminister kann ein anderes ständiges Mitglied (§ 160) vorübergehend mit dem Vorsitz betrauen.

Die Reichsregierung beruft die richterlichen Beamten zu den Spruchsenaten.

**§ 166.** Das Reichsversicherungsamt bildet Beschlußsenate für Angestelltenversicherung für diejenigen Angelegenheiten aus der Angestelltenversicherung, die dieses Gesetz dem Beschlußverfahren überweist.

Der Beschlußsenat besteht aus dem Präsidenten, einem Direktor (§ 160) oder einem Senatspräsidenten (§ 160) als Vorsitzendem, einem vom Reichsrat gewählten nichtständigen (§ 162), einem ständigen Mitglied (§ 160) und je einem Vertreter der Versicherten der Angestelltenversicherung und ihrer Arbeitgeber. An Stelle des vom Reichsrat gewählten kann ein ständiges Mitglied (§ 160) treten.

**§ 167.** Für die Kosten der Senate für Angestelltenversicherung beim Reichsversicherungsamte gelten die Vorschriften des § 145 entsprechend.

## Fünfter Abschnitt

## Deckung der Leistungen

### I. Aufbringung der Mittel

### 1. Allgemeines

**§ 168.**[4c] Die Arbeitgeber und Versicherten bringen die Mittel für die Versicherung auf.

Sie entrichten für Zeiten versicherungspflichtiger Beschäftigung und für Krankheitszeiten, in denen die Versicherten das Gehalt fortbezogen haben, Beiträge zu gleichen Teilen. Für Versicherte, deren monatliches Entgelt fünfzig Reichsmark nicht übersteigt, sowie für Lehrlinge entrichtet der Arbeitgeber die vollen Beiträge.

**§ 169.** Beitragsmonate sind nur Kalendermonate, für die Beiträge entrichtet sind, soweit nicht im § 170 oder im § 382 Abs. 1 etwas anderes bestimmt ist.

**§ 170.**[4c] Als Beitragsmonate für die Erhaltung der Antwortschaft (§ 54) und als Vormonate für die freiwillige Versicherung (§ 21) (Ersatzzeiten) rechnen nach Entrichtung mindestens eines Beitrags auch ohne weitere Beitragsleistung die Kalendermonate, in denen der Versicherte

1. durch Krankheit zeitweise arbeitsunfähig und nachweislich in seiner Berufstätigkeit verhindert ist und kein Entgelt erhält,

---

[4c]) In der Fassung des Gesetzes vom 28. Juli 1925 (RGBl. I S. 157).

2. zur beruflichen Fortbildung eine staatlich anerkannte Lehranstalt besucht; die oberste Verwaltungsbehörde bestimmt die staatlich anerkannten Lehranstalten im Sinne dieser Vorschrift,
3. in Mobilmachungs- oder Kriegszeiten militärische Dienstleistungen oder freiwillige Kriegskrankenpflege bei der deutschen Wehrmacht verrichtet hat.

Wie Krankheitszeit rechnet Genesungszeit und bis zu zwei Monaten eine Arbeitsunfähigkeit, die durch Schwangerschaft oder ein regelmäßig verlaufenes Wochenbett veranlaßt ist.

Nicht angerechnet wird eine Krankheit, die sich der Versicherte vorsätzlich oder bei Begehung eines durch Strafurteil festgestellten Verbrechens oder durch schuldhafte Beteiligung bei Schlägereien oder Raufhändeln zugezogen hat.

Als Beitragszeit in bezug auf das Erlöschen und das Wiederaufleben der Anwartschaft (§§ 54, 55) gelten auch die Wochen, für die Beiträge in der Invalidenversicherung entrichtet sind. Dabei werden je vier Beitragswochen der Invalidenversicherung als ein Beitragsmonat der Angestelltenversicherung gerechnet. Dies gilt, abgesehen von § 55 Abs. 3, nicht für solche Beitragswochen der Invalidenversicherung, die mit den in der Angestelltenversicherung zurückgelegten Beitragsmonaten voll zusammenfallen.

Der Reichsarbeitsminister kann bestimmen, in welchen weiteren Fällen eine Anrechrechnung von Beitragsmonaten stattfindet, ohne daß Beiträge entrichtet zu werden brauchen. Er kann auch bestimmen, daß die Beitragsmonate für die Erfüllung der Wartezeit und bei der Rentenberechnung (§ 56) berücksichtigt werden.

### 2. Gehalts- und Beitragsklassen

**§ 171.**[4c]) Nach einer Höhe des monatlichen Arbeitsverdienstes werden für die Versicherungspflichtigen folgende Gehaltsklassen gebildet:

| | | | |
|---|---|---|---|
| Klasse | A | . . . . . . | bis zu 50 Reichsmark, |
| „ | B | von mehr als 50 | „ „ 100 „ , |
| „ | C | „ „ „ 100 | „ „ 200 „ , |
| „ | D | „ „ „ 200 | „ „ 300 „ , |
| „ | E | „ „ „ 300 | „ „ 400 „ , |
| „ | F | „ „ „ 400 Reichsmark. | |

Der Reichsarbeitsminister bestimmt das Nähere. Er kann insbesondere Gehaltsklassen an die bestehenden anfügen.

**§ 171a.**[4a]) Für freiwillige Beitragsentrichtung (§ 184 Abs. 2 Satz 2, § 185) werden die Beitragsklassen G und H gebildet.

### 3. Höhe der Beiträge

**§ 172.**[4c]) Der Monatsbeitrag beträgt

| | | |
|---|---|---|
| in der Gehaltsklasse | A . . . | 2 Reichsmark, |
| „ „ „ | B . . . | 4 „ , |
| „ „ „ | C . . . | 8 „ , |
| „ „ „ | D . . . | 12 „ , |
| „ „ „ | E . . . | 16 „ , |
| „ „ „ | F . . . | 20 „ . |

Der Reichsarbeitsminister kann anordnen, daß Beiträge unter oder über einer bestimmten Gehaltsklasse nicht entrichtet werden dürfen. Er setzt im Falle des § 171 Abs. 2 Satz 2 die Beiträge für die neuen Gehaltsklassen fest.

**§ 172a.**[5]) Der freiwillige Monatsbeitrag beträgt

| | | |
|---|---|---|
| in der Beitragsklasse | G . . . . | 25 Reichsmark, |
| „ „ „ | H . . . . | 30 „ . |

**§ 173.** Zur Nachprüfung der Beiträge stellt die Reichsversicherungsanstalt in fünfjährigen Zeitabschnitten, erstmalig für den 31. Dezember 1926, eine versicherungstechnische Bilanz auf. Der Reichsarbeitsminister kann nähere Vorschriften hierüber erlassen.

Das Ergebnis der Prüfung ist dem Reichstag mitzuteilen.

---

[5]) Eingefügt durch Gesetz vom 28. Juli 1925 (RGBl. I S. 157).

### 4. Beitragsverfahren

**§ 174.** Das Beitragsverfahren regelt der Reichsarbeitsminister nach Anhören der Reichsversicherungsanstalt, soweit nicht im folgenden etwas anderes bestimmt ist.

#### a) Marken

**§ 175.** Zur Beitragsleistung gibt die Reichsversicherungsanstalt Marken aus.

Ungültig gewordene Marken können binnen drei Monaten nach Ablauf der Gültigkeitsdauer bei den Verkaufsstellen umgetauscht werden.

#### b) Versicherungskarte

**§ 176.** Die Beiträge werden durch Einkleben der Marken in die Versicherungskarte entrichtet; Ausnahmen kann der Reichsarbeitsminister nach Anhören der Reichsversicherungsanstalt regeln.

**§ 177.** Der Versicherte läßt sich die Versicherungskarte ausstellen und legt sie dem Arbeitgeber zum Einkleben der Marken rechtzeitig vor. Die Ortspolizeibehörde kann ihn dazu durch Zwangsstrafen in Geld anhalten.

Hat er keine Versicherungskarte oder verweigert er ihre Vorlage, so kann sie der Arbeitgeber beschaffen und die Kosten, nachdem sie ihm bekannt geworden sind, bei der nächsten Gehaltszahlung abziehen.

**§ 178.** Der Reichsarbeitsminister bestimmt nach Anhören der Reichsversicherungsanstalt mit Zustimmung des Reichsrats, wer die Versicherungskarten ausstellt, umtauscht, ersetzt und aufrechnet (Ausgabestellen). Die Länder können andere Stellen bestimmen.

**§ 179.** Die Versicherungskarte soll binnen drei Jahren nach dem Ausstellungstage zum Umtausch eingereicht werden. Der Versicherte, der dies versäumt, muß im Streitfall beweisen, daß die Anwartschaft erhalten ist.

**§ 180.** Die Versicherungskarte darf nur die gesetzlich vorgeschriebenen Angaben enthalten und sonst keine Merkmale tragen; vor allem darf sich aus ihr nichts über Führung oder Leistungen des Inhabers ergeben.

Zulässig ist ein Vermerk des Wahlvorstandes, daß die Wahl ausgeübt ist.

**§ 181.** Niemand darf eine Versicherungskarte gegen den Willen des Inhabers zurückbehalten. Wer dagegen verstößt, ist dem Berechtigten schadensersatzpflichtig. Die Ortspolizeibehörde nimmt ihm die Karte ab und händigt sie dem Berechtigten aus.

Dies gilt nicht, wenn eine zuständige Stelle die Karte zum Umtausch oder zu anderen Amtshandlungen zurückbehält.

#### c) Beitragsentrichtung durch Arbeitgeber

**§ 182.** Der Arbeitgeber, der den Versicherten den Kalendermonat hindurch beschäftigt, hat für sich und ihn den Beitrag zu entrichten.

**§ 183.**[6]) Unbeschadet des § 168 Abs. 2 muß sich der Versicherungspflichige bei der Gehaltszahlung die Hälfte des Beitrags, und wer sich über die gesetzliche Gehaltsklasse hinaus versichert (§ 184 Abs. 2), ohne die höhere Gehaltsklasse mit dem Arbeitgeber vereinbart zu haben, auch den Mehrbetrag vom Gehalt abziehen lassen. Der Arbeitgeber darf nur auf diesem Weg den Beitragsteil des Versicherten wieder einziehen. Die Abzüge sind auf die Gehaltszeiten gleichmäßig zu verteilen. Teilbeträge sind auf volle Reichspfennig für den Arbeitgeber aufzurunden, für den Angestellten abzurunden.

Unterbliebene Abzüge dürfen bei der nächsten Gehaltszahlung nachgeholt werden, weiter zurück nur, wenn der Arbeitgeber die Beiträge schuldlos nachentrichtet.

Arbeitgeber, gegen die eine Anordnung des Versicherungsamts nach § 398 der Reichsversicherungsordnung ergangen ist, dürfen Gehaltsabzüge nur für die Zeit machen, für die sie die Beiträge nachweislich bereits entrichtet haben.

Abschlagszahlungen gelten nicht als Gehaltszahlungen im Sinne dieser Vorschriften.

---

[6]) In der Fassung des Gesetzes vom 28. Juli 1925 (RGBl. I S. 157).

d) Beitragsentrichtung durch Versicherte

§ 184. Versicherungspflichtige, die nur einen Teil des Kalendermonats bei einem Arbeitgeber oder die bei mehreren Arbeitgebern im Kalendermonate beschäftigt sind (Teilbeschäftigte), haben selbst die Pflichten der Arbeitgeber zu erfüllen. Sie können bei der Gehaltszahlung von jedem Arbeitgeber einen verhältnismäßigen Anteil der Arbeitgeberhälfte des Beitrags als dessen Beitragsanteil verlangen. Satz 1 gilt auch für Versicherungspflichtige im Sinne des § 4 Nr. 2 und § 6, der Satz 2 sinngemäß auch für Versicherungspflichtige im Sinne des § 4 Nr. 2.

Auch sonst kann der versicherungspflichtige Angestellte die vollen Beiträge selbst entrichten. Die Wahl einer höheren als der gesetzlichen Gehaltsklasse steht ihm frei; der Arbeitgeber hat ihm aber nur die Hälfte der gesetzlichen Beiträge zu erstatten, die Hälfte höherer Beiträge nur, wenn die Versicherung in einer höheren Gehaltsklasse vereinbart ist.

Der Erstattungsanspruch besteht nur, wenn die Marke vorschriftsmäßig entwertet ist, und bis zur zweitfolgenden Gehaltszahlung, später nur, wenn der Versicherte schuldlos Beiträge nachentrichtet.

§ 185.[7]) Die freiwillige Weiterversicherung ist nicht unter derjenigen Gehaltsklasse zulässig, die dem Durchschnitt der letzten vier Pflichtbeiträge entspricht oder am nächsten kommt. Sie ist in einer niedrigeren Gehaltsklasse zulässig, wenn der Versicherte nachweist, daß diese Gehaltsklasse seinem Einkommen entspricht.

Im Falle der Selbstversicherung (§ 22) sind die Beiträge nicht unter der dem jeweiligen Einkommen entsprechenden Gehaltsklasse zu entrichten.

§ 186. Wer sich während einer nur mit Sachbezügen bezahlten oder nur vorübergehenden Beschäftigung (§§ 9, 10), freiwillig versichert, hat Anspruch auf den Beitragsteil des Arbeitgebers. Dieser braucht nicht mehr zu erstatten, als er für eine versicherungspflichtige Beschäftigung erstatten müßte.

e) Unwirksame Beiträge

§ 187. Unwirksam sind Pflichtbeiträge, die nach zwei Jahren, falls aber die Beitragsleistung ohne Verschulden des Versicherten unterblieben ist, nach vier Jahren seit der Fälligkeit entrichtet werden.

Den Versicherten trifft kein Verschulden, wenn der Arbeitgeber die Versicherungskarte aufbewahrt und sie nicht zur richtigen Zeit ordnungsmäßig umgetauscht hat.

§ 188. Freiwillige Beiträge und Beiträge über die gesetzliche Gehaltsklasse hinaus dürfen, vorbehaltlich des § 55 Abs. 1, für mehr als ein Jahr zurück nicht entrichtet werden, ebensowenig nach Eintritt der Berufsunfähigkeit.

§ 189. Der Entrichtung der Beiträge im Sinne der §§ 187, 188 steht gleich
1. die von einer zuständigen Stelle an den Arbeitgeber gerichtete Mahnung,
2. die Bereiterklärung des Arbeitgebers oder des Versicherten zur Nachentrichtung gegenüber einer solchen Stelle,

wenn die Beiträge in einer angemessenen Frist nachentrichtet werden.

Zeiträume, in denen eine Beitragsstreitigkeit (§§ 194, 195) oder ein Rentenverfahren schwebt, werden in die Fristen der §§ 187, 188 nicht eingerechnet. Diese Tatsachen unterbrechen auch die Verjährung rückständiger Beiträge.

§ 190.[7]) Sind die Marken einer richtig ausgestellten und rechtzeitig zum Umtausch eingereichten Versicherungskarte ordnungsmäßig verwendet, so wird vermutet, daß während der belegten Beitragszeit eine Versicherungsverhältnis bestanden hat. Dies gilt nicht, wenn die Marken über einen Monat nach Fälligkeit der Beiträge oder für das Kalenderjahr in größerer Zahl eingeklebt sind, als es Beitragsmonate hat. Hat die Reichsversicherungsanstalt die Versicherungspflicht oder die Versicherungsberechtigung anerkannt, so kann der Rentenanspruch nicht mit der Begründung abgelehnt werden, daß die Marken zu Unrecht verwendet sind. Der Versicherte kann von der Reichsversicherungsanstalt die Feststellung der Gültigkeit der verwendeten Marken verlangen.

[7]) In der Fassung des Gesetzes vom 28. Juli 1925 (RGBl. I S. 157).

Nach Ablauf von zehn Jahren seit Aufrechnung der Versicherungskarte kann die rechtsgültige Verwendung der in der Aufrechnung bescheinigten Marken nicht mehr beanstandet werden, es sei denn, daß der Versicherte oder sein Vertreter oder ein zur Fürsorge für ihn Verpflichteter die Verwendung der Marken in betrügerischer Absichtherbeigeführt hat. Sind für einen Versicherten Beiträge zur Angestelltenversicherung entrichtet, obwohl er invalidenversicherungspflichtig ist, so dürfen die zur Angestelltenversicherung entrichteten Beiträge nur insoweit beanstandet werden, als die Nachentrichtung von Beiträgen zur Invalidenversicherung (§ 442 der Reichsversicherungsordnung) statthaft ist.

f) Irrtümlich geleistete Beiträge

**§ 191.** Beiträge, die in der irrtümlichen Annahme der Versicherungspflicht entrichtet sind und nicht zurückgefordert werden, gelten als Beiträge der Weiterversicherung oder Selbstversicherung, wenn das Recht dazu in der Zeit der Entrichtung bestanden hat.

Der Versicherte kann die Beiträge binnen zehn Jahren nach der Entrichtung zurückfordern, wenn ihm nicht schon Ruhegeld oder sonstige Rente rechtskräftig bewilligt ist und die Marken nicht in betrügerischer Absicht verwendet sind.

Der Arbeitgeber kann die Beiträge nicht mehr zurückfordern, wenn der Versicherte ihm den Wert seines Anteils erstattet hat oder seit der Entrichtung zwei Jahre verflossen sind.

**g) Einzugsverfahren**

**§ 192.** Der Reichsarbeitsminister kann nach Anhören der Reichsversicherungsanstalt mit Zustimmung des Reichsrats das Einzugsverfahren (§§ 1447 ff. der Reichsversicherungsordnung) anordnen, wo es für die Invalidenversicherung besteht, oder aufheben.

Die Reichsversicherungsanstalt hat den Einzugsstellen eine Vergütung zu gewähren. Sie wird bei Streit vom Reichsarbeitsminister festgesetzt.

h) Beitragsstreit

**§ 193.** Entsteht zwischen den Versicherungsträgern der Angestelltenversicherung und der Invalidenversicherung außerhalb eines Leistungsfeststellungsverfahrens Streit darüber, ob der Versicherungspflichtige der Angestellten- oder Invalidenversicherung zu unterstellen ist, so ist die schriftlich einzuholende gemeinsame Erklärung des Arbeitgebers und Arbeitnehmers maßgeblich. Wird eine Erklärung auf Anfordern der beiden Versicherungsträger binnen einer zu bestimmenden Frist nicht abgegeben, oder können Arbeitgeber und Arbeitnehmer über die Unterstellung sich nicht einigen, so wird im Beitragsstreitverfahren entschieden.

**§ 194.** Bei Streit über die Beitragsleistung entscheidet, wenn er nicht bei der Festsetzung der Leistungen hervortritt, das für den Beschäftigungsort zuständige Versicherungsamt und auf Beschwerde das Oberversicherungsamt.

Handelt es sich um eine noch nicht feststehende Auslegung gesetzlicher Vorschriften von grundsätzlicher Bedeutung, so gibt das Oberversicherungsamt die Sache unter Begründung seiner eigenen Ansicht an das Reichsversicherungsamt ab, wenn es der Beschwerdeführer innerhalb der Beschwerdefrist beantragt hat. Auch andere Beteiligte können diesen Antrag binnen einer Woche stellen, nachdem sie die Gelegenheit, sich zu äußern, erhalten haben. Das Oberversicherungsamt kann die Sache auch ohne Antrag abgeben; es hat sie abzugeben, wenn es von einer amtlich veröffentlichten grundsätzlichen Entscheidung des Reichsversicherungsamts abweichen will. Das Reichsversicherungsamt entscheidet in diesen Fällen statt des Oberversicherungsamts.

Handelt es sich um die Zugehörigkeit zur Angestellten- oder Invalidenversicherung, so ist im Verfahren der Angestelltenversicherung zu entscheiden, und zwar auch über die Zugehörigkeit zur Invalidenversicherung. Die Entscheidung ist für beide Versicherungszweige bindend. Den beteiligten Versicherungsträgern ist Gelegenheit zur Äußerung zu geben; sie können Rechtsmittel einlegen und den Abgabeantrag nach Abs. 2 stellen.

§ 195. Allen anderen Streit zwischen Arbeitgebern und Arbeitnehmern über Berechnung und Anrechnung, Erstattung und Ersatz von Beiträgen entscheidet das Versicherungsamt endgültig.

§ 196. Ist der Streit endgültig entschieden, so sorgt das Versicherungsamt dafür, daß zuwenig erhobene Beiträge nachträglich durch Marken gedeckt werden.

Zuviel erhobene, die noch zurückgefordert werden können (§ 191), zieht es von der Reichsversicherungsanstalt auf Antrag wieder ein und zahlt sie den Beteiligten zurück. Die Marken werden vernichtet und die Aufrechnungen berichtigt.

Der Reichsarbeitsminister kann Abweichendes bestimmen.

§ 197. Statt die Marken zu vernichten, kann das Versicherungsamt die Versicherungskarte einziehen und das Gültige auf eine neuausgestellte übertragen lassen.

Der Reichsarbeitsminister kann Abweichendes bestimmen.

§ 198. Wenn die Pflicht oder das Recht zur Versicherung endgültig verneint ist, erhalten die Beteiligten die noch nicht verfallenen Beiträge auf Antrag zurück. § 191 wird hierdurch nicht berührt.

### i) Überwachung

§ 199. Die Reichsversicherungsanstalt überwacht die rechtzeitige und vollständige Entrichtung der Beiträge.

§ 200. Die Arbeitgeber haben der Reichsversicherungsanstalt und dem Versicherungsamte sowie den Beauftragten beider über alle die Versicherung betreffenden Tatsachen Auskunft zu geben, insbesondere über Zahl und Personalien der Beschäftigten, über Ort, Art und Dauer der Beschäftigung und den Arbeitsverdienst. Geschäftsbücher und Listen, aus denen die für die Überwachung erforderlichen Tatsachen hervorgehen, haben sie den Überwachungsbeamten der Reichsversicherungsanstalt auf Anfordern möglichst während der Geschäftszeit an Ort und Stelle vorzulegen.

Auch die Versicherten haben über alle die Versicherung betreffenden Tatsachen Auskunft zu geben, insbesondere über ihre Personalien, Ort, Art und Dauer ihrer Beschäftigung sowie den Arbeitsverdienst.

Arbeitgeber und Versicherte sind verpflichtet, diesen Behörden und Beauftragten auf Erfordern die Versicherungskarten zur Prüfung und Berichtigung vorzulegen und gegen Empfangsschein auszuhändigen.

Die Reichsversicherungsanstalt kann die Arbeitgeber und die Versicherten durch Zwangsstrafen in Geld zur Erfüllung dieser Pflichten anhalten. Auf Beschwerde entscheidet das Oberversicherungsamt (Beschlußkammer).

§ 201. Die Reichsversicherungsanstalt kann mit Genehmigung des Reichsarbeitsministers Überwachungsvorschriften erlassen. Der Reichsarbeitsminister kann den Erlaß solcher Vorschriften anordnen oder sie selbst erlassen. Die Reichsversicherungsanstalt kann Arbeitgeber und Versicherte zur Befolgung solcher Vorschriften durch Zwangsstrafen in Geld anhalten. Auf Beschwerde entscheidet das Oberversicherungsamt (Beschlußkammer).

§ 202. Entstehen durch die Überwachung bare Auslagen, so können sie dem Arbeitgeber auferlegt werden, wenn er sie durch Pflichtversäumnis verursacht hat. Auf Beschwerde entscheidet das Oberversicherungsamt. Die Kosten werden wie Gemeindeabgaben beigetrieben.

### k) Besondere Vorschriften

§ 203. Der Reichsarbeitsminister kann für die Besatzung ausländischer Binnenschiffe die Vorschriften dieses Abschnitts mit Zustimmung des Reichsrats durch andere Bestimmungen ersetzen.

## II. Vermögen

§ 204. Die Mittel der Reichsversicherungsanstalt dürfen nur für die gesetzlich vorgeschriebenen oder zugelassenen Zwecke verwendet werden.

Die Einnahmen und Ausgaben sind gesondert zu verrechnen, die Bestände gesondert zu verwahren.

Die Reichsversicherungsanstalt darf nur die ihr gesetzlich übertragenen Geschäfte übernehmen.

§ 205. Das Vermögen der Reichsversicherungsanstalt muß verzinslich und, soweit Anlagemöglichkeit vorhanden ist, auch wertbeständig angelegt werden. Die Anlegung kann erfolgen

1. in verbrieften Forderungen gegen das Reich oder ein Land oder gegen eine Kreditanstalt des Reichs oder eines Landes sowie in Forderungen, die in das Schuldbuch des Reichs oder eines Landes eingetragen sind,
2. in verbrieften Forderungen, deren Verzinsung vom Reiche oder von einem Lande oder einer Kreditanstalt des Reichs oder eines Landes gewährleistet ist,
3. in Forderungen, für die eine sichere Hypothek an einem inländischen Grundstück besteht, oder in sicheren Grundschulden oder Rentenschulden an inländischen Grundstücken,
4. in Wertpapieren, insbesondere Pfandbriefen sowie in verbrieften Forderungen jeder Art gegen eine inländische Körperschaft des öffentlichen Rechtes oder die Kreditanstalt einer solchen Körperschaft, sofern die Wertpapiere oder die Forderungen vom Reichsrat zur Anlegung von Mündelgeld für geeignet erklärt sind,
5. in Wertpapieren, die landesgesetzlich zur Anlegung von Mündelgeld zugelassen sind,
6. in solchen auf den Inhaber lautenden Pfandbriefen deutscher Hypotheken-Aktienbanken, welche die Reichsbank in Klasse I beleiht,
7. in verbrieften Forderungen unter Verpfändung solcher Wertpapiere oder Hypotheken, in denen eine Anlegung nach Nr. 1 bis 5 zulässig ist, nach den Grundsätzen der Darlehnskassen des Reichs oder der Reichsbank,
8. bei einer inländischen öffentlichen Sparkasse, wenn sie von der zuständigen Behörde des Landes, in dem sie ihren Sitz hat, zur Anlegung von Mündelgeld für geeignet erklärt ist,
9. bei der Reichsbank, einer Staatsbank oder einer anderen, durch Gesetz dazu für geeignet erklärten inländischen Bank, soweit die Anlegung nicht bereits nach Nr. 1 und 4 zulässig ist,
10. in verbrieften Forderungen gegen inländische Körperschaften des öffentlichen Rechtes, soweit sie nicht unter Nr. 4 fallen, sowie gegen Schul- und Kirchengemeinden, sofern diese Forderungen entweder von seiten des Gläubigers kündbar sind oder einer regelmäßigen Tilgung unterliegen,
11. in verbrieften Forderungen, für die eine nach Nr. 4 in Frage kommende Körperschaft des öffentlichen Rechtes oder die Kreditanstalt einer solchen Körperschaft oder eine öffentliche Sparkasse der in Nr. 8 bezeichneten Art oder eine der in Nr. 9 genannten Banken die selbstschuldnerische Bürgschaft übernimmt,
12. in verbrieften kurzfristigen Forderungen, für die eine ausreichende Sicherheit besteht.

Außerdem kann das Vermögen angelegt werden in inländischen Grundstücken, in Darlehen für gemeinnützige Zwecke oder in Beteiligung an Unternehmen für solche Zwecke. Als gemeinnützige Unternehmen sind auch Genossenschaften und ihre Zentralen anzusehen, deren Tätigkeit satzungsmäßig ausschließlich oder vorwiegend den Versicherten der Angestellten- und Invalidenversicherung zugute kommt.

Der Reichsarbeitsminister kann widerruflich gestatten, daß zeitweilig verfügbare Bestände in anderer Weise angelegt werden.

§ 206. Die Sicherheit einer Hypothek, einer Grundschuld oder Rentenschuld darf angenommen werden, wenn die Beleihung die ersten zwei Drittel des Wertes des Grundstücks nicht übersteigt.

Die Beleihung ist in der Regel nur zur ersten Stelle zulässig.

§ 207. Beleihungen von Bauplätzen und solchen Neubauten, die noch nicht vollendet und ertragsfähig sind, sowie von Grundstücken, die einen dauernden Ertrag nicht gewähren, insbesondere von Gruben, Brüchen und Bergwerken, sind unzulässig. Der Reichsarbeitsminister kann für besondere Fälle Ausnahmen zulassen.

§ 208. Der bei der Beleihung angenommene Wert des Grundstücks darf den durch sorgfältige Ermittlung festgestellten gemeinen Wert nicht übersteigen. Bei der Feststellung dieses Wertes sind nur die dauernden Eigenschaften des Grundstücks und der Ertrag zu berücksichtigen, den das Grundstück bei ordnungsmäßiger Wirtschaft jedem Besitzer nachhaltig gewähren kann.

§ 209. Der Reichsarbeitsminister kann allgemeine Anordnungen für die Vermögensanlagen der im § 205 Abs. 1 Nr. 11, 12 und Abs. 2 genannten Art treffen, insbesondere Höchstbeträge für die Gesamtanlagen festsetzen.

§ 210. Die Errichtung von Gebäuden bedarf der Genehmigung des Reichsarbeitsministers. Er kann bestimmen, bis zu welchen Beträgen es einer Genehmigung nicht bedarf.

§ 211. Die Reichsregierung bestimmt den Betrag, bis zu dem das Vermögen in den im § 205 Nr. 1 genannten Forderungen anzulegen ist; dieser Betrag darf jedoch fünfundzwanzig vom Hundert des Vermögens nicht übersteigen.

§ 212. Rückstände werden wie Gemeindeabgaben beigetrieben. Nach den landesgesetzlichen Vorschriften regelt sich auch die aufschiebende Wirkung der Einwendungen gegen die Zahlungspflicht.

Dem Beitreibungsverfahren hat ein Mahnverfahren voranzugehen, soweit es nicht bereits landesgesetzlich vorgeschrieben ist. Hierfür darf eine Mahngebühr erhoben werden. Sie wird wie Rückstände beigetrieben. Die Festsetzung ihres Betrags bedarf der Genehmigung des Reichsarbeitsministers.

Rückstände haben das Vorzugsrecht des § 61 Nr. 1 der Konkursordnung.

§ 213. Der Anspruch auf Rückstände verjährt, soweit sie nicht absichtlich hinterzogen worden sind, in zwei Jahren nach Ablauf des Kalenderjahrs der Fälligkeit.

Der Anspruch auf Rückerstattung von Beiträgen verjährt in sechs Monaten nach Ablauf des Kalenderjahrs, in dem sie entrichtet worden sind, vorbehaltlich des § 191 Abs. 2 und der §§ 196 und 198.

## Sechster Abschnitt

## Geschäftsgang und Verfahren

### I. Feststellungsverfahren

#### 1. Verfahren bis zur Bescheidserteilung

§ 214. Anträge auf Leistungen sind an die Reichsversicherungsanstalt oder an das Versicherungsamt zu richten. Die Beweisstücke sollen beiliegen. Ist der Antrag beim Versicherungsamte gestellt, so hat es ihn unverzüglich an die Reichsversicherungsanstalt abzugeben.

Die Reichsversicherungsanstalt stellt den Sachverhalt klar. Sie kann ein Versicherungsamt, ein Amtsgericht oder eine andere Behörde um eine Beweisaufnahme ersuchen, um eidliche Vernehmungen nur ein Versicherungsamt oder ein Amtsgericht; die §§ 218 bis 228 gelten entsprechend.

Die Reichsversicherungsanstalt kann die Sache an das Versicherungsamt zur Begutachtung abgeben. Auch der Antragsteller kann die Begutachtung der Sache durch das Versicherungsamt verlangen. In diesen Fällen gelten die §§ 215 bis 244.

Der Antrag kann ferner bei einer anderen deutschen Behörde oder bei einem Organe der Reichsversicherungsanstalt gestellt werden. Sie haben den Antrag unverzüglich an die Reichsversicherungsanstalt abzugeben. Hat der Antragsteller die Begutachtung der Sache durch das Versicherungsamt beantragt, so ist der Antrag an das zuständige Versicherungsamt abzugeben.

Minderjährige, die das sechzehnte Lebensjahr vollendet haben, können selbständig den Antrag für sich stellen und verfolgen.

**§ 215.** Zuständig ist das Versicherungsamt, in dessen Bezirk der Versicherte zur Zeit des Antrags wohnt oder beschäftigt ist.

Sind hiernach mehrere Versicherungsämter zuständig, so hat dasjenige den Vorrang, das zuerst angegangen ist.

**§ 216.** Hat der Versicherte keinen Wohn- oder Beschäftigungsort im Inland, oder ist er gestorben oder verschollen, so ist sein letzter inländischer Wohn- oder Beschäftigungsort maßgebend.

Ist ein solcher nicht vorhanden, so ist der Sitz des Unternehmens maßgebend, in dem der Versicherte beschäftigt ist oder zuletzt beschäftigt war.

**§ 217.** Hält das Versicherungsamt ein anderes für zuständig, so gibt es die Sache an dieses weiter.

Hält sich auch dieses nicht für zuständig, so entscheidet der Vorsitzende des beiden Versicherungsämtern übergeordneten Oberversicherungsamts oder, wenn ein solches nicht vorhanden ist, das Reichsversicherungsamt.

Die Entscheidung ist endgültig und bindet die Instanzen.

**§ 218.** Das Versicherungsamt bereitet die Sache vor und ermittelt nach freiem Ermessen, was zur Klarstellung des Sachverhalts erforderlich ist. Es kann Beweise erheben, insbesondere nach eigenem Ermessen Augenschein einnehmen, Zeugen und Sachverständige, namentlich Berufsgenossen des Antragstellers, auch eidlich vernehmen, Gutachten von Ärzten und amtliche Auskünfte jeder Art einholen, auch andere Versicherungsträger beiladen.

Unterliegt die Beweisaufnahme vor dem Versicherungsamt erheblichen Schwierigkeiten, insbesondere wegen großer Entfernung des Aufenthalts der zu vernehmenden Personen von dem Sitze des Versicherungsamts, so kann ein anderes Versicherungsamt oder, wenn die Beweisaufnahme vor einem anderen Versicherungsamte gleichfalls Schwierigkeiten unterliegen würde, eine andere Behörde, bei eidlichen Vernehmungen nur das Versicherungsamt oder das Amtsgericht ersucht werden. Das gleiche gilt bei Gefahr im Verzuge.

Bei der Einnahme des Augenscheins und der Vernehmung von Zeugen und Sachverständigen ist der Reichsversicherungsanstalt und dem Antragsteller Gelegenheit zur Teilnahme zu geben.

**§ 219.** Verweigert der Unternehmer dem Versicherungsamte die Einnahme des Augenscheins, so hält ihn die Ortspolizeibehörde auf Ersuchen des Versicherungsamts dazu an.

Die oberste Verwaltungsbehörde bestimmt, wie weit Abs. 1 für Betriebe gilt, die unter bergpolizeilicher Aufsicht stehen.

Soll im Dienstraum einer Behörde oder in einem Fahrzeug der Reichsmarine Augenschein eingenommen werden, so ist die Genehmigung der zuständigen Dienststelle einzuholen.

**§ 220.** Die Vorschriften der Zivilprozeßordnung über die Pflicht, als Zeuge oder Sachverständiger zu erscheinen, sich vernehmen und vereidigen zu lassen, gelten entsprechend.

Zeugen und Sachverständige werden nur vereidigt, wenn dies notwendig ist, um eine wahre Aussage herbeizuführen. Die Aussage darf nicht deshalb verweigert werden, weil dieses Gesetz eine Schweigepflicht begründet. Ob die Aussage oder die Eidesleistung verweigert werden darf, entscheidet das Versicherungsamt. Gegen die Entscheidung ist binnen einer Woche Beschwerde an das Oberversicherungsamt (Beschlußkammer) zulässig.

§ 221. Gegen Zeugen oder Sachverständige, die
sich nicht einfinden,
ihre Aussage oder die Eidesleistung ohne Angabe eines Grundes, oder, nachdem der vorgeschützte Grund rechtskräftig für unerheblich erklärt ist, verweigern,
kann nur eine Ordnungsstrafe in Geld verhängt werden.

Die Strafe verhängt das Versicherungsamt. Auf Beschwerde entscheidet das Oberversicherungsamt (Beschlußkammer).

§ 222. Soldaten und Militärbeamte werden als Zeugen oder Sachverständige auf Ersuchen von ihrer Dienststelle geladen.

§ 223. Zeugen und Sachverständige erhalten Gebühren wie bei Vernehmungen vor dem ordentlichen Gericht in bürgerlichen Rechtsstreitigkeiten.

Auf Beschwerde gegen die Festsetzung der Gebühren entscheidet das Oberversicherungsamt.

§ 224. Die Vorschriften des § 220 Abs. 2 und des § 221 gelten auch für das Verfahren vor dem ersuchten Amtsgericht. Im übrigen finden die Vorschriften der Zivilprozeßordnung entsprechende Anwendung.

§ 225. Dem Antragsteller ist der Inhalt und auf Verlangen eine Abschrift der Beweisverhandlungen, der Reichsversicherungsanstalt sind die gesamten Vorgänge mitzuteilen.

Das Versicherungsamt entscheidet, wieweit dem Antragsteller ärztliche Zeugnisse und Gutachten mitzuteilen sind.

§ 226. Die Erhebungen sollen sich auf alle Fragen erstrecken, die für die Entschließung der Reichsversicherungsanstalt von Bedeutung sind, insbesondere auf die Versicherungspflicht oder die Versicherungsberechtigung, die Berufsunfähigkeit und den Tag ihres Eintritts, das Alter der Waisen, die Bedürftigkeit und die Erwerbsunfähigkeit, wenn es sich um die Witwerrente handelt.

Auf Antrag des Berechtigten ist das Gutachten eines von ihm benannten Arztes einzuholen, wenn es nach Ansicht des Versicherungsamts für die Entscheidung von Bedeutung sein kann. Die Kosten hat der Berechtigte vorher zu zahlen.

Lehnt der vom Versicherungsamt um sein Gutachten ersuchte Arzt die Erstattung des Gutachtens ab, so entscheidet das Versicherungsamt, ob und von welchem anderen Arzt ein Gutachten einzuholen ist.

§ 227. Auf Verlangen des Berechtigten ist in allen Fällen, wenn er die Kosten im voraus entrichtet, ein von ihm bezeichneter Arzt als Gutachter zu vernehmen. Lassen sich diese Kosten im voraus nicht bestimmen, so kann das Versicherungsamt einen Pauschbetrag als Sicherheitsleistung für diese Kosten fordern.

Dringt der Berechtigte mit seinem Antrag durch, so sind ihm die Kosten zu erstatten, soweit es angemessen ist. Bei Streit über die Erstattung entscheidet auf Beschwerde das Oberversicherungsamt.

§ 228. Das Versicherungsamt entscheidet, wieweit dem neuen Gutachter (§§ 226, 227) die vorhandenen ärztlichen Gutachten mitzuteilen sind; Einsicht in die übrigen Vorverhandlungen muß ihm auf Verlangen gewährt werden.

§ 229. Nach Abschluß der Erhebungen erstattet das Versicherungsamt ein Gutachten und übersendet es der Reichsversicherungsanstalt mit den Verhandlungen.

Das Gutachten hat sich über alles auszusprechen, was nach Ansicht des Versicherungsamts für die Entschließung der Reichsversicherungsanstalt von Bedeutung ist.

Kann wegen Verbrechens oder vorsätzlichen Vergehens (§ 26 Abs. 2) oder wegen Widersetzlichkeit (§ 45) der Anspruch ganz oder teilweise versagt oder entzogen werden, so hat sich das Gutachten auch darüber auszusprechen, wieweit von dieser Befugnis Gebrauch zu machen ist.

Beantragt eine der Parteien die Erörterung der Sache in mündlicher Verhandlung, so gelten die §§ 230 bis 244.

§ 230. Für die Vorbereitung der mündlichen Verhandlung gelten die Vorschriften der §§ 218 bis 228. Insbesondere kann das Versicherungsamt vor der mündlichen Verhandlung die Untersuchung des Antragstellers und die Begutachtung des Gesundheitszustandes durch einen Arzt sowie das persönliche Erscheinen des Antragstellers in der mündlichen Verhandlung anordnen und zur Verhandlung Zeugen und Sachverständige laden.

§ 231. Das Versicherungsamt bestimmt die Verhandlungszeit und teilt sie den Parteien mit.

§ 232. Die mündliche Verhandlung ist nicht öffentlich. Beisitzer werden nicht zugezogen.

§ 233. Der Vorsitzende ist von der Mitwirkung bei der mündlichen Verhandlung ausgeschlossen, wenn er

1. in der Sache selbst Partei ist,
2. einer Partei ersatzpflichtig ist,
3. mit einer Partei verheiratet ist oder gewesen ist,
4. mit einer Partei in gerader Linie verwandt oder verschwägert oder in der Seitenlinie im zweiten oder dritten Grade verwandt oder im zweiten Grade verschwägert ist,
5. in der Sache als Bevollmächtigter oder Beistand einer Partei zugezogen oder als ihr gesetzlicher Vertreter aufzutreten berechtigt ist oder gewesen ist,
6. in der Sache als Zeuge oder Sachverständiger vernommen ist.

§ 234. Der Vorsitzende kann sowohl aus Gründen, die seinen Ausschluß rechtfertigen, als auch wegen Befangenheit abgelehnt werden. Die Ablehnung wegen Befangenheit ist begründet, wenn Tatsachen vorliegen, die Mißtrauen gegen seine Unparteilichkeit rechtfertigen können.

Die Ablehnung ist unstatthaft, wenn die Partei den Ablehnungsgrund schon vorher kennt, aber erst geltend macht, nachdem sie sich bei dem Versicherungsamt in eine Verhandlung eingelassen oder Anträge gestellt hat.

§ 235. Der Ablehnungsgrund muß glaubhaft gemacht werden.

Lehnt die Partei den Vorsitzenden als befangen ab, nachdem sie sich in eine Verhandlung eingelassen oder Anträge gestellt hat, so muß sie glaubhaft machen, daß der Ablehnungsgrund erst später entstanden oder ihr bekannt geworden ist.

§ 236. Über die Ablehnung entscheidet das Oberversicherungsamt endgültig.

Einer Entscheidung bedarf es nicht, wenn der Abgelehnte das Ablehnungsgesuch für begründet hält.

§ 237. Der § 236 gilt auch, wenn der Vorsitzende selbst eine Tatsache anzeigt, die seine Ablehnung rechtfertigen könnte, oder wenn Zweifel darüber entstehen, ob er aus einem gesetzlichen Grunde ausgeschlossen ist.

§ 238. Die Reichsversicherungsanstalt ist berechtigt, einen Vertreter zu der mündlichen Verhandlung zu entsenden.

Der Antragsteller kann selbst erscheinen oder sich vertreten lassen.

Der Vertreter der Reichsversicherungsanstalt sowie der Antragsteller oder sein Vertreter sind zu hören.

§ 239. Das Versicherungsamt kann Bevollmächtigte und Beistände zurückweisen, die das Verhandeln vor Behörden geschäftsmäßig betreiben.

Dies gilt nicht für Rechtsanwälte und solche Personen, denen das Verhandeln vor Gericht gestattet ist (§ 157 der Zivilprozeßordnung), auch nicht für solche Personen, die zur geschäftsmäßigen Rechtsvertretung vor den Versicherungsämtern und Oberversicherungsämtern zugelassen sind, sowie für Vertreter wirtschaftlicher Vereinigungen der Arbeitgeber oder Arbeitnehmer.

Über die Zulassung entscheidet das Oberversicherungsamt, auf Beschwerde die oberste Verwaltungsbehörde.

Die Zulassung darf nur versagt werden, wenn ein wichtiger Grund vorliegt; sie darf nicht versagt werden aus Gründen, die sich auf die religiöse oder politische Betätigung des Antragstellers stützen.

§ 240. Die Vorschriften des Gerichtsverfassungsgesetzes über die Aufrechterhaltung der Ordnung in der Sitzung (§§ 175 bis 180, 182) gelten entsprechend.

Über Beschwerden gegen Ordnungsstrafen entscheidet das Oberversicherungsamt.

§ 241. Für die Beweisaufnahme gelten die §§ 218 bis 228 entsprechend.

§ 242. Ist der Antragsteller auf Anordnung des Versicherungsamts in der mündlichen Verhandlungen erschienen, so werden ihm auf Verlangen bare Auslagen und Zeitverlust vergütet; sie können vergütet werden, wenn er ohne Anordnung erscheint und das Versicherungsamt das Erscheinen für erforderlich hält.

Auf Beschwerde gegen die Verfügung, welche die Vergütung festsetzt oder ablehnt, entscheidet das Oberversicherungsamt.

War der Antragsteller ohne Anordnung erschienen, so gilt die Vergütung als abgelehnt, wenn das Versicherungsamt nicht ausdrücklich feststellt, daß das Erscheinen erforderlich war. In diesem Falle findet Beschwerde nicht statt.

§ 243. Über die mündliche Verhandlung wird eine Niederschrift aufgenommen.

§ 244. Eine mündliche Verhandlung findet nicht statt, wenn es sich handelt um

Altersruhegeld,
Witwen- und Waisenrente,
Abfindung oder Erstattung,
Fälle, in denen der Versicherungsträger und der Berechtigte einig sind.

Die Verordnung über Geschäftsgang und Verfahren (§ 312 Abs. 1) kann weitere Fälle bestimmen, in denen eine mündliche Verhandlung nicht stattfindet.

§ 245. Nach der mündlichen Verhandlung erstattet das Versicherungsamt das Gutachten und übersendet es der Reichsversicherungsanstalt mit den Verhandlungen.

§ 246. Soll Ruhegeld oder eine sonstige Rente entzogen oder eingestellt werden, so hat die Reichsversicherungsanstalt die Sache an das Versicherungsamt zur Begutachtung abzugeben, wenn der Berechtigte es beantragt. Auch ohne Antrag ist die Abgabe zulässig. Die §§ 218 bis 245 gelten alsdann entsprechend.

Für die Zuständigkeit des Versicherungsamts gelten die §§ 215 bis 217 entsprechend.

Eine mündliche Verhandlung findet nicht statt, wenn es sich um das Ruhen des Ruhegeldes oder einer sonstigen Rente handelt.

§ 247. Das Versicherungsamt benachrichtigt die Reichsversicherungsanstalt, wenn es erfährt, daß

ein Versicherter durch ein Heilverfahren vor der Berufsunfähigkeit bewahrt werden kann,
der Empfänger eines Ruhegeldes durch ein Heilverfahren wieder berufsfähig werden kann,
das Ruhegeld oder eine sonstige Rente zu entziehen ist oder zu ruhen hat.

## 2. Bescheidserteilung

§ 248. Das Direktorium der Reichsversicherungsanstalt stellt die Leistungen der Angestelltenversicherung fest.

§ 249. Wird der angemeldete Anspruch anerkannt oder abgelehnt, so ist ein schriftlicher Bescheid zu erteilen. Er ist zu begründen und zu unterschreiben. Die Unterschrift des Präsidenten des Direktoriums oder eines Direktoriumsmitglieds genügt. Das Direktorium kann zur Unterzeichnung auch andere Beamte des höheren Dienstes bei der Reichsversicherungsanstalt bestellen. Der Reichsarbeitsminister kann nach Anhören der Reichsversicherungsanstalt über die Beurkundung der Feststellungsbeschlüsse sowie über die Unterzeichnung und Ausfertigung des Bescheids Näheres bestimmen.

Wird der Anspruch abgelehnt, so erhält der Berechtigte auf Antrag kostenlos eine Abschrift des etwa vom Versicherungsamt erstatteten Gutachtens. Ferner erhält er auf Antrag Abschriften der Niederschriften über Zeugen- und Sachverständigenvernehmungen sowie der ärztlichen Gutachten; die Kosten hat er vorher zu zahlen. Sämtliche Abschriften sind nur zu erteilen, soweit dies mit Rücksicht auf den Berechtigten zulässig erscheint. Auf Beschwerde entscheidet das Oberversicherungsamt.

Wird eine Rente gewährt, so ist in dem Bescheid ihre Höhe, ihr Beginn und die Art ihrer Berechnung anzugeben.

Der Bescheid muß den Vermerk enthalten, daß er rechtskräftig wird, wenn der Berechtigte nicht binnen einem Monat (§ 324) nach Zustellung des Bescheids Berufung bei dem Oberversicherungsamt einlegt.

**§ 250.** Die §§ 248, 249 gelten entsprechend, wenn eine Rente entzogen oder eingestellt oder ihr Ruhen festgestellt werden soll.

**§ 251.** Ist ein Antrag auf Ruhegeld endgültig abgelehnt worden, weil dauernde Berufsunfähigkeit nicht nachweisbar war, oder ist Ruhegeld rechtskräftig entzogen, weil Berufsunfähigkeit nicht mehr vorlag, so kann der Antrag erst ein Jahr, nachdem die Entscheidung zugestellt worden ist, vorher nur dann wiederholt werden, wenn glaubhaft bescheinigt wird, daß inzwischen Umstände eingetreten sind, die den Nachweis der Berufsunfähigkeit liefern.

Wird die Bescheinigung nicht beigebracht, so wird der vorzeitig wiederholte Antrag zurückgewiesen. Der Bescheid ist nicht anfechtbar.

### 3. Verfahren vor dem Oberversicherungsamte

**§ 252.** Gegen Bescheide der Reichsversicherungsanstalt ist das Rechtsmittel der Berufung an das Oberversicherungsamt (Spruchkammer) zulässig.

**§ 253.** Hat ein Versicherungsamt bei der Vorbereitung der Sache mitgewirkt, so entscheidet über die Berufung das übergeordnete Oberversicherungsamt. Andernfalls gelten die §§ 215 bis 217 für die Zuständigkeit des Oberversicherungsamts entsprechend.

**§ 254.** Die Entscheidung ergeht auf Grund mündlicher Verhandlung vor der Spruchkammer.

**§ 255.** Der Vorsitzende kann in allen Sachen ohne mündliche Verhandlung eine Vorentscheidung treffen. Dies gilt auch für den Fall, daß eine Beweiserhebung stattgefunden hat.

**§ 256.** Gegen die Vorentscheidung kann entweder dasjenige Rechtsmittel, welches gegen das Urteil zulässig wäre, eingelegt oder binnen der gleichen Frist der Antrag auf mündliche Verhandlung gestellt werden. Die Vorentscheidung muß hierauf unter Angabe der Frist hinweisen.

Ist der Antrag auf mündliche Verhandlung verspätet gestellt, so wird er als unzulässig verworfen.

**§ 257.** Ist von beiden Rechtsbehelfen Gebrauch gemacht, so findet mündliche Verhandlung statt. Die Vorentscheidung steht für das Rechtsmittel und die Wiederaufnahme des Verfahrens einem Urteil gleich, wenn mündliche Verhandlung nicht beantragt worden ist.

**§ 258.** Für das Verfahren über die Berufung gelten die Vorschriften über das Verfahren vor dem Versicherungsamt entsprechend, soweit nicht die §§ 259 ff. etwas anderes vorschreiben.

**§ 259.** Wenn der Versicherte oder seine Hinterbliebenen beantragen, daß ein bestimmter Arzt gutachtlich gehört werde, kann das Oberversicherungsamt, falls es diesem Antrag stattgeben will, die Anhörung von der Bedingung abhängig machen, daß der Antragsteller die Kosten vorschießt und, falls das Oberversicherungsamt nicht anders entscheidet, sie endgültig trägt.

**§ 260.** Die Beisitzer werden zu den Verhandlungen der Spruchkammer nach einer im voraus aufgestellten Reihenfolge zugezogen. Das Nähere bestimmt die oberste Verwaltungsbehörde. Beisitzer, die in die Beschlußkammer gewählt sind, sind entsprechend seltener zu den Verhandlungen der Spruchkammer zuzuziehen.

Will der Vorsitzende von der Reihenfolge aus besonderen Gründen abweichen, so hat er sie in den Akten zu vermerken.

§ 261. Für den Ausschluß und die Ablehnung der Beisitzer gelten die §§ 233 bis 237 entsprechend. Jedoch entscheidet über die Ablehnung stets der Vorsitzende. Erklärt er den Antrag für begründet, so ist die Entscheidung endgültig. Lehnt er den Antrag ab, so kann die Entscheidung nur mit der Entscheidung in der Hauptsache angefochten werden.

§ 262. Hängt der Anspruch von einem familienrechtlichen oder erbrechtlichen Verhältnis ab, so kann der Vorsitzende den Beteiligten aufgeben, das Verhältnis im ordentlichen Rechtsweg feststellen zu lassen.

Er bestimmt zugleich, bis wann die Klage zu erheben ist; die Frist kann auf Antrag verlängert werden.

§ 263. Das Urteil der Spruchkammer wird öffentlich verkündet, auch wenn die Öffentlichkeit der Verhandlung ausgeschlossen war.

Es wird mit Gründen versehen, von dem Vorsitzenden unterschrieben, ausgefertigt und den Parteien zugestellt.

§ 264. Die mündliche Verhandlung ist öffentlich.

Die Öffentlichkeit kann aus Gründen des öffentlichen Wohles oder der Sittlichkeit ausgeschlossen werden; der Beschluß ist öffentlich zu verkünden.

§ 265. Schreib- und Rechenfehler und ähnliche offenbare Unrichtigkeiten, die im Urteil vorkommen, sind jederzeit auf Antrag oder von Amts wegen zu berichtigen.

Der Vorsitzende entscheidet ohne mündliche Verhandlung, ob zu berichtigen ist.

Berichtigt er, so wird die Verfügung auf der Urschrift des Urteils und den Ausfertigungen vermerkt. Über die Verfügung kann sich der Beteiligte beim Reichsversicherungsamte beschweren.

Die Verfügung, die eine Berichtigung ablehnt, ist unanfechtbar.

§ 266. Hat das Urteil einen von einer Partei erhobenen Haupt- oder Nebenanspruch ganz oder teilweise übergangen, so wird es auf Antrag nachträglich ergänzt.

Über den Antrag kann, auch wenn der Fall des § 244 nicht vorliegt, ohne mündliche Verhandlung entschieden werden, wenn es sich um einen Nebenanspruch handelt.

Die ergänzende Entscheidung wird auf der Urschrift des Urteils und den Ausfertigungen vermerkt.

§ 267. Hebt die Spruchkammer den angefochtenen Bescheid auf, weil das Verfahren an einem wesentlichen Mangel leidet, so kann sie die Sache an die Reichsversicherungsanstalt zurückverweisen.

Dabei kann sie die Gewährung einer vorläufigen Leistung anordnen.

§ 268. Steht es fest, daß das Urteil mit der Revision nicht angegriffen werden kann (§ 271), so vermerkt der Vorsitzende unter Hinweis auf die gesetzlichen Vorschriften am Schlusse des Urteils, daß hiergegen kein Rechtsmitel mehr zulässig ist.

§ 269. Will ein Oberversicherungsamt in einem Falle, in dem die Revision ausgeschlossen ist (§ 271), von einer amtlich veröffentlichten grundsätzlichen Entscheidung des Reichsversicherungsamts abweichen, oder handelt es sich in einem solchen Falle um eine noch nicht festgestellte Auslegung gesetzlicher Vorschriften von grundsätzlicher Bedeutung, so hat es die Sache unter Begründung seiner Rechtsauffassung an das Reichsversicherungsamt abzugeben. Das Reichsversicherungsamt entscheidet in diesen Fällen an Stelle des Oberversicherungsamts Von der Abgabe der Sache sind die Beteiligten zu benachrichtigen.

4. Verfahren vor dem Reichsversicherungsamte

§ 270. Gegen das Urteil des Oberversicherungsamts ist Revision zulässig.

§ 271. Die Revision ist ausgeschlossen, wenn es sich handelt um
1. Höhe, Beginn und Ende von Ruhegeld,
2. Hinterbliebenenrente,
3. Abfindung oder Erstattung,
4. Kosten des Verfahrens.

§ 272. Die Revision kann nur darauf gestützt werden, daß
1. das angefochtene Urteil auf der Nichtanwendung oder auf der unrichtigen Anwendung des bestehenden Rechtes oder auf einem Verstoße wider den klaren Inhalt der Akten beruhe,
2. das Verfahren an wesentlichen Mängeln leide.

§ 273. Für das Verfahren über die Revision gelten die Vorschriften über das Verfahren vor dem Oberversicherungsamt entsprechend, soweit nicht die §§ 274 ff. etwas anderes vorschreiben.

Die §§ 255 bis 257 gelten nicht.

§ 274. Bezieht sich eine im übrigen zulässige Revision einer Partei auch auf Ansprüche, für die das Rechtsmittel ausgeschlossen ist, so darf über sie nur dann entschieden werden, wenn den zulässigen Revisionsanträgen ganz oder zum Teil entsprochen wird.

§ 275. Über die Revision entscheidet das Reichsversicherungsamt (Spruchsenat).

§ 276. Die Revision ist schriftlich einzulegen; sie soll die Revisionsgründe angeben. Das angefochtene Urteil kann auch aus anderen Gründen geändert werden, als in der Revision angegeben ist.

§ 277. Die Revision bewirkt Aufschub, wenn sie von der Reichsversicherungsanstalt eingelegt wird, soweit es sich um Beträge handelt, die für die Zeit vor Erlaß des angefochtenen Urteils nachgezahlt werden sollen.

§ 278. Ist das angefochtene Urteil mit Unrecht als endgültig bezeichnet (§ 268), so ist die Revision zulässig; sie ist binnen einem Jahre nach der Zustellung einzulegen.

§ 279. Wird ein Mitglied des Spruchsenats aus einem Grunde, der seinen Ausschluß rechtfertigt, oder wegen Besorgnis der Befangenheit abgelehnt, so entscheidet über das Ablehnungsgesuch der Spruchsenat. Bei der Entscheidung darf der Abgelehnte nicht mitwirken. Bei Stimmengleichheit gilt das Gesuch als abgelehnt.

§ 280. Ist der Vorsitzende des Senats mit dem Berichterstatter darüber einig, daß die Revision unzulässig, verspätet oder offenbar ungerechtfertigt ist, so kann er sie ohne mündliche Verhandlung verwerfen. Ist die Revision als verspätet verworfen, so kann der Antragsteller binnen einer Woche nach Zustellung der Verfügung die Entscheidung des Spruchsenats anrufen; die Verfügung muß darauf hinweisen.

Sonst wird nach mündlicher Verhandlung in öffentlicher Sitzung entschieden. Der Vorsitzende kann auch in anderen Fällen anordnen, daß eine Benachrichtigung der Parteien vom Termin unterbleibt. In diesen Fällen wird ohne mündliche Verhandlung entschieden. Der Senat kann jedoch Vertagung zum Zwecke mündlicher Verhandlung beschließen.

§ 281. Wird das angefochtene Urteil aufgehoben, so kann der Senat entweder selbst in der Sache entscheiden oder sie an das Oberversicherungsamt oder die Reichsversicherungsanstalt zurückverweisen. Dabei kann er die Gewährung einer vorläufigen Leistung anordnen.

Die Stelle, an welche die Sache überwiesen wird, ist an die rechtliche Beurteilung gebunden, die der Aufhebung des angefochtenen Urteils zugrunde liegt.

§ 282. Die Senate für Angestelltenversicherung veröffentlichen ihre Entscheidungen, die grundsätzliche Bedeutung haben.

Die Art der Veröffentlichung bestimmt der Reichsarbeitsminister.

§ 283. Soll in einer grundsätzlichen Rechtsfrage von der Entscheidung eines Senats für Angestelltenversicherung abgewichen werden, oder will ein Senat für Angestelltenversicherung in einem solchen Falle von der Entscheidung eines anderen Senats abweichen, so haben die Beisitzer des Senats für Angestelltenversicherung in den Großen Senat (§§ 101, 1717 der Reichsversicherungsordnung) an Stelle anderer Mitglieder der gleichen Gruppe einzutreten. Das gleiche gilt, wenn ein Senat von einer solchen Entscheidung des Großen Senats abweichen will.

§ 284. Die Urteile der Senate werden von dem Vorsitzenden, dem Berichterstatter und einem anderen Mitglied des Senats unterschrieben.

Ist der Vorsitzende oder der Berichterstatter verhindert, so hat für ihn ein anderes Mitglied des Senats zu unterschreiben.

§ 285. Die Verfügung, die ein Urteil berichtigt, wird von dem Vorsitzenden und den Mitgliedern des Senats erlassen, die das Urteil unterschrieben haben; die Verfügung ist unanfechtbar.

## II. Beschlußverfahren

§ 286. Soweit es sich nicht um die Feststellung von Leistungen handelt, ergehen die Entscheidungen der Versicherungsbehörden im Beschlußverfahren.

§ 287. Für das Beschlußverfahren gelten die Vorschriften über das Feststellungsverfahren, soweit nicht die §§ 288 ff. etwas anderes vorschreiben.

§ 288. Die Verhandlungen im Beschlußverfahren sind nicht öffentlich.

Eine mündliche Verhandlung findet nur statt, wenn der Vorsitzende es für erforderlich hält oder eine der Parteien es beantragt. Soweit keine mündliche Verhandlung stattfindet, kann der Vorsitzende allein entscheiden, es sei denn, daß in der Vorinstanz der Beschlußausschuß oder die Beschlußkammer entschieden hat. Dies gilt auch in Fällen, in denen das Gesetz die Entscheidung durch den Beschlußausschuß oder die Beschlußkammer vorschreibt. Gegen die Entscheidung des Vorsitzenden ist nur das Rechtsmittel zulässig, das gegen die Entscheidung des Beschlußausschusses (der Beschlußkammer) zulässig wäre.

§ 289. Für den Ausschluß und die Ablehnung der Beisitzer des Versicherungsamts gelten die §§ 233 bis 237 entsprechend. Jedoch entscheidet über die Ablehnung stets der Vorsitzende. Erklärt er den Antrag für begründet, so ist die Entscheidung endgültig. Lehnt er den Antrag ab, so kann die Entscheidung nur mit der Entscheidung in der Hauptsache angefochten werden.

§ 290. Gegen die Entscheidung des Versicherungsamts ist Beschwerde an das Oberversicherungsamt zulässig, soweit das Gesetz nichts anderes vorschreibt.

§ 291. Die Behörde, die über die Beschwerde zu entscheiden hat, kann den Vollzug der angefochtenen Entscheidung aussetzen.

§ 292. Ist die Beschwerde zulässig und rechtzeitig eingelegt, so werden die Beteiligten gehört.

§ 293. Ist die Beschwerde begründet, so kann die zur Entscheidung berufene Stelle entweder selbst in der Sache entscheiden oder sie an die Vorinstanz oder an die Reichsversicherungsanstalt zurückverweisen.

Die Stelle, an welche die Sache überwiesen wird, ist an die rechtliche Beurteilung gebunden, die der Aufhebung der angefochtenen Entscheidung zugrunde liegt.

§ 294. Die auf Beschwerde erlassenen Entscheidungen des Oberversicherungsamts sind endgültig.

## III. Wiederaufnahme des Verfahrens

### 1. Anfechtungsgründe

§ 295. Ein durch rechtskräftiges Urteil abgeschlossenes Verfahren kann wieder aufgenommen werden, wenn

1. die entscheidende Stelle nicht vorschriftsmäßig besetzt war,

2. eine Person bei der Entscheidung mitgewirkt hat, die von der Mitwirkung aus einem gesetzlichen Grunde ausgeschlossen war, sofern nicht dieses Hindernis durch Ablehnung oder Rechtsmittel ohne Erfolg geltend gemacht worden ist,
3. bei der Entscheidung eine Person mitgewirkt hat, obgleich sie als befangen abgelehnt und die Ablehnung für begründet erklärt worden war,
4. eine Partei in dem Verfahren nicht nach Vorschrift der Gesetze vertreten war, sofern sie nicht die Führung des Streites ausdrücklich oder stillschweigend genehmigt hat.

In den Fällen der Nrn. 1, 3 ist die Wiederaufnahme unstatthaft, wenn der Anfechtungsgrund durch ein Rechtsmittel geltend gemacht werden konnte.

**§ 296.** Die Wiederaufnahme ist ferner zulässig, wenn
1. eine Urkunde, auf die sich die Entscheidung stützt, fälschlich angefertigt oder verfälscht war,
2. durch Beeidigung eines Zeugnisses oder eines Gutachtens, auf die sich die Entscheidung stützt, der Zeuge oder Sachverständige vorsätzlich oder fahrlässig die Eidespflicht verletzt hat,
3. der Vertreter der Partei oder der Gegner oder sein Vertreter die Entscheidung durch eine mit öffentlicher Strafe bedrohte Handlung erwirkt hat,
4. eine Person bei der Entscheidung mitgewirkt hat, die bei der Verhandlung ihre Amtspflichten gegen die Partei verletzt hat, sofern diese Verletzung mit öffentlicher Strafe bedroht ist,
5. ein strafgerichtliches Urteil, auf das sich die Entscheidung stützt, durch ein anderes rechtskräftig gewordenes Urteil aufgehoben worden ist,
6. eine Partei nachträglich eine Urkunde, die eine ihr günstigere Entscheidung herbeigeführt haben würde, auffindet oder zu benutzen in Stand gesetzt wird.

**§ 297.** Die Wiederaufnahme ist in den Fällen des § 296 Nr. 1 bis 4 nur zulässig, wenn
1. wegen der strafbaren Handlung eine rechtskräftige strafgerichtliche Verurteilung ergangen ist,
2. ein gerichtliches Strafverfahren aus anderen Gründen als wegen Mangels an Beweis nicht eingeleitet oder nicht durchgeführt werden konnte.

**§ 298.** Die Wiederaufnahme ist in allen Fällen des § 296 nur zulässig, wenn nicht die Partei ohne ihr Verschulden den Anfechtungsgrund in dem früheren Verfahren, insbesondere durch Einlegung eines Rechtsmittels, geltend machen konnte.

**§ 299.** Mit dem Antrag auf Wiederaufnahme können Anfechtungsgründe, durch die eine ältere Entscheidung derselben oder einer unteren Instanz betroffen wird, geltend gemacht werden, wenn die angefochtene Entscheidung auf der älteren beruht.

### 2. Zuständigkeit

**§ 300.** Über den Antrag entscheidet die Stelle, deren Entscheidung angefochten wird.

Sind mehrere Entscheidungen angefochten, die von Stellen verschiedener Ordnung erlassen sind, so entscheidet die Stelle höherer Ordnung. An Stelle des Reichsversicherungsamts entscheidet das Oberversicherungsamt, wenn eine vom Reichsversicherungsamt erlassene Entscheidung auf Grund des § 296 Nr. 1, 2, 5 oder 6 angefochten wird.

### 3. Gang des Verfahrens

**§ 301.** Der Antrag ist binnen einem Monat zu stellen.

Die Frist beginnt mit dem Tage, an dem die Partei den Anfechtungsgrund erfährt, jedoch nicht bevor die Entscheidung rechtskräftig geworden ist. Nach Ablauf von fünf Jahren vom Tage der Rechtskraft an ist der Antrag unstatthaft.

Die Vorschriften des Abs. 2 gelten nicht, wenn die Wiederaufnahme wegen mangelnder Vertretung beantragt wird. Die Frist läuft dann von dem Tage, an dem die Entscheidung der Partei oder, wenn sie nicht fähig war, den Streit selbst zu betreiben, ihrem gesetzlichen Vertreter zugestellt worden ist.

**§ 302.** Die Wiederaufnahme kann auch von Amts wegen eingeleitet werden.

§ 303. Die Vorschrift des § 325 Abs. 2, 3 über Wahrung der Frist gilt auch für die Ausschlußfristen des § 301 entsprechend.

**§ 304.** Ist der Antrag verspätet oder unzulässig, so kann ihn der Vorsitzende der für die Entscheidung zuständigen Stelle ohne mündliche Verhandlung durch eine mit Gründen versehene Verfügung verwerfen. Der Vorsitzende des Senats für Angestelltenversicherung darf es nur dann, wenn er mit dem Berichterstatter darüber einig ist.

Der Antragsteller kann binnen einer Woche nach der Zustellung der Verfügung die Entscheidung der zuständigen Stelle anrufen. Die Verfügung muß darauf hinweisen.

**§ 305.** Ist der Antrag rechtzeitig gestellt worden und zulässig, so wird die Hauptsache, soweit der Anfechtungsgrund sie betrifft, neu verhandelt.

Für das neue Verfahren gelten die Vorschriften, die für diejenige Instanz maßgebend sind, bei der das neue Verfahren anhängig geworden ist.

§ 306. Rechtsmittel sind zulässig, soweit sie gegen die Entscheidungen der mit der Wiederaufnahme befaßten Instanzen überhaupt gegeben sind.

### IV. Anfechtung endgültiger Bescheide

**§ 307.** Gegenüber einem rechtskräftigen Bescheide kann eine neue Prüfung beantragt werden, wenn eine der Voraussetzungen der §§ 295, 296 vorliegt. Die §§ 297 ff. gelten entsprechend.

### V. Besondere Befugnisse der Reichsversicherungsanstalt

§ 308. Überzeugt sich die Reichsversicherungsanstalt bei erneuter Prüfung, daß die Leistung mit Unrecht abgelehnt, entzogen, wegen Ruhens oder aus sonstigen Gründen eingestellt oder zu niedrig festgestellt worden ist, so kann sie eine neue Feststellung treffen.

**§ 309.** Die Reichsversicherungsanstalt braucht Ruhegeld und sonstige Renten nicht zurückzufordern, die sie vor rechtskräftiger Entscheidung nach dem Gesetze zahlen mußte.

### VI. Kosten des Verfahrens

**§ 310.** Hat ein Beteiligter durch Mutwillen, Verschleppung oder Irreführung Kosten des Verfahrens veranlaßt, so können sie ihm ganz oder teilweise auferlegt werden. Sie fließen in die Kasse der Reichsversicherungsanstalt.

**§ 311.** Im übrigen werden den Beteiligten keine Kosten des Verfahrens auferlegt.

### VII. Schlußvorschriften

**§ 312.** Der Reichsarbeitsminister bestimmt das Nähere über den Geschäftsgang und das Verfahren nach Anhören der Reichsversicherungsanstalt.

Er kann das Verfahren auch abweichend von den bestehenden Vorschriften regeln.

## Siebenter Abschnitt

## Auszahlung der Leistungen

**§ 313.** Die Reichsversicherungsanstalt zahlt auf Anweisung des Direktoriums durch die Post.

Falls die Reichsversicherungsanstalt durch die Postanstalten als Zahlstellen auszahlen will, wird das nähere Verfahren durch den Reichsarbeitsminister geregelt.

§ 314. Jede Person, die berechtigt ist, ein öffentliches Siegel zu führen, ist befugt, die bei den Zahlungen erforderlichen Bescheinigungen zu erteilen und zu beglaubigen.

§ 315. Der Reichsarbeitsminister kann bestimmen, wie an Empfänger zu zahlen ist, die sich gewöhnlich im Ausland aufhalten.

## Achter Abschnitt
## Sonstige Vorschriften
### I. Behörden

§ 316. Die oberste Verwaltungsbehörde kann einzelne der Aufgaben und Rechte, die ihr dieses Gesetz zuweist, auf andere Behörden übertragen.

§ 317. Sie bestimmt,

1. welchen Behörden die Aufgaben zukommen, die dieses Gesetz den höheren und den unteren Verwaltungsbehörden sowie den Ortspolizeibehörden zuweist,
2. welche Verbände als Gemeindeverbände zu gelten haben; eine einzelne Gemeinde gilt als Gemeindeverband im Sinne dieses Gesetzes nur dann, wenn es die oberste Verwaltungsbehörde bestimmt.

Die Bestimmungen werden im Reichsanzeiger veröffentlicht.

### II. Rechtshilfe

§ 318. Die öffentlichen Behörden sind verpflichtet, den im Vollzuge dieses Gesetzes an sie ergehenden Ersuchen der Versicherungs- und anderen öffentlichen Behörden sowie der Organe der Reichsversicherungsanstalt zu entsprechen, insbesondere vollstreckbare Entscheidungen zu vollstrecken und den Organen der Reichsversicherungsanstalt auch unaufgefordert alle Mitteilungen zukommen zu lassen, die für deren Geschäftsbetrieb von Wichtigkeit sind. Die gleiche Verpflichtung liegt den Organen der anderen Träger der Reichsversicherung ob.

Wenn ein Gericht das Ersuchen um eine Beweisaufnahme ablehnt, so entscheidet das Oberlandesgericht endgültig.

§ 319. Tagegelder, Reisekosten, Gebühren für Zeugen und Sachverständige und alle anderen baren Auslagen, die aus der Rechtshilfe erwachsen, werden von der Reichsversicherungsanstalt als eigene Verwaltungskosten erstattet.

### III. Fristen

§ 320. Richtet sich der Anfang einer Frist nach einem Ereignis oder Zeitpunkt, so beginnt die Frist mit dem Tage, der auf das Ereignis oder den Zeitpunkt folgt.

Wird eine Frist verlängert, so beginnt die neue mit dem Ablauf der alten Frist.

§ 321. Eine nach Tagen bestimmte Frist endigt mit dem Ablauf ihres letzten Tages, eine nach Wochen oder Monaten bestimmte Frist mit dem Ablauf desjenigen Tages der letzten Woche oder des letzten Monats, welcher nach Benennung oder Zahl dem Tage entspricht, in den das Ereignis oder der Zeitpunkt fällt.

Fehlt dem letzten Monat der entsprechende Tag, so endigt die Frist mit dem Monat.

§ 322. Braucht ein Zeitraum von Monaten oder Jahren nicht zusammenhängend zu verlaufen, so wird der Monat zu dreißig, das Jahr zu dreihundertfünfundsechzig Tagen gerechnet.

§ 323. Fällt der für eine Willenserklärung oder Leistung oder den Ablauf einer Frist gesetzte Tag auf einen Sonntag oder einen allgemeinen Feiertag, der am Erklärungs- oder Leistungsorte staatlich anerkannt ist, so gilt dafür der nächstfolgende Werktag.

Für die Dauer von Leistungen, zu denen die Reichsversicherungsanstalt verpflichtet ist, gilt diese Vorschrift nicht.

§ 324. Rechtsmittel sind, soweit dieses Gesetz nichts anderes vorschreibt, binnen einem Monat nach Zustellung der angefochtenen Entscheidung einzulegen.

Für Seeleute, die sich außerhalb Europas aufhalten, wird diese Frist von der Stelle bestimmt, welche die angefochtene Entscheidung erlassen hat; sie muß mindestens drei Monate von der Zustellung an betragen.

§ 325. Die Rechtsmittel werden bei der Stelle eingelegt, die zu entscheiden hat.

Die Frist gilt auch dann als gewahrt, wenn das Rechtsmittel rechtzeitig bei einer anderen inländischen Behörde oder bei einem Organe der Reichsversicherungsanstalt eingegangen ist.

Die Rechtsmittelschrift ist unverzüglich an die zuständige Stelle abzugeben.

§ 326. Die Rechtsmittel bewirken Aufschub nur da, wo das Gesetz es vorschreibt.

§ 327. Ist ein Beteiligter durch Naturereignisse oder andere unabwendbare Zufälle verhindert worden, eine gesetzliche Verfahrensfrist einzuhalten, so wird ihm auf Antrag die Wiedereinsetzung in den vorigen Stand erteilt.

Die Wiedereinsetzung wird auf Antrag auch dann erteilt, wenn das verspätet eingelaufene Schriftstück der Post mindestens drei Tage vor Ablauf der Frist zur Bestellung übergeben worden ist.

§ 328. Die Wiedereinsetzung ist im Falle des § 327 Abs. 1 binnen einer Frist zu beantragen, deren Dauer durch die Dauer der versäumten Frist bestimmt wird. Die Frist beginnt mit dem Tage, an dem das Hindernis behoben ist.

In den Fällen des § 327 Abs. 2 ist die Wiedereinsetzung binnen einem Monat zu beantragen. Die Frist beginnt mit dem Tage, an welchem den Beteiligten bekannt wird, daß sie die Frist versäumt haben.

Nach Ablauf von zwei Jahren, vom Ende der versäumten Frist an, kann die Wiedereinsetzung nicht mehr beantragt werden.

§ 329. Der Antrag auf Wiedereinsetzung soll

1. die Tatsachen angeben, welche die Wiedereinsetzung begründen,
2. die Mittel bezeichnen, diese Tatsachen glaubhaft zu machen, und
3. die versäumte Handlung nachholen, wenn es nicht bereits geschehen ist.

Er wird bei der Stelle angebracht, bei der die Frist versäumt ist; § 325 Abs. 2, 3 gilt entsprechend. Die Stelle entscheidet, die über die nachgeholte Handlung zu entscheiden hat.

§ 330. Das Verfahren über den Antrag wird mit dem über die nachgeholte Handlung verbunden, doch kann auch zunächst über den Antrag allein verhandelt und entschieden werden.

Für die Entscheidung über die Zulässigkeit des Antrags und ihre Anfechtung gelten dieselben Vorschriften wie für die nachgeholte Handlung.

## IV. Zustellungen

§ 331. Zustellungen, die eine Frist in Lauf setzen, können durch eingeschriebenen Brief geschehen.

Der Postschein begründet nach zwei Jahren seit seiner Ausstellung die Vermutung dafür, daß in der ordnungsmäßigen Frist nach der Einlieferung zugestellt worden ist.

§ 332. Wer nicht im Inland wohnt, hat auf Verlangen einen Zustellungsbevollmächtigten zu benennen.

Ist der Aufenthalt unbekannt, oder wird der Zustellungsbevollmächtigte nicht in der gesetzten Frist benannt, so kann die Zustellung durch einwöchigen Aushang in den Geschäftsräumen der Behörde oder Stelle ersetzt werden; die Frist darf nicht kürzer als ein Monat sein.

## V. Gebühren und Stempel

§ 333. Gebühren- und stempelfrei sind, soweit dieses Gesetz nichts anderes vorschreibt, alle Verhandlungen und Urkunden, die bei den nach diesem Gesetze für die Feststellung der Leistungen zuständigen Behörden erforderlich werden, um die Rechtsverhältnisse zwischen der Reichsversicherungsanstalt einerseits und den Arbeitgebern oder Versicherten oder ihren Hinterbliebenen anderseits zu begründen oder abzuwickeln.

§ 334. Das gleiche gilt für die außergerichtlichen Verhandlungen und Urkunden dieser Art sowie für solche privatschriftlichen Vollmachten und amtlichen Bescheinigungen, welche nach diesem Gesetze zum Ausweis und zu Nachweisungen erforderlich werden.

## VI. Verbote und Strafen

§ 335. Nehmen Arbeitgeber in die Nachweise oder Anzeigen, die sie nach den Vorschriften des Gesetzes oder den Bestimmungen der Reichsversicherungsanstalt aufzustellen haben, Eintragungen auf, deren Unrichtigkeit sie kannten oder den Umständen nach kennen mußten, oder unterlassen sie die vorgeschriebenen Eintragungen ganz oder teilweise, so kann die Reichsversicherungsanstalt Ordnungsstrafe in Geld gegen sie verhängen.

§ 336. Unterlassen es Arbeitgeber, rechtzeitig für ihre versicherungspflichtig Beschäftigten die richtigen Marken zu verwenden, so kann sie die Reichsversicherungsanstalt mit Ordnungsstrafe in Geld belegen. Die Bestrafung ist auch zulässig, wenn verspätet die richtigen Marken verwendet worden sind. Unabhängig von der Strafe und der Nachholung der Rückstände kann die Reichsversicherungsanstalt dem Bestraften die Zahlung des Ein- bis Zweifachen dieser Rückstände auferlegen. Der Betrag wird wie Gemeindeabgaben beigetrieben. Der Reichsarbeitsminister kann Zuwiderhandlungen gegen die Entwertungsvorschriften mit Strafe bedrohen.

Bestreitet der Arbeitgeber seine Beitragspflicht, so ist sie nach § 194 festzustellen.

§ 337. Mit Geldstrafe oder mit Haft werden bestraft, wenn nicht nach anderen gesetzlichen Vorschriften härtere Strafe verwirkt ist,

1. Arbeitgeber oder deren Vertreter, die vorsätzlich den Beschäftigten höhere Beiträge vom Gehalt abziehen, als dieses Gesetz zuläßt,
2. Personen, die dem Berechtigten eine Versicherungskarte widerrechtlich vorenthalten.

§ 338. Arbeitgeber werden mit Gefängnis bestraft, wenn sie vorsätzlich Beitragsteile, die sie den Beschäftigten vom Gehalt abgezogen oder von ihnen erhalten haben, nicht für die Versicherung verwenden.

Daneben kann auf Geldstrafe und auf Verlust der bürgerlichen Ehrenrechte erkannt werden.

Bei mildernden Umständen kann ausschließlich auf Geldstrafe erkannt werden.

§ 339. Soweit nach diesem Gesetz Arbeitgeber mit Strafen bedroht sind, steht ihnen gleich,

1. wenn eine Aktiengesellschaft, ein Versicherungsverein auf Gegenseitigkeit, eine eingetragene Genossenschaft, eine Innung oder andere juristische Person Arbeitgeber ist, die Mitglieder des Vorstandes,
2. wenn eine Gesellschaft mit beschränkter Haftung Arbeitgeber ist, die Geschäftsführer,
3. wenn eine andere Handelsgesellschaft Arbeitgeber ist, alle persönlich haftenden Gesellschafter, soweit sie von der Vertretung nicht ausgeschlossen sind,
4. die gesetzlichen Vertreter geschäftsunfähiger und beschränkt geschäftsfähiger Arbeitgeber sowie die Liquidatoren einer Handelsgesellschaft, eines Versicherungsvereins auf Gegenseitigkeit, einer eingetragenen Genossenschaft, einer Innung oder einer anderen juristischen Person.

§ 340. Der Arbeitgeber darf die Pflichten, die ihm dieses Gesetz auferlegt, Betriebsleitern, Aufsichtspersonen oder anderen Angestellten seines Betriebes übertragen.

Handeln solche Stellvertreter den Vorschriften zuwider, die den Arbeitgeber mit Strafe bedrohen, so trifft sie die Strafe. Neben ihnen ist der Arbeitgeber strafbar, wenn

1. die Zuwiderhandlung mit seinem Wissen geschehen ist, oder
2. er bei Auswahl und Beaufsichtigung der Stellvertreter nicht die im Verkehr erforderliche Sorgfalt beobachtet hat; in diesem Falle darf gegen den Arbeitgeber auf keine andere Strafe als auf Geldstrafe erkannt werden.

Die Zahlung des Ein- bis Zweifachen der rückständigen Beträge (§ 336) kann auch dem Stellvertreter auferlegt werden. Neben ihm haftet für diesen Betrag der Arbeitgeber, falls er nach Abs. 2 bestraft ist.

§ 341. Den Arbeitgebern und ihren Angestellten sowie der Reichsversicherungsanstalt ist untersagt, die Versicherten in der Übernahme oder Ausübung eines Ehrenamtes der Angestelltenversicherung zu beschränken oder sie wegen der Übernahme oder der Art der Ausübung eines solchen Ehrenamtes zu benachteiligen. Den Bezeichneten ist ferner untersagt, durch Übereinkunft oder Arbeitsordnung zum Nachteil der Versicherten die Anwendung der Vorschriften dieses Gesetzes ganz oder teilweise auszuschließen.

Vertragsbestimmungen, die dem zuwiderlaufen, sind nichtig.

§ 342. Arbeitgeber oder ihre Angestellten, die gegen § 341 Abs. 1 verstoßen, werden mit Geldstrafe oder mit Haft bestraft, wenn nicht nach anderen gesetzlichen Vorschriften härtere Strafe eintritt.

§ 343. Mit Ordnungsstrafe in Geld kann vom Versicherungsamt bestraft werden, wer in Versicherungskarten den Vordruck fälschlich ausfüllt oder die zur Ausfüllung des Vordrucks eingetragenen Worte oder Zahlen verfälscht oder wissentlich eine solche Karte gebraucht.

§ 344. Wer in Versicherungskarten Eintragungen, Merkmale oder Fälschungen in der Absicht macht, den Inhaber Arbeitgebern gegenüber kenntlich zu machen, wird mit Geldstrafe oder mit Gefängnis bis zu sechs Monaten bestraft. Bei mildernden Umständen kann statt der Gefängnisstrafe auf Haft erkannt werden.

Eine Verfolgung wegen Urkundenfälschung (§§ 267, 268 des Reichsstrafgesetzbuchs) tritt nur gegen Personen ein, welche die Fälschung in der Absicht begangen haben, sich oder anderen einen Vermögensvorteil zu verschaffen oder anderen einen Schaden zuzufügen.

§ 345. Wer unbefugt offenbart, was ihm in amtlicher Eigenschaft als
Mitglied eines Organs oder Angestelltem der Reichsversicherungsanstalt,
Mitglied oder Angestelltem einer nach diesem Gesetze zur Feststellung der Leistungen zuständigen Behörde,
Vertreter oder Beisitzer bei einer solchen Behörde

über Krankheiten oder andere Gebrechen Versicherter oder ihre Ursachen bekannt geworden ist, wird mit Geldstrafe oder mit Gefängnis bis zu drei Monaten bestraft. Die Verfolgung tritt nur auf Antrag des Versicherten oder der Aufsichtsbehörde ein.

Den Versicherten stehen andere Personen gleich, für die dieses Gesetz eine Leistung der Reichsversicherungsanstalt vorsieht.

§ 346. Mit Geldstrafe oder mit Gefängnis werden die im § 345 Abs. 1 Bezeichneten bestraft, wenn sie unbefugt Geschäfts- oder Betriebsgeheimnisse offenbaren, die ihnen in amtlicher Eigenschaft bekannt geworden sind.

Tun sie dies, um den Unternehmer zu schädigen oder sich oder anderen einen Vermögensvorteil zu verschaffen, so werden sie mit Gefängnis bestraft. Neben der Gefängnisstrafe kann auf Verlust der bürgerlichen Ehrenrechte und auf Geldstrafe erkannt werden.

Die Verfolgung tritt im Falle des Abs. 1 nur auf Antrag des Unternehmers ein.

§ 347. Die im § 345 Abs. 1 Bezeichneten werden mit Gefängnis bestraft, wenn sie Geschäfts- oder Betriebsgeheimnisse unbefugt verwerten, um den Unternehmer zu schädigen oder sich oder anderen einen Vermögensvorteil zu verschaffen. Neben der Gefängnisstrafe kann auf Verlust der bürgerlichen Ehrenrechte und auf Geldstrafe erkannt werden.

§ 348. Sind in den Fällen des § 346 Abs. 2 oder des § 347 mildernde Umstände vorhanden, so ist auf Geldstrafe zu erkennen.

§ 349. Für Beamte, die der Dienstgewalt einer staatlichen oder gemeindlichen Behörde unterstehen, bewendet es an Stelle der §§ 345 bis 348 bei den für sie geltenden Vorschriften.

§ 350. Mit Gefängnis nicht unter drei Monaten, neben dem auf Verlust der bürgerlichen Ehrenrechte erkannt werden kann, wird bestraft, wer Marken fälschlich anfertigt oder verfälscht, um sie als echte zu verwenden, oder wer zu demselben Zwecke falsche Marken sich verschafft, verwendet, feilhält oder in Verkehr bringt.

§ 351. Mit der gleichen Strafe (§ 350) wird bestraft, wer wissentlich bereits verwendete Marken wieder verwendet oder zur Wiederverwendung sich verschafft, feilhält oder in Verkehr bringt. Bei mildernden Umständen darf auf Geldstrafe oder Haft erkannt werden.

§ 352. In den Fällen der §§ 350, 351 ist zugleich auf Einziehung der Marken zu erkennen, aus wenn sie dem Verurteilten nicht gehören. Das muß auch geschehen, wenn keine bestimmte Person verfolgt oder verurteilt werden kann.

§ 353. Wer ohne schriftlichen Auftrag der Reichsversicherungsanstalt oder einer sonstigen Behörde Stempel, Siegel, Stiche, Platten oder andere Formen, die zur Herstellung von Marken dienen können, oder Abdrücke solcher Formen anfertigt, sich verschafft oder einem anderen als der Reichsversicherungsanstalt oder der Behörde überläßt, wird mit Geldstrafe bis zu 150 Reichsmark oder mit Haft bestraft.

Neben der Geldstrafe oder Haft kann auf Einziehung der Stempel, Siegel, Stiche, Platten oder Formen erkannt werden, auch wenn sie dem Verurteilten nicht gehören.

§ 354. Auf Beschwerden gegen Strafverfügungen der Reichsversicherungsanstalt und der Versicherungsämter entscheidet das Oberversicherungsamt (Beschlußkammer).

§ 355. Die Geldstrafen, mit Ausnahme der gerichtlich erkannten, fließen in die Kasse der Reichsversicherungsanstalt.

Die Strafen, außer den gerichtlich erkannten, werden wie Gemeindeabgaben beigetrieben.

§ 356. Zuwiderhandlungen gegen die Strafvorschriften dieses Gesetzes, für welche die Gerichte nicht zuständig sind, verjähren in fünf Jahren. Die Verjährung beginnt mit dem Tage, an dem die Handlung begangen ist. Sie wird unterbrochen durch jede gegen den Täter gerichtete Handlung dessen, der zur Verhängung der Strafe zuständig ist. Mit der Unterbrechung beginnt eine neue Verjährung; sie endet spätestens mit Ablauf von zehn Jahren seit dem Tage, an dem die Zuwiderhandlung begangen ist.

§ 357. Endgültig verhängte Strafen, die nicht von den Gerichten erkannt sind, verjähren in zwei Jahren. Die Verjährung beginnt mit dem Tage, an dem die Entscheidung endgültig geworden ist. Sie wird unterbrochen durch jede auf Vollstreckung der Strafe gerichtete Handlung dessen, dem die Vollstreckung obliegt. Mit der Unterbrechung beginnt eine neue Verjährung; sie endet spätestens mit Ablauf von vier Jahren seit dem Tage, an dem die Entscheidung endgültig geworden ist.

## VII. Ausländische Gesetzgebung

§ 358. Soweit andere Staaten eine der Angestelltenversicherung entsprechende Fürsorge durchgeführt haben, kann die Reichsregierung mit Zustimmung des Reichsrats unter Wahrung der Gegenseitigkeit vereinbaren, in welchem Umfang für Betriebe, die aus dem Gebiete des einen Staates in das des anderen übergreifen, sowie für Versicherte, die zeitweise im Gebiete des anderen Staates beschäftigt werden, die Fürsorge nach diesem Gesetz oder nach den Fürsorgevorschriften des anderen Staates geregelt werden soll.

Auf gleichem Wege kann bei entsprechender Gegenleistung die Versicherung von Angehörigen eines ausländischen Staates abweichend von den Vorschriften dieses Gesetzes geregelt und die Durchführung der Fürsorge des einen Staates in dem Gebiete des anderen erleichtert werden. In diesen Vereinbarungen darf die nach diesem Gesetze bestehende Beitragspflicht des Arbeitgebers nicht ermäßigt oder beseitigt werden; sie sind dem Reichstag mitzuteilen.

**§ 359.** Die Reichsregierung kann mit Zustimmung des Reichsrats anordnen, daß gegen Angehörige eines ausländischen Staates und ihre Rechtsnachfolger ein Vergeltungsrecht angewendet wird.

## Neunter Abschnitt

## Private Pensionseinrichtungen. Verträge mit Lebensversicherungsunternehmungen

### I. Private Pensionseinrichtungen

#### 1. Zuschußkassen

**§ 360.** Fabrik-, Betriebs-, Haus-, Seemanns- und ähnliche Kassen für eine oder mehrere Unternehmungen können auf ihre satzungsmäßigen Leistungen aus Invaliden-, Alters- oder Hinterbliebenenunterstützungen, die sie ihren nach diesem Gesetze versicherten Mitgliedern geben, die Ruhegeld oder Hinterbliebenenbezüge dieses Gesetzes anrechnen. Voraussetzung ist dabei, daß die Kassen nur für die im § 1 Abs. 1 bezeichneten Personen errichtet sind oder der Teil des Vermögens der Kassen für die Angestelltenversicherung ausgeschieden und besonders verwaltet wird, sowie daß die Kassen die Beiträge aus ihren Mitteln entrichten und die Arbeitgeber Zuschüsse zu der Kasse zahlen, die mindestens der Hälfte der nach diesem Gesetze zu entrichtenden Beiträge gleichkommen.

Kommen mehrere Kassen in Frage, die für den Berechtigten Beiträge zur Reichsversicherungsanstalt entrichtet haben, so teilt diese jeder einzelnen Kasse den für sie in Anrechnung kommenden, den entrichteten Beiträgen entsprechenden Betrag der Leistungen dieses Gesetzes mit.

Das gleiche gilt für andere öffentlich-rechtliche Pensionseinrichtungen und für solche zur Invaliden-, Alters- und Hinterbliebenenfürsorge bestimmte Kassen für die nach Ortsstatut eine Beitragspflicht besteht.

**§ 361.** Zur Durchführung der Vorschriften im § 360 sind die Satzungen der Kassen zu ändern; die Änderung bedarf der Genehmigung der zuständigen Behörde. Die Behörde kann auf Antrag die Änderung rechtsgültig selbst vornehmen, wenn ein Beschluß über die Satzungsänderung nicht zustande kommt. Den Antrag kann die Mehrheit der Arbeitgeber oder der nach § 1 Abs. 1 versicherten Mitglieder stellen.

**§ 362.** Die §§ 360, 361 sind entsprechend anzuwenden auf Wohlfahrtseinrichtungen und auf solche Versicherungseinrichtungen, die für die im § 1 Abs. 1 bezeichneten Personen errichtet sind.

Einrichtungen, die von Gemeindeverbänden verwaltet werden, können sich auch auf andere Personen erstrecken.

#### 2. Ersatzkassen

**§ 363.**[8]) Die Beteiligung bei einer nach dem Versicherungsgesetze für Angestellte vom 20. Dezember 1911 (Reichsgesetzbl. S. 989) zugelassenen Ersatzkasse gilt, unbeschadet des § 393 für die Angestellten derjenigen Unternehmungen für die die Zulassung erfolgt ist, der Versicherung bei der Reichsversicherungsanstalt gleich.

Scheidet ein Angestellter aus der versicherungspflichtigen Beschäftigung bei einer solchen Unternehmung aus, so kann er sich bei der Ersatzkasse weiterversichern (§ 21).

---

[8]) In der Fassung des Gesetzes vom 28. Juli 1925 (RGBl. I S. 157).

§ 364. Der Ersatzkasse müssen sämtliche Versicherungspflichtigen der Unternehmungen, für die sie errichtet ist, angehören, soweit sie nicht von der eigenen Beitragsleistung befreit sind.

§ 365.[8]) Die Kassenleistungen müssen den reichsgesetzlichen Leistungen mindestens gleichwertig und in dieser Höhe gewährleistet sein. Die Leistungen für die Zwecke des Heilverfahrens gelten als gleichwertig, wenn die Ersatzkasse den gleichen Betrag aufwendet, den die Reichsversicherungsanstalt nach dem zuletzt veröffentlichten Rechnungsabschluß aus ihren Beitragseinnahmen für das Heilverfahren aufgewendet hat. Die für die Ersatzkasse zuständige Aufsichtsbehörde überwacht die Ausführung die Vorschrift.

§ 49a gilt sinngemäß auch für die Ersatzkassen.

§ 366. Wird die Zulassung als Ersatzkasse zurückgezogen oder die Ersatzkasse aufgelöst, so geht die Verpflichtung zur Befriedigung der reichsgesetzlichen Ansprüche auf die Reichsversicherungsanstalt über. Aus dem Vermögen der Ersatzkasse sind der Reichsversicherungsanstalt die erforderlichen Deckungsmittel für die übernommenen reichsgesetzlichen Leistungen zu überweisen. Der Reichsarbeitsminister bestimmt das Nähere.

Bei Streit entscheidet das Reichsversicherungsamt.

§ 367. Die Beiträge der Arbeitgeber zu den Kassen müssen mindestens den reichsgesetzlichen Arbeitgeberbeiträgen und, sofern die Beiträge der Versicherten höher sind, diesen gleichkommen. Die von den Arbeitgebern gemachten besonderen Aufwendungen sind auf die Beiträge der Versicherten und der Arbeitgeber gleichmäßig anzurechnen.

§ 368. Den Versicherten muß bei der Verwaltung der Kasse und bei der Feststellung von Kassenleistungen eine den Vorschriften dieses Gesetzes entsprechende Mitwirkung eingeräumt sein. Die Wahl muß geheim sein.

§ 369. Die Vorschriften der §§ 91, 92 wegen Übertragung, Verpfändung, Pfändung und Aufrechnung der Versicherungsansprüche gelten entsprechend für Ansprüche an Ersatzkassen. Sie gelten nicht, soweit die Leistungen der Ersatzkasse die reichsgesetzlichen Leistungen übersteigen.

§ 370. Für die Berechnung der Wartezeit, des Ruhegeldes und der sonstigen Renten gelten in bezug auf den reichsgesetzlichen Anspruch die Vorschriften dieses Gesetzes. Die Zeit der Versicherung bei Ersatzkassen steht der bei der Reichsversicherungsanstalt gleich.

§ 371.[8]). Die reichsgesetzlichen Leistungen der Ersatzkassen stellt die Reichsversicherungsanstalt fest. Die beteiligten Ersatzkassen können vorher gehört werden. Der Bescheid ist ihnen zuzustellen. Jede von ihnen ist berechtigt, Rechtsmittel einzulegen. Die zur Entscheidung berufene Stelle kann die Ersatzkasse beiladen.

Zu den Kosten des Feststellungsverfahrens bei der Reichsversicherungsanstalt sowie zu den Kosten der Versicherungsbehörden haben die Ersatzkassen einen Beitrag zu entrichten. Der Reichsarbeitsminister bestimmt des Nähere. Bei Streit über die Kosten des Feststellungsverfahrens bei der Reichsversicherungsanstalt entscheidet das Reichsversicherungsamt.

§ 372. Dem Berechtigten gegenüber ist die Reichsversicherungsanstalt zur Leistung verpflichtet. Die Ersatzkassen haben die Deckungsmittel für die ihnen zur Last fallenden reichsgesetzlichen Leistungen spätestens binnen zwei Wochen nach der ihnen zugegangenen Aufforderung der Reichsversicherungsanstalt zu überweisen. Die Reichsversicherungsanstalt kann die Frist unter Berechnung von Verzugszinsen verlängern.

Streit über die Höhe der Deckungsmittel entscheidet das Reichsversicherungsamt.

Die Deckungsmittel werden wie Gemeindeabgaben beigetrieben.

Der Reichsarbeitsminister bestimmt die Grundsätze für die Berechnung der Deckungsmittel nach Anhören der Reichsversicherungsanstalt.

§ 373. Jede Ersatzkasse hat beim Austritt eines der Versicherungspflicht unterliegenden Kassenmitglieds innerhalb eines Monats nach dem Austritt der Reichsversicherungsanstalt eine Bescheinigung zu übersenden, die über die Zahl und Höhe der nach diesem Gesetz entrichteten Beiträge Auskunft gibt. Eine gleiche Bescheinigung ist zu übersenden, wenn das Kassenmitglied berufsunfähig geworden oder gestorben ist.

Der Reichsarbeitsminister bestimmt Form und Inhalt der Bescheinigung nach Anhören der Reichsversicherungsanstalt.

Wird die Bescheinigung nicht rechtzeitig übersandt, so kann die Reichsversicherungsanstalt die säumigen Organe der Kasse mit Ordnungsstrafe in Geld bestrafen.

§ 374. Die Reichsregierung bestimmt den Betrag, bis zu dem das Vermögen in den im § 205 Abs. 1 Nr. 1 genannten Forderungen anzulegen ist; dieser Betrag darf jedoch fünfundzwanzig vom Hundert des für die reichsgesetzliche Versicherung zurückgestellten Vermögens nicht übersteigen.

## II. Verträge mit Lebensversicherungsunternehmungen

§ 375. Angestellte, die beim Eintritt in die versicherungspflichtige Beschäftigung das dreißigste Lebensjahr überschritten haben, und für die seit mindestens drei Jahren ein Versicherungsvertrag bei einer öffentlichen oder privaten Lebensversicherungsunternehmung (§ 1 des Gesetzes über die privaten Versicherungsunternehmungen vom 12. Mai 1901 — Reichsgesetzbl. S. 139 —) geschlossen ist, können auf ihren Antrag von der eigenen Beitragsleistung befreit werden, wenn der Jahresbetrag der Beiträge für diese Versicherungen beim Eintritt in die versicherungspflichtige Beschäftigung mindestens den ihren Gehaltsverhältnissen entsprechenden Beiträgen gleichkommt, die sie nach diesem Gesetze zu tragen hätten (Halbversicherte).

Streit über die Befreiung wird nach § 194 entschieden

§ 376.[9]) Für Halbversicherte entrichtet der Arbeitgeber die Beiträge, die dem halben Jahresarbeitsverdienst entsprechen. Entspricht die Hälfte des Beitrags nicht einem der im § 172 genannten Beträge, so ist der nächsthöhere Monatsbeitrag zu entrichten; der Arbeitgeber kann die Erstattung des Mehrbetrags von dem Halbversicherten verlangen.

Halbversicherte erhalten Ruhegeld und sonstige Renten nach den Vorschriften dieses Gesetzes. Erstattungsansprüche aus den §§ 61, 62, 385 sind ausgeschlossen.

Die Reichsversicherungsanstalt kann die Gewährung eines Heilverfahrens für einen halbversicherten Erkrankten davon abhängig machen, daß er die Kosten bis zur Hälfte vorher einzahlt.

Hat der Arbeitgeber zur Lebensversicherung eines Halbversicherten Zuschüsse gezahlt, so kann er diese Zuschüsse um den Beitrag kürzen, den er zur gesetzlichen Angestelltenversicherung zu leisten hat.

§ 377. Werden die Versicherungen (§ 375) vor Eintritt des Todes des Angestellten durch Ablauf, Verfall oder aus anderen Gründen aufgehoben, so fällt die Befreiung von der Beitragsleistung weg. Die Lebensversicherungsunternehmungen haben die Aufhebung von Versicherungsverträgen der Reichsversicherungsanstalt mitzuteilen, wenn ihnen die Befreiung des Angestellten von der Beitragsleistung angezeigt worden ist. Zuwiderhandlungen werden von der Aufsichtsbehörde mit Ordnungsstrafen in Geld bestraft.

---

[9]) In der Fassung des Gesetzes vom 28. Juli 1925 (RGBl. I S. 157).

## Zehnter Abschnitt

## Übergangs- und Schlußvorschriften

§ 378. Als Jahresarbeitsverdienstgrenzen gelten

| | | | |
|---|---|---|---|
| 1. | vom 1. Januar 1913 bis zum 31. August 1918 | 5 000 | Mark |
| 2. | vom 1. September 1918 bis zum 30. April 1920 für bereits Versicherte | 7 000 | „ |
| | für erstmalig Versicherte | 5 000 | „ |
| 3. | vom 1. Mai 1920 bis zum 31. Juli 1921 | 15 000 | „ |
| 4. | vom 1. August 1921 bis zum 30. Juni 1922 | 30 000 | „ |
| 5. | vom 1. Juli bis zum 31. August 1922 | 100 000 | „ |
| 6. | vom 1. September bis zum 31. Oktober 1922 | 300 000 | „ |
| 7. | vom 1. November bis zum 31. Dezember 1922 | 840 000 | „ |
| 8. | vom 1. bis zum 31. Januar 1923 | 1 200 000 | „ |
| 9. | vom 1. bis zum 28. Februar 1923 | 4 200 000 | „ |
| 10. | vom 1. März bis zum 31. Mai 1923 | 7 200 000 | „ |
| 11. | vom 1. bis zum 30. Juni 1923 im unbesetzten Gebiet | 27 000 000 | „ |
| | im besetzten Gebiet, im Einbruchsgebiet und in dem Gebiet, in dem besondere Vorschriften für die Erwerbslosenfürsorge galten, | 34 000 000 | „ |
| 12. | vom 1. bis zum 31. Juli 1923 im unbesetzten Gebiet | 78 000 000 | „ |
| | im besetzten Gebiet, im Einbruchsgebiet und in dem Gebiet, in dem besondere Vorschriften für die Erwerbslosenfürsorge galten, | 96 000 000 | „ |
| 13. | vom 1. bis zum 31. August 1923 im unbesetzten Gebiet | 2,4 Milliarden | „ |
| | im besetzten Gebiet, im Einbruchsgebiet und in dem Gebiet, in dem besondere Vorschriften für die Erwerbslosenfürsorge galten, | 3 „ | „ |
| 14. | vom 1. bis zum 30. September 1923 im unbesetzten Gebiet | 48 „ | „ |
| | im besetzten Gebiet, im Einbruchsgebiet und in dem Gebiet, in dem besondere Vorschriften für die Erwerbslosenfürsorge galten, | 60 „ | „ |
| 15. | vom 1. bis zum 31. Oktober 1923 im unbesetzten Gebiet | 6,6 Billionen | „ |
| | im besetzten Gebiet, im Einbruchsgebiet und in dem Gebiet, in dem besondere Vorschriften für die Erwerbslosenfürsorge galten | 8,2 „ | „ |
| 16. | vom 1. bis zum 30. November 1923 im unbesetzten Gebiet | 12 00 „ | „ |
| | im besetzten Gebiet, im Einbruchsgebiet und in dem Gebiet, in dem besondere Vorschriften für die Erwerbslosenfürsorge galten, | 1 600 „ | „ |
| 17. | vom 1. Dezember 1923 an | 4 000 | Reichsmark. |

§ 379. Angestellte, die durch Erhöhung der Jahresarbeitsverdienstgrenze versicherungspflichtig werden und entweder niemals versicherungspflichtig gewesen sind, oder zwar schon versicherungspflichtig gewesen sind, aber die Anwartschaft verloren haben oder sie ohne die Entrichtung freiwilliger Beiträge und ohne die Vorschrift des § 54 Abs. 2 verloren hätten (Neuversicherte), werden auf Grund des § 14 von der Versicherungspflicht rückwirkend auf den Tag ihres Beginns befreit. Der Befreiungsantrag muß binnen sechs Monaten nach der Erhöhung der Jahresarbeitsverdienstgrenze beim Versicherungsamt oder der Reichsversicherungsanstalt eingegangen sein. Die gesetzlichen Voraussetzungen für die Befreiung müssen bereits zu dem früheren Zeitpunkt vorgelegen haben.

§ 380.[9]) Angestellte, die beim Eintritt in die versicherungspflichtige Beschäftigung das fünfundfünfzigste Lebensjahr vollendet haben, werden auf ihren Antrag von der Versicherungspflicht befreit, wenn ihnen die Abkürzung der

Wartezeit nicht gestattet wird oder nicht zugemutet werden kann. Der Befreiungsantrag ist innerhalb der ersten drei Jahre nach Beginn der Versicherungspflicht zu stellen.

Diese Vorschriften gelten entsprechend für Angestellte, die zwar schon versicherungspflichtig gewesen sind, aber die Anwartschaft verloren haben oder sie ohne die Vorschrift des § 54 Abs. 2 verloren hätten.

§ **381.** Angestellten, die versicherungspflichtig gewesen, infolge Erhöhung ihres Jahresarbeitsverdienstes aus der Versicherungspflicht ausgeschieden sind und bis zum 30. Juni 1923 infolge Heraufsetzung der Jahresarbeitsverdienstgrenze wieder versicherungspflichtig geworden sind (Wiederversicherten), sind die Kalendermonate der Zwischenzeit als Vormonate für die Weiterversicherung (§ 21) anzurechnen.

Wenn ein solcher Angestellter von dem Rechte der Weiterversicherung nach § 21 für die zurückliegende Zeit, während der er nicht versicherungspflichtig war, Gebrauch macht oder gemacht hat, so gelten die freiwilligen Beiträge, die er für diese Zeit entrichtet hat oder gültig nachentrichtet, für die Zurücklegung der Wartezeit als Pflichtbeiträge. Die freiwillige Versicherung hat die Wirkung der Pflichtversicherung nur insoweit, als ihre Beiträge mindestens in der Gehaltsklasse des letzten Pflichtbeitrags vor jenem Ausscheiden aus der Versicherungspflicht oder in der diesem Pflichtbeitrag am nächsten liegenden Gehaltsklasse entrichtet sind oder gültig nachentrichtet werden.

§ **382.**[9]) Auf die Wartezeiten werden die vollen Kalendermonate angerechnet, in denen Versicherte während des letzten Krieges dem Deutschen Reiche oder einem mit ihm verbündeten oder befreundeten Staate Kriegs-, Sanitäts- oder ähnliche Dienste geleistet haben. Dies gilt auch für Versicherte, die sich in der Zeit vom 1. Januar 1913 bis zum Beginn ihres Kriegsdienstes noch in der Ausbildung für einen Angestelltenberuf befanden oder nach vorheriger Beschäftigung als Angestellter ihrer aktiven Dienstpflicht genügten und daher von der Versicherungspflicht nicht erfaßt wurden.

Diese Vorschrift gilt nicht für Versicherte, die in dem letzten Beitragsmonate vor den bezeichneten Diensten bei einer Ersatzkasse versichert gewesen sind.

§ **383.**[10]) In der Zeit von 1. Januar 1913 bis zum Schlusse des Jahres 1928 genügt zur Erfüllung der Wartezeit bei den Hinterbliebenenrenten die Zurücklegung von sechzig Beitragsmonaten auf Grund der Versicherungspflicht.

Für Neuversicherte gilt in den ersten fünfzehn Jahren seit der Heraufsetzung der Jahresarbeitsverdienstgrenze Abs. 1 entsprechend.

§ **384.**[10]) Die Reichsversicherungsanstalt kann dem Versicherten nach vorhergehender ärztlicher Untersuuchng gestatten, die Wartezeit (§ 53) durch Einzahlung der entsprechenden Deckungsmittel abzukürzen. Auch nach Erfüllung der Wartezeit ist unter den gleichen Voraussetzungen der Einkauf von Beitragsmonaten zulässig.

Der Reichsarbeitsminister bestimmt das Nähere nach Anhören der Reichsversicherungsanstalt.

§ **385.** Tritt der Versicherungsfall innerhalb der ersten fünfzehn Jahre nach dem 1. Januar 1913 ein, ohne daß ein Anspruch auf Leistungen nach diesem Gesetz oder aus der Invalidenversicherung geltend gemacht werden kann, so steht beim Tode des Versicherten der hinterlassenen Witwe oder dem Witwer oder, falls solche nicht vorhanden sind, den hinterlassenen Kindern unter achtzehn Jahren ein Anspruch auf vier Zehntel der für die Zeit seit dem 1. Januar 1924 entrichteten Beiträge zu. Der Anspruch verfällt, wenn er nicht innerhalb eines Jahres nach dem Tode des Versicherten geltend gemacht wird.

§ **386.** Der Abschluß der bis zum 31. Dezember 1922 geführten Versicherungskonten ist den Beteiligten auf Antrag mitzuteilen. Er wird bindend, wenn

---

[10]) In der Fassung des Gesetzes vom 28. Juli 1925 (RGBl. I S. 157).

nicht binnen zwei Monaten Widerspruch erhoben wird; der Versicherte ist bei Mitteilung des Abschlusses darauf hinzuweisen. Gegen den Bescheid der Reichsversicherungsanstalt ist das Streitverfahren nach § 194 zulässig.

**§ 387.** Versicherte, die eine vor dem 1. Januar 1923 ausgestellte Versicherungskarte besitzen, legen sie der Ausgabestelle vor und lassen sich eine neue Versicherungskarte ausstellen. Sie erhält die Nummer 1.

Halbversicherte erhalten die neue Versicherungskarte mit dem Vermerke, daß die Befreiung noch besteht.

**§ 388.**[10]) Beiträge für die Zeit vor dem 1. September 1925 sind vom 10. September 1925 an nach den Vorschriften dieses Gesetzes zu entrichten.

Sind Beiträge für die Zeit vor dem 1. Januar 1923 nach den früheren Vorschriften eingezahlt worden, und hat die Reichsversicherungsanstalt nicht innerhalb eines Jahres nach der Einzahlung dieser Beiträge die Versicherungspflicht oder das Recht zu freiwilliger Versicherung beanstandet, so kann der Rentenanspruch nicht mit der Begründung abgelehnt werden, daß die Beiträge zu Unrecht entrichtet sind.

Die bis zum 31. Dezember 1923 verwendeten Beitragsmarken dürfen nur insoweit beanstandet werden, als die Versicherungspflicht oder die Versicherungsberechtigung in Frage steht.

**§ 389.**[10]) In den Fällen des § 18 ist der Arbeitgeber berechtigt, sich die für die Zeit bis zum 1. Januar 1924 zu verwendenden Marken auf seine Kosten von der Reichsversicherungsanstalt zu beschaffen. Soweit der Gesamtwert den Betrag von 1 000 Reichsmark übersteigt, kann der Arbeitgeber verlangen, daß ihm die Zahlung bis zum Schlusse des Jahres 1928 gestundet wird. In diesen Fällen sind für den gestundeten Betrag jährlich sechs vom Hundert Zinsen und Zinseszinsen zu berechnen.

**§ 390.** Bei Änderung der wirtschaftlichen Verhältnisse kann der Reichsarbeitsminister mit Zustimmung des Reichsrats und des Ausschusses des Reichstags für soziale Angelegenheiten Teuerungszulagen festsetzen und die Beiträge ändern.

**§ 391.** Zur Abgeltung der Aufwendungen für Rentenerhöhungen an Angestellte, die Leistungen aus der Invalidenversicherung beziehen, überweist die Reichsversicherungsanstalt am 31. Dezember jedes der Jahre 1923 bis 1926 den Trägern der Invalidenversicherung einen Betrag, den der Reichsarbeitsminister festsetzt.

Die Ersatzkassen haben für jedes versicherungspflichtige Mitglied und jeden angefangenen oder vollen Beitragsmonat bis spätestens 15 Tage nach Ablauf des Beitragsmonats an die Reichsversicherungsanstalt einen Betrag zu zahlen, den der Reichsarbeitsminister festsetzt; die Reichsversicherungsanstalt kann andere Zahlungsfristen zulassen.

Der Reichsarbeitsminister bestimmt das Nähere.

**§ 392.** Den Entscheidungen des Reichsversicherungsamts stehen für die Anwendung der §§ 194, 269, 283 die Entscheidungen des früheren Oberschiedsgerichts für Angestelltenversicherung gleich.

**§ 393.** Die zugelassenen Ersatzkassen haben bis zum 30. Juni 1924 die erforderliche Weiterzulassung auf Grund ihrer abgeänderten Satzungen bei dem Reichsarbeitsminister zu beantragen. Sie gelten als neu zugelassen, bis der Reichsarbeitsminister hierüber beschlossen hat.

Auf Antrag der Reichsversicherungsanstalt kann der Reichsarbeitsminister bestimmen, daß sie zur Sicherstellung der reichsgesetzlichen Beitragsleistung für den Fall der Nichtzulassung eine Sicherheit bei der Reichsversicherungsanstalt zu hinterlegen haben.

Wird der Antrag auf Weiterzulassung abgelehnt, so sind die rückständigen Beiträge unter Anrechnung von dreieinhalb vom Hundert Zinsen und Zinseszinsen nachzuzahlen. Bei Streit über die Höhe des nachzuzahlenden Betrags entscheidet das Reichsversicherungsamt.

§ 394. Ansprüche auf Leistungen, über die das Feststellungsverfahren am 1. Juni 1924 schwebt, unterliegen den Vorschriften dieses Gesetzes.

Ist Invaliden- oder Altersrente aus der Invalidenversicherung vor dem 1. Juni 1924 bereits rechtskräftig festgesetzt, und schwebt zu diesem Zeitpunkt ein Verfahren über einen Anspruch auf Ruhegeld der Angestelltenversicherung, oder wird nach diesem Zeitpunkt ein solcher Anspruch geltend gemacht, so wird dem Berechtigten nur das Ruhegeld der Angestelltenversicherung zuzüglich des Steigerungsbetrags der Invalidenversicherung (§ 57) gewährt, wenn die Wartezeit für das Ruhegeld erfüllt und die Anwartschaft nicht erloschen ist; die frühere Festsetzung wird hinfällig.

Sind Hinterbliebenenrenten aus der Invalidenversicherung vor dem 1. Juni 1924 bereits rechtskräftig festgesetzt, und schwebt zu diesem Zeitpunkt ein Verfahren über einen Anspruch auf Hinterbliebenenrenten der Angestelltenversicherung, so werden den Berechtigten nur die Hinterbliebenenrenten der Angestelltenversicherung zuzüglich des Steigerungsbetrags der Invalidenversicherung (§§ 57, 59) gewährt, wenn die Wartezeit für die Hinterbliebenenrenten erfüllt und die Anwartschaft nicht erloschen ist; die frühere Festsetzung wird hinfällig. Im Falle des § 40 Satz 1 steht den Hinterbliebenen nur das Recht auf die Hinterbliebenenrente der Invalidenversicherung zu.

Dies gilt auch dann, wenn das Wahlrecht nach der früheren Fassung dieser Vorschriften bereits ausgeübt ist. Die Nichtanwendung der Vorschriften in ihrer neuen Fassung gilt auch dann als Revisionsgrund, wenn das Berufungsgericht sie noch nicht anwenden konnte.

Das Nähere über die Durchführung kann der Reichsarbeitsminister bestimmen.

§ 395. Aufgehoben.[11])

§ 396.[12]) Renten für die Zeit bis zum 31. Dezember 1923 sind im Monatsbetrage von zwei Reichsmark festzusetzen.

§ 397.[13]) Zur Vermeidung unbilliger Härten kann die Reichsversicherungsanstalt bis zum Ablauf des Jahres 1928 in Fällen, in denen die Wartezeit nicht erfüllt ist, aber mindestens einhundert Pflichtbeiträge geleistet sind, die Entrichtung freiwilliger Beiträge auch entgegen den Vorschriften des § 188 zulassen.

---

## b) Verordnung über die Veröffentlichung grundsätzlicher Entscheidungen der Senate für Angestelltenversicherung.

**Vom 24. Januar 1923.**

(RGBl. I S. 73.)

Auf Grund des § 296a des Versicherungsgesetzes für Angestellte[1]) in der Fassung des Gesetzes über Änderung des Versicherungsgesetzes für Angestellte und der Reichsversicherungsordnung vom 10. November 1922 (RGBl. I S. 849) bestimme ich:[2])

§ 1. Das Reichsversicherungsamt veröffentlicht die Entscheidungen der Senate für Angestelltenversicherung, die grundsätzliche Bedeutung haben, in der Zeitschrift „Amtliche Nachrichten des Reichsversicherungsamts". Diese Entscheidungen sind auch äußerlich als grundsätzliche Entscheidungen zu kennzeichnen.

§ 2. Die grundsätzlichen Entscheidungen des bisherigen Oberschiedsgerichts für Angestelltenversicherung werden noch in der Zeitschrift „Die Angestelltenversicherung Amtliche Nachrichten der Reichsversicherungsanstalt für Angestellte" veröffentlicht.

---

[11]) Durch Ges. vom 23. März 1925 (RGBl. I S. 28).

[12]) Der frühere Satz 1 gestrichen durch Ges. vom 23. März 1925 (RGBl. I S. 28).

[13]) Eingefügt durch Gesetz vom 28. Juli 1925 (RGBl. I S. 157).

# c) Beitragsordnung der Angestelltenversicherung.

## Vom 21. November 1914.

(RGBl. I S. 745.)

## Erster Abschnitt

## Beitragsverfahren

### I. Marken

§ 1. Für jede Gehaltsklasse werden Monatsmarken ausgegeben.

Ihr Aussehen wird durch die Reichsversicherungsanstalt mit Zustimmung des Reichsarbeitsministers bestimmt.

Ihre Gültigkeitsdauer kann der Reichsarbeitsminister unter Bekanntgabe des Ablaufstags beschränken. Ungültig gewordene Marken können binnen drei Monaten nach Ablauf der Gültigkeitsdauer bei den Verkaufsstellen umgetauscht werden.

§ 2. Die Marken werden zum Nennwert verkauft.

Der Verkauf erfolgt durch die Deutsche Reichspost, soweit der Reichsarbeitsminister nichts anderes nach Anhören der Reichsversicherungsanstalt bestimmt.

Für den Verkauf erhält die Deutsche Reichspost von der Reichsversicherungsanstalt mit Zustimmung des Reichsarbeitsministers eine Vergütung.

### II. Versicherungskarte

§ 3. Die Reichsversicherungsanstalt bestimmt das Aussehen der Versicherungskarte mit Zustimmung des Reichsarbeitsministers.

Beitragsmarken dürfen nur in Markenfelder eingeklebt werden, immer nur eine Marke in ein Feld.

### III. Beitragsentrichtung durch Arbeitgeber

§ 4. Als Arbeitsverdienst für die Beitragsberechnung gilt der Entgelt, den der Angestellte für den laufenden Monat erhalten hat. Steht am Schlusse des Monats der Gesamtentgelt noch nicht fest, so wird er geschätzt. Gewinnanteile, Gratifikationen und ähnliche Bezüge, die nicht in jedem Monat zu erwarten sind, sind anteilig mitzurechnen.

Als Arbeitsverdienst für Teilbeschäftigte gilt der gesamte Verdienst für den Kalendermonat.

Die Reichsversicherungsanstalt kann mit Genehmigung des Reichsarbeitsministers Berechnungsgrundsätze aufstellen.

§ 5. Arbeitszeiten, die sich nicht feststellen lassen, sind für die Beitragsleistung abzuschätzen. Bei Streit entscheidet das Versicherungsamt endgültig.

Die Reichsversicherungsanstalt kann mit Genehmigung des Reichsarbeitsministers Berechnungsgrundsätze aufstellen.

§ 6. Der Arbeitgeber erwirbt die Marken aus eigenen Mitteln.

Er klebt bei der Gehaltszahlung die Marke der Gehaltsklasse in die Versicherungskarte.

Wird kein festes Bargehalt gezahlt, so sind die Marken am Monatsschluß einzukleben, ebenso bei Teilbeschäftigung (§ 184 Angestelltenversicherungsgesetz).

In Ausnahmefällen kann die Reichsversicherungsanstalt einen anderen Zeitpunkt zum Einkleben gestatten.

Abschlagszahlungen gelten hierbei nicht als Gehaltszahlungen.

---

[1]) Jetzt § 282 des Angestelltenversicherungsgesetzes in der Fassung vom 28. Mai 1924 (RGBl. I S. 563).

[2]) d. h. der Reichsarbeitsminister.

§ 7. Einem Arbeitgeber, der die bisher geleisteten Zuschüsse zur Lebensversicherung eines Halbversicherten um den zur gesetzlichen Angestelltenversicherung zu entrichtenden Beitrag kürzen will, ersetzt die Reichsversicherungsanstalt auf seinen Antrag die von ihm fortentrichteten Zuschüsse bis zur Höhe des Arbeitgeberbeitrags, soweit die folgenden Voraussetzungen vorliegen:

1. die Versicherung muß noch in einer dem § 375 des Angestelltenversicherungsgesetzes entsprechenden Höhe bestehen,
2. der Versicherungsschein muß hinterlegt sein,
3. zur Sicherung der Anwartschaft auf Ruhegeld und Hinterbliebenenrente muß die Forderung aus der Lebensversicherung in Höhe der Zuschußkürzung an die Reichsversicherungsanstalt abgetreten sein.

Dem Erstattungsantrage sind die Versicherungskarte und die Quittungen über die Prämienzahlung beizufügen.

§ 8. Besteht der Entgelt nur in Sachbezügen, so kann der Arbeitgeber den Sachbezug um den Beitragsteil des Versicherten kürzen. Maßgebend sind dabei die Ortspreise, die nach § 2 des Angestelltenversicherungsgesetzes gelten. Kein Kürzungsrecht besteht, wenn der Versicherte seinen Beitragsteil dem Arbeitgeber bar erstattet.

Wird der Entgelt vom Dritten gewährt, so hat der Versicherte seinen Beitragsteil dem Arbeitgeber bar zu erstatten, wenn dieser den vollen Beitrag entrichtet hat.

§ 9. Der Arbeitgeber hat die von ihm eingeklebten Marken sofort zu entwerten.

Für Beiträge, die zwangsweise oder durch Überwachungsbeamte eingezogen sind, werden Marken geklebt; zum Ersatze kann die Reichsversicherungsanstalt in der Versicherungskarte die Einziehung vermerken oder durch ihre Beauftragten vermerken lassen.

Die Ausgabestellen und die Überwachungsstellen der Reichsversicherungsanstalt haben in den Versicherungskarten unentwertete Marken nach Feststellung der Beschäftigungszeit, für die sie gelten, zu entwerten.

§ 10. Die Entwertung erfolgt dadurch, daß auf der Marke ihr letzter Geltungstag handschriftlich oder mit Stempel vermerkt wird. Sie darf den Monat in Ziffern abkürzen, zum Beispiel 31. 10. 24. Andere Entwertungszeichen sind unzulässig. Nur Tinte oder haltbarer Farbstoff ist gestattet.

Die Entwertung muß deutlich sein und darf das Markenbild, insbesondere Geldwert und Gehaltsklasse, nicht unkenntlich machen.

Wer den Entwertungsvorschriften zuwiderhandelt, kann von der Reichsversicherungsanstalt mit Ordnungsstrafe in Geld bestraft werden, wenn keine härtere Strafe nach anderen Vorschriften eintritt.

## IV. Beitragsentrichtung durch Versicherte

§ 11. Für die Entrichtung der Beiträge durch Versicherte gelten die §§ 4 bis 10 sinngemäß. Freiwillige Versicherte entwerten mit dem Zusatz „f".

## V. Ersatzzeiten

§ 12. Ersatzzeiten im Sinne des § 170 Abs. 1, 2, 5 des Angestelltenversicherungsgesetzes sollen durch Bescheinigungen (Ersatzzeitschein) nachgewiesen werden.

Die Ersatzzeitscheine werden nach dem beigefügten Muster A ausgestellt

1. bei Krankheitszeiten durch Behörden oder Krankenkassen, die von den obersten Verwaltungsbehörden hierfür bestimmt sind,
2. bei Zeiten des Schulbesuchs durch den Leiter der Anstalt,
3. bei Kriegsdienstzeiten durch die Heeresbehörden.

Bei Ersatzzeiten gemäß § 170 Abs. 5 des Angestelltenversicherungsgesetzes bestimmt der Reichsarbeitsminister das Nähere.

# Zweiter Abschnitt
# Ausgabestellen
## I. Einrichtung und Zuständigkeit

§ 13. Ausgabestellen sind in Städten mit mehr als 50 000 Einwohnern die Ausgabestellen der Invalidenversicherung, sonst die bisherigen Ausgabestellen der Angestelltenversicherung. Die Länder können andere Stellen bestimmen.

Sie heißen „Ausgabestelle der Angestelltenversicherung in . . . . . . .“ und führen einen Stempel mit dieser Bezeichnung. Ihr Dienstgebäude trägt dieselbe Bezeichnung. Die Diensträume sind durch Aushang an sichtbarer Stelle kenntlich zu machen.

Auch die Reichsversicherungsanstalt kann Versicherungskarten ausstellen, umtauschen, ersetzen oder durch ihre Beauftragten bei der Beitragsüberwachung ausstellen, umtauschen und ersetzen lassen.

§ 14. Zuständig ist jede Ausgabestelle, in deren Bezirk der Versicherte wohnt oder beschäftigt ist, bei Ersatz einer Versicherungskarte auch die Ausgabestelle des früheren Beschäftigungsorts.

Bei Beschäftigung im Ausland ist die Ausgabestelle des inländischen Betriebssitzes zuständig, mangels eines solchen die Ausgabestelle Berlin.

## II. Verfahren

### 1. Allgemeine Bestimmungen

§ 15. Die Ausgabestelle beurkundet mit Tinte; Radieren und der Gebrauch des Tintenstifts sind unzulässig. Häufig wiederkehrende Eintragungen können gedruckt oder gestempelt werden. In Vordrucken sind offene Räume, die nicht ausgefüllt werden, zu durchstreichen.

Berichtigungen dürfen nur durch einfaches Durchstreichen erfolgen. Sie sind unter Angabe des Tages sowie der Zahl der gestrichenen Worte und Ziffern zu beglaubigen.

Alle Eintragungen und Berichtigungen sind zu unterschreiben. Die Unterschrift wird durch den verantwortlichen Beamten mit seinem Namen oder Namensstempel unter Beidrückung des Stempels und Bezeichnung der Ausgabestelle geleistet.

### 2. Ausstellung der ersten Versicherungskarte

§ 16. Die Versicherungskarte wird durch die Ausgabestelle auf Antrag des Versicherten oder des Arbeitgebers ausgestellt und dem Antragsteller unverzüglich ausgehändigt.

§ 17. Die persönlichen Verhältnisse und die Anschrift sind besonders sorgfältig einzutragen. Bei Frauen ist auch der Geburtsname anzugeben.

Der Familienname ist zu unterstreichen, bei mehreren Vornamen auch der Rufname.

Die Berufsangabe hat sich nicht auf eine allgemeine Bezeichnung zu beschränken, sondern auch den engeren Berufszweig zu enthalten, zum Beispiel nicht Buchhalter, Techniker, Lehrer, sondern Bankbuchhalter, Tiefbautechniker, Musiklehrer.

Die Versicherungskarte erhält die Nummer 1.

Die Versicherungskarte für Selbstversicherer ist am Kopfe der ersten Seite als solche zu bezeichnen.

§ 18. Die Ausgabestelle prüft vor der Ausstellung die Versicherungspflicht.

Die Ausstellung ist auch zulässig, wenn der Antragsteller glaubhaft macht, daß er eine bestimmte versicherungspflichtige Beschäftigung nur beginnen kann, wenn er schon eine Versicherungskarte besitzt.

Bei Zweifel über die Versicherungspflicht stellt die Ausgabestelle dem Antragsteller die Versicherungskarte aus, teilt aber der Reichsversicherungsanstalt oder der von ihr bezeichneten Stelle ihre Bedenken mit.

§ 19. Befreiung von der eigenen Beitragsleistung (§ 375 des Angestelltenversicherungsgesetzes) beantragt der Angestellte bei der Ausgabestelle. Der Antrag wird nach dem beigefügten Muster B gestellt Mit dem Antrag ist der Versicherungsschein vorzulegen.

Die Ausgabestelle prüft die Angaben und sendet den Antrag nebst Versicherungskarte an die Reichsversicherungsanstalt. Diese entscheidet über die Befreiung und übersendet die Versicherungskarte mit ihrem Vermerk über die Befreiung dem Versicherten.

### 3. Umtausch der Versicherungskarte.

§ 20. Der Versicherte tauscht die Versicherungskarte bei der Ausgabestelle, wenn die Markenfelder gefüllt sind, spätestens aber drei Jahre nach der Ausstellung um.

§ 21. Die Ausgabestelle rechnet die Versicherungskarte auf.

Die Aufrechnung geschieht an der im Vordruck vorgesehenen Stelle folgendermaßen:

1. Beitragsmonate, die durch Marken in der Versicherungskarte nachgewiesen sind, werden nach Beitragsklassen zusammengerechnet.
2. Ersatzzeiten (§ 12) werden an der hierfür vorgemerkten Stelle nach Anfangs- und Endtag der einzelnen Zeiten eingetragen.
   Unter den Beitragsmonaten werden sie nicht mitgezählt. Sie werden überhaupt nicht eingetragen, wenn der Versicherte vor ihrem Beginne noch keine versicherungspflichtige Beschäftigung ausgeübt hat.
   Die Eintragung erfolgt auf Grund der Ersatzzeitscheine; sonstige Nachweise, zum Beispiel ärztliche Zeugnisse, sind nicht ausgeschlossen. Bei Zweifel über die Anrechnungsfähigkeit hat die Ausgabestelle zwar die Ersatzzeiten einzutragen, jedoch ihre Bedenken der Reichsversicherungsanstalt oder der von ihr bezeichneten Stelle mitzuteilen.
3. Die Endzahlen über die Aufrechnung werden dem Inhaber nach dem beigefügten Muster C bescheinigt (Aufrechnungsbescheinigung).
   Die Aufrechnungsbescheinigung wird mit der neuen Versicherungskarte ausgehändigt. Unbestellbar gebliebene oder verwahrte Aufrechnungsbescheinigungen kann die Ausgabestelle ein Jahr nach Ablauf des Eingangsjahrs vernichten.

Die Reichsversicherungsanstalt kann die Aufrechnungsbescheinigung von Amts wegen oder auf Einspruch eines Beteiligten ändern. Gegen ihren Bescheid ist das Streitverfahren nach § 194 des Angestelltenversicherungsgesetzes zulässig, die Entscheidung bindet die Instanzen.

Nach Ablauf von zehn Jahren seit Aufrechnung der Versicherungskarte kann die rechtsgültige Verwendung der in der Aufrechnung bescheinigten Marken nicht mehr beanstandet werden, es sei denn, daß der Versicherte oder sein Vertreter oder ein zur Fürsorge für ihn Verpflichteter die Verwendung der Marken in betrügerischer Absicht herbeigeführt hat.

§ 22. Die abgegebenen alten Versicherungskarten nebst den Ersatzzeitscheinen und sonstigen Belegen für Ersatzzeiten werden von der Ausgabestelle verwahrt und spätestens am Schlusse jedes Kalendervierteljahrs eingeschrieben und portofrei der Reichsversicherungsanstalt übersandt; bei Übersendung durch die Bahn genügt die Angabe des Interesses an der Lieferung im Frachtbrief. Wünschen der Reichsversicherungsanstalt auf frühere Übersendung in Einzelfällen ist zu entsprechen.

§ 23. Die Ausstellung der neuen Versicherungskarte beim Umtausch hängt nicht von einer Prüfung der gegenwärtigen Versicherungspflicht ab. Hat die Ausgabestelle Zweifel oder ist sie überzeugt, daß bereits Berufsunfähigkeit vorliegt, so stellt sie die Versicherungskarte aus, teilt aber der Reichsversicherungsanstalt oder der von ihr bezeichneten Stelle ihre Bedenken mit.

Als Beruf ist in der neuen Versicherungskarte der Beruf zur Zeit der Ausstellung einzutragen, auch wenn die alte Karte einen anderen Beruf angab. Die neue Karte erhält die nächsthöhere Nummer. Im übrigen gelten die Vorschriften über die erste Ausstellung entsprechend.

§ 24. Der Arbeitgeber kann Versicherungskarten, die bei ihm zurückgelassen sind, an die Ausgabestelle abgeben, jedoch frühestens drei Monate nach Abgang des Versicherten.

Die Ausgabestelle rechnet diese Karten auf und erteilt dem Arbeitgeber eine Empfangsbescheinigung mit dem Vermerke, daß eine neue Karte nicht ausgestellt ist. Die abgegebene Versicherungskarte erhält denselben Vermerk und wird der Reichsversicherungsanstalt gleichzeitig mit den übrigen Karten übersandt. Versicherungskarten, die gefunden oder aus einem anderen Grunde bei der Ausgabestelle abgeliefert sind, werden entsprechend behandelt.

## 4. Ersatz der Versicherungskarte

§ 25. Verlorene, unbrauchbare oder zerstörte Versicherungskarten ersetzt die Ausgabestelle.

Das gleiche gilt, wenn eine Versicherungskarte dem Berechtigten widerrechtlich vorenthalten wird.

Außerdem kann der Versicherte auf seine Kosten sonst stets eine neue Versicherungskarte gegen Rückgabe der alten verlangen.

§ 26. Der bisherige Inhaber hat den Inhalt der Versicherungskarte nachzuweisen. Ist sie noch vorhanden, so ist ihr erkennbarer Inhalt ohne Nachprüfung maßgebend. Andernfalls ist der Inhalt glaubhaft zu machen. Regelmäßig genügt die Vorlage der Lohnliste, wenn aus ihr die Markenverwendung hervorgeht, oder eine zuverlässige Auskunft des Arbeitgebers, der Einzugsstelle oder der Mitarbeiter.

Die Befreiung von der eigenen Beitragsleistung wird durch die vorhergehende Aufrechnungsbescheinigung nachgewiesen; andernfalls hat der Angestellte glaubhaft zu machen, daß die Lebensversicherung noch besteht.

§ 27. Auf Grund der beigebrachten Beweismittel stellt die Ausgabestelle eine Aufrechnungsbescheinigung aus. Sie erhält die Nummer der Versicherungskarte, die sie ersetzt, und den Vermerk: „Ausgestellt als Ersatz der verlorenen — unbrauchbaren — zerstörten —Versicherungskarte Nr. . . . .“

Für die Abänderung und Anfechtung der Aufrechnungsbescheinigung gelten die Vorschriften des § 21 Abs. 3.

Die Beweismittel mit Ausnahme der Lohnlisten werden dem Antragsteller abgenommen und der Reichsversicherungsanstalt oder der von ihr bezeichneten Stelle mit der nächsten Kartensendung übersandt nebst einer Mitteilung über den sonstigen Nachweis und einer Abschrift der Aufrechnungsbescheinigung.

Der Antragsteller erhält eine neue Versicherungskarte mit der nächst höheren Nummer und die Aufrechnungsbescheinigung. Für die Ausstellung der neuen Karte gelten im übrigen die allgemeinen Vorschriften entsprechend. Läßt sich die Vornummer auch nach den Angaben des Versicherten nicht feststellen, so ist sie bei der Reichsversicherungsanstalt zu erfragen.

## 5. Berichtigung der Versicherungskarte

§ 28. Die Ausgabestelle kann die Versicherungskarte berichtigen,

1. wenn der Versicherte nachweist, daß die persönlichen Verhältnisse bei Ausstellung der Karte unrichtig eingetragen worden sind,
2. wenn eine nachträgliche Änderung des Namens durch die entsprechende Urkunde nachgewiesen wird,
3. wenn bei der Aufrechnung oder Erneuerung eine unvorschriftsmäßige Markenverwendung festgestellt wird,
4. wenn der Angestellte auf die Befreiung von der eigenen Beitragsleistung für die Zukunft verzichtet.

Von der Berichtigung ist stets bei Änderung des Namens, sonst in Zweifelsfällen der Reichsversicherungsanstalt oder der von ihr bezeichneten Stelle bei der nächsten Kartensendung Kenntnis zu geben. Die Reichsversicherungsanstalt kann die Berichtigung ändern.

Die Beteiligten können gegen die Berichtigung das Streitverfahren nach § 194 des Angestelltenversicherungsgesetzes beantragen; die Entscheidung bindet die Instanzen.

**§ 29.** Abgesehen von dem Befreiungsvermerke nach § 30 Abs. 2 Nr. 3 Satz 1 können Berichtigungen der Versicherungskarten, die bei der Überwachung erforderlich werden, durch die Überwachungsstelle vorgenommen werden, soweit die Beteiligten einverstanden sind.

**§ 30.** In sonstigen Fällen erfolgt die Berichtigung der Versicherungskarten und die Vernichtung eingeklebter Marken durch die Reichsversicherungsanstalt.

Die Ausgabestelle gibt zu diesem Zwecke der Reichsversicherungsanstalt oder der von ihr bezeichneten Stelle unter Beifügung der Versicherungskarte Kenntnis,

1. wenn ihr bekannt wird, daß ein Arbeitgeber, der bisher versicherungspflichtige Angestellte beschäftigt hat, keine Marken mehr verwendet,
2. wenn Marken unvorschriftsmäßig, insbesondere in zu niedriger Gehaltsklasse verwendet sind, soweit nicht § 28 Abs. 1 Nr. 3 Platz greift,
3. wenn der Angestellte nachträglich nachweist, daß er von der eigenen Beitragsleistung befreit ist. Das gleiche gilt, wenn die Befreiung nach Ansicht der Ausgabestelle fortgefallen ist.

Die Reichsversicherungsanstalt übersendet den Versicherten die Versicherungskarten nach Eintragung des Vermerkes zusammen mit ihrem etwaigen Bescheide. Die Beteiligten können hiergegen das Streitverfahren nach § 194 des Angestelltenversicherungsgesetzes beantragen; die Entscheidung bindet die Instanzen.

Ist ein Beitragsstreit rechtskräftig entschieden oder sonstwie die Versicherungspflicht oder -berechtigung rechtskräftig verneint, so hat die Reichsversicherungsanstalt die Versicherungskarte zu berichtigen und rückständige Beiträge einzuziehen oder zuviel entrichtete Beiträge auf Antrag zurückzuerstatten, soweit noch keine Verjährung eingetreten ist.

**§ 31.** Die Vernichtung von Marken besteht darin, daß ein Ungültigkeitsvermerk auf die Marke gesetzt wird. Auf der Außenseite der Versicherungskarte wird die Zahl der vernichteten Marken handschriftlich oder gestempelt unter Bezeichnung der vernichtenden Stelle vermerkt.

## 6. Kosten

**§ 32.** Die gesamte Tätigkeit der Ausgabestelle ist für die Arbeitgeber und Versicherten kosten- und gebührenfrei, soweit nicht im Abs. 4 etwas anderes bestimmt ist. Jedoch erhält die Ausgabestelle von der Reichsversicherungsanstalt eine Vergütung nach Grundsätzen, die der Reichsarbeitsminister mit Zustimmung des Reichsrats aufstellt.

Die Reichsversicherungsanstalt liefert auf ihre Kosten die Vordrucke für die Versicherungskarte, die Aufrechnungsbescheinigung und den Ersatzzeitschein.

Die Ausgabestellen fordern ihre Vergütung nach Schluß jedes Kalenderjahrs für das abgelaufene Jahr bei der Reichsversicherungsanstalt an. Die Reichsversicherungsanstalt kann mit den Ausgabestellen kürzere Fristen vereinbaren.

Die Ausgabestelle kann von dem Antragsteller für die Ausstellung einer Versicherungskarte Kostenersatz nur beanspruchen,

1. wenn die neue Karte gegen Rückgabe der alten nach § 25 Abs. 3 beantragt wird,
2. wenn der Arbeitgeber die Ausstellung beantragt, weil der Versicherte dies zu Unrecht unterlassen hat.

Die Höhe des Betrags setzt der Reichsarbeitsminister fest.

# d) Verfahrensordnuuß für die Ausschüsse der Angestelltenversicherung.

## Vom 21 Dezember 1922.

(RGBl. I S. 956.)[1])

Auf Grund des § 228a des Versicherungsgesetzes für Angestellte in der Fassung des Gesetzes über Änderung des Versicherungsgesetzes für Angestellte und der Reichsversicherungsordnung vom 10. November 1922 (RGBl. I S. 849)[2]) wird nach Anhören der Reichsversicherungsanstalt für Angestellte folgendes verordnet:

### A. Einleitende Vorschriften

§ 1. Für den Geschäftsgang und das Verfahren der Ausschüsse für Angestelltenversicherung bei den Versicherungsämtern gelten sinngemäß die Vorschriften der Verordnung über Geschäftsgang und Verfahren der Versicherungsämter vom 24. Dezember 1911 (RGBl. S. 1107) in der Fassung des Artikel I der Verordnung vom 14. Dezember 1923 (Reichsgesetzbl. I S. 1199), soweit nicht nachstehend etwas anderes bestimmt ist.

§ 2. Der Vorsitzende bildet nach Bestimmung der obersten Verwaltungsbehörde einen oder mehrere Spruch- und Beschlußausschüsse für Angestelltenversicherung.

Die Versicherungsvertreter des Spruchausschusses für Angestelltenversicherung bilden zugleich den Beschlußausschuß. Sind mehrere Spruchausschüsse für Angestelltenversicherung gebildet, so kann der Vorsitzende mit Zustimmung der höheren Verwaltungsbehörde anordnen, daß die Versicherungsvertreter für den Beschlußausschuß nach § 5 Abs. 2 und 3 der Verordnung vom 24. Dezember 1911 gewählt werden.

§ 3. Alle Entscheidungen, Beschlüsse, Anordnungen, Verfügungen, Ersuchen, Berichte usw. des Ausschusses für Angestelltenversicherung ergehen unter dem Namen des Versicherungsamts mit dem Zusatz „Ausschuß für Angestelltenversicherung". Dabei ist Spruchausschuß und Beschlußausschuß zu unterscheiden.

§ 4. Im Beitragsstreitverfahren nach §§ 192a 193 des Versicherungsgesetzes für Angestellte in der Fassung des Gesetzes vom 10. November 1922[3]) entscheidet der Ausschuß für Angestelltenversicherung unter Ausschluß der sonstigen Ausschüsse. Wird eine Angelegenheit, die zur Zuständigkeit des Ausschusses für Angestelltenversicherung gehört, bei einem Ausschuß anderer Art desselben oder eines anderen Versicherungsamts anhängig, so hat dieser seine Unzuständigkeit auszusprechen und die Sache an den zuständigen Ausschuß für Angestelltenversicherung zu verweisen. Entsprechendes gilt, wenn bei einem Ausschuß für Angestelltenversicherung eine Angelegenheit anhängig wird, die nicht zur Zuständigkeit eines Ausschusses für Angestelltenversicherung gehört. Die Entscheidung, durch die der verweisende Ausschuß seine Zuständigkeit verneint, ist bindend.

Ist ein Ausschuß für Angestelltenversicherung angerufen, der nur örtlich unzuständig ist, so hat er den Antrag an das Versicherungsamt mit dem zuständigen Ausschuß für Angestelltenversicherung abzugeben.

---

[1]) Geändert durch Verordnung über Änderung der Verfahrensordnungen zur Reichsversicherungsordnung und zum Versicherungsgesetz für Angestellte vom 14. Dezember 1923 (RGBl. I S. 1199).

[2]) § 312 des Angestelltenversicherungsgesetzes vom 28. Mai 1924 (RGBl. I S. 563).

[3]) §§ 193, 194 des Angestelltenversicherungsgesetzes vom 28. Mai 1924 (RGBl. I S. 563).

### B. Ordnung des Verfahrens

#### I. Allgemeines.

§ 5. Die Kosten des nach § 18 der Verordnung vom 24. Dezember 1911 bestellten besonderen Vertreters gelten als gerichtliche Kosten.

§ 6. Der Vorsitzende kann zur Aufklärung des Sachverhalts dem Versicherten, auch wenn er persönlich erscheint, ausnahmsweise gestatten, sich auf Kosten der Reichsversicherungsanstalt einen Vertreter zu nehmen. Der Vorsitzende bestimmt Art und Umfang der Vertretung; er kann auch den Vertreter selbst bestimmen.

§ 7. Dem nach § 6 gestatteten Vertreter werden auf seinen Antrag die Auslagen erstattet, die er zur zweckentsprechenden Rechtsverfolgung aufgewendet hat. Auch kann ihm für seine Mühewaltung eine angemessene Vergütung gewährt werden. Der Antrag ist an den Vorsitzenden zu richten. Die Unterlagen für die Berechnung sind glaubhaft zu machen.

Die baren Auslagen werden besonders erstattet. Der Vorsitzende kann sie auch in die Vergütung einbeziehen oder neben der Vergütung einen Pauschbetrag festsetzen.

Reisekosten werden nur erstattet, wenn der Vorsitzende zur Ausführung der Reise vorher ermächtigt hatte. Nachträgliche Genehmigung ist ausnahmsweise statthaft, wenn die Reise notwendig war.

Für den durch eine Reise verursachten Zeitaufwand kann neben der Vergütung des Abs. 1 eine angemessene besondere Entschädigung gewährt werden. Ob eine Fahrt als Reise zu gelten hat, ist im Einzelfalle vom Vorsitzenden zu entscheiden.

§ 8. Sind mehrere Streitfälle zu gemeinsamer Verhandlung und Entscheidung verbunden, so werden die nach § 7 zu zahlenden Beträge nur einmal gewährt, soweit nicht durch die Behandlung eines Falles besondere Kosten entstanden sind.

§ 9. Die Kosten werden nach § 7 auch dann erstattet, wenn der Vertretene unterliegt.

Weitere Kosten werden auch im Falle des Obsiegens nicht erstattet.

§ 10. Soweit nicht in den §§ 5 bis 9 etwas anderes bestimmt ist, gelten für die Kostenentscheidung ausschließlich die Vorschriften der §§ 311, 312[4]) des Versicherungsgesetzes für Angestellte.

§ 11. Ist ein Vertrauensmann mit der Einnahme eines Augenscheins außerhalb der mündlichen Verhandlung beauftragt, so kann er in einfacheren Fällen allein eine Feststellung zu den Akten bringen oder einreichen.

§ 12. Für die Berichtigung und Ergänzung der Entscheidung gelten die Vorschriften der §§ 281, 282 des Versicherungsgesetzes für Angestellte in der Fassung des Gesetzes vom 10. November 1922.[5])

§ 13. Mündliche Verhandlung findet im Beschlußverfahren nur in den Fällen statt, die im § 296g des Versicherungsgesetzes für Angestellte in der Fassung des Gesetzes vom 10. November 1922 und der Verordnung vom 30. Oktober 1923 (Reichsgesetzbl. I S. 1057)[6]) bestimmt sind.

#### II. Besonderer Teil

§ 14. Anträge auf Leistungen, die bei dem Versicherungsamte gestellt werden, sind unverzüglich an die Reichsversicherungsanstalt abzugeben, auch wenn der Antragsteller die Begutachtung der Sache durch das Versicherungsamt verlangt hat.

---

[4]) §§ 310, 311 des Angestelltenversicherungsgesetzes vom 28. Mai 1924 (RGBl. I S. 563).

[5]) §§ 265, 266 des Angestelltenversicherungsgesetzes vom 28. Mai 1924 (RGBl. I S. 563).

[6]) § 288 des Angestelltenversicherungsgesetzes vom 28. Mai 1924 (RGBl. I S. 563).

Das Versicherungsamt kann vor der Abgabe der Sache für die Beschaffung fehlender Beweisstücke sorgen, ärztliche Gutachten aber nicht einholen.

Wird die Sache von der Reichsversicherungsanstalt von Amts wegen oder auf Antrag des Antragstellers an das Versicherungsamt zur Begutachtung abgegeben, so gelten die §§ 15 bis 21.

**§ 15.** Beim Anspruch auf Ruhegeld wegen Berufsunfähigkeit sind vorzulegen: die Versicherungskarten, die Ersatzzeitscheine (§ 172 des Reichsversicherungsgesetzes für Angestellte in der Fassung des Gesetzes vom 10. November 1922[7]) und etwaige Nachweise über die Beitragsleistung bei einer Ersatzkasse.

Ferner hat der Antragsteller eine ärztliche, behördliche oder andere zuverläßige Bescheinigung vorzulegen, aus der sich seine Beschwerden, der körperliche Befund, und die Berufsunfähigkeit und ihre Dauer ergeben.

Hat der Antragsteller Kinder unter 18 Jahren (§ 56 des Versicherungsgesetzes für Angestellte in der Fassung des Gesetzes vom 13. Juli 1923, Reichsgesetzbl. I S. 636)[8]), so sind die Geburtsurkunden und die zum Nachweis der Verwandtschaft, der Ehelichkeitserklärung, der Annahme an Kindes Statt und der Feststellung der Vaterschaft erforderlichen Urkunden einzureichen.

Hat der Antragsteller auch Beiträge zur Invalidenversicherung entrichtet, so sind auch die im § 74 Abs. 1 der Verordnung vom 24. Dezember 1911 bezeichneten Urkunden vorzulegen.

**§ 16.** Bei einem Antrag auf Witwenrente aus der Angestelltenversicherung ist Berufsunfähigkeit nicht nachzuweisen. Sie ist keine Voraussetzung des Anspruchs.

**§ 17.** Bei Ansprüchen auf Waisenrente aus der Angestelltenversicherung ist die Bedürftigkeit der Waisen in keinem Falle nachzuweisen. Sie ist keine Voraussetzung des Anspruchs.

**§ 18.** Beim Anspruch auf Abfindung (§ 60 des Versicherungsgesetzes für Angestellte)[9]) sind die Sterbeurkunden und die das Verwandtschaftsverhältnis klarstellenden Urkunden vorzulegen, auch hat der Antragsteller glaubhaft zu machen, daß ihm Besserberechtigte nicht bekannt sind.

Außerdem gelten die Vorschriften über den Antrag auf Ruhegeld entsprechend.

**§ 19.** Bei Ansprüchen auf Erstattung aus § 62 des Versicherungsgesetzes für Angestellte in der Fassung des Gesetzes vom 13. Juli 1923[10]) ist die Heiratsurkunde vorzulegen.

Außerdem gelten die Vorschriften über den Antrag auf Ruhegeld entsprechend.

**§ 20.** Bei Ansprüchen auf § 398 des Versicherungsgesetzes für Angestellte in der Fassung des Gesetzes vom 10. November 1922[11]) sind die Sterbeurkunde und bei Ansprüchen von Witwen oder Witwern die Heiratsurkunden, bei Ansprüchen von Kindern die Geburtsurkunden und die Sterbeurkunde auch des andern Elternteils vorzulegen.

Außerdem gelten die Vorschriften über den Antrag auf Ruhegeld entsprechend.

---

[7]) § 170 des Angestelltenversicherungsgesetzes vom 28. Mai 1924 (RGBl. I S. 563).

[8]) § 58 des Angestelltenversicherungsgesetzes vom 24. Mai 1924 (RGBl. I S. 563).

[9]) § 61 des Angestelltenversicherungsgesetzes vom 28. Mai 1924 (RGBl. I S. 563).

[10]) § 62 des Angestelltenversicherungsgesetzes vom 28. Mai 1924 (RGBl. I S. 563).

[11]) § 385 des Angestelltenversicherungsgesetzes vom 28. Mai 1924 (RGBl. I S. 563).

§ 21. Das Versicherungsamt hat bei einem Antrag aus der Invalidenversicherung festzustellen, ob der Antragsteller Beiträge auch zur Angestelltenversicherung und bei einem Antrag aus der Angestelltenversicherung, ob er Beiträge auch zur Invalidenversicherung entrichtet hat. In beiden Fällen hat das Versicherungsamt ferner festzustellen, ob der Antragsteller bereits früher Anträge auf Gewährung von Leistungen aus der Unfall-, der Invaliden- und Hinterbliebenen- oder der Angestelltenversicherung gestellt hat und welche Bescheide ihm erteilt worden sind.

Das Versicherungsamt hat von den betreffenden Versicherungsträgern die Akten und Belege einzufordern (Abschrift oder Auszug aus den Versicherungskonten der Reichsversicherungsanstalt, die Versicherungskarten, nötigenfalls auch die Quittungskarten der Invalidenversicherung, ferner die etwa vorhandenen Verhandlungen über Streit wegen der Versicherungspflicht, über Beitragsüberwachung, über Heilbehandlung, in geeigneten Fällen auch über frühere Invalidenrenten-, Altersrenten- und Hinterbliebenenansprüche sowie die etwa vorhandenen Krankenkassenakten usw.).

§ 22. Das Versicherungsamt hat festzustellen, ob der Antragsteller Beiträge auch zur Invalidenversicherung entrichtet hat, und ob er bereits früher Anträge auf Gewährung von Leistungen der Unfall-, der Invaliden- oder der Angestelltenversicherung gestellt hat und welche Bescheide ihm erteilt worden sind.

[§ 23.[12]) Eine Abschrift des Gutachtens des Versicherungsamts ist den nach § 22 beteiligten Versicherungsträgern zu übersenden, während für die Aktenübersendung selbst der § 91 der Verordnung vom 24. Dezember 1911 gilt.]

## C. Schlußbestimmungen

§ 24. § 88 der Verordnung vom 24. Dezember 1911 erhält folgende Fassung:

„Außer den im § 1624 Abs. 1 der Reichsversicherungsordnung und den im § 262 des Versicherungsgesetzes für Angestellte[13]) bezeichneten Fällen findet eine mündliche Verhandlung im Spruchverfahren nicht statt, wenn

1. es sich lediglich um den Beginn oder die Höhe der Rente (Invalidenrente, Witwenrente, Ruhegeld) handelt,
2. es sich um einen Anspruch auf Invalidenrente wegen Zurücklegung des 65. Lebensjahrs handelt,
3. es sich um die Erfüllung der Wartezeit handelt, es sei denn, daß die Entscheidung von der Feststellung der Versicherungspflicht oder der Versicherungsberechtigung oder des Beginns der Invalidität oder der Berufsunfähigkeit abhängt.

§ 25. Die §§ 96, 97 der Verordnung vom 24. Dezember 1911 gelten nicht für das Verfahren vor dem Ausschuß für Angestelltenversicherung. Statt dessen gelten die §§ 168b, 168n des Versicherungsgesetzes für Angestellte in der Fassung des Gesetzes vom 10. November 1922[14]) und die dazu ergehenden Ausführungsbestimmungen.

§ 26. Diese Verordnung tritt mit dem 1. Januar 1923 in Kraft.

---

[12]) Aufgehoben durch Art. II der Verordnung vom 14. Dezember 1923 (RGBl. I S. 1199).

[13]) § 244 des Angestelltenversicherungsgesetzes vom 28. Mai 1924 (RGBl. I S. 563).

[14]) §§ 145, 156 des Angestelltenversicherungsgesetzes vom 28. Mai 1924 (RGBl. I S. 563).

# e) Verfahrensordnung für die Kammer der Angestelltenversicherung.

## Vom 21. Dezember 1922.

(RGBl. I S. 959.)[1])

Auf Grund des § 228a des Versicherungsgesetzes für Angestellte in der Fassung des Gesetzes über Änderung des Versicherungsgesetzes für Angestellte und der Reichsversicherungsordnung vom 10. November 1922 (Reichsgesetzbl. I S. 849)[2]) wird nach Anhören der Reichsversicherungsanstalt für Angestellte folgendes verordnet:

§ 1.[3]) Für den Geschäftsgang und das Verfahren der Kammern für Angestelltenversicherung bei den Oberversicherungsämtern gelten sinngemäß die Vorschriften der Verordnung über Geschäftsgang und Verfahren der Oberversicherungsämter vom 24. Dezember 1911 (Reichsgesetzbl. S. 1095) in der Fassung des Art. III der Verordnung vom 14. Dezember 1923 (Reichsgesetzbl. S. 1199), soweit nicht nachstehend etwas anderes bestimmt ist.

§ 2. Alle Entscheidungen, Beschlüsse, Anordnungen, Verfügungen, Ersuchen, Berichte usw. der Kammer für Angestelltenversicherung ergehen unter dem Namen des Oberversicherungsamts mit dem Zusatz „Kammer für Angestelltenversicherung".

§ 3. Die Kosten des nach § 15 der Verordnung vom 24. Dezember 1911 bestellten besonderen Vertreters gelten als gerichtliche Kosten.

§ 4. Der Vorsitzende kann zur Aufklärung des Sachverhalts dem Versicherten, auch wenn er persönlich erscheint, ausnahmsweise gestatten, sich auf Kosten der Reichsversicherungsanstalt einen Vertreter zu nehmen. Der Vorsitzende bestimmt Art und Umfang der Vertretung. Er kann auch den Vertreter selbst bestimmen.

§ 5. Dem Vertreter werden auf seinen Antrag die Auslagen erstattet, die er zur zweckentsprechenden Rechtsverfolgung aufgewendet hat, auch kann ihm für seine Mühewaltung eine angemessene Vergütung gewährt werden. Der Antrag ist an den Vorsitzenden zu richten, die Unterlagen für die Berechnung sind glaubhaft zu machen.

Die baren Auslagen werden besonders erstattet. Der Vorsitzende kann sie auch in die Vergütung einbeziehen oder neben der Vergütung einen Pauschbetrag festsetzen.

Reisekosten werden nur erstattet, wenn der Vorsitzende zur Ausführung der Reise vorher ermächtigt hatte. Nachträgliche Genehmigung ist ausnahmsweise statthaft, wenn die Reise notwendig war.

Für den durch eine Reise verursachten Zeitaufwand kann neben der Vergütung des Abs. 1 eine angemessene besondere Entschädigung gewährt werden. Ob eine Fahrt als Reise zu gelten hat, ist im Einzelfalle vom Vorsitzenden zu entscheiden.

---

[1]) Geändert durch Verordnung über Änderung der Verfahrensordnungen zur Reichsversicherungsordnung und zum Versicherungsgesetze für Angestellte vom 14. Dezember 1923 (RGBl. I S. 1199).

[2]) Jetzt § 312 des Angestelltenversicherungsgesetzes vom 28. Mai 1924 (RGBl. I S. 563).

[3]) Fassung nach Art. IV der Verordnung vom 14. Dezember 1923 (RGBl. I S. 1199).

§ 6. Sind mehrere Streitfälle zu gemeinsamer Verhandlung und Entscheidung verbunden, so werden die nach § 5 zu zahlenden Beträge nur einmal gewährt, soweit nicht durch die Behandlung besondere Kosten entstanden sind.

§ 7. Die Kosten werden nach § 5 auch dann erstattet, wenn der Vertretene unterliegt.

Weitere Kosten werden auch im Falle des Obsiegens nicht erstattet.

§ 8. Soweit nicht in den § 3 bis 7 etwas anderes bestimmt ist, gelten für die Kostenentscheidung ausschließlich die Vorschriften der §§ 311, 312 des Versicherungsgesetzes für Angestellte.[4])

Die auf Grund des § 311 auferlegten Kosten werden in der Entscheidung festgesetzt und wie Gemeindeabgaben beigetrieben.[5])

§ 9. Gegen Personen, die auf Grund des § 256 des Versicherungsgesetzes für Angestellte in der Fassung des Gesetzes vom 10. November 1922[6]) aus dem Sitzungszimmer entfernt worden sind, wird in der gleichen Weise verfahren, wie wenn sie sich freiwillig entfernt hätten.

§ 10. Der Vorsitzende oder das Oberversicherungsamt kann Auskünfte der Vertrauensmänner einholen. Die Äußerungen der Vertrauensmänner unterliegen keinen Formvorschriften.

§ 11.[7]) Im Falle des § 372 i des Versicherungsgesetzes für Angestellte in der Fassung des Gesetzes vom 10. November 1922[4]) ist für die Berufung dasjenige Oberversicherungsamt zuständig, in dessen Bezirk der Berechtigte zur Zeit der Berufungseinlegung wohnt oder beschäftigt ist. Im übrigen gelten § 230 Abs. 2, §§ 231, 232 des Versicherungsgesetzes für Angestellte in der Fassung des Gesetzes vom 10. November 1922 entsprechend.[8])

Eine entgegenstehende Vereinbarung ist nichtig.

§ 12. In den Fällen des § 198 des Versicherungsgesetzes für Angestellte in der Fassung des Gesetzes vom 10. November 1922 und des § 358 des Versicherungsgesetzes für Angestellte[9]) entscheidet dasjenige Oberversicherungsamt, in dessen Bezirk die Pflichtwidrigkeit oder die strafbare Handlung begangen ist. Sind hiernach mehrere Oberversicherungsämter zuständig, so entscheidet das zuerst angegangene. Hält dieses ein anderes für zuständig, so gibt es die Sache dahin weiter.

Hält sich auch das letztere nicht für zuständig, so entscheidet das Reichsversicherungsamt über die Zuständigkeit.

§ 13. Hat in unterer Instanz im Beschlußverfahren nicht der Vorsitzende, sondern der Ausschuß für Angestelltenversicherung beim Versicherungsamt entschieden, so entscheidet im Instanzenzug die Kammer für Angestelltenversicherung; für die Zurückweisung des Rechtsmittels als verspätet gelten die allgemeinen Vorschriften.

§ 14. Diese Verordnung tritt mit dem 1. Januar 1923 in Kraft.

---

[4]) Jetzt §§ 310, 111 des Angestelltenversicherungsgesetzes vom 28. Mai 1924 (RGBl. I S. 563).

[5]) Jetzt § 310 des Angestelltenversicherungsgesetzes vom 28. Mai 1924 (RGBl. I S. 563).

[6]) Jetzt § 240 des Angestelltenversicherungsgesetzes vom 28. Mai 1924 (RGBl. I S. 563).

[7]) Jetzt § 371 des Angestelltenversicherungsgesetzes vom 28. Mai 1924,

[8]) Jetzt § 215 Abs. 2, §§ 216, 217 des Angestelltenversicherungsgesetzes vom 28. Mai 1924 (RGBl. I S. 563).

[9]) Jetzt §§ 202, 354 des Angestelltenversicherungsgesetzes vom 28. Mai 1924 (RGBl. I S. 563).

# f) Verfahrensordnung der Senate für Angestellten- versicherung.

## Vom 12. Januar 1923.

(RGBl. I S. 56.)[1])

Auf Grund des § 228a des Versicherungsgesetzes für Angestellte in der Fassung des Gesetzes über Änderung des Versicherungsgesetzes für Angestellte und der Reichsversicherungsordnung vom 10. Dezember 1922 (RGBl. I S. 849)[2]) wird nach Anhören der Reichsversicherungsanstalt für Angestellte folgendes verordnet:

**§ 1.** Für den Geschäftsgang und das Verfahren der Senate für Angestelltenversicherung im Reichsversicherungsamte gelten sinngemäß die Bestimmungen der Verordnung über Geschäftsgang und Verfahren des Reichsversicherungsamts vom 24. Dezember 1911 (RGBl. 1911 S. 1083 in der Fassung des Artikel V der Verordnung vom 14. Dezember 1923 Reichsgesetzbl. I S. 1199), soweit nicht im Versicherungsgesetz für Angestellte oder nachstehend etwas anderes bestimmt ist.

Wo in der Verordnung über Geschäftsgang und Verfahren des Reichsversicherungsamts vom 24. Dezember 1911 von Spruchsenaten oder Beschlußsenaten die Rede ist, sind darunter auch die Spruchsenate und Beschlußsenate für Angestelltenversicherung zu verstehen.

**§ 2.** Im § 4 der Verordnung über Geschäftsgang und Verfahren des Reichsversicherungsamts vom 24. Dezember 1911 tritt an Stelle des Wortes „Hinterbliebenenversicherung" das Wort „Angestelltenversicherung".

**§ 3.** § 15 der Verordnung vom 24. Dezember 1911 wird wie folgt geändert:

a) im Satz 1 wird das Wort: „Hinterbliebenenversicherung" ersetzt durch das Wort: „Angestelltenversicherung",

b) als Satz 2 wird eingefügt: „Gehört der Dienstälteste von den Senatspräsidenten der Senate für Angestelltenversicherung nicht zu den drei dienstältesten Senatspräsidenten der Abteilung, so tritt er an die Stelle des jüngsten dieser drei Senatspräsidenten".

**§ 4.** Zu den Entscheidungen des Beschlußsenats können Mitglieder des Reichsversicherungsamts (§ 168r des Reichsversicherungsgesetzes für Angestellte)[3]), die mit der Bearbeitung der Sache betraut sind, zugezogen werden.

[**§ 5.**[4]) In den Fällen des § 296b des Versicherungsgesetzes für Angestellte hat das vom Reichsversicherungsamte gewählte nichtständige Mitglied (§ 168t des Versicherungsgesetzes für Angestellte) ein ständiges (§ 168r a. a. O.), ein richterliches (§ 169w Abs. 2 a. a. O.) und je ein nichtständiges Versicherten- und Arbeitgebermitglied (§ 168s a. a. O.) des Senats für Angestelltenversicherung in den Großen Senat an Stelle anderer Mitglieder der gleichen Gruppe einzu-

---

[1]) Geändert durch Verordnung über Änderung der Verfahrensordnungen zur Reichsversicherungsordnung und zum Versicherungsgesetz für Angestellte vom 14. Dezember 1923 (RGBl. I S. 1199).

[2]) § 312 des Angestelltenversicherungsgesetzes vom 28. Mai 1924 (RGBl. I S. 563).

[3]) § 160 des Angestelltenversicherungsgesetzes vom 28. Mai 1924 (RGBl. I S. 563).

[4]) Aufgehoben durch Art. VI der Verordnung vom 14. Dezember 1923

treten. Ist das vom Reichsrat gewählte Mitglied verhindert, so tritt statt seiner ein weiteres Mitglied des Senats für Angestelltenversicherung in den Großen Senat ein.]

§ 6. Will ein Senat des Reichsversicherungsamts in einer grundsätzlichen Rechtsfrage von der Entscheidung eines anderen Senats des Reichsversicherungsamts oder will ein anderer Senat als der Senat für Angestelltenversicherung von einer Entscheidung des bisherigen Oberschiedsgerichts für Angestelltenversicherung abweichen, so hat er die Spruchsache an den großen Senat zu verweisen.

§ 7. Im § 35 Abs. 2 der Verordnung vom 24. Dezember 1911 tritt in Zeile 6 an die Stelle des Wortes: „Hinterbliebenenversicherung" das Wort: „Angestelltenversicherung", und sind in Zeile 6 hinter dem Worte: „Revisionssenat" hinzuzufügen die eingeklammerten Worte: (für Angestelltenversicherung)".

§ 8. Die §§ 3 bis 7 der Verfahrensordnung für die Kammern für Angestelltenversicherung vom 21. Dezember 1922 (RGBl. I S. 959)[5]) gelten entsprechend.

§ 9. Diese Verordnung tritt am 1. Januar 1923 in Kraft.

---

## g) Verordnung über die Errichtung von Ausschüssen und Kammern für Angestelltenversicherung.

### Vom 21. Dezember 1922.

(RGBl. I S. 963.)[1])

---

Auf Grund der §§ 157, 168d des Versicherungsgesetzes für Angestellte in der Fassung des Gesetzes über Änderung des Versicherungsgesetzes für Angestellte und der Reichsversicherungsordnung vom 10. November 1922 (Reichsgesetzbl. I S. 849)[2]) wird nach Anhören der Reichsversicherungsanstalt mit Zustimmung des Reichsrats folgendes verordnet:

§ 1. Für die Angelegenheiten, die in der Angestelltenversicherung den Versicherungsämtern und Oberversicherungsämtern übertragen sind, sind zuständig für:

**I. Preußen** (ohne Sigmaringen)

die Versicherungsämter Königsberg, Breslau, Berlin, Stettin, Magdeburg, Hannover, Kiel, Cassel, Frankfurt a. M., Erfurt, Münster i. W., Köln,
die Oberversicherungsämter Königsberg, Breslau, Berlin, Hannover, Cassel, Dortmund,

S i g m a r i n g e n

das Versicherungsamt Ulm,
das Oberversicherungsamt Stuttgart,

**II. Bayern**

die Versicherungsämter München, Regensburg, Nürnberg, Ludwigshafen a. Rh.,
die Oberversicherungsämter, München, Nürnberg,

**III. Sachsen**

die Versicherungsämter Bautzen, Dresden-Neustadt, Leipzig-Chemnitz, Zwickau,
die Oberversicherungsämter Dresden, Leipzig,

**IV. Württemberg**

die Versicherungsämter Stuttgart, Ulm,
das Oberversicherungsamt Stuttgart,

---

[5]) Siehe Nr. I 1e.

[1]) Geändert durch VO. vom 28. März 1924 (RGBl. I S. 410).

[2]) Jetzt §§ 132, 147 des Angestelltenversicherungsgesetzes vom 20. Mai 1924 (RGBl. I S. 563).

V. **Baden**

die Versicherungsämter Mannheim, Karlsruhe, Freiburg i. B.,
das Oberversicherungsamt Karlsruhe,

VI. **Thüringen**

das Versicherungsamt Weimar,
das Oberversicherungsamt Gotha,

VII. **Hessen**

das Versicherungsamt Darmstadt,
das Oberversicherungsamt Darmstadt,[3])

VIII. **Hamburg**

das Versicherungsamt Hamburg,
das Oberversicherungsamt Hamburg,

IX. **Mecklenburg-Schwerin**

das Versicherungsamt Schwerin,
das Oberversicherungsamt Schwerin,

X. **Oldenburg**, Landesteil Oldenburg

das Versicherungsamt Oldenburg,
das Oberversicherungsamt Hannover,

Landesteil Birkenfeld

das Versicherungsamt Köln,
das Oberversicherungsamt Dortmund,

Landesteil Lübeck

das Versicherungsamt Lübeck,
das Oberversicherungsamt Hamburg,

XI. **Braunschweig**

das Versicherungsamt Braunschweig,
das Oberversicherungsamt Hannover,

XII. **Anhalt**

das Versicherungsamt Dessau,
das Oberversicherungsamt Cassel,

XIII. **Bremen**

das Versicherungsamt Bremen,
das Oberversicherungsamt Hamburg,

XIV. **Lippe**

das Versicherungsamt Hannover,
das Oberversicherungsamt Hannover,

XV. **Lübeck**

das Versicherungsamt Lübeck,
das Oberversicherungsamt Hamburg,

XVI. **Mecklenburg-Strelitz**

das Versicherungsamt Strelitz,
das Oberversicherungsamt Schwerin,

XVII. **Waldeck**

das Versicherungsamt Cassel,
das Oberversicherungsamt Cassel,

XVIII. **Schaumburg-Lippe**

das Versicherungsamt Hannover,
das Oberversicherungsamt Hannover

---

[3]) In der Fassung der VO. vom 28. März 1924 (RGBl. I S. 410).

§ 2. Den örtlichen Wirkungskreis der Ausschüsse und Kammern für Angestelltenversicherung bestimmt die oberste Verwaltungsbehörde des Landes, in welchem die Ausschüsse und Kammern ihren Sitz haben.

§ 3. Diese Verordnung tritt mit dem 1. Januar 1923 in Kraft.

---

## h) Verordnung über Versicherungsfreiheit vorübergehender Dienstleistungen in der Angestelltenversicherung.

### Vom 9. Februar 1923.

(RGBl. I S. 109.)

---

Auf Grund des § 8 des Versicherungsgesetzes für Angestellte vom 20. Dezember 1911 (RGBl. S. 989 ff.) und des Artikels 179 Abs. 2 der Reichsverfassung wird mit Zustimmung des Reichsrats folgendes verordnet:

§ 1. Versicherungsfrei bleiben:

1. vorübergehende Dienstleistungen, wenn sie
   a) von Personen, die überhaupt berufsmäßig keine die Angestelltenversicherungspflicht begründende Beschäftigung ausüben, nur gelegentlich, insbesondere zur gelegentlichen Aushilfe ausgeführt werden,
   b) von Personen, die sonst berufsmäßig keine die Angestelltenversicherungspflicht begründende Beschäftigung ausüben, zwar in regelmäßiger Wiederkehr, aber nur nebenher und gegen einen geringfügigen Entgelt ausgeführt werden. Als geringfügig gilt ein Entgelt, wenn er für den Lebensunterhalt während des Zeitraums, innerhalb dessen die Beschäftigung in regelmäßiger Wiederkehr ausgeübt wird, nicht wesentlich ist;
2. vorübergehende Dienstleistungen von Deutschen, die bei einer amtlichen Vertretung des Reichs oder eines Landes im Ausland aushilfsweise beschäftigt werden;
3. Dienstleistungen von Angestellten, die bei Stellenlosigkeit in gemeinnützigen Schreibstuben oder in Verpflegungsstationen oder ähnlichen Wohltätigkeitsanstalten während eines verhältnismäßig geringen Zeitraums des Kalenderjahrs beschäftigt werden, auch wenn eine Geldentschädigung gewährt wird;
4. Dienstleistungen von Angestellten ausländischer Eisenbahnverwaltungen in Eisenbahnbetrieben des Inlandes, soweit diese Angestellten in letzteren vorübergehend beschäftigt werden;
5. Dienstleistungen im Inland von Angestellten ausländischer Betriebe, soweit diese mit einzelnen Betriebshandlungen vorübergehend in das Inland hinübergreifen;
6. Dienstleistungen von Angestellten ausländischer Schiffe, die im Binnenschiffsverkehre deutsche Wasserstraßen befahren, sofern nicht diese Schiffe nach der Entscheidung des zuständigen Versicherungsamts (§ 1331 der Reichsversicherungsordnung) im Inland einen regelmäßigen Verkehr von erheblicher Dauer unterhalten;
7. vorübergehende Dienstleistungen nicht zur Schiffsbesatzung gehörender Personen auf deutschen Seeschiffen im Ausland.

§ 2. Diese Verordnung tritt mit Wirkung vom 1. November 1922 ab in Kraft. Mit dem gleichen Tage treten die Bestimmungen der Bekanntmachungen vom 9. Juli 1913 und vom 4. Mai 1916 über die Ausführung des § 8 des Versicherungsgesetzes für Angestellte (RGBl. 1913 S.571, 1916 S. 364) außer Wirksamkeit.

FSC
www.fsc.org
MIX
Papier | Fördert
gute Waldnutzung
FSC® C083411

Kolibri 360 GmbH
Ferdinand-Jühlke-Straße 7
99095 Erfurt, Deutschland
produktsicherheit@kolibri360.de